Schwabenspiegel-Forschung im Donaugebiet
Konferenzbeiträge in Szeged zum mittelalterlichen Rechtstransfer deutscher Spiegel

IVS SAXONICO-MAIDEBVRGENSE IN ORIENTE

Band 4

IVS SAXONICO-MAIDEBVRGENSE IN ORIENTE

Das sächsisch-magdeburgische Recht als kulturelles Bindeglied zwischen den Rechtsordnungen Ost- und Mitteleuropas

Begründet von Ernst Eichler (†) und Heiner Lück

Im Auftrag der Sächsischen Akademie der Wissenschaften zu Leipzig herausgegeben von

Professor Dr. Heiner Lück, Martin-Luther-Universität Halle-Wittenberg

Band 4

De Gruyter

Schwabenspiegel-Forschung im Donaugebiet

Konferenzbeiträge in Szeged zum mittelalterlichen Rechtstransfer deutscher Spiegel

Herausgegeben von

Elemér Balogh

De Gruyter

Das Vorhaben „Das sächsisch-magdeburgische Recht als kulturelles Bindeglied zwischen den Rechtsordnungen Ost- und Mitteleuropas“ ist ein Forschungsvorhaben der Sächsischen Akademie der Wissenschaften zu Leipzig und wird im Rahmen des Akademienprogramms von der Bundesrepublik Deutschland, dem Freistaat Sachsen und dem Bundesland Sachsen-Anhalt gefördert. Das Akademienprogramm wird koordiniert von der Union der deutschen Akademien der Wissenschaften.

ISBN 978-3-11-031785-5
e-ISBN (PDF) 978-3-11-031786-2
e-ISBN (EPUB) 978-3-11-038976-0

Library of Congress Cataloging-in-Publication Data

A CIP catalog record for this book has been applied for at the Library of Congress.

Bibliografische Information der Deutschen Nationalbibliothek

Die Deutsche Nationalbibliothek verzeichnet diese Publikation in der Deutschen Nationalbibliografie; detaillierte bibliografische Daten sind im Internet über http://dnb.dnb.de abrufbar.

Satz: Wieland Carls
Druck: Hubert & Co. GmbH & Co. KG, Göttingen
♾ Gedruckt auf säurefreiem Papier

Printed in Germany

www.degruyter.com

Inhalt

Vorwort

Rechtsbücher sind typische Merkmale der mittelalterlichen europäischen Rechtskultur, und zwar in mehrerlei Hinsicht. Die seit dem frühen Mittelalter sich nur langsam ändernden Rechtsverhältnisse ermöglichten zwar noch keine Werke auf der Grundlage von juristischer Abstraktion, doch wurden die ersten Schritte hierzu bereits gemacht. Ein erster Schritt war stets die schriftliche Fixierung der grundlegenden Normen. Erst wenn diese Basis vorhanden ist, können auch Fragen nach der weiteren Entwicklung einer Gesellschaft gestellt werden. Auch wenn die Antworten auf diese Fragen im Grunde sehr unterschiedlich ausfallen, lassen sich doch entscheidende Parallelen feststellen.

Die mittelalterlichen Rechtsaufzeichnungen weisen ein weiteres Charakteristikum der europäischen Rechtstradition auf, das dieses Rechts auszeichnet: Ein zentrales Anliegen dieses Rechts ist es, den Wunsch der Gesellschaft, die Zukunft durch Normen zu steuern, umzusetzen. Und zwar durch Normen, die erprobt sind, die bereits eine Autorität genießen und die somit für tauglich erachtet werden, auch die Verhältnisse der Zukunft im Sinne der Gesellschaft positiv zu beeinflussen. Die Zukunft wurde dadurch planbar und unterlag so mehr und mehr der menschlichen Kontrolle. Das war das höchste Ziel, die Mission des mittelalterlichen, im Geist der Bibel lebenden Menschen: Die Welt unter seine Herrschaft zu bringen. Die Weltordnung war vom schöpferischen Gott gegeben, die konkreten Verhältnisse zwischen den Menschen und deren Steuerung und Normierung waren hingegen relativ frei zu regeln.

Die germanischen Völker hatten jahrhundertelang in Nachbarschaft der römischen Kultur gelebt. So hatten sie genug Zeit, um unter anderem die Wichtigkeit des Schrifttums im Rechtswesen zu erkennen. *Verba volant, scripta manent* – die Bedeutung dieses antiken Proverbiums zeigt sich nirgendwo so deutlich wie im Recht. Die zweifelsfreie Gewissheit der Tatsachen und die Sicherung ihrer Kontinuität in der Zeit, all das ist von der juristischen Schriftlichkeit zu erwarten. Die Überlegenheit der schriftlichen Rechtskultur gegenüber der mündlichen wurde den germanischen Völkern Jahrhundert für Jahrhundert vor Augen geführt. Die *leges barbarorum* haben – neben sehr wichtigen königlichen Normen – die wichtigsten alten Stammesrechte (Volksrechte) überliefert. Man kann sagen, dass diese Rechtsaufzeichnungen einen wesentlichen Teil der juristischen Vergangenheit der germanischen Völker repräsentieren und bis heute erhalten haben. Ein ähnliches Erbe fehlt in der ungarischen Rechtstradition fast völlig, da diese nur über indirekte Quellen (von persischen, arabischen und byzantinischen Autoren) verfügt.

Die Arbeit an den Rechtsaufzeichnungen wurde im hohen Mittelalter mit großer Energie vorangetrieben. Die erwähnten *leges*, die im frühen Mittelalter noch auf der Grundlage der Stammesrechte entstanden sind, gerieten seit dem 13. Jahrhundert immer mehr unter den Einfluss der historischen Entwicklung jener Zeit: der Territorialität und des Feudalismus. Beides sind mittelalterliche europäische Phänomene. Die Völker in Europa lebten in unzählbaren kleineren und größeren Territorien, wie z. B. die Sachsen, die nicht nur in einem Land, sondern in mehreren Ländern beheimatet waren. Die einzelnen Länder hatten aber alle mehr oder weniger unterschiedliche wirtschaftliche und gesellschaftliche Verhältnisse. Folglich waren auch die wesentlichen Rechtsnormen verschieden. Der Feudalismus war eine wichtige Entwicklungsstufe in der europäischen Geschichte. Ihm war eine tiefe, innerliche Personalität eigen, die dann auch rechtlich sehr umfassend reguliert wurde.

Eine Autorität war allgemein unumstritten: das Christentum und seine Kirche. Die Kirche agierte im Mittelalter aber relativ eigenständig und gefährdete somit im Grunde nicht die Integrität des weltlichen Rechts, also des Gewohnheitsrechts. Das römisch-kanonische Recht, eine Art von *ius commune*, genoss in der Rechtspflege der heiligen Stühle europaweit Souveränität, so dass das gelehrte Recht und die territorialen sowie feudalen Rechte jahrhundertelang friedlich nebeneinander existieren konnten. Das kanonische Recht war in Europa weitgehend einheitlich, die weltlichen Rechte dagegen völlig verschieden.

Der Rechtstransfer des kanonischen Rechts wurde zentral – von Rom aus – konzipiert und gesteuert. Im Falle der weltlichen Rechte vollzog er sich eher spontan, weitgehend nebenbei im Zuge der verschiedenen Migrationsbewegungen und noch mehr durch die sich immer mehr ausweitenden Handelskontakte. Die historische Erfahrung zeigt, dass immer die entwickelten Gebiete einen Einfluss auf die Verhältnisse der weniger entwickelten Regionen ausüben. Dies lässt sich auch beim Vergleich zwischen den historischen deutschen Rechtsgebieten und Ungarn erkennen. Der Einfluss des Lehnswesens auf Ungarn war sehr gering, weil die mittelalterliche ungarische Gesellschaft, besonders der Adel, seine traditionelle Struktur bewahrte, das Ständewesen aber völlig übernommen hatte.

Um herauszufinden, welche konkreten Parallelen und unterschiedlichen Lösungen sich im Hinblick auf die juristischen Belange in Ungarn und den deutschsprachigen Ländern entwickelt haben, hat der Lehrstuhl für Europäische Rechtsgeschichte der Universität Szeged in den Jahren 2008 und 2012 zwei internationale Konferenzen organisiert. Die Ernte, d. h. die vorzüglichen Beiträge dieser Tagungen finden sich in diesem Band, der dankenswerter Weise in die Reihe „IVS SAXONICO-MAIDEBVRGENSE IN ORIENTE“ aufgenommen wurde. Herausgeber dieser Reihe ist Prof. Dr. Heiner Lück, der auch das Forschungsvorhaben „Das sächsisch-magdeburgische Recht als kulturelles Bindeglied zwischen den Rechtsordnungen Ost- und Mitteleuropas“ an der Sächsischen Akademie der Wissenschaften zu Leipzig leitet. Auch findet man Heiner Lück sowie seine Mitarbeiterinnen und Mitarbeiter – neben anderen deutschen und österreichischen Kollegen – als Referenten bei den genannten Tagungen. Es ist uns gelungen, einen weiten Kreis internationaler Forscher zu versammeln, um das Thema „Auswirkung des sächsischen bzw. schwäbischen Rechts auf das mittelalterliche ungarische Rechtsleben“ umfassend zu beleuchten.

Anlass der ersten Konferenz („Schwabenspiegel-Forschung im Donaugebiet", am 29. Februar 2008) war der Beginn des Editionsprojekts von Prof. Dr. László Blazovich, dessen Ziel es ist, die wichtigsten mittelalterlichen deutschen Rechtsbücher ins Ungarische zu übersetzen. Sein Vorhaben war bereits mit der Übersetzung des Sachsenspiegels sehr erfolgreich, der dank der gemeinsamen Bemühungen von László Blazovich und József Schmidt seit 2005 auch auf ungarisch zu lesen ist.[1] Diese hochmittelalterliche deutsche Rechtsquelle galt zu ihrer Zeit als wichtigste gewohnheitsrechtliche Normensammlung. Einige ihrer Regeln waren auf deutschem Rechtsgebiet sogar noch bis zum Inkrafttreten des BGB (1900) gültig. Die Veröffentlichung der anderen, vergleichbar bedeutenden Rechtsquelle, dem Schwabenspiegel, war damals noch in Vorbereitung. Um die verschiedenen Fachprobleme noch vor der Publikation im einzelnen besprechen zu können, wurde beschlossen, eine rechtshistorische Konferenz mit den zuständigen deutschen Kollegen zu veranstalten.

Die Konferenzbeiträge boten einen sehr breiten rechts- und kulturgeschichtlichen Horizont.[2] Der Theologe Benyik György (Szeged) zeigte in seinem Referat die Berührungspunkte zwischen der Heiligen Schrift und dem Schwabenspiegel auf. Blazovich László (Szeged) stellte den Schwabenspiegel ausführlich vor und formulierte einige Anmerkungen zum Kaschauer Schwabenspiegel. Die deutschen Gäste haben zum einen je ein konkretes Rechtsinstitut des Schwabenspiegels analysiert: Heinz Holzhauer (Münster) das Strafrecht und Bernd Kannowski (Freiburg im Breisgau, heute Bayreuth) das Beweisrecht, zum anderen eine komparative Arbeit zwischen Sachsen- und Schwabenspiegel vorgetragen: Peter Landau (München) im Bezug auf die Königswahl und Heiner Lück (Halle an der Saale) mit einem allgemeinen Vergleich. Gernot Kocher (Graz) vermochte uns mit seinem bemerkenswerten Dia-Vortrag die Welt des Schwabenspiegels vor Augen zu führen.[3] Die abschließende Diskussion war sehr ertragreich und hat dazu beigetragen, dass die Schwabenspiegel-Übersetzung kurze Zeit später veröffentlicht werden konnte.[4]

Im Rahmen der zweiten Konferenz („Der Schwabenspiegel und andere Rechtsbücher im Donau-Gebiet", 1.–2. März 2012) wurde die Problematik der mittelalter-

---

[1] EIKE von Repgow, A Szász tükör [Sachsenspiegel ⟨ungar.⟩], 2005.

[2] Obwohl die meisten Beiträge der ersten Konferenz bereits in den Acta juridica et politica 71, Fasc. 17.1–7 (2008), S. 519–596 veröffentlicht sind, werden sie hier noch einmal mit abgedruckt, um sie einem größeren Kreis zugänglich zu machen, aber auch, um sie zusammen mit den Beiträgen der thematisch verwandten zweiten Tagung präsentieren zu können. Da die Literaturangaben in den Fußnoten vereinheitlicht wurden, nicht zuletzt, um ein Literaturverzeichnis aller Beiträge bieten zu können, kam ein reprographischer Nachdruck nicht in Frage. Der Inhalt der Beiträge wurde jedoch nur geringfügig redaktionell bearbeitet. Die Nachweise auf die Erstveröffentlichung finden sich zu Beginn der jeweiligen Artikel.

[3] Dieser Vortrag ist bereits 2010 in überarbeiteter Form an anderer Stelle erschienen (KOCHER, Das Bild vom Recht im Schwabenspiegel, in: Beiträge zur Rechtsikonographie, Rechtsarchäologie und Rechtlichen Volkskunde, Bd. 4, 1990, S. 75–105).

[4] BLAZOVICH, SCHMIDT (Hrsg.), A Sváb tükör, 2011.

lichen Rechtsaufzeichnungen umfassend untersucht. Heiner Lück (Halle an der Saale) stellte zur Diskussion, ob noch die Ansicht zu vertreten sei, Rechtsbücher als private Leistungen zeitgenössischer Rechtskundiger anzusehen.[5] Bei genauerer Betrachtung zeige sich, dass die Entwicklung des Rechts sehr stark davon abhing, ob es einzelne ‚Unternehmer' für wichtig erachteten, Rechtsnormen aufzuzeichnen. Dieser Ansatz ließ sich mit zahlreichen Indizien, methodischen und inhaltlichen, im Hinblick auf die Rechtsentwicklung belegen. Referenten aus der erwähnten Leipziger Forschungsgruppe haben zur Fragestellung der Tagung mit überlieferungsgeschichtlichen Beobachtungen (Wieland Carls), mit einem Wortvergleich anhand rechtshistorischer Texte (Inge Bily) sowie mit einer geschichtlichen Zusammenfassung der Rechtsbücherforschung in Ungarn (Katalin Gönczi) beigetragen. Mit der Problematik von Mündlichkeit und Rechtsaufzeichnung befasste sich Frank Eichler (Hamburg). Ausgewählte Rechtsinstitute wurden von mehreren Tagungsteilnehmern analysiert: Antal Tamás (Szeged) zeichnete die rechtliche Stellung des Richters nach, Blazovich László (Szeged) bot Überlegungen zum Erbrecht und Ulrike Müssig (Passau) zu letztwilligen Verfügungen in mittelalterlichen Rechts-, bzw. Schöffenbüchern. Im mittelalterlichen Ungarn geltende Rechtsbücher haben ebenfalls eine wichtige Rolle im Programm der Tagung gespielt. Hierzu äußerte sich Hamza Gábor (Budapest) im Hinblick auf das Tripartitum von Werbőczy. Bei Nikolicza Erika (Dunaújváros) stand das Ofner Stadtrecht im Zentrum ihrer Überlegungen. Gedeon Magdolna (Miskolc) bezog sich in ihren Betrachtungen auf das Rechtsbuch von Schemnitz und die Maximilianische Bergordnung und Szabó Béla (Debrecen) auf das ‚Eigen-Landrecht' der Siebenbürger Sachsen. Ein besonderes Thema, die Rolle der Tiere bzw. ihre rechtliche Relevanz in Sachsen- und Schwabenspiegel beleuchtete Bernd Kannowski (Bayreuth). Koncz Ibolya Katalin (Miskolc) legte ihre Forschungsergebnisse zu den Wurzeln der Frauenrechte im Schwabenspiegel vor.

Wir alle – Konferenzteilnehmer, Zuhörer, Studentinnen und Studenten – sind den Rednern beider Konferenzen sehr dankbar dafür, dass wir durch sie die Gelegenheit bekamen, für einige Stunden die faszinierende Welt des Mittelalters, wenn auch nur bezüglich seiner rechtlichen Aspekte, erleben zu dürfen. Umso mehr bin ich Heiner Lück und seinen Mitarbeiterinnen und Mitarbeitern dankbar – namentlich genannt seien hier auch Claudia Krahnert M. A. und Kathleen Zeidler M. A. –, die sich der mühsamen und langwierigen Redaktionsarbeit angenommen haben. Ich hoffe, dass auch dieser Band ein Ziegel im monumentalen Gebäude der mitteleuropäischen Rechtskultur und damit ein Baustein für das Zusammenleben der heutigen europäischen Nationen wird.

Szeged, den 8. April 2015 — Balogh Elemér

[5] Dieser Beitrag ist bereits 2014 in überarbeiteter Form an anderer Stelle erschienen (LÜCK, Rechtsbücher als ‚private' Rechtsaufzeichnungen?, in: ZRG GA 131 (2014), S. 419–433).

BENYIK György (Szeged/Ungarn)

Einflüsse der Bibel auf den Schwabenspiegel*

In diesem Vortrag werden drei Fragen thematisiert: die „Spiegel – *speculum*"-Literatur, die Gegenüberstellung der Einleitungen des Sachsenspiegels und des Bayernspiegels, und die Rolle Bertholds von Regensburg bei der Entstehung der Einführung des Schwabenspiegels.

1. Die *speculum*-Literatur

Das älteste Beispiel ist der Babylonische Königsspiegel, der um die Wende vom 8. zum 7. Jahrhundert vor Chr. auf akkadisch verfasst wurde. Der Form nach gehört er zum Kreis der Mahnungsliteratur, wie aus folgendem Zitat offensichtlich wird: „Der König hört nicht auf das Recht: sein Volk erhebt sich, sein Land verwüstet."

Die drei uralten mesopotamischen Städte Sippar, Nippur und Babylon, die auch schon im ersten Jahrtausend vor Chr. eine wichtige Rolle gespielt haben, hüteten ihre ehemaligen Privilegien: die Freiheit von Steuern und Pflichtarbeit, ihre Rechte zur Selbstverwaltung usw. Die Omen zielten auf den König, der nur der assyrische Eroberer sein konnte, und dieser Umstand ermöglichte die relativ genaue zeitliche Einordnung der Entstehung des Textes.

In der biblischen Weisheitsliteratur können ähnliche Beispiele gefunden werden:

> „Auf der Menge des Volks beruht des Königs Herrlichkeit, und des Fürsten Untergang auf dem Fehlen von Leuten" (Sprüche. 14,28) – „Begehen von Frevel (muβ) der Könige Abscheu (sein) denn durch Gerechtigkeit hat der Thron Bestand" (Sprüche 16,12). – „Eine Große Zahl von Weisen ist ja ein Segen für die Welt und ein verständiger König eine Wohlfahrt des Volkes" (Weisheit 6,26).

2. Wirkungsgeschichte der Fürsten- und Königsspiegel

In der modernen Epoche würden diese als sog. ‚Summen' gelten. Das Speculum, also der Spiegel, kann auf jenen Spiegel zurückgeführt werden, der in den Legenden von Presbyter Johannes[1] zu finden ist. Im „Speculum of Princes" oder auf Deutsch im „Spiegel der Könige" wurden die Pflichten der Könige geregelt.

---

* Redaktionell überarbeitete Fassung der Erstveröffentlichung (BENYIK, Einflüsse der Bibel auf den Schwabenspiegel, in: Acta juridica et politica 71, Fasc. 17.2 (2008), S. 523–529).

[1] Presbyter Johannes war ein christlicher Patriarch und äthiopischer Herrscher. Seine Legende war zwischen dem 12. und dem 17. Jahrhundert in Europa sehr populär. Er lebte in einem islamischen Reich, und hielt sich für einen Nachfolger einer der Heiligen drei Könige.

Fürsten- und Königsspiegel sind Werke mit didaktischem Anspruch, in denen die ideale Gestalt des Herrschers als zukünftiger Monarch gezeichnet wurde. Es werden – meistens als Mahnungen – praktische Ratschläge für die Herrschaft bzw. zur entsprechenden Erziehung der hochadeligen Jungen gegeben. Das älteste Stück dieser Art ist der Babylonische Königsspiegel vom 8.–7. Jahrhundert vor Chr., das klassische Beispiel für Europa ist Xenophons[2] Erziehung des Kyros. Die Reihe ähnlicher Werke wird auch in der Renaissance fortgesetzt, besonders herausragend ist die „Erziehung des christlichen Fürsten" (1516) des Erasmus von Rotterdam, aber auch ein Werk von ganz anderem Geiste kann hier erwähnt werden: „Il Principe" von Machiavelli (1532). Weiterhin ist als bekanntes Beispiel der ungarischen Königsspiegel das Buch der Mahnungen an Herzog Imre (11. Jahrhundert) zu erwähnen, dessen Ursprung dem König Stephan dem Heiligen zugeschrieben wurde. Die Gattung verbreitete sich auch in der ungarischen Renaissance[3].

3. Das *speculum* als Sammlung

Wie wir gesehen haben, war das *speculum* im Mittelalter eine modische Gattung, aber zwischen dem 12. und dem 16. Jahrhundert stellte es eher eine enzyklopädische Sammlung der zeitgenössischen Kenntnisse dar. Hat sich aber jene Form des *speculum* erhalten, die historische oder moralische Orientierung bot? Zur Bestätigung unserer Behauptung sollen hier einige berühmtere *specula* angeführt werden, die im Mittelalter gut bekannt waren.

„Spiegel Alchemy" von Roger Bacon[4] ist gar keine rechtliche oder moralische Sammlung. Das *Speculum astronomiæ* – der Spiegel der Astronomie von Albertus Magnus[5] – ist, obwohl er von einem Theologen geschrieben wurde, trotzdem

---

[2] Xenophon (431–355 v. Chr.) war ein athenischer Moralphilosoph und Berater des Königs Kyros. ANDERSON, Xenophon, 2001.

[3] PATAKI FŰSÜS, Kiralyoknak tüköre, melyben abrazattyok szépen ragyog és tündöklik, az fejedelmeknek és egyéb uralkodóknak kedvekért példájúl irattot és formáltatot Pataki Füsüs Janos ungvári praedikátor által az könyvszerzöknek és némely emlekezetes dolgoknak és mondásoknak mutató táblájával egyetemben, 1626; PRÁGAY, Fejedelmeknek serkentő órája, azaz Marcus Aurelius császárnak életéről Guevarai Antaltól irattatot három könyvek, mellyeket deák nyelvre forditot Wanckelius János, most penig első és harmadik könyveit magyar nyelven tolmacslotta, 1628.

[4] Roger Bacon, (1214–1292), Franziskaner und Naturphilosoph, lebte in Oxford. Siehe: BACON, Opera hactenus inedita Rogeri Baconi, Fasc. 5, 1920.

[5] Albertus Magnus (1200–1280), Bischof, Kirchenlehrer und Naturwissenschaftler, Dominikanermönch, Rektor in Hildesheim, Freiburg, Regensburg, Strassburg und Köln. Er lehrte im Jahre 1245 in Paris, unter seinen Studenten in Köln befand sich auch Thomas von Aquin. Er wurde von Papst Urban IV. mit der Organisation eines Kreuzzugs beauftragt. Er übte einen bedeutenden geistlichen Einfluss auf Meister Eckhart und auch auf Nicolaus Cusanus aus. (ALBERTUS MAGNUS, Beati Alberti Magni, Ratisbonensis episcopi, ordinis prædicatorum, Opera, quae hactenus haberi potuerunt, in lucem edita studio et labore Petri Jammy, T. 1–21, 1651; ALBERTUS MAGNUS, B. Alberti Magni Ratisbonensis episcopi, Ordinis Praedicatorum, Opera omnia, Vol. 1–38, 1890–1899).

kein rechtliches oder moralisches Werk. Aus dem Gesichtspunkt unserer rechtlichen Sammlung ist Edmund Richs[6] *Speculum ecclesiæ* vielleicht interessanter. Das Werk von Vincent Beauvais[7], *Speculum historiæ*, auch bekannt als *Speculum maius*, ist näher an rechtliche und moralische Vorschriften herangekommen.

Die franziskanische Speculum-Sammlung ist von der Überzeugung geleitet, dass die Geschichte der Menschheit durch die moralische Entwicklung positiv beeinflusst wird. Dieselbe Sichtweise vermittelt das Werk *Speculum humanæ salvationis*, geschrieben von Ludolf von Sachsen[8] zwischen 1309 und 1324. Das Werk *Speculum iudiciale*, oder *Speculum iuris*, von Guillaume Durand[9] hatte eine stärkere juristische Orientierung als die vorher genannten Werke, weil sein Autor selbst ein päpstlicher Jurist war. Das Werk *Speculum meditantis* von John Gower[10] will ausdrücklich ein Wegweiser für die moralische Meditation sein.

4. Voneinander abweichende Einleitungen des Sachsenspiegels und des Schwabenspiegels

Die Einleitungen des Sachsenspiegels und des Schwabenspiegels weichen wesentlich voneinander ab. Die rhythmische Prosa in 280 Zeilen von Eike von Repgow feuert lieber zu Tugenden an. Seine Grundidee drückt sich markant im folgenden Zitat aus[11]:

---

[6] Edmund Rich (1175–1240) wurde von Gregor IX. zum Erzbischof von Canterbury ernannt, später geriet er in Konflikt mit Rom. Seit seinem Tod wird er in England als Nationalheiliger verehrt. Sein Werk war das berühmte *Speculum ecclesiæ* (auf englisch: EDMUND von Abingdon [Rich], The Myrrour of the Chyrche [Speculum ecclesiæ ⟨engl.⟩], 1521 u. DERS., The Myrrour of the Chyrche [Speculum ecclesiæ ⟨engl.⟩], 1527).

[7] AERTS (Hrsg.), SMITS, VOORBIJ, Vincent of Beauvais and Alexander the Great, 1986; MEYER, Ordo rerum und Registerhilfen in mittelalterlichen Enzyklopädiehandschriften, in: Frühmittelalterliche Studien 25 (1991), S. 315–339.

[8] Ludolf von Sachsen (1300–1377) war ein Mönch. Er wirkte in Strassburg und übte einen wesentlichen Einfluss auf David von Augsburg aus. Sermones Magistri Ludolphi (1340–1343, Ms: Bernkastel-Kues, Bibl. d. Cusanus-Stiftes, Codex 121); LUDOLF von Sachsen, Vita Jesu Christi e quatuor Evangeliis et scriptoribus orthodoxis concinnata, 1470 (wohl zwischen 1348 u. 1368 entstanden).

[9] Guillaume Durand (1230–1296) studierte Rechtswissenschaft in Bologna, Parma und Modena. Er war päpstlicher Kaplan und Sekretär von Papst Klemens IV. Sein Werk *Speculum iudiciale* ist eine Zusammenfassung des römischen Rechts aus dem Jahre 1271, umgearbeitet in den Jahren 1286 und 1291. Veröffentlicht in Turin 1578 mit einem Kommentar von Giovanni d'Andrea.

[10] John Gower (1330–1408) war ein englischer Dichter und Freund von Geoffrey Chaucer. Er wurde von diesem als Moralist bezeichnet. Sein Werk *Speculum hominis*, auch *Speculum meditantis* genannt, wurde für König Richard II. geschrieben (Französisch zwischen 1376–1379). Siehe: MACAULAY, John Gower, in: WARD, WALLER (Hrsg.), The Cambridge History of English Literature, Bd. 2, 1908, S. 133–155.

[11] Die ursprüngliche Version des Zitats von Eike von Repgow stammt wahrscheinlich von Honorius Augustodunensis *Speculum ecclesiæ* in: MIGNE (Hrsg.), Patrologia Latina, Bd. 172, 1854, Sp. 815 f.

„*Spegel der Sassen*‘
Scal dit buk sin genant,
went Sassen recht is hir an bekant,
Alse an eneme spegele de vrowen
er antlite scowen“[12]

In der Einleitung findet sich im Zusammenhang mit der Verfluchung eines Fälschers ein Hinweis auf einen biblischen Bezug:

„[...] *Unde de valsch hir to scriven:*
diu meselsucht mut en bekliven,
Alse siu Jezi gedede
van Heliseus gebede,
Dar ave Naaman wart irlost.“[13]

Am Ende des Prologes ist in mehreren Sätzen ein biblischer Bezug zu finden. Es wird überblicksmäßig die Geschichte von Adam bis zu den Kaisern Konstantin und Karl dem Großen erzählt, die sich auf das Werk *Historia Scolastica* von Petrus Comestor[14] zu beziehen scheint. Diesen Bezug halten wir darum für wichtig, weil das Werk von Petrus Comestor zum Lehrmaterial der franziskanischen Bildung gehört.

Die Einleitung des Schwabenspiegels ist auffallend lang und besonders reich an biblischen Bezügen. Das ist der Grund, weswegen sie hier erörtert wird, denn sie weicht grundlegend von der Gattung der rechtlichen Regeln ab, die das Grundmaterial der Sammlung darstellen. In der Einleitung wird die Urgeschichte der Schöpfung (1–10.f), die Geschichte der Patriarchen von Esau bis Jakob (11–50), verfolgt. Die Geschichte des ägyptischen Josef und des menschlichen Hauptakteurs im Buch des Exodus – Moses – bekommen im selben Absatz Platz. Im Weiteren ist die Zusammenfassung nicht mehr so chronologisch, ist der Bezug auf Elias (Ilja, Elizeus) der Geschichte des Königs David vorangestellt. Von den Vertretern der jüdischen Monarchie werden David, Salomon und Roboam vorgestellt. Im Weiteren werden die Bücher von Judith und Esther zusammengefasst, und es wird auf das Buch der Makkabäer hingewiesen, die in der Bibel als Helden des Glaubens gelten. Aus der Zusammenfassung selbst ist eher auf einen geübten Theologen als auf einen Juristen zu schließen, ihr Stil kommt dem einer Predigt nahe. Der Gesichtspunkt der Auswahl wird vom Verfasser am Anfang des Überblickes mitgeteilt:

---

[12] EIKE von Repgow, Sachsenspiegel Landrecht, 1973, S. 43.

[13] Ebd., S. 47; vgl. 2. Könige 5,14. Elisa heilt den syrischen Naaman.

[14] Zu Petrus Comestor siehe: MIGNE (Hrsg.), Patrologia Latina, Bd. 198, 1855, Sp. 1055. Petrus Comestor (* um 1100–1179), Theologe und Exeget, der erste Glossator von Petrus Lombardus. Im Jahre 1158 war er Student von Petrus Lombardus in Paris, später, zwischen 1168 und 1178, lehrte er an der Universität und war Kanzler von Notre Dame. Im Jahre 1178 zog er sich ins Kloster St. Victor zurück, vor seiner Ernennung zum Kardinal wurde er jedoch krank und starb bald darauf.

„[…] *des ersten shulle wir ev nennen die herren den der almechtige got gewalt vnd gericht enphalch auf ertreich in der alten e. wan diz puch durch triwe vnde durch warheit vnd durch den seldhaften vride vnd durch den steten vride vnd durch recht gericht erdacht ist. dar vmme so welle wir vnd shullen von alleme rechte die des ersten nennen den der almechtigot den steten vride vnd recht gerichte in der alten e. ir stet* […].“ (Buch der Könige)[15]

Die biblische Orientierung ist nicht nur für den Schwabenspiegel, sondern auch für diese Epoche als solche charakteristisch, weil sich das Interesse an der Bibel nicht nur unter den häretischen Bewegungen, sondern auch in der katholischen Kirche, besonders im Franziskanerorden verstärkte. Thomas von Aquin versuchte in seiner *Catena Aurea* die patrologische Kommentarliteratur zusammenzufassen, er schrieb Kommentare über das Buch Hiob und über die Klagelieder sowie über das ganze Neue Testament die Katenenkommentare (1252–1256).

Die Franziskaner interessierten sich – wegen ihres Begründers, des Heiligen Franziskus von Assisi – in dieser Epoche intensiver für die Bibel als für das Kirchenrecht. Interessanterweise wurde das Alte Testament im Reformkloster St. Victor in Paris aufgrund der hebräischen Manuskripte studiert, die den Mönchen von den örtlichen jüdischen Gemeinden geliehen wurden. Aus diesem Kloster wird hier nur ein berühmter Autor erwähnt, Andreas von St. Victor († 1175). Darüber hinaus sollte Petrus Lombardus (1100–1160) angeführt werden, der auch ein Sentenz-Buch mit biblischen Bezügen geschrieben hat. Ein weiteres wichtiges Werk ist der Kommentar der Apokalypse des Johannes von Joachim von Fiore (1135–1202), der die zeitliche Feststellung des Beginns des Mittelalters durch die katholische Kirche grundsätzlich beeinflusst hatte.

5. Volksredner und Werber für die Rechtssammlung

Diese Einführung wurde von den Historikern von Anfang an mit dem franziskanischen Volksredner Berthold von Regensburg[16] in Verbindung gebracht.

Berthold von Regensburg (ca. 1200/1210–1272), Franziskanermönch, war der größte Volksredner des Mittelalters. Um das Jahr 1206 herum trat er dem Franziskanerorden in Regensburg bei und studierte von 1231 bis 1235 wahrscheinlich in Magdeburg. Vom Jahre 1240 an war er Volksredner in Augsburg, und 1246 wurde er Visitator der franziskanischen Frauenklöster in Regensburg und Umgebung. In den Städten erfuhr er den Zerfall der Moral und fing an als Bußprediger zu arbeiten. Nach unserem Wissen stand er von 1250 an mit dem bayerischen Herzog Otto II. in gutem Kontakt, und es ist möglich, dass ihm der Herzog auf den Predigtwegen geholfen hat.

---

[15] ECKHARDT (Hrsg.), Schwabenspiegel Langform M. Tractavit, 1971, S. 68.

[16] OECHSLIN WEIBEL, „Ein übergülde aller der saelikeit …“, 2005.

Er pflegte gute Kontakte zu seinem Freund, dem Augsburger Franziskaner und Mystiker David[17], der früher vielleicht sein Novizenmeister war. In den Jahren 1254–55 predigten sie auch in Speyer und in der Schweiz, Berthold in den Kantonen Aargau, Thurgau, Konstanz und Grisons. Später führte Bertholds Weg ins Rheingebiet.

Im Jahre 1260 machte Berthold eine Predigtrundreise durch Süddeutschland, Böhmen, Schlesien und Thüringen. Im Laufe seiner Reisen verständigte er sich mit seinen slawischen Zuhörern durch Dolmetscher. Laut einiger Quellen besuchte er auch Ungarn.[18] Seine Predigtwege standen wahrscheinlich mit den Vorbereitungen des Kreuzzuges von Papst Urban IV. in Verbindung, der im Jahre 1263 angekündigt wurde. Abt Hermann in Niederaltaich schrieb über ihn, dass er im Besitz unvergleichlicher Fähigkeiten war.

Er war so ein hervorragender Redner, dass die Kirche für seine Zuhörerschaft nicht mehr groß genug war.[19] Man musste im Freien eine Holztribüne aufstellen lassen, damit er vor den vielen Tausend Menschen predigen konnte. Papst Urban IV. hat den hervorragenden Redner mit Albertus Magnus zusammen auf einen Predigtfeldzug gegen die Ketzerei des Valdes geschickt. Ein Zeichen der Popularität seiner Predigten ist, dass sie nicht nur in Wort, sondern auch in Schrift verbreitet wurden, viele schrieben sie begeistert nach. Dem ist es zu verdanken, dass 70 deutsche und 400 lateinische Predigten auf uns gekommen sind, die die reichste Quelle der mittelalterlichen Kulturgeschichte und der Bibelauslegung aus katechetischem Zweck darstellen.

Berthold war eine sehr komplexe Persönlichkeit, mehrmals schlug er vor, sich nicht um die Priester zu kümmern, allein das Gebet und die Einhaltung des Glaubensbekenntnisses seien genügend. In zahlreichen Fällen gab er auch politische Erklärungen ab und trat gegen unanständige Gerichte und gerichtliche Verfahren auf. Aufgrund der Predigten, die auf uns gekommen sind, scheint er ein besonders kluger Mensch mit sehr lebendigem Geist gewesen zu sein. Seine lateinischen Predigten sind stilistisch ziemlich einfach, er kümmert sich nicht viel um die richtige Anwendung der klassischen Sprachregeln. In seinen Reden sind auch Humor und Spiel zu entdecken, in zahlreichen Fällen wendet er die Volksetymologie an, und er zitiert neben den theologischen Autoritäten gerne auch zahl-

[17] David von Augsburg, franziskanischer Prediger und Mystiker. Er ist um 1200 wahrscheinlich in Augsburg geboren und 1272 auch dort gestorben. – Er ist der erste deutsche Franziskaner, der mehrere Jahre in Regensburg verbrachte. Später, im Jahre 1243, wurde er in Augsburg Novizenmeister, vielleicht auch für Berthold von Regensburg. Er war einer der ersten deutschen Wanderprediger, der in ganz Süddeutschland mit seinem Freund und Ordensbruder Berthold von Regensburg predigte. Er wird für den ersten deutschsprachigen Mystiker gehalten. DAVID ⟨de Augusta⟩, Pia et devota opuscula, 1596; DAVID ⟨de Augusta⟩, De exterioris et interioris hominis compositione secundum triplicem statum incipientium, proficientium et perfectorum libri tres, 1902.

[18] Berthold fungierte auch als ‚Nachrichtenagentur', da er als Erster die Bewohner des Abendlandes vor der tatarischen Gefahr warnte.

[19] Der Legende nach predigte Berthold ca. 8–12 Millionen Menschen.

reiche in seiner Epoche bekannte Gedichte. Auf seinen Predigtreisen hat er für verschiedene Schichten der Gesellschaft gepredigt, den einfachen Menschen genauso wie den reichen Stadtbürgern und den Adligen. Auch damit sind unter anderem die lateinischen und volkssprachigen Variationen seiner Predigten zu erklären. Seine letzten Lebensjahre hat er wieder in Regensburg verbracht.

6. Funktion der Beziehung zwischen Bertold und der Einführung des Schwabenspiegels

Nach Nehlsen von Stryk wurde der Schwabenspiegel zwischen 1275/76 in Augsburg[20] verfasst, teilweise wohl von den Augsburger Franziskanern. Diese Tatsache ist deswegen interessant, weil die Franziskaner das Recht weniger pflegten, ihre Bildung war eher biblisch geprägt, und sie hatten vor, die Ketzer von Armutsbewegungen (Waldenser, Hussiten) durch Predigten zur Kirche zurückzuführen. Die Ähnlichkeit zwischen dem Schwabenspiegel und den Texten des David von Augsburg wurde von F. Pfeiffer nachgewiesen,[21] auch über Gemeinsamkeiten mit den Reden Bertholds von Regensburg können wir bei Pfeiffer/Strobl lesen.[22] Es ist auffallend, dass sich der Schwabenspiegel sehr rasch in dem Gebiet verbreitet hat, in dem Berthold von Regensburg predigte.

Aufgrund der obigen Ausführungen bin ich der Meinung, dass wir behaupten können, dass Berthold von Regensburg mit der Einführung des Schwabenspiegels etwas zu tun hatte. Zur Popularisierung einer solchen rechtlichen Sammlung konnte man kaum einen geeigneteren Menschen finden als Berthold von Regensburg, der mit seiner persönlichen Autorität den moralischen Wert der Sammlung garantieren konnte. Ihre Einführung galt sowohl den Sympathisanten der oberen Kirchenkreise als auch den Rebellen gegen die Fürsten als gute Empfehlung. Im Mittelalter wurden die Rechte und Privilegien der Fürsten durch Briefe des Papstes oder durch alte Urkunden sakral gerechtfertigt. Das war bei einem neuen Rechtsbuch nicht möglich.

Obwohl der Schwabenspiegel erst nach dem Tode Bertholds von Regensburg erschienen ist, konnte eine Person wie Berthold von Regensburg meines Erachtens die Verbreitung dieses Werkes durchaus begünstigen, da er zugleich ein erfolgreicher Volksredner und ein Bekannter des bayerischen Herzogs war.

---

[20] Die Augsburger Minoriten haben einige Studien in Magdeburg absolviert, aber Augsburg blieb weiterhin das Bildungszentrum der Franziskaner.

[21] Siehe auch STOBBE, Geschichte der deutschen Rechtsquellen, Bd. 1, 1860.

[22] „*wan er shom selbe von himelriche vf ertriche durch anders niht wan durch dem rehten wride*" – Siehe Predigt von Berthold Nr. XVII (BERTHOLD von Regensburg, Vollständige Ausgabe seiner Predigten, Bd. 1 [Predigten 1–36], 1965 [1862], S. 237).

Blazovich László (Szeged/Ungarn)

Die Wirkung des Schwabenspiegels in Ungarn*

Wie bekannt ist, eroberte der Schwabenspiegel von Augsburg aus zunächst Schwaben und die Schweiz, dann setzte er seinen Weg in Richtung Osten über Österreich, Böhmen und Mähren im Donauraum fort bis nach Siebenbürgen. Die zwei äußersten Stationen dieses Weges markieren die Exemplare in Kaschau (Kassa, Košice) und Hermannstadt (Nagyszeben, Sibiu).[1] Sicherlich waren auch in den bedeutenden mittelalterlichen Städten der besagten Regionen Bände des Schwabenspiegels vorhanden, die mit dem Geist in ihren Artikeln auch die umliegenden Territorien beeinflusst haben. Auf diese Weise erlangte das Werk eine Art Popularität, manche seiner Regeln wurden sogar ohne die eigentliche Kenntnis des Originals in Städten außerhalb der feudalen Welt angewandt.

Im mittelalterlichen ungarischen Königreich haben sich hinsichtlich des Stadtrechts zwei Rechtsgebiete herausgebildet. Nördlich der Linie Wien-Pressburg-Buda-Kaschau sind der Sachsenspiegel und das Magdeburger Recht nachweisbar,[2] südlich davon der Schwabenspiegel. In die erste Region, vor allem in die Zips, kam das Magdeburger Recht über Breslau und Krakau, während sich das süddeutsche Recht entlang der Donau in Richtung Osten verbreitete.

Zwischen diesen Rechtsgebieten gab es aber keine scharfe Grenze, wie das Bündnis der fünf oberungarischen Städte im 16. Jahrhundert belegt. In dem von den Mitgliedern der Pentapolis (Bartfeld [Bardejov, Bártfa], Preschau [Prešov, Eperjes], Kaschau, Kleinseben [Sebino, Kisszeben], Leutschau [Levoča, Lőcse]) verwendeten Recht vermischten sich Elemente beider großer Rechtstraditionen.[3] Dieses von ihnen adaptierte und bei ihnen angewandte Recht übernahmen dann die Marktflecken in der Tokajer Weingegend, darunter auch die Stadt Gönc mit ihren deutschen Einwohnern, und dies beweist, dass sich das Recht der Pentapolis in den südlichen Marktflecken verbreitet hatte.[4]

---

* Redaktionell überarbeitete Fassung der Erstveröffentlichung (Blazovich, Die Wirkung des Schwabenspiegels in Ungarn, in: Acta juridica et politica 71, Fasc. 17.3 (2008), S. 531–543).

[1] Johanek, Schwabenspiegel, in: Verfasserlexikon, Bd. 8, 21992, S. 896–907; Meier, Piirainen, Der Schwabenspiegel aus Kaschau, 2000; Lindner (Hrsg.), Az Altenberger-féle Codex / Der Codex Altenberger, 1885, S. IV; Gönczi, Carls, Sächsisch-magdeburgisches Recht in Ungarn und Rumänien, 2013, S. 133.

[2] Lück, Zur Rezeption des sächsisch-magdeburgischen Rechts in Osteuropa, in: Bremer (Hrsg.), Grenzen überschreiten, 2001, S. 21 f.; ders., Einführung: Das sächsisch-magdeburgische Recht als kulturelles Bindeglied zwischen den Rechtsordnungen Ost- und Mitteleuropas, in: Eichler, Lück (Hrsg.), Rechts- und Sprachtransfer in Mittel- und Osteuropa, 2008, S. 21–23. Frühere einschlägige Arbeiten in den Fußnoten angeführt. Piirainen, Auswirkungen des Magdeburger Rechts auf die Gesetzgebung des Spätmittelalters und der Frühen Neuzeit in der Slowakei, in: Eichler, Lück (Hrsg.), Rechts- und Sprachtransfer in Mittel- und Osteuropa, 2008, S. 182–205.

[3] Blazovich, Das Ofner Stadtrecht und die Rechtsbücher von Ungarn, in: Eike von Repgow, A Szász tükör [Sachsenspiegel ⟨ungar.⟩], 2005, S. 95.

Als erstes Rechtsbuch im mittelalterlichen ungarischen Königreich wurde, wie bekannt, im Jahre 1370 von einem Unbekannten die Zipser Willkür zusammengestellt. Das Werk entstand unter dem Einfluss des Sachsenspiegels. Das Ofner Stadtrecht wurde eine Generation später, um 1404–1405, begonnen, und die ersten 403 von insgesamt 445 Artikeln stellte sein Autor höchstwahrscheinlich bereits in der ersten Hälfte der 1410er Jahre fertig. Die Entstehungszeit der sonstigen Artikel, die für unser Thema hier nicht relevant sind, ist demgegenüber genau festzustellen.[5]

Als erste Person unter den Autoren des Rechtsbuches identifizierte Károly Mollay Johannes Siebenlinder, den aus Siebenlinden (Héthárs) bei Preschau stammenden Ofner Geschworenen.[6] Dieser nennt gleich im ersten Artikel als Quellen des Werkes die königlichen Privilegien, die Urteile des Stadtgerichtes, das Gewohnheitsrecht und allen voran das Magdeburger Recht:

> „*Hye hebet sich an das Rechtpuech nach Ofnerrstat Rechten, Vnd mit helet in etlichen dingen oder stugken Maidpurgerischem rechten, Vnd ist geschriben nach allen ausgesprochen vrtaillen vnd nach gueterr löblicher gewonhait, Vnd allermaisten nach sag hantfestlicherr prieff, Damit dÿ selbe Ofenstat gestifft, gefreyet und pegabet waredenn ist von manigen künigen vnd fürsten des lands zu Vngeren.*“[7]

Die Sache ist aber etwas komplizierter.

Die Quellen des Rechtsbuches wurden zuerst von den in der deutschen Philologie der ersten Hälfte des 19. Jahrhunderts geschulten Professoren des Pressburger Lyzeums, Endre Michnay und Pál Lichner, in ihrer Edition aus dem Jahre 1845 erschlossen.[8] Diese philologische Arbeit setzte Néda Relković fort.[9] Bei der Übersetzung des Rechtsbuches ins Ungarische sowie bei der Zusammenstellung des Apparats wurden die einzelnen Quellenangaben überprüft.[10] Aufgrund dessen ist festzustellen, dass sowohl der Sachsenspiegel als auch der Schwabenspiegel ganze Artikel enthält, die keinen Eingang in das Ofner Stadtrecht gefunden haben. Ferner stellte sich heraus, dass die zwei deutschen Rechtssammlungen nur indirekt durch ihren Geist gewirkt haben. Wo ein Artikel aus dem Sachsenspiegel hinter dem jeweiligen Artikel steckt, sind die einschlägigen Regeln jener Stadt-

---

[4] Nach mündlicher Information von Sándor Hauser und István Orosz.

[5] BLAZOVICH, SCHMIDT (Hrsg., Übers.), Buda város jogkönyve, Bd. I, 2001, S. 26, deutschsprachig S. 142.

[6] MOLLAY (Hrsg.), Das Ofner Stadtrecht, 1959, S. 21 f.

[7] Ebd., Nr. 1, S. 58. Zitiert bei LÜCK, Einführung: Das sächsisch-magdeburgische Recht als kulturelles Bindeglied zwischen den Rechtsordnungen Ost- und Mitteleuropas, in: EICHLER, LÜCK (Hrsg.), Rechts- und Sprachtransfer in Mittel- und Osteuropa, 2008, S. 21; GÖNCZI, CARLS, Sächsisch-magdeburgisches Recht in Ungarn und Rumänien, 2013, S. 105–112.

[8] MICHNAY, LICHNER (Hrsg.), Ofner Stadtrecht von MCCXLIV-MCCCCXXI/Buda városának törvénykönyve MCCXLIV-MCCCCXXI-ből, 1845.

[9] RELKOVIĆ, Buda város jogkönyve, 1905.

[10] BLAZOVICH, SCHMIDT (Hrsg., Übers.), Buda város jogkönyve, Bd. II, 2001.

rechte zu finden, die sich am Sachsenspiegel orientiert hatten, wie zum Beispiel die Stadtrechte von Halle, Iglau oder das schlesische Rechtsbuch: Art. Nr. 255, 261, 270, 285, 334, 347. Im Falle des Schwabenspiegels ist von dem gleichen Phänomen zu berichten, nur sind es hier die Stadtrechte von Wien, Wiener Neustadt und Pressburg: Art. Nr. 205, 295, 298, 322, 323, 330.[11] Die Untersuchung weiterer Rechtsbücher würde zu einem ähnlichen Ergebnis führen.

Die im vorliegenden Beitrag zu formulierenden Behauptungen und Feststellungen konzentrieren sich auf den Schwaben- und den Sachsenspiegel, von der Analyse sonstiger Quellenbeziehungen sehen wir diesmal jedoch ab. Im besagten Rechtsbuch gibt es 76 Stellen mit Berufung auf die zwei Rechtsquellen, in wenigen Fällen nur auf eine von beiden. Ferner gibt es in unserem Rechtsbuch 35 Artikel, die einen Artikel als Grundlage haben, der in beiden Rechtsquellen vorhanden ist. Spuren des Sachsenspiegels finden sich in 15, während die des Schwabenspiegels in 26 Artikeln nachzuweisen sind.[12] Sowohl die zwei Rechtsbücher als auch die in deren Nachfolge stehenden Rechtssammlungen lassen sich in ihrer Wirkung belegen, die Zahlen deuten jedoch auf einen stärkeren Einfluss des Schwabenspiegels hin. Diese Feststellung lässt sich mit dem sogenannten Register vor der Beschreibung der jeweiligen Regeln untermauern, bei dessen Erstellung die *Tabulæ* als eine Art Inhaltsverzeichnis als Vorlage gedient haben. Etwa ein Drittel jener Artikel, die mit den Quellen in Beziehung gebracht werden können, behandeln das Strafrecht, in je 20% werden prozess- und eigentumsrechtliche (z. B. nachbarschaftsrechtliche) Fragen berührt und jeweils 10% machen Artikel über Obligations- und Erbrecht sowie Stadtfrieden aus. In den übrigen Artikeln geht es um sonstige Themen, die den heutigen fachrechtlichen Kategorien nicht zugeordnet werden können.

Der Verfasser des Sachsenspiegels ging in seinem Werk auf das Stadtrecht bekanntlich nicht ein, daher sind auch weniger Artikel auf sein Werk zurückzuführen. Das wird wohl auch die Erklärung für die im Vergleich zum Schwabenspiegel geringere Zahl der selbständig erscheinenden Artikel sein. Fünf davon enthalten in Westeuropa allgemein verbreitete strafrechtliche Artikel, zwei prozessrechtliche, fünf Artikel Nachbarschaftsrecht, und die übrigen drei sind nach dem heute üblichen Fachrecht schwer zu kategorisieren. Die Regeln bezüglich des Nachbarschaftsrechts sind in Eikes Werk unter den Artikeln über das Dorfrecht zu finden.

Unter den Artikeln über das Allgemeinrecht im Ofner Stadtrecht gibt es einige, die mit Artikeln im Schwabenspiegel zu verbinden sind, so zum Beispiel die Artikel über die Wahl der zwölf Geschworenen oder der Ratsherren. Diese zu analysieren ist nicht nötig, denn – wie bekannt – belief sich die Zahl der Ge-

[11] DIES. (Hrsg., Übers.), Buda város jogkönyve, Bd. I, 2001, S. 54.

[12] DIES. (Hrsg., Übers.), Buda város jogkönyve, Bd. II, 2001, S. 303–305, 316, 318, 326, 397–400, 404, 411, 416, 420f., 429–432, 435, 442, 446–453, 455f., 458, 460f., 463–465, 468–470, 472f., 476, 479, 481f., 484f., 488–492, 494–497, 503f., 508f., 511, 518f., 522–525.

schworenen im mittelalterlichen Ungarn sowohl in den Städten als auch in den Marktflecken auf zwölf.

Schwabenspiegel	*Ofner Stadtrecht*
„*Ez ist etewa gewonheit daz man zwelf man nimpt die dem richter helfen richten. und die heizent shephen. die selben shullen weise leute sin.*"[13]	„*Von alterr gewonhait Vnd von alten rechten süllen dy deütschn zehen man Vnd dy Vngeren zwen zu dem Rat erkiesen, dy dem Richterr süllen Helffen das recht zu pesitzen und aus sprechenn.*"[14]

Gleichfalls finden sich Übereinstimmungen in Artikeln über die Öffnungszeiten der Geschäfte:

„*Wir gepieten daz an dem svntage niemant nicht vailes habe den ezzen vnde trinken.*"[15]	„*Es schol keyn hantwercher mit offen laden an den pan feir tagen kainerlay nichtcz fail haben,* [...]."[16]

Beide Rechtsbücher schreiben die Ausstellung einer Urkunde mit Siegel vor, um dem Rechtsstreit bezüglich der Benutzung von Urkunden und des Stadtsiegels vorzubeugen:

„*Swaz ein man mit kinden vnd mit weiben ze shaffen hat mit erbeteil vnd mit leipgedinge oder mit wem er icht ze shaffen hat vm so getane dink da uon wol krieg kumen mac da shol er hantvest vber nemen vnd geben mit der stat insigel.*"[17]	„*Keyn kauffen nach verkaufen Nach verphendung sol nicht mugen geschen dan nürt mit der stat prif allein. Vnd was mit andern priefen geschicht, das wider bindet nach nicht kraft hat.*"[18]

Darüber hinaus gibt es in beiden Rechtsbüchern noch weitere miteinander zusammenhängende Artikel über die Wahl des Stadtrichters sowie über den vor dem Stadtrat zu leistenden Eid, die an dieser Stelle jedoch nicht zitiert werden.

Wir gehen zum Eigentumsrecht über, und vor allem zur Darstellung der vermögensrechtlichen Situation der Familie sowie des Extravermögens der Frauen. Hinsichtlich der Vermögenssituation der Frau in der Ehe entwickelten sich jeweils unterschiedliche Verhältnisse im Adels-, Leibeigenen- und eben im Stadtrecht. Die Besitzverhältnisse des schwächeren Geschlechts wurden innerhalb des adeligen Rechts durch die Sonderrechte der Frauen bestimmt. In den Städten entstanden zwei Formen der Vermögensgemeinschaft im Rahmen des familiären Ver-

[13] ECKHARDT (Hrsg.), Schwabenspiegel Langform M. Tractavit, 1971, Nr. 172.
[14] MOLLAY (Hrsg.), Das Ofner Stadtrecht, 1959, Nr. 27.
[15] ECKHARDT (Hrsg.), Schwabenspiegel Langform M. Tractavit, 1971, Nr. 363a.
[16] MOLLAY (Hrsg.), Das Ofner Stadtrecht, 1959, Nr. 298.
[17] ECKHARDT (Hrsg.), Schwabenspiegel Langform M. Tractavit, 1971, Nr. 313 II.
[18] MOLLAY (Hrsg.), Das Ofner Stadtrecht, 1959, Nr. 201.

mögensrechts: Die eine war die Verwaltungsgemeinschaft, in der das Extravermögen seinen ursprünglichen Status beibehielt, das Vermögen der Ehefrau oder der Kinder jedoch vom Ehemann verwaltet wurde; die andere war die Vermögensgemeinschaft, in der das von den Ehegatten besessene Vermögen zum gemeinsamen Besitz wurde.[19] Im Laufe der Zeit differenzierten sich mehrere Varianten dieser zwei Gruppen heraus. Wir sind der Meinung, dass in dem sich am Schwabenspiegel orientierenden Ofner Recht und dem darauf basierenden Tavernikalrecht die erste Variante zur Geltung kam. In den Rechtsbüchern steht Folgendes:

> „*Unde ein vrowe einem man hat der vbel geraten ist vnd wil in ir gut ane werden daz ir vater oder ander ir frivnde gaben si mag ez mit rechte wol versprechen vnd beheben. sie shol varen fůr einen richter.*“[20]

> „*Eŷn weib ist gewaltig wider ires mannes willen zu geben ader zu schaffen ir aigen hab sŷe hath vonn iren eltern ader von eŷnem andern man wem sŷ wil* [...].“[21]

Wegen fehlender Quellen sind uns aus der Rechtspraxis weder Angaben noch Beispiele über das Extravermögen der Frauen in Buda bekannt, während man in den Stadtprotokollen der nach dem Ofner Recht lebenden Städte jedoch solche findet. Über Pressburg stellte János Király aufgrund der überlieferten Stadtprotokolle fest, dass das Vermögen, das die Frau in die Ehe einbrachte oder während der Ehe durch Erbschaft oder sonstige Begründung erwarb, Eigentum der Frau blieb. Zwar wurde dieses Vermögen während der Ehe vom Ehemann verwaltet, blieb jedoch – zumindest was die Immobilien betrifft – Eigentum der Frau, über das sie frei verfügen konnte.[22]

> „*Es sint pey uns gestandn Im Rat, dye Erbn weysen hans Eyllaussm Rock und Andre Schorpach, payd' unss Rats, auch is fuer uns komen daselbs Andre Dorczt uns mitpurg' ze Kressburgk, und habn in pekent ayn gescheft, das dye Erbn fraw Pathrey, dye Andre Pernhertlin, uns Richterin in der Stat, ze wyen, als man sye von Prespurgk gen wyen und dyenczt gefuert hat, gethan und gescheft hat. – Hat dye selbig fraw Kathrey mit wolmuigiger v'nnunft und guetn wissn und willn geschafft und gelassen dem Eben-an(ten) Andre Bnhertel irem Kannwirt All das guet das sye angehört zu dem vorben-an(ten) iren man pracht hat und auch von ir muet.seligen gestorbn und gefalln ist. Es sey erbleich oder farund, wye das genant ist nichts ausgenomen, gancz und gar ze habn, ze pesiczn und damet thuen und lassen on alle irsal, als mit irem Rechtn aygn erb und guet, und das dye eben (gen)an. fraw das gescheffi also than hat und dem also seyn, habnt sye das fuer uns inpekent pey iren trewn an ayd stat und an gefer.*“[23]

---

[19] BRAUNEDER, Eheliches Güterrecht, in: ²HRG, Bd. 1, 2008, Sp. 1216–1221.

[20] ECKHARDT (Hrsg.), Schwabenspiegel Langform M. Tractavit, 1971, Nr. 76.

[21] MOLLAY (Hrsg.), Das Ofner Stadtrecht, 1959, Nr. 397.

[22] KIRÁLY, Pozsony város joga a középkorban, 1894, S. 104.

[23] Ebd., S. 104, Anm. 2.

Im mittelalterlichen ehelichen Vermögensrecht der Stadt Pressburg galt also nicht die Vermögensgemeinschaft, sondern die Verwaltungsgemeinschaft, ähnlich dem fränkischen oder bayrischen Recht.[24]

In Ödenburg (Sopron) sah es wie in Pressburg aus. Innerhalb der Familie verwaltete der Mann das Vermögen, die Frau behielt jedoch ihr Extravermögen. Ein Beispiel dafür aus dem Jahr 1460: Die Ehefrau von Peter Kastner vererbte ihrem Mann und ihren Kindern ihren Weingarten bei Saubrunn und bestimmte, dass die betreffende Urkunde ins Gerichtsbuch eingetragen werden solle. Ein ähnliches Beispiel für das Extravermögen der Frau sowie für einen Unterhaltsvertrag aus dem gleichen Jahr liefert der Fall, in dem die Witwe von Paul Sinnig ihrer Tochter Dorothea in einem Vertrag vor dem Stadtmagistrat mehrere Immobilien übereignete, damit diese sie bis zu ihrem Tod versorge und sich um sie kümmere.[25]

Ebenfalls für das Extravermögen der Frau steht der nachfolgende Fall, in dem im Jahre 1467 von zwei Personen bezeugt wurde, dass die verstorbene Mutter dem Schwiegersohn in spe die Hälfte des Hauses in der Mészáros (Metzger) Straße als Mitgift versprochen habe. Darüber hinaus stehen im Gerichtsbuch zahlreiche Beispiele von Frauen, die als Eigentümerinnen von Nachbargrundstücken bezeichnet werden. Laut Zsuzsa Tamási-Tóth bildete der ein kontinuierliches Einkommen sichernde, aber auch leicht zu veräußernde Weingarten den Großteil des Frauenvermögens, während die wertvollen Mobilien wie Schmuck eher den kleineren Teil ausmachten.[26]

Die Form der Verwaltungsgemeinschaft als Familienvermögensgemeinschaft wurde ins Tavernikalrecht[27] aufgenommen und kam über dessen Vermittlung in die Marktflecken. Dies belegt das Stadtrecht von Újlak, das das Tavernikalrecht übernommen hatte. Die Artikel 3–5 im Band IV halten dies fest:[28]

> „*Wenn ein Mann heiratet und seiner Frau bei Dabeisein von angesehenen Bürgern Immobilien, das heißt irgendwelche Besitztümer als Brautgeschenk gibt oder verspricht, darf er diese weder an andere verschenken noch anderen übergeben, denn diese erbt die Ehefrau und besitzt sie für immer und ewig.*“[29]

> „*Wenn die Ehefrau von ihren Eltern ein Grundstück erbt, verfügt sie darüber voll und ganz. Sie darf es frei verkaufen oder vererben, zu Lebzeiten wie nach ihrem Ableben.*“[30]

---

[24] Ebd., S. 105.

[25] BLAZOVICH, Die Stadtbücher und das Ödenburger Gerichtsbuch, in: HÁZI, NÉMETH (Hrsg.), Gerichtsbuch/Bírósági könyv, 2005, S. 29f.

[26] TAMÁSI-TÓTH, Nők a soproni bírósági könyvben, in: RÉVÉSZ, HALMÁGYI (Hrsg.), Középkortörténeti tanulmányok, 2007, S. 183, 186.

[27] KOVACHICH (Hrsg.), Codex authenticus iuris tavernicalis statutarii communis, complectens monumenta vetera et recentiora partim antea vulgata, partim hactenus inedita, 1803, Nr. CXXV f.

[28] R. SCHMIDT (Hrsg.), Statutum civitatis Ilok anno MDXXV/Statut grada Iloka iz godine 1525, 1938.

[29] Ebd., S. IV, Nr. 3.

[30] Ebd., S. IV, Nr. 4.

„Wenn der Ehemann von seinen Eltern ein Grundstück oder Sonstiges erbt, verfügt er darüber voll und ganz. Er darf es frei verkaufen oder vererben, zu Lebzeiten wie nach seinem Ableben.“[31]

Újlak (Ilok) wurde königliche Stadt. Der neu erworbenen Rechte konnten sich die Bürger jedoch nicht lange erfreuen, denn 1526 wurde die Stadt von den Türken erobert.[32] Da das Stadtarchiv zerstört wurde, sind keine Urkunden und Dokumente erhalten geblieben, die bezeugen könnten, wie die Regeln der Rechtsbücher in der Praxis funktionierten.

Debrecens Vergangenheit schlug eine andere Richtung ein. Im Mittelalter stand die Stadt auch unter der Oberhoheit des Königs, hauptsächlich war sie jedoch Teil der Dominien von Aristokraten, also Marktflecken. Die Stadtprotokolle sind seit 1547 überliefert. Zahlreiche Eintragungen belegen, dass in Debrecen die Institution des Extravermögens der Frau im Mittelalter erhalten blieb. Es folgen einige Beispiele dafür:

„Posztószövõ Vitus özvegye, Anna asszony vallotta: a mesterségbõl õt illetõ részt, amelyet a törvény szerint neki ítéltek volt, Jó (Joo) Benedeknek, a mi polgártársunknak eladta örökös joggal, hogy firól fira birtokolják.“[33]
[Frau Anna, die Witwe des Tuchmachers Vitus sagte aus: Ihren Anteil aus dem Handwerk, der laut Gesetz ihr zusteht, habe sie dem Mitbürger Benedek Joo verkauft, damit dieser von einem Sohn auf den anderen verebt wird.]

„Tót (Tóth) Mihály fiai: Benedek és Imre, valamint Mihály felesége közt a bíróság úgy határozott, hogy az asszonyt illeti a háza, mivel bizonyítva van, hogy férje végrendeletileg neki hagyta, és Benedek attól visszalépett.“[34]
[Das Gericht entschied im Streitfall zwischen den Söhnen Benedek und Imre von Mihály Tóth und dessen Ehefrau, dass das Haus der Frau zusteht, da bewiesen wurde, dass der Ehemann das Haus testamentarisch ihr vermacht hatte und Benedek darauf verzichtete.]

„Finta Ferenc felesége, Lucia asszony vallotta, hogy amit testvére, Torkos Ferenc neki végrendeletileg hagyott, abból Torkos Ferenc özvegye, Katalin fiaival és leányaival együtt õt kielégítette, miután a kielégítést felvette, Lucia asszony az említett Katalint leányaival együtt a jelen bizonyságlevél által felmentette és nyugtatta.“[35]
[Frau Lucia, die Ehefrau von Ferenc Finta, sagte aus, dass der Bruder, Ferenc Torkos in seinem Testament ihrer gedachte und seinem letzten Willen von der Witwe des Ferenc Torkos und dessen Kindern Folge geleistet wurde, und Frau Lucia wolle mit der vorliegenden Urkunde Witwe Katalin und ihre Töchter von all ihren Pflichten befreien und loslösen.]

---

31 Ebd., S. IV, Nr. 5.
32 Ebd., Einleitung, S. 7f.
33 Balogh I. (Bearb.), DVJ 1547, 1979, Nr. 93.
34 Ebd., Nr. 215.
35 Ebd., Nr. 453. Siehe: Ders. (Bearb.), DVJ 1548, 1981, Nr. 6, 24, 130, 179, 362 und die einzelnen Kapitel der weiteren Bände.

Mit dem ehelichen Vermögensrecht verknüpfte sich das Erbrecht, das ebenfalls eine Art Verbindung zwischen dem Schwabenspiegel und dem Ofner Recht nahelegt. Im Falle eines legitimen Erbes, wenn der Erblasser kein Testament hatte, erbten der überlebende Ehegatte sowie die Kinder (*per capite*) einzeln, das heißt jeder erbte unabhängig vom Geschlecht einen Teil. Anders formuliert heißt dies, dass der überlebende Ehegatte einen Kindesteil erbte. Im Schwabenspiegel bezieht sich dies nur auf die bewegliche Habe, später im Stadtrecht wurde diese Ansicht aber auch auf die Immobilien ausgeweitet, wie man es im Ofner Stadtrecht sehen kann.

Schwabenspiegel	*Ofner Stadtrecht*
„[...] *ist der uater on geshefte vervarn daz er nicht geshaft hot uon dem varnden gute so shol man der sele ir teil geben vnd shol dar nach gleich teilen vnder kint die vnauzgestevret sint.*“[36]	„*Stirbt ein man an geschefte Vnnd hat weib vnnd chinder, Alle seyn hab vnnd gutter sol man tailen ynn gleich tail. Dem weib vnd den chindern, Itczlichen alzo vil, also dem andern.*“[37]

Wie sich das legitime Erbe in Pressburgs Stadtrecht entwickelt hat, und zwar über die Nutznießung des Überlebenden hinaus, deren Rechtsinstitution auch in Ödenburg bekannt war, konnte selbst János Király anhand der Quellen nicht eindeutig beantworten. Unter den Fällen der testamentarischen Erbfälle stieß er aber auf Beispiele, die nach dem Muster aus den besagten Rechtsbüchern vor sich gingen. Der Pressburger Bürger Johann Lachtel vermachte nämlich sein gesamtes Vermögen seinen vier Töchtern Anna, Dorothea, Margarete und Barbara sowie seiner Ehefrau Kunigunde. Er gab als Bedingung an, dass, falls eine der Töchter vor ihrer Mündigkeit oder Hochzeit verstürbe, ihr Anteil den anderen Töchtern zufallen solle, und der Ehefrau somit ein Kindesteil zustehe („*vnd sein hawsfraw stet albeg an eyn kinds stat*“[38]).

Wenn wir bedenken, dass sich das testamentarische Erbe am legitimen Erbe orientierte, wird die Situation in der Stadt Pressburg mit Tavernikalrecht eine ähnliche gewesen sein wie in Buda/Ofen. Im Tavernikalrecht findet man übrigens Formulierungen, die den obigen sehr nahe kommen.[39] Das Gleiche erscheint auch im Rechtsbuch von Újlak, das sich am Tavernikalrecht orientiert. Es kann hin-

[36] Schwsp., Ldr. I. 5a.

[37] MOLLAY (Hrsg.), Das Ofner Stadtrecht, 1959, Nr. 313.

[38] KIRÁLY, Pozsony város joga a középkorban, 1894, S. 161 f.

[39] KOVACHICH (Hrsg.), Codex authenticus iuris tavernicalis statutarii communis, complectens monumenta vetera et recentiora partim antea vulgata, partim hactenus inedita, 1803, Nr. CXXVIII, S. 214. „*Si in quamcunque partem, in maritum, vel uxorem res quaecunque condescenderit, mobiles videlicet et immobiles, demptis vtensibilibus domus, tunc post mortem vnius vel alterius, scilicet viri et uxoribus, si proles habuerit, in superviuentem, per mortes vnius, hoc est, in virum vel uxorem, ac proles vita comite aequanimiter condescendunt, perpetuo iure possidendae.*“

zugefügt werden, dass bezüglich des väterlichen Teils des Erbes die schriftlich verfasste Form ihre Gültigkeit hatte.[40] In diesen Städten kannte man also den Begriff des Erbes für die Nach- wie auch für die Vorfahren.

> „*Ha bármelyik félre, akár a férjre, akár a feleségre bármilyen ingó vagy ingatlan dolgok szállnának, leszámítva a háztartási felszerelést, ti. a férjnek vagy feleségnek halála után, akkor a tovább élõ férjre vagy feleségre és az életben lévõ gyermekekre szállnak egyenlõképpen, örökös birtoklási joggal.*“[41]
> [Sollten irgendeinem Ehegatten, egal ob Mann oder Frau, abgesehen vom Hausrat, irgendwelche beweglichen oder unbeweglichen Güter nach dem Ableben des Ehemannes oder der Ehefrau zufallen, fallen diese dem überlebenden Ehegatten sowie den lebenden Kindern gleichermaßen und mit vererbbarem Besitzrecht zu.]

Vor dem Magistrat der Stadt Pest mit Tavernikalrecht setzte István Szegedi, der Gespan der Salzkammer Südungarns den oben geschilderten Regeln entsprechend sein Testament auf, und vermachte sein gesamtes, bewegliches wie unbewegliches Hab und Gut seinem Schwiegervater János Szentmihályi, dessen Ehefrau Katalin sowie seinen Kindern Ilona und Mihály, dem Meister der sieben freien Künste. Der Vorfahren konnte gedacht werden, weil seine Ehefrau nicht mehr am Leben war, während die Kinder noch nicht volljährig waren.[42] Aus unserem Beispiel geht hervor, dass der seinem Namen nach aus Szeged (wohl eine ‚Personalstadt') stammende Salzkammergespan über die gleiche Ansicht wie die Bürger der Tavernikalstädte verfügte, daher sind wir der Meinung, dass in einem Teil der Personalstädte ebenfalls das Ofner Recht wirkte. Für Szeged trifft das auf jeden Fall zu, zumal es in der Privilegienurkunde von 1498 sogar erwähnt wird.[43] In Leutschau, einer der Personalstädte, herrschte jedoch nicht das Ofner, sondern das Tavernikalrecht. Darauf kommen wir weiter unten zurück.

Aus dem bereits erwähnten Debrecener Protokoll können ebenfalls Beispiele für Erbfälle angeführt werden, in denen das Erbe gleichermaßen unter den Erben aufgeteilt wurde. Die Witwe von János Kalmár sagte 1548 vor dem Stadtrat aus, dass sie dem Sohn dessen rechtmäßigen Anteil aus dem väterlichen Erbe zukommen ließ.[44] 1349 fällte der Magistrat im Fall der Witwe von Dénes Hajnal kontra István Hajnal das Urteil, István dürfe seiner Mutter den Kindesteil nicht entziehen, da ihr der gleiche Anteil wie den Kindern zustehe. Die Frau und ihre Kinder traten ihre Anteile noch im gleichen Jahr an István Hajnal ab.[45]

---

[40] Vgl. ebd., Nr. CXXIV, S. 122.

[41] HEGEDÜS, Népélet és jogalkotás a középkori Újlakon, 1983, S. IV. Nr. 6.

[42] ÉRSZEGI, Adatok Szeged középkori történetéhez, in: Tanulmányok Csongrád megye történetéből 4 (1982), S. 28, Nr. 59.

[43] REIZNER, Szeged története, Bd. 4, 1900, S. 88. Übersetzung ins Ungarische von Gyula Kristó; OLTVAI, Szeged múltja írott emlékekben 1222–1945, 1968, S. 30f.

[44] BALOGH I. (Bearb.), DVJ 1548, 1981, Nr. 477.

[45] KOMORÓCZY (Bearb.), DVJ 1549, 1981, Nr. 295 und 304.

Das oben angeführte, im Schwabenspiegel lediglich auf die Mobilien, im Ofner sowie Újlaker Stadtrecht auch auf Immobilien bezogene legitime Erbrecht war bereits in den *Leges duodecim tabularum* vorzufinden, laut denen die unter der Vormundschaft des Ehemannes stehende Ehefrau (*uxor in manu*) sowie die männlichen wie weiblichen Kinder (*filius, filia familias*) jeweils einen gleichen Anteil geerbt hatten. Wenn ein *filius familias* beim Tod des Erblassers nicht mehr am Leben war, erbten die Enkel und die Schwiegertochter des Erblassers so viel wie der früher verstorbene Vater bzw. Ehemann geerbt hätte. Das auf der Grundlage des Prätorialrechts sowie später auf der Rechtsbildung der Kaiserzeit basierende *ius* änderte zwar etwas daran, wie z. B. dass unter den Erben die Mutter nicht mehr angegeben wird, im Wesentlichen wurden jedoch die zivilrechtlichen Prinzipien beibehalten.[46] All das macht darauf aufmerksam, dass die Mitglieder einer Hausgemeinschaft, die unter Obhut und Fürsorge des Vaters standen, alle einzeln geerbt haben. Diese Form bewahrte der Schwabenspiegel und tradierte diese Idee als die Ordnung des legitimen Erbes in das Stadtrecht weiter, wo sie in den erwähnten Städten des Landes bis zum Ende des Mittelalters gültig war.

In den Städten des mittelalterlichen Ungarns herrschte nicht nur das oben geschilderte Erbrecht. Auch in der Zipser Willkür hieß es, dass der überlebende Ehegatte und die Kinder erben, bei der Bestimmung der Anteile wurde jedoch eine andere Proportion befolgt. Der überlebende Ehegatte erhielt die eine Hälfte des Familienvermögens, während den Kindern die andere zustand. Diese zweite Hälfte wurde dann, wie wir dies an einer anderen Stelle dargelegt haben, gleichermaßen unter ihnen aufgeteilt.[47] Diese modernere Form der Erbordnung war im Zipser Leutschau gültig, wo bis heute mehrere handschriftliche Exemplare der Willkür aufbewahrt werden, sowie in Käsmark (Késmárk/Kežmarok), wo der Text der Willkür im Stadtprotokoll aus der Zeit zwischen 1333 und 1553 überliefert ist.[48] In diesen Städten sowie in dieser Region galt also nicht die Vermögensverwaltung als Grundlage für die Familiengemeinschaft, sondern die familiäre Vermögensgemeinschaft ist seit dem Spätmittelalter nachweisbar, bestand aber vermutlich auch schon viel früher, wohl schon bei der Ansiedlung der Deutschen.

Wie zu Anfang erwähnt, wurden in Kaschau und Hermannstadt handschriftliche Exemplare des Schwabenspiegels entdeckt. Eine Kopie des Ofner Stadtrechts wird in Pressburg aufbewahrt, ein anderes Exemplar stammt aus Kaschau, während ein drittes wahrscheinlich für die Stadt Klausenburg (Kolozsvár/Cluj Napoca) angefertigt wurde.[49] Es wird kein Zufall sein, dass diese zwei Rechtsbücher

---

46 JAKAB, MOLNÁR, Római jog, 2001, S. 382–387.

47 Siehe dazu BLAZOVICH, A Szász tükör és a Szepesség joga, in: EIKE von Repgow, A Szász tükör [Sachsenspiegel ⟨ungar.⟩], 2005, S. 57 f.

48 PIIRAINEN, ZIEGLER, Das älteste Gerichtsbuch der Stadt Käsmark / Kežmarok aus den Jahren 1533–1553, 1998; GÖNCZI, CARLS, Sächsisch-magdeburgisches Recht in Ungarn und Rumänien, 2013, S. 117–120.

49 Siehe *S. 13, Anm. 1* und Blazovich, „A budai jogkönyv és magyarországi jogkönyvek“ [Das Ofner Stadtrecht und die ungarischen Rechtsbücher] in: EIKE von Repgow, A Szász tükör [Sachsenspiegel ⟨ungar.⟩], 2005, S. 71 f.

in der gleichen Region bzw. Stadt zum Vorschein kamen. Beide überliefern die Langform des Schwabenspiegels.[50] Das Manuskript aus Kaschau beweist zum einen, dass der Schwabenspiegel in den Tavernikalstädten von Mal zu Mal zusammen mit dem Ofner Stadtrecht angewendet wurde, zum anderen steht das Exemplar in Hermannstadt als Beispiel dafür, dass in den südsiebenbürgischen sächsischen Städten neben dem Magdeburger Recht auch das süddeutsche gültig war. Auf welche Art und Weise dies in die Praxis umgesetzt wurde, zeigen die überlieferten Stadtprotokolle. Über die Kontakte zwischen Buda und Klausenburg berichtet ferner eine Urkunde von König Matthias aus dem Jahre 1488.[51] Die obigen Fälle sind exzellente Beispiele für den Rechtstransfer, der sich in den ungarischen Städten von West nach Ost abgewickelt hatte.

Aufgrund der obigen Darstellungen können mehrere Schlüsse gezogen werden. Vor allem kann festgestellt werden, dass die sehr aufwendigen und tiefgreifende wissenschaftliche Kenntnisse erfordernden philologischen Untersuchungen nicht ausreichen, wenn man feststellen möchte, welche Auswirkung das jeweilige Werk auf spätere Quellen ausgeübt hat. In unserem Fall stellte sich gerade aufgrund der Untersuchungen im Bereich des Familienvermögensrechts Folgendes heraus: Den entscheidensten Einfluss auf das Ofner Stadtrecht übten der Sachsen- und der Schwabenspiegel sowie die diese adaptierenden Stadtrechte aus, und zwar allen voran der Schwabenspiegel und seine Adaptionen. Die Hauptquellen für das Ofner Stadtrecht sowie für das Tavernikalrecht waren also der Schwabenspiegel und die in seinen Wirkungskreis gehörenden Stadtrechte. Die auf der Donau nach Buda gekommenen Bürger stammten hauptsächlich aus den süddeutschen Gebieten, es darf aber auch nicht ausgeschlossen werden, dass auch Einwanderer aus anderen Gegenden kamen, und zwar aus Regionen, wo das Recht des Sachsenspiegels gültig war. Sie werden – wie wir es vermuten – aus dem damaligen Oberungarn weiter nach Buda und Pest gezogen sein.

Es stimmt die frühere Behauptung – bezeugt durch Artikel über Familienvermögen und einzelne Rechtsfälle –, dass südlich der Linie Ödenburg-Pressburg-Buda-Kaschau im mittelalterlichen Ungarn der Schwabenspiegel und das daran anknüpfende Rechtssystem gewirkt hatte. Dies war keine scharfe Grenze, zumal die Städte Bartfeld und Eperjes zu den Tavernikalstädten gehörten. Ferner konnte ein bestimmtes Stadtrecht sogar Regeln aufweisen, die eine Mischung dieser beiden Rechtsfamilien darstellten, wie das im Falle von Buda ersichtlich wurde.

In der mittelalterlichen ungarischen Städtehierarchie unterscheidet András Kubinyi zwischen freien königlichen (Tavernikal-)Städten und königlichen Freistädten. Erstere bilden dabei eine Untergruppe der letzteren. Zur letzteren Gruppe gehören auch die Personalstädte sowie die siebenbürgischen sächsischen Städte

[50] OPPITZ, Deutsche Rechtsbücher des Mittelalters, Bd. 1, 1990, S. 37f.

[51] BLAZOVICH, A budai jog és Kolozsvár egy 1488-as oklevél alapján, in: COSTEA (Hrsg.), Oraşe şi orăşeni/Városok és városlakók, 2006, S. 342–348.

mit Klausenburg und den königlichen Bergstädten. Als weitere Kategorie sieht er die freien Städte unter der Oberhoheit eines Großgrundbesitzers sowie die Marktflecken.[52] Unsere Analyse trägt zu der Untersuchung der einzelnen Kategorien einen neuen Aspekt bei. In den königlichen Freistädten sowie den Städten eines Grundherrn (siehe Debrecen, Käsmark, Újlak) baute das Familienvermögensrecht auf der Basis des Stadtrechts auf, während in den Marktflecken das Erbrecht der Leibeigenen galt.[53] Selbstverständlich gab es auch Ausnahmen.

Der Schwabenspiegel spielte zusammen mit dem Ofner Stadtrecht eine ausschlaggebende Rolle im Rechtstransfer unter den ungarischen mittelalterlichen Städten von West nach Ost und trug dadurch neben anderen wesentlich dazu bei, dass sich das Land der westeuropäischen Kultur anschloss.

---

[52] KUBINYI, Városfejlődés és városhálózat a középkori Alföldön és Alföld szélén, 2000, S. 7–14; DERS., „Szabad királyi város" – „királyi szabad város"?, in: Urbs. Magyar várostörténeti évkönyv 1 (2006), S. 51–61.

[53] BLAZOVICH, Város és uradalom, 2007 – (Abschnitt „Megjegyzések Gyula XV-XVI. századi társadalmához és jogállásához" [Anmerkungen zu Geschichte Geschichte und Rechtsstand der Stadt Gyula vom 15.–16. Jahrhundert]), S. 82–87.

Heinz HOLZHAUER (Münster/Deutschland)

Familien- und strafrechtsgeschichtliche Beobachtungen am Schwabenspiegel*

I. Auf die freundliche Einladung zur Teilnahme an diesem Kolloquium habe ich zunächst antworten müssen, dass ich kein Spezialist des Schwabenspiegels bin. Im Allgemeinen zitiert der Rechtshistoriker im Unterricht aus diesem Rechtsbuch den einen oder anderen Satz, in dem ein Rechtsgedanke besonders treffenden Ausdruck gefunden hat. Aus dem Lehrbuch von Karl Kroeschell entnehme ich: „Briefe sind besser denn Zeugen. Denn während die Zeugen sterben, bleiben die Briefe immer lebendig“[1]. Sodann hat Kroeschell im Quellenteil seines Lehrbuches aus dem Lehensrecht des Schwabenspiegels die Abschnitte über das Burglehen abgedruckt, weil sie praktische Problemlagen um diese vergangene Rechtsfigur anschaulich vorstellen.

Im Rechtsunterricht wird die Textgruppe der Rechtsbücher in erster Linie vom Sachsenspiegel vertreten; wenn noch eine weitere Quelle genannt wird, dann allerdings meistens der Schwabenspiegel. Während der Sachsenspiegel wiederholt ins Neuhochdeutsche übersetzt wurde,[2] liegt eine Übersetzung des Schwabenspiegels erst seit 2002 vor.[3] Die verständliche Hoffnung des Übersetzers und Herausgebers, dass sich das in Zukunft ändern werde, erfüllt sich schon ein Stück weit mit dieser Tagung, zumal sie auch ausländisches Interesse an dem Rechtsbuch dokumentiert. Aber der Sachsenspiegel ist das ursprüngliche, praxisnähere, von allen anderen mehr oder weniger und vom Schwabenspiegel sogar am meisten[4] zum Vorbild genommene Rechtsbuch. Seine starke kanonistische Imprägnierung hat den Schwabenspiegel in den Augen der klassischen Vertreter der Deutschen Rechtsgeschichte nicht gerade empfohlen. Dieses Rechtsbuch ist, seltsam genug, ohne Namen ins Leben getreten, als wäre mit ihm gar nicht auf eine Außenwirkung abgezielt worden. Nicht nur als Zeugnis seiner Zeit, mehr noch wegen seiner erheblichen Verbreitung in der Praxis, verdient der Schwabenspiegel mehr wissenschaftliche Aufmerksamkeit, als ihm bisher zuteil geworden ist. Aber auch diese Haltung kommt nicht umhin, in dem Zerfließen des Rechtsbuches ins

---

* Redaktionell überarbeitete Fassung der Erstveröffentlichung (HOLZHAUER, Familien- und strafrechtliche Beobachtungen am Schwabenspiegel, in: Acta juridica et politica 71, Fasc. 17.4 (2008), S. 545–554).

[1] KROESCHELL, Deutsche Rechtsgeschichte, Bd. 2: 1250–1650, 1992, S. 25.

[2] Im Folgenden ist die von Clausdieter Schott herausgegebene, von Ruth Schmidt-Wiegand übersetzte Ausgabe des Manesse Verlags (Zürich 1984) zitiert.

[3] DERSCHKA (Übers.), Der Schwabenspiegel, 2002. Die Zitierung und Artikelzählung folgt hier dieser Ausgabe.

[4] Und zwar vermittelt durch den Deutschenspiegel; dazu genauer ECKHARDT, Rechtsbücherstudien, Heft 1, 1927, S. 108 ff.

Theologische eine charakteristische Verfehlung der Gattung zu erkennen. Der Text scheint mehr auf die Überzeugung von der Begründetheit der Regelungen abzuzielen als bloß auf deren Einhaltung. Mögen der oder die Verfasser aus dem Augsburger Franziskanerkloster in der prozessualen Mehrung von Kirchen- und Klostergut erfahren gewesen sein, ihre Vorstellung von dem Rechtshandeln und der Rechtswahrung auf dem flachen Land scheint weniger realistisch.

Nur so ist es erklärlich, dass in dem längsten Artikel des Buchs seitenlang mosaisches Recht abgeschrieben ist.[5] Natürlich wussten der oder die Verfasser dieses Art. 201 des ersten Landrechtsbuches, dass es die Strafe der Steinigung für Verlöbnisbruch in Schwaben nicht gab, und sie wollten diese auch nicht einführen. Der Zweck des Einschubs geht aus dem einleitenden Satz hervor:

> „*Diese Worte sprach Gott selbst aus seinem Munde zu Moses unter seinen Augen, sie handeln vom Gericht* […].“

Es soll dem Geltungsanspruch des gegenwärtigen Rechtsbuchs zustatten kommen, dass seinerzeit Gott selbst das erste Rechtsbuch diktiert hat. Recht und Gericht werden so in größte Nähe zu Gott gerückt.

II. Indessen ist kanonisches Recht auch in den Kern der Rechtsordnung des Rechtsbuches eingedrungen, was vor allem für das Familienrecht mit seinem Zentrum des Eherechts gilt. Die kirchliche Eherechtspolitik des 12. Jahrhunderts war auf die religiöse Transzendierung der Ehe und als Folge daraus auf ihre Unauflöslichkeit gerichtet sowie auf die Einheitlichkeit des Instituts mit der weiteren Folge der Diskriminierung der Unehelichen. Während der Sachsenspiegel die Ehe nur im Zusammenhang von Statusvoraussetzungen und in vermögensrechtlicher Hinsicht anspricht, hat der Schwabenspiegel hier einen Schwerpunkt. Dieser Unterschied zwischen beiden Rechtsbüchern drängt sich bei ihren vielleicht vergleichbarsten beiden Bestimmungen auf, der Familien- und Sippenordnung, in beiden Quellen die dritte Bestimmung des ersten Landrechtsbuchs. Während der Sachsenspiegel schlicht sagt:

> „*Am Kopf ist Mann und Frau zu stehen bestimmt, die ehelich und rechtmäßig zusammengekommen sind*“,

nimmt der Schwabenspiegel, der im Übrigen hier ganz den Sachsenspiegel abgeschrieben hat, diese erste sich bietende Gelegenheit zur Darlegung der sakramentalen Ehelehre wahr. Weitergeführt wird sie in Art. 377 II, wo die Ehe der Anlass ist, die vollständige Sakramentenlehre mit pastoraler Inbrunst zu entfalten. Ohne Gegenstück in irgend einer anderen Quelle ist Art. 191, wo ausdrücklich die sukzessive Polygamie gelten gelassen wird, was doch wohl nur vor dem Hintergrund verständlich ist, dass es ein spätrömisch-frühchristliches Ideal der einmaligen Heirat gegeben hat.[6] Mit anderen Vorschriften entspricht der Schwabenspie-

---

[5] Schwsp.Derschka, Ldr., Art. 201.

[6] SAAR, Ehe – Scheidung – Wiederheirat, 2002, S. 24, 46; DERS., Witwe, in: HRG, Bd. 5, 1998, Sp. 1472 ff., 1477.

gel der zeitgenössischen Tendenz der Kirche, als Gegengewicht gegen die Diskriminierung der Unehelichen[7] die Chance der ehelichen Geburt zu vergrößern. Nach Art. 287 sind die Kinder aus einer später für nichtig erklärten Ehe ehelich, wenn der Vater hinsichtlich des Nichtigkeitsgrundes gutgläubig war. Nach Art. 55 ist unter der Voraussetzung erfüllten Heiratsalters das Fehlen der elterlichen Ehebewilligung kein Nichtigkeitsgrund; die klandestine Ehe wird durch *copula carnalis* unauflöslich. War die Ehe bis dahin ein Privileg der Besitzenden – nur eine dotierte Ehe war eine rechte Ehe[8] – so spricht die Kirche auch Unfreien und Habenichtsen die Eheschließungsfreiheit zu (Art. 79, II C a. E). Die Unehelichen werden durch die Möglichkeit, dadurch ihren Status der Unehelichkeit zu bessern, zur Eheschließung überredet (Art. 44).

Im älteren deutschen Recht hatte die Rechtsstellung unehelicher Kinder nach der elterlichen Konstellation differiert.[9] Derartiges findet sich zwar schon im Sachsenspiegel nicht mehr, doch kennt dieses Rechtsbuch in Landrecht I Art. 38.1 nur einen überfamilienrechtlichen, nämlich Lohnkämpfer, Spielleute und unehelich Geborene zusammenfassenden Statusbegriff der Unehelichkeit. Erst im Kirchenrecht erzeugte die Alleinstellung der einheitlichen christlichen Ehe für Uneheliche den ebenfalls einheitlichen, diskriminierenden Status der Rechtlosigkeit. Aber gleichzeitig suchte die Kirche die Fälle unehelicher Geburt einzuschränken. Die wirksamste Maßnahme dazu war ein Dekretale aus dem Jahr 1179, mit dem Papst Alexander III. aus dem spätrömischen Recht das Institut der *legitimatio per subsequens matrimonium* übernahm.[10] Im römischen Recht war die Legitimation auf Kinder einer Konkubine beschränkt gewesen. Dem konnte das kanonische Recht keinesfalls folgen, ohne aber auf jede Differenzierung zu verzichten. Als nicht legitimierbar ausgenommen wurden Kinder *ex damnato coitu*.[11]

Nach Joseph Freisen ist über keine andere Stelle so viel philosophiert worden, das heißt, über den Kreis der wegen *damnatus coitus* ihrer Eltern von der Legitimation ausgeschlossenen Kinder,[12] es waren dies *adulterini* und *incestuosi*. Indessen durfte es bei *incestuosi* doch zu keiner Ehe zwischen den Eltern kommen, so dass der Ausschluss von der Legitimation nur *adulterini* betraf. Das größte Kontingent an Legitimierten werden „Brautkinder" gewesen sein. Darunter sind in diesem Zusammenhang alle Kinder zu verstehen, deren Eltern nach ihrer Geburt geheiratet haben, ohne dass es, wie später, auf ein Verlöbnis zur Zeit der

[7] BECKER, Uneheliche, in: HRG, Bd. 5, 1998, Sp. 452–454.

[8] MIKAT, Dotierte Ehe – rechte Ehe, 1978.

[9] HÜBNER, Grundzüge des deutschen Privatrechts, 1930, S. 711 ff.

[10] Gregor IX, 4, 17, 6.

[11] HOLZHAUER, Die Legitimation nichtehelicher Kinder, in: CZEGUHN (Hrsg.), Recht im Wandel – Wandel des Rechts, 2014, S. 126. Dazu aus Anlass eines spektakulären Falles: HOLZHAUER, Der Beidler-Prozess des Jahres 1914, in: KIEHNLE, MERTENS, SCHIEMANN (Hrsg.), Festschrift für Jan Schröder zum 70. Geburtstag, 2013, S. 686, Anm. 10.

[12] FREISEN, Geschichte des kanonischen Eherechts bis zum Verfall der Glossenliteratur, 1963, S. 860.

Zeugung ankäme; unter ihnen wiederum waren die zahlreichste Gruppe Kinder, die zwar in der Ehe ihrer Eltern geboren, aber vorher gezeugt waren. In nicht wenigen Teilen Europas gab es nämlich das bäuerliche Heiratsmuster, nach dem die Ehe erst nach Eintritt einer Schwangerschaft geschlossen wurde. Solche Kinder waren nicht legitim sondern wurden legitimiert, weil die pater-est-Regel ([...] *quem nuptiæ demonstrant*) bis in die Neueste Zeit überwiegend und vor allem von der Kirche nur auf in der Ehe gezeugte Kinder bezogen wurde. Im gemeinen Recht glaubte man, das Prinzip für den Ausschluss von der Legitimation darin gefunden zu haben, dass den Eltern des nicht ehelich geborenen, aber legitimierbaren Kindes die Ehe offen gestanden haben müsste. Aber das Dekretale verrät nichts von einem derart theoretischen Prinzip, sondern die Eingangsworte „*Tanta est vis matrimonii* [...]" berufen einfach die Kraft des Sakraments; rechtspolitisch steht dahinter das Ziel, das Tor zur Ehe weit zu öffnen.

Während der Sachsenspiegel noch keine Legitimation kennt,[13] ist sie im Schwabenspiegel ausführlich rezipiert:[14] „*Wie uneheliche Kinder ehelich werden*" steht in Art. 377 und zwar in einer Weise, die an ein längeres nichteheliches Zusammenleben der Eltern vor ihrer Eheschließung denken lässt:

> „*Hat ein Mann eine Frau bei sich, ohne dass sie verheiratet sind, und hat mit ihr viele oder wenige Kinder und er nimmt sie dann zur rechten Ehe* [...]."

Der Verfasser weiß, dass es sich um eine Rechtsneuerung handelt, denn er fügt hinzu:

> „*Will man ihnen das vor dem weltlichen Gericht nicht glauben, so sollen sie ihr eheliches Recht vor dem geistlichen Gericht bestätigt bekommen, und sie sollen Brief und Siegel darüber erhalten.*"

Die Ausnahme des *damnatus coitus* steht in Art. 47:

> „*Von unehelichen Kindern:*
> *Ein Mann kann durch Ehebruch kein eheliches Kind gewinnen* [...]."

Diese Ausnahme entspricht genau dem kanonischen Recht. Nicht weit davon entfernt findet sich in Art. 41 eine benachbarte, soweit ich sehe, von der Literatur bisher nicht beachtete Bestimmung. Ihre systematische Einordnung an einer anderen Stelle ist offensichtlich durch den Sachsenspiegel ausgelöst, der nur in diesem anderen Zusammenhang die Unehelichkeit anspricht. In Art. 41 des Schwabenspiegels mit der Überschrift „*Von rechtlosen Leuten*" heißt es:

> „*Diejenigen, die unehelich geboren sind, gewinnen ihr Recht wieder, wenn sie sich ehelich verheiraten*".

---

[13] Vgl. Ssp.$^{\text{Schmidt-Wiegand}}$, Ldr. I 36, 1.

[14] Schwsp.^{Derschka}, Ldr., Art. 377. Alle hier zitierten Artikel stehen im Buch Landrecht, über dessen Untergliederung in drei Teile die Artikelzählung hinweggeht.

Die Bestimmung hat eine innere Logik und passt zu der rechtspolitischen Tendenz des kanonischen Rechts, den durch die Alleinstellung der sakramentalen Ehe daneben aufgerissenen Graben zwar nicht wieder einzuebnen, aber abzuflachen. Die Bestimmung steht auch nicht gänzlich vereinzelt, sondern ist sachlich verklammert mit Art. 77 „*Wer vor Gericht einen Vormund haben muss*", in der es heißt:

> „*Allen denen, die unehelich geboren sind* [...] *soll man keinen Vormund geben, mit Ausnahme derer, die unehelich geboren sind und sich verehelicht haben. Denen kann man einen Vormund geben. Dennoch mangelt es ihnen an vielerlei Recht, dass diejenigen haben, die ehelich geboren sind.*"

III. Wie beim Sachsenspiegel und den Rechtsbüchern überhaupt steht das Strafrecht weder in ihnen noch in der Literatur über sie im Vordergrund. Wenn Ordnung und Kontrolle die Funktion von Recht sind[15] – und sie sind es –, dann ist die Ordnung das, was am besten in Bücher passt, zumal dazu auch die Ordnung der Kontrolle gehört, und geordnet war das überkommene, volksrechtliche, horizontale Parteienverfahren. Viel weniger geordnet[16] war das seit dem 13. Jahrhundert aufkommende Verfahren, in dem die Obrigkeit, ausgehend von den Städten, die strafrechtliche Reaktion zunehmend in ihre Hand nahm,[17] womit sich neue prozessuale Strukturen durchsetzten. Das Strafrecht des Schwabenspiegels trägt deutliche Züge des Übergangs. Seine Nähe zum Augsburger Stadtrecht wird durch die erhebliche Übereinstimmung mit strafrechtlichen Bestimmungen des kurz zuvor, nämlich im Jahr 1376 entstandenen zweiten Augsburger Stadtbuchs belegt[18].

Es bedarf allgemeiner Gesichtspunkte, um ‚das Strafrecht' einer Übergangszeit wie der des 13. Jahrhunderts zu beurteilen. Würde man etwa aus der religiösen, ja theologischen Grundlegung und Überwölbung des gesamten Rechtsbuches einen theokratischen Charakter des Strafrechts ableiten, würde das nicht nur für alle Teile nicht gelten, in denen der Verletzte der maßgebende Träger des Geschehens ist, der sich, bei der Reaktion auf einen Angriff, selbst wenn er persönlich fromm ist, nicht gerade als Organ des strafenden Gottes sieht. Auch die städtischen Obrigkeiten, die seit dem 13. Jahrhundert die Träger der strafrechtlichen Entwicklung werden, waren mehr vom Ziel der öffentlichen Sicherheit und Ordnung geleitet, als dass sie ihre strafrechtspolitischen Maßnahmen, so wie am Beginn der Neuzeit die Landesherren in völliger Übereinstimmung mit der juristischen Lehre[19], theokratisch begründet hätten.

---

[15] R. SCHOTT, Die Funktionen des Rechts in primitiven Gesellschaften, in: LAUTMANN, MAIHOFER, SCHELSKY (Hrsg.), Die Funktion des Rechts in der modernen Gesellschaft, 1970, S. 120.

[16] Charakteristisch blieb der Akkusationsprozess in der gemeinrechtlichen Literatur, so sehr er vom Inquisitionsprozess verdrängt worden sein mag, *processus ordinarius*: RÜPING, JEROUSCHEK (Hrsg.), Grundriss der Strafrechtsgeschichte, 2002, Rn. 127.

[17] FRENZ, Frieden, Rechtsbruch und Sanktion in deutschen Städten vor 1300, 2003, S. 266.

[18] Wiederum: ECKHARDT, Rechtsbücherstudien, Heft 1, 1927.

[19] E. SCHMIDT, Einführung in die Geschichte der deutschen Strafrechtspflege, 1965, § 149.

Die allgemein unter den Gesichtspunkt des Strafrechts gestellten Erscheinungen haben zwei verschiedene Ansätze: den der Verteidigung oder den der Vergeltung. Die unterschiedlichen Ansätze bedeuten nicht, dass auch das Strafrecht entsprechend eingeteilt werden könnte, denn von den auseinander liegenden Ansätzen aus bewegen sich die Reaktionen aufeinander zu. Im Schwabenspiegel erlaubt die Notwehr noch wie zur Zeit der Volksrechte die Verfolgung des flüchtenden Angreifers. Wird dieser zur Strecke gebracht, liegt darin ein Stück Vergeltung, die in dem Maß zurückgenommen wird, wie die Notwehr auf das zur Abwehr erforderliche Maß zurückgeschnitten wird. Der Gegenwart blieb es vorbehalten, dem Angegriffenen noch eine Güterabwägung anzusinnen.[20]

Es ist eine immer wieder verstörende Wahrnehmung, dass nach den meisten Quellen des alten Rechts die Notwehrtat zwar mehr oder weniger privilegiert, aber nicht gerechtfertigt ist, obwohl schon nach der Lex Baiuvariorum der über der Sache ergriffene nächtliche Dieb bußlos erschlagen werden durfte.[21] Die Übereinstimmung mit Lex Visigothorum VII, 2, 16 (Antiqua)[22] mag ein römisches Vorbild nahelegen.[23] Indessen geht es in Schwsp., 233, in Lex Baiuvariorum, 9.6, in dem westgotischen Gesetz und schließlich in der wohl ungefähr gleichzeitigen *formula Turonensis* 30[24] um Straßenraub, so dass die Traditionslinie eher auf eine römische Verordnung des Jahres 391[25] zurückführen dürfte, zumal diese Stelle zuerst in den im Westen geltenden Codex Theodosianus aufgenommen worden ist.[26] Die Verordnung geht zwar über ein Notwehrrecht hinaus und die Sicherheit der Straßen ist ein Sachgrund, der kein gesetzgeberisches Vorbild braucht. Wenn jedenfalls die Notwehr gegen Straßenraub eine Sondererscheinung ist, so behält die allgemeine Annahme ihre Überzeugungskraft, dass sich in den germanischen Rechten aus dem Gesichtspunkt der Handhaft eine weite Straflosigkeit von Notwehrhandlungen ergeben hatte.[27] Vor allem erklärt sich auf dieser Grundlage die zum Hochmittelalter hin zunehmende Erschwerung der Berufung auf Notwehr mit den zunehmenden Einschränkungen, denen das Recht zur Tötung des handhaften Täters unterlag, wovon Schwsp., Art. 79 und Ssp., Ldr. II 14 zeugen.

---

[20] In Deutschland eine – nicht mehrheitliche – Tendenz, vgl. FISCHER, Strafgesetzbuch mit Nebengesetzen, 2008, § 32 Rn. 40.

[21] BEYERLE (Hrsg., Bearb.), Lex Baiuvariorum, 1926, Titel 9, Kap. 6, S. 104f.

[22] ZEUMER (Hrsg.), Leges Visigothorum, 1902.

[23] KAUFMANN, Notwehr, in: HRG, Bd. 3, 1984, Sp. 1098.

[24] ZEUMER, Formulae Merowingici et Karolini aevi, 2001, S. 153.

[25] MOMMSEN, Römisches Strafrecht, 1899, S. 621: Codex 3.27.2.

[26] Ebd.

[27] R. C. H. SCHRÖDER, KÜNSSBERG, Lehrbuch der deutschen Rechtsgeschichte, 1922, § 36.1, S. 371 Anm. 12. Dabei ist die Erscheinung der Handhaft und ihrer Folge unabhängig von der Theorie der Friedlosigkeit (anders KAUFMANN, Notwehr, in: HRG, Bd. 3, 1984, Sp. 1098. Eher wie hier: WERKMÜLLER, Handhafte Tat, in: HRG, Bd. 1, 1971, Sp. 1967).

Für das Hochmittelalter wird für diese eigenartige Notwehrregelung allgemein der Sachsenspiegel angeführt und ihm der Schwabenspiegel als hierin moderner gegenübergestellt. Dabei wird aber der Sachsenspiegel oberflächlich gelesen und beim Schwabenspiegel nicht beachtet, dass darin die Notwehr an zwei verschiedenen Stellen vorkommt. Die Hauptstelle findet sich im ersten Landrechtsbuch in Art. 79 unter der Überschrift „*Von der rechten Notwehr*“ (Lassberg: *von der rehten notwer*). Sodann trägt im zweiten Landrechtsbuch Art. 233 die Überschrift: *Notwehr beim Straßenraub* (Lassberg: *notwer deß straß roubes*).

Die Hauptstelle entspricht im Wesentlichen der entsprechenden Bestimmung des Sachsenspiegels Landrecht II 14. Nach beiden Quellen muss der Angegriffene die Tötung des Angreifers verklaren. Nach Sachsenspiegel muss er dazu den Getöteten vor Gericht stellen. Nach Schwabenspiegel soll der Töter zum Gericht gehen und dem Richter sein Schwert „*auf Recht*“ übergeben und nur wenn ein Verwandter des Getöteten den Täter verklagt, soll der Getötete herbeigetragen werden. Jetzt darf der Töter die Notwehrlage beschwören, was im Sachsenspiegel deutlicher als im Schwabenspiegel als Überführungseid erscheint. Denn nur im Sachsenspiegel muss der Töter in jedem Fall gegen den toten Mann klagen – nach Schwabenspiegel ist es die Klage eines Verwandten mit dem toten Mann, nicht die Klage gegen den toten Mann, auf die hin der Töter nicht eigentlich einen Reinigungseid, sondern einen Tatsacheneid schwört. Nach beiden Rechten kann der Verwandte dem Töter den Eid verlegen und ihn zum Zweikampf herausfordern.

Auf der Rechtsfolgenseite verschont der Sachsenspiegel den Töter, der sich dem Gericht stellt und seine Tat bekennt, in jedem Fall mit peinlicher Strafe, die ihn nach Landrecht II Art. 13. 4 und 5 treffen könnte. Stellt er nicht gleichzeitig den Getöteten vor Gericht, muss er sich zusätzlich zur Leistung des Strafgelds an den Richter und des Manngeldes an die Verwandten des Getöteten bereit erklären, um peinlicher Strafe zu entgehen. Hat der Töter den Getöteten vor Gericht gestellt und ihn – wie anders, muss man ergänzen, als durch Überführungseid – überwunden, scheint nicht einmal Strafgeld fällig geworden zu sein. Das Manngeld, zu dessen Leistung er sich gegebenenfalls zusätzlich bereit erklärt hatte, wurde immer nur fällig, wenn die Verwandten es ihm „*abgewannen*“. Das konnte nur dadurch geschehen, dass die Verwandten den Töter zum Zweikampf herausforderten. Der Kampf entschied dann nicht etwa über den Hals des Töters, sondern darüber, ob er Manngeld zu zahlen hatte. Nur wenn der Töter „*aus Angst um sein Leben*“, wie die Quelle sagt, den Getöteten nicht vor Gericht gestellt hat,[28] trafen ihn die Zahlungspflichten gegenüber Richter und Verwandten. Hatte er umgekehrt seine Tötung vollständig verklart, wozu die Stellung des Getöteten vor Gericht gehörte, und hatte er den toten Mann überwunden, so ist er, wenn Verwandte des

---

[28] Zu denken ist daran, dass der Getötete Helfer hatte oder nicht sogleich tot war, sondern noch gefährlich schien.

Getöteten nicht gegen ihn auftraten oder er sie im Kampf überwand, aller Pflichten ledig.

Es ist daher nicht richtig, wenn der Sachsenspiegel teilweise so verstanden wird, als müsse der Notwehrtöter in jedem Fall Strafgeld und Manngeld zahlen. Führt er die Klage gegen den toten Mann vollständig und erfolgreich durch, ist er genau so wie nach Schwabenspiegel „*ein lediger Mann*". Vom Sachsenspiegel unterscheidet sich Art. 79 des ersten Landrechtsbuchs des Schwabenspiegels nur darin, dass dieses Rechtsbuch hier von der Klage mit dem toten Mann, die ihm sonst durchaus bekannt ist, abrückt. Aus der Nichterwähnung von Wette und Buße in Art. 79 kann dagegen nicht auf deren Wegfall geschlossen werden. Das ergibt sich im Gegenschluss aus Art. 233, der den Notwehrtöter in dem speziellen Fall des Straßenraubs günstiger stellt, nämlich gegenüber Verwandten und Richter freistellt.

„*Notwehr beim Straßenraub*" ist Schwabenspiegel Art. 233 überschrieben. Während andere Quellen den Straßenraub oft nur als häufigste Erscheinung des Raubes nennen,[29] spielt er im Schwabenspiegel als Raub an waffenlosen Personen, nämlich Pfaffen, Pilgern und Kaufleuten (Art. 42), eine besondere Rolle. Während einfacher Raub wie Diebstahl mit dem Zwiefachen zu vergelten ist (*poena dupli*), wird der Straßenräuber gehängt. Pfaffen, Pilger und Kaufleute sind nicht nur waffenlos, sondern auch besonders häufig auf der Straße unterwegs, also besonders gefährdet und werden daher besonders geschützt, nicht nur materiell durch schwerere Bestrafung des Straßenraubs; auch prozessual ist die Stellung dessen, der in Notwehr einen Straßenräuber tötet, erleichtert.

> „*Will mich ein Mann auf der Straße berauben, und ich wehre mich und schlage ihn zu Tode, büße ich weder seinen Verwandten noch dem Richter etwas.*"

Wenn mit diesem Zitat die Stellung des Schwabenspiegels zur Notwehr chararakterisiert werden soll, wird übersehen, dass die Befreiung von der Wette nur für den Sonderfall des Art. 233 gilt und die Freiheit von Buße immer gilt, wenn der Notwehrtöter sich durchsetzt. Weiter wird übersehen, dass für das Manngeld des Sachsenspiegels das Gleiche gilt.

Art. 233 des Schwabenspiegels lässt auch die Verklarung unerwähnt, doch musste sich der Töter schon zur Abwendung des Mordverdachts dem Gericht offenbaren. Nur entfiel bei Waffenlosen die Übergabe des Schwerts an den Richter. Zentraler Unterschied zu Art. 79 war die Absage an Eid und Zweikampf, beides zu Gunsten des Zeugenbeweises. Für Pfaffen wegen deren *privilegium fori* ohne Bedeutung, entsprach die Bevorzugung von Zeugen der Tendenz des Kirchenrechts, das sich immer wieder gegenüber dem Eid auf die Gefahr des Missbrauchs des Namens Gottes besann und dem Zweikampf prinzipiell abgeneigt war.[30] Dass es mangels Zeugen doch beim Zweikampf bleiben soll, begründet Art. 233 daher ausdrücklich mit dessen Charakter als Gottesurteil.

---

[29] HIS, Das Strafrecht des deutschen Mittelalters, Bd. 1, 1920, S. 210.

[30] HOLZHAUER, Ordal, in: Reallexikon der germanischen Altertumskunde, Bd. 22, 2003, S. 147, 153f.

Auf der Rechtsfolgenseite erwähnt der Schwabenspiegel in keiner Variante Strafgeld an den Richter oder Manngeld an die Verwandten des Getöteten, obwohl ihm Wette und Buße vertraut sind.[31] Daraus kann jedoch kaum geschlossen werden, dass diese Folgen dem erfolglosen Notwehrtöter erspart geblieben wären.

Den Vergleich der Notwehrbestimmungen des Sachsenspiegels mit denen des Schwabenspiegels zusammenfassend, erscheint die weitgehende Abwendung des jüngeren Rechtsbuchs von der Klage mit dem toten Mann im selben Maß als Modernisierung wie die Einfügung der treuhänderischen Übergabe des Schwertes an den Richter in das Ritual der Verklarung diesem ein verständliches christliches Element einfügt. Außerhalb des gerichtlichen Verfahrens zeichnet sich die Notwehrregelung des Schwabenspiegels durch ein weiteres Element aus, das christlich-kirchlichen Geist verrät. Es betrifft den Abwehrcharakter der Tathandlung: Der Angegriffene muss schwören, drei Schritte zurückgewichen zu sein, ohne dass er entweichen konnte. Das Recht braucht zwar dem Unrecht nicht zu weichen, aber es muss ihm auszuweichen suchen. Der Gegensatz zu älteren Rechtsvorstellungen ist mit Händen zu greifen: mit der Fluchtbewegung erscheint der Anständige zwar nicht als der Dumme, aber als feige; für einen Germanen wäre das unvorstellbar gewesen. Im Hintergrund dürfte das Herrnwort stehen von der anderen Backe, die dem Angreifer hinzuhalten sei, statt zurückzuschlagen.

Diese Betrachtung der Notwehr war oben unter den allgemeineren Gesichtspunkt gestellt, dass Verteidigung und Vergeltung der eine Ansatz allen Strafrechts ist.[32] Neben der Notwehr steht die handhafte Tat, die ‚handgetat', wie sie im Schwabenspiegel heißt und in Art. 316 gleichsam legaliter definiert ist. Die Unterscheidung in den Quellen ist mehr anschaulich als begrifflich. Einmal wird bei Notwehr immer eine Tötung vorausgesetzt: Ein Angreifer ist in Notwehr getötet worden. Der handhafte Täter dagegen ist am Leben und wird dem Gericht zugeführt. Sodann hat sich die handhafte Tat nicht notwendig gegen die Person dessen gerichtet, der Abwehr übt, sondern meistens gegen Sachen, nur in besonderen Fällen wie der Notzucht auch gegen eine Person. Handhafter Täter ist der auf frischer Tat oder auf der Flucht ergriffene Täter.

Dass es die Handhaft ist, die prozessual (Überführungseid) und materiell (peinliche Strafe) das Vehikel der Weiterentwicklung des Strafrechts sein wird,[33] lässt der Schwabenspiegel nicht erkennen. Darin war der Sachsenspiegel, obwohl älter, fortschrittlicher („*das Gerüfte ist der Klage Beginn*" – Landrecht I. 62. 1). Im Zug dieser Entwicklung baute sich das Strafrecht um, aber in den prozessualen For-

---

[31] In Schwsp.^{Derschka}, Art. 310. („*Wie man im Alten Testament jeglichen Frevel büßte*") enthält die systematische Form eine entsprechende Ergänzung für die Gegenwart. Danach sollen die Richter ihre Buße bekommen (ebd., Anm. 204 zu Art. 310).

[32] HOLZHAUER, Das neue Bild vom alten Strafrecht, in: Rechtstheorie. Zeitschrift für Logik und juristische Methodenlehre, Rechtsinformatik, Kommunikationsforschung, Normen- und Handlungstheorie, Soziologie und Philosophie des Rechts 32,1 (2001), S. 53 ff.

[33] Wegweisend dazu HIRSCH, Die hohe Gerichtsbarkeit im deutschen Mittelalter, 1958.

men des Akkusationsprozesses, der in dieser zwiespältigen Form aber nur eine Übergangsepoche charakterisierte. Erst für die übernächste Epoche, die des Inquisitionsprozesses, enthält wiederum Art. 375 III des Schwabenspiegels einen der frühesten Belege: für die Folter. Bereits der Beginn des Passus „*Wird ein Mann wegen einer Untat gefangen* [...]“ passt nicht zum Akkusationsprozess. Das Hinarbeiten auf das Geständnis als Prozessziel kann nicht deutlicher als in dieser Bestimmung ausgedrückt werden. Das vertikale Procedere, das Ziel der materiellen Wahrheit und das Hinarbeiten darauf, war seit 1215 kirchlich anerkannt und seit 1252 war ausdrücklich die Folter in Ketzerprozessen zugelassen. Nach Trusen waren die Bischofsstädte Vorreiter in der Entwicklung der Folter[34] und Vorreiter der Vorreiter wurde die Stadt Augsburg, wo die Folter ab 1321 bezeugt ist. Von da nahm die „Dialektik des Fortschritts“ ihren Lauf.

---

[34] In: TRUSEN, Strafprozeß und Rezeption, in: LANDAU, SCHROEDER (Hrsg.), Strafrecht, Strafprozess und Rezeption, 1984, S. 57.

Bernd KANNOWSKI (Bayreuth/Deutschland)

Zum Beweisrecht des Schwabenspiegels*

Der Schwabenspiegel ist nach dem Sachsenspiegel der am häufigsten überlieferte deutschsprachige Rechtstext des Mittelalters.[1] Die Verteilung des Forschungsinteresses allerdings steht zu dieser Überlieferungssituation in keinem Verhältnis, zumal der Schwabenspiegel in mehr Sprachen übersetzt wurde als der Sachsenspiegel und der Schwabenspiegel darüber hinaus Verbreitung in Gegenden erfuhr, in denen der Sachsenspiegel keine Rolle spielte.[2] Zwar entspricht der Überlieferungslage, dass der Sachsenspiegel bei der Menge an Forschungsarbeiten dem Schwabenspiegel voraus ist, doch liegt der Schwabenspiegel so weit dahinter,[3] dass dieser Abstand keineswegs den ja auch nicht zu verachtenden zweiten Platz erahnen lässt oder diesem angemessen erscheint. Worin der Grund dafür liegt, muss Spekulationen überlassen bleiben. Der Schwabenspiegel ist in weiten Passagen bekanntlich sehr eng an den Sachsenspiegel angelehnt.[4] Vielleicht erschien somit das – zumindest vermeintliche – Original attraktiver.[5] Weiterhin ist bekannt, dass das gelehrte Recht den Schwabenspiegel beeinflusst hat.[6] Das ist für die klassische germanistische Forschung des 19. Jahrhunderts ein klarer Minuspunkt. Es ging um die Rekonstruktion eines ‚deutschen' Rechts, das von den Einflüssen des so genannten ‚fremden' Rechts so weit wie möglich frei war.[7] Das mögen Ursachen sein. Hinzu kommt, dass die Überlieferungslage kompliziert und die

---

* Redaktionell überarbeitete Fassung der Erstveröffentlichung (KANNOWSKI, Zum Beweisrecht des Schwabenspiegels, in: Acta juridica et politica 71, Fasc. 17.5 (2008), S. 555–569).

[1] Vgl. BUCHHOLZ-JOHANEK, Johannes von Buch, in: Verfasserlexikon, Bd. 4, 1983, Sp. 555. Rund 350 Handschriften sind heute noch erhalten: NEHLSEN-VON STRYK, Schwabenspiegel, in: LexMa, Bd. 7, 2003, Sp. 1604; OPPITZ, Deutsche Rechtsbücher des Mittelalters, Bd. 1, 1990, S. 34 ff.

[2] MATILE (Bearb.), Le miroir de Souabe, 1973; KANNOWSKI, Der Sachsenspiegel im Kontext europäischer Rechtsgeschichte, in: Kultur- und rechtshistorische Wurzeln Europas, 2005, S. 144.

[3] Zusammenstellungen der Literatur finden sich bei OPPITZ, Deutsche Rechtsbücher des Mittelalters, Bd. 1, 1990, S. 34 ff.; TRUSEN, Schwabenspiegel, in: HRG, Bd. 4, 1990, Sp. 1547–1551; NEHLSEN-VON STRYK, Schwabenspiegel, in: LexMa, Bd. 7, 2003, Sp. 1603–1605; BELLING, Das Strafrecht des Schwabenspiegels, 1949, S. 157–159 sowie demnächst bei WÜSTHOF, Schwabenspiegel und Augsburger Stadtrecht, [Diss. jur. Univ. Bayreuth 2015 – noch nicht erschienen].

[4] SCHUMANN, Zur Rezeption frühmittelalterlichen Rechts im Spätmittelalter, in: KERN, WADLE, SCHROEDER, KATZENMEIER (Hrsg.), Humaniora, 2006, S. 341; TRUSEN, Schwabenspiegel, in: HRG, Bd. 4, 1990, Sp. 1548; NEHLSEN-VON STRYK, Schwabenspiegel, in: LexMa, Bd. 7, 2003, Sp. 1603; GMÜR, ROTH, Grundriss der deutschen Rechtsgeschichte, 2008, Rn. 200.

[5] So hält Otto Stobbe den Schwabenspiegel für „eine verwirrte Compilation voll von Widersprüchen und Missverständnissen, in welcher manche Stelle erst verständlich wird, wenn sie mit ihrer Quelle verglichen oder durch sie rectificirt wird", STOBBE, Geschichte der deutschen Rechtsquellen, Bd. 1, 1860, S. 342. Vgl. THÜRING, Für und wider den Sachsenspiegel von seiner Entstehung bis zum 19. Jahrhundert, 1941, S. 55.

[6] TRUSEN, Schwabenspiegel, in: HRG, Bd. 4, 1990, Sp. 1549 f.

[7] SCHMOECKEL, Auf der Suche nach der verlorenen Ordnung, 2005, S. 374 ff.

Editionslage ungünstig ist. Während die Überlieferung des Sachsenspiegels sich zumindest als so homogen darstellt, dass sich im Wesentlichen ein einziger Textkorpus Forschungen zugrunde legen lässt, existieren vom Schwabenspiegel mehrere Fassungen.[8] Die in Angriff genommene MGH-Edition[9] musste in den 1950er Jahren aus heute nicht mehr ohne weiteres nachvollziehbaren Gründen eingestampft werden.[10]

Ich möchte anhand einer Analyse nach inhaltlichen Gesichtspunkten[11] drei Fragen untersuchen:

1. Wie stark ist der Schwabenspiegel vom gelehrten Recht geprägt?
2. Liegt der Aufnahme gelehrten Rechts in das auf dem Sachsenspiegel basierende ein schlüssiges Konzept zugrunde oder entsteht eher der Eindruck, dass zwei unterschiedliche Dinge ohne erkennbare Verbindung nebeneinander stehen?
3. Ergeben sich aus diesen Beobachtungen Schlussfolgerungen für Zielsetzung und Motivation des Schwabenspiegelautors?

Diese Fragen möchte ich an nur ein ganz bestimmtes Rechtsgebiet herantragen, das im mittelalterlichen deutschen und im gelehrten Recht grundlegende Unterschiede aufweist und zur Entstehungszeit des Schwabenspiegels – das heißt um 1275[12] – im Fluss war.[13] Dieses kann als Indikator für die Rezeption gelehrten Rechts gelten. Ich meine das Verfahrensrecht, das einen wichtigen Teil des mittelalterlichen Rechts ausmacht und die unterschiedlichen Richtungen dessen, was wir heute als ‚materielles Recht' bezeichnen würden, überspannt. Hier kann ich auch davon nur einen Teil behandeln. Ich möchte mich allein mit dem Beweisrecht[14] befassen, das heißt mit der Frage, wer in welcher Konstellation einen Beweis erbringen muss bzw. darf und gegebenenfalls mit welchen Mitteln. Um den Fokus noch stärker zu verengen, richte ich hierauf meinen Schwerpunkt:

---

8 STOBBE, Geschichte der deutschen Rechtsquellen, Bd. 1, 1860, S. 348; OPPITZ, Deutsche Rechtsbücher des Mittelalters, Bd. 1, 1990, S. 35 ff.

9 Geplant und bereits gedruckt als: Der Schwabenspiegel I. Landrecht A. Kurzform, unter Benützung der Vorarbeiten von Hans von Voltelini, Ernst Klebel, Hans Lentze hg. von Hans Planitz und Hedwig Benna (MGH Libri Iuris Germanici Antiqui Vulgari Vucabulo Nuncupati Rechtsbuecher I). Auf dem Umschlag stand „Graz-Köln 1954". Die Edition ist allerdings nie erschienen, die (geplante) Reihe „Libri Iuris Germanici Antiqui Vulgari Vucabulo Nuncupati Rechtsbuecher" wurde komplett eingestellt.

10 Dazu KLEBEL, Zu den Quellen des Schwabenspiegels, in: WEGENER (Hrsg.), Festschrift für Karl Gottfried Hugelmann zum 80. Geburtstag, Bd. 1, 1959, S. 273 f.

11 Eine Analyse nach rein quantitativen Gesichtspunkten, wie ebd., sie anstellt, ist gewiss nicht ohne Aussagewert, für einen verlässlichen Gesamteindruck aber unzureichend.

12 Beachtliche Überlegungen zu einer Neudatierung des Schwabenspiegels bei BERTELSMEIER-KIERST, Kommunikation und Herrschaft, 2008, S. 133 ff.

13 NEHLSEN-VON STRYK, Die Krise des „irrationalen" Beweises im Hoch- und Spätmittelalter und ihre gesellschaftlichen Implikationen, in: ZRG GA 117 (2000), S. 6 ff., 37.

14 Dazu DERSCHKA, Der Schwabenspiegel und die kognitive Entwicklung des Menschen – neue Fragen an einen alten Text, in: ZRG GA 118 (2001), S. 124 ff.

Welche Beweismittel gab es und welchen Stellenwert nahmen sie ein? Aus zwei Gründen bietet es sich an, dieser Frage nachzugehen:
1. Dieses Thema ist im Schwabenspiegel häufig und in Verbindung mit unterschiedlichen Fragen und Rechtsgebieten geregelt.[15]

2. Anhand des Beweisrechts tritt möglicherweise ein „Umbruch von archaischem Rechtsdenken und Weltverständnis zu realitätsbezogener Erfassung der Welt und rationaler Rechtsgestaltung", wie er gegen Ende des Mittelalters zu beobachten sein könnte, besonders deutlich hervor.[16] In diesem Zusammenhang ist in der Forschung von einer neuen Rationalität die Rede, die im Beweisrecht Ausdruck finde.[17]

Dem gelehrten Prozess sind nach Nehlsen-von Stryk folgende Beweismittel typischerweise[18] zuzuordnen:
- Urkunden
- Zeugen, das heißt Personen, die ein Ereignis wahrgenommen haben und diese eigenen Wahrnehmungen wiedergeben (‚Tatsachenzeugen')
- Geständnis
- Augenschein

Für das deutsche mittelalterliche Verfahren sind es diese:[19]
- Allein geleisteter Eid (‚Eineid')
- Eid unterstützt durch Eidhelfer
- Gerichtlicher Zweikampf
- Gottesurteil

Der Frage, ob die mit heutigen Begrifflichkeiten beschriebenen Kategorien des gelehrten Prozesses für die Erfassung der Rechtsbücherwelt geeignet sind oder Modifikationen bedürfen, kann und will ich im Rahmen dieser kursorischen Untersuchung nicht nachgehen. Schon allein aus diesem Grund können meine Ergebnisse nur vorläufige sein. Jetzt und hier übernehme ich die Einteilung Nehlsen-von Stryks. Gleiches gilt für die Dichotomie ‚rational-irrational'. Die Bezeichnung von Beweismitteln als ‚rational' (für die des gelehrten Prozesses)

---

[15] In der Tabelle im Anhang habe ich den Versuch unternommen, diese Artikel thematisch geordnet zusammenzustellen.

[16] NEHLSEN-VON STRYK, Die Krise des „irrationalen" Beweises im Hoch- und Spätmittelalter und ihre gesellschaftlichen Implikationen, in: ZRG GA 117 (2000), S. 2, mit weiterer Literatur; SCHMOECKEL, Humanität und Staatsraison, 2000, S. 4f.

[17] KROESCHELL, Deutsche Rechtsgeschichte, Bd. 1: Bis 1250, 2008, S. 288ff.; W. EBEL, Über die rechtsschöpferische Leistung des mittelalterlichen deutschen Bürgertums, in: Untersuchungen zur gesellschaftlichen Struktur der mittelalterlichen Städte in Europa, 1966, S. 246f.; DILCHER, „Hell, verständig, für die Gegenwart sorgend, die Zukunft bedenkend", in: DERS. (Hrsg.), Bürgerrecht und Stadtverfassung im europäischen Mittelalter, 1996, S. 265.

[18] NEHLSEN-VON STRYK, Die Krise des „irrationalen" Beweises im Hoch- und Spätmittelalter und ihre gesellschaftlichen Implikationen, in: ZRG GA 117 (2000), S. 1, nennt sie „rationale Beweismittel".

[19] Ebd., nennt sie „irrationale Beweismittel".

und ‚irrational' (für die des deutschen mittelalterlichen Verfahrens) ist nicht unumstritten[20] und in der Tat fragwürdig. Hinter ‚rational' und ‚irrational' steht eine Bewertung aus der Perspektive einer späteren Zeit, die mit dem Standpunkt verbunden ist, menschliche Wahrnehmung und Beobachtung sei als Ausgangspunkt für die richtige Erfassung der Welt zu wählen. Das ist ein naturwissenschaftlicher Ansatz. Versteht man nun *ratio*, Vernunft, nach dem Wortsinn einfach dahingehend, dass so konsequent und effektiv wie möglich zu verfahren ist, so liegt in einer tief religiösen Gesellschaft kaum etwas näher als die Offenbarung der Wahrheit von dem Einzigen zu erbitten, der sie wirklich kennt. Die Bewertung von Beweismitteln als ‚rational' und ‚irrational' ist historischem Wandel unterworfen. In Anbetracht neuer Untersuchungs- und Ermittlungsmethoden unserer Zeit wie dem Nachweis von DNS spricht vieles dafür, Zeugenaussagen als irrationale Beweismittel zu betrachten.

Trotz dieser Bedenken werde ich im Folgenden ob einer griffigen Bezeichnung von rationalen und irrationalen Beweismitteln sprechen. Es handelt sich nämlich in der Tat um Unterschiedliches, wenn auch die Bewertung fragwürdig ist. Als rational bezeichne ich Beweismittel, die auf die Rekonstruktion des sinnlich Wahrnehmbaren abzielen, wie sie mit dem gelehrten Recht verbunden sind. Beweismittel, die auf Offenbarung göttlicher Wahrheit abzielen bzw. den mit dem Göttlichen verbundenen Eid in den Mittelpunkt stellen, nenne ich irrational. Diese Einteilung hat – um es noch einmal hervorzuheben – nichts damit zu tun, ob wir heute aus unserer Sicht einen Beweis überzeugend finden oder nicht. Um es an einem einleuchtenden Beispiel aus dem Schwabenspiegel zu zeigen: Wenn man die Unberührtheit einer Frau zu beweisen hat und dafür „*daz gewant, daz vnder der megede lit, so der man bi ir lit*"[21] vorzeigen kann, wie Art. 201 (i) des Landrechts es vorsieht, so ist das nach meiner Nomenklatur ein rationales Beweismittel. Es geht nicht um göttliche Offenbarung, sondern um den Blick auf ein Bettlaken. Das ist richterlicher Augenschein oder gar eine Art Sachverständigengutachten.[22] Darüber, wie überzeugend es ist, hier von Spuren auf einem Laken – gemeint sind wohl Blutflecken – auf eine Defloration zu schließen (Stammt das Blut von einem Menschen? Wenn ja, von einer Frau? Wenn ja, von welcher? Aus

[20] Eine Übersicht der Literatur zum Thema findet sich bei NEHLSEN-VON STRYK, Die Krise des „irrationalen" Beweises im Hoch- und Spätmittelalter und ihre gesellschaftlichen Implikationen, in: ZRG GA 117 (2000), S. 5 Anm. 11. Die eigene, von pragmatischen Erwägungen geleitete Auffassung der Verfasserin ist wiedergegeben auf S. 38 Anm. 121.

[21] LASSBERG (Hrsg.), Der Schwabenspiegel oder Schwäbisches Land- und Lehen-Rechtbuch, 1840, im Folgenden abgekürzt als Schwsp.$^{\text{Laßb.}}$, S. 95. „das Laken, das unter der jungen Frau liegt, wenn der Mann bei ihr liegt". (Übersetzung des Verfassers) – Die Übersetzung bei Derschka von *gewant* mit ‚Gewand' halte ich nicht für geglückt (DERSCHKA (Übers.), Der Schwabenspiegel, 2002, S. 137); LEXER, Mittelhochdeutsches Taschenwörterbuch, 1992, s. v. ‚gewant'.

[22] „Der Vater soll es [das Laken] vor den Richter bringen und vor die Leute, die erkennen können, ob sie Jungfrau war, seien es Männer oder Weiber" (DERSCHKA (Übers.), Der Schwabenspiegel, 2002, S. 137).

welchem Grund ist es aus welchem Körperteil geflossen?, usw.), ist aber damit nichts gesagt.

Ich lege meiner Untersuchung die Ausgabe Laßbergs zugrunde.[23]

Rationale Beweismittel

Beginnen wir mit dem Urkundenbeweis, der nach dem Sachsenspiegel kaum Bedeutung hatte.[24] Der Schwabenspiegel spricht an mehreren Stellen des Landrechts über Urkunden,[25] erwähnt sie allerdings nicht in gerichtlichen Zusammenhängen und als Alternative zum Zeugenbeweis oder kumulativ damit. Die Aussage Alexander Ignors, die Schwabenspiegelstelle „*wir sprechen daz briefe bezzer sin danne gezivge*" sei als Grundsatz formuliert,[26] ist nicht richtig. Damit ist allein gemeint, dass Urkunden als Beweis- oder Beurkundungsmittel empfehlenswerter sind als Zeugen, weil diese nach ihrem Tod nicht mehr als Beweismittel zur Verfügung stehen. Für eine Urkunde hingegen gelte das nicht. In voller Länge lautet die Stelle:

> „*wir sprechen daz brief bezzer sein danne gezevge. wan die gezivge sterbent so sint die brief immer stœte. ditze haizzent hantveste. Da ist ein toter gezivch als*[27] *ein lebender*".[28]

Es ist also nichts als ein pragmatischer juristischer Ratschlag.[29] Über eine überlegene Beweiskraft oder eine prinzipielle Bevorzugung von Urkunden vor Gericht ist damit nichts ausgesagt. Im Lehnrecht des Schwabenspiegels ist von Urkunden gar nicht die Rede. Die lange Abhandlung des Schwabenspiegels über Urkundenfälschungen und Mittel zu ihrer Entlarvung (Ldr. Art. 369)[30] deutet allerdings darauf hin, dass der Urkundenbeweis zur Zeit des Schwabenspiegels eine wachsende, vermutlich größere Bedeutung als zur Entstehungszeit des Sachsenspiegels hatte.[31]

---

[23] LASSBERG (Hrsg.), Der Schwabenspiegel oder Schwäbisches Land- und Lehen-Rechtbuch, 1840. Hilfreich ist die kürzlich erschienene Übersetzung: DERSCHKA (Übers.), Der Schwabenspiegel, 2002.

[24] Den gerichtlichen Beweis durch Urkunden kennt der Sachsenspiegel im Landrecht nur für zwei spezielle Konstellationen, die Gewährschaft durch einen Fürsten (II 42 § 3) und die Lösung aus der Reichsacht (III 34 § 1).

[25] Schwsp., Ldr. Art. 7, 36, 159, 369.

[26] IGNOR, Urkundenbeweis, in: HRG, Bd. 5, 1998, Sp. 579.

[27] Hs. Ic (siehe *Anm. 28*): „*als gůt als*".

[28] Schwabenspiegel c. 36a, zitiert nach ECKHARDT (Hrsg.), Schwabenspiegel Kurzform, 1974. Hs. Ib: „*Wir sprechen daz briefe bezzer sin danne gezivge. wan sterbend gest so belibent briefe immer me stete. Ditze hainzent hantveste. da hilfet ein toter gezivc als ein lebender.*" Schwsp.[Laßb.], S. 21.

[29] Von dieser Funktion des Rechts spricht auch die Buch'sche Glosse zum Sachsenspiegel: KANNOWSKI, Die Umgestaltung des Sachsenspiegelrechts durch die Buch'sche Glosse, 2007, S. 393 ff.

[30] Ähnlich die Buch'sche Glosse: KANNOWSKI, Die Umgestaltung des Sachsenspiegelrechts durch die Buch'sche Glosse, 2007, S. 212.

[31] NEHLSEN-VON STRYK, Schwabenspiegel, in: LexMa, Bd. 7, 2003, Sp. 1604.

Der Urkundenbeweis nimmt also im Schwabenspiegel keine dominierende Stellung ein. Beweismittel Nummer eins ist hingegen der Zeugenbeweis,[32] wobei in vielen Fällen unklar bleibt, ob Tatsachenzeugen oder Eidhelfer gemeint sind.[33] Behaupten die benannten Personen, etwas tatsächlich gesehen bzw. gehört zu haben? Oder stehen sie nur für die aussagende Person ein, indem sie versichern, diese lüge nicht? Stützen sie also nur den Eid und sind insofern ‚Leumundszeugen'? Meines Erachtens ist die Unsicherheit in diesem Punkt an vielen Stellen so groß, dass sich nicht ermitteln lässt, ob der Aussagende als Tatsachenzeuge oder als Eidhelfer fungiert.[34]

In manchen Fällen ist angemerkt, dass die Personen, mit deren Hilfe ein Beweis geführt werden soll, etwas gehört bzw. gesehen haben müssen oder dass sie dabei gewesen sein müssen, wie es ja auch bei einigen Sachsenspiegelstellen der Fall ist. Daraus folgt zunächst, dass es im Beweisrecht des Schwabenspiegels nicht nur Eidhelfer gibt, sondern auch Tatsachenzeugen. Ist denkbar, dass der Schwabenspiegel gar keine Eidhelfer und nur noch Tatsachenzeugen kennt? Das ist auf keinen Fall so. In Art. 377 II des Landrechts ist der Fall behandelt, dass ein Mann eine Frau zur rechten Ehe nimmt und niemand außer ihnen beiden es sah oder hörte.[35] Streitet der Mann das später ab, so soll die Frau die Eheschließung selbdritt bezeugen, wobei mindestens ein Mann und eine Frau dabei sein müssen. In Art. 311 kommt es für das Strafmaß einer Vergewaltigung darauf an, ob das Opfer bei der Tat unberührt war. Hier kann ein Mann den Beweis führen, dass er Geschlechtsverkehr mit ihr hatte, und zwar indem er selbdritt schwört.

Unklar ist, was in Art. 317 gemeint ist. Es geht um den Streit um ein Stück Vieh. Der Besitzer behauptet, es gehöre ihm, ein anderer verlangt es heraus. Beschwört der Besitzer selbdritt mit glaubwürdigen Leuten, es handele sich um sein Tier, so kann er es behalten. Kann der Anspruchsteller aber sieben Zeugen entgegensetzen, so muss der Besitzer das Tier herausgeben. Wofür genau diese sieben einstehen, was sie gesehen haben sollen oder ob sie überhaupt etwas gesehen haben wollen, bleibt im Dunkeln. Überhaupt entsteht der Eindruck, dass dem Verfasser solche Unterscheidungen nicht bewusst waren oder ihn einfach nicht interessierten.[36] In Art. 76 soll eine Frau den Beweis dafür führen, dass ihr

---

[32] DERSCHKA, Der Schwabenspiegel und die kognitive Entwicklung des Menschen – neue Fragen an einen alten Text, in: ZRG GA 118 (2001), S. 124. – Die Schwabenspiegelartikel, die sich mit dem Thema ‚Zeugenbeweis' beschäftigen, sind im Anhang aufgelistet.

[33] Das ist für deutsche Rechtstexte des Spätmittelalters nicht ungewöhnlich: KANNOWSKI, Die Umgestaltung des Sachsenspiegelrechts durch die Buch'sche Glosse, 2007, S. 219 mit weiteren Nachweisen; HOMEYER, Der Richtsteig Landrechts nebst Cautela und Premis, 1857, S. 457 ff.

[34] Siehe Auflistung der einschlägigen Artikel im Anhang.

[35] Schwsp.$^{\text{Laßb.}}$, S. 167; DERSCHKA (Übers.), Der Schwabenspiegel, 2002, S. 230.

[36] Anders im Klagspiegel (Titel „De purgatione") aus den Jahren 1436/1475, DEUTSCH, Der Klagspiegel und sein Autor Conrad Heyden, 2004, S. 26 ff., 51. Die einschlägige Passage in der Quelle lautet wie folgt: *„die selben sollen schweren das sie glauben, das er recht geschworen hab. Und sollen nit anders schweren, als etlich thörlich leyen heyssen schweren die, die mit entschuldigen,*

Mann einen schlechten Charakter hat und dass sie seinetwegen um ihr Gut fürchtet. Die Frau soll dann gemeinsam mit zwei Männern beschwören zu wissen, dass es wahr sei.[37] Dass was wahr sei? Was sollen die beiden Mitschwörer wissen? Dass der Ehemann etwas Übles getan hat? Dass sein Charakter schlecht ist? Dass die Frau Angst hat? Oder einfach allgemein, dass sie die Wahrheit spricht? Möglicherweise ist der Schwabenspiegel in diesen Punkten deshalb so unklar und schwer verständlich, weil das für den Verfasser – wie gesagt – keine Rolle spielte.

Eine sichere Einordnung ist nur möglich, wo explizit gesagt ist, die Bezeugenden müssten etwas wahrgenommen haben bzw. dabei gewesen sein. Diese Stellen sind allerdings in der Minderzahl.[38] Wenn diese Deutung stimmt, dominieren nach dem Schwabenspiegel die Eidhelfer. Im Zusammenhang mit einer Bestimmung über Eidhelfer stellt der Schwabenspiegel auch eine Überlegung zur Beweislast an, die nicht den Grundsätzen des gelehrten Rechts folgt: Wenn Herr und Mann gleich viele Eidhelfer haben, soll der Beweis des Mannes mehr gelten. Es ist also der Mann, der den Beweis führen darf und damit durchdringt. Den Beweis zu führen erscheint damit eher als Recht denn als Pflicht, ebenso wie nach dem Sachsenspiegel.[39] Kriterium für die Zuteilung dieses Rechts ist, wer bei dem Prozess am meisten zu verlieren hat. Der nämlich darf dann den Beweis führen. Der Herr verliere nicht das Gut, wenn der Mann ihm gegenüber behaupte, er habe es zum Lehen erhalten. Könnten die Herren ihre Lehnsleute im Prozess auf diese Weise überführen, „*so wvrde vil lehen verloren. die ir man suz behabent.*“[40]

Ein starkes Indiz in Richtung gelehrtes Recht im Schwabenspiegel ist hingegen Art. 375 III des Landrechts. Hier finden sich Spuren des Inquisitionsprozesses, denn es ist festgelegt, dass man bei Verdacht auf eine Straftat zur Erlangung eines Geständnisses Folter anwenden soll.[41] Dabei sind Voraussetzungen für die Folter

---

das der eyd den, der verleümbt geschworen hat reyn, das ist, war sei […]“ BRANT, Der Richterlich Clagspiegel, 1536, fol. CXVIv.

37 „[…] *die suln swern mit ir daz si ez warz wizen*“. Schwsp.$^{\text{Laßb.}}$, S. 35.

38 Siehe Anhang.

39 BUCHDA, Der Beweis im mittelalterlichen sächsischen Recht, in: La preuve, Bd. 2, 1965, S. 523; KORNBLUM, Beweis, in: HRG, Bd. 1, 1971, Sp. 402; DEUTSCH, Beweis, in: ²HRG, Bd. 1, 2008, Sp. 560; ZIEKOW, Recht und Rechtsgang, 1986, S. 90.

40 Schwsp.$^{\text{Laßb.}}$, S. 193. Lnr. 74: „*so gingen viele Lehen verloren, die ihre Mannen sonst behaupteten*“. DERSCHKA (Übers.), Der Schwabenspiegel, 2002, S. 266. Kurioserweise stellt der Schwabenspiegel zwei Artikel später in Lnr. 76 den umgekehrten Grundsatz auf: Dem Beweis des Herrn sei zu folgen, weil der Herr das Gut nicht verliere, wohl aber der Mann ganz („*dez herren gezivg sol billicher swern gegen sinen manne. danne dez mannes gezivg gegen sinem herren. Daz ist da von daz der herre dez gùtes nv̍t verlivset. so verlv̍set der man gar.*“ Schwsp.$^{\text{Laßb.}}$, S. 194). DERSCHKA (Übers.), Der Schwabenspiegel, 2002, S. 267 Anm. 59, meint, das sei ein Fehler und die Bestimmung meine das Gegenteil, also das in Lnr. 74 Geregelte. Meines Erachtens hat Derschka Recht. Die Begründung im letzten Satz von Lnr. 76 stützt in der Tat nicht das im Satz zuvor Gesagte, sondern das Gegenteil (somit das in Lnr. 74 Gesagte).

41 Es handelt sich um den frühesten Beleg für die Zulassung von Folter im deutschsprachigen Raum, RÜPING, JEROUSCHEK, Grundriss der Strafrechtsgeschichte, 2007, Rdnr. 83; JEROUSCHEK, Die Herausbildung des peinlichen Inquisitionsprozesses im Spätmittelalter und in der frühen Neuzeit, in: Zeitschrift für die gesamte Strafrechtswissenschaft 104 (1992), S. 349 ff.

statuiert, die an die Indizienlehre der *Carolina*[42] erinnern, auch gibt es eine zeitliche Begrenzung für die Folter.[43] Das ist ein klares Kennzeichen für die Rezeption des gelehrten Rechts. Es ist allerdings die einzige Bestimmung in diesem Bereich. Will man noch den richterlichen Augenschein zu den rationalen Beweismitteln zählen, so finden sich im Schwabenspiegel nur wenige kasuistische Regelungen: Begutachtung von Körperbehaarung zur Bestimmung des Lebensalters,[44] Vorzeigen einer Wunde, Vorzeigen der Haut eines toten Tieres, die Überführung des Räubers mit der Beute,[45] ein obskurer Jungfräulichkeitsbeweis mit einem Betttuch, Feststellung einer Schwangerschaft und Vorweisung des Lehensgutes.[46]

Irrationale Beweismittel

Was es zu dem am häufigsten vorkommenden Beweismittel des Schwabenspiegels zu sagen gibt, habe ich schon im Rahmen der rationalen Beweismittel gesagt: In puncto Zeugenbeweis bleibt die Zuordnung unklar und es spricht mehr für ein Dominieren der Eidhelfer. Bleiben wir aber beim Thema Eid und werfen wir einen Blick auf eine Besonderheit des Schwabenspiegels. In Art. 20 des Landrechts ist der Fall geregelt, dass ein Mann die Morgengabe seiner Frau gegen ihren Willen veräußern will. Die Frau kann dies durch einen Eid *„vf ir zeswen brvste vnd vf ir zeswem zophe* [...] *ob si den hat*“[47] verhindern. Leistet sie diesen Eid, so soll der Richter ihr die Morgengabe zurückgeben. Dieser Eid auf Brüste und Zöpfe hat seine Wurzeln gewiss nicht im gelehrten Prozess und auch nicht im Sachsenspiegel. Er geht auf einen älteren Ursprung zurück, nämlich auf die *Lex Alamannorum*[48] aus dem 8. Jahrhundert.[49] Dieser spezielle Fall des Fraueneides ist nicht der einzige Fall von Beweis durch den Eineid nach dem Schwabenspiegel.[50]

---

[42] Dazu BRUNNENMEISTER, Die Quellen der Bambergensis, 1997, S. 226ff.; IGNOR, Geschichte des Strafprozesses in Deutschland 1532–1846, 2001, S. 62.

[43] Vgl. DOHRN-VAN ROSSUM, Die Geschichte der Stunde, 1992, S. 254ff.

[44] Schwsp., Ldr. 27, Lnr. 48 c. – Eine entsprechende Bestimmung gibt es auch im Sachsenspiegel, Ldr. I 42 § 1, wobei diese Regelung laut der Buch'schen Glosse nicht mehr in Übung ist, weil es *mislik* war, dass man darauf bestehe, Leute *in hemeliken steden* zu besehen, *jd were mannesname edder vrouwenname*, KAUFMANN (Hrsg.), Glossen zum Sachsenspiegel-Landrecht, T. 1, 2002, S. 337 Z. 2ff. (I 42: *„Hat he har bouene vnde neddene*“).

[45] Dahingehend wird *schube* (Schwsp., Ldr. 234) zu übersetzen sein (J. GRIMM, W. GRIMM, Deutsches Wörterbuch, 1984–1991, s. v. schub, 2.a.α.αα.), wobei die Möglichkeit besteht nachzuweisen, dass die Beute rechtmäßig von einem Dritten erlangt wurde und auf diese Weise die Schuld „auf ihn zu schieben“, vgl. Schwsp., Ldr. 317. Unklar in diesem Punkt DERSCHKA (Übers.), Der Schwabenspiegel, 2002, S. 154, der mit „Beweismittel des Raubes“ übersetzt.

[46] Siehe Anhang.

[47] Schwsp.[Laßb.], S. 13. „auf ihre zwei Brüste und auf ihre zwei Zöpfe, wenn sie diese hat.“ DERSCHKA (Übers.), Der Schwabenspiegel, 2002, S. 35.

[48] Dazu C. SCHOTT, Lex Alamannorum, 1993, S. 1ff.; DERS., Lex Alamannorum, in: HRG, Bd. 2, 1978, Sp. 1879–1886.

[49] Lex Alamannorum, Art. 54 § 3: *„Si autem ipsa femina dixerit: ‚maritus meus dedit mihi morginaghepa‘, conpotat, quantum valet aut in auro aut in argento aut in mancipia aut equo aut pecunia*

Kommen wir zum Thema Zweikampf bzw. Gottesurteil. Dazu ist zunächst zu sagen, dass der Zweikampf nach dem Schwabenspiegel eindeutig als ein Gottesurteil, nämlich als eine Offenbarung des göttlichen Willens zu verstehen ist. Das wird durch Art. 233 des Landrechts deutlich: Ein Räuber wurde in Notwehr erschlagen. Kann der Notwehr Leistende selbdritt beschwören, dass es Notwehr war, so ist er von jedem Vorwurf frei. Das geht aber nur, wenn Leute es gehört oder gesehen haben. Die beiden Mitschwörenden sind also jedenfalls hier Tatsachenzeugen.[51] Wenn es solche nicht gibt, kann ein Verwandter des Getöteten zum Zweikampf fordern, und dieser soll dann auch stattfinden. Die Begründung ist diese:

> „*Daz ist da von gesetzet. daz die schulde eht nieman enweiz wan got alleine. der scheidet ez ouch nach rehte.*“[52]

Der Schwabenspiegler verteidigt also die Idee des Gottesurteils,[53] obwohl er wohl Kleriker war[54] und das IV. Laterankonzil im Jahr 1215[55] sich dagegen ausge-

---

XII solidos valentes; tunc liciat ad illa muliere iurare per fectus [recte: *pectus*] *suum et dicat: ‚quod maritus meus mihi dedit in potestate et ego possedire dibio‘; hoc dicunt allamanni nostahet.*“ („Wenn aber diese Frau sagt: mein Ehemann gab mir eine ‚Morgengabe‘, so berechne sie, wie viel sie wert ist entweder in Gold oder Silber oder in Sklaven oder in Pferden oder in Gut 12 Schillinge wert; dann sei es jener Frau gestattet, zu schwören auf ihre Brust und zu sprechen: ‚Dies gab mir mein Gatte zu meiner Verfügung, und ich darf es besitzen‘; dies nennen die Alemannen Nesteleid.“), C. SCHOTT, Lex Alamannorum, 1993, S. 122 ff. – Einen Hinweis auf eine interessante Parallele im griechischen Recht verdanke ich Herrn Prof. Gerhard Thür. Im Stadtrecht von Gortyn ist eine ähnliche Situation geregelt wie hier, nämlich ein Streit darüber, ob ein Gegenstand, den die Ehegatten gemeinsam besaßen, der Frau gehört. In diesem Fall soll sie an einem Heiligtum der Artemis einen Reinigungseid leisten, KOERNER, HALLOF (Hrsg.), Inschriftliche Gesetzestexte der frühen griechischen Polis, 1993, Nr. 166 (S. 478).

[50] Schwsp., Ldr. 25, 79; Lnr. 15, 25, 111, 115b, 115d, 128b.

[51] Die Parallelbestimmung im Sachsenspiegel ist Ldr I 64: „*Süs sal man ok verwinnen enen doden, of man ine in düve oder in rove oder in sogedanen dingen geslagen hevet. Mach aver he den doden mit seven manne tüge verwinnen, so ne darf he sik to kampe nicht bieden jegen ene. – Büt aver en des doden mach, sve he si, ine vortustande mit kampe, die verleget allen tüch, wende so ne mach man ine ane kamp nicht verwinnen, he ne si vervest.*“ An dieser Stelle hat der Zeugenbeweis im Schwabenspiegel eine stärkere Position als das Überführen *mit seven manne tüge* nach dem Sachsenspiegel, nämlich der Beweis durch Eidhelfer. Der Beweis durch Tatsachenzeugen schließt nach dem Schwabenspiegel den Zweikampf aus, anders als die Eidhelfer nach dem Sachsenspiegel.

[52] Schwsp.[Laßb.], S. 107. „[D]as ist deswegen festgesetzt, weil niemand die Schuld kennt außer Gott, und der entscheidet auch nach dem Recht.“ (DERSCHKA (Übers.), Der Schwabenspiegel, 2002, S. 153.).

[53] Von einer „Verdrängung des Zweikampfes“ zu sprechen (so NEHLSEN-VON STRYK, Schwabenspiegel, in: LexMa, Bd. 7, 2003, Sp. 1604), ist meines Erachtens nicht zutreffend. Ob der Zweikampf etwa im Vergleich zum Sachsenspiegel eine geringere Bedeutung einnimmt, wäre zu klären. Gänzlich verdrängt aber wird der Zweikampf auf keinen Fall.

[54] NEHLSEN-VON STRYK, Schwabenspiegel, in: LexMa, Bd. 7, 2003, Sp. 1603–1605. Zweifelnd STOBBE, Geschichte der deutschen Rechtsquellen, Bd. 1, 1860, S. 346, der aber von einer papistischen Gesinnung des Schwabenspiegelverfassers ausgeht (S. 343).

[55] KROESCHELL, Deutsche Rechtsgeschichte, Bd. 1: Bis 1250, 2008, S. 289.

sprochen hatte.[56] Der gerichtliche Zweikampf kommt im Schwabenspiegel an mehreren Stellen vor.[57] Beim symbolischen Überwinden des nicht erscheinenden Gegners durch Schwertstreiche gegen den Wind ist der Schwabenspiegel sogar ausführlicher als die Sachsenspiegelvorlage. Der Schwabenspiegel betont, der Kämpfer möge sich je nach Windrichtung positionieren.[58]

Der Schwabenspiegel kennt noch andere Gottesurteile, und zwar die gleichen wie der Sachsenspiegel.[59] Wer sein Recht, sich durch einen Eid von einem Vorwurf zu reinigen, verwirkt hat und eines Straßenraubes bezichtigt wird, kann sich aussuchen, auf welche von drei Arten er sich von dem Vorwurf lösen will: entweder die Wasserprobe, oder das glühende Eisen tragen, oder den Kesselfang.[60] Die Wasserprobe kommt im Lehnrechtsteil noch einmal vor, als *ultima ratio* zur Entscheidung des Streits zweier Lehnsleute um ein Lehen (Schwsp., Lnr. 73). Wenn es keine Zeugen gibt, durch die man die Sache klären kann und einer von beiden partout nicht teilen will, kann er ein Wasserurteil verlangen. Die Parallelbestimmung im Sachsenspiegel (Lnr. 40) ist sehr viel ausführlicher. Die Formulierung im Schwabenspiegel ist demgegenüber so lakonisch und kurz, dass kaum vorstellbar ist, ohne Kenntnis vom Sachsenspiegel Lnr. 40 könne verstanden werden, was mit „*Sweler gewer ein man mit lv̍ten nv̍t erzivgen mag*“ (Schwsp., Lnr. 73) gemeint ist.

Resümee

Das gelehrte Recht hat das Beweisrecht des Schwabenspiegels insgesamt nicht bestimmt und ihm auch kein anderes Gepräge gegeben als dem des Sachsenspiegels. Das gelehrte Recht wirkt sich zwar in manchen Artikeln aus, betrachtet man aber den Schwabenspiegel als Ganzes, so erscheinen diese Artikel als Fremdkörper. Das gilt für den Artikel über erfolterte Geständnisse (Ldr. Art. 375 III) und die Abhandlung über die Erkennungsmerkmale gefälschter Urkunden. Beispiele

---

[56] Das Verbot zeigte für den Zweikampf nur begrenzte Wirkung, KROESCHELL, Deutsche Rechtsgeschichte, Bd. 1: Bis 1250, 2008, S. 289. – Aus dem Decretum Gratiani ergibt sich kein vollständiges Verbot. Zwar untersagen C. 2 q. 5. c. 7 und c. 19 Gottesurteile, doch erlaubt C. 2 q. 5. c. 15 Heißwasser- und Eisenprobe, C. 17 q. 4 c. 24 den Gang über glühende Pflugscharen. Schwankend auch C. 2 q. 5. c. 20–26, vgl. KÉRY, Aspekte des kirchlichen Strafrechts im Liber Extra (1234), in: SCHLOSSER, WILLOWEIT (Hrsg.), Neue Wege strafrechtsgeschichtlicher Forschung, 1999, S. 272 ff. Äußerungen gegen Gottesurteile finden sich hingegen im Liber Extra (X 3.50.9; 5.35.1–3). Ausführlich bespricht diese Bestimmungen SCHMOECKEL, „Ein sonderbares Wunderwerck Gottes“, in: Ius Commune 26 (1999), S. 131 ff.

[57] Schwsp., Ldr. 78, 79, 174, 182, 226, 233, 296, 299, 300, 301, 314 III.

[58] Schwsp., Ldr. 79 IVa.

[59] Diese sind genannt in Ssp., Ldr. I 39, III 21 sowie Lnr. 40.

[60] Schwsp., Ldr. 42. Nach Ssp., Ldr. I 39 ist das dreifache Wahlrecht (*drier kore*) dieses: „*dat glogende isern to dragene, oder in enen wallenden ketel to gripene bit to dem ellenbogen, oder deme kempen sik to werene.*“ Die Wasserprobe ist an einer anderen Stelle des Sachsenspiegels erwähnt.

für solche Fremdkörper gibt es auch außerhalb des Beweisrechts. So besagt Art. 201 des Landrechts, einen Ochsen, der einen Menschen getötet habe, solle man steinigen.[61] Das ist, wie einige andere Bestimmungen des Schwabenspiegels, aus dem Alten Testament entnommen.[62]

Das Beweisrecht des Schwabenspiegels ist in erster Linie vom Sachsenspiegel geprägt. Viele der beweisrechtlichen Artikel unterscheiden sich von Bestimmungen des Sachsenspiegels nur in Nuancen. Ob das Absicht war oder auf Erinnerungslücken im Hinblick auf den genauen Inhalt eines Sachsenspiegelartikels beruht, lässt sich nicht mit Sicherheit sagen. Die auf gelehrtem Recht basierenden Artikel stehen ohne Verbindung neben denen der Sachsenspiegeltradition, die im Schwabenspiegel dominiert. Steht das mit der Motivation des Schwabenspiegelautors für die Abfassung seines Werkes in Einklang?

Der Sachsenspiegel ist jedenfalls im Wesentlichen die Kompilation eines jahrzehntelang vor Gericht tätigen Praktikers. Eike schreibt das Recht auf, wie er es erfahren hat und wie es vor Gericht galt. Das entsprach wohl nicht dem Erfahrungshintergrund des Schwabenspieglers.[63] Fraglich ist auch, ob es seiner Zielsetzung entsprach. Darüber erfahren wir aus dem Vorwort zum Landrecht fast gar nichts. Es ist im Wesentlichen religiös motiviert und handelt von der Schöpfung, der Stellung des Menschen in der Welt, seinem Verhältnis zu Gott und der Bedeutung des Friedens. Nur eines verrät uns der Autor über sein Motiv für die Abfassung des Schwabenspiegels:

> „*vnd dar vmbe will man an disem bv̊che leren. alle die gerihtes phlegen svln. Wie si zerehte svln rihten. als maenic hailigen man. die in der alten e. vnd in der nivwen é gv̊te rihter. waren vnd also habent gerihtet. daz si mit ir gerihte die etwigen vrovde hant besezzen*“.[64]

Das ist der einzige Satz zur Motivation des Autors in dem gesamten Vorwort. Dabei steht die Aussage, den in der Praxis Tätigen solle das Recht erklärt werden, nicht allein. Sie ist verbunden mit einem Richterideal, das nicht der mittelalterlichen Welt, sondern einer religiösen Vision entnommen ist. Das lässt die Frage aufkommen, ob die Nützlichkeit vor Gericht tatsächlich erstes Ziel bei der Aufzeichnung des Schwabenspiegels war.[65]

---

[61] Verurteilungen und Bestrafungen von Tieren hat es im Mittelalter bekanntlich durchaus gegeben, DINZELBACHER, Das fremde Mittelalter, 2006, hier insbesondere S. 113 ff.

[62] Exodus, 21, 28.

[63] Ähnlich NEHLSEN-VON STRYK, Schwabenspiegel, in: LexMa, Bd. 7, 2003, Sp. 1604: „Insgesamt bleibt der S.[chwabenspiegel] in der Durchgestaltung des Rechtsstoffes deutl.[ich] hinter dem Sachsenspiegel zurück“. Vgl. STOBBE, Geschichte der deutschen Rechtsquellen, Bd. 1, 1860 und THÜRING, Für und wider den Sachsenspiegel von seiner Entstehung bis zum 19. Jahrhundert, 1941.

[64] Schwsp.[Laßb.], S. 4. „Und darum will man mit diesem Buch allen, die im Gericht Verantwortung übernehmen sollen, lehren, wie sie zu Recht richten sollen, wie all die heiligen Männer, die in den Zeiten des alten Bundes und des neuen Bundes gute Richter waren und so gerichtet haben, dass sie durch ihr Gericht in den Besitz des ewigen Friedens kamen.“, vgl. DERSCHKA (Übers.), Der Schwabenspiegel, 2002, S. 22 f.

Ein Unterschied zum Sachsenspiegel liegt in der Vorstellung des Schwabenspiegels von der Autorität des niedergeschriebenen Rechts. Diese differiert frappierend von der Eikes von Repgow. Letzterer stellt nicht den Anspruch, mit seinem Rechtsbuch eine lückenlose geschriebene Rechtsordnung wiederzugeben. In der Reimvorrede zum Sachsenspiegel räumt er ein, dass sein *tumbe sin* Rechtsprobleme übersehen oder gar Fehler gemacht hat.[66] Wenn weise Leuten eine bessere Antwort auf eine Rechtsfrage wüssten als er, solle man sich danach und nicht nach seinem Sachsenspiegel richten.[67] Eike ist also der Gedanke, ein Text könne verbindlich über Recht und Unrecht entscheiden, offenbar fremd.[68] Der Schwabenspiegelautor sieht das völlig anders:

> „*vnd swer och anders rihtet. Wan alz dis bůch leret. der sol wizzen daz got will zornlichen vber in rihten andem ivngesten tage*“.[69]

Das erinnert weniger an ein Rechtsbuch als an die beiden steinernen Tafeln, auf die Gott mit seinem eigenen Finger die Zehn Gebote geschrieben hat.[70] Der Schwabenspiegler schreibt nach seiner Vorstellung unbedingt Verbindliches und unveränderliches Recht nieder.[71] Mit dieser Zielsetzung liegt es nicht fern, Passagen aus dem Alten Testament aufzunehmen. Der Schwabenspiegel wirkt wie eine Zusammenstellung verschiedener Quellen, die nicht immer in einer konsequenten Linie stehen. Inhaltlich ist vieles dem Sachsenspiegel entnommen, die

---

[65] STOBBE, Geschichte der deutschen Rechtsquellen, Bd. 1, 1860, S. 342.

[66] „*Gute lüte mane ich darzo,/ob iz imber kome also,/Daz en bejegene itteswat,/daz min tumbe sin vermeden hat/Unde dar diz buch nicht abe en lere,/daz manlich sinen vliz darzu kere,/Wie man iz na rechte besceide*“, Sachsenspiegel Landrecht, zitiert nach der Ausgabe EIKE von Repgow, Des Sachsenspiegels erster Theil oder das sächsische Landrecht, nach der Berliner Handschrift v. J. 1369, 1861, Reimvorrede, V. 141–147. – „*Dat ik recht unde unrecht der sassen besceide nach godes hulden unde na der werlde vromen. Des ne kan ik al eine nicht dun. Dar umme bidde ik to helpe alle gude lüde die rechtes geret, of in ienich rede bejegene, de min dumme sin vermide unde dar dit buk nicht af ne spreke, dat se dat na rechte besceiden na irme sinne, so sie't rechtes weten*“, ebd., prologus, S. 136.

[67] „*Sver an dissem buche/vrage rede suche,/Ob ime dar an icht missehage,/des ne tu er zu hant necheine clage,/unde wege de sache an sineme sinne/na dem ende unde na deme beginne,/Unde ervrage sich mit wisen lüten,/de die warheit künnen bedüten/Unde ouch haven die siete,/daz se recht sin da mite;/Ob er an in dan/ein rechtere irvaren kan,/Ich rate ime daz er alebalde/sich dar an gehalde,/wende vil wiser lüte leren,/die'z an gut keren,/Is bezzere denne min eines si*“, ebd., Reimvorrede, V. 195–211.

[68] Ebd., Reimvorrede, V. 1 ff., 17 ff., 57 ff., 91 ff. Vgl. KANNOWSKI, Der Sachsenspiegel und die Buch'sche Glosse – Begegnung deutschrechtlichen und romanistischen Denkens?, in: DILCHER, DISTLER (Hrsg.), Leges – Gentes – Regno, 2006, S. 521.

[69] Schwsp.[Laßb.], S. 4. „Und wer anders richtet, als dieses Buch es lehrt, der soll wissen, dass Gott am jüngsten Tag über ihn richten wird.“ DERSCHKA (Übers.), Der Schwabenspiegel, 2002, S. 23.

[70] Exodus, 31, 18.

[71] In eine ähnliche Richtung geht das Ergebnis von KROESCHELL, Deutsche Rechtsgeschichte, Bd. 1: Bis 1250, 2008, S. 290: „Jetzt erst [nach der ‚Rationalisierung des Rechts'] begannen die Sätze des einheimischen Rechts zur Sachnorm zu werden.“

Auffassung von Stellenwert und Verbindlichkeit geschriebenen Rechts aber ist dem gelehrten Recht entlehnt. Zutreffend wurde der Schwabenspiegel insofern als ‚Kaiserrecht'[72] bezeichnet.

Anhang

Artikel mit beweisrechtlichem Inhalt

Urkunden	*Ldr.*: 7, 22 I, 36, 159 b II; 313 I; 313 II; 323 a, b; 369. *Lnr.*: 128 c.
Augenschein	*Ldr.*: 27; 79 II a; 201 f; 201 i; 234; 256. *Lnr.*: 43 c; 48 c.
Zeugen (Z)[73] Eidhelfer (E) Tatsachenzeugen (T)	*Ldr.*: 5 b, c I (Z); 6 I (E) (Z); 7 I (Z); 11c I (Z); 13 (Z); 21 (Z); 22 I (T); 22 (Z); 23 (Z); 27 (T); 36 a (T) (Z); 37 (Z); 38 (T); 44 (Z); 56 (T); 64 (Z); 76 I (T); 79 (E) (Z); 84 (Z) (T); 87 (Z); 87 a (Z); 89 I (E); 89 (Z); 99 (E) (Z); 100 (E) (Z); 107 (Z); 107 I (T); 113 b (T); 113 (E); 130 b, c II (Z); 137 b (Z); 137 c (E); 154 (E) (Z); 157 (Z); 157 II (T); 159 b (T) (Z); 160 b (T) (Z); 160 b II (E); 170 b (E) (Z); 172 a I (E) (Z); 174 a (Z); 178 (T) (Z); 182 (E) (Z); 183 (E) (Z); 190 (Z); 193 a (T) (Z); 200 I (E) (Z) (T); 201 e (E); 201 e (E) (Z); 201 (T); 205 (E); 207 a (Z); 208 (Z); 212 (E); 213 (E) (T); 225 (E) (T); 230 (E); 233 (T); 234 (E); 253 c (E); 254 (E) (T); 259 (E); 260 (E) (T); 261 (E); 265 b (E); 277 (T); 281 (E); 282 (E); 283 (E); 284 (E); 288 (E); 290 (E); 293 (E); 294 (Z); 295 (E); 298 (Z); 300 (Z); 301 (T); 304 b (Z); 311 (E); 313 c (Z); 314 III (Z); 317 (E) (Z); 323 a (T) (Z); 323 b (E) (T) (Z); 328 (Z); 332 (E); 334 (E); 347 b (E) (Z); 349 (E); 355 (E); 360 (Z); 367 I (Z); 367 II (E); 369 (Z); 374 II (Z); 375 III (T); 376 (E); 377 II (Z); 377 IV (Z). *Lnr.*: 3 a (Z); 7 (Z); 8 (Z); 10 a (T); 10 b (Z); 11 (Z); 12 (Z); 13 (Z); 16a (Z); 22 (Z); 24 b (Z); 25 (E) (Z); 26 (Z); 27 (Z); 28 (Z); 30 (Z); 38 (Z); 42 b (Z); 43 c (Z); 45 (Z); 48 c (Z); 53 (T); 67 b (Z); 69 (T); 72 b (E) (Z); 74 (E);

[72] So in mehreren Handschriften, OPPITZ, Deutsche Rechtsbücher des Mittelalters, Bd. 1, 1990, S. 35.

[73] Es ist – wie bereits oben *S. 40* angesprochen – in vielen Fällen entweder gar nicht oder nur mit Hilfe von Überlegungen zur Interpretation der einzelnen Vorschriften möglich zu ermitteln, was der Schwabenspiegler meint. Lässt sich nicht klären, ob Eidhelfer („E") oder Tatsachenzeugen („T") gemeint sind, so findet sich in meiner Tabelle ein „Z".

75 (E); 76 (Z); 80 (Z); 82 (T); 85 d (Z); 86 (E) (T); 88 d (Z); 91 (Z); 94 a (E); 95 a (E); 101 b (T); 102 (E); 103 (Z); 106 (Z); 107 (E); 110 (T); 112 a (T); 112 c (T); 115 a, b, d (T); 124 (E); 125 a (E); 128 c (T); 149 b (Z); 153 b (T); 156 a (E); 157 (E).

Eineid	*Ldr.*: 11 b I; 20; 22; 23; 25 a, b; 73 b; 79; 87 a I; 89; 108; 113 a, b; 116 a; 122 b; 123 b; 130 b; 139 b; 170 c; 172 a I; 177; 179; 183; 192 a; 193 a; 201 f; 202; 205; 206; 209; 212; 213; 225; 231; 233; 244; 247; 256; 258; 259; 263; 278; 304 b; 307; 314 II; 317; 342; 347 b; 349; 358; 366; 367 I; 374; 374 II; 375 IV; 377 II. *Lnr.*: 15; 21; 23b; 25; 67 b; 73; 76; 106 a; 111 b; 115 c; 115 d; 121; 127 a; 128 b; 136; 156 a.
Zweikampf	*Ldr.*: 48 I; 79, 99 I; 100; 104; 174 a; 183; 226; 233; 253 c; 260; 296; 299; 314 III. *Lnr.*: –
Gottesurteil	*Ldr.*: 42 I; 48; 192 a II; 282; 350; 374 II. *Lnr.*: 73

Peter LANDAU (München/Deutschland)

Die Königswahl vom Sachsenspiegel zum Schwabenspiegel*

Am Königswahlrecht des Sachsenspiegels hat man sich in der Praxis wohl zuerst bei der Nachwahl Wilhelms von Holland 1252 orientiert.[1] Nach dem Bekanntwerden des Sachsenspiegels in Süddeutschland wurde in Augsburg um 1274/75 als oberdeutsche Umarbeitung der so genannte Deutschenspiegel (Spiegel deutscher Leute) verfasst, der nach seiner eigenen Reimvorrede für ganz Deutschland bestimmt war.[2]

In Bezug auf einen erheblichen Teil des Sachsenspiegels – ab Sachsenspiegel II. 12. § 13 – ist der Deutschenspiegel eine bloße Übersetzung, was auch für den Königswahlparagraphen zutrifft.[3] Im Vergleich zum Urtext des Sachsenspiegels sind nur zwei Veränderungen hervorzuheben: erstens die Anordnung der geistlichen Kurfürsten in der Reihenfolge von Mainz, Trier, Köln, was einer inzwischen wohl akzeptierten Rangordnung entsprach, mit der die ungewöhnliche Vorrangstellung des Trierers beseitigt wurde.[4] Den Vorrang des Mainzers vor dem Trierer hat der Verfasser des Deutschenspiegels sicher schon in seiner Sachsenspiegelvorlage gefunden.

---

* Redaktionell überarbeitete Fassung der Erstveröffentlichung (LANDAU, Die Königswahl vom Sachsenspiegel zum Schwabenspiegel, in: Acta juridica et politica 71, Fasc. 17.6 (2008), S. 571–577).

[1] Zum Königswahlrecht im Sachsenspiegel vgl. meine Studie: LANDAU, Eike von Repgow und die Königswahl im Sachsenspiegel, in: ZRG GA 125 (2008), S. 18–49; hier zur Nachwahl Wilhelms von Holland in Braunschweig 1252, bei der zum ersten Mal ein Einfluss des Sachsenspiegels wahrscheinlich ist, S. 42f. mit Hinweis auf ERKENS, Kurfürsten und Königswahl, 2002, S. 95f. Eine von mir in meiner Arbeit noch nicht berücksichtigte neueste Theorie zur Entstehung des Kurkollegs entwickelt BEGERT, Das Kurkolleg als Schiedsgremium, in: Zeitschrift für Bayerische Landesgeschichte 66 (2003), S. 399–434. Sein Gedanke, dass das Vorrecht der im Sachsenspiegel genannten Reichsfürsten ursprünglich im Sinne eines Schiedsgremiums aufzufassen sei, berührt sich teilweise mit der von mir vertretenen Ansicht. Allerdings halte ich Begerts These, ein Wahlausschuss von sechs Hauptwählern sei mutmaßlich unter Otto IV. auf dem Hoftag von Würzburg 1209 eingesetzt worden, für eine durch keine Quelle zu begründende Hypothese. Wie viele andere geht auch Begert davon aus (BEGERT, Das Kurkolleg als Schiedsgremium, in: Zeitschrift für Bayerische Landesgeschichte 66 (2003), S. 410 f. und 433), dass Eike sich seine Lehre von den ‚sechs ersten an der Kur' nicht ausgedacht haben könne, da ihm sonst ‚Hybris und Willkür' vorzuwerfen sei und sein Werk zudem keine Autorität gehabt haben könne, um die Reichsverfassung zu beeinflussen. Weshalb sollte man Eike nicht eine ähnliche Autorität zutrauen, wie sie zweifellos Gratian im kanonischen Recht hatte?

[2] Zum Deutschenspiegel vgl. neuestens MUNZEL-EVERLING, Deutschenspiegel, in: ²HRG, Bd. 1, 2008, Sp. 971f.; außerdem C. SCHOTT, Deutschenspiegel, in: LexMa, Bd. 3, 1997, Sp. 767f.

[3] Deutschenspiegel, Ldr. Art. 303 – ECKHARDT (Hrsg.), Studia iuris Teutonici – Deutschenspiegel, 1971, S. 330.

[4] Deutschenspiegel, Ldr. Art. 303: „*In des chaisers chur sol der erste sein, der pyscholf von maentze, der ander von triere.*" (ECKHARDT (Hrsg.), Studia iuris Teutonici – Deutschenspiegel, 1971, S. 330.).

Zweitens ist bemerkenswert, dass der Deutschenspiegel anders als der Sachsenspiegel die Erzämter der Laienfürsten im Fall von Sachsen, Brandenburg und Böhmen nach dem jeweiligen Fürsten nennt, nicht aber wie im Sachsenspiegel voranstellt.[5] Die Betonung der Erzämter durch das Voranstellen, außer im Fall des Pfalzgrafen bei Rhein, ist eine Besonderheit des Sachsenspiegels.[6] Sie hängt damit zusammen, dass für Eike von Repgow die Erzämterlehre etwas Neues war, nach meiner Auffassung seine eigene Erfindung.[7] Für die Redaktoren des Deutschenspiegels war es dagegen selbstverständlich, dass ein Kurfürst bereits mit einem Erzamt ausgestattet sein musste. Die im Sachsenspiegel verankerte Zweistufigkeit von *irwelen* (auswählen) durch das Plenum aller Fürsten und *bi namen kiesen* (küren) durch die Kurfürsten wird auch vom Deutschenspiegel übernommen, der vom *chiesen* durch alle Fürsten und anschließender *chur* durch die Kurfürsten spricht.[8]

Der *Schwabenspiegel*, der im Augsburger Franziskanerkloster um 1275 verfasst wurde,[9] bringt dagegen erhebliche Veränderungen im Königswahlrecht des Sachsenspiegels in seinem *Art. 130*,[10] wobei der Einfluss des kanonischen Rechts wie auch in anderen Bereichen ganz offensichtlich ist. Ich möchte im Folgenden eine Aufzählung dieser Veränderungen geben.

---

[5] Deutschenspiegel, Ldr. Art. 303: „*Under den laien ist der erste an der chure der pfallentzgrave von reine des reiches trugsaetze, der ander ist der hertzog von sachsen, des reiches marschalch. Der dritte der Marchgrave von Prannwurch, des reiches chamrer.*" (ECKHARDT (Hrsg.), Studia iuris Teutonici – Deutschenspiegel, 1971, S. 330.).

[6] Hierzu vgl. meine Arbeit: LANDAU, Eike von Repgow und die Königswahl im Sachsenspiegel, in: ZRG GA 125 (2008), S. 32.

[7] Diese These habe ich in meiner Arbeit (LANDAU, Eike von Repgow und die Königswahl im Sachsenspiegel, in: ZRG GA 125 (2008)) zu begründen versucht. Ich habe deshalb dort Eike von Repgow als ‚juristischen Erfinder' bezeichnet.

[8] Deutschenspiegel, Ldr. Art. 303: „*Den kaiser sullen chiesen des reiches vursten, alle pfaffen und alle layen. Die aber zem ersten an der chure sint benannt, die ensulln niht chiesen nach ir willen wan swen die vursten alle ze chunige erwelent, den sulln si benamen aller erste chiesen.*" (ECKHARDT (Hrsg.), Studia iuris Teutonici – Deutschenspiegel, 1971, S. 330.).

[9] Zum Schwabenspiegel vgl. allgemein: NEHLSEN-VON STRYK, Schwabenspiegel, in: LexMa, Bd. 7, 2003, S. 1603–1605; TRUSEN, Die Rechtsspiegel und das Kaiserrecht, in: ZRG GA 102 (1985), S. 12–59.

[10] Für den Schwabenspiegel fehlt wegen der verwirrenden Überlieferungslage bisher trotz aller editorischen Bemühungen seit der ersten modernen Edition des Freiherrn v. Laßberg (LASSBERG (Hrsg.), Der Schwabenspiegel oder Schwäbisches Land- und Lehen-Rechtbuch, 1840) eine zuverlässige kritische Edition. Ich gehe bei meinen Zitaten u. a. von MS Zürich, Zentralbibliothek Z XI 302 aus, einer Handschrift vom Ende des 13. Jahrhunderts. Die Ausgabe von Laßberg (LASSBERG (Hrsg.), Der Schwabenspiegel oder Schwäbisches Land- und Lehen-Rechtbuch, 1840, S. 63) legt bei Art. 130 Landrecht ebenfalls den Zürcher Codex zugrunde, da die ansonsten von ihm verwendete Handschrift aus seinem eigenen Besitz zwischen Art. 129 und Art. 131 eine Lücke enthält. Bei den Zitaten aus der Zürcher Handschrift folge ich der Edition dieser Textform von ECKHARDT (Hrsg.), Schwabenspiegel Langform Z, 1974. Art. 130 ist in dieser Handschrift Art. 133.

1. Die wichtigste Veränderung ist die Siebenzahl der Kurfürsten, eine ungerade Zahl, was vom Autor ausdrücklich hervorgehoben wird, wodurch eine Pattsituation von jeweils drei Stimmen vermieden werden soll.[11] Es wird sogar der Hinweis gegeben, dass bei einem Verhältnis 3 : 4 die Minderheit der Drei einer Mehrheit der Vier folgen solle, da das Mehrheitsprinzip ‚bei aller Kur' – also auch im Bereich der Kirche – ‚Recht' sei.[12] Der Autor des Schwabenspiegels überträgt das *Mehrheitsprinzip* nachdrücklich aus dem kanonischen Wahlrecht in den weltlichen Bereich.

2. Die *Vorrangstellung des Erzbischofs von Mainz* unter den geistlichen Kurfürsten wird erstmalig mit einem Erzamt begründet; er sei Kanzler „*ze tuschem Lande*".[13] Deshalb stehe ihm die erste Stimme bei der Kur zu. Für die Erzbischöfe von Trier und Köln nennt der Schwabenspiegel noch kein Erzamt.

3. Anders als im Sachsen- und Deutschenspiegel spricht der Schwabenspiegel von vier Laien als Kurfürsten. Es sind *Pfalzgraf, Herzog von Sachsen* und *Markgraf von Brandenburg*; außerdem aber noch der Schenke des Reiches, also in der Konsequenz der König von Böhmen, auf den aber nur durch das Erzamt angespielt wird.[14] Der König von Böhmen wird als Wähler zumindest in der frühen Zürcher Handschrift des Schwabenspiegels nicht erwähnt.[15] Das mag damit zusammenhängen, dass kurz vor 1275 bei der Wahl Rudolfs von Habsburg zum deutschen König 1273 nach einer Urkunde Rudolfs vom 15.05.1275 der Anspruch des Königs Ottokar von Böhmen, der vom Bischof von Bamberg als Prokurator vertreten wurde, auf Teilnahme an der Wahl zurückgewiesen worden war, während man eine aktive Teilnahme Herzog Heinrichs von Bayern, dem Bruder des Pfalzgrafen, an der Wahl zugelassen hatte.[16] Allerdings sollten nach der Urkunde

---

[11] Schwabenspiegel Z, Ldr. Art. 133: „*dar umbe ist der fursten ungerade gesetzet, ob dri an einen gevallen, und vier an den andern, daz di dri den vrien volgen suln, und also sol ie div minner volge der merren volgen. Daz ist an aller kur reht.*" (ECKHARDT (Hrsg.), Schwabenspiegel Langform Z, 1974, S. 90.).

[12] Vgl. den Text *Anm. 11.*

[13] Schwabenspiegel Z, Ldr. Art. 133: „*der bischof von magenze ist kanzler ze tuschem lande, der hat die ersten stimme an der kur.*" (ECKHARDT (Hrsg.), Schwabenspiegel Langform Z, 1974, S. 90.).

[14] Schwabenspiegel Z, Ldr. Art. 133: „*under den leigen ist der erste an der stimme ze weln der phalzgrave von dem rine, des riches truhsaese, der sol dem kunge die ersten schulzeln tragen. Der ander ist der herzoge von sahsen, des riches marschalc, der sol dem kunge sin swert tragen. Der drite ist der margrave von brandenburch, des riches kamerare, der sol dem kunge wazzer geben. Der vierde daz ist des riches schenke, der sol dem kunge sinen becher tragen.*" (ECKHARDT (Hrsg.), Schwabenspiegel Langform Z, 1974, S. 90.).

[15] Vgl. auch die Angabe in der Edition Laßbergs zu Art. 133 bzw. 130, dass der Zürcher Codex am Rande einen Zusatz von einer späteren Hand aus dem Ende des 16. oder dem Anfange des 17. Jahrhunderts bringt: „*Der Herzog von Payern hat die vierde stimme an der chur.*" (LASSBERG (Hrsg.), Der Schwabenspiegel oder Schwäbisches Land- und Lehen-Rechtbuch, 1840, S. 63 Anm. 86).

[16] Diese Urkunde Rudolfs I., die sog. ‚*Declaratio de iure eligendi regem Romanorum*', liegt in kritischer Edition vor in: SCHWALM (Hrsg.), Constitutiones et acta publica imperatorum et regum,

von 1275 die beiden Brüder, der Pfalzgraf und der Herzog, gesamthänderisch ein Stimmrecht *ratione ducatus* haben;[17] andererseits spricht die Urkunde von sieben Fürsten mit einem Wahlrecht, was nur im Sinne von sieben Stimmen verstanden werden konnte.[18] Zwischen 1273 und 1275 gab es folglich eine Tendenz zur Ersetzung des Königs von Böhmen durch den Herzog von Bayern, was sich auch an einer Stelle des Lehnrechts im Schwabenspiegel ablesen lässt, wo in zahlreichen Handschriften der Herzog von Bayern als siebter Wähler nach dem Markgrafen von Brandenburg in frühen Handschriften – jedoch nicht in der Zürcher Handschrift – genannt wird.[19] Da man 1275 jedoch nirgendwo fand, dass das Amt des Mundschenken dem Bayernherzog zustehe, wird im Zürcher Codex des Landrechts die Zuständigkeit für das Schenkenamt gewissermaßen offen gelassen. Zahlreiche Handschriften des Schwabenspiegels nennen dagegen im Landrecht im Zusammenhang mit dem Schenkenamt den Herzog von Bayern als Wähler.[20] Ich

---

1904–1906, S. 71 f., Nr. 83. Nach dieser Urkunde wurde in Augsburg zwischen den Vertretern König Ottokars von Böhmen und Herzog Heinrichs von Niederbayern sowie seines Bruders Ludwigs II. ein Streit über die *quasipossessio* eines Wahlrechts (*ius eligendi*) bei der Wahl des römischen Königs ausgetragen. Heinrich und Ludwig machten geltend, dass ihnen ‚*ratione ducatus Bawarie*‘ ein Wahlrecht ‚*ex antiquo*‘ zustünde, das bei der Wahl Richards von Cornwall 1257 und derjenigen Rudolfs I. 1273 ausgeübt worden sei. Zu dieser für die Geschichte des Königswahlrechts sehr wichtigen Urkunde vgl. ZEUMER, Die böhmische und die bayrische Kur im 13. Jahrhundert, in: Historische Zeitschrift 94 (1905), S. 235–237; ferner REDLICH, Rudolf von Habsburg, 1965, S. 239–241. Text der Urkunde mit deutscher Übersetzung bei WOLF, Die Entstehung des Kurfürstenkollegs 1198–1298, 2000, S. 171–173. Der Ausdruck ‚*quasipossessio*‘ lässt klar erkennen, dass bei der Redaktion dieser bedeutenden Urkunde Einflüsse des römischen Rechts zu verzeichnen sind.

[17] Vgl. den Text der Urkunde in SCHWALM (Hrsg.), Constitutiones et acta publica imperatorum et regum, 1904–1906, S. 72: „*vocibus eorundem fratrum ducum Bawarie comitum palatinorum Reni racione ducatus pro una in septem principum ius in electione regis Rom(anorum) habencium numero conputatis.*“

[18] Vgl. den Text in *Anm. 17*.

[19] Schwabenspiegel, Art. 86. Der Text nach den Handschriften Ks (MS Innsbruck, Universitätsbibliothek 498/1) und Kg (MS Gießen, Universitätsbibliothek 975) bei ECKHARDT (Hrsg.), Schwabenspiegel Kurzform, 1974, S. 405: „*Swen aber die tutschen fursten ze chunige erchiesent und swenne der ze rome nah der wihe vert so sint im die fursten mit im schuldich ze varn die in da erchorn habent ze chunige, daz ist* [...] *der herzoge von baiern.*“ Vgl. auch die Edition Laßberg (LASSBERG (Hrsg.), Der Schwabenspiegel oder Schwäbisches Land- und Lehen-Rechtbuch, 1840, S. 173 mit Anm. 7). Danach wurde in Laßbergs Handschrift, die wohl vor 1290 zu datieren ist, der Herzog von Baiern später ausgelöscht; sein Name sei aber noch deutlich zu erkennen. Zur Lücke in der Zürcher Handschrift vgl. die Edition Eckhardt (ECKHARDT (Hrsg.), Schwabenspiegel Langform Z, 1974, S. 203) mit dem Hinweis, dass dort ‚herzoge von bayern‘ von wesentlich späterer Hand eingetragen wurde.

[20] Vgl. Schwabenspiegel Kurzform: „*Der vierde daz ist der herzog von baiern, des riches schenke.*“ (ECKHARDT (Hrsg.), Schwabenspiegel Kurzform, 1974, S. 192). Zur Nennung von Böhmen oder Bayern in Art. 130 des Schwabenspiegels vgl. auch KLEBEL, Studien zu den Fassungen und Handschriften des Schwabenspiegels, in: Mitteilungen des Instituts für Österreichische Geschichtsforschung 44 (1930), S. 188 f.; ferner bereits FICKER, Über die Entstehungszeit des Schwabenspiegels, 1874, S. 36–53; auch in: DERS., Über die Entstehungszeit des Schwabenspiegels, in: DERS., Aus-

halte jedoch die Erwähnung des Bayern nicht für einen Teil des Urtextes, sondern vielmehr gibt die im Zürcher Codex überlieferte Fassung die noch *unklare Rechtssituation von 1275* am besten wieder, indem sie auf den siebten Wähler nur durch das Schenkenamt hinweist. In diesem Zusammenhang ist auch zu bedenken, dass die Urkunde König Rudolfs in Augsburg selbst auf einem Hoftag ausgestellt wurde und die Augsburger Franziskaner bei Abfassung des Rechtsbuchs vielleicht über den Konflikt zwischen Böhmen und Bayern informiert waren. Die Textform des Zürcher Codex muss wegen der hier singulär vorhandenen Lücken sehr früh in der Genese des Schwabenspiegeltextes angesetzt werden.

Der Ausschluss des Böhmen wegen seiner nicht deutschen Herkunft wirkt insofern weiter, als der Schwabenspiegel ausdrücklich *deutsche* Abkunft (Eltern) bei jedem wahlberechtigten Laienfürsten fordert, sich allerdings auch mit *einem* deutschen Elternteil begnügen will.[21]

4. Die Funktionen der vier Erzämter der Laienfürsten werden genau beschrieben. Der Pfalzgraf als Truchsess reicht dem König die erste Schüssel, der Herzog von Sachsen als Marschall trägt für ihn sein Schwert, der Markgraf von Brandenburg als Kämmerer soll dem König Wasser reichen, schließlich der Schenk den Becher des Königs übernehmen. Die Funktion der Erzämter wird somit zum ersten Mal plastisch geschildert.[22]

5. Der Schwabenspiegel enthält ferner ebenfalls eine Festlegung auf den *Wahlort Frankfurt*.[23] Hier sind Vorgespräche der Wähler vorgesehen, also eine Kandida-

---

gewählte Abhandlungen zur Geschichte und Rechtsgeschichte des Mittelalters, Bd. 3, 1981, S. 400–417.

[21] Vgl. Schwabenspiegel Kurzform: „*und nieman anders sul den chunich ze reht chiesen wan die vier, und die sulen tutsche man sein alle vier von vater und von muter oder von eintwederem.*“ (ECKHARDT (Hrsg.), Schwabenspiegel Kurzform, 1974, S. 192 f.). Übereinstimmend Langform Z (ECKHARDT (Hrsg.), Schwabenspiegel Langform Z, 1974, S. 90). Der Passus „*oder von eintwederem*“ fehlt in zwei Handschriften der Kurzform – Ordnung Ia nach Eckhardt (ECKHARDT (Hrsg.), Schwabenspiegel Kurzform, 1974, S. 193), und in der früheren Tambacher Handschrift des Schwabenspiegels (ECKHARDT (Hrsg.), Schwabenspiegel – Kurzform III, 1972, S. 137). Wolf (WOLF, Die Entstehung des Kurfürstenkollegs 1198–1298, 2000) zitiert den Schwabenspiegeltext ohne den erwähnten Passus nach der Tambacher Handschrift und zieht daraus auf S. 58 den Schluss, dass der Schwabenspiegel vom Herzog von Bayern anstelle des Königs von Böhmen als weltlichem Königswähler ausgegangen sei. Das würde jedoch eine spätere Interpolation im Text des Schwabenspiegels voraussetzen, was kaum anzunehmen ist. Der Passus wird durch die aus Augsburg stammende Zürcher Handschrift beglaubigt und dürfte zum Urtext des Schwabenspiegels gehört haben, wurde jedoch in der Zeit der Anerkennung des Herzogs von Bayern als Königswähler zwischen 1275 und 1290 aus dem Text entfernt. Zur Tambacher Handschrift vgl. auch ECKHARDT (Hrsg.), Schwabenspiegel Kurzform, 1974, S. 10. Sie wird auf 1295 datiert und von Eckhardt in die Ordnung Ic eingegliedert. Die Entstehung dieser sog. Dritten Ordnung der Kurzform setzt Eckhardt auf das Jahr 1282 (ECKHARDT (Hrsg.), Schwabenspiegel Kurzform, 1974, S. 27). Vgl. auch ECKHARDT, [Rezension zu:] Klebel, in: ZRG GA 51 (1931), S. 566–568.

[22] Vgl. den Text oben *Anm. 14* nach der Zürcher Handschrift.

[23] Schwabenspiegel, Art. 129: „*Als man einen chunich chiesen wil daz sol man tun ze franchenfurte.*“ (ECKHARDT (Hrsg.), Schwabenspiegel Kurzform, 1974, S. 191). Übereinstimmend Langform Z (ECKHARDT (Hrsg.), Schwabenspiegel Langform Z, 1974, S. 89).

tenauswahl im engeren Kreis, die nicht mehr wie noch im Sachsenspiegel von allen Fürsten getroffen wird.[24] Die Vorgespräche sind für die Wahl essentiell und sollen bei Weigerung zur Teilnahme auch durch Sanktionen erzwungen werden können. Durch den Erzbischof von Mainz können der Bann oder durch den Pfalzgrafen die Acht verhängt werden.[25] Die Einladung der übrigen Kurfürsten zu den Gesprächen wird als ‚gebieten' bezeichnet;[26] es genügt also keineswegs ein formeller, eventuell auch nachträglicher, Konsens zu einem Wahlakt.

6. Die nicht zum Kreis der Kurfürsten gehörigen übrigen Laienfürsten können zu den Vorgesprächen eingeladen werden, haben aber kein subjektives Teilnahmerecht, da die Zahl der Eingeladenen ausdrücklich in das Ermessen der Kurfürsten gestellt wird.[27] Die Eingeladenen sind *Diskussionsteilnehmer*, aber nicht mehr wie im Sachsenspiegel *Stimmberechtigte bei einem Vorwahlakt.* Der Kreis der Kurfürsten ist somit jetzt das einzige Wählerkollegium, wenn auch noch nicht ein abgeschlossenes Konklave, wie es bei der Papstwahl vorgesehen ist.

7. Schließlich hebt der Schwabenspiegel noch hervor, dass die Kurfürsten nach ihrem *Gewissen* wählen sollen, nicht etwa auf Grund von Bestechung oder etwa aus Rache. Alles andere wäre Unrecht; vor der Wahl ist von den Kurfürsten ein Eid zu leisten, dass sie ihrem Gewissen zu folgen bereit seien.[28] Lässt sich ein Kurfürst für seine Stimmabgabe entschädigen (ein Gut versprechen), macht er sich wegen der Vermögensvorteile der Simonie schuldig und verliert seine Kurstimme auf Dauer.[29] Auch in diesem Fall verarbeitet der Schwabenspiegel offen-

---

[24] Schwabenspiegel, Art. 130: „*und swenne si chiesent so sulen sie ein sprache gebieten hinz franchenfurte.*" (ECKHARDT (Hrsg.), Schwabenspiegel Kurzform, 1974, S. 193). Übereinstimmend Langform Z, wo statt ‚sprache' der Ausdruck ‚gespraeche' steht (ECKHARDT (Hrsg.), Schwabenspiegel Langform Z, 1974, S. 90).

[25] Schwabenspiegel Kurzform: „*die sol gebieten der bischof von mainze bi dem panne. So sol dar gebieten der phalnzgrave von reine bi der aehte.*" (ECKHARDT (Hrsg.), Schwabenspiegel Kurzform, 1974, S. 193). Übereinstimmend Langform Z (ECKHARDT (Hrsg.), Schwabenspiegel Langform Z, 1974, S. 90).

[26] Vgl. den Text *Anm. 25.*

[27] Schwabenspiegel Kurzform: „*si sulen dar gebieten zu dem gespraeche ir gesellen die mit in da welent und sulen darnach den fursten dar gebieten als vil als si ir gehaben mugent.*" (ECKHARDT (Hrsg.), Schwabenspiegel Kurzform, 1974, S. 193). Übereinstimmend Langform Z (ECKHARDT (Hrsg.), Schwabenspiegel Langform Z, 1974, S. 90).

[28] Schwabenspiegel Langform Z: „*e daz die fursten kiesen so suln sie uf den heiligen swern daz sie durch gutes miete daz in geheizen si, oder gegeben si, noh durch liebe, noch durch leide, noch durch rache, niht enweln daz gevaerde heize, wan als in ir gut gewizzen sage.*" (ECKHARDT (Hrsg.), Schwabenspiegel Langform Z, 1974, S. 90). Übereinstimmend Schwabenspiegel Kurzform, ohne das Wort ‚rache' (ECKHARDT (Hrsg.), Schwabenspiegel Kurzform, 1974, S. 193 f.).

[29] Schwabenspiegel Kurzform: „*swer anders welt, wan als hie geschrieben stat der tut wider got und wider reht, und wird ir einer dar nah uberreit, daz er gut hat gelobet ze nemene oder hat genomen, swer des uberreit wird als reht ist, daz ist symonie, der hat sin chur verlorn und sol si nimmer mere wider gewinnen und ist dar zu maeineide.*" (ECKHARDT (Hrsg.), Schwabenspiegel Kurzform, 1974, S. 194). Übereinstimmend Schwabenspiegel (ECKHARDT (Hrsg.), Schwabenspiegel Langform Z, 1974, S. 90).

bar Anregungen aus dem kanonischen Recht wie insbesondere die Strafe der Absetzung nach C.1, q.1, c.8, beruhend auf can. 2 des Konzils von Chalcedon.[30]

Zusammenfassend lässt sich sagen, dass der Schwabenspiegel zum ersten Mal ein rational klar geordnetes Königswahlrecht bietet, das eindeutig vielfach dem Muster des kanonischen Rechts folgt. Der Schwabenspiegel wurde später 1356 zur wichtigsten Rechtsquelle für die Goldene Bulle und erlangte somit für die deutsche Verfassungsgeschichte entscheidende Bedeutung. Er hat insbesondere drei Rechtsprinzipien in das deutsche Königswahlrecht eingeführt: *1.) die endgültige Festlegung auf die Zahl von sieben Kurfürsten, 2.) die klare Formulierung des aus dem kanonischen Recht übernommenen Mehrheitsprinzips* und schließlich *3.) die Einheit des Wahlakts*, wodurch ein späterer Konsens von nicht anwesenden Wahlberechtigten, wie er noch 1252 und 1257 erfolgt war, nicht mehr als rechtswirksam anerkannt werden konnte.

Wie im Bereich der Königswahl wird es für die künftige Forschung auch in anderen Fragen darauf ankommen, genauer als bisher den Weg vom Sachsenspiegel zum Schwabenspiegel zu verfolgen, wobei es sicher auch wesentlich auf die Herausarbeitung der Einflüsse des *Gelehrten Rechts* ankommen muss.

---

[30] C.1, q.1, c.8: „*Si quis episcopus per pecuniam ordinationem fecerit, et sub precio redegerit spiritus sancti gratiam, que vendi non potest* [...] *cui hoc attemptanti probatum fuerit, proprii gradus periculo subiacebit.*“ (RICHTER, FRIEDBERG (Hrsg.), Corpus iuris canonici, Bd. 1, 2007, Sp. 359 f.) Der zugrunde liegende Text can. 2 des Konzils von Chalcedon bei ALBERIGO, DOSSETTI, JOANNOU, LEONARDI, PRODI, JEDIN (Hrsg.), Conciliorum oecumenicorum Decreta, 1973, S. 87 f.

Heiner LÜCK (Halle an der Saale/Deutschland)

Kohärenzen, Parallelen, Divergenzen – Sachsenspiegel und Schwabenspiegel im Vergleich*

Vorbemerkung

Es ist sehr verdienstvoll, dass sich die Rechtshistoriker der Universität Szeged nach Erscheinen der von László Blazovich besorgten Übersetzung des Sachsenspiegels in das Ungarische[1] einem weiteren bedeutenden deutschen Rechtsbuch, dem Schwabenspiegel („Das zweite große deutsche Rechtsbuch des 13. Jh.“[2]), zuwenden. Dieser spielte und spielt selbstverständlich auch in der deutschen rechtsgeschichtlichen Forschung eine Rolle, doch bleibt selbige mit großem Abstand hinter den inzwischen sehr erfolgreichen wissenschaftlichen Bemühungen um den Sachsenspiegel zurück. Eine „eingehende inhaltliche Würdigung [...] steht bis heute aus.“[3] Zuletzt hat Harald Rainer Derschka, welchem wir eine sehr akzeptable, lange überfällige neuhochdeutsche Übersetzung des Schwabenspiegels verdanken, im Jahre 2002 klar auf diese Diskrepanz hingewiesen.[4] Woran diese Abstufung liegt, kann nicht zweifelsfrei festgestellt werden. Möglicherweise spielt dabei die unterschiedliche Beurteilung beider Rechtsbücher im Selbstverständnis der deutschen Rechtsbücherforschung während der ersten Hälfte des 20. Jahrhunderts eine Rolle.[5]

Im Sachsenspiegel sah man im Wesentlichen das nahezu frei von römischem und kanonischem Einfluss[6] niedergeschriebene elbostfälische Gewohnheitsrecht.[7] Namhafte deutsche Rechtshistoriker können für diese in der deutschen Rechtsgeschichte fest verwurzelte Ansicht als Gewährsleute benannt werden.[8] Der Schwabenspiegel galt in diesem zeitgeschichtlichen Kontext demgegenüber als

---

* Die Vortragsform wurde beibehalten. – Redaktionell überarbeitete Fassung der Erstveröffentlichung (LÜCK, Kohärenzen, Parallelen, Divergenzen, in: Acta juridica et politica 71, Fasc. 17.7 (2008), S. 579–596)

[1] EIKE von Repgow, A Szász tükör [Sachsenspiegel ⟨ungar.⟩], 2005.

[2] KROESCHELL, Deutsche Rechtsgeschichte, Bd. 1: Bis 1250, 2008, S. 261.

[3] NEHLSEN-VON STRYK, Schwabenspiegel, in: LexMa, Bd. 7, 2003, Sp. 1604.

[4] DERSCHKA (Übers.), Der Schwabenspiegel, 2002, S. 6–10.

[5] Vgl. auch TRUSEN, Schwabenspiegel, in: HRG, Bd. 4, 1990, Sp. 1549.

[6] „Abhängigkeiten vom römisch-kanonischen Recht sind nur spurenhaft nachweisbar.“ SCHLOSSER, Grundzüge der neueren Privatrechtsgeschichte, 2005, S. 16.

[7] R. C. H. SCHRÖDER, KÜNSSBERG, Lehrbuch der deutschen Rechtsgeschichte, 1922, S. 722; CONRAD, Deutsche Rechtsgeschichte, Bd. 1, 1954, S. 477; MITTEIS, LIEBERICH, Deutsche Rechtsgeschichte, 1992, S. 300; KÖBLER, Zielwörterbuch europäischer Rechtsgeschichte, 2007, S. 732–734, hier S. 733.

[8] PLANITZ, ECKHARDT, Deutsche Rechtsgeschichte, 1981, S. 137; THEUERKAUF, Lex, Speculum, Compendium Iuris, 1968, S. 101; TRUSEN, Die Rechtsspiegel und das Kaiserrecht, in: ZRG GA 102 (1985), S. 17.

bereits stark von der Rezeption der fremden Rechte[9] beeinflusstes, und daher aus der Sicht der auf das Germanentum bezogenen deutschen Rechtsgeschichte[10] als modifiziertes, ja nicht mehr ganz so „deutsches“ Rechtsbuch.[11] Erst in jüngster Zeit wurden mehrfach auch aus dem Sachsenspiegel römische und kanonische Rechtssätze herausgearbeitet, zumal schon Richard Schröder und Eberhard Freiherr von Künßberg in ihrem Lehrbuch herausgestellt hatten: „Das römische Recht kannte er [Eike von Repgow – H. L.] nur von Hörensagen. Kanonische Quellen [...] hat er benutzt.“[12] Ich darf auf die Untersuchungen von Peter Landau[13] und auf meine bescheidene Skizze zu römischem und kanonischem Recht in der Dresdner Bilderhandschrift des Sachsenspiegels[14] verweisen. Aber auch an die wichtigen Arbeiten von Herbert Kolb,[15] Karl Gottfried Hugelmann,[16] Gerhard Theuerkauf[17] und Winfried Trusen[18] sei erinnert. Ich möchte im Folgenden den Sachsenspiegel mit dem Schwabenspiegel auf drei ausgewählten Beobachtungsfeldern vergleichen. Diese drei Beobachtungsfelder sind:

1. Entstehungsgeschichte und Überlieferung; 2. Herkunft des Rechts; 3. Geographische Verbreitung. Die Auswahl ist freilich ganz willkürlich und vor allem von den aktuellen Forschungsschwerpunkten des Verfassers bestimmt.[19]

Zum Schluss möchte ich meine Beobachtungen mit vier grundsätzlichen Fragen der Rechtsbücherforschung in Verbindung bringen.

I. Entstehung und Überlieferung

Betrachten wir in einem ersten Beobachtungsfeld die Entstehungsgeschichte und Überlieferung beider Rechtsbücher und fragen dabei – den Vorgaben der Über-

---

[9] Vgl. dazu SCHLOSSER, Grundzüge der neueren Privatrechtsgeschichte, 2005, S. 55 ff.; GIESEN, Rezeption fremder Rechte, in: HRG, Bd. 4, 1990, Sp. 995–1004.

[10] Vgl. KROESCHELL, Deutsche Rechtsgeschichte, Bd. 1: Bis 1250, 2008, S. 1–3.

[11] DERSCHKA (Übers.), Der Schwabenspiegel, 2002, S. 8.

[12] R. C. H. SCHRÖDER, KÜNSSBERG, Lehrbuch der deutschen Rechtsgeschichte, 1922, S. 722.

[13] LANDAU, Der Entstehungsort des Sachsenspiegels, in: Deutsches Archiv für Erforschung des Mittelalters 61 (2005), S. 73–101.

[14] LÜCK, Römisches und kanonisches Recht in der Dresdner Bilderhandschrift des Sachsenspiegels, in: STEPPAN, GEBHARDT (Hrsg.), Zur Geschichte des Rechts, 2007, S. 235–249; DERS., Sächsisches Recht contra Römisch-kanonisches Recht, in: HUSCHNER, BÜNZ, LÜBKE (Hrsg.), Italien – Mitteldeutschland – Polen, 2013, S. 211–230.

[15] KOLB, Über den Ursprung der Unfreiheit, in: Zeitschrift für deutsches Altertum und deutsche Literatur 103 (1974), S. 289–311.

[16] HUGELMANN, In den ban mit recht komen (Ssp. Landr. III 54 § 3), in: ZRG KA 38 (1917), S. 33–97.

[17] THEUERKAUF, Lex, Speculum, Compendium Iuris, 1968, S. 98–182.

[18] TRUSEN, Die Rechtsspiegel und das Kaiserrecht, in: ZRG GA 102 (1985), S. 17.

[19] Vgl. LÜCK, Einführung: Das sächsisch-magdeburgische Recht als kulturelles Bindeglied zwischen den Rechtsordnungen Ost- und Mitteleuropas, in: EICHLER, LÜCK (Hrsg.), Rechts- und Sprachtransfer in Mittel- und Osteuropa, 2008, S. 1–28; EIKE von Repgow, Sachsenspiegel, Textband, 2006.

schrift entsprechend – nach Kohärenzen, Parallelen und Divergenzen. Unter Kohärenzen sollen dabei inhaltliche Zusammenhänge verstanden werden, die sich nicht den Kategorien Parallelen und Divergenzen zuordnen lassen. Das Filiationsverhältnis, in dem beide Rechtsbücher sowohl chronologisch als auch systematisch stehen,[20] rechtfertigt es, jeweils mit dem Sachsenspiegel zu beginnen.

Als Entstehungsraum des Sachsenspiegels gilt traditionell bis heute das östliche Harzvorland.[21] Der Verfasser war Eike von Repgow,[22] dessen Familie in Reppichau bei Köthen ansässig war. Das bedeutendste deutsche Rechtsbuch des Mittelalters soll nach Eikes Vorrede eine Übersetzung aus dem Lateinischen sein:

> „[...] *Des em was vele ungedacht,*
> *do he't an latin hadde gebracht.*
> *Ane helpe unde ane lere*
> *do duchte en dat to swere,*
> *Dat he't an dudisch gewande.*
> *to lest he doch genande*
> *Des arbeides, unde dede*
> *greven Hoieres bede.*“[23]

Der genaue Entstehungsort ist bislang nicht ermittelt worden. Nach neueren Forschungen von Peter Landau soll dafür insbesondere das Zisterzienser-Kloster Altzella bei Meißen in Frage kommen.[24] Doch gab es zwischen Harz und der Mark Meißen eine Vielzahl von Zisterzienserklöstern[25] auf relativ engem Raum (Walkenried, Pforta, Sittichenbach, Michaelstein, Helfta, Neuendorf, Hedersleben bei Eisleben, Hedersleben an der Selke, Kloster Unser Lieben Frauen bei Aschersleben, Klöster St. Agneten und St. Lorenz in Magdeburg u. a.) mit entsprechenden Bibliotheken sowie mehrere Schulen der Bettelorden in Magdeburg[26] und vor allem die berühmte Domschule daselbst.[27] Die heute festzustellende Überlieferung des Sachsenspiegels ist stattlich. Nicht weniger als ca. 470 Textzeugen haben sich erhalten.[28] Darunter befinden sich die vier berühmten Bilderhandschriften[29]

---

[20] Vgl. dazu zuletzt BERTELSMEIER-KIERST, Kommunikation und Herrschaft, 2008, S. 125–156.

[21] Forschungsstand bei LÜCK, Über den Sachsenspiegel, 2005, und BERTELSMEIER-KIERST, Kommunikation und Herrschaft, 2008, S. 61–123.

[22] Über ihn zuletzt LIEBERWIRTH, Eike von Repgow (um 1180-nach 1233), in: ²HRG, Bd. 1, 2008, Sp. 1288–1292.

[23] EIKE von Repgow, Sachsenspiegel Landrecht, 1973, S. 50.

[24] LANDAU, Der Entstehungsort des Sachsenspiegels, in: Deutsches Archiv für Erforschung des Mittelalters 61 (2005), S. 73–101. Kritisch dazu BERTELSMEIER-KIERST, Kommunikation und Herrschaft, 2008, S. 91 f.; mit deutlichem Hinweis auf Magdeburg als Eikes mögliche Ausbildungsstätte auch TRUSEN, Die Rechtsspiegel und das Kaiserrecht, in: ZRG GA 102 (1985), S. 13.

[25] Zu den Zisterziensern allgemein vgl. EBERL, Die Zisterzienser, 2002.

[26] Vgl. dazu PÄTZOLD, Von der Domschule zu den Studia der Bettelorden, in: Mitteldeutsches Jahrbuch für Kultur und Geschichte 9 (2002), S. 49–64.

[27] Auf letztere weist BERTELSMEIER-KIERST, Kommunikation und Herrschaft, 2008, S. 91 f., dezidiert hin.

[28] Vgl. dazu OPPITZ, Deutsche Rechtsbücher des Mittelalters, Bd. 1, 1990, S. 21–32 sowie dessen

aus dem 14. Jahrhundert, die ganz wesentlich zur Popularität des Rechtsbuches in der Forschung und zum gegenwärtigen Bild vom mittelalterlichen Recht beigetragen haben. Erst in jüngster Zeit werden auch die glossierten Fassungen mit einbezogen, was die grundlegenden Vorarbeiten von Rolf Lieberwirth,[30] die Editionen von Frank-Michael Kaufmann[31] und die Habilitationsschrift von Bernd Kannowski[32] eindrucksvoll zeigen.

Etwas anders liegen die Dinge beim Schwabenspiegel.[33] Der Schwabenspiegel entstand um 1275 in Augsburg.[34] Wir kennen zwar nicht den oder die Verfasser, aber wir kennen seine oder ihre höchst wahrscheinliche Zugehörigkeit zum Orden der Franziskaner.[35] Verfolgt man die franziskanische Spur des Schwabenspiegels über Augsburg hinaus, so gelangt man nach Magdeburg. Hier unterhielten die Franziskaner spätestens seit 1228 eine Schule (*studium, schola*).[36] Möglicherweise im Umfeld dieser geistlichen Bildungseinrichtung entstand zwischen 1265 und 1275 eine Übersetzung des Sachsenspiegels ins Oberdeutsche, die ein Franziskanermönch anfertigte.[37] Diese Handschrift gelangte wohl mit dem Übersetzer nach Augsburg.[38] Aus ihr wurde um 1275/76 der *‚Spiegel aller deutschen Leute‘* (*‚Deutschenspiegel‘*)[39] – eine inhaltlich erheblich abgeänderte Variante des Sach-

entsprechende Ergänzungen zu „Deutsche Rechtsbücher des Mittelalters“ in ZRG GA 113 (1996), S. 345–361, ZRG GA 114 (1997), S. 444–453, ZRG GA 117 (2000), S. 640–651, ZRG GA 120 (2003), S. 371–375.

29 Vgl. SCHMIDT-WIEGAND, Bilderhandschriften, in: ²HRG, Bd. 1, 2008, Sp. 580–582.

30 LIEBERWIRTH, Über die Glosse zum Sachsenspiegel, 1993; DERS., Die geplanten Editionen von Sachsenspiegel-Glossen, in: LÜCK, FREITAG (Hrsg.), Historische Forschung in Sachsen-Anhalt, 1999, S. 105–124; DERS., Die Monumenta Germaniae Historica und die Glossen zum Sachsenspiegel, in: ZRG GA 119 (2002), S. 316–325.

31 KAUFMANN (Hrsg.), Glossen zum Sachsenspiegel-Landrecht, T. 1–3, 2002; DERS. (Hrsg.), Glossen zum Sachsenspiegel-Lehnrecht, T. 1–2, 2006.

32 KANNOWSKI, Die Umgestaltung des Sachsenspiegelrechts durch die Buch'sche Glosse, 2007.

33 Vgl. die prägnante Darstellung des Forschungsstandes bei BERTELSMEIER-KIERST, Kommunikation und Herrschaft, 2008, S. 125–172. Vgl. dazu auch DERSCHKA, Der Schwabenspiegel und die kognitive Entwicklung des Menschen – neue Fragen an einen alten Text, in: ZRG GA 118 (2001), S. 100–147.

34 TRUSEN, Schwabenspiegel, in: HRG, Bd. 4, 1990, Sp. 1548; BERTELSMEIER-KIERST, Kommunikation und Herrschaft, 2008, S. 130.

35 Vgl. dazu BERTELSMEIER-KIERST, Kommunikation und Herrschaft, 2008, S. 112.

36 PÄTZOLD, Von der Domschule zu den Studia der Bettelorden, in: Mitteldeutsches Jahrbuch für Kultur und Geschichte 9 (2002), S. 60. Vgl. auch TRUSEN, Die Rechtsspiegel und das Kaiserrecht, in: ZRG GA 102 (1985), S. 38.

37 Vgl. dazu LÜCK, Magdeburg, Eike von Repgow und der Sachsenspiegel, in: Magdeburg, 2005, S. 162; TRUSEN, Schwabenspiegel, in: HRG, Bd. 4, 1990, Sp. 1549 f.; BERTELSMEIER-KIERST, Kommunikation und Herrschaft, 2008, S. 125.

38 Nach einer anderen Auffassung entstand diese Handschrift erst in Augsburg; vgl. JOHANEK, Augsburger Sachsenspiegel, in: Verfasserlexikon, Bd. 1, ²1978, Sp. 527 f.

39 OPPITZ, Deutsche Rechtsbücher des Mittelalters, Bd. 1, 1990, S. 32–34; MUNZEL-EVERLING, Deutschenspiegel, in: ²HRG, Bd. 1, 2008, Sp. 971 f.; ECKHARDT, HÜBNER (Hrsg.), Deutschenspiegel mit Augsburger Sachsenspiegel und ausgewählten Artikeln der Oberdeutschen Sachsenspiegelübersetzung, 1930.

senspiegels[40] – gefertigt. Hier tut sich also eine strukturelle Kohärenz mit dem Sachsenspiegel auf.

Entstehungsraum, Entstehungszeit und Autorschaft des Schwabenspiegels sorgten dafür, dass der Schwabenspiegel weit mehr Regelungen des römischen und kanonischen Rechts in sich aufnahm,[41] als das Jahrzehnte zuvor im Norden des Reiches in einem von einem juristischen und kirchlichen Laien, aber wohl erheblich gebildeten Rechtskenner, verfassten Rechtsbuch der Fall sein konnte. Gelehrte kirchenrechtliche Bildung könnten der oder die Verfasser des Schwabenspiegels in Magdeburg erworben haben.[42]

Jedenfalls liegt hier – gemessen am Anteil römisch- und kirchenrechtlicher Anteile in den Texten von Schwabenspiegel und Sachsenspiegel – eine Divergenz vor. Aber nicht nur das: Es dürfte sich beim Schwabenspiegel um einen qualitativen Sprung handeln, was die Rezeption der fremden Rechte betrifft. Eine weitere Divergenz kann in der Namengebung des Rechtsbuches gesehen werden. Wurde der Sachsenspiegel von seinem Verfasser authentisch als ‚*Spegel der Sassen*‘ benannt, verstand sich der Schwabenspiegel von vornherein als Kaiserrecht (‚*kayserlich Rechtsbuch*‘; ‚*chunich karels recht*‘) und erfuhr erst Jahrhunderte später – aufgrund einer Randnote von Melchior Goldast[43] aus dem Jahre 1609 – die Benennung als ‚*Schwabenspiegel*‘[44] – eine letztlich gewillkürte Namengebung nach dem norddeutschen Vorbild.

Wirft man einen Blick auf den intendierten Grund der Aufzeichnung des Rechts um 1225 im östlichen Harzvorland und um 1275 in Augsburg, so lässt sich Folgendes erkennen: Der Sachsenspiegel wurde offenbar als Reaktion auf die unübersichtliche Rechtsvielfalt in Mitteldeutschland (Franken, Schwaben, Flamen, Slawen, Sachsen u. a.), eingebettet in die allgemeine Tendenz zur Verschriftlichung des Rechts im frühen 13. Jahrhundert, aufgezeichnet.[45] In Augsburg könnte die Notwendigkeit einer Stabilisierung der Rechtssituation nach der Wahl Rudolfs von Habsburg (1273–1291) zum römisch-deutschen König und dem Ende des Interregnums die Abfassung des Schwabenspiegels ausgelöst haben.[46] Vielleicht gab es aber auch keinen konkreten Anlass. Nahe liegt auch die Vermutung, dass die Franziskaner in Magdeburg und Umgebung geschriebenes Gewohnheitsrecht

[40] BERTELSMEIER-KIERST, Kommunikation und Herrschaft, 2008, S. 140f.

[41] Zum Orden der Franziskaner allgemein und zu dessen Beitrag zur Rezeption des römisch-kanonischen Rechts vgl. HAERING, Franziskaner, in: ²HRG, Bd. 1, 2008, Sp. 1695.

[42] TRUSEN, Schwabenspiegel, in: HRG, Bd. 4, 1990, Sp. 1549f.

[43] * 6.1.1578 Bischofszell/Thurgau, † 11.8.1635; stud. iur. in Ingolstadt u. Altdorf, 1603 Dr. iur. utr. Heidelberg, 1606 Privatgelehrter, Schriftsteller u. Editor in Frankfurt am Main, 1611 Anstellung am sächsischen Hof in Weimar, 1613 fürstlich sächsischer Rat daselbst, 1615 gräflich schaumburgischer Rat in Bückeburg, seit 1625 wieder Privatgelehrter in Frankfurt am Main; 1627 kaiserlicher Rat, vgl. HOKE, Goldast, in: HRG, Bd. 1, 1971, Sp. 1735–1737.

[44] TRUSEN, Schwabenspiegel, in: HRG, Bd. 4, 1990, Sp. 1547.

[45] Vgl. LÜCK, Über den Sachsenspiegel, 2005, S. 16f.

[46] So TRUSEN, Schwabenspiegel, in: HRG, Bd. 4, 1990, Sp. 1548.

(Sachsenspiegel) kennen gelernt und von dort aus das neue Medium „Rechtsbuch" aus Praktikabilitätsgründen mit nach Augsburg genommen haben.

Der Schwabenspiegel weist heute eine Überlieferung in Gestalt von ca. 470 Textzeugen des Landrechtsteils auf (ca. 300 Handschriften, ca. 100 Fragmente).[47] Unter ihnen findet sich auch eine späte Bilderhandschrift – aber eben nur eine. Sie ist zwischen 1427 und 1467 aus Papier hergestellt worden und wird in der Königlichen Bibliothek zu Brüssel[48] aufbewahrt.[49] Der Schwabenspiegel hat keine glossierten Fassungen hervorgebracht, da er bereits originär römisches und kanonisches Recht enthält.[50] Offenbar war das für seine Praktikabilität im Verhältnis zu den immer stärker vordringenden Universalrechten ausreichend.

Die älteste Schwabenspiegel-Handschrift (Langform) stammt aus dem Jahre 1287. Damit liegt ein der Entstehungszeit sehr nahes und zudem datiertes Textzeugnis vor, was beim Sachsenspiegel fehlt. Die heute erkennbare und bezeugte handschriftliche Überlieferung des letzteren setzt erst mit zwei Handschriften aus den letzten Jahren des 13. Jahrhunderts ein[51] (sog. *Harffer Sachsenspiegel* von 1295;[52] Leidener Codex[53] [undatiert, wohl letztes Jahrzehnt des 13. Jahrhunderts]), also etwa ein dreiviertel Jahrhundert nach Niederschrift des Rechtsbuches.

Zur Überlieferung gehört auch die Struktur. Jene des Schwabenspiegels ist an die des Sachsenspiegels angelehnt (Landrecht, Lehnrecht).[54] Hierin ist gewiss eine Parallele zu sehen. Eine weitere Parallele findet sich in der Rückführung allen Rechts auf Gott, womit die Frage nach der Herkunft des Rechts angesprochen ist.

II. Herkunft des Rechts

Eike schreibt im *textus prologi*, dass das Recht, welches er in seinem Buch aufzeichnet, von den Vorfahren überkommen sei. Die christlichen Kaiser Konstantin und Karl hätten das Recht für die Sachsen gesetzt:

> „[…] *nu halde we sine e unde sin* [Gottes – H. L.] *gebot, dat uns sine wissagen gelart hebben unde gude geistleke lude, unde ok kerstene koninge gesat hebben: Constantin unde Karl, an den Sassen lant noch sines rechten tut.*"[55]

[47] DERSCHKA (Übers.), Der Schwabenspiegel, 2002, S. 6; BERTELSMEIER-KIERST, Kommunikation und Herrschaft, 2008, S. 125; OPPITZ, Deutsche Rechtsbücher des Mittelalters, Bd. 1, 1990, S. 34–42. Trusen zählt ca. 350 Handschriften (TRUSEN, Schwabenspiegel, in: HRG, Bd. 4, 1990, Sp. 1549). MEIER, PIIRAINEN, Der Schwabenspiegel aus Kaschau, 2000, S. 18 nennen 311 Handschriften und 81 Fragmente.

[48] Eingehend zu dieser Handschrift: DERSCHKA (Übers.), Der Schwabenspiegel, 2002, S. 309–317.

[49] Schwarz-weiß-Abbildungen ebd., S. 318–386.

[50] TRUSEN, Schwabenspiegel, in: HRG, Bd. 4, 1990, Sp. 1549.

[51] BERTELSMEIER-KIERST, Kommunikation und Herrschaft, 2008, S. 95.

[52] Vgl. ebd., S. 120.

[53] Ebd., S. 118–120; DIES., Zur ältesten Überlieferung des Sachsenspiegels, in: BUCHHOLZ, LÜCK, Worte des Rechts – Wörter zur Rechtsgeschichte, 2007, S. 68–77.

[54] MEIER, PIIRAINEN, Der Schwabenspiegel aus Kaschau, 2000, S. 17.

[55] EIKE von Repgow, Sachsenspiegel Landrecht, 1973, S. 52.

Für die Herkunft des Rechts im Sachsenspiegel ist zunächst der Charakter des Sachsenspiegels als ‚Kaiserrecht' von grundsätzlicher Bedeutung.[56] Hier liegen deutliche Kohärenzen und Parallelen im Verhältnis zwischen beiden Rechtsbüchern vor. Während vom Schwabenspiegel allgemein und von Anfang an bekannt ist, dass er mannigfache Regeln und Rechtsprinzipien aus dem römischen und kanonischen Recht enthält,[57] ist eine solche Aussage für den Sachsenspiegel bislang weniger populär. Immerhin führt der Text selbst das Sachsenrecht auf den römischen Kaiser Konstantin den Großen (reg. 306–337) und einen seiner (von der christlichen Kirche und der mittelalterlichen Theorie[58] legitimierten) fränkischen Nachfolger, Karl den Großen (reg. 768/800–814), zurück.

Der Zusammenhang von Sachsenspiegel und Kaiserrecht ist in der Rechtsgeschichte kein neues Thema. Bedeutende Rechtshistoriker des 20. Jahrhunderts haben sich mit dieser komplexen Materie auseinandergesetzt. Im Vordergrund standen dabei die Deutung des Sachsenspiegels als Produkt einer Gesetzgebung der christlichen Kaiser Konstantin und Karl sowie die Verfestigung dieser Auffassung in zahlreichen rechtlichen und erzählenden Quellen (Chroniken)[59] des Mittelalters, wobei sich insbesondere Winfried Trusen herausragende Verdienste erworben hat.[60] Die Fortschritte in den Forschungen zum Sachsenspiegel,[61] zu seinen Glossen,[62] zu seiner Verbreitung in Ostmitteleuropa[63] sowie zu den Rolanden[64] während der letzten zwanzig Jahre lassen es geboten erscheinen, das Verhältnis von Sachsenspiegel und Kaiserrecht in einem europäischen Kontext erneut aufzugreifen, wobei hier stets auch das berühmte Stadtrecht von Magdeburg[65] beachtet werden muss.

---

56 Vgl. dazu LÜCK, Der Sachsenspiegel als Kaiserrecht, in: PUHLE, HASSE (Hrsg.), Heiliges Römisches Reich Deutscher Nation 962 bis 1806, Bd. 2: Essays, 2006, S. 263–273.

57 TRUSEN, Schwabenspiegel, in: HRG, Bd. 4, 1990, Sp. 1548 f.

58 THOMAS, Translatio imperii, in: LexMa, Bd. 8, 1997, Sp. 944–946.

59 Vgl. dazu auch PETTER, Chronik, in: ²HRG, Bd. 1, 2008, Sp. 843–849.

60 TRUSEN, Die Rechtsspiegel und das Kaiserrecht, in: ZRG GA 102 (1985), S. 12–39.

61 Überblick bei LÜCK, Über den Sachsenspiegel, 2005.

62 LIEBERWIRTH, KAUFMANN, Einleitung, in: Glossen zum Sachsenspiegel-Landrecht, T. 1, 2002, S. XVII-LXXII; KAUFMANN, LIEBERWIRTH, Einleitung, in: KAUFMANN (Hrsg.), Glossen zum Sachsenspiegel-Lehnrecht, T. 1, 2006, S. XIII-LIV; KANNOWSKI, Die Umgestaltung des Sachsenspiegelrechts durch die Buch'sche Glosse, 2007; LÜCK, Johann von Buch (ca. 1290–ca. 1356), in: ZRG GA 124 (2007), S. 120–143.

63 Vgl. dazu LÜCK, Einführung: Das sächsisch-magdeburgische Recht als kulturelles Bindeglied zwischen den Rechtsordnungen Ost- und Mitteleuropas, in: EICHLER, LÜCK (Hrsg.), Rechts- und Sprachtransfer in Mittel- und Osteuropa, 2008, S. 1–28.

64 MUNZEL-EVERLING, Rolande, 2005; PÖTSCHKE (Hrsg.), Rolande, Kaiser und Recht, 1999; DERS. (Hrsg.), Stadtrecht, Roland und Pranger, 2002; DERS. (Hrsg.), vryheit do ik ju openbar ..., 2007.

65 Vgl. die gesammelten Aufsätze von Friedrich Ebel: F. EBEL, Unseren fruntlichen grus zuvor, 2004; LÜCK, Sachsenspiegel und Magdeburger Recht, 1998; LÜCK, PUHLE, RANFT (Hrsg.), Grundlagen für ein neues Europa, 2009.

Im dritten Viertel des 13. Jahrhunderts scheint die Vorstellung von Konstantin und Karl als Gesetzgeber in Magdeburg so verfestigt gewesen zu sein, dass die neu entstehenden und verschriftlichten städtischen Normenkomplexe, insbesondere das ‚Weichbildrecht',[66] darauf bereits Bezug nehmen.[67] Aber auch das *Hamburger Ordeelbook* von 1270[68] scheint schon den Sachsenspiegel als Kaiserrecht aufzufassen.[69] Der wahrscheinlich 1275/76 in Augsburg niedergeschriebene *Deutschenspiegel,* die unmittelbare Vorlage des Schwabenspiegels,[70] lässt keinen Zweifel mehr aufkommen. Nach der Vorrede hätten das Recht „[...] *die künige an uns brâht*"[71] – und nicht mehr wie im Sachsenspiegel „*Unse guden vorevaren*"[72]. Der Sachsenspiegel galt demnach spätestens seit 1270 als kaiserliches Privileg bzw. kaiserlicher Gesetzgebungsakt – der Konstitution[73] eines römischen Kaisers durchaus vergleichbar – eine Genesis, die Johann von Buch (ca. 1290 bis ca. 1356) in seiner Glosse zum Sachsenspiegel-Landrecht festschrieb:

> „*Dit privilegium der Sassen is gegeuen tho Sassenborch van koninge Karle na godes bort teyn yar vnde achtehundert yar, in deme seuenden yare synes keyserrykes, jn deme teynden dage des horninges.*"[74]

Der Sachsenspiegel beinhaltet nach ganz herrschender traditioneller Auffassung primär elbostfälisches Gewohnheitsrecht (sächsisches Landrecht),[75] was insbesondere in den zahlreichen detaillierten Bestimmungen über das Zusammenleben von Fürsten, Adligen (Dorfherren; Lokatoren), zinspflichtigen freien Bauern und abhängigen ländlichen Dorfbewohnern sowie das Miteinander von Menschen und Tieren sowie der Natur schlechthin[76] zum Ausdruck kommt.[77] Territorial galt die-

---

[66] Eine moderne textkritische Edition fehlt. Sie ist ein dringendes Desiderat der Forschung. Daher ist immer noch zu verweisen auf: DANIELS, GRUBEN, Das sächsische Weichbildrecht, Bd. 1, 1858. Vgl. dazu auch SCHMIDT-WIEGAND, Weichbild, in: HRG, Bd. 5, 1998, Sp. 1209–1212; OPPITZ, Deutsche Rechtsbücher des Mittelalters, Bd. 1, 1990, S. 46–48.

[67] Vgl. dazu im Anschluss an TRUSEN, Die Rechtsspiegel und das Kaiserrecht, in: ZRG GA 102 (1985), S. 17; LÜCK, Der Sachsenspiegel als Kaiserrecht, in: PUHLE, HASSE (Hrsg.), Heiliges Römisches Reich Deutscher Nation 962 bis 1806, Bd. 2: Essays, 2006, S. 263–273.

[68] Ed.: EICHLER, Das Hamburger Ordeelbook von 1270 samt Schiffrecht, 2005.

[69] TRUSEN, Die Rechtsspiegel und das Kaiserrecht, in: ZRG GA 102 (1985), S. 37. Vgl. auch HÜPPER, Das Rechtsbuch der Stadt Bremen, das Hamburger Recht und der Sachsenspiegel, in: ELMSHÄUSER, HOFMEISTER (Hrsg.), 700 Jahre Bremer Recht, 2003, S. 152–173.

[70] Vgl. ECKHARDT, Der Deutschenspiegel, seine Entstehungsgeschichte und sein Verhältnis zum Schwabenspiegel, 1924. Kritisch dazu BERTELSMEIER-KIERST, Kommunikation und Herrschaft, 2008, S. 138–156.

[71] ECKHARDT, HÜBNER (Hrsg.), Deutschenspiegel mit Augsburger Sachsenspiegel und ausgewählten Artikeln der Oberdeutschen Sachsenspiegelübersetzung, 1930, S. 77.

[72] EIKE von Repgow, Sachsenspiegel Landrecht, 1973, S. 41.

[73] Zum Charakter und zu den Formen der römischen Kaisergesetzgebung vgl. etwa WALDSTEIN, RAINER, Römische Rechtsgeschichte, 2005, S. 188–190.

[74] KAUFMANN (Hrsg.), Glossen zum Sachsenspiegel-Landrecht, T. 3, 2002, S. 1489 (Einfügung des Glossators nach Ssp., Ldr. III 82, 1).

[75] So auch BERTELSMEIER-KIERST, Kommunikation und Herrschaft, 2008, S. 86 f., 90 f.

ses Recht nur für einen Teil des sächsischen Stammesgebietes; die Landschaften Holstein, Stormarn und Hadeln[78] waren ausgenommen.[79] Die Aussagen über die rechtliche Stellung von Papst, Kaiser, König und Fürsten im „Landrecht" sowie im „Lehnrecht", dem zweiten großen Teil des Sachsenspiegels, machen deutlich, dass die Rechtsvorstellungen und das Rechtswissen Eikes von Repgow weit über das Recht der Sachsen im Sinne eines personenbezogenen Partikularrechts hinausgingen. Das Bedürfnis Eikes, auch allgemeine Rechtsauffassungen und Rechtssätze für alle Personen, die dem Recht unterworfen sind, aufzuschreiben,[80] belegen mehrere Formulierungen in den Vorreden und im Prolog:

> „[...] *Allen luten* [...]"[81]; „[...] *so is der lute doch genuch* [...]"[82]; „*Den luden algemene*"[83]; „*Dat dit buk kunde iewelk gut man* [...]"[84]; „*Dat den luden allen* [...]"[85]; „*Alle lude mane ek* [...]"[86]; „*Wo he de lude gemene* [...]"[87]; „[...] *bidde ek to helpe alle gude lude* [...]"[88] u. a.

Neben der allgemeinen Ableitung des Sachsenrechts aus dem ‚Kaiserrecht' enthält das Rechtsbuch selbst mehrere Regelungen, welche dem römischen und kanonischen Recht entstammen oder diesen zumindest ähnlich sind.[89] Es sei hier auch auf die spätestens seit Guido Kischs Untersuchung über Sachsenspiegel und Bibel[90] akzeptierte These hingewiesen, dass Eike seinem Werk das christliche Glaubensbekenntnis, welches auch die beiden mittelalterlichen Universalrechte prägt,

---

[76] Vgl. dazu auch LÜCK, Natur als Erklärungshilfe in den Bilderhandschriften des Sachsenspiegels, in: BERG [u. a.] (Hrsg.), Vorträge und Abhandlungen zur Wissenschaftsgeschichte 2002/2003 und 2003/2004, 2007, S. 241–263.

[77] In der NS-Zeit wurde dieser Zusammenhang extrem und ideologisiert überhöht; vgl. z. B.: „Das Recht des Sachsenspiegels ist aus dem Blut der Ostfalen geboren." (EIKE von Repgow, Der Sachsenspiegel [Landrecht], 1936, S. 56). Zur „Blut und Boden"-Ideologie der Nationalsozialisten vgl. JENSEN, Blut und Boden, in: BENZ, GRAML, WEISS (Hrsg.), Enzyklopädie des Nationalsozialismus, 1998, S. 399 f.

[78] Zu diesen Gebieten vgl. KÖBLER, Historisches Lexikon der deutschen Länder, 2007, S. 244 f. (Hadeln), S. 296 (Holstein), S. 690 (Stormarn).

[79] „*Der jegenode is genuch binnen deme hertochdume, de sunderlik recht willen hebben, alse Holtseten unde Stormere unde Hedelere; van erme recht noch van erme gewedde ne segge ek nicht.*" (Ssp., Ldr. III 64, 3; EIKE von Repgow, Sachsenspiegel Landrecht, 1973, S. 250).

[80] So auch TRUSEN, Die Rechtsspiegel und das Kaiserrecht, in: ZRG GA 102 (1985), S. 17 f.

[81] EIKE von Repgow, Sachsenspiegel Landrecht, 1973, S. 37.

[82] Ebd.

[83] Ebd., S. 38.

[84] Ebd., S. 39.

[85] Ebd., S. 40.

[86] Ebd., S. 44.

[87] Ebd., S. 46.

[88] Ebd., S. 51.

[89] Im Einzelnen vgl. LÜCK, Römisches und kanonisches Recht in der Dresdner Bilderhandschrift des Sachsenspiegels, in: STEPPAN, GEBHARDT (Hrsg.), Zur Geschichte des Rechts, 2007, S. 235–249.

[90] KISCH, Sachsenspiegel and Bible, 1941.

zugrunde legte.[91] Seine biblischen Kenntnisse wird er wohl in einer Schule und im Gottesdienst erworben haben. Die Benutzung einer Bibelhandschrift ist wenig wahrscheinlich.[92]

Leider ist es der Forschung bislang noch nicht gelungen, eine befriedigende Quellengeschichte des Sachsenspiegels zu erarbeiten.[93] Es fällt jedoch nicht schwer, wenigstens einige Regelungen des Sachsenspiegels auszumachen, die unzweifelhaft dem römischen Recht (Kaiserrecht)[94] oder dem kanonischen Recht (Kirchenrecht)[95] zugeordnet werden können. Beispielsweise seien genannt: die kaiserliche Herkunft des Rechts (Digesten 1, 1, 7; 1, 4, 1, 1); Zweischwerterlehre[96] (Digesten 2, 1, 3; Decretum Gratiani c. 10 D. 96); Verbot der Selbstvertretung der Frauen vor Gericht (Digesten 3, 1, 1, 5). Die meisten Rechtsinstitute und -regeln des Sachsenspiegels sind freilich nicht dem gelehrten Recht zuzuweisen, was den zeitlichen und räumlichen Umständen der Aufzeichnung sowie dem gemutmaßten Zweck der Aufzeichnung geschuldet ist. Die Beantwortung der Frage, ob und woher Eike Regelungen des römischen oder kanonischen Rechts kannte, soll und kann hier nicht weiter verfolgt werden.[97]

Der Schwabenspiegel stellt im Verhältnis zum Sachsenspiegel von vornherein klar, dass es sich bei dem aufgezeichneten (Land-)Recht um Recht handele, welches „*von dem decret vnd von dem decretal vnd von chunich karels recht vnd von gotes worten genomen.*“[98] Damit ist gesetztes Recht gemeint („*vnd ist auz zwain rechtbuchen genomen vz dem decret vnd decretal*“),[99] das von juristisch gebildeten Personen bearbeitet wurde. Gemeint sind zweifelsfrei das *Decretum Gratiani* (um 1140) und der *Liber Extra* (1234). Letzterer enthält die Dekretalen Papst Gregors IX. (1227–1241).[100] Darüber hinaus wird das Gewohnheitsrecht (‚*nach guter gewonhait*‘)[101] als Normenkomplex ausdrücklich akzeptiert (Schwabenspiegel, Landrecht 44), was auch angesichts der kanonischen Lehre von der *consuetudo*[102] nicht überrascht.[103]

---

[91] Vgl. auch LÜCK, Eike von Repgow und Gott, in: Mitteilungen des Vereins für Anhaltische Landeskunde 12 (2003), S. 13–24.

[92] TRUSEN, Die Rechtsspiegel und das Kaiserrecht, in: ZRG GA 102 (1985), S. 15 f.

[93] Vgl. dazu F. EBEL, Sachsenspiegel, in: HRG, Bd. 4, 1990, Sp. 1234; EIKE von Repgow, Sachsenspiegel Landrecht, 1973, Geleitwort, S. 19–32, hier S. 31 f.

[94] Vgl. auch MUNZEL, Kaiserrecht, in: HRG, Bd. 2, 1978, Sp. 563–565.

[95] Vgl. auch PLÖCHL, Kirchenrecht, katholisches, in: HRG, Bd. 2, 1978, Sp. 771–775.

[96] Vgl. dazu MIKAT, Zweischwerterlehre, in: HRG, Bd. 5, 1998, Sp. 1848–1859.

[97] Vgl. die Ansätze bei LANDAU, Der Entstehungsort des Sachsenspiegels, in: Deutsches Archiv für Erforschung des Mittelalters 61 (2005), S. 73–101.

[98] ECKHARDT (Hrsg.), Schwabenspiegel – Kurzform III, 1972, S. 60.

[99] Ebd., S. 63.

[100] Vgl. dazu auch den Überblick von THIER, Corpus Iuris Canonici, in: ²HRG, Bd. 1, 2008, Sp. 894–898.

[101] ECKHARDT (Hrsg.), Schwabenspiegel – Kurzform III, 1972, S. 64.

[102] Vgl. WOLTER, Die „consuetudo“ im kanonischen Recht bis zum Ende des 13. Jahrhunderts, in: DILCHER, LÜCK, SCHULZE, WADLE, WEITZEL, WOLTER, Gewohnheitsrecht und Rechtsgewohnhei-

Das Kaiserrecht (damit auch der Sachsenspiegel) ist Grundlage des Schwabenspiegel-Landrechts. Hinzu kommen Kapitularien, Landfrieden (darunter der Mainzer Reichslandfrieden von 1235 [den der Sachsenspiegel nicht kennt]), Lex Alamannorum, Lex Baiuvariorum, Institutionen Justinians I. (527–565) und kanonisches Recht.[104] Es finden sich Anlehnungen an Schriften und Predigten der Franziskaner-Theologen David von Augsburg[105] (um 1200/1210–1272) und Berthold von Regensburg[106] (um 1210–1272).[107] Einige Handschriften enthalten die Chronik ‚Buch der Könige'[108] und Teile der ‚Kaiserchronik'[109] in Prosaform.[110] Der Schwabenspiegel erhebt in Konsequenz seines Selbstverständnisses als Kaiserrecht, das weder einen personell noch territorial beschränkten Geltungsbereich kennt, den Anspruch, Normen für alle Deutschen bereit zu halten. Die Differenzierung in verschiedene Stammesrechte nach dem Personalitätsprinzip,[111] das in der (wohl nicht von Eike stammenden) Sachsenspiegel-Vorrede ‚Von der Herren Geburt'[112] zum Ausdruck kommt, ist ihm fremd.

III. Rezeption

Schließlich sei noch ein Blick auf die immer wieder spannende Frage der Rezeption beider Rechtsbücher geworfen. Wir beginnen wiederum mit dem Sachsenspiegel, welcher allerdings hinsichtlich seiner europaweiten Ausbreitung stets in enger Verbindung mit dem berühmten Stadtrecht von Magdeburg[113] betrachtet werden muss. In dieser Frage lässt sich an die Ergebnisse einer Tagung in Szeged 2005 anknüpfen.[114]

---

ten im Mittelalter, 1992, S. 87–116.

[103] Vgl. dazu auch BERTELSMEIER-KIERST, Kommunikation und Herrschaft, 2008, S. 159–162.

[104] TRUSEN, Schwabenspiegel, in: HRG, Bd. 4, 1990, Sp. 1548 f.; BERTELSMEIER-KIERST, Kommunikation und Herrschaft, 2008, S. 130.

[105] Über ihn vgl. MERTENS, David von Augsburg, in: LexMa, Bd. 3, 1986, Sp. 604.

[106] Über ihn vgl. DERS., Berthold von Regensburg, in: LexMa, Bd. 1, 1980, Sp. 2035 f.

[107] TRUSEN, Schwabenspiegel, in: HRG, Bd. 4, 1990, Sp. 1549; BERTELSMEIER-KIERST, Kommunikation und Herrschaft, 2008, S. 133 f.

[108] Vgl. auch HERKOMMER, ‚Das Buch der Könige alter ê und niuwer ê', in: Verfasserlexikon, Bd. 1, 1978, Sp. 1089–1092.

[109] Vgl. auch NELLMANN, Kaiserchronik, in: LexMa, Bd. 5, 1991, Sp. 856 f.

[110] BERTELSMEIER-KIERST, Kommunikation und Herrschaft, 2008, S. 137.

[111] Vgl. dazu STURM, Personalitätsprinzip, in: HRG, Bd. 3, 1984, Sp. 1587–1597.

[112] LIEBERWIRTH, Die Sachsenspiegelvorrede von der herren geburt, in: SCHMIDT-WIEGAND, HÜPPER (Hrsg.), Der Sachsenspiegel als Buch, 1991, S. 1–18.

[113] Vgl. BUCHDA, Magdeburger Recht, in: HRG, Bd. 3, 1984, Sp. 134–138; F. EBEL, Magdeburger Recht, in: PUHLE (Hrsg.), Erzbischof Wichmann (1152–1192) und Magdeburg im hohen Mittelalter, 1992, S. 42–54; LÜCK, Sachsenspiegel und Magdeburger Recht, 1998.

[114] LÜCK, Wirkungen des Sachsenspiegels und des Magdeburger Rechts in Ostmitteleuropa, in: BALOGH E., HEGEDŰS, MEZEI, SZOMORA, TRASER (Hrsg.), Legal Transitions, 2007, S. 269–279.

In einem Zeitraum von wenigen Jahrzehnten nach seiner Entstehung beeinflusste der Sachsenspiegel Rechtsaufzeichnungen in Hamburg, Bremen, Stade,[115] Augsburg, Köln sowie in der Grafschaft Holland.[116] Noch weitaus wirkungsvoller war seine Rezeption in Ostmitteleuropa. Hier prägte er gemeinsam mit dem Magdeburger Stadtrecht die Rechtsentwicklung bis in die Frühe Neuzeit. Das trifft in besonderem Maße auf Schlesien, Polen, das Deutschordensland, das Baltikum, Ungarn, die Ukraine, Böhmen, Mähren und die Slowakei zu. Die eigenartige Symbiose, welche der Sachsenspiegel mit dem Magdeburger Recht auf dem Weg nach Osteuropa eingegangen ist, kommt in den Quellen durch die Bezeichnungen *ius Theutonicum, ius Maideburgense* und *ius Saxonum* zum Ausdruck. Davon setzte sich *ius Maideburgense* (Magdeburger Recht) als die umfassende Bezeichnung für das sächsische Landrecht und das Magdeburger Stadtrecht, oft auch für das deutsche Recht (*ius Theutonicum*) schlechthin, durch. Die moderne Forschung erfasst dieses Ineinandergreifen zu Recht mit dem Begriff „sächsisch-magdeburgisches Recht".[117]

Die Verbreitung des Schwabenspiegels ist weit weniger gut erforscht. Auch das hängt mit dem Verhältnis zwischen Sachsenspiegel und Schwabenspiegel zusammen, welches im 20. Jahrhundert unter bestimmten gesellschaftspolitischen Prämissen und Bedingungen gestaltet worden ist (wie schon erwähnt: ganz eindeutig zuungunsten des Schwabenspiegels).[118]

Das Wenige, was wir dazu wissen, ist interessant genug. Das Schwabenspiegelrecht galt zunächst in Süd- und Westdeutschland,[119] Schlesien, im Deutschordensland (vermittelt durch den sog. *Alten Kulm*)[120] und im heutigen Österreich.[121] Darüber hinaus findet es sich in Ungarn, in der Ukraine, in der Slowakei,[122] in der Schweiz, in Mähren,[123] Siebenbürgen,[124] Slowenien[125] und sogar am Niederrhein.[126] Nicht zu vergessen ist, dass der Schwabenspiegel auch in Nord- und

---

[115] Zu Hamburg, Bremen und Stade vgl. HÜPPER, Das Rechtsbuch der Stadt Bremen, das Hamburger Recht und der Sachsenspiegel, in: ELMSHÄUSER, HOFMEISTER (Hrsg.), 700 Jahre Bremer Recht, 2003, S. 152–173; BOHMBACH, Das Stader Stadtrecht von 1279, in: ELMSHÄUSER, HOFMEISTER (Hrsg.), 700 Jahre Bremer Recht, 2003, S. 174–180.

[116] OPPITZ, Deutsche Rechtsbücher des Mittelalters, Bd. 1, 1990, S. 31 f.

[117] So auch die prägenden Buchtitel von WILLOWEIT, SCHICH (Hrsg.), Studien zur Geschichte des sächsisch-magdeburgischen Rechts in Deutschland und Polen, 1980; LIEBERWIRTH, Das sächsisch-magdeburgische Recht als Quelle osteuropäischer Rechtsordnungen, 1986.

[118] Vgl. dazu LÜCK, „Deutsches Recht im Osten", in: ZRG GA 26 (2009), S. 175–206.

[119] OPPITZ, Deutsche Rechtsbücher des Mittelalters, Bd. 1, 1990, S. 58 f.

[120] Vgl. LÜCK, Über den Sachsenspiegel, 2005, S. 73 f.

[121] TRUSEN, Schwabenspiegel, in: HRG, Bd. 4, 1990, Sp. 1549; OPPITZ, Deutsche Rechtsbücher des Mittelalters, Bd. 1, 1990, S. 44 f.

[122] Vgl. z. B. MEIER, PIIRAINEN, Der Schwabenspiegel aus Kaschau, 2000.

[123] NEHLSEN-VON STRYK, Schwabenspiegel, in: LexMa, Bd. 7, 2003, Sp. 1604.

[124] MOLDT, Deutsche Stadtrechte im mittelalterlichen Siebenbürgen, 2009, S. 68, 214 f.

[125] VILFAN, Rechtsgeschichte der Slowenen bis zum Jahre 1941, 1968, S. 146.

[126] MEIER, PIIRAINEN, Der Schwabenspiegel aus Kaschau, 2000, S. 18.

Mitteldeutschland, also im Kerngebiet des Sachsenspiegels, Verbreitung gefunden hat.[127] Darauf hat Rudolf Große anhand der überlieferten Handschriften vor einiger Zeit nachdrücklich hingewiesen.[128] Ferner diente der Schwabenspiegel als Quelle des *Elbinger Rechtsbuches*.[129]

Fragt man nach Kohärenzen und Parallelen, so kommt man schnell auf die kompakte schriftliche Zusammenfassung vieler Rechtsregeln und deren Akzeptanz bei den Normadressaten. Inhaltlich ist auch auf die gemeinsame Klammer der göttlichen Herkunft des Rechts im Allgemeinen und der Rechtssetzung der christlichen Kaiser im Besonderen zu verweisen. Hierin liegt m. E. ein wichtiger Anknüpfungspunkt, um die europaweite Verbreitung und Akzeptanz des Sachsenspiegels und des Schwabenspiegels sowie der aus Mittel- und Süddeutschland rezipierten Stadtrechte überhaupt zu erklären.[130]

Divergenzen lassen sich wiederum in den unterschiedlichen Verbreitungsgebieten beobachten, wobei diese teilweise auch ineinander übergehen – so ähnlich wie die Magdeburger und Lübecker Stadtrechtsfamilie.[131] Das Verbreitungsgebiet des Sachsenspiegels und des Magdeburger Rechts war jedenfalls das größere.

Bemerkenswert sind als Parallelen die Übersetzungen beider Rechtsbücher in das Lateinische. So liegt vom Sachsenspiegel eine relativ frühe lateinische Übersetzung durch den deutschen Notar in Breslau, Konrad von Oppeln, vor. Diese *Versio Vratislaviensis* wird zwischen 1272 und 1292 angefertigt worden sein.[132] Von den lateinischen Übersetzungen des Schwabenspiegels ist jene des Benediktinerabts Oswald von Anhausen[133] aus dem Jahre 1356 zu nennen.[134]

Unterschiedlich waren die Übersetzungen in andere Sprachen. So ist der Schwabenspiegel z. B. ins Tschechische und Altfranzösische übersetzt worden,[135] was dem Sachsenspiegel nicht zuteil geworden ist. Von letzterem liegen dafür Übersetzungen ins Polnische vor.[136] Beide Rechtsbücher sind in unterschiedliche deutsche Mundarten übertragen worden, der Sachsenspiegel bekanntlich ins Oberdeutsche und der jüngere Schwabenspiegel ins Niederdeutsche.[137]

---

[127] Hier ist er u. a. in das Eisenacher Rechtsbuch eingegangen (OPPITZ, Deutsche Rechtsbücher des Mittelalters, Bd. 1, 1990, S. 57 f.); HONEMANN, Eisenacher Rechtsbuch, in: ²HRG, Bd. 1, 2008, Sp. 1310–1313.

[128] Vgl. GROSSE, Schwabenspiegelhandschriften im Sachsenspiegelland, in: LÜCK, SCHILDT (Hrsg.), Recht – Idee – Geschichte, 2000, S. 185–199.

[129] LÜCK, Elbinger Rechtsbuch, in: ²HRG, Bd. 1, 2008, Sp. 1318; OPPITZ, Deutsche Rechtsbücher des Mittelalters, Bd. 1, 1990, S. 57.

[130] LÜCK, Der Sachsenspiegel als Kaiserrecht, in: PUHLE, HASSE (Hrsg.), Heiliges Römisches Reich Deutscher Nation 962 bis 1806, Bd. 2: Essays, 2006, S. 271 f.

[131] Vgl. dazu W. EBEL, Lübisches Recht, in: HRG, Bd. 3, 1984, Sp. 78 f.

[132] OPPITZ, Deutsche Rechtsbücher des Mittelalters, Bd. 1, 1990, S. 26.

[133] Über ihn vgl. SETZ, Oswald von Anhausen, in: Verfasserlexikon, Bd. 7, 1989, Sp. 129 f.

[134] TRUSEN, Schwabenspiegel, in: HRG, Bd. 4, 1990, Sp. 1549; OPPITZ, Deutsche Rechtsbücher des Mittelalters, Bd. 1, 1990, S. 41.

[135] TRUSEN, Schwabenspiegel, in: HRG, Bd. 4, 1990, Sp. 1549; OPPITZ, Deutsche Rechtsbücher des Mittelalters, Bd. 1, 1990, S. 41 f.

[136] Vgl. LÜCK, Über den Sachsenspiegel, 2005, S. 77 ff.

Schluss

Abgesehen davon, dass die Forschungen zum Schwabenspiegel dringend einen Aufschwung erfahren müssen, ergeben sich aus unserem kleinen Vergleich folgende Anregungen zur kritischen Diskussion grundsätzlicher Fragestellungen der Rechtsbücherforschung:

Erstens: Rechtsbücher werden in der rechtsgeschichtlichen Literatur als ‚private Rechtsaufzeichnungen' definiert.[138] Es fragt sich aber schon beim Sachsenspiegel, ob die Veranlassung der Übersetzung durch Graf Hoyer von Falkenstein etwas ‚Privates' ist.[139] Von der eigentlichen Aufzeichnung des Rechts selbst erfahren wir ohnehin nichts. Analoges mag für die Herstellung der oberdeutschen Fassung des Sachsenspiegels gelten. Die in den letzten 15 Jahren vorwiegend von Historikern geführte Diskussion um das ‚Öffentliche' und ‚Private' im Mittelalter[140] sollte auch für die Rechtsbücherforschung fruchtbar gemacht werden.

Zweitens: Sowohl der Sachsenspiegel als auch der Schwabenspiegel werden als Übersetzungen charakterisiert. Der Sachsenspiegel ist nach der Vorrede Eikes eine von ihm vorgenommene Übersetzung ins Deutsche. Die Zweifel daran, ob es eine solche Vorlage überhaupt je gegeben habe, sind seit langem verstummt.[141] Die Existenz von immerhin ca. 470 deutschen Textzeugen einerseits und keiner einzigen gesicherten lateinischen Handschrift andererseits lässt aber dennoch immer wieder aufhorchen. Erklärungsversuche, welche die Vernichtung der lateinischen Urfassung durch Eike selbst vortragen,[142] sind m. E. völlig spekulativ. Die Identifizierung des *Auctor vetus de beneficiis,*[143] der erst in einem Druck aus dem Jahre 1569 (also gut drei Jahrhunderte [!] nach der Abfassung des Sachsenspiegels) überliefert ist,[144] als das lateinische Lehnrecht des Sachsenspiegels ist, entgegen mancher unkritischer Feststellung,[145] nicht gesichert.[146]

---

137 DERSCHKA (Übers.), Der Schwabenspiegel, 2002, S. 6.

138 Vgl. etwa MUNZEL, Rechtsbücher, in: HRG, Bd. 4, 1990, Sp. 278.

139 Vgl. dazu die Relativierung bei TRUSEN, Die Rechtsspiegel und das Kaiserrecht, in: ZRG GA 102 (1985), S. 17.

140 Vgl. dazu nur MELVILLE, MOOS (Hrsg.), Das Öffentliche und Private in der Vormoderne, 1998.

141 R. C. H. SCHRÖDER, KÜNSSBERG, Lehrbuch der deutschen Rechtsgeschichte, 1922, S. 720.

142 Vgl. dazu kritisch auch LIEBERWIRTH, Eike von Repchow und der Sachsenspiegel, 1982, S. 29.

143 Ed.: ECKHARDT (Hrsg.), Auctor vetus de beneficiis, Bd. 1, 1964.

144 OPPITZ, Auctor vetus de beneficiis, in: ^{2}HRG, Bd. 1, 2008, Sp. 326; OPPITZ, Deutsche Rechtsbücher des Mittelalters, Bd. 1, 1990, S. 27f.

145 KROESCHELL, Deutsche Rechtsgeschichte, Bd. 1: Bis 1250, 2008, S. 262; F. EBEL, THIELMANN, Rechtsgeschichte, 2003, S. 148; KÖBLER, Deutsche Rechtsgeschichte, 1996, S. 103. Ausführlich zum Streit vgl. ECKHARDT (Hrsg.), Auctor vetus de beneficiis, Bd. 1, 1964, Einleitung, S. 9–57; LIEBERWIRTH, Eike von Repchow und der Sachsenspiegel, 1982, S. 29f.

146 Vgl. OPPITZ, Auctor vetus de beneficiis, in: ^{2}HRG, Bd. 1, 2008, Sp. 326f. Zutreffend ist nach wie vor die Feststellung von Gerhard Köbler: „Es ist streitig, ob A. v. [Auctor vetus de beneficiis – H. L.] die Urfassung des Lehnrechts des Sachsenspiegels [...] darstellt. Alle Handschriften sind verschollen." KÖBLER, Zielwörterbuch europäischer Rechtsgeschichte, 2007, S. 44; so auch F. EBEL, Sachsenspiegel, in: HRG, Bd. 4, 1990, Sp. 1229.

Auch der Schwabenspiegel gilt als (wenigstens mittelbare) Übersetzung aus dem Mittelniederdeutschen ins Oberdeutsche.[147] Diese Charakterisierung erscheint auf den ersten Blick plausibel, zumal man die Übersetzungsvorlage in Gestalt des mittelniederdeutschen Sachsenspiegels zur Verfügung hat. Es ist aber auch klarzustellen, dass der mittelniederdeutsche Text bei der Bearbeitung inhaltlich stark abgewandelt wurde, so dass es überaus zweifelhaft erscheint, ob von einer ‚Übersetzung' gesprochen werden kann.

Drittens sind noch die bebilderten und glossierten Handschriften zu erwähnen. Beim Sachsenspiegel ist beobachtet worden, dass die Produktion der Bilderhandschriften etwa zu einem Zeitpunkt (um 1370) ausläuft, zu dem die Glossen intensiv einsetzen (nach 1325). Daraus hat man geschlussfolgert, dass die Bilder eine den Glossen ähnliche Funktion gehabt hätten.[148] Das Nichtvorhandensein von glossierten Handschriften des Schwabenspiegels und die Existenz nur einer Bilderhandschrift scheinen diesen Zusammenhang zu stützen.[149] Andererseits gibt es keine sicheren Anhaltspunkte für eine solche These.

Schließlich (*viertens*) dürfte noch das Verhältnis von Sachsenspiegel-Landrecht und dem Stadtrecht in seinem Verbreitungsgebiet ebenso spannend sein wie das Verhältnis von Schwabenspiegel-Landrecht und den süddeutschen Stadtrechten. Beide Rechtsbücher stehen, obwohl sie Landrecht reflektieren, in einer Wechselbeziehung mit den sie tangierenden Stadtrechten. Das Magdeburger Stadtrecht ist in seiner breiten Entfaltung ohne das Sachsenspiegelrecht nicht zu denken; der Schwabenspiegel wird bekanntlich vom Augsburger Stadtrecht von 1276 notiert.[150] Einzelheiten können hier nicht ausgeführt werden, doch scheinen grundsätzliche Forschungslücken zu klaffen, die freilich stark mit der Rezeption beider Rechtsbücher in einem Zusammenhang stehen. Die Idealvorstellung von zwei getrennten Rechtskreisen (Landrecht und Stadtrecht) muss kritisch überprüft werden.[151]

Die angesprochenen Beobachtungsfelder sowie die am Schluss skizzierten allgemeinen Problemkreise erfordern eingehende Forschungen. Die Juristische Fakultät der Universität Szeged bietet sich mit ihrer ausgewiesenen Fachkompetenz und ihrer geographischen Lage geradezu an, in diese Richtung weiter zu arbeiten. Kooperationspartner dürften in den entsprechenden europäischen Ländern in aus-

---

[147] TRUSEN, Schwabenspiegel, in: HRG, Bd. 4, 1990, Sp. 1548.

[148] Vgl. dazu HOEK, Zwischen Eike von Repgow und Johann von Buch leuchtet das strahlende Bild, in: SCHMIDT-WIEGAND, HÜPPER (Hrsg.), Text-Bild-Interpretation, Bd. 1: Textband, 1986, S. 59–76.

[149] BERTELSMEIER-KIERST, Kommunikation und Herrschaft, 2008, S. 120, schreibt: „codices picturati [...] mit ihrer bildlichen Glossierung [...]".

[150] TRUSEN, Schwabenspiegel, in: HRG, Bd. 4, 1990, Sp. 1548; BERTELSMEIER-KIERST, Kommunikation und Herrschaft, 2008, S. 130.

[151] Vgl. dazu auch KROESCHELL, Stadtrecht und Landrecht im mittelalterlichen Sachsen, in: KOOLMAN, GÄSSLER, SCHEELE (Hrsg.), der sassen speyghel, Bd. 1: Beiträge und Katalog zu den Ausstellungen Bilderhandschriften des Sachsenspiegels – Niederdeutsche Sachsenspiegel und Nun vernehmet in Land und Stadt, Oldenburg, Sachsenspiegel, Stadtrecht, 1995, hier insbes. S. 21.

reichendem Maße zur Verfügung stehen. Dazu möge auch die in diesem Band dokumentierte Konferenz beitragen.

ANTAL Tamás (Szeged/Hungary)

The Legal Status of Judges in the German 'Spiegels' and in the Medieval English Common Law*

The period of the creation of the first significant French[1] and German territorial (regional) law books,[2] that is the 13th century, was also the time when low and high judgement became separate. Initially, the basis for this was constituted by the existence or absence of *ius gladii.* Civil and criminal cases were not yet distinguished in the judgement of judicial forums, just as jurisdiction and public administration were not consequently separate either in their institutions or in their exact functions. In addition, this century also represented the dividing line for accusatory and inquisitorial procedures in Western Europe, as a result of which the legal status of judges and courts also underwent changes.

High judgement (*iudicium supremum*) was originally a royal right, which could be delegated to princes and prince-electors by the king in the German-Roman Empire. However, as to the landlords' exercise of power in the judicial forums of courts-baron, the development of low judgement (*iudicium minus*) meant the *de facto* termination of the principle also mentioned in the Saxon Mirror, according to which the judge could make a judgement only on the basis of a royal ordinance (*Bahn*),[3] while in England the royal (Lord Chancellor) origin of the judiciary continued to exist formally much later, too, with the use of writs. In Germany, starting from the 13th century, the district courts (*centena*), the landlords' *Vogt* courts and the village courts (*Dorfgerichte*) started to derive their own jurisdictional rights from the power of their territorial lords.[4] In private law judgement, which became partly independent by the 14th century, the dividing line between the two courts was determined by the sum in dispute or by the type of the case; thus, for example, possessory actions generally belonged to the scope of

---

* This article was created in the OTKA research program K 101735. Abbreviations used in the article: Ss. = Saxon Mirror (EIKE von Repgow, Sachsenspiegel, 1966). Source of the text: EIKE von Repgow, A Szász tükör [Sachsenspiegel ⟨ungar.⟩], 2005; Sw. = Swabian Mirror (ECKHARDT (Ed.), Schwabenspiegel Langform M. Tractavit, 1971). Source of the text: BLAZOVICH, SCHMIDT (Ed.), A Sváb tükör, 2011; HENRICUS de Bracton = De legibus et consuetudinibus Angliæ, 1968. Source of the text: HENRICUS de Bracton, On the laws and customs of England, 1968–77. Other abbreviations: Tl. = Territorial law; Fl. = Feudal law; King. = Book of Kings.

[1] GUDIAN, Coutumes, in: HRG, vol. 1, 1971, col. 641–648; WOLF, Ordonnances, in: HRG, vol. 3, 1984, col. 1296–1301, esp. col. 1298 f.; BÜHLER, Coutumes, in: ²HRG, vol. 1, 2008, col. 907–912.

[2] RUSZOLY, A magyar Sachsenspiegel-hez, in: Századok 140,2 (2006), pp. 483–496.

[3] Ss. Tl., II. 12.3, 12.6.

[4] MERZBACHER, Hochgerichtsbarkeit, in: HRG, vol. 2, 1978, col. 172–175; NEEF, Niedergericht, Niedergerichtsbarkeit, in: HRG, vol. 3, 1984, col. 983–987; HIRSCH, Die hohe Gerichtsbarkeit im deutschen Mittelalter, 1958. In a concrete example: KÜHNS, Geschichte der Gerichtsverfassung und des Prozesses in der Mark Brandenburg vom X. bis zum Ablauf des XV. Jahrhunderts, vol. 1, 1865.

high judgement throughout the empire. At the same time, the king could exercise his *ius evocandi* to reserve to himself a case in progress in any forums. However, this principle was put an end to by the privileges associated with the development of the orders (estates) of the empire. The German Golden Bull (1356) allowed the king-elector princes to take this scope of authority only if the lawful judge (*ordentlicher Richter*) refused to administer justice.[5] The appearance of legists in the territorial courts in the early reception, the employment of "learned judges", then the practice of university consultations also had effects in this direction.[6]

Thus medieval judicature was interwoven with class and feudal privileges, which also affected the legal status of judges: this was *iudicium parium*, which meant that persons making judgements in feudal courts had to be of the same legal status as the parties.[7] For instance, according to the provisions of the Saxon Mirror (Sachsenspiegel, 1221/1224), noblemen competent to act as jurors could judge persons of the same origin only.[8] In the Swabian Mirror (Schwabenspiegel, 1275/1276) this principle had to be enforced even in the case of the participants in a knightly feud (*Fehde*).[9] The English *Magna Charta Libertatum* (1215) also included the requirement of the consistent observation of class affiliation in the lawful procedures of freemen (*liber homo*),[10] which is well-known from literature, from the novels by Sir Walter Scott, too. As concerns the jurors and the judges of privileged cities, the freedoms and statutes of the given city prescribed similar norms for them throughout Europe.[11]

In view of all these, world chronicles[12] permeated by medieval law books and Christian legal philosophy paid considerable attention to the judges' person – with respect to both of ordinary judges as well as participants and laymen.

1. Christian ethical rules pertaining to judges

The law books also used the moral rules of Christian ethics to parallel the law set forth in them and social morals, therefore the Book of Kings, which belonged to the Swabian Mirror, included several instructions about proper judgement taken from the Bible. This suggests, so to say, the synthesis and harmony of secular and ecclesiastical justice.

[5] RUSZOLY, Európai jog- és alkotmánytörténelem, 2011, pp. 500–553, 563.

[6] POKOL, Középkori és újkori jogtudomány, 2008, pp. 72–115.

[7] KOCHER, Richter, in: HRG, vol. 4, 1990, col. 1033–1040; ERLER, Richterstuhl, in: HRG, vol. 4, 1990, col. 1057 f.; SELLERT, Judicium parium, in: HRG, vol. 2, 1978, col. 465–467.

[8] Ss. Tl., II. 12.2, Ss. Fl., 61.1–2, 65.1–22.

[9] Sw. Tl., III. 79c.

[10] RUSZOLY, Európai jog- és alkotmánytörténelem, 2011, pp. 561–563.

[11] DILCHER (Hrsg.), Bürgerrecht und Stadtverfassung im europäischen Mittelalter, 1996, pp. 71–73, 101–104; BLAZOVICH, Városok az Alföldön a 14–16. században, 2002, pp. 117–130.

[12] BLAZOVICH, A világtörténet hat korszaka a Budai jogkönyvben, in: NAGY, JUHÁSZ, FANTOLY (Ed.), Sapienti sat, 2012, pp. 61–67, esp. pp. 62–64.

An example for this, among others, is Balaam's story:

> "*Do not accept a reward because a judge is not allowed to accept a reward for fair judgement. It is much less allowed to accept unlawful possessions.*"

At the same time a contracted advocate (*Fürsprecher*) was allowed to receive payment for his truthfulness and eloquence. This also makes it clear that increased impeccability was expected of the judges by the Mirror because the right and power of earthly judgement derived from God.[13] The responsibility of advisors was also granted by the author of the Book of Kings: "*it is more sinful to give evil advice than to commit a sin*" – this was the reason given for God's punishment to Balaam and for fornication with the heathens.[14]

The administration of justice is not only a task but also an official duty for the judges. The Lord spoke to Moses as such:

> "*If they do not judge people when they notice that they have sinned, you shall judge them as if they themselves had committed the sin.*"

God's sentence was the same for all the judges on the earth:

> "*if a judge does not punish the sin brought before him, he shall suffer the same torment and he shall be judged by the same court of which he is a justice.*"

This was especially true for the legal disputes between the poor and the lords:

> "*complete jurisdiction to the poor just as to the rich, and make judgements in this earthly court in such a manner that when the Last Judgement comes* [...], *your body and soul shall not burn for ever.*"[15]

The kings and the judges – the subjects of the earthly administration of justice – acquired their power from the Lord with responsibility, as He ordered "*to protect the widows and the orphans and to judge every man according to law*".[16] At the same time, in connection with the latter quotation it is worth pointing out that it talks about the administration of proper justice according to law, which means that moral administration of justice and judgement according to law were different concepts as long ago as in the 13th century. This is also confirmed by the warning according to which judges

> "*shall judge fairly and not guided by love and good intentions* [...], *for if the man who unjustly yields in the judgement of such* [that is robbers, thieves, extortioners] *and fails to judge those brought before him, shall be sentenced by the Almighty God's wrath*".[17]

---

[13] Sw. King., 4b.
[14] Ibid., 4c.
[15] Sw. King., 4d.
[16] Ibid., 4e.
[17] Ibid., 5d. Compare with: King., 7e.

According to the author of the Book of Kings, it was impossible to escape from God's judgement anyway:

> "*if God does not judge you in this world, He will in the other where punishment will be more painful and more severe for neither reward nor wealth can help there.*"[18]

The moral and still valid essence of Susanna's story is known by everybody:

> "*if witnesses are heard, their words shall be accepted as truthful only if they are the same. If they speak differently about a thing, they did not bear witness for anybody's benefit. The witnesses shall be separated from each other when they have to speak.*"

These rules are essentially the same in today's judicial processes, too. And if somebody testified falsely in the interest of somebody else, he "*shall suffer the same torments as the other would have had to*" – expressed the Book of Kings.[19] Another principle also ensues from Susanna's and Absolon's story: nobody shall make a judgement in his own case or if he is concerned, and if the judges nevertheless do so, "*they shall judge them [that is their child or other relative] as required of them*".[20]

The Book of Kings also devotes special attention to Solomon's wise decisions. One can also read here that "*judges on the earth shall judge neither after love, nor suffering, nor gifts, only after law*", that is when legal and ethical norms concur during the administration of justice, the former ones shall be adopted exclusively, just as Solomon sentenced his own son, Adonijah.[21] The warning worded by the unknown author to ensure the correct administration of justice is even more important: if in doubt, the judges should decide with fellow judges, if possible:

> "*one or two wise men shall sit beside them who supply them with proper advice and are familiar with the things that are useful for them, and are for their benefit. The judge shall follow these. For Solomon says: wise is the man who follows his learned men.*"[22]

Section 19b of the Book of Kings, which gives a lengthy summary of the conclusions of the foregoing, clearly shows that the author of the Swabian Mirror intended it to be a moral guide for the earthly judges. Due to lack of space, let it suffice to say that earthly power given by the Lord entails not only rights but also great responsibilities, for which the judges are all indebted to the Lord and shall therefore judge lawfully as on Judgement Day they will be weighed in the scales, too. The English jurisprudent, Henricus de Bracton (1210–1268) also used similar words in the introduction of his great work,[23] as these all originate from the basic ideas of all-European civilization and culture.

---

[18] Ibid., 7f.

[19] Sw. King., 8.

[20] Ibid., 11b.

[21] Ibid., 13a.

[22] Ibid., 13c, 13e.

[23] HENRICUS de Bracton, II. pp. 21 f.

2. Legal requirements of ordinary judges

The Swabian Mirror states that "*it has been declared that no lord shall give men a judge other than the men chose*".[24] However, this order could not be fully realized: in the Middle Ages the donation of land was often accompanied by functions of public law, such as the right of the administration of justice. In this case it could even be inherited with the land.[25] Elsewhere – similarly to the Hungarian Deed of Kehida[26] – the judges were indeed elected by the noblemen.

In order to guarantee the intactness of judges reasons for exclusion and incompatibility, which prevented a given person from becoming a judge, appeared in the law books as early as in the 13th century. According to these, the elected or appointed man could not be an oath-breaker, an exile, or a Jew, a heretic, a pagan, or a peasant. He could similarly not be dumb, blind or "mad"; he had to be born in a lawful marriage and had to be at least 24 years of age but below 80 years. Exceptionally, in the case of theft or robbery amounting to a lower value and if there was no royal judge who could decide in the case immediately, a governor could also be elected, who could sentence the offender to corporal punishment or hair punishment at most. When the king granted judicial authority, it usually included the right to sentencing to death (*Halsgericht*), as a result of which – being the case of high judgement – it could not be passed on. This right was also due to the judge after the king's reign came to an end, which means that later on it was connected to the conferred person or land and not to the conferring king.[27] This was worded as follows:

> "*The first arm of the judiciary is the king. The second arm is the one on whom this right is conferred by the king. The third arm is the one conferred by the second arm. The third arm shall not confer it if people's lives are involved.*"[28]

The church princes themselves could not confer judicial authority with the right to sentencing to death: this was the king's exclusive right even in the case of judicial authority conferred by the church princes.[29] The king and every judge could lawfully sentence over their vassals and the children thereof, but nobody was allowed to judge over his own wife, father and mother.[30]

Four fundamental virtues were required of every justice: fairness, wisdom, temperance and strength. A fair judge could not make a decision either for reasons of love or enmity, or in return for possessions. Strength made him capable of

---

[24] Sw. Tl., I. 86a.

[25] Ss. Tl., I. 55.1, 56.

[26] ECKHART, Magyar alkotmány- és jogtörténet, 1946, pp. 124–126, 130f.; MEZEY, A magyar állam- és jogtörténet forrásai, 1998, pp. 51–54; BÉLI, A nemesek négy bírója, 2008, pp. 9–15.

[27] Sw. Tl., I. 86a, 91. Compare with: Ss. Tl., I. 55.2, 56, 59.1–2.

[28] Sw. Tl., I. 114c, II. 119, 135a. Compare with: Ss. Tl., II. 12.6, III. 52.2–3.

[29] Sw. Tl., I. 115.

[30] Ibid., II. 151a.

resisting evil temptation, because "virtue which withstands evil intentions is above all virtue". Wisdom helped the judge to distinguish good from bad. Finally, temperance was necessary to prevent a person administering justice from flying into a temper which would make him act against the law.[31] Partly similar rules were also laid down in Raimundus de Pennaforte's *Summa penitentiæ*[32] and in Bracton's law book (around 1250).[33]

The judges could not receive any possessions apart from the fee for judgement due to them lawfully. In case of bribery, the bribing party and the judge accepting the bribe were equally guilty and shameful in the eyes of God: the assets gain accepted had to be handed over to the other party injured by the bribery. At the same time, corruption could be a common phenomenon in the 13th century, too, because the author of the Swabian Mirror worded the following:

> "*every man, who is or was a judge and wishes to prove himself before God, shall contemplate when he accepted possessions unlawfully and who lost his possessions unlawfully because of him.*"[34]

On the other hand, other "wise men", prolocutors (*prolocutores*) and advisors, appearing in the case were allowed to accept possessions in return for their services.

Bracton held the view that one of the most distinctive legal characteristics of the King of England was that he was God's ultimate judge on earth (*vicarius*), who could delegate his right to judgement to others, if necessary. Those others were also expected by the author, who himself was a respectable judge, to possess wisdom, and he compared the danger of the right to the administration of justice practiced by a judge who was not sufficiently wise to putting a sword into the hands of an insane person.[35] He classified several groups: there were higher judges with "greater importance", whose task was to remedy erroneous judgements and mistakes made by others. There were also permanent judges, who made decisions in the courts of king's bench and whose decisions had to be followed as precedents. There were also itinerant judges, who travelled from shire to shire and made judgements in all kinds of or only in certain types of cases. Finally, the last group included judges whose power was not permanent but associated with holding a certain position. None of the judges could exceed the authority delegated to them: only the king could make a decision in all kinds of cases, and they were not allowed to cede their scope of authority to others.[36]

---

[31] Ibid., I. 86a.

[32] BLAZOVICH, SCHMIDT (Ed.), A Sváb tükör, 2011, pp. 252f.

[33] HENRICUS de Bracton, II, p. 307.

[34] Sw. Tl., I. 86b, 86c.

[35] HENRICUS de Bracton, II, pp. 306f.

[36] Ibid., II, pp. 307f.

The royal judicial authority was delegated to itinerant judges in England with the following formula:

> "*The king to his trusty and well-beloved N., greeting. Know that we have appointed you our justice, together with our trusty and well-beloved A. B. and C., to travel through such counties for all assises and pleas, those of our crown as well as others, as is more fully set forth in our writ of general summons directed to you. Therefore we order you, urging you in the loyalty by which you are bound to us, that you, together with your companions aforesaid, faithfully and diligently apply yourself to the execution of these matters so that we ought deservedly to commend both your loyalty and your diligence in this matter.*"[37]

The royal order had to be publicly announced in the places where the judges happened to work, and the sheriff was called upon by the king in a separate writ to assist the delegated judges and to see to the matters of gathering fellow judges – bishops, abbots, earls, barons, knights and twelve honest citizens, as well as those persons who were sheriffs since the last judgement of the itinerant judges – and also summoning the participants in the action.[38]

The public law theorem according to which in England the king was at the same time the ultimate judge, too, is also proved by the developed system of writs:

> "*if one believes that he has a claim he must proceed by actions, for no one can prosecute a claim without an action.* [...] *We order you* [the sheriff] *not to implead such a one with respect to his free tenement in such a vill without our special order or that of our chief justice. And as he need not answer without writ, so he may not be disseised without judgement. It is called a writ* (breve) *because it formulates the matter in dispute and the demandant's claim briefly and in a few words, as does a rule of law, which expounds the matter briefly. It is for this reason that one ought not to bring a judicial action without a writ or* libellus, *lest the demandant's claim or his means of pursuing it be altered.*"[39]

The writ also gave guidance in a case when several claims or crimes had to be judged simultaneously in the action.[40]

3. Fellow judges and jurors

The particularity of medieval common law and the trust vested in collective judgement necessitated the participation of fellow judges (*Schöffen*) in the action. Their task was to give advice, or more precisely to find law (*Rechtsfindung*).[41] If

[37] Ibid., II, p. 309.
[38] Ibid., II, pp. 310 f., 313.
[39] Ibid., II, pp. 317 f.
[40] Ibid., II, pp. 318–321.
[41] RUSZOLY, Európa jogtörténete, 1996, pp. 37 f.; ID., Európai jog- és alkotmánytörténelem, 2011, pp. 584 f.

the judge asked a man for judgement and he set forth the law that he was familiar with, three or four other men had to confirm it. If another lay member found some other law, three or four men had to support him as well. The person who was supported by more people had the valid judgement. Only a person selected by the judge had the opportunity to find law, which was at the same time his responsibility, too. Those who had the task to find judgement had to be wise and had to number at least seven in every case.[42] So if there were lay members in a lawsuit, they were decisive in the actual judgement, which had to be found while fasting, if necessary.[43] The decision could be delivered only in a sober state.[44] Exiled persons and those who were taken to court were excluded from finding law. In some German cities twelve persons assisted in administering justice: they were called jurors, who made decisions by majority after finding law.[45]

The collective way of sentencing in a legal question probably also had a legitimating force in Germany: being the final decision a kind of consensus of the fellow judges participating in the current case it was established on a more convincing base than the one of a single justice.

These persons, however, were not equivalent with the *English jury*, the origin of which was researched by certain authors who pointed out that already in ancient times peoples with more developed social-legal institutions had an organ consisting of several lay members and making judgements over the people.[46] Others are of the opinion that this form of administering justice evolved from the ideas of Christianity, saying that the jury is the "conscience" of the accused. In this approach the number twelve may refer to the apostles or to the twelve tribes of Israel.[47] The propositions according to which the jury derives from Anglo-Saxon or other Germanic tribes seem to be more plausible. Heinrich Brunner, the "father" of 19th century research was convinced that the jury was Germanic, and within that, popular in origin.[48] His "romantic" theory remained determinative for

[42] Sw. Tl., I. 116b, 117c. Compare with: Ss. Tl., II. 12.9–10, 12.14, 18.1–2, Ss. Fl., 9.2.

[43] Sw. Tl., II. 145.

[44] Ibid. Compare with: Ss. Fl., 69.1.

[45] Sw. Tl., II. 172, 173.

[46] RÉSÖ ENSEL, Az esküdtszék Magyarországon, 1867, p. 104; ÖDÖNFI, Sajtóeljárásunk és annak fejlődése, 1903, pp. 5f.; SZÉCSÉNYI-NAGY, Az athéni demokrácia alkotmányos biztosítékai a Kr. e. V. században, in: Studia Collegii de Stephano Bibó Nominati 2 (2001), pp. 9–23; DE STE CROIX, Notes on Jurisdiction in the Athenian Empire. I, in: The Classical Quarterly, N. S. 11,1 (1961), pp. 94–112; ID., Notes on Jurisdiction in the Athenian Empire. II, in: The Classical Quarterly, N. S. 11,2 (1961), pp. 268–280; TODD, Lady Chatterley's lover and the Attic orators, in: Journal of Hellenic Studies 110 (1990), pp. 146–173; HARRELL, Public Arbitration in Athenian Law, 1936; VINOGRADOFF, Outlines of Historical Jurisprudence, vol. 2, 1922; THÜR, Athén bírósági szervezete a Kr. e. 4. században, in: JAKAB (Ed.), Tanulmányok Dr. Molnár Imre egyetemi tanár 70. születésnapjára, 2004, pp. 369–389; HOFFMAN, The Case for Jury Sentencing, in: Duke Law Journal 52,5 (2003), pp. 951–1010, esp. pp. 957 f.

[47] BADÓ, Esküdtszéki ítéletek, 2004, p. 150.

[48] Read his classic book: BRUNNER, Die Entstehung der Schwurgerichte, 1872. Compare with: MIT-

decades, until F. W. Maitland's research opened a new direction: he agreed that the jury was not English but Frankish in origin, but he held the view that instead of popular origin, it expressly derived from the kings' judicial privilege.[49] New research revived in this way took two directions: one aimed to surpass Brunner's theory by claiming Anglo-Saxon origin preceding the Norman invasion (1066), while the other tried to prove that juries already existed in Normandy at the time when the Normans crossed the channel.

In the spirit of the above, William Stubbs reached the conclusion that there must have been some connection between the legal code of King Ethelred II (978–1013, 1014–1016), King of Wessex, issued in Wantage presumably in 997[50] and the court of the twelve knights (twelve thegns) therein, and the grand jury introduced by Henry II, the "father" of English law.[51] It is a fact that during the reign of Henry II (1154–1189) twelve free and honest men brought charges in criminal cases from 1164 (Assize of Clarendon).[52] Presumably, the judges delegated by the king or the nobleman with estates in the area (*missi*) convened honest people from the neighbourhood (*homines credentes justa quantos praeviderit*) to administer justice in England, and this slowly led to the development of the grand jury and then the criminal petty jury.[53]

The new Scandinavian theory was first represented firmly by Sir Paul Vinogradoff, then it was further developed by Naomi D. Hurnard. It is true, though, that for a long time they had no followers, until a Belgian researcher, R. C. Van Caenegem, and Ms. D. M. Stenton and her husband, Sir F. M. Stenton, revived their initiative. According to the theory of Northern origin, much before the spread of Christianity, in Scandinavia twelve judges ruled in more complicated cases in the site of the so-called *peace*, which stood on an elevation woven around with hazelnut twigs. As a result of the Norman conquests, this form of popular jurisdiction spread to the other Germanic – Teutonic then Frankish – territories, and in the latter one a body which took part in evidencing became permanent.[54]

TERMAIER, Erfahrungen über Wirksamkeit der Schwurgerichte in Europa und Amerika, über ihre Vorzüge, Mängel und Abhülfe, 1865.

[49] MAITLAND, The Constitutional History of England, 2001 [1908]. Referred by TURNER, The Origins of the Medieval English Jury: Frankish, English or Scandinavian?, in: Journal of British Studies 7,2 (1968), p. 2.

[50] About Ethelred II: DOUGLAS, English Historical Documents, Vol. 1: c. 500–1042 (Ed.), 1979, pp. 46–49. The Act of Wantage: ibid., pp. 439–442, esp. points 3.1–3.4.

[51] SZÁNTÓ, Anglia története, 1994, pp. 48–51.

[52] HURNARD, The Jury of Presentment and the Assize of Clarendon, in: The English Historical Review (No. 223) 56 (1941), pp. 374–410; STUBBS, The Constitutional History of England, Vol. 1, 1891, pp. 505–509.

[53] RÉSÖ ENSEL, Az esküdtszék Magyarországon, 1867, pp. 104 f.; ÖDÖNFI, Sajtóeljárásunk és annak fejlődése, 1903, pp. 6 f.; TURNER, The Origins of the Medieval English Jury: Frankish, English or Scandinavian?, in: Journal of British Studies 7,2 (1968), p. 3; RUSZOLY, Európa alkotmánytörténete, 2005, pp. 211 f.

[54] VINOGRADOFF, English Society in the Eleventh Century, 1908; VAN CAENEGEM, Royal Writs in

The disputers of the early Norman jury maintain that it was not the Normans who influenced the English but just the other way round: the administration of justice resembling the jury developed in Norman Western France only in the 12th century. Yvonne Bongert and her English followers, the already mentioned Hurnard and C. H. Haskins[55] also considered it likely that William the Conqueror (1066–1087) further developed a court institution already existing in England, rather than introducing a new one from Normandy. According to this concept, the institution of the English jury developed in the Heptarchy, allegedly from the time of Alfred the Great (871–889), the legendary King of Wessex. H. G. Richardson and G. O. Sayles went as far as to state that "we can no longer believe that our jury had Roman or Frankish ancestors, who left descendants in Gaul, where they passed to Normandy and thence to our own island [that is to England]".[56] They held the view that the ancestors of jurors should be searched for in the people's spokesmen.

Scholars researching the origin of trial by jury also mention that originally the jury may not have been a court but was formed rather for fiscal reasons: the use of a group of laymen became customary in order to supply the royal administration with information. Brunner considered this a solution of Carolingian origin, and this procedure was undoubtedly in use in England already at the time when the *Doomsday Book* (1086) was completed.[57] Others, for example Haskins, derive this institution of administration of justice from the institutional system of church jurisdiction, and in their opinion the House of Anjous (*Angevins*) adopted it during their reign as a secular forum in England. It is a similarly interesting question how the different types of juries (the grand jury, the petty jury and the assize in possessory actions) developed, as these did not appear at the same time but evolved gradually after the previously customary judiciary combats (ordeals, *ordaliæ*) were pushed into the background,[58] mainly after the Fourth Council of Lateran (1215).[59]

England from the Conquest to Glanvill, 1959; D. M. STENTON, English Justice between the Norman Conquest and the Great Charter, 1964; F. M. STENTON, Anglo-Saxon England, 1947.

[55] BONGERT, Recherches sur les cours laïques du Xe au XIIIe siècle, 1949; HASKINS, Norman Institutions, 2007, ch. VI: The Early Norman Jury, pp. 196–238. Referred by TURNER, The Origins of the Medieval English Jury: Frankish, English or Scandinavian?, in: Journal of British Studies 7,2 (1968), pp. 5f.

[56] RICHARDSON, SAYLES, Law and Legislation from Aethelberht to Magna Carta, 1966, p. 117.

[57] BADÓ, Esküdtszéki ítéletek, 2004, p. 145; RUSZOLY, Európa alkotmánytörténete, 2005, p. 180.

[58] BADÓ, Esküdtszéki ítéletek, 2004, pp. 148–152.

[59] Further literature on English jury: ROBERTS, Jury Vetting in the Seventeenth Century, in: History today 32,2 (1982), pp. 25–29; GARNHAM, Local Elite Creation in Early Hannoverian Ireland, in: The Historical Journal 42,3 (1999), pp. 623–642; LENNARD, Early Manorial Juries, in: The English Historical Review (304) 77 (1962), pp. 511–518; SPECK, Bernard Mandville and the Middlesex Grand Jury, in: Eighteenth-Century Studies 11,3 (1978), pp. 362–374; DEVONS, Serving as a Juryman in Britain, in: Modern Law Review 28,5 (1965), pp. 561–570; TURNER, Judges, Administrators and the Common Law in Angevin England, 1994; MILSOM, Historical Foundations of the Common

By the summing opinion of M. B. Hoffman there are five rather unique things about the history of English jury that must be considered. First, England had no jury tradition before the conquest of William I (1066). Second, the criminal jury came into ascendancy in England only later. From the time of Charlemagne until the mid-1200s, criminal jury trials in Europe were exceedingly rare, and England after the Conquest was no exception either. Third, almost all of the important and unifying trial reforms adopted after the ascendancy of the English criminal jury procedure were imposed by Parliament (evolved in 1295) as limitations on the prosecutorial powers of the king. Fourth, nearly all serious crimes in England from the end of the 1100s were capital crimes with death punishment. English juries started to spread when they began to omit this kind of penalty if they found that a particular crime did not justify death. Fifth and his most important conclusion regarding to our topic is the fact that the *juries imposed the real sentences* by their verdicts on the charged or lesser offences; official judges sentenced in name only.[60]

This way the common point of the two types (German and English) of lay courts mentioned is obvious: diligent free people not being dependent of the crown had the task of finding law by a legal dispute among themselves.

4. Closing remarks

The mutual influence of the medieval European legal systems on each other and the early reception of post-classical Roman law further developed by civilistics provide Hungarian workshops of history of law with essential sources for understanding and studying common laws – in our case for the research of the legal status of judges in the Middle Ages.

Law, 1981; BAKER, An Introduction to English Legal History, 2007; MASSCHAELE, Jury, State, and Society in Medieval England, 2008; CAIRNS, MCLEOD (Ed.), "The Dearest Birth Right of the People of England", 2002; HOSTETTLER, The Criminal Jury Old and New, 2004; GREEN, Verdict According to Conscience, 1985; SUTHERLAND, The Assize of Novel Disseisin, 1973; COCKBURN, GREEN (Ed.), Twelve Good Men and True, 1988; HALL, CLANCHY (Ed.), The Treatise on the Laws and Customs of the Realm of England Commonly Called Glanvill, 1998; ARNOLD, GREEN, SCULLY, WHITE (Ed.), On the Laws and Customs of England, 1981.

[60] HOFFMAN, The Case for Jury Sentencing, in: Duke Law Journal 52,5 (2003), pp. 959–963.

Inge Bily (Leipzig/Deutschland)

Wortanalysen anhand historischer Rechtstexte – Zu einigen deutschen Lehnwörtern in der polnischen und tschechischen historischen Rechtsterminologie

1. Vorbemerkungen

Im Rahmen ihrer Beschreibung der Wirkung des Schwabenspiegels in Ungarn arbeiten László Blazovich und József Schmidt[1] u. a. auch den Wert sprachwissenschaftlicher Untersuchungen für die Bearbeitung des Themas heraus, weisen jedoch gleichzeitig darauf hin, „dass die sehr aufwendigen und tiefgreifende wissenschaftliche Kenntnisse erfordernden philologischen Untersuchungen nicht ausreichen, wenn man feststellen möchte, welche Auswirkung das jeweilige Werk auf spätere Quellen ausgeübt hat."[2] Diese Feststellung verdeutlicht einmal mehr die Grenzen des einzelnen Fachgebietes, hier der historischen Sprachwissenschaft. Ähnliche Erfahrungen beschreiben auch andere Forscher, so der slowenische Rechtshistoriker Sergij Vilfan[3] und der polnische Historiker Józef Matuszewski[4] und schließen sich der schon von Jacob Grimm[5] geäußerten und von anderen Wissenschaftlern immer wieder erneuerten Forderung nach engerer Zusammenarbeit von Rechts- und Siedlungsgeschichte sowie historischer Sprachwissenschaft an. Diesem methodischen Ansatz folgen wir im Rahmen unserer Projektarbeit bei der Untersuchung der Rezeption des sächsisch-magdeburgischen Rechts in Ost- und Mitteleuropa mit einer fächer- und sprachübergreifenden Verbindung von rechts- und sprachgeschichtlicher Forschung. Wie eine Reihe von Studien und ihre Ergebnisse belegen, hat sich diese Herangehensweise bewährt[6], denn

---

[1] Blazovich, Schmidt (Hrsg.), A Sváb tükör, 2011, S. 111–120.

[2] Ebd., S. 119.

[3] Vilfan, Rechtsgeschichte der Slowenen bis zum Jahre 1941, 1968, S. 146.

[4] Jó. Matuszewski, Filologia w służbie historii, in: Acta Universitatis Łodziensis. Zeszyty Naukowe Uniwersytetu Łódzkiego. Seria 1: Nauki Humanistyczno-Społeczne. Folia Iuridica 32 (1978), S. 3–34.

[5] J. Grimm, Über die Alterthümer des deutschen Rechts, in: ders., Kleinere Schriften, Bd. 8, 1966 [1890], S. 545–551.

[6] Dorovskich, Pravo i nacional'nyj jazyk, 1996; Eckert, Hattenhauer, Sprache – Recht – Geschichte, 1991; Köbler, Deutsche Sprachgeschichte und Rechtsgeschichte, in: Besch, Reichmann, Sonderegger (Hrsg.), Sprachgeschichte, 1. Halbbd., 1984, S. 56–70; Ja. Matuszewski, Słownictwo łacińskie i polskie w prawie ziemskim do końca XV stulecia, in: Studia Źródłoznawcze 25 (1980), S. 133–143; Jó. Matuszewski, Geneza współczesnej terminologii prawnej/La genèse de la terminologie juridique contemporaine, in: Sprawozdania Poznańskiego Towarzystwa Przyjaciół Nauk 2,64 (1961), S. 288–290; ders., Filologia w służbie historii, in: Acta Universitatis Łodziensis. Zeszyty Naukowe Uniwersytetu Łódzkiego. Seria 1: Nauki Humanistyczno-Społeczne. Folia Iuridica 32 (1978), S. 3–34; Schmidt-Wiegand, Deutsche Sprachgeschichte und Rechtsgeschichte bis zum Ende des Mittelalters, in: Besch, Betten, Reichmann, Sonderegger (Hrsg.),

„Zwischen Sprache und Recht besteht [...] eine denkbar enge Beziehung: das Recht lebt durch die Sprache; die Sprache ist das erste, vielleicht sogar das einzige Arbeitsinstrument des Juristen.“[7]

Es sei darauf hingewiesen, dass sich die germanistische historische Sprachwissenschaft zunehmend der Analyse auch historischer Rechtstexte zuwendet, und dies z. T. im Sprachvergleich. Zu nennen sind hier Untersuchungen wie die Mária Papsonovás (Košice/Kaschau)[8], die u. a. das Silleiner Rechtsbuch, eine mittelalterliche deutsche Rechtsquelle, mit ihrer Übertragung ins Alttschechische vergleicht. Ebenso sei auf die Ergebnisse verwiesen, die Vladimír Spáčil und Libuše Spáčilová (Olomouc/Olmütz) mit ihrer Edition und der historischen sowie sprachlichen Auswertung des Meißner Rechtsbuches vorgelegt haben.[9] Jedoch sind weitere Untersuchungen an historischen Rechtstexten dringend nötig, um mehr verlässliche Aussagen und damit Grundlagen für später anzustrebende Vergleiche zu gewinnen.[10] Leider harrt die überwiegende Zahl der Rechtsquellen noch einer sprachlichen Auswertung. Dies gilt ebenfalls für die beiden Handschriften des ‚Sächsischen Weichbildrechts‘, den frühneuhochdeutschen, wie auch den alttschechischen Text, deren Rechtswortschatz wir gegenwärtig vergleichend untersuchen.

Für eine sprachliche Analyse ist eine genaue buchstabengetreue Transliteration des Textes unabdingbar, auch wenn keine Graphemanalyse vorgesehen ist. Es kann nicht oft genug betont werden, dass „es sich bei jeder einzelnen Quelle [...] um eine Handschrift [handelt], die linguistisch und sprachgeschichtlich auf ihre Eigencharakteristik, auf die Graphemik (‚Schreibung‘), Morphologie, Syntax und ihren Wortschatz hin analysiert werden kann.“[11]

Sprachgeschichte, Bd. 1, 1998, S. 72–87; DIES., Deutsche Sprachgeschichte und Rechtsgeschichte seit dem Ausgang des Mittelalters, in: BESCH, BETTEN, REICHMANN, SONDEREGGER (Hrsg.), Sprachgeschichte, Bd. 1, 1998, S. 87–98; DIES., Der Rechtswortschatz im Sachsenspiegel, in: HOFFMANN, KALVERKÄMPER, WIEGAND (Hrsg.), Fachsprachen, 1999, S. 2341–2348; DIES., Sprache zwischen Recht und Gesetz, in: LÜCK, SCHILDT (Hrsg.), Recht, Idee, Geschichte, 2000, S. 135–150; ŠKRUBEJ, *Ritus gentis* Slovanov v vzhodnih Alpah, 2002; SIEBER, Deutsche Fachsprache des Rechts in Mittelalter und Früher Neuzeit, in: THIER, PFEIFER, GRZIMEK (Hrsg.), Kontinuitäten und Zäsuren in der Europäischen Rechtsgeschichte, 1999, S. 149–163; STRIPPEL, Zum Verhältnis von Deutscher Rechtsgeschichte und Deutscher Philologie, in: MÜLLER (Hrsg.), unter Mitarb. von BEHM, GÖTZE, SCHULTE-WÜLWER, STRIPPEL, Germanistik und deutsche Nation 1806–1848, 1974, S. 113–166.

7 ARNTZ, Fachbezogene Mehrsprachigkeit in Recht und Technik, 2001, S. 206, mit Bezugnahme auf STRÖMHOLM, Allgemeine Rechtslehre, 1976, S. 26.

8 PAPSONOVÁ, Das Magdeburger Recht und das Silleiner Rechtsbuch, 2003.

9 SPÁČIL, SPÁČILOVÁ, Míšeňská právní kniha. Historický kontext, jazykový rozbor, edice/Das Meißner Rechtsbuch. Historischer Kontext, linguistische Analyse, Edition, 2010.

10 Anzuknüpfen wäre hier an Untersuchungen wie z. B.: GROSSE, Die mitteldeutsch-niederdeutschen Handschriften des Schwabenspiegels in seiner Kurzform, 1964.

11 PIIRAINEN, „Ohne Sprache gibt es kein Recht“, in: PRĘDOTA, RUDOLPH (Hrsg.), Der Worte Echo im Spiegel der Sprache, 2011, S. 48.

In unserer Untersuchung wenden wir uns ausschließlich dem Wortschatz des Rechts zu. So haben wir bereits eine deutsch-polnische Wortanalyse historischer Rechtstermini anhand einer frühneuhochdeutschen und einer altpolnischen Handschrift der ‚Magdeburger Urteile' vorgenommen, deren Material und Auswertung zusammen mit den Ergebnissen rechtshistorischer Untersuchungen durch Wieland Carls und Katalin Gönczi im Band zum sächsisch-magdeburgischen Recht in Polen niedergelegt sind.[12] Die dort zusammengefassten Ergebnisse der deutsch-polnischen Wortanalyse belegen, dass als sprachliche Nachweise von Siedlungs- und Sprachkontakt und einer erfolgten Rezeption des sächsisch-magdeburgischen Rechts in den Gebieten des heutigen Polen zwei Beobachtungen gelten können: Dies ist zum einen die Qualität der Übersetzung der Handschrift der ‚Magdeburger Urteile' ins Polnische, die u. E. nur aus einer schon erfolgten Rezeption des Rechts(inhalts) und damit der Rechtstexte zum Zeitpunkt der Übertragung/Übersetzung zu erklären ist, und zum anderen die Entlehnungen, über die unten noch zu sprechen sein wird.

Wir gehen davon aus, dass die Rezeption des sächsisch-magdeburgischen Rechts in Mittel- und Osteuropa im Sprachmaterial der das Recht rezipierenden Sprachgemeinschaften Spuren hinterlassen hat, was u. a. auch eine Reihe deutscher Lehnwörter in den rezipierenden Sprachen belegt. Einige Beispiele aus dem Polnischen und Tschechischen sollen dazu vorgestellt werden.

2. Zu den Materialgrundlagen

Das Material, auf das sich die nachfolgenden Ausführungen stützen, wurde im Rahmen der Arbeit am Akademievorhaben ‚Das sächsisch-magdeburgische Recht als kulturelles Bindeglied zwischen den Rechtsordnungen Ost- und Mitteleuropas' erhoben. Verglichen wurde historischer Rechtswortschatz einer frühneuhochdeutschen und einer altpolnischen Handschrift der ‚Magdeburger Urteile' sowie einer frühneuhochdeutschen und einer alttschechischen Handschrift des ‚Sächsischen Weichbildrechts'.

2.1. Die Materialgrundlagen der deutsch-polnischen Wortanalyse historischer Rechtstermini

Die Grundlage des deutschsprachigen Teils der deutsch-polnisch vergleichenden Untersuchung bildete die Handschrift mit der Sigle Pi.[13] Sprachlich handelt es

[12] Bily, Carls, Gönczi, Sächsisch-magdeburgisches Recht in Polen, 2011, vgl. dort besonders Bily, Kapitel E. V. Resümee der linguistischen Untersuchung und ihrer Bezüge zur Rechts- und Siedlungsgeschichte, S. 313–328.

[13] Vgl. die Handschrift in der Biblioteka Zakładu Narodowego im. Ossolińskich 2012 II in Wrocław/Breslau (*Sigle Pi*); s. a. Oppitz, Deutsche Rechtsbücher des Mittelalters, Bd. 2, 1990, S. 418, Nr. 284.

sich um einen ostmitteldeutschen Text aus frühneuhochdeutscher Zeit[14], der in die Zeit zwischen Ende des 14. und Anfang des 15. Jahrhunderts datiert wird. Der polnischsprachige Teil der Untersuchung stützte sich auf die älteste erhaltene Abschrift der altpolnischen Übersetzung der ‚Magdeburger Urteile', die sogen. *Ortyle Ossolińskie* (Sigle O)[15], die 1972 erstmals vollständig von Józef Reczek und Wacław Twardzik ediert wurde. Erwähnt werden muss außerdem das ausführliche Glossar zu dieser Edition.[16] Nach J. Reczek und W. Twardzik[17] ist die polnische Übersetzung, deren Original verloren gegangen ist, zwischen 1440 und 1460 in L'viv/Lemberg entstanden. Überliefert sind lediglich Abschriften, von denen die sogen. *Ortyle Ossolińskie* in die zweite Hälfte des 15. Jahrhunderts datiert werden. Der Text ist damit dem Altpolnischen zuzuordnen. Zwischen der frühneuhochdeutschen Fassung aus der Zeit zwischen Ende des 14. bis zum Anfang des 15. Jahrhunderts und der altpolnischen Fassung aus der zweiten Hälfte des 15. Jahrhunderts ist ein Zeitraum von mindestens fünfzig Jahren anzunehmen.

„Das Übersetzen juristischer Fachtexte setzt sowohl sprachliche und übersetzerische Fähigkeiten als auch juristisches Fachwissen voraus."[18] Die Übersetzung der ‚Magdeburger Urteile' ins Polnische ist als Ausdruck der Anpassung an die veränderte Sprachsituation zu werten. Gemeint ist die im 15. Jahrhundert erfolgte Verschiebung des Gewichts hin zur polnischen Sprache.[19] Diese veränderte Situation erforderte eine Übersetzung der ‚Magdeburger Urteile' ins Polnische, um bei der überwiegend polnischsprachigen Bevölkerung ein hundertprozentiges Verstehen des Inhalts der Rechtssprüche zu garantieren.[20] Damit leitete sich die Notwendigkeit der Übersetzung aus dem Bedarf ab.

---

[14] Bei der sprachlichen Einordnung des ostmitteldeutschen Textes stützen wir uns, wie schon bei der Bearbeitung des deutschen Textes der ‚Magdeburger Urteile', auf die detaillierten Ausführungen Frau Prof. Dr. Libuše Spáčilovás (Olomouc/Olmütz).

[15] Vgl. die Handschrift Nr. 50 (*Sigle O*) in der Biblioteka Zakładu Narodowego im. Ossolińskich in Wrocław/Breslau; s. a. OPPITZ, Deutsche Rechtsbücher des Mittelalters, Bd. 2, 1990, S. 416, Nr. 280.

[16] RECZEK, TWARDZIK, Najstarsze staropolskie tłumaczenie Ortyli magdeburskich, Bd. 3, 1972.

[17] DIES., Najstarsze staropolskie tłumaczenie Ortyli magdeburskich, Bd. 2, 1972, S. VII-XIII.

[18] ARNTZ, Fachbezogene Mehrsprachigkeit in Recht und Technik, 2001, S. 207.

[19] Vgl. VINCENZ, Wanderungen von Wörtern, in: RAUTENBERG (Hrsg.), Wanderungen und Kulturaustausch im östlichen Mitteleuropa, 2006, S. 321, der betont: „Zwischen etwa 1250 und dem Ende des 15. Jahrhunderts ist das Deutsche in Polen die Vermittlersprache für westeuropäisches Kulturgut [...]. Gegen Ende des 15. Jahrhunderts ändert sich die Lage langsam. Die Stadtbevölkerung gibt das Deutsche zugunsten des Polnischen auf."

[20] F. EBEL, Rechtsentstehung und Rechtstransfer im Spiegel der Überlieferung (Magdeburger und Lübecker Recht), in: LÜCK, PUHLE, RANFT (Hrsg.), Grundlagen für ein neues Europa, 2009, S. 46.

2.2. Die Materialgrundlagen der deutsch-tschechischen Wortanalyse historischer Rechtstermini

Grundlage der gegenwärtig in Bearbeitung befindlichen deutsch-tschechischen Wortanalyse bildet zum einen die deutsche Weichbildvulgata mit der ursprünglichen Glossenfassung der deutschen Handschrift des Weichbildrechts mit Glosse in 135 (gezählt 136) Artikeln. Als Aufbewahrungsort der Handschrift, die u. a. auch in der Beschreibung der Handschriften durch U.-D. Oppitz[21] verzeichnet ist, wird die Staatsbibliothek Preußischer Kulturbesitz in Berlin angegeben (Signatur SBPK Ms. germ. fol. [bzw. mgf] 389), als Provenienz das Domstift Havelberg. Diese Handschrift bildete die Grundlage der bei Alexander von Daniels und Franz von Gruben[22] abgedruckten edierten Fassung. Die Handschrift wird ins 15. Jahrhundert datiert. Sprachlich handelt es sich um einen ostmitteldeutschen Text aus frühneuhochdeutscher Zeit[23], der bisher keiner sprachlichen Auswertung unterzogen wurde. Als tschechischen Vergleichstext[24] benutzen wir aus der digitalen Fassung der Handschrift *Práwa saszká*, einer Sammelhandschrift[25], die unter 2. *Donat – magdeburgské městské právo s glosou* [Donat – Das Magdeburger Stadtrecht mit Glosse] enthaltenen Teile.[26]

Der digitalen Version der alttschechischen Sammelhandschrift ist eine ausführliche Beschreibung beigegeben. Diese enthält u. a. eine Konkordanz, die einen Großteil der deutschen und tschechischen Artikel einander zuordnet. Als Entstehungsort der alttschechischen Handschrift wird Litoměřice/Leitmeritz genannt, als Schreiber Jakub Kožený z Krbova. Die Handschrift wird in das Jahr 1469–1470 datiert und ist damit alttschechisch. Ebenso wie der von uns untersuchte frühneuhochdeutsche Text wurde auch der alttschechische Vergleichstext der Handschrift des ‚Sächsischen Weichbildrechts' bisher keiner sprachlichen Auswertung unterzogen.

---

[21] Oppitz, Deutsche Rechtsbücher des Mittelalters, Bd. 2, 1990, S. 368, Nr. 118.

[22] Daniels, Gruben, Das sächsische Weichbildrecht, Bd. 1, 1858.

[23] Bei der sprachlichen Einordnung des ostmitteldeutschen Textes stützen wir uns auf die detaillierten Ausführungen Frau Prof. Dr. Libuše Spáčilovás (Olomouc/Olmütz), der wir an dieser Stelle sehr herzlich danken.

[24] Bei unserem Textvergleich stützen wir uns auf die Transliteration des Textes der Handschrift, die Frau Dr. Milada Homolková, Mitarbeiterin am alttschechischen Wörterbuch im Institut für tschechische Sprache der Tschechischen Akademie der Wissenschaften in Prag zu diesem Zweck für uns anfertigte. Eine Transkription des Textes wäre für unsere sprachliche Auswertung im Rahmen der historischen Wortanalyse nicht geeignet.

[25] Früher Litoměřice/Leitmeritz: Arch. m. Litoměřice, jetzt Praha/Prag: Parlamentní knihovna, Signatur: Práva saská, online: ⟨http://www.psp.cz/kps/knih/prawa/prawa.htm⟩ – Abfragedatum: 11.09.2015.

[26] Vgl. fol. 87r-187v; s. a. Oppitz, Deutsche Rechtsbücher des Mittelalters, Bd. 2, 1990, S. 644, Nr. 922.

3. Zur Entlehnung

Unter Entlehnung wird die „unveränderte bzw. weitgehend unveränderte Übernahme eines Wortes aus einer anderen Sprache“[27] verstanden. Dabei kann der Weg der Entlehnung nicht immer sicher bestimmt werden. Auch kann vielfach nicht mit letzter Sicherheit nachgewiesen werden, ob es sich um eine direkte Entlehnung von einer Sprache in eine andere oder um indirekte Entlehnung, d. h. um Entlehnung durch Vermittlung einer anderen Sprache handelt. Aussagen zum Alter eines Lehnwortes sind oftmals durch seine Beteiligung an den zeitlich bestimmbaren Stufen der historischen Lautentwicklung der Nehmersprache möglich.

Die abschließende Auswertung unserer deutsch-polnischen Wortanalyse historischer Rechtstermini belegt in unserem Materialkorpus eine Reihe von Entlehnungen (überwiegend als lautliche Adaptionen), vgl. z. B. poln. *burgrabi(a)* aus dt. *Burggraf*; poln. *fordrować, foldrować* aus dt. *fordern*; poln. *fryst* aus dt. *Frist*; poln. *gwałt* aus dt. *Gewalt*; poln. *rada* aus dt. *Rat* ‚Ratskollegium, Stadtrat‘; poln. *wilkierz* aus dt. *Willkür* oder poln. *wójt* aus dt. *Vogt* usw. In dem von Ludwik Łysiak und Karin Nehlsen-von Stryk[28] edierten lateinischen Text der Rechtssprüche des Oberhofs des deutschen Rechts auf der Burg zu Krakau 1456–1481 – einer Edition, vorwiegend für Rechtshistoriker, die aber auch dem Sprachwissenschaftler interessante Einblicke bietet, – spürt Józef Matuszewski[29] unter den altpolnischen Rechtstermini eine Reihe von Entlehnungen aus dem Deutschen auf, vgl. u. a. im Text: apoln. *fordrowacz* (zu dt. *fordern*); apoln. *frist* (zu dt. *Frist*); apoln. *gwar* (zu dt. *Gewere*); apoln. *hergweth* (zu dt. *He(e)rgewäte*); apoln. *wilker* (zu dt. *Willkür*). Die Termini werden, eingebettet in ihren Kontext, mit Datierung und Angabe der jeweiligen Textstelle genannt. Józef Matuszewski, der das Material alphabetisch geordnet nach den neupolnischen Entsprechungen auflistet, unterstreicht den Wert dieses Sprachmaterials für Untersuchungen und Nachschlagewerke zur altpolnischen Zeit.

Jedoch sei betont, dass Entlehnungen deutlich seltener sind als Übersetzungen deutscher Rechtstermini ins Polnische.[30] Allerdings treten Entlehnungen in Texten gewöhnlich deutlicher hervor und sind oftmals den Fachleuten auch besser bekannt, und dies nicht nur aus historisch-etymologischen und modernen Wörterbüchern, sondern auch aus der umfangreichen einschlägigen Fachliteratur, auf die hier lediglich hingewiesen werden soll.

---

[27] ARNTZ, Fachbezogene Mehrsprachigkeit in Recht und Technik, 2001, S. 83.

[28] ŁYSIAK, NEHLSEN-VON STRYK (Hrsg.), Decreta iuris supremi Magdeburgensis castri Cracoviensis/ Die Rechtssprüche des Oberhofs des Deutschen Rechts auf der Burg zu Krakau, Bd. 1: 1456–1481, 1995.

[29] JÓ. MATUSZEWSKI, Inkrustacje polskie w wyrokach łancińskich najwyższego sądu magdeburskiego grodu krakowskiego, in: Czasopismo prawno-historyczne 47,1–2 (1995), S. 187–199.

[30] Vgl. BILY, Ergebnisse der deutsch-polnischen (frühneuhochdeutsch-altpolnischen) Wortanalyse – Materialauswertung. 1. Übersetzung, in: BILY, CARLS, GÖNCZI, Sächsisch-magdeburgisches Recht in Polen, 2011, S. 276–286.

Das Interesse an Lehnwörtern ist allgemein groß, nicht nur unter Sprachwissenschaftlern. Jedoch konzentrieren sich die Forscher mitunter zu stark auf Lehnbeziehungen zwischen Geber- und Nehmersprache und schenken dabei Übersetzungen und Umschreibungen oder dem Ersatz durch bedeutungsähnliche Wörter zu wenig Aufmerksamkeit. Lehnwörter bieten sich für Untersuchungen unter verschiedenen Aspekten an. Betrachtet werden können z. B. der Zeitpunkt und der Weg der Entlehnung oder auch die Vermittlerfunktion anderer Sprachen, denn die Entlehnung erfolgt bekanntlich nicht immer direkt, sondern oftmals indirekt, d. h. durch Vermittlung über eine andere Sprache. Lohnend ist ebenfalls der Blick auf die postintegrative Entwicklung eines Lehnwortes in der Nehmersprache. Außerdem sind Lehnwörter durch ihre Teilnahme bzw. Nichtteilnahme an bestimmten lautlichen Prozessen in der Nehmersprache gut datierbar und gelten damit als wichtige Materialgrundlage für sprachhistorische Untersuchungen. Werden jedoch die Lehnwörter zu stark in den Vordergrund gerückt, können Übersetzungen und Umschreibungen bzw. der Ersatz durch semantisch ähnliche Termini der Nehmersprache leicht übersehen bzw. unterschätzt werden. An dieser Stelle sei auf die vielfach belegte terminologische Varianz aufmerksam gemacht, besonders da der mittelalterliche Fachwortschatz noch nicht so fest war wie der neuzeitliche. Dies bestätigen u. a. auch Studien anhand von Texten aus anderen Fachgebieten. „Resümierend zeigt sich, daß die Fachsprache der frühneuzeitlichen Fachtexte in ihrer Heterogenität und in der Instabilität der Fachbegriffe noch weit von den an moderne Fachsprachen gestellten Anforderungen entfernt ist"[31], betont Mechtild Habermann in ihrer Untersuchung auf der Grundlage naturkundlich-medizinischer Texte.

Aleksander Zajda beschreibt in seinen Arbeiten u. a. das ‚Aufblühen' und wieder Verschwinden mehr oder weniger synonymer altpolnischer (Rechts-)Termini.[32] Es muss außerdem zwischen dauerhaften, z. T. auch Mehrfachentlehnungen und ‚okkasioneller Übernahme', die mitunter lediglich in einem einzigen Quellentext oder in nur einer Textstelle belegt ist, unterschieden werden. Eine solche ‚okkasionelle Übernahme' liegt im nachfolgenden Übersetzungspaar vor. Hier wurde der deutsche Terminus *echtes Ding* (frnhd. *echte ding*) im alttschechischen Text als *echtedink* wiedergegeben, vgl.:

frnhd.: wen der burcgraue mag kein *echte ding* gehaben an den ſchultheiſen///[33]

atsch.: Neb purkabie zadneho *echtedink* {okkasionelle Übernahme: Übernahme des deutschen Terminus *echtes Ding* ins Tschechische} obecznieho

---

[31] HABERMANN, Deutsche Fachtexte der frühen Neuzeit, 2001, S. 519.

[32] ZAJDA, Studia z historii polskiego słownictwa prawniczego i frazeologii, 2001; DERS., Deutsche Einflüsse in der altpolnischen Terminologie als Widerspiegelung der Rezeption des Magdeburger Rechts, in: EICHLER, LÜCK (Hrsg.), Rechts- und Sprachtransfer in Mittel- und Osteuropa, 2008, S. 289–304.

[33] Der dreifache Schrägstrich (///) markiert jeweils die Trennlinie zwischen dem deutschen und dem tschechischen Material.

ſaudu · mieti nemoz · bez Rychtarze [Art. 10 § 4, fol. 41v///C10, ⟨108r/99r⟩, ⟨25⟩].

Es gilt weiterhin zu beachten, dass die Wege der Entlehnung oftmals nicht mit Sicherheit bestimmt werden können, vor allem nicht mit Hilfe der Sprachwissenschaft allein. Hier ist nicht nur eine Einzelfallprüfung nötig, um größere Irrtümer zu vermeiden, sondern vor allem die Einbeziehung des jeweiligen Faches, dem der Terminus zugeordnet wird. In unserem Falle sind das Rechtswissenschaft und -geschichte.

Juliane Besters-Dilger stellt in den Ergebnissen ihrer Untersuchung zu den deutschen Lehnwörtern im Ukrainischen u. a. fest:

> „Für einen großen Teil (etwa 30 % der deutschen Wörter im Ukrainischen, [...]) ist nicht zu entscheiden, ob sie direkt [aus dem Deutschen] oder über das Polnische vermittelt ins Ukrainische gelangten. Lediglich für 2,7 % der im Polnischen *und* Ukrainischen existierenden deutschen Entlehnungen ist direkte deutsche Entlehnung nachweisbar, aber für mehr als 50 % Vermittlung des Polnischen“.[34]

Es sei betont, dass sich diese wichtige Aussage lediglich auf die Übernahme deutscher Lehnwörter ins Ukrainische im Allgemeinen bezieht. Rückschlüsse auf die Entlehnung von Rechtstermini im Besonderen können daraus nicht abgeleitet werden.

4. Deutsche Lehnwörter in der polnischen und tschechischen historischen Rechtsterminologie (Auswahl)[35]

deutsch	**polnisch**	**tschechisch**
Burggraf	burgrabia	purkrabí
fordern	fordrować (apoln.); fołdrować (apoln.)	–
Frist	fryst	–
Gerade	gier(a)da (apoln.); groda (apoln.)	grady (atsch.)[36]; groud (atsch.)[37]

[34] BESTERS-DILGER, Deutsche lexikalische Entlehnungen im Ukrainischen, in: POSPÍŠIL (Hrsg.), Crossroads of Cultures: Central Europe, 2002, S. 37 f.

[35] Die Markierung als altpolnische (apoln.) bzw. alttschechische (atsch.) oder historische (hist.) Wortform gilt jeweils für das unmittelbar zuvor genannte Lexem. Unmarkierte Lexeme haben eine Kontinuität bis in die jeweilige Sprache der Gegenwart. – Die oftmals neben einem deutschen Lehnwort existierenden genuin polnischen bzw. tschechischen Termini wurden nicht in diese Übersicht aufgenommen. Ein (bisher) nicht belegtes Lehnwort wird in der jeweiligen Spalte durch einen Strich gekennzeichnet.

[36] KREUZ, MARTINOVSKÝ (Hrsg.), VOJTÍŠKOVÁ (Bearb.), Vladislavské zřízení zemské a navazující prameny, 2007.

[37] WEIZSÄCKER (Bearb.), Magdeburger Schöffensprüche und Rechtsmitteilungen für den Oberhof Leitmeritz, 1943.

deutsch	polnisch	tschechisch
Gewalt	gwałt	kvalt (atsch.); gvalt (atsch.)
Gewere	gwar	gvar (atsch.); gver (atsch.)
Gewette	(g)wet (apoln.)	vettunk (atsch.)[38]; vet (atsch.); wettug (atsch.)[39]
He(e)rgewäte	hergewet (apoln.)	–
Jahrmarkt	jarmark	jarmark (atsch.); jarmerk (atsch.)
Kurfürst	–	kurfiřt; kurfirst (hist.); kurfurst/-furšt (atsch.)
Kurfürstentum	–	kurfiřtství
kurfürstlich	–	kurfiřtský
Lehen	lenno	léno; léhno (atsch.)
lehn-	lenny	lenní
Pranger	pręgierz	pranýř; pranier (hist.); pra(g)néř (atsch.); planéř (atsch.)
Rat 'Ratskollegium, Stadtrat'	rada	rada
Rathaus	ratusz	rathúz (atsch.)
Richter	rychtarz (apoln.)	rychtář (atsch.)
Schöffe	–	šéf; šep (atsch.)
Schultheiß	sołtys	šoltýs (atsch.)
Urteil	ortyl, ortel, ortyle {Pl.} (apoln.)	ortel (atsch.)
Vogt	wójt	fojt; vojt (atsch.)
Wergeld	wargielt (apoln.); wergeld (apoln.)	wergelt (atsch.)[40]
Willkür	wilkierz	–

5. Auswertung

1. Im Rahmen der fächerübergreifenden Zusammenarbeit innerhalb unserer Arbeitsgruppe ergeben sich Forschungsansätze, bei denen der einzelne Fachwissenschaftler über die Perspektiven seines Faches hinausgehen muss, um die gemein-

---

[38] Ebd.

[39] Sächsisches Weichbildrecht (atsch.): in der digitalen Fassung der Handschrift *Práwa saszká*, einer Sammelhandschrift, (früher Litoměřice/Leitmeritz: Arch. m. Litoměřice, jetzt Praha/Prag: Parlamentní knihovna, Signatur: Práva saská, online: ⟨http://www.psp.cz/kps/knih/prawa/prawa.htm⟩ – Abfragedatum: 11.09.2015): unter 2. *Donat – magdeburgské městské právo s glosou* [Donat – Das Magdeburger Stadtrecht mit Glosse], fol. 87r-187v.

[40] Ebd.

same rechts- und sprachhistorische Aufgabenstellung lösen und das angestrebte Ergebnis in Zusammenarbeit mit den beteiligten Fachdisziplinen erreichen zu können.

2. Die sprachliche Erforschung des Wortschatzes historischer Rechtstexte kommt, unabhängig davon, von welchem Fachgebiet sie initiiert wurde, sowohl der Rechts- wie auch der Sprachgeschichte zugute.

3. In seiner Untersuchung zur Vermittlung deutscher Lehnwörter durch das Tschechische ins Polnische und Slowakische betont Stefan Michael Newerkla, der auch die umfangreiche Literatur zum Thema zusammenstellt:[41]

> „Zusammenfassend lässt sich [...] feststellen, dass der überwiegende Teil der deutschen Lehnwörter im Polnischen und Slovakischen auf direkte Entlehnung aus dem Deutschen zurückgeht und nur eine verhältnismäßig kleine Anzahl durch tschechische Vermittlung in diese Sprachen gelangte. Im Polnischen war die Vermittlerrolle des Tschechischen lediglich auf die vorschriftliche Phase und die Epoche des Altpolnischen beschränkt. Der tschechische Einfluss auf das Slovakische war zwar von ungleich längerer Dauer und Vermittlungen praktisch bis ins 20. Jh. möglich. Die Zahl der solcherart vermittelten deutschen Lehnwörter im Slovakischen ist jedoch deutlich geringer als bisher angenommen.“[42]

Auch hier gilt analog zu den Ergebnissen, die Juliane Besters-Dilger[43] zum Ukrainischen vorgestellt hat, dass diese auf den Gesamtwortschatz der untersuchten Sprachen zu beziehenden grundlegenden Ergebnisse zunächst noch keine Schlussfolgerungen für die Entlehnungen auf dem Gebiet des Rechtswortschatzes zulassen.

4. Die Untersuchung zur Rezeption des sächsisch-magdeburgischen Rechts in Mittel- und Osteuropa, auch anhand von Wortanalysen mittelalterlicher Rechtstexte, belegt neben Übersetzungen ebenfalls Entlehnungen, außerdem in geringem Maße die Verwendung anderer Termini als Entsprechungen für einen deutschen Rechtsterminus, vereinzelt auch Umschreibungen. Dies sollen nachfolgend einige Beispiele illustrieren:

a) Übersetzung: dt. **Recht**///poln. *prawo*///tsch. *právo*///russ., ukrain., wruss. *pravo*

b) Entlehnung: dt. **Burggraf**///poln. *burgrabia*///tsch. *purkrabí*///ukrain. *burgraf'*

c) Verwendung eines anderen Terminus als Entsprechung für einen deutschen Rechtsterminus: dt. **Schwertmage** [= männlicher (vormundschaftlicher) Verwandter]///poln. **siostry mą ż**‘Ehemann der Schwester’, **przyrodzony** ‘Ver-

[41] NEWERKLA, Die Vermittlung deutscher Lehnwörter durch das Tschechische in das Polnische und Slovakische, in: Wiener Slavistisches Jahrbuch 48 (2002), S. 117.

[42] Ebd., S. 126.

[43] BESTERS-DILGER, Deutsche lexikalische Entlehnungen im Ukrainischen, in: POSPÍŠIL (Hrsg.), Crossroads of Cultures: Central Europe, 2002, S. 37f.

wandter', **przyrodzony przyjaciel mę żczyzna**'verwandter Mann', in einem Beleg auch **przyrodzony przyjaciel mę żczyzna**'verwandter Mann' {*przyjaciel* hat hier dieselbe Bedeutung wie *przyrodzony* 'verwandt', also eine verstärkende Wiederholung}.

Für dt. *Schwertmage* sind im altpolnischen Text eine Reihe von Entsprechungen belegt, so: *siostry mąż* 'Ehemann der Schwester' (s. u. Beisp. I.), *bliszy* 'der Nächste' (s. u. Beisp. II.), *przyrodzony* 'Verwandter' (s. u. Beisp. III.) und *przyrodzony przyjaciel mężczyzna* 'verwandter Mann' (s. u. Beisp. IV.). Das Wort *przyjaciel* hat hier dieselbe Bedeutung wie *przyrodzony* 'verwandt', vgl. das altpolnische Wörterbuch[44], das als eine der Bedeutungen von *przyjaciel* auch *krewny* 'verwandt' nennt. Es handelt sich wohl weniger um eine zufällige Wortwahl, eher um eine verstärkende Wiederholung.

In einer frühneuhochdeutschen Textstelle: *neste swert mog und formunde*, wo es um den *nächsten Schwertmagen und Vormund* (in einer Person) geht, erfolgt bei der Übertragung ins Altpolnische eine Zusammenfassung, wobei nur der *Vormund* als Terminus übernommen wird, in dem Wissen, dass die Aufgabe des Vormunds dem nächsten Schwertmagen zukam (s. u. Beisp. V.):

I. dt. *Schwertmage*///poln. *siostry mąż* 'Ehemann der Schwester':

frnhd.: eynen brudir adir *swert mogen* [einen Bruder oder Schwertmagen]/// **apoln.**: ybratha albo *szyostry masza albo gynego przyrodzonego przyiyaczelą* [i brata albo siostry męża albo jinego przyrodzonego przyjaciela] [Nr. 1/// Nr. 1][45]

II. dt. *Schwertmage*///poln. *biszy* 'der Nächste':

frnhd.: zeyn *swertmag* [sein Schwertmage]///**apoln.**: yego *blyszy* [jego bliszy] [Nr. 93///Nr. 100]

III. dt. *Schwertmage*///poln. *przyrodzony* 'Verwandter':

frnhd.: ir *swertmoge* [ihr Schwertmage]///**apoln.**: *przyrodzeny* gych [przyrodzeni jich] [Nr. 114///Nr. 124]

frnhd.: neste *swert moge* [nächste Schwertmage] der mutir///**apoln.**: tego vmarlego czlowyeka blyszky *przyrodzony* [tego umarłego człowieka bliski przyrodzony] [Nr. 176///Nr. 187]

IV. dt. *Schwertmage*///poln. *przyrodzony przyjaciel mężczyzna* 'verwandter Mann'; auch *mężczyzna przyrodzony*:

frnhd.: syn neste *swert mag* [sein nächster Schwertmage]///**apoln.**: gego blyschy *przyrodzeny masczyszna* [jego bliszy przyrodzeny mężczyzna] [Nr. 232/// Nr. 236]

---

[44] Słownik staropolski, Bd. 7, 1973–1977, S. 257–260, bes. S. 258–260.

[45] Die Nummern beziehen sich jeweils auf die Spruchnummern der frühneuhochdeutschen bzw. altpolnischen Version der ‚Magdeburger Urteile'. Der dreifache Schrägstrich (///) markiert die Trennlinie zwischen dem deutschen und dem polnischen Material.

frnhd.: Der kyndir neste *swert moge* [der Kinder nächster Schwertmage]///
apoln.: Thych dzyeczy blyschy *przyrodzony przyyaczel maszczyszna* [Tych dzieci bliszy przyrodzony przyjaciel mężczyzna] [Nr. 177///Nr. 187]
frnhd.: Hettin auch unmundege kindir ***keynen*** *swertmog* [keinen Schwertmagen]///**apoln.**: a ***nye*** mayąly thy dzyeczy nyedoroszle *masczyszny przyrodzonego* [niedorosłe mężczyzny przyrodzonego] [Nr. 232///Nr. 236]

V. **frnhd.**: der neste *swert mog*[46] *und formunde* [der nächste Schwertmage und Vormund]///**apoln.**: ________[47] *opyekaldnyk* {'der Vormund'} sprzyszwolenym przyrodzonych blyszych [opiekaldnik z przyzwolenim przyrodzonych bliszych] [Nr. 260///Nr. 263]

d) Umschreibung: dt. **Begabter** [= Beschenkter]///poln. **ten, komu dano** 'der, dem geschenkt wird/wurde': Der deutsche Terminus *Begabter* wird im polnischen Text umschrieben, vgl. *ten, komu dano* 'der, dem geschenkt wird/wurde'.
frnhd.: *der begobete* [der Begabte 'Beschenkte']///**apoln.**: *ten, komv dano* {'der, dem geschenkt wird/wurde'} [ten, komu dano] [Nr. 208///Nr. 223].

Verschiedene Quellentexte verzeichnen oftmals unterschiedliche Termini, was sich in den Glossaren zu den Texten und ebenso in quellenbasierten Nachschlagewerken widerspiegelt. Dies gilt für die Betrachtung innerhalb einer Sprache, z. B. des Polnischen, Tschechischen oder Deutschen wie auch zwischen dem Polnischen und Tschechischen. Weitere Sprachen sind einzubeziehen. Nicht selten zeigt sich in ein und derselben Quelle eine Varianz der Termini. Dies entspricht dem Zustand der historischen Fachterminologie allgemein, d. h. es handelt sich nicht um eine Besonderheit der historischen Rechtsterminologie. Vielmehr existieren oft mehrere Termini und auch mehrere Übersetzungen eines Terminus nebeneinander. Belegt sind ebenso Übersetzungen und erklärende Umschreibungen neben Entlehnungen in demselben Text bzw. in einer Textstelle unmittelbar aufeinander folgend, so z. B. beim Terminus *Friedensbrecher*, einem Beispiel für Übersetzung und daneben auch für erklärende Umschreibung, vgl.:
dt. **Friedensbrecher**[48], **der**///poln. **złomca miru** auch umgekehrt: **miru złomca; ten, co mir słomił** 'der, der den Frieden brach'; **ten, co to uczynił** 'der, der das getan hat'.

Für dt. *Friedensbrecher* stehen im altpolnischen Text mehrere Entsprechungen: zunächst die wörtliche Übersetzung aus dem Deutschen mit poln. *złomca miru* 'Friedensbrecher' (s. u. Beisp. Nr. 4.), auch in umgekehrter Reihenfolge, d. h.: *miru złomca* (s. u. Beisp. Nr. 3.).

[46] Die Entsprechung für dt. *Schwertmage* fehlt im altpolnischen Text.
[47] Fehlstelle der Entsprechung für dt. *Schwertmage* im altpolnischen Text.
[48] Friedensbrecher = jmd., der Friedensgebote bricht.

Außerdem sind Umschreibungen belegt, vgl.: poln. *ten, co mir słomił* 'der, der den Frieden brach' (s. u. Beisp. Nr. 1.) sowie poln. *ten, co to uczynił* 'der, der das getan hat' (s. u. Beisp. Nr. 2.). Es geht im Text um Totschlag und kampfwürdige Wunden.

Nichtübereinstimmungen zwischen dem deutschen und dem polnischen Terminus zeigen sich im Numerus, vgl. dt. **Plural**: *die Friedensbrecher*/// dagegen poln. **Singular**: *der Friedensbrecher*. Diese Plural-Singular-Opposition weisen zahlreiche Belege für dt. *Friedensbrecher* und die jeweiligen polnischen Entsprechungen auf, auch die Umschreibungen im Polnischen, s. u. die Beispiele 2., 3., 4.

1. **frnhd.**: und dem *fredebrecher* mit rechtim orteilin folgen [und den Friedensbrecher mit rechten Urteilen verfolgen]///**apoln.**: a *thego tho, czo myr szlomil* prawym ortelem naszladowacz 'den, der den Frieden brach, mit rechtem Urteil verfolgen' [a tego to, co mir złomił, prawym ortelem naśladować] [Nr. 6/// Nr. 6]
2. **frnhd.**: und dy *fredebrecher* {Pl.} [die Friedensbrecher]///**apoln.**: {es geht im Text um Totschlag und kampfwürdige Wunden} a *ten* {Sg.}, *czo to vczynyl* {'und den, der das getan hat'} [a ten, co to uczynił] [Nr. 136///Nr. 145]
3. **frnhd.**: dy *fredebrechir* {Pl.} [die Friedensbrecher]///**apoln.**: *themv mirv zlomycz* {'dem Friedensbrecher'} {Sg.} [te[mu]⟨go⟩ miru złomcę] [Nr. 136/// Nr. 145]
4. **frnhd.**: sulchin *fredebrechern* {Pl.} [solche Friedensbrecher]///**apoln.**: tego *szlomczą*, {Akkusativ Sg.} ozalowacz *myrv* {'den Friedensbrecher'} [tego złomcę ożałować miru] [Nr. 136///Nr. 145]

Als Beispiel für erklärende Umschreibungen neben Entlehnungen kann u. a. der Terminus *Gerade* gelten, vgl.:

dt. **Gerade**[49], **die**///poln. **gierda, (niewieskie) rzeczy** '(Frauen)Sachen', z. T. mit zusätzlichem **gierda**.

In dem von uns verglichenen altpolnischen Text sind die Varianten des deutschen Lehnwortes poln. *gierada* und *groda* für *Gerade* nicht belegt.

Für dt. *Gerade* stehen im altpolnischen Text zwei Entsprechungen: die Variante *gierda* des deutschen Lehnwortes (s. u. Beisp. Nr. I.1. u 2.) und die Umschreibung (*niewieskie) rzeczy* '(Frauen)Sachen' (s. u. Beisp. Nr. II.3.), überwiegend als vorangestellte Umschreibung mit nachfolgendem deutschen Lehnwort *gierda*. (s. u. Beisp. Nr. II.4. u. 5.), d. h. Entlehnung: s. u. Beisp. Nr. I.1. u. 2., II.4. u. 5. und Umschreibung: s. u. Beisp. Nr. II.3.–5.

In Nr. II.5. steht zwischen der altpolnischen Umschreibung *nyewyesczkye rzeczy* 'Frauensachen' und der Nennung des deutschen Lehnwortes *gyerda* 'Gerade' noch der Hinweis *czo gym ponyemyeczku dzyeyą* {'was man deutsch nennt'}.

---

[49] Gerade = alles Erbe, das zum Gebrauch durch die Frau bestimmt ist, wie Schmuck, Kleider, Stoffe, Töpfe und sonstige Gerätschaften; Ausstattung, Aussteuer einer Frau; Versorgung.

Außerdem ist eine auch andernorts belegte Interferenz zu beobachten: Der deutsche bestimmte Artikel (z. B. *die* {Sg.}) wird, mitunter sogar bei Nichtvorhandensein im deutschen Text, als Demonstrativpronomen z. B. *ty* {Pl.} ins Altpolnische übernommen bzw. dort eingefügt (s. u. Beisp. Nr. II.3.). Das Polnische hat keinen Artikel.

In einem Beispiel (s. u. Beisp. Nr. II.6.) fehlt das sonst bei apoln. *rzeczy* im Text belegte *niewiesckie*. Die semantische Eindeutigkeit wird hier durch den Kontext erreicht, vgl. *szwogey pirwey zony rzeczy* 'seiner ersten Frau Sachen' als Übersetzung von frnhd. dy *rade der irsten vrawen.*

I. dt. *Gerade*///poln. *gierda*:

1. **frnhd.**: dy rade [die Gerade]///**apoln.**: gyerda [gierda] [Nr. 64///Nr. 71]
2. **frnhd.**: gerade [Gerade]///**apoln.**: gyerda [gierda] [Nr. 167///Nr. 178]

II. dt. *Gerade*///poln. *(niewiesckie) rzeczy* {Pl.} '(Frauen)Sachen', z. T. mit zusätzlichem *gierda*:

3. **frnhd.**: gerade {Sg.} [Gerade]///**apoln.**: y *thy nyewyesczkye rzeczy* {Pl.} [i ty niewiesckie rzeczy] [Nr. 129///Nr. 138]
4. **frnhd.**: ere rade [Gerade]///**apoln.**: za*nyewyeszczkye rzeczy* szlowie *gyerda* {'Frauensachen, wörtlich Gerade'} [za niewiesckie rzeczy, słowie gierda] [Nr. 72///Nr. 79]
5. **frnhd.**: dy rade [Gerade]///**apoln.**: wszyczky *nyewyesczkye rzeczy* czo gym ponyemyeczku dzyeyą {'was man deutsch nennt'} *gyerda* [wszyćki niewieckie rzeczy, co jim po niemiecku dzieją gierda] [Nr. 64///Nr. 71]
6. **frnhd.**: dy *rade* [Gerade] *der irsten vrawen* ist///**apoln.**: *szwogey pirwey zony rzeczy* {'seiner ersten Frau Sachen'} [swojej pirwej żony rzeczy] [Nr. 64///Nr. 71] {Das sonst bei poln. *rzeczy* im Text belegte *niewiesckie* fehlt hier. Die semantische Eindeutigkeit wird durch den Kontext erreicht, vgl. *szwogey pirwey zony* 'seiner ersten Frau'}.

5. Es sei erneut auf A. Zajda verwiesen, der für die altpolnische Rechtsterminologie ein differenziertes Bild zeichnet, mit einem Überwiegen an Übersetzungen, lateinischen und deutschen entlehnten Termini, die im Laufe der Zeit nicht gleichbleibend aktuell sind, d. h. in ihrer Frequenz zu- bzw. abnehmen können, je nach Text und untersuchtem Zeitraum.[50]

6. Entlehnungen deutscher Rechtstermini sind oftmals nicht nur in e i n e r Sprache des Rezeptionsgebietes des sächsisch-magdeburgischen Rechts belegt, z. B.: dt. **Burggraf**///poln. *burgrabia*///tsch. *purkrabí*///ukrain. *burgraf.*

---

[50] ZAJDA, Studia z historii polskiego słownictwa prawniczego i frazeologii, 2001, besonders die Zusammenfassung, S. 158–168; DERS., Deutsche Einflüsse in der altpolnischen Terminologie als Widerspiegelung der Rezeption des Magdeburger Rechts, in: EICHLER, LÜCK (Hrsg.), Rechts- und Sprachtransfer in Mittel- und Osteuropa, 2008, S. 289–304.

7. Der Weg, den die Lehnwörter genommen haben, ist vielfach nicht mit letzter Sicherheit nachzuzeichnen. Hierzu sind die einschlägigen Wörterbücher zu konsultieren, mit z. T. unterschiedlichen Standpunkten, was die Notwendigkeit weiterer Einzeluntersuchungen umso stärker unterstreicht.

Bei der Beurteilung von Lexemen aus dem Bereich der Rechtsterminologie bietet die Einbeziehung von Erkenntnissen der Rechts- und Siedlungsgeschichte eine entscheidende Hilfe bei der Formulierung und Absicherung sprachwissenschaftlicher Ergebnisse. Juliane Besters-Dilger betont die Bedeutung der Ostsiedlung besonders auch unter dem Aspekt „der Vermittlung deutscher Lexik nach Polen und in die Ukraine“ und weist auf die engen Kontakte zwischen dem Deutschen und dem Ukrainischen hin, auch unter Hinweis auf die Übernahme des Magdeburger Stadtrechts in den ukrainischen Städten.[51]

8. Von besonderer Wichtigkeit ist es, die Ergebnisse der Erforschung von Siedlungs- und Sprachkontakt sowie von Rechts- und Sprachgeschichte nicht isoliert, sondern in ihren Zusammenhängen zu betrachten. Weitere, nicht zu vernachlässigende Komponenten sind dabei außerdem die Ergebnisse der Altwege- und Straßenforschung[52] wie auch der Kenntnisse über mittelalterliche Handelsbeziehungen[53].

---

[51] BESTERS-DILGER, Deutsche lexikalische Entlehnungen im Ukrainischen, in: POSPÍŠIL (Hrsg.), Crossroads of Cultures: Central Europe, 2002, S. 29.

[52] DENECKE, Mitteleuropäische Verkehrsachsen, in: SZABÓ (Hrsg.), Die Welt der europäischen Straßen, 2009, S. 279–303.

[53] DAVIES, MOORHOUSE, Die Blume Europas, 2002, Karte „Handelsrouten um 1500“, S. 654; IRSIGLER, Stadt und Umland im Spätmittelalter, in: MEYNEN (Hrsg.), Zentralität als Problem der mittelalterlichen Stadtgeschichtsforschung, 1979, S. 1–14; WÜNSCH, Deutsche und Slawen im Mittelalter, 2008, S. 58–64.

BLAZOVICH László (Szeged/Ungarn)

Das Erbrecht in den mittelalterlichen Rechtsbüchern und in der Praxis der Städte

I. Die Gewalt über Güter beeinflusst grundsätzlich das Verhältnis der Menschen untereinander. Das Eigentumsrecht und das damit im Zusammenhang stehende Erbrecht gehören also seit jeher zu den wesentlichsten Fragen in jeder Gesellschaft. Der Begriff der ‚Sache' (*res*) wurde bereits von den Rechtsgelehrten des antiken Roms ausführlich behandelt, gewissermaßen klassifiziert und in juristischer Hinsicht auf die Gegenstände der physischen Welt bezogen. Dementsprechend verstehen wir unter einer Sache „selbständige, voneinander zu unterscheidende Teile der physischen Welt, die Objekte eines Rechtsverhältnisses sein können."[1]

Das Verhältnis der Subjekte zu Sachen wird wesentlich durch die Formen des Erwerbs der Verfügungsgewalt über die Sache bestimmt. All dies bildet die Basis der jeweiligen Gesellschaft und bestimmt grundsätzlich das Verhältnis der Menschen untereinander sowie das Bild der Gesellschaft selbst. Verschiedene Gesellschaften verhielten sich in den Phasen ihrer Entwicklung unterschiedlich zu den Sachen und erst im Laufe der Zeit steigerte sich der Grad der Verallgemeinerung und der Abstraktion, als man bereits mit dem allgemeinen Begriff ‚Sache' operierte. Die Formen von Besitz und Eigentum im Römischen Reich unterschieden sich von denen im Mittelalter aufgrund ihrer eigenständigen Entwicklung. Besitz, das Besitzen, die Verfügungsgewalt über Mobilien und Immobilien bzw. die Formen von Macht auf deutschem und französischem Boden waren im Mittelalter wegen ihres germanischen Ursprungs ähnlich.[2]

Die mittelalterliche Vorstellung von Besitzen und Besitz unterschied sich von der anderer Epochen, so auch von der der Römerzeit, als Eigentum die fast vollständige Gewalt über eine Sache bedeutete. Besitz war im Mittelalter mit zahlreichen Gebundenheiten belastet, die jedoch geteilt waren. Einerseits wurde die Hauptmacht (*dominium directum*) auf dem Grundstück vom Lehnsherren (vom Grundherren gegenüber dem Leibeigenen) ausgeübt, andererseits wurde der Vasall bzw. der Leibeigene als Unterbesitzer betrachtet, der über das Nutzrecht (*dominium utile*) verfügte. Eine Gebundenheit bestand auch gegenüber der Großfamilie und der Verwandtschaft, durch die das Verfügungsrecht über die Güter eingeschränkt wurde. Eine weitere Eigentümlichkeit des Besitzens im Mittelalter bestand darin, dass an den Sachen, konkret am Besitz, unkörperliche Rechte hafteten, die vor allem vom königlichen Recht herrührten und die die Besitzer im

---

[1] JAKAB, MOLNÁR, Római jog, 2001, S. 173.

[2] Ebd., S. 173–191; COING, Europäisches Privatrecht, Bd. 1, 1985, S. 272 f.; RUSZOLY, Európai jog- és alkotmánytörténelem, 2011, S. 166.

Laufe der Zeit vom König erwarben. Dies waren Rechte, die die öffentliche Gewalt ausdrückten, wie zum Beispiel die Macht in Friedenszeiten, die Verwaltungsmacht, die Macht über Erlasse, die Rechtsprechung sowie das Erlassen von befehlenden und verbietenden Beschlüssen. Zu dieser Kategorie gehören auch die ebenfalls vom König erworbenen Regalien: das Jagd-, Fischerei- sowie das Zoll- und Marktregal. Letztere bildeten sich aus den (Schutz-)Geldern heraus, die die Reisenden und Händler dem Grundbesitzer zu zahlen hatten, dessen Grundstück sie passierten.[3]

An Besitz und Eigentum bzw. an Gewalt über diese konnte man auf verschiedene Weise gelangen: durch Donation oder Ankauf, durch einen Zivilprozess, Ersitzung oder Erbschaft. Erben und Erbrecht blicken im europäischen Recht auf eine lange Tradition zurück. Die Verhältnisse des Erbrechts innerhalb einer Hausgemeinschaft, einer Großfamilie und einer Sippe werden in der Fachliteratur zur Genüge erörtert,[4] so auch die Frage, inwieweit das kanonische Recht bei seiner Herausbildung eine Rolle spielte, gerade weil die Kirche, die Christus als den Sohn des Erblassers betrachtete, einen Kindsteil vom Erbe einforderte. Diese Ansicht bildet die Grundlage für die Herausbildung des Seel- oder Freiteils (*mortuarium*).[5] Die ursprüngliche, auf Blutsverwandtschaft basierende Erbschaftsordnung wurde (nach dem Eingriff der Kirche) durch Erbschaftsverträge, später durch Testamente abgelöst.

Das Eigentums- und Erbrecht war auch im Mittelalter nicht vom Familienrecht zu trennen. Die soziale Grundlage dafür bildete im Frühmittelalter die Großfamilie. Ihre Mitglieder waren durch Verwandtschaftsbande miteinander verknüpft und die einzelnen unterschiedlichen Verwandtschaftsgrade verfügten über verschiedene Möglichkeiten zu erben.

Eike von Repgow, der Verfasser des Sachsenspiegels, erklärte die unterschiedlichen Verwandschaftsgrade mit Hilfe des menschlichen Körpers. In der figurativen Darstellung bilden die Eltern das Haupt, die Kinder den Hals, die Schultern die Enkel usw., bis hin zum Fingernagel des Mittelfingers und damit bis in den siebten Grad. So weit reichte die Verwandtschaft[6] und damit die Möglichkeit des rechtmäßigen Erbens. Noch heute erinnert die Redewendung ‚bis ins siebte Glied' an dieses Bild. Der Sachsenspiegel kennt den Begriff des Erbes: „*Mit welchem Gut der Mann stirbt, das heißt alles Erbe.*"[7]

[3] OGRIS, Dominium, privatrechtlich, in: ²HRG, Bd. 1, 2008, Sp. 1108 f.; LIPP, Eigen, in: ²HRG, Bd. 1, 2008, Sp. 1265–1267; HESS, Grundeigentum, in: ²HRG, Bd. 2, 2012, Sp. 574 f.; HAGEMANN, Eigentum, in: ²HRG, Bd. 1, 2008, Sp. 1271–1285; COING, Europäisches Privatrecht, Bd. 1, 1985, S. 291–293; RUSZOLY, Európai jog- és alkotmánytörténelem, 2011, S. 292–296.

[4] HAGEMANN, Erbrecht, in: ²HRG, Bd. 1, 2008, S. 1370–1384; COING, Europäisches Privatrecht, Bd. 1, 1985, S. 559–561. Zusammenfassend siehe: RUSZOLY, Európai jog- és alkotmánytörténelem, 2011, S. 193–195.

[5] SOLYMOSI, A földesúri járadékok új rendszere a 13. századi Magyarországon, 1998, S. 111–136.

[6] EIKE von Repgow, Sachsenspiegel Landrecht, 1973. (Im Weiteren: Ssp.), Ldr. I 3, 3. Ungarische Übersetzung: EIKE von Repgow, A Szász tükör [Sachsenspiegel ⟨ungar.⟩], 2005, Tartományi jog [Landrecht] I 3, 3 [Übersetzung ins Ungarische von József Schmidt].

Im Sachsenspiegel wird bereits zwischen dem Eigentum und der Gewalt (mhd. gewere) über das Eigentum, also zwischen Mobilie und Immobilie, unterschieden.

> „*Wofern der Frau die Stätte nicht mit dem Gebäude gehört, soll sie, wenn ihr Mann stirbt, binnen sechs Wochen nach dem Dreißigsten mit dem Gebäude räumen, so dass sie die Erde nicht verletzte.*“[8]

Im Unterschied zu den liegenden Gütern gehörten alle Sachen, deren Zustand sich nicht ändert, wenn sie bewegt werden, zu den Mobilien, wie zum Beispiel aus Holz errichtete Häuser, Marktbuden oder eine Windmühle. Alles, was die Flamme der Fackel zu zerstören vermag, wurde zu den Mobilien gerechnet.[9] Im Schwabenspiegel wird der Begriff vom fahrenden Gut genau beschrieben:

> „*waz varnde gut heizet daz shulle wir ev sagen, golt vnd silber vnd edele gesteine vnd vihe vnd ros vnd waz man getreiben vnd getragen mac vnd phantshaft wie die geshaffen ist verworchtes golt vnde silber daz habent in die leute zeiner gewonheit genumen daz shulle erbegut sein. Gut gewonheit daz widerspricht dicz puch nicht. Allen harnash vnd vederwat daz wellent die leute nach gewonheit daz erbgut sei.*“[10]

Von den liegenden Gütern war das Grundstück, das die Grundlage für die Lebensunterhaltung bedeutete, das wichtigste. Zu diesen liegenden Gütern gehörten aber auch die bereits oben erwähnten wertvolleren Sachen und Gegenstände oder eben eine ganze Sammlung dieser Sachen wie eine Bibliothek oder Kunstgegenstände, der Erlös vom Verkauf des liegenden Gutes, in Ungarn auch das Gestüt, also eine Gesamtheit von Sachen. Ferner gehörten hierzu auch die zum liegenden Gut und Grundstück gehörenden Sachen, z. B. die Frucht auf dem Acker – nach der Ernte jedoch nicht mehr –, die an die Schollen gebundenen Diener sowie Wirtschaftsgeräte. Hieraus wird ersichtlich, dass sich im Mittelalter der Begriff des fahrenden von dem des liegenden Gutes nicht so stark unterschied. Abweichungen, d. h. wann etwas zu welcher Kategorie gehörte, gab es in regionaler und zeitlicher Hinsicht. Ausschlaggebend für die Differenzierung war vor allem der Wert der Sache.[11]

Die Güter waren im Besitz der Familie und wurden innerhalb dieser vom Familienoberhaupt verwaltet. Da die Ehefrau durch die Eheschließung in seine Munt (*mundium*) trat, verwaltete nun der Mann das Familienvermögen. Die Ehefrau hatte von da an keine Gewalt mehr über das in die Ehe mitgebrachte Vermögen. Anders als auf dem Land lebten Ehepaare in der Stadt meist in einer

---

[7] Ssp., Ldr. I 6, 1. Um der Verständlichkeit willen wird der Sachsenspiegel aus der Edition von Eckhardt zitiert.

[8] Ssp., Ldr. I 20, 2.

[9] OGRIS, Fahrnis, Fahrnhabe, in: ²HRG, Bd. 1, 2008, Sp. 1474–1477; RUSZOLY, Európai jog- és alkotmánytörténelem, 2011, S. 167.

[10] ECKHARDT (Hrsg.), Schwabenspiegel Langform M. Tractavit, 1971. (Im Weiteren: Schwsp., Ldr.) Nr. 168a. Ungarische Übersetzung: BLAZOVICH, SCHMIDT (Hrsg.), A Sváb tükör, 2011.

[11] HOFMEISTER, Liegenschaftsrecht, in: HRG, Bd. 2, 1978, Sp. 2008–2022.

gemeinschaftlichen Güterverwaltung, innerhalb derer beide Parteien ihr eigenes, in die Ehe mitgebrachtes Vermögen behielten. Für die Verwaltung dieses Vermögens entwickelten sich im Laufe der Zeit zahlreiche Formen. Über die während der Ehe erworbenen Güter verfügten die Eheleute gemeinschaftlich. Es gab aber auch Gütergemeinschaften, in denen das Sondergut der Ehegatten nicht erhalten blieb.[12] Die Kinder erhielten ihren Erbteil, wenn sie eine eigene Familie gründeten bzw. wenn ein Elternteil verstarb.

Im Landrechtsteil des Sachsenspiegels wird das Erbrecht der Adeligen und Soldaten geschildert, wonach die Söhne (Männer) gegenüber den Töchtern (Frauen) bevorzugt wurden:

> „*Vader unde Moder Suster unde Broder Erve nymmet de Sone, unn nicht dy Dochter, yt en sy dat dar neyn Sone en sy nymmet yt dy Dochter.*“[13]

Von der Darstellung der weiteren Varianten des Kollateralerbes sehen wir an dieser Stelle ab. Die Bevorzugung der Männer beim Erbe ist darauf zurückzuführen, dass sie an kriegerischen Handlungen, sei es zur Verteidigung oder zum Angriff, beteiligt waren, was Geld kostete. Zur Deckung dieser Kosten (über die Unterhaltung der Familie hinaus) diente das Einkommen des Grundbesitzes. Die Frauen konnten durch Schenkungen und Mitgift über Grundstücke verfügen.

Die Frau kommt im Erbrecht des Sachsenspiegels erst nach den männlichen Familienmitgliedern an die Reihe, erst dann, wenn ihr Ehemann weder Söhne noch Vater noch Bruder hat. Ähnliches gilt für die Töchter.[14] Im Schwabenspiegel wird dies klar formuliert:

> „*Swer eins gutes wil erbe sin der muz swertes halp dar zv geporen sein. dacz ist der vater mac.* […] *ist abr daz gut uon muter mac kwmen daz erbent auch die muter mage.*“[15]

Der Artikel behandelt den Fall des Kollateralerbes, wobei aber das zeitgenössische Gewohnheitsrecht den Vorteil der Männer gegenüber den Frauen bezüglich des Erbes von Immobilien vorschrieb. Es geht daraus aber gleichzeitig auch hervor, dass Frauen über Immobilien verfügen konnten.

Die Töchter erhielten bei der Verheiratung sowohl von der Seite des Vaters als auch von der Seite des Verlobten Güter, deren Status dem der weiblichen Sonderrechte ähnlich war, wie wir sie aus dem ungarischen adeligen Erbrecht kennen. Auch wenn die Aufzählung dieser Güter nicht unmittelbar zu unserem Thema gehört, wollen wir sie unter dem Gesichtspunkt der Zuwendungen vom Vater sowie vom Ehegatten behandeln, da sie im Erbrecht eine Rolle gespielt haben.

---

[12] BRAUNEDER, Eheliches Güterrecht, in: ²HRG, Bd. 1, 2008, Sp. 1216–1221; BUCHHOLZ, Ehe, in: ²HRG, Bd. 1, 2008, Sp. 1192–1213; RUSZOLY, Európai jog- és alkotmánytörténelem, 2011, S. 158.

[13] Ssp., Ldr. I 17, 1.

[14] Ssp., Ldr. I 17, I 22, 3 f., I 24, 1–3, III 15, 4.

[15] Schwsp., Ldr. 275.

Von der Familie oder der Verwandtschaft der Ehefrau stammte die Ausstaffierung (mhd. gerade), die die bewegliche persönliche Ausstattung der Braut darstellte. Die Ausstattung (*maritagium*, Aussteuer) konnte Geld, Immobilien, Nutznießung und auch Rente beinhalten. Im Spätmittelalter bildete sich eine weitere Form der Mitgift (*dos*, Heiratsgut) heraus, die bereits größere Vermögensteile oder Liegenschaften umfassen konnte. Vom Bräutigam erhielt die Braut nach der Hochzeitsnacht die Morgengabe (*dos, dotalium*), die einem Brautgeschenk nahekam und den Zweck hatte, der überlebenden Witwe den Lebensunterhalt zu sichern. Sie konnte aus Schmuck und Immobilien bestehen, aber auch Miteigentum und Nutznießung beinhalten. Im Sachsenspiegel wird von diesen Gütern die Gerade genannt.[16] Ferner war es sogar möglich, dass der Ehemann mit Zustimmung der Erben, die das handlungsfähige Alter erreicht haben mussten, seinen Besitz der Ehefrau zur lebenslangen Nutzung gab.[17] Diese Nutznießung bis an das Lebensende der Frau bezeichnet man als Leibgedinge.

Wie es sich zeigt, kam es im Laufe des Mittelalters zu einer langsamen Ausweitung der Rechte der Frauen im Bereich des Vermögenserwerbs und des Erbrechts. Im Sachsenspiegel wird demgegenüber an den Traditionen festhaltend ein eher archaischer Zustand vermittelt. Hier wird auch nicht auf den Status der Frauen innerhalb der Familie eingegangen, die eine bedeutende Rolle bei der Haushaltsführung einnahmen, was sich z. B. an der von ihnen ausgeübten Schlüsselgewalt (Aufsicht über die Lebensmittelkammer) zeigt. Ferner wird auch nicht erörtert, welchen Einfluss Frauen innerhalb der Familie in mentaler Hinsicht hatten. Auch ist im Sachsenspiegel weder die Rede von den Aufgaben der Frauen im Leben der Siedlung und der Pfarrei noch wird von der auf die Frauen bezogenen Schutzfunktion der Kirche sowie davon gesprochen, dass der Landfrieden auch für sie gültig war.[18]

Der Schwabenspiegel, der den Sachsenspiegel als Hauptquelle und Vorlage benutzte, weicht von den darin geschilderten Normen im Bereich des Eigentums-, Familien- und Erbrechts nur in geringem Maße ab. Gewisse Unterschiede sind dennoch festzustellen. Die beweglichen und unbeweglichen Güter werden voneinander getrennt behandelt. Von der Hauptquelle, dem Sachsenspiegel, unterscheidet er sich vor allem darin, dass die vom verstorbenen Ehemann und Vater hinterlassenen Mobilien – wenn es kein Testament gibt – unter allen überlebenden Angehörigen aufgeteilt werden:

---

[16] GOTTSCHALK, Gerade, in: ²HRG, Bd. 2, 2012, Sp. 113–117; OLECHOWSKI, Aussteuer, in: ²HRG, Bd. 1, 2008, Sp. 384–386; BRAUNEDER, Mitgift, in: HRG, Bd. 3, 1984, Sp. 610–612; MAYER-MALY, Morgengabe, in: HRG, Bd. 3, 1984, Sp. 678–683; BRAUNEDER, Privilegium dotis, in: HRG, Bd. 3, 1984, Sp. 2012–2014. All dies zusammengefasst bei RUSZOLY, Európai jog- és alkotmánytörténelem, 2011, S. 151–155. Ssp., Ldr. I 24, 3, u. 27. 1.

[17] Schwsp., Ldr. 31.

[18] RUMMEL, Die rechtliche Stellung der Frau im Sachsenspiegel-Landrecht, 1987.

„ist der uater on geshefte vervarn daz er nicht gesshaft hot uon dem varnden gute so shol man der sele ir teil geben vnd shol dar nach gleich teilen vnder weip vnd vnder kint die vnauzgestevret sint.“[19]

Das Gleiche gilt, wenn die Witwe nach dem Tod des Ehemannes noch längere Zeit mit den Kindern zusammenlebt. Nach der Trennung von ihren Kindern darf die Witwe ihre Morgengabe an sich nehmen, die sie zeitlebens mit niemandem teilen muss, um dann vom Vermögen des Verstorbenen, das unter der Witwe und den Kindern gleichmäßig aufgeteilt wird, ihren Anteil zu bekommen.[20] Das Verfügungsrecht des Familienoberhauptes über sein Vermögen spezifiziert der Artikel 163 des Schwabenspiegels. Wenn ein Mann alle seine Kinder verheiratet hat, darf er seine übrigen Mobilien vermachen, wem er will. Liegt er aber im Sterben, darf er nur so verfügen wie oben geschildert, d. h. wie im Artikel 162.[21] Im Fall der unbeschränkten Vermögensvergabe scheint es sich um die Vergabe erworbenen Guts zu handeln. Diese Regel weist weit in die Zukunft, denn sie hat sich bereits von der Sichtweise des germanischen Erbrechts entfernt, dessen Grundlage die Blutsverwandtschaft war („Das Gut rinnt wie das Blut“[22]) und das im stark patriarchalisch geprägten Werk Eikes von Repgow auch in der Bevorzugung der Männer zum Ausdruck kommt.

Auf dem Gebiet des Erbrechts will unser Verfasser die Frauen begünstigen, indem er die Interessen des ‚schwächeren Geschlechts‘ zur Sprache bringt und dies mit einer Bibelstelle untermauert, und zwar mit dem Beispiel der Töchter Zelofhads (im Schwsp., Ldr. ‚Sasalphar‘), der während der Wanderung der Juden starb. Als sie im Gelobten Land ankamen, gab Moses den Töchtern keine Güter, woraufhin sich diese beschwerten und auf göttliches Gebot hin ihr rechtmäßiges Erbe erhielten.[23]

Sowohl der Sachsenspiegel als auch der Schwabenspiegel kennen den Begriff des ererbten bzw. erworbenen Besitzes.[24] Das Vererben der beiden Besitztypen konnte unterschiedlich vonstatten gehen. Darauf ist aus dem bereits zitierten Artikel 163 im Landrecht des Schwabenspiegels zu schließen:

„ist daz ein man alle sine kint auzgestivret hot die weil es sich vermac daz varnde gut geit er wem er will. kvmpt er an daz totbette er mac da mite nicht wan als vor gesprochen ist.“[25]

---

[19] Schwsp., Ldr. 5a.

[20] Schwsp., Ldr. 147a, 162.

[21] Schwsp., Ldr. 162, 163.

[22] RUSZOLY, Európai jog- és alkotmánytörténelem, 2011, S. 195.

[23] Schwsp., Ldr. 148c, 27, 3–11; vgl. ferner Num., 27, 1–7.

[24] *„Erbeigen darf auch ein Mann eher erstreiten, denn ein anderer gekauftes oder geschenktes Grundeigen.*“ Ssp., Ldr. II 43, 2. *„erbe eigen mag ein man baz behaben vor gerichte danne erkauftes eigen.*“ Schwsp., Ldr. 208.

[25] Schwsp., Ldr. 163.

In diesem Fall, meinen wir, wird der größere Teil der beim Vater gebliebenen Mobilien zu den erworbenen Gütern gezählt.

Kinderlose Ehen kannte man im Mittelalter genauso wie heute. Dieser besonderen Form der Ehe wird in den Rechtsbüchern gewöhnlich in mehreren Artikeln gedacht, so auch in den zwei hier behandelten Spiegeln. Im Sachsenspiegel Landrecht handelt der Artikel 22 und analog hierzu der Schwabenspiegel Landrecht in den Artikeln 25a und b von der kinderlosen Ehe.[26] In diesen Artikeln wird die Form der Güterteilung zwischen der Witwe und den Erben geschildert, wobei der Witwe gegenüber strenge Bedingungen formuliert werden. Sie muss das Begräbnis im Einvernehmen mit den Erben organisieren, die nach dem traurigen Ereignis auf dem Grundstück bleiben. Vom Nachlass wird zuerst die Dienerschaft ausgezahlt, danach folgt die Aufteilung der beweglichen Güter, die in der Regel konkret aufgelistet werden. Von den Immobilien ist hier keine Rede, denn Grundstücke werden, wie bereits gesagt, hauptsächlich auf der männlichen Seite vererbt. Die weibliche Seite erbt erst dann, wenn es auf Seiten des Ehemanns keine Verwandten gibt und die Verwandten weiblicherseits erben erst nach dem Tod der Frau.

Erbe konnte nach der festgesetzten Erbfolge und durch letztwillige Verfügung des Erblassers vergeben werden, indem dieser eine einseitige und revokable Bestimmung für den Fall seines Ablebens formulierte. Das Erben nach letztwilliger Verfügung nahm seit dem 13. Jahrhundert zu. Der Sachsenspiegel kennt die testamentarische Verfügung über die Erbschaft noch nicht, wohl aber der Schwabenspiegel. Artikel 22 des Landrechts beschreibt, wie jemand sein Grundstück einem Verwandten in einem Testament vermachen kann. Dazu musste er, ähnlich wie im Falle der Nutznießung, dem Betroffenen eine Urkunde über seine Absicht geben oder seine Absicht vor einem Richter oder seinem Herrn im Dabeisein von Zeugen mündlich verkünden. Sollte das Vermächtnis beständig sein, so sollte er dem Begünstigten von seinem Gut einen Zins bestimmen. Im Verhältnis Besitzer-Besitz-Besitzrecht wurde ihm durch diesen Schritt das Besitzrecht über das Gut gesichert. Die Erben hatten das Recht, gegen diese Bestimmung Einspruch zu erheben. Taten sie dies nicht, hatten sie ihr Einspruchsrecht versäumt. Der Verfügende konnte den Besitz zurücknehmen bzw. der Begünstigte konnte ihn verlieren, wenn er sich als dessen nicht würdig erwies. Schließlich besagt die Regel:

> „*die gabe haizet stete die vor dem richter geshiet, die heizet auch stete die mit de shrift, die ist aller stetest die mit der gewer.*“[27]

Vom Verfasser des Spiegels kann keine detaillierte Formulierung eines Testaments erwartet werden. Allerdings sind die Grundelemente einer Verfügung wie Schriftlichkeit, mündliche Mitteilung vor einem offiziellen Forum mit Zeugen, die Möglichkeit des Widerrufs sowie die Sicherung des Einspruchs seitens der Erben enthalten.

---

[26] Ssp., Ldr. I 22, 1–5; Schwsp., Ldr. 25ab.

[27] Schwsp., Ldr. 22.

Erblasser ohne Erben können nach Artikel 31 über ihr Vermögen nach Belieben verfügen.[28] Diese hier beschriebene Form findet sich in mehreren Rechtsbüchern. An dieser Stelle soll nicht weiter auf diese Form der Erbverfügung eingegangen werden, da zu erwarten ist, dass diese Regelung wegen des Widerstandes der Verwandtschaft in der Praxis nicht oft vollständig umgesetzt wurde.

Die beiden Spiegel vermitteln kein vollständiges Bild des Vermögens-, Familien- und Erbrechts der Epoche, wohl aber die damals gültigen Hauptregeln des Gewohnheitsrechts. Es werden die verschiedenen Formen von Eigentum, von Familienvermögen, über dessen Handhabung sowie die Erbschaftsordnung dargestellt.[29] Besser strukturierte Informationen zu diesem Rechtsbereich erhalten wir in der „Summa legum Raymundi Parthenopeis“[30], die uns nach den Landrechtsbüchern zu unserem eigentlichen Gegenstand, dem Stadtrecht, führt. Bevor wir uns dem dort behandelten Erbrecht widmen, wollen wir einen Blick auf das Werk und dessen Verfasser werfen.

Die „Summa legum Raymundi Parthenopeis“ ist eine in leicht verständlicher lateinischer Sprache verfasste Zusammenfassung des Zivilrechts, die auch ins Deutsche übersetzt wurde. Neben der Erörterung von zivilrechtlichen Inhalten werden darin auch staatskundliche sowie materielle und formelle strafrechtliche Fragen behandelt. In der Fachliteratur wird die Entstehung des Werks ins 14. Jahrhundert datiert, möglicherweise existierte es aber bereits im 13. Trotz zahlreicher Analysen der *Summa* gibt es immer noch keine gesicherten Erkenntnisse über den Verfasser, über den Entstehungsort und die Provenienz des Textes, seine Tradierung und Wirkung. Wegen seiner Verbindung zum „Tripartitum“[31] wurde es häufig auch von ungarischen Forschern untersucht.[32]

Die Krakauer Ausgabe aus dem Jahr 1506, die zuerst von Savigny beschrieben wurde, nennt als Verfasser *doctor utriusque juris Raymunndus Parthenopensis alias Neapolitanus*. Aufgrund dieser Bezeichnung wurde als sein Herkunftsort Magdeburg, später Neapel, vor allem aber die Wiener Neustadt angenommen. So auch der Wiener Jurist Alexander Gál, auf dessen zweisprachige lateinisch-deutsche Ausgabe wir uns bei den folgenden Ausführungen stützen.[33] Im Gegensatz zu Gál teilen wir den Standpunkt von Péter Bónis, der nach einer ausführlichen Analyse davon ausgeht, dass der Verfasser Raymundus de Bononia de Sancto Petro ist, der in Bologna studiert und in Neapel unterrichtet hat.[34] Für seine ita-

[28] Schwsp., Ldr. 31.

[29] Siehe dazu ausführlich MEUTEN, Die Erbfolgeordnung des Sachsenspiegels und des Magdeburger Rechts, 2000, S. 37–129. Zusammenfassend siehe LÜCK, Über den Sachsenspiegel, 2005.

[30] GÁL (Hrsg.), Die Summa legum brevis, levis et utilis des sogenannten Doctor Raymundus von Wiener-Neustadt, (2 T. in 1 Bd.), 1926 (im Weiteren: Summa legum Raymundi).

[31] BÓNIS, A Hármaskönyv, in: WERBŐCZY, Tripartitum, 1990.

[32] Zur Fachliteratur siehe BÓNIS, A Summa legum Raymundi magyarországi jelenléte és jelentősége, in: Jogtudományi Közlöny 57 (2002), S. 229–231.

[33] Siehe GÁL (Hrsg.), Die Summa legum brevis, levis et utilis des sogenannten Doctor Raymundus von Wiener-Neustadt, (2 T. in 1 Bd.), 1926.

lienische Herkunft sprechen Stil, Aufbau, Inhalt und literarischer Apparat des Werks. Insbesondere in den verwaltungs- und strafrechtlichen Passagen ist das Kommunalrecht der norditalienischen Städte zu erkennen. Ebenfalls für eine italienische Herkunft spricht der Umstand, dass das Werk äußerlich und an der Oberfläche – wie Werner Ogris feststellt – der Unterteilung des römischen Rechts folgt (Personen-Sachen-Verfahren), wodurch es den zeitgenössischen assoziativ zusammengestellten Landes- und Stadtrechtsbüchern weit voraus ist. In dem Bestreben nach Systematisierung, nach thematischer Einteilung des Stoffes, nach Abstraktion sowie in der genauen Klärung der Begriffe ist die Wirkung des *ius commune* aus dem römischen Recht nachvollziehbar. Darüber hinaus bemerkt Ogris aufgrund der von Jan Łaski zusammengestellten Gesetzesausgabe[35] die Verwandtschaft des Werks mit dem zeitgenössischen polnischen Recht jenes Gebiets, in dem das sächsische Recht galt, sowie Zusammenhänge mit dem ungarischen Tavernikalrecht. Da sich Textzeugen dieses Werks hauptsächlich in Polen und Ungarn erhalten haben, – bis auf Ödenburg in jeder Tavernikalstadt, in einigen (Ofen, Eperies) sogar zusammengebunden mit dem Tavernikalrechtsbuch – nimmt Ogris an, dass die *Summa legum Raymundi* mit den Anjou-Königen nach Ostmitteleuropa gekommen ist.[36]

Nach der im Schwabenspiegel beschriebenen gesetzlichen Erbfolge teilen die Nachkommen die hinterlassenen Mobilien zu gleichen Teilen untereinander auf, wobei auch die Witwe einen Kindsteil bekam. Die Immobilien erbten allein die männlichen Nachkommen. Das Rechtsbuch von Raymundus, das in den ungarischen Stadtrechten benutzt wurde, geht einen Schritt weiter. Es sagt aus, dass unabhängig davon, wie viele Söhne und Töchter der Verstorbene hinterlässt, diese, wenn es kein Testament gab, gleich große Teile erben sollen, denn sie stehen auf dem gleichen Verwandschaftsgrad und laut dem neuen Gesetz gebe es keinen Unterschied zwischen dem männlichen und weiblichen Geschlecht. Es wird noch hinzugefügt, dass im alten Recht das weibliche Geschlecht kein Recht auf das väterliche Erbe hat, wenn es männliche Erben gibt.[37] Die Feststellungen im

---

[34] BÓNIS, A Summa legum Raymundi magyarországi jelenléte és jelentősége, in: Jogtudományi Közlöny 57 (2002), S. 231.

[35] ŁASKI, [Commune incliti Poloniae regni privilegium] Cōmune incliti Polonie Re-||gni priuilegium cōſtitutionū || & indultuū publicitus decre-||torum approbatorūqʒ. cum || nōnullis iuribus tā diuinis q̄ʒ humanis p̲ Sere||niſſimum Principē et dn̄m dominū Allexādorum || deigratia Regem polonie magnumducē Lith-||wanie Ruſſie Pruſſieqʒ dn̄m et heredē rc̄. Non || tamen in illudipſum priuilegiū sed motu p̲prio || regio serenitatis sue p̲ adhortationē p īstructiōe || Regnicolarū proqʒ regni ejuſdē. ac iuſtitie ſtatu || feliciter dirigēdis eidē priuilegio ānexis & aſcri-||ptis. Mandāteqʒ ſacra eadem Maieſtate accu-||ratiſſime caſtigatis, 1506.

[36] Siehe dazu OGRIS, Raymund von Wiener Neustadt, in: HRG, Bd. 4, 1990, Sp. 200–202; BÓNIS, A Summa legum Raymundi magyarországi jelenléte és jelentősége, in: Jogtudományi Közlöny 57 (2002), S. 230 f.

[37] „*Si intestatus moriens est laycus, tunc aut reliquit filios et filias simul aut filios tantum aut filias tantum. Hii omnes ad successionem hereditatis defuncti equis porcionibus admittuntur, quia in eodem gradu sunt, eciam quia in novo iure inter masculum et feminam nulla est differencia quoad*

Rechtsbuch werden durch den Artikel 29 des Freiburger Rechtsbuches aus dem Jahr 1120 untermauert, der besagt, dass wenn einer der Söhne stirbt, die Hinterbliebenen seinen Teil erben, und wenn sie ihr Erbe bereits erhalten haben, dann steht der Teil des verstorbenen Sohnes einem Elternteil zu. Von weiblichen Erben ist in dieser Regel nicht die Rede.[38]

In den von Deutschen bewohnten Städten außerhalb der Grenzen des Deutschen Reiches, zu denen auch die Tavernikalstädte, die sogenannten königlichen Freistädte des mittelalterlichen Ungarns, gehörten, herrschte dem Tavernikalrechtsbuch und dem damit verwandten Rechtsbuch von Újlak (heute Ilok) nach ein ähnliches Recht. Auch hier fallen die Güter des Erblassers zu gleichen Teilen an den überlebenden Ehepartner und, falls vorhanden, an die lebenden Kinder.[39] Während die *Summa* keine Witwe erwähnt, wird sie im Tavernikalrecht unter den Erben genannt.

In der *Summa* wird auch der Erbfall geregelt, in dem nur die Ehefrau den Erblasser überlebt:

> „Wenn es keine Vorfahren, keine Nachkommen und auch keine Seitenverwandten gibt, dann tritt die Ehefrau an die Stelle des ohne Testament verstorbenen Ehemannes in Bezug auf den Besitz der erworbenen Güter, solange sie sie nutzt, und danach fällt das Eigentumsrecht an die Kammer."[40]

Das später entstandene Tavernikalrecht ging in dieser Hinsicht noch weiter, da hier das Erbe eines Ehepartners, der stirbt ohne ein Testament gemacht zu haben, an den überlebenden Partner fällt. Wenn es aber Kinder gibt, müssen die Güter gleichmäßig aufgeteilt auch unter ihnen aufgeteilt werden. Es wird das gesamte Erbe aufgeteilt und die Kammer wird nicht als Erbe genannt.[41] Von dem Kolla-

---

succescionem hereditatum. Jure antiquo masculis extantibus, femine nullam jus habuerunt in hereditatibus paternis." Summa legum Raymundi, II. Cap. LXIV.

[38] „*Si burgensem vel uxorem ejus relictis pueris mori contigerit, postmodum uno puerorum mortuo, alter in hereditate sibi succedet, nisi prius inter eos bona fuerint divisa; tunc pater aut mater hereditatem habebit.*" GAUPP, Über deutsche Städtegründung, Stadtverfassung und Weichbild im Mittelalter, besonders über d. Verfassung von Freiburg im Breisgau, verglichen mit d. Verfassung von Köln, 1966, S. 394, Nr. 29.

[39] „[...] *per mortem alterius viri, scilicet et uxoris si proles habuerint, tunc in superviuentem virum, vel uxorem ac proles vita comite aequanimiter condescendent iure perpetuo.*" KOVACHICH (Hrsg.), Codex authenticus iuris tavernicalis statutarii communis, complectens monumenta vetera et recentiora partim antea vulgata, partim hactenus inedita, 1803, Cap. CXXVIII; R. SCHMIDT (Hrsg.), Statutum civitatis Ilok anno MDXXV/Statut grada Iloka iz godine 1525, 1938, Liber IV, VI, Cap. VIII. Ungarische Übersetzung: HEGEDÜS, Népélet és jogalkotás a középkori Újlakon, 1983, IV. könyv. 6. 8. sz.

[40] „*Deficiente legitima sobole ascendencium et collateralium, tunc uxor succedit viro intestato in bonis per eum quesitis quoad usum; proprietas autem ad fiscum exspectat.*" Summa legum Raymundi, II. Cap. XVII. Mit Kammer ist hier die Stadt gemeint. Übersetzung ins Deutsche von Tünde Katona.

[41] „*Item: si quis fratrum, sororum, vel filiorum intestatus, vel intestata decederit, tam vir quam mulier, talis pars de marito in uxorem, et e contra, de uxore in maritum, et si proles manserit, in ipsas*

teralerbe erfährt man nur so viel, dass den Teil des verstorbenen Kindes die Geschwister erben sollten, wenn der Verstorbene noch kein selbständiges Leben angefangen hatte. Besaß er aber schon eine eigene Familie, dann sollten die Geschwister nichts mit seinem Erbe zu tun haben. Gab es keinen unmittelbaren Nachkommen, erbte die Seitenverwandtschaft, und zwar von der Verwandtschaft väterlicherseits beide Zweige, während von der mütterlichen Seite nur die weibliche Linie erbberechtigt war. Als erste erbten immer jene mit dem näheren Verwandtschaftsgrad.[42] Im Weiteren werden wir bei der Behandlung von Erbschaftsfällen sehen, dass diese Maßnahmen wichtige Folgen im Hinblick auf die Nachkommen gehabt haben.

Die erwähnte Form von Erbschaft findet sich auch in anderen Rechtsbüchern. In dem vor 1360 entstandenen Stadtrecht von Wien heißt es, dass die beweglichen Güter des verstorbenen Familienvaters nach Abgabe des Seelteils zu gleichen Teilen von den Kindern und der Mutter geerbt werden.[43] Der besagte Artikel im Wiener Rechtsbuch folgte dem einschlägigen Teil des Schwabenspiegels. Der Artikel 313 im Ofner Stadtrecht, das in den Jahren nach 1410 zum größten Teil fertig war, formuliert dies ähnlich. Güter und Vermögen des verstorbenen Ehegatten sollten zu gleichen Teilen der überlebende Ehepartner und die Kinder erben. Im Falle einer Vermögensteilung ging das Vermögen nach dem Tod eines Kindes auf das andere über. Der Mutter und dem jüngsten Kind stand davon nichts zu.[44] Das Ofner Rechtsbuch unterscheidet nicht mehr zwischen beweglichen und unbeweglichen Gütern. In diesem Punkt geht es über den Schwabenspiegel und das Wiener Rechtsbuch hinaus und weist bereits in Richtung Tavernikalrecht.

Die Rechtsbücher registrieren die gesetzlich festgelegte Form von Erbe, sprechen aber auch vom Testament. Der Sachsenspiegel, der die archaische Weise des Erbens, d. h. die nach Verwandtschaftsverhältnissen festgelegte Form tradiert, erwähnt nicht einmal die Möglichkeit der letztwilligen Verfügung, während der Schwabenspiegel diese ausführlich behandelt, genauso die *Summa*, wie es Katalin Szende in ihrer Arbeit über die europäische Entwicklung des Testamentsrechts feststellt.[45] In der *Summa* steht nach der Beschreibung der Elemente des Testa-

---

descendet aequaliter diuidenda.“ R. SCHMIDT (Hrsg.), Statutum civitatis Ilok anno MDXXV/ Statut grada Iloka iz godine 1525, 1938, Liber IV, Cap. VIII.

42 Summa legum Raymundi, II. Cap. LV.

43 „*Nimpt ein man ein vrawen, und gewinnet mit einander chind, sun oder töchter, und bestattent der aines oder zwai, und darnach so stirbt der man, und let mer chind hinder im, die dennoch nicht bestattet sein, und let seinem weib, derselben chind mueter ein grozzes varundes gut, ist daz denn, daz der vater an gescheft tod ist, so schol man von dem varunden guet seiner sel geben iren tail, und darnach daz ander gleich tailen under weib und under chind.*“ SCHUSTER, Das Wiener Stadtrechts- oder Weichbildbuch, 1873, S. 98, Art. 96.

44 MOLLAY (Hrsg.), Das Ofner Stadtrecht, 1959. Ungarische Übersetzung: BLAZOVICH, SCHMIDT (Hrsg., Übers.), Buda város jogkönyve, Bd. I u. II, 2001, S. 313.

45 SZENDE, Otthon a városban, 2004, S. 67 f.

ments, wer ein Testament machen darf und wer nicht und dass es bezüglich der Testamente in verschiedenen Ländern unterschiedliche Gewohnheiten gab.[46] Demnach durften die Erblasser nur teilweise von den herkömmlichen Formen abweichen und das Gewohnheitsrecht bildet den Kern der Traditionen des Testierens.

In der *Summa* heißt es:

> „Die eine Gewohnheit, dass der Erblasser über seine beweglichen Güter mit klarem Verstand, wenn auch mit krankem Körper, zu Gunsten seiner Kinder verfügt und die Immobilien unter sich, seiner Frau und all seinen Kindern zu gleichen Teilen aufteilt, ist eine gute Gewohnheit.
> Ein anderer Brauch ist, dass der Erblasser seine Güter beliebig aufteilen kann, dem einen mehr, dem anderen weniger, dem einen dies, dem anderen das andere gibt, dabei aber die legitimen Kinder ohne Grund nicht aus dem Erbe stoßen darf, also diesen nicht das Erbe nehmen bzw. sie nicht übergehen darf. Und wenn er erwachsene Söhne hat, soll ihn deren Zustimmung notgedrungen und aus Respekt dabei unterstützen.
> Wieder ein anderer Brauch ist, dass von jenen Sachen, die vom Großvater oder von der Großmutter oder vom Vater oder von der Mutter stammen, nichts gegen deren Willen testamentarisch unter den Kindern aufgeteilt werden darf. Die erworbenen und auf anderen Wegen gewonnen Sachen kann man beliebig aufteilen.
> Und es gibt eine – schlechte – Gewohnheit, nämlich dass der Erblasser mit schwachem Leib, jedoch mit klarem Verstand kein Testament machen kann, das widerrechtlich ist, denn beim Aufstellen eines Testaments der klare Verstand und nüchterne Überlegung und nicht der heile Körper verlangt wird."[47]

Von den vier aufgezählten Bräuchen bezüglich des Testierens ist der erste eigentlich identisch mit der Form des legitimen Erbes, nach dem die Überlebenden gleiche Erbteile bekommen. In Bezug auf die Verteilung der beweglichen Güter verfügt der Erblasser über die Möglichkeit, seinen Willen geltend zu machen. Die dritte Regel ist mit der ersten verwandt, da sie die Aufteilung der Erbgüter nach dem Prinzip des gesetzlich festgelegten Erbes vorschreibt, während der freie Wille des Erblassers hinsichtlich der erworbenen Güter zur Geltung kommen darf. Die

---

[46] Summa legum Raymundi, II. Cap. LXIV-L.

[47] „*Est enim una conswetudo, quod testator sanus mente licet eger corpore de rebus mobilibus liberis sui (eciam invitis) secundum suum velle disponit, res autem inmobiles equaliter dividit inter se et suam uxorem et cunctos liberos suos, et est bona conswetudo. Est et alia conswetudo, quod (testator) de cunctis rebus suis disponere potest prout vult, uni plus, alteri minus, uni hoc, alteri aliud, sic tamen, quod legitimos liberos non debet sine causa exhereditare, id est hereditate privare vel preterire. Si autem habet puberes filios, illorum consensus debet de (necessitate et) honestate adesse. Alia iterum est conswetudo, quod quis de rebus, que proveniunt ab avo (vel ab ava) vel a patre vel matre liberis invitis ni(c)hil testmenaliter disponere potest. De rebus autem adventiciis et provecticiis, prout vult, disponit. Est et alia mala conswetudo, quod testator langwens corpore, licet sit sanus mente (et) bone racionis et mature deliberacionis, testamentum facere non possit, quod est contra omnem justiciam, quia in testamentis faciendis non requiritur valitudo corporis, sed mentis sanitas et valitudo racionis.*" Summa legum Raymundi, Liber II. Cap. L.

zweite Form entwirft eine ganz andere Situation. Sie tendiert in Richtung des freien Testierens, wobei die Nachkommen auch in diesem Falle nicht unberücksichtigt bleiben dürfen. Mit dem vierten Fall brauchen wir uns hier nicht auseinanderzusetzen, da wir die formellen Elemente des Testierens nicht behandeln. Zusammenfassend ist festzustellen, dass die Nachkommen beider Geschlechter über gleiche Rechte beim Erben verfügen und sich weder der Stadtherr noch dessen Vertreter, noch der Magistrat in den letzten Willen des Erblassers einmischen dürfen, wenn dieser bei seiner letztwilligen Verfügung die Regeln einhält.

II. Bevor wir aufgrund der Pressburger Nachlassprotokolle zur Darstellung der Beispiele aus der Praxis kommen, soll betont werden, dass die Testamente kein vollständiges Bild über die Vermögenslage des Erblassers und der Familie vermitteln, da sie die früher vollzogenen Vermögensübertragungen nicht enthalten. Aus diesem Grund ist oft nicht zu erschließen, welchen Testamentstraditionen der Erblasser gefolgt war und selten ist von geerbten sowie erworbenen Gütern die Rede. Die demografische Situation der Familien lässt sich nur aus den Quellen konstruieren, wie es Katalin Szende getan hat.[48] Anhand des untersuchten Materials können wir jedoch – wenn auch mit Vorsicht – darauf schließen, an welchen gewohnheitsrechtlichen Normen man sich bei der Abfassung der Testamente in Pressburg zwischen 1410 und 1529 orientiert hat.[49]

Der ersten erwähnten Regel, die der Ordnung des gesetzlich festgelegten Erbens am nächsten stand und – anderen Tavernikalstädten ähnlich – in Pressburg gültig war,[50] folgten zahlreiche Testamente, in denen die Familienmitglieder einzeln geerbt haben. Katharina Gebhart nennt 1459 als Haupterben für einen Weinberg ihre Kinder Ludbig und Ludmille und bestimmt den Vater als Vormund.[51] Wie sie mit ihrem Mann übereingekommen war, darüber schweigt das Testament. Weitere Güter hinterließ sie der Kirche als Nebenerben. Barbara, Ehefrau von Hans Potenberger, vermachte ihr ganzes Vermögen ihrem Sohn Hannsen, ihrer Tochter Elene und ihrem Ehemann, indem sie jedem ein Drittel vererbte.[52] Peter Kraus bedachte 1476 seine Ehefrau und seine Tochter Dorothea, indem er ihnen beiden in seinem Testament seine Immobilien, Haus und Weinberg, vermachte, während die beweglichen Güter seiner Ehefrau überschrieben wurden. Er war

---

48 SZENDE, Otthon a városban, 2004, S. 91–93.

49 MAJOROSSY, SZENDE (Hrsg.), Das Preßburger Protocollum Testamentorum 1410 (1427)–1529, 2010.

50 KIRÁLY, Pozsony város joga a középkorban, 1894, S. 159–162.

51 „*Von erst schaf ich meinen weingarten Hegenger gelegen an der Hochnei* […] *meinen zwain kindern, Ludbigen und Ludmillen* […].“ MAJOROSSY, SZENDE (Hrsg.), Das Preßburger Protocollum Testamentorum 1410 (1427)–1529, 2010, Nr. 194.

52 „*Item auch schaff ich all mein guter, haws, hof und weingerten mit allen iren zugehorungen, alls hernach geschriben steen, und mein varund guter, nichts davon ausgenommen ledigklichen Hannsen, meinem sun, Elenen, meiner tachter, und Hannsen Potenperger, meinen lieben mann, yeden gleich ain dritteil.*“ Ebd., Nr. 195.

offensichtlich ein gebildeter Mann, da er unter seinen Büchern auch eins über Alexander den Großen und König Artus nennt.[53] Ebenfalls nach dem Prinzip der gesetzlichen Erbfolge ging Wolfgang Forster vor, der als Erben seines gesamten Vermögens seine Ehefrau und seine noch unmündigen Söhne einsetzte, die unter der Vormundschaft ihrer Mutter und seines in Ofen lebenden Cousins aufwachsen und später mit der Zustimmung dieser Personen heiraten sollten. Er bestimmte ferner, dass die Söhne nach der Mutter erben sollten, falls diese nicht noch einmal heiratete. Sollte ein Sohn sterben, würde der überlebende Bruder nach ihm erben. In seiner letztwilligen Verfügung behielt er sich das Recht vor, ein neues Testament zu verfassen, falls er erst später sterben würde.[54] Friedrich Müllner vermachte 1487 sein gesamtes bewegliches und liegendes Gut seiner Ehefrau Anna und seinen beiden Kindern Larenntz und Agnes.[55] Ein letztes Testament sei aus dieser Quelle angeführt: Simon Sneyder vererbte 1433 seiner Ehefrau und seinem Sohn einen Weinberg und bestimmte ferner, sein Haus zu verkaufen und den Kaufpreis unter ihnen aufzuteilen.[56]

Aus dem Willen der Erblasser – und es gibt zahlreiche derartige Quellen[57] – wird man heute nicht mehr leicht klug, will man diese Handlungen bestimmten Regelmäßigkeiten, gewohnheitsrechtlichen Normen zuordnen. Trotzdem kann den Zeilen entnommen werden, dass der Erblasser, wie es in der zweiten Regel der *Summa legum* steht, sein Vermögen aufteilen darf wie er will, die legitimen Nachkommen aber ohne jeden Grund nicht aus dem Erbe ausschließen darf. Dies belegt, dass diese Erben die Liegenschaften oder zumindest einen Großteil davon bekommen haben.

In den Protokollen der Testamente erscheint ein neues Moment, und zwar die Begünstigung der Ehepartner auf Kosten der Nachkommen. Der überlebende Ehepartner erbt die Hälfte des hinterlassenen Vermögens, während die Kinder die andere Hälfte bekommen. So verfuhr auch Hans Schular im Jahre 1434, als er die Hälfte seines Hauses und den angrenzenden Garten, neben dem vor Pressburg stehenden Haus des Hans Tebner, seiner Frau Clara und die andere Hälfte seinen Kindern Katherina und Colman vermachte.[58] Ähnlich handelte 1487 auch Paul Spieß. Das halbe Haus hinterließ er seiner Frau Barbara, die andere Hälfte erhiel-

---

[53] Ebd., Nr. 351.

[54] Ebd., Nr. 441.

[55] „*Item darnach all mein güt, haws, müll, erb und varundgut, wie das genannt ist, schaff ich meiner hawsfrawnn, Annen, und unnsern beiden kindern mit namen Larenntz und Agnes* […]“. Ebd., Nr. 444.

[56] Ebd., Nr. 26, 34.

[57] Ebd., Nr. 11, 28, 31, 41, 47, 146, 148, 193, 385.

[58] „*Hanns Schular mit gueten willn und gueter vernuft vor inn geschaft sein freÿs ledigs haus und seinen garten daran gelegen vor der stat zu Prespurg ainthalben zunagst des Hanns Tebner haws auf Twnanewsidel, halben der erben frawn Clara, seiner elichen hawsfrawen, und das ander halb tail des benanten haws und garten seinen tzwain kinden Katherina, seiner tachter, und Colman, sein sun* […]“. Ebd., Nr. 24.

ten die Kinder (Wolfgang, Jorig, Sigmund). Falls die Kinder sterben sollten, stünde das ganze Haus der Ehefrau zu. Zwei Weinberge vererbte er gleichfalls seiner Frau und den Kindern. Die Weinberge soll die Ehefrau bebauen und auch die Ernte erhalten, solange die Kinder unmündig sind.[59] Als Nebenerben werden noch Margareta und Helena als Töchter des Erblassers erwähnt, die vermutlich schon verheiratet waren und wahrscheinlich eine angemessene Mitgift bekamen, denn im Testament wurden sie nur mit Weinbergen bedacht.

Der Umstand, dass die Großfamilie und die Verwandtschaft in den Hintergrund gerieten und parallel dazu die Bedeutung der Kleinfamilie zunahm, war ein wichtiger Faktor in der Entwicklung, in deren Folge der überlebende Ehepartner einen größeren Erbteil erhielt. Für diese Sichtweise liefern auch andere Testamente Anhaltspunkte.[60] Aufschlussreich sind in diesem Zusammenhang auch die Testamente von Personen, die ohne Nachkommen starben. Zum Teil erben hier der überlebende Ehepartner und die kollaterale Verwandtschaft,[61] während in anderen Testamenten der Ehepartner Alleinerbe ist.[62] Bemerkenswert in diesem Zusammenhang ist die letztwillige Verfügung des aus Krakau stammenden Pressburger Bürgers Bartholome Kochendorfer, eines der wenigen lateinischen Testamente im Protokoll. Kochendorfer vermachte alle seine Mobilien und Immobilien in Ungarn sowie außerhalb Ungarns, ferner seine Schulden mit vollem Verfügungsrecht seiner Ehefrau Anna, damit sie diese für fromme Zwecke verwende. Darüber hinaus testierte er über bewegliche wie unbewegliche Güter im Wert von etwa 300 Florenen zu Gunsten von Verwandten, die das Testament nicht angreifen konnten.[63] Aus der Urkunde folgt mit großer Wahrscheinlichkeit, dass im polnischen Krakau ein Testamentsrecht herrschte, das dem in Pressburg ähnelte, wodurch über den Ausbau von Handelsbeziehungen hinaus auch die verwandtschaftlichen Beziehungen begünstigt worden waren.

---

[59] „*Item darnach schaff ich meiner hausfraw, Barbara, mein halbs haws, und den andern halbtail desselben haws schaff ich meinen dreinn kindern, mit namen Wolffgang, Jorig und Sigmünd, und so diesselben drew kinder alle mit tod abgiengen, so soll der halb tail ires haws erben und gevallen auf mein hausfraw, Barbaren, das ist mein wille. Item den weingarten genant Endling und den Grossen Satz schaff ich den yetz bestimbten meinem dreinn kindern, Wolffgang, Jorig, Sigmund und meiner hausfraw, Barbara, und mein hausfraw sol die weingerten inhaben, nůtzen und niessen biß die kinder komen zu iren vogtpern jarn,* […]“ Ebd., Nr. 440.

[60] Ebd., Nr. 15, 16, 150, 152, 191.

[61] Ebd., Nr. 1, 13, 23, 36, 46, 149, 354.

[62] Ebd., Nr. 2, 3, 7, 17, 35, 43, 137, 145, 154, 306, 443.

[63] „*Primo omnia sua bona mobilia et immobilia atque debita ubicunque, tam in regno Hungarie, quam extra habita et existencia, in quibuscunque rebus existant et consistant, nullis penitus demptis, testamentaliter legavit provide domine Anne, uxori et conthorali sue, legitime secundum a Deo sibi datam prudenciam et secundum quod sue videbitur et placueri voluntati successu temporum quo maluerit ad pias causas exponenda, et cum eisdem bonis pro salute anime sue exponentis, prefate uxori sue plenam et omnimodam dedit potestatem et facultatem, demptis tricentis florenis auri quomodolibet valeant, debeant sew possint se intromittere in effectum, sed ipsa sua uxor dumtaxat exponendi ipsa bona ab eo plena habeat potetstatem et facultatem.*“ Ebd., Nr. 145.

Stichprobenartig untersuchten wir auch zeitgleich verfasste Testamente aus Ödenburg, das ebenfalls den Status einer Tavernikalstadt hatte. Aus diesen letztwilligen Verfügungen entstand ein Bild, das dem von Pressburg sehr nahe stand,[64] und auch dem des Gerichtsbuchs aus dem 16. Jahrhundert ähnelte, das in dem unter der Hoheit eines Grundherrn stehenden Käsmark verfasst wurde.[65] Auf die Fälle in Käsmark wird im späteren noch näher eingegangen.

Als Ergebnis unserer Untersuchungen kann festgestellt werden, dass in einer Gruppe der königlichen Freistädte im mittelalterlichen Ungarn, und zwar in den Tavernikalstädten in der behandelten Epoche, die Erbfreiheit der Bürger, genauer gesagt die Freiheit des Testierens vom Stadtherrn, dem König, nicht eingeschränkt wurde. Eine vollständige Testierfreiheit stand ihnen trotzdem nicht zu, da dies gegen die Interessen der Stadt verstoßen hätte, wollte man doch keinen Steuerzahler verlieren. So durfte der Ofner Bürger seine Immobilien nicht an Fremde verkaufen.[66] Im Einklang mit dem Stadtrecht erbten Nachkommen beiderlei Geschlechts zu gleichen Maßen, dem Gesetz entsprechend jeder einzeln, ebenso wie der überlebende Ehepartner.[67]

Offensichtlich lebten die Familien in einer Vermögensverwaltungsgemeinschaft, das heißt, jeder der Partner behielt sein in die Ehe mitgebrachtes Vermögen. Das Gesamtvermögen verwaltete der Ehemann, ohne dessen Einwilligung die Ehefrau auch nicht über ihr eigenes Vermögen verfügen durfte. Untermauert wird diese Vermutung durch die Tatsache, dass der Erblasser in den meisten Fällen noch zu Lebzeiten seines Ehepartners über sein eigenes Vermögen verfügt hat. In den Dokumenten kommt das gemeinsam erworbene Vermögen, mit dem im Erbfall unterschiedlich verfahren wurde, nur selten vor.

In den besagten Städten waren alle drei Formen des testamentarischen Gewohnheitsrechts gültig, die in der *Summa legum Raymundi* beschrieben wurden. Zwei davon folgten dem gesetzlich festgelegten Usus des Erbens. Im Laufe der Zeit kam es aber durch die zunehmende Bedeutung der Kleinfamilien zu Änderungen und die überlebenden Ehepartner, in erster Linie die Frauen, erhielten im Gegensatz zu früher einen größeren Teil des Erbes und zwar auf Kosten der Nachkommen oder, wenn es solche nicht gab, auf Kosten der Seitenverwandtschaft. Es existierte auch die Rechtsinstitution der Nutznießung, die vor allem von den Ehemännern zu Gunsten ihrer Frauen vermacht worden ist. Sie taucht aber auch in Testamenten von Frauen auf. Aufgrund der untersuchten Dokumente ist nachzuweisen, dass im Laufe der Jahrhunderte des Mittelalters im städtischen

---

[64] HÁZI, Sopron szabad királyi város története, Bd. II,1, 1930, S. 35f., Nr. 51 (1426), Nr. 37 (1427), S. 186f., Nr. 6 (1476), S. 192f., Nr. 11 (1480), S. 200f., Nr. 17 (1481), S. 207, Nr. 22 (1483), S. 215f., Nr. 28 (1484), S. 220f., Nr. 33 (1487), S. 240–242, Nr. 50 (1493).

[65] PIIRAINEN, ZIEGLER, Das älteste Gerichtsbuch der Stadt Käsmark/Kežmarok aus den Jahren 1533–1553, 1998, S. 37f., 42f., 56, 58f., 62, 64, 68, 70, 81f.

[66] BLAZOVICH, SCHMIDT (Hrsg., Übers.), Buda város jogkönyve, Bd. I u. II, 2001, Nr. 200.

[67] Vgl. SZENDE, Otthon a városban, 2004, S. 113f.

Erbrecht wesentliche Änderungen vonstatten gingen und somit die frühere Feststellung der Fachliteratur bestätigt wird, dass das Stadtrecht als Willkür(recht) existierte, im Unterschied zum Adelsrecht, dessen Kraft sich in der Unveränderlichkeit, in der Wahrung der Traditionen (‚altes gutes Recht') und somit in seiner Schwerfälligkeit offenbarte.

Wie aus Erik Fügedis gründlicher, bis heute mit Recht zitierten Studie hervorgeht[68] und wie in der heutigen Fachliteratur allgemein anerkannt, erhielten die Städte die oben geschilderten Freiheiten meist nicht alle auf einmal in einem einzigen Privilegienbrief zugesprochen. Fügedi behandelt diese Entwicklung unter dem Stichwort ‚wirtschaftliche Privilegien' und zitiert in seiner Studie nicht nur zahlreiche Privilegienbriefe anderer Städte, sondern demonstriert dieses Phänomen ausführlich am Beispiel Kaschaus.[69] Die Könige entbanden die Bürger allem Anschein nach eher von ihren Verpflichtungen in persönlichen Bereichen als von denen im Sachenrecht, gleich ob es um die ganze Gemeinschaft oder nur um das einzelne Mitglied dieser Gemeinschaft ging. Erwarben die Bürger einer Stadt die Verfügungsfreiheit über ihr Eigentum, war dort dieses Recht auch vererbbar. Es sei aber erneut betont, dass der An- und Verkauf von Immobilien den Interessen der Stadt entsprechend gestaltet wurde.

Der Privilegienbrief der Stadt Ödenburg, den diese 1277 von König Ladislaus IV. erhielt, bestimmt, dass derjenige, der die Stadt verlassen will, dies erst nach Verkauf seiner Immobilien und nach Verrichtung des *terragium* tun darf. Ferner haben alle Bürger für jede Hocke 12 Wiener Denare zu zahlen.[70] Daraus folgt, dass sie zwar das Recht auf freie Richterwahl und Gerichtsbarkeit, jedoch kein Verfügungsrecht über die zur Stadt gehörenden Äcker hatten. Also war ihre Sachgebundenheit an den ursprünglichen Gutsherrn gültig und sie konnten diese erst nach einem langen Weg loswerden.[71] Die Städte erhielten keine einheitlichen Privilegien. Während im Falle Ödenburgs der Stadt durch den König zahlreiche Verpflichtungen auferlegt wurden, erhielten die Pester Bürger schon viel früher (1244) wesentlich größere Freiheiten, wie z. B. das Recht auf An- und Verkauf und das freie Erbrecht auch für Kinderlose.[72] Dazu gehört auch, dass Personen mit Nachkommen unabhängig vom Grundherrn oder dem König testieren konnten, diese dabei aber die Nachkommen nicht unberücksichtigt lassen durften. Der

---

[68] FÜGEDI, Középkori magyar városprivilégiumok, in: Tanulmányok Budapest múltjából 14 (1961), S. 44.

[69] Ebd., S. 52, 57.

[70] CDH, Bd. V/2, 1829, S. 397–401, bes. S. 400. Ungarische Regesten: RRA, Bd. II,2–3: 1272–1290, S. 193, Nr. 2808.

[71] Nebenbei sei hier angemerkt, dass man auch in Bezug auf das über- und untergeordnete Verhältnis zwischen Grundherrn und Leibeigenen von Personen- bzw. Sachenrecht spricht. Die sachenrechtlichen Bestimmungen gingen aus dem auf der wirtschaftlichen Basis bestehenden Verhältnis hervor. Demnach hatten die Leibeigenen für die Nutzung des Fronhofes dem Grundherrn Dienste zu leisten. Diese Gebundenheiten abzulegen dauerte ebenfalls sehr lange.

[72] CDH, Bd. IV/1, 1829, S. 326–329, bes. S. 326f.

Privilegienbrief für die Freistadt Maros (heute Nagymaros), der nach dem Muster der Pester Donation verfasst wurde, geht ebenfalls auf die Freiheit von An- und Verkauf sowie von Vererbung ein.[73] Vergleichbares findet sich in den Privilegienbriefen für die *hospes* von Karpfen (1244) sowie für Kopreinitz (1356).[74] Ähnlich ist auch der Privilegienbrief formuliert, den man 1331 den Bürgern von Komorn schenkte, auch wenn man noch an folgenden Steuern festhielt: Für jeden Fronhof (Gebundenheit an den Fron- oder Grundherrn) war eine Steuer von einem halben (Viertel) zu zahlen, den man gewöhnlich in Denaren entrichtete.[75]

Ein treffendes Beispiel für die Unterschiede zwischen den einzelnen Privilegienbriefen liefern die Donationsurkunden für Sárvár (Kotenburg) bzw. Rotenturm an der Raab und Güns. Den *hospes* von Saar-Sziget erteilte der König am 10. Mai 1328 die Urkunde mit den Vorrechten, die Günser erhielten ihre am 3. Juni desselben Jahres.[76] Zum Privilegienbrief für Sárvár stellte Géza Érszegi fest, dass „sein Text in jeder Formulierung mit der Privilegienurkunde für die Günser Bürger identisch ist, beide entsprechen vollständig der Liste der Würdenträger".[77] Über die formalen Übereinstimmungen hinaus weisen diese Urkunden auch bedeutende inhaltliche Ähnlichkeiten auf. Die für uns relevante Passage der für Sárvár erteilten Urkunde lautet wie folgt:

> „Will jemand von außen her ein Grundstück erwerben oder ein Haus bauen, hat dieser dem Richter 12 Denare zu bezahlen, wenn er seinen Besitz als erbbares Gut haben will; Und gleichfalls 12 Denarii sind dem Richter zu zahlen, wenn jemand die Stadt verlassen und seine Häuser oder sonstige Immobilien verkaufen oder veräußern will."[78]

---

[73] CDH, Bd. VIII/2, 1832, S. 514–517, bes. S. 515. Ungarische Übersetzung von GÉCZI Lajos, in: BLAZOVICH, ÉRSZEGI, TURBULY (Hrsg.), Levéltárak – Kincstárak, 1998, S. 243–245.

[74] CHD, Bd. IV/1, 1829, S. 329–331, bes. S. 331; CDH, Bd. IX/2, 1833, S. 495–499, bes. S. 496f.

[75] CDH, Bd. VIII/3, 1832, S. 531–533, bes. 532f.

[76] ÉRSZEGI, Középkor, in: HORVÁTH (Hrsg.), Sárvár monográfiája, 1978, S. 204–206, Anm. 18. Ungarische Regesten: ALMÁSI (Hrsg.), KRISTÓ, Documenta res hungaricas tempore regum andegavensium illustrantia/Anjou-kori oklevéltár, Bd. 12: 1328, 2001, S. 132f., Nr. 253; CDH, Bd. VIII/3, 1832, S. 279–283. Ungarische Regesten: ALMÁSI (Hrsg.), KRISTÓ, Documenta res hungaricas tempore regum andegavensium illustrantia/Anjou-kori oklevéltár, Bd. 12: 1328, 2001, S. 138f., Nr. 304.

[77] ÉRSZEGI, Középkor, in: HORVÁTH (Hrsg.), Sárvár monográfiája, 1978, S. 204, Anm. 18. Übersetzung ins Deutsche von Katona.

[78] *„Item si quis extraneus sessionem comparaverit et domos edificaverit, duodecim denarios iudici dare teneatur, ut hereditario iure possit possidere; Similiter si quis domos aut edificia vendere et ab ipsis alienare voluerit, duodecim denarios iudici persolvendo cum suis omnibus libere transeat rebus et secure.*" ÉRSZEGI, Középkor, in: HORVÁTH (Hrsg.), Sárvár monográfiája, 1978, S. 205. Übersetzung von Almási Tibor: ALMÁSI (Hrsg.), KRISTÓ, Documenta res hungaricas tempore regum andegavensium illustrantia/Anjou-kori oklevéltár, Bd. 12: 1328, 2001, S. 132, Nr. 253. Übersetzung ins Deutsche von Tünde Katona.

In dem Privilegienbrief für Güns lautet die entsprechende Stelle wie folgt:

> „Ferner, wenn jemand aus der besagten Stadt ziehen will, darf er das, unangetastet seiner Güter wie seiner Person, nach Verrichtung des gesetzlichen *terragium* und nach dem Verkauf der Häuser tun. Ferner sollen besagte Bürger von der Getreideernte für jede Hocke nur 10 Denare zahlen. [...] Vor allen Dingen wünschen wir, dass jeder, der unsere Stadt verlassen will, das unangetastet seiner Güter und seiner Person tun darf, nachdem er nach dem Verkauf seines Hauses 12 Denare pro Haus und weitere 12 Denare für den Weinberg entrichtet hat. Die für Haus und Weinberg bezahlten Denare sind das Einkommen des Richters."[79]

In beiden Urkunden taucht die dem Richter zu zahlende Summe von 12 Denaren auf, wenn der Bürger die Absicht hat, die Stadt zu verlassen. In der Urkunde für Sárvár wird die gleiche Summe sogar dem Erwerber eines Grundstückes auferlegt. Unserer Ansicht nach waren früher die gleichen Summen dem Grundherrn zu bezahlen, wodurch der *dominus* sein Recht auf Sachgebundenheit geltend machen konnte. Die Abtretung der Steuern an die Stadt ist als ein Schritt auf dem Weg zur vollständigen Freiheit zu verstehen. Wir sind uns darüber im Klaren, dass die besagten Summen in den von den Bürgern gemeinsam entrichteten Steuern nicht enthalten waren. In der Urkunde von Kőszeg stößt man auf andere archaische Elemente. Dem Bürger, der die Stadt verlassen wollte, wurde ebenfalls das *terragium* vorgeschrieben, was sozusagen eine Art Pacht war, die aus der Sachgebundenheit folgte. Es taucht sogar eine frühere Form der Gebundenheit auf, nämlich die Naturalabgabe. Genau wie in der Soproner Urkunde wurde diese durch eine Geldgabe (10 Denare pro Hocke) ersetzt. Da die Sachgebundenheit blieb, – was nicht weiter überraschend ist, da diese das Einkommen des Grundherrn darstellte, – sind wir der Meinung, dass die Bürger der zwei Städte selbst nach dem Erwerb des Erbrechts keine vollkommene Freiheit genossen. Über ihre beweglichen Güter durften sie verfügen, die Immobilien betreffend durften sie aber nur das Nutzungsrecht vererben, das Eigentumsrecht blieb weiterhin bei ihrem Herrn, dem König.

Sárvár fiel 1390, später 1409 wieder an einen Grundherrn[80], Güns geriet 1392 in den Besitz der Familie Garai.[81] Die Bürger der beiden Städte, wie auch alle

---

[79] „*Item si aliquis ipsorum a civitate nostra antedicta recedere voluerit, saluis rebus omnibus et persona, iusto Terragio persoluto, venditis domibus, recedere poterit de eadem. Item volumus, vt Ciues nostri memorati de qualibet capetia frugum decem denarios tantummodo soluere teneantur.* [...] *Præ his omnibus volumus, vt si qui Civium nostrorum a Civitate nostra, ut supra diximus, recedere volueront, salui rebus, et personis, venditis domibus, solutis duodecim denariis tantummodo de domo integra, recedere poterunt ab eadem, vineæ etiam cum venduntur, de integra videlicet duodecim etiam denarii persoluantur, et hi denarii tam de domibus, quam vineis debent ad vsus Iudicis pertinere.*" CDH, Bd. VIII/3, 1832, S. 279–283, hier: S. 280f. Übersetzung ins Deutsche von Tünde Katona.

[80] ÉRSZEGI, Középkor, in: HORVÁTH (Hrsg.), Sárvár monográfiája, 1978, S. 102f.

[81] KRISTÓ, Korai magyar történeti lexikon (9–14. század), 1994, S. 374.

Bürger der verschenkten Städte, sanken vom Rechtsstatus des Bürgers in den eines Leibeigenen. Dies nahmen sie jedoch weniger wahr, da sie auch bis dahin bestimmte Gebundenheiten erdulden mussten und ihre neuen Herren ihnen – im Allgemeinen – ihre früher erworbenen Rechte beließen. Zwar konnten die Bürger ihre Privilegien in den vom König erlassenen neuen Privilegienbriefen nicht mehr erweitern, ihr neuer Herr durfte ihnen aber im Rahmen seiner juristischen Möglichkeiten Begünstigungen erteilen.

Als Beleg dafür soll hier von den wenigen erhalten gebliebenen Dokumenten das bereits oben zitierte Beispiel von Käsmark angeführt werden. Die königliche Freistadt wurde von König Matthias im Jahre 1462 an Imre Szapolyai verschenkt und ging 1583 in den Besitz der Familie Thököly über.[82] In den Testamenten zwischen 1533 und 1553 vererbten die Erblasser ihre beweglichen wie unbeweglichen Güter ohne jede Gebundenheit durch den Grundherrn. 1544 hinterließ Hans Fleischer Haus, Wirtschaft und sämtliche Äcker seinem Sohn Ambrosius.[83] Ähnlich verfuhr Thomas Kleyn vor dem Magistrat mit der Zustimmung seines Schwiegersohnes Peter Peken und dessen Frau Margarethe. Er vererbte die Hälfte seines Hauses, seiner Wirtschaft und des Erbes seinem Sohn Hans und vermachte seinem Schwiegersohn noch zwei Pferde.[84] Im besagten Gerichtsbuch finden wir noch weitere Testamente mit ähnlichen Inhalten.[85]

Käsmarks Situation – auch wenn wir selbst bei Städten mit gleichem juristischen Status Unterschiede feststellen können – ist mit der von Debrecen zu vergleichen. Die Siedlung kam 1260–1270 als königliches Grundstück in den Besitz der Familie Debreceni, die sie bis zum Aussterben der Familie im Jahre 1404 besaß. In der Zwischenzeit erreichte die Ortschaft den Rang eines Marktfleckens. 1361 erhielt sie vom König sogar das Recht auf freie Richterwahl. Nachdem die Siedlung an den König zurückgefallen war, wurde sie sehr bald (1410) verpfändet, später an István Lazarevics verschenkt. Danach kam Debrecen in den Besitz von György Brankovics. Die Siedlung, die nach András Kubinyis Kategorisierung eine wichtige Stadtfunktion innehatte, gehörte ab 1445 János Hunyadi, dessen Familie diesen bis 1507 besaß, und fiel danach an die Familie Török.[86]

---

[82] PIIRAINEN, ZIEGLER, Das älteste Gerichtsbuch der Stadt Käsmark/Kežmarok aus den Jahren 1533–1553, 1998, S. 11.

[83] „[...] *hat der her Hanns Fleischer yn testaments gestalt bey gut/en/radt vnnd gesundt/en/leibe vnnd guter vornunfft seinem sun Ambrosio vorlassen vnd bescheiden haus hoff Vnd alle akerlandt* [...].“ Ebd., S. 60f.

[84] „[...] *vor sitzend Radt kum/m/en Kleyn Thomas vnd aldo mÿt vorwilligung des Peken Peter yn sthel seynes Weibes Margarethe der tochter des Kleyn Thomas seynem sun Hansen halben teÿl seynes haus hoff Vnd erbe Vber geben hat Vnd vber das hat der Kleyn Thomas dem Peter peken zwey ros zugesagt* [...].“ Ebd., S. 70.

[85] Ebd., S. 37–70.

[86] KUBINYI, Városfejlődés és városhálózat a középkori Alföldön és Alföld szélén, 2000, S. 15, 65; BLAZOVICH, Megjegyzések a középkori Szeged, Gyula és Debrecen lakóinak magánjogi helyzetéhez, in: A Hajdú-Bihar Megyei levéltár Évkönyve 31 (2009), S. 23.

Debrecen kam, vergleichbar den oben genannten, vom König verschenkten Städten, in den Besitz eines Barons, wodurch die Bürger eine sowohl in allgemein- als auch privatrechtlicher Hinsicht größere Bewegungsfreiheit erhielten. Béla Iványi suchte und fand nicht zufällig Zusammenhänge zwischen dem in Debrecen geltenden und dem Ofner Recht.[87] Bei Gemeinsamkeiten in den verschiedenen Rechtsdisziplinen konzentrieren wir uns hier auf die im Eigentums-, Familien- und Erbrecht. Bevor wir auf die Untersuchung zu sprechen kommen, möchten wir vorausschicken, dass es in der Geschichte des mittelalterlichen Eigentumsrechts neben dem unter- und übergeordneten Verhältnis zwischen Fronherrn und Leibeigenen auch andere Gebundenheiten gab, wie z. B. die auch in anderen Regionen Europas existierende Feldgemeinschaft, die für Debrecen seit dem Mittelalter typisch war.[88] Hier war das Grundstück weiterhin Eigentum des Grundherrn, die Verteilung der Fronhöfe und der dazugehörenden Felder oblag aber bereits dem Magistrat. Auf diese Weise blieb die Gemeinschaft, die uralte dreifache Verbindung zwischen Gemeinde, Grundstück und Gemeinschaftsmitglied erhalten. Dieser Zustand änderte sich auch nicht nach dem Erwerb des Ranges einer königlichen Freistadt bis zur zweiten Hälfte des 19. Jahrhunderts, dem Anfang der bürgerlichen Epoche. Die Parzelle samt Haus konnte verkauft, gekauft und vererbt werden. Die Hausbesitzer zahlten Steuern und konnten dieser Last nicht ausweichen. Die Gärten und die Äcker außerhalb der Weiden erhielten die über Hausbesitz verfügenden Bürger, die *concivis*, umsonst – jeder der Größe seines Hauses bzw. seiner Steuern entsprechend. Sie wurden als Teil des Hauses und der Parzelle betrachtet, wurden aber zunächst jährlich, danach alle drei, schließlich alle sieben Jahre neu aufgeteilt.[89] Die sogenannten verpfändeten Einödhöfe, die außerhalb der Äcker lagen und später Knechthöfe genannt wurden, vermietete der Magistrat für eine angemessene Summe. Von diesen Feldern, die sowohl für Äcker als auch für Weiden geeignet waren, konnte jeder Bürger von Debrecen ein Grundstück pachten. Die Einöden, die weiter außerhalb lagen, nutzten sie gemeinschaftlich für Herdenzucht und die Bauern zahlten nach Anzahl ihres Viehs Pacht.

Für dieses System stehen uns aus dem 16. Jahrhundert die ersten Angaben zur Verfügung. Es wird aber schon früher existiert haben. Darauf ist auch aus den Magistratsprotokollen der Stadt Debrecen zu schließen, denn schon im ersten Band aus dem Jahre 1547 (und genauso in den nachfolgenden) schweigt man sich bei der Erörterung des Immobilienumsatzes über die Äcker und sonstigen Felder aus.[90] Wie sich aus den Protokollen entnehmen lässt, hatten zwar die Einwohner

---

[87] IVÁNYI, Debrecen és a budai jog, 1924.

[88] MÓDY, Földtulajdon Debrecenben a XVI-XIX. században, in: A debreceni Déri Múzeum kiadványai (A debreceni Déri Múzeum Évkönyve) 45 (1958/59), S. 32–37.

[89] Kapitel ‚A polgári haszonélvezeti jogok szabályozása Debrecenben (1848–1872) [Die Regelung der bürgerlichen Nutznießungsrechte]‘ in: ANTAL, Város és népképviselet, 2011, S. 241–246.

[90] Dazu siehe BLAZOVICH, Megjegyzések a középkori Szeged, Gyula és Debrecen lakóinak magán-

von Debrecen Leibeigenenstatus, bewahrten jedoch ihre Privilegien und agierten in privatrechtlichen Angelegenheiten nach dem städtischen Recht. Im Falle eines An- und Verkaufs konnten Männer wie Frauen handeln. Auch hinsichtlich des Erbrechts orientierte man sich an den Normen der königlichen Freistädte. Einschränkend fungierte nicht der Grundherr, sondern in erster Linie die Feldgemeinschaft der Bürger.[91]

In den königlichen Freistädten, die nicht zu den Tavernikalstädten gehörten, verhielt es sich mit Eigentum und Erbschaft wie oben beschrieben, wofür sich aber auch Beispiele aus Szeged und Leutschau finden lassen.[92] Hierher gehört auch der Fall der Stadt Újlak, die zunächst unter der Herrschaft eines Stadtherrn stand und dann zu einer königlichen Freistadt erhoben wurde. Von ihrem Grundherrn Miklós Újlaki, dem König von Bosnien, erhielt die Stadt eine Urkunde, in der ihr dem Ofner Recht ähnliche Privilegien zugesprochen wurden, deren Bestätigung Újlaki beim König erwirken konnte. Im Jahre 1525 wurde die Stadt schließlich von König Ludwig II. in die Reihe der königlichen Freistädte erhoben. Diese Verordnung wurde durch die Herausgabe des Stadtrechts von Újlak ratifiziert, in dessen erstem Kapitel die Kopie der Privilegienurkunde stand.[93]

Aus den Privilegienbriefen der Städte, die während ihrer Geschichte niemals den Rang einer königlichen Freistadt erreicht haben, entfaltet sich im 15. Jahrhundert ein recht buntes Bild. Im Folgenden werden einige Beispiele dafür vorgestellt. Ozora erhielt seine Privilegien 1426 von Pipo Scolari (Pipo aus Ozora), dem Banus von Temeschwar. Unter den Privilegien befand sich auch das Recht auf freie Richterwahl und Gerichtsbarkeit. Ganz frei vom Einquartierungsrecht des Grundherrn war die Stadt aber nicht. Lediglich aus einer Anmerkung erfahren wir von privatrechtlichen Verfügungen, nach denen z. B. das Vermögen eines zum Tode Verurteilten den Kastellanen zufiel, sie davon aber jenen Teil trennen sollten, der der Familie, der Ehefrau, den Nachkommen oder wenn es solche nicht gibt, der Seitenverwandtschaft zustand.[94] Das Domkapitel von Csanád erlaubte den

---

jogi helyzetéhez, in: A Hajdú-Bihar Megyei levéltár Évkönyve 31 (2009), S. 24 f.; ferner „Debrecen város magisztrátusának jegyzőkönyvei" [im Weiteren DVJ], Debrecen 1979–2005. Die folgende Aufzählung der Magistratsprotokolle der Stadt Debrecen wurde alphabetisch nach den Bearbeitern geordnet: BALOGH I. 1547, 1548, 1550/51, 1552/54, 1554/55; BALOGH I., RÁCZ 1572, 1573, 1574, 1589/90, 1593/94, 1595/96, 1597/98; KOMORÓCZY 1549; RADICS, RÁCZ 1591/92; SZALAY 1555/56; SZALAY, KOMORÓCZY 1556/57, 1564/65, 1565/66, 1566/67, 1567/68; SZALAY, RÁCZ 1570, 1571, 1575, 1576–86, 1587/88; SZENDINÉ ORVOS, RÁCZ 1607/08, 1608/09. BALOGH I. (Bearb.), DVJ 1547, 1979, Nr. 1–7, 10, 12 f., 15 f., 17–19, 23–27, 30, 32–34, 35 f.

[91] BALOGH I. (Bearb.), DVJ 1548, 1981, Nr. 428; KOMORÓCZY (Bearb.), DVJ 1549, 1981, Nr. 39 f., 114, 130 f., 330, 391; BALOGH I. (Bearb.), DVJ 1550/51, 1982, Nr. 477; BALOGH I., RÁCZ (Bearb.), DVJ 1573, 1992, Nr. 1–3.

[92] BLAZOVICH, Megjegyzések a középkori Szeged, Gyula és Debrecen lakóinak magánjogi helyzetéhez, in: A Hajdú-Bihar Megyei levéltár Évkönyve 31 (2009), S. 18–20; EIKE von Repgow, A Szász tükör [Sachsenspiegel ⟨ungar.⟩], 2005, S. 52–57.

[93] R. SCHMIDT (Hrsg.), Statutum civitatis Ilok anno MDXXV / Statut grada Iloka iz godine 1525, 1938; FEDELES, Egy középkori főúri család vallásossága, in: Századok 145,2 (2011), S. 412.

Bürgern und Leibeigenen von Csanád in einer Urkunde von 1427, ein Testament über ihre beweglichen und liegenden Güter zu verfassen.[95]

Auf den ersten Blick scheint es, als seien in den zwei Urkunden den Bürgern bzw. den Leibeigenen von den Besitzern große Freiheiten eingeräumt worden. Betrachtet man den Text jedoch aufmerksamer, erlaubt er keine andere Interpretation, als dass in Ozora die Verwandtschaft das Grundstück sowie das dazu gehörende bewegliche Gut, das sie bis dahin nutzen durfte, behalten konnte. Die Kastellane durften lediglich das erworbene Gut der Verurteilten an sich nehmen. Das Domkapitel von Csanád verkündete, dass es als Haupteigentümer den letzten Willen eines Leibeigenen nicht in Frage stellte. Die besagten Urkunden befreiten nämlich weder die Einwohner von Ozora noch die von Csanád von ihrem Leibeigenenstatus, denn ihre Sachgebundenheit blieb weiterhin erhalten und somit galten für sie die im „Tripartitum" formulierten, auf die Leibeigenen bezogenen Erbschaftsregeln.[96] Der Fronherr ließ ihnen aber große Freiheit, denn aufgrund ihres Nutzungsrechts und ihres eingeschränkten Eigentumsrechts durften sie über ihre Felder verfügen und konnten diese vererben, während das Recht am Haupteigentum beim Fronherrn blieb und die Grundlage für seine Steuern war.

Die Bürger von Várda (heute: Kisvárda) erhielten 1468 von István Várdai Rechte, die anscheinend den Stadtrechten ähnelten. Ihr Grundherr erlaubte ihnen über die bestehenden Privilegien hinaus, sich beim Kauf oder Verkauf von Häusern, Weinbergen oder anderen Erbgütern in der Stadt, auf die mit einem Petschaft der Stadt versehenen Privilegienbriefe zu berufen, da diese Rechtshandlungen andernfalls ungültig seien.[97] Von der Parzelle, auf der das Haus steht, sowie den dazu gehörenden Äckern und Weiden ist in der Urkunde keine Rede, aber von Häusern und Weinbergen im Rodeland sowie von sonstigen geerbten Gütern. Die Sachgebundenheit ist also auch in diesem Fall erhalten geblieben, wie auch die Steuern auf die Parzelle und andere persönliche Dienste für die Familie des Fronherrn.

Die Bewohner von Gyula erhielten ähnliche Privilegien wie die in Kisvárda. König Sigismund verschenkte die Stadt im Jahre 1387 an den siebenbürgischen Woiwoden László Losonczi. Sie fiel 1401 oder 1402 wegen des Erlöschens der Familie im Mannesstamm an den König zurück, der sie 1403 János Maróthi, dem Banus von Macsó gab. Die Familie Maróthi besaß die Stadt bis zum Aussterben

---

[94] Magyar Nemzeti Levéltár Országos Levéltára [Ungarisches Nationalarchiv], Signatur: Dl. 87 989. Ungarische Übersetzung: ÉRSZEGI, A középkor, in: Évszázadokon át, Bd. I: 896–1849, 1978, S. 68f.

[95] TÓTH, Csanád mezőváros polgárainak 1427. évi privilégiuma, in: ALMÁSI (Hrsg.), „Fons, skepsis, lex", 2010, S. 128. Lateinischer und ungarischer Text der Urkunde.

[96] Tripartitum, III, Nr. 29f.

[97] KAMMERER (Hrsg.), A zichi és vásonkeöi gróf Zichy- család idősb ágának okmánytára/Codex diplomaticus domus senioria comitum Zichy de Zich et Vásonke, Bd. 10, 1907, S. 448, Nr. 304. Ungarische Übersetzung: ÁCS, A Várday család és Kisvárda mezőváros története a XVI. század végéig, in: FEHÉRVÁRI, Kisvárda '90, 1992, S. 48.

der Familie im Jahre 1476. Noch im gleichen Jahr gelangte die Stadt an die Familie Hunyadis, der 1510 Georg von Brandenburg folgte. Die Stadt gehörte also in der untersuchten Periode entweder dem König oder mächtigen Baronen. Sie verfügte über bedeutende Feiheiten: Richterwahl und Gerichtsbarkeit – ihre Angelegenheiten wurden von einer Kanzlei neben dem Magistrat erledigt –, Marktrecht und Zollbegünstigungen. Ihre Einwohner genossen große Freiheiten im Bereich des Eigentumsrechts. Sie konnten ihre Felder und Stadthäuser frei verkaufen und kaufen, aber das ideelle Eigentum des Grundherrn blieb im Rahmen der Sachgebundenheit bestehen und brachte ihm nach der Anzahl der Parzellen berechnete Steuereinnahmen. So auch im Privilegienbrief von János Corvin 1496 an die Stadt Gyula, nach dem die Bürger und Einwohner ihre beweglichen Güter vermachen durften, wem sie wollen. In der Urkunde steht jedoch nichts über die geerbten Güter, über Parzellen, für die das Leibeigenenerbrecht gültig war.[98] Die Stadtbewohner genossen große persönliche Freiheit. Ihrem Stadtherrn gegenüber wurden sie vom Stadtrichter als dem von der Gemeinschaft beauftragten Vertreter repräsentiert. Ihre Gebundenheiten lassen sich aus Einkommenslisten ersehen, von denen bedauerlicherweise nur wenige überliefert sind. Aus einer Liste des Jahres 1525 geht hervor, welche Dienste die Einwohner für ihre über bedeutende Privilegien verfügende Stadt zu leisten hatten. Die Fleischhacker schlachteten für die Burginsassen Ochsen und Schweine, die Müller verrichteten die anfallenden Holzarbeiten in der Burg, trugen den gelieferten Wein von den Wagen in den Keller und übernahmen auch längere Transporte. Sie standen also weit entfernt vom juristischen Status der Bürger königlicher Freistädte.[99]

Bei der Untersuchung der Situation der Sachgebundenheit in den vier Städten, die unter der Hoheit eines Grundherrn standen oder Marktflecken waren, konnten zahlreiche Ähnlichkeiten sowie Unterschiede festgestellt werden. Diese rührten vor allem daher, dass die Dörfer und Marktflecken gleichsam zum Besitz des Grundherrn gehörten und unter dessen Jurisdiktion standen. Das unter- und übergeordnete Verhältnis wurde vom Willen des Grundherrn geprägt, dem allerdings das Gewohnheitsrecht starke Grenzen setzte. Diese Annahme bekräftigt der Umstand, dass sich der Staat – also der König – in diese internen Abhängigkeitsverhältnisse nicht einmischen durfte. Dies zeigt sich auch darin, dass es vor den Gesetzen von 1848 keine landesweit geltenden Rechtsregeln bezüglich der Marktflecken und Dörfer gab.

Auf dem Eigentum lasteten im Mittelalter – wie erwähnt – zahlreiche Gebundenheiten, die sich sowohl auf das Familienvermögensrecht wie auf das Erbrecht auswirkten. Ferner drückte dies auch dem Stadtrecht seinen Stempel auf, das sich

[98] Siehe dazu BLAZOVICH, Város és uradalom, 2007 – (Kapitel „Gyula városának és lakóinak jogi helyzete a középkorban“ [Die Rechtslage der Stadt Gyula und deren Einwohner im Mittelalter]), S. 30–44.

[99] Ebd. – (Kapitel „A gyulai uradalom 1525. évi jövedelemjegyzéke“ [Die Einkommensliste des Herrenguts in Gyula im Jahre 1525]), S. 56–62, bes. S. 59.

– im Gegensatz zum adeligen Recht – verändert hat. Die Stadtbürger befreiten sich in den meisten Fällen nach und nach aus der untergeordneten Stellung gegenüber ihrem Stadtherrn. Durch das Erstarken der Rolle der Kleinfamilie lockerte sich die Gebundenheit an die Großfamilie und die Verwandtschaft, wie es aus den einschlägigen Artikeln der Rechtsbücher sowie aus den für die Städte ausgestellten Privilegien ersichtlich ist.

Dem herkömmlichen Eigentums- und Erbsystem, das auf verwandschaftlichen Beziehungen beruhte, schlug die Kirche die erste Bresche, als das Mortuarium eingeführt wurde. Die im 13. Jahrhundert vermehrt aufkommenden Testamente untergruben die im frühen Mittelalter herausgebildete Form dieses Rechtssystems noch weiter. In fast jedem der von uns untersuchten Rechtsbücher – einzige Ausnahme war hier der Sachsenspiegel – wurden die Testamente behandelt. Das testamentarische Erben, das in mehreren Formen existierte, folgte in seinen Hauptregeln dem gesetzlich festgelegten Usus des Erbens, wich jedoch von diesem in manchen Fällen ab, vor allem in Bezug auf die beweglichen Güter. Unsere Analyse ergab, dass in der Praxis der Städte das anfängliche Erben der männlichen Linie durch die Gleichberechtigung der Geschlechter abgelöst wurde, weil auch Frauen über liegende Güter verfügen konnten. Dies führte gleichzeitig zur Herausbildung einer gemeinschaftlichen Familienvermögensverwaltung, bei der, obgleich der Mann das Vermögen verwaltete, die Ehegatten ihre Sondervermögen behielten. Einen weiteren Schritt bedeutete es, dass der überlebende Ehepartner gegenüber den Nachkommen im Gegensatz zu früher bevorzugt wurde. Es bildete sich das System heraus, in dem jeder einzeln erbte und der überlebende Ehepartner auf Kosten der Nachkommen die Hälfte des Vermögens des Verstorbenen erhielt. Ob diese Regel über die erworbenen Güter hinaus auch auf die ererbten Güter angewandt wurde, ist nicht bekannt.

Bei unseren Untersuchungen beobachteten wir, auf welche Weise sich die königlichen Freistädte, vor allem die Tavernikalstädte und deren Bürger, aus ihrer persönlichen und materiellen Abhängigkeit von ihrem Herrn, dem König, befreiten, wie lange dieser Prozess dauerte und wie sich dies auf die von der Städtegemeinschaft zu entrichtenden Steuern auswirkte. In den Städten, die einem Grundherrn untergeordnet waren, sowie in den Marktflecken spielte sich dieser Prozess nicht vollständig ab. Die materielle Abhängigkeit blieb erhalten, die bei den Erbfällen darin zum Ausdruck kam, dass die Bürger ihre beweglichen Güter frei, Eigentumsrecht und Nutznießung ihrer Immobilien jedoch nur eingeschränkt vererben durften. An diesen vermögensrechtlichen Besonderheiten lässt sich der Rechtsstatus von Bürgern königlicher Freistädte von denen unter der Herrschaft eines Stadtherrn und in Marktflecken unterscheiden. Dies berührt natürlich nicht die wirtschaftliche und soziale Lage der Städte, in denen zahlreiche weitere Ähnlichkeiten und Unterschiede festzustellen sind. Um Städte unter der Herrschaft eines Stadtherren von Marktflecken unterscheiden zu können, ist es zweckmäßig, die vermögensrechtliche Situation der jeweiligen Einwohner zu untersuchen. Unsere bisherigen Untersuchungen zeigen, dass Stadtbürger unter einem Stadtherren über weitreichendere Rechte verfügten als die Einwohner eines Marktfleckens.

Wieland CARLS (Leipzig/Deutschland)

Überlieferungsgeschichtliche Beobachtungen zum Verhältnis von Schwabenspiegel und Sächsisch-magdeburgischem Recht

1. Thema und Methode

Im Fokus dieses Beitrags steht das Verhältnis der Gebrauchssituationen des ‚Schwabenspiegels' und des ‚Sächsisch-magdeburgischen Rechts', das durch eine Analyse der Verbreitung und Mitüberlieferung dieser Rechtstexte anhand der relevanten schriftlichen Grundlagen bestimmt werden soll. Es wird davon ausgegangen, dass sich allein anhand der Auswertung dieser äußerlichen Merkmale Aussagen über die Rechtspraxis ableiten lassen, die eine Untersuchung jeweils einzelner Rechtsquellen allein nicht leisten könnte. Anhand der Mitüberlieferung von Rechtstexten, die zusammen mit dem ‚Schwabenspiegel' bzw. mit sächsisch-magdeburgischen Rechtsquellen in Sammelcorpora tradiert wurden, und durch die Betrachtung ihrer Verbreitung und Provenienz soll gezeigt werden, dass sich die Geltungsbereiche von ‚Schwabenspiegel' und ‚Sächsisch-magdeburgischem Recht' nicht gegenseitig ausschließen, sondern sich vielmehr wechselseitig durchdringen. Vor der exemplarischen Auswertung der Überlieferungssituation sollen sowohl der ‚Schwabenspiegel' als auch der sächsisch-magdeburgische Rechtsbereich, der sich vor allem auf die rechtlichen Regelungen des ‚Sachsenspiegels' und des ‚Magdeburger Stadtrechts' bezieht, kurz vorgestellt werden.

2. Schwabenspiegel und Sächsisch-magdeburgisches Recht

a. Schwabenspiegel

Der ‚Schwabenspiegel'[1] ist in der zweiten Hälfte des 13. Jahrhunderts wohl in Augsburg entstanden. Er „stellt die letzte Stufe der oberdeutschen Rezeption des ‚Sachsenspiegels' dar, deren Anfänge im ‚Augsburger Sachsenspiegel' und im ‚Deutschenspiegel' belegt sind."[2] Wie der ‚Sachsenspiegel' will auch der ‚Schwabenspiegel' die aktuellen bzw. bekannten Rechtsvorschriften umfassend versammeln. Nach Winfried Trusen besteht die Intention des Verfassers darin, „nach dem Abschluß des Interregnums mit dem Regierungsantritt Rudolfs v. Habsburg ein neues Fundament für die zerstrittene Rechtslage zu bieten."[3] Peter Johanek schreibt über die Entstehungsgeschichte dieses Rechtsbuchs:

---

[1] Zum Schwabenspiegel siehe TRUSEN, Schwabenspiegel, in: HRG, Bd. 4, 1990, Sp. 1547–1551, und JOHANEK, Schwabenspiegel, in: Verfasserlexikon, Bd. 8, ²1992, Sp. 896–907.

[2] JOHANEK, Schwabenspiegel, in: Verfasserlexikon, Bd. 8, ²1992, Sp. 897.

[3] TRUSEN, Schwabenspiegel, in: HRG, Bd. 4, 1990, Sp. 1548.

> „Die frühen Bearbeitungsstadien des ‚Schwabenspiegels', die nur in Spuren faßbar sind, stellten also wohl Gebrauchsformen von Materialien dar, die die Augsburger Franziskaner für die Laienunterweisung, vor allem in der städtischen Gesellschaft nutzten. Die überlieferten Klassen und Ordnungen sind weitgehend das Ergebnis eines Rezeptionsprozesses, der sich in den Händen rechtskundiger Laien und der von ihnen geübten Rechtspraxis vollzog."[4]

Die Diskussion um den sprachlichen oder rechtshistorischen Wert des ‚Schwabenspiegels' soll hier nicht aufgegriffen, sondern lediglich Mitüberlieferung und Verbreitung in den Blick genommen werden, die schon Trusen zu der Einschätzung führte:

> „Die weite Verbreitung des S[chwabenspiegels] beweist, daß man ihn damals hoch einschätzte, und er wohl nicht mit heutigen Maßstäben beurteilt werden darf."[5]

Mehr als 350 überlieferte bzw. bekannte Textzeugen sowie lateinische, niederländische, französische und tschechische Übersetzungen sprechen für sich.[6]

b. Sächsisch-magdeburgisches Recht

‚Sachsenspiegel' und ‚Magdeburger Stadtrecht' wurden in Ostmitteleuropa meist gemeinsam adaptiert und waren dort als *‚ius saxonum*', *‚ius maideburgense*' oder auch als *‚ius teutonicum*' bekannt und werden heute als ‚Sächsisch-magdeburgisches Recht' bezeichnet. Die räumliche und zeitliche Ausdehnung seines Transfers, vor allem aber die Zeugnisse seiner produktiven Rezeption über viele Jahrhunderte hinweg manifestieren die außerordentliche Bedeutung, die dem ‚Sächsisch-magdeburgischen Recht' bis heute zugemessen wird, was seinen Niederschlag unter anderem in einer jahrhundertelangen wissenschaftlichen Auseinandersetzung mit diesem Phänomen findet.[7] Hier reiht sich das seit 2004 an der Sächsischen Akademie der Wissenschaften durch die beiden Akademiemitglieder Prof. Ernst Eichler (†) und Prof. Heiner Lück initiierte Forschungsprojekt „Das sächsisch-magdeburgische Recht als kulturelles Bindeglied zwischen den Rechtsordnungen Ost- und Mitteleuropas" ein. Als interdisziplinäres rechts- und sprachhistorisches Vorhaben hat es sich zur Aufgabe gemacht, die Implikationen des Rechtstransfers auf rechtlicher wie sprachlicher und damit auf kultureller Ebene für mehrere nationale Untersuchungsgebiete nachzuzeichnen. Die räumliche Begrenzung der auszuwählenden Gebiete richtet sich naheliegenderweise danach, wo ein Transfer, eine Rezeption des ‚Sächsisch-magdeburgischen Rechts' nach-

---

[4] JOHANEK, Schwabenspiegel, in: Verfasserlexikon, Bd. 8, ²1992, Sp. 903.

[5] TRUSEN, Schwabenspiegel, in: HRG, Bd. 4, 1990, Sp. 1550.

[6] Vgl. zum Schwabenspiegel allgemein und zur Diskussion um die Bedeutung dieses Rechtstextes Harald Rainer Derschkas Einführung (DERSCHKA (Übers.), Der Schwabenspiegel, 2002, S. 1–11, hier bes. S. 6–11).

[7] Zur Forschungsgeschichte siehe CARLS, GÖNCZI, Forschungsüberblick, in: BILY, CARLS, GÖNCZI, Sächsisch-magdeburgisches Recht in Polen, 2011, S. 39–67.

gewiesen werden kann. Die geographische Einteilung der einzelnen Untersuchungsgebiete orientiert sich aus mehreren Gründen an den heutigen Staatsgrenzen, jedoch wird den historischen Gegebenheiten Rechnung getragen.[8]

Ganz allgemein ist bei der Beschäftigung mit mittelalterlichem und frühneuzeitlichem Rechtsleben zu berücksichtigen, dass es neben dem hier im Fokus stehenden ‚Sächsisch-magdeburgischen Recht', das in einer Stadt möglicherweise über einen langen Zeitraum Geltung hatte, auch andere Rechte gab, die den Rechtsraum dieser Stadt beeinflusst haben. Abhängig vom Gegenstand bzw. der an einer Auseinandersetzung beteiligten Person waren Bestimmungen des Stadt-, Kirchen-, Lehn- oder auch des lokalen Gewohnheitsrechts anzuwenden und die Gerichtsverhandlung von den Vertretern der jeweils zuständigen Institution zu führen. Anschaulich wird diese Rechtspraxis, wenn z. B. die um Rechtsbelehrung angerufenen Schöffen in Magdeburg ihre um Rat suchenden Breslauer Kollegen in einem Streitfall darauf verwiesen, dass für eine Klage in Eheangelegenheiten ein geistliches Gericht das Urteil sprechen müsse.[9]

Eine weitere Besonderheit ist die Textgestalt der rechtlichen Grundlagen. Weder beim ‚Sachsenspiegel' und noch weniger beim Magdeburger Stadtrecht bietet sich ein einheitlicher Text mit kanonisiertem Inhalt. Sind beim ‚Sachsenspiegel' noch vergleichsweise geringe Varianten zu verzeichnen, die aber immerhin für die gesamte Überlieferung eine Einteilung in mehrere Klassen mit diversen Unterklassen notwendig machen[10] – ganz abgesehen von Übersetzungen und Bearbeitungen –, fehlt es beim Magdeburger Stadtrecht überhaupt an einem entsprechenden Ausgangstext, der *das* Magdeburger Stadtrecht repräsentieren könnte. Aus den Quellen lässt sich zwar ablesen, dass die Magdeburger ihr Recht wenigstens seit dem 14. Jahrhundert aufgezeichnet haben, insbesondere indem sie sich Abschriften der von ihnen erteilten Rechtsbelehrungen fertigten. So heißt es in einer Urkunde der Magdeburger Schöppenordnung aus dem Jahr 1336:

> „[...] *echt alle recht, de uthgerichtet werden von den schepen edder von den rathmannen, schall man beschriven an einen quaternen* [...]"[11]

Mit der Zerstörung Magdeburgs am 10.$^{\text{jul.}}$ bzw. 20.$^{\text{greg.}}$ Mai 1631 unter Pappenheims und Tillys Führung sind diese Aufzeichnungen allerdings vollständig verloren gegangen. Erhalten hat sich jedoch eine große Anzahl Urkunden in den Archiven der anfragenden Schöffenstühle. Diesem Umstand ist es zu danken, dass

---

[8] Siehe hierzu: CARLS, Einleitung, in: BILY, CARLS, GÖNCZI, Sächsisch-magdeburgisches Recht in Polen, 2011, S. 5 f.

[9] Vgl. F. EBEL (Hrsg.), Magdeburger Recht, Bd. 2, Teil 2, 1995, Nr. 607.

[10] Zur Sachsenspiegelüberlieferung siehe CARLS, Rechtsquellen sächsisch-magdeburgischen Rechts, in: BILY, CARLS, GÖNCZI, Sächsisch-magdeburgisches Recht in Polen, 2011, S. 73–82.

[11] HERTEL (Hrsg.), Urkundenbuch der Stadt Magdeburg, Bd. 1, 1892, Nr. 362 (1336. September 19), S. 225. (Hinweis aus F. EBEL, *Des spreke wy vor eyn recht* ..., in: DERS., Unseren fruntlichen grus zuvor, 2004, S. 443.) [Übers. d. Verf.: „Doch alle Rechtssprüche, die von den Schöppen oder den Ratmannen ausgegeben werden, soll man in ein Quaternio (i. S. v. Heftchen) schreiben".].

heute das Recht aus Magdeburg überhaupt aus originalen Urteilen der Magdeburger Schöppen zu rekonstruieren ist.[12] Eine Gesamtdarstellung ihres Rechts steht leider immer noch ebenso aus wie die vollständige Edition aller ihrer Rechtssprüche.[13]

Maßgeblich für die Verbreitung des Magdeburger Stadtrechts waren neben diesen, auf den Rechtsverkehr mit dem Magdeburger Schöppenstuhl zurückgehenden Urkunden, vor allem zahlreiche Texte, die aus diesen Rechtsinhalten kompiliert wurden. Sie waren unter Titeln wie ‚Sächsisches Weichbild', ‚Breslauer Systematisches Schöffenrecht', ‚Magdeburger Urteile', ‚Meißner Rechtsbuch', ‚Kulmer Recht' traditionsbildend und standen für die Überlieferung eines mehr oder minder gut definierbaren Konvoluts an Rechtsregeln und Schöffensprüchen.

Das Fehlen eines kanonisierten Textes des Magdeburger Rechts lässt sich auch damit erklären, dass es sich bei diesem Recht, sieht man einmal ab von den verschiedenen normativen Regelungen, die sich z. B. in den Rechtsweisungen für die Stadt Breslau von 1261 und 1295[14] finden, um ein Spruchrecht handelt, das nicht nur in Magdeburg, am Ort seiner Entstehung, über mehrere Jahrhunderte Ergänzungen und Veränderungen erfahren hat, sondern auch an jenen Orten, an denen es angewendet wurde. Die Rechtsfortbildung durch städtische Willküren ist diesem Recht inhärent und wurde auch bei der Anwendung berücksichtigt.[15]

Bei der Beurteilung Sächsisch-magdeburgischen Rechts müssen diese Umstände des rechtlichen Alltags, der Entstehungs- und Überlieferungssituation der für die Rechtspraxis gedachten Texte stets im Blick behalten werden.

3. Rechtsbücher als Spiegel der Rechtspraxis

Überlieferungsträger der genannten und anderer Rechtsquellen sind vorwiegend Sammelhandschriften, später auch Sammeldrucke, die vor allem Rechts-, z. T. aber auch andere Texte verschiedenen Ursprungs und unterschiedlicher Gattung

[12] Bereits ediert sind folgende Bestände: GOERLITZ, GANTZER (Bearb.), Die Magdeburger Schöffensprüche und Rechtsmitteilungen für Schweidnitz, 1940; DIES. (Bearb.), Magdeburger Schöffensprüche für die Hansestadt Posen und andere Städte des Warthelandes, 1944; WEIZSÄCKER (Bearb.), Magdeburger Schöffensprüche und Rechtsmitteilungen für den Oberhof Leitmeritz, 1943; F. EBEL (Hrsg.), Magdeburger Recht, Bd. 1, 1983; DERS., Magdeburger Recht, Bd. 1: Die Rechtssprüche für Niedersachsen; Bd. 2: Die Rechtsmitteilungen und Rechtssprüche für Breslau, Teil 1: Die Quellen von 1261 bis 1452, Teil 2: Die Quellen von 1453 bis zum Ende des 16. Jahrhunderts, 1983, 1989, 1995. Weitere Editionen des z. T. sehr umfangreichen Materials für die Empfänger in Görlitz, Liegnitz und Krakau sind noch nicht abgeschlossen.

[13] Einen Entwurf für eine umfassende Arbeit zum Magdeburger Recht lieferte F. Ebel mit seinem Beitrag F. EBEL, *Des spreke wy vor eyn recht …*, in: DERS., Unseren fruntlichen grus zuvor, 2004, S. 423–515. Aktuell s. hierzu LÜCK, Magdeburger Recht, in: ²HRG, Lfg. 21, 2015, Sp. 1127–1136.

[14] DERS. (Hrsg.), Magdeburger Recht, Bd. 2, 1989, Nr. 1 u. 2, S. 1–20.

[15] So in einem Urteil der Magdeburger Schöppen vom 23. März 1453: „*Had de stad zcu Breßlaw ennige gnade ader wilkor, dar vff en bohret vns jn rechte nicht zcu derkennen,* […]" (DERS. (Hrsg.), Magdeburger Recht, Bd. 2, Teil 2, 1995, S. 8).

vereinen, und die allgemein als Rechtsbücher bezeichnet werden.[16] Ob mehrere Texte in einem solchen Codex zusammengefasst wurden, war sicherlich auch von rein äußerlichen Dingen wie z. B. dem Umfang der einzelnen Schriften abhängig. Umfangreichere Texte finden sich aber sowohl allein in einem Band als auch mit einem oder mehreren anderen Texten zusammen. Schöffensprüche, Privilegien, Eidformeln oder Rechtsweisungen, die nur ein oder wenige Blatt umfassen, werden nur dann in Rechtsbücherverzeichnissen nachgewiesen, wenn sie mit anderen Texten zusammen überliefert sind.

Sieht man davon ab, dass auch von ganzen Sammelhandschriften komplette Abschriften angefertigt wurden, sogenannte Schwesterhandschriften, sind die meisten Codices mehr oder minder individuelle Zusammenstellungen. Davon ausgehend, dass diese schriftlichen Verfügbarmachungen juristischer Regelungen und Entscheidungen wohl vor allem in der Rechtspraxis Verwendung fanden, also für den Gebrauch im Gericht beziehungsweise im Schöffenstuhl angefertigt wurden, liegt der Schluss nahe, dass in der Regel in einem solchen Sammelband jene Texte vereint wurden, die für die aktuellen Bedürfnisse der Rechtsprechenden von Belang waren.

Am Beispiel des nachgewiesenen Archivbestands von Breslau[17] lässt sich für den ‚Sachsenspiegel' beobachten, dass Handschriften des 15. und 16. Jahrhunderts, die diesen Text überliefern, häufig auch den ‚Richtsteig' Johanns von Buch (5-mal)[18], das ‚Weichbildrecht' (5-mal)[19], das ‚Meißner Rechtsbuch' (1-mal)[20] oder das ‚Magdeburg-Breslauer Recht' (1261 u. 1295) (1-mal)[21] enthalten. Diese Auflistung ist nicht vollständig und wohl auch nicht repräsentativ, sie kann jedoch die Vielfalt der (Rechts-)Texte illustrieren, die in einzelnen Codices vereint waren. Daneben finden sich aber auch Sammlungen von Schöffensprüchen sowie chronikale Abschnitte, wie z. B. „Notizen über König Albrechts Einzug in Breslau (1438), seinen Tod und den Tod Herzog Konrads von Schlesien (1447)"[22].

---

[16] Zum Begriff des ‚Rechtsbuchs' siehe: LÜCK, Rechtsbücher als ‚private' Rechtsaufzeichnungen?, in: ZRG GA 131 (2014), S. 418–433.

[17] Zu den Breslauer Beständen zählen heute zahlreiche Handschriften u. a. aus Görlitz, Schweidnitz und Lemberg.

[18] Die Informationen zu den im Folgenden genannten Codices sind vor allem dem zweiten Band der Bibliographie der deutschen Rechtsbücher von Oppitz (OPPITZ, Deutsche Rechtsbücher des Mittelalters, Bd. 2, 1990) entnommen (Nachweis als ‚Opp.') und ggf. durch aktuellere Angaben aus dem Handschriftencensus-Projekt (⟨www.handschriftencensus.de⟩ – Nachweis als ‚HSC') ergänzt worden. Opp. Nr. 259 (HSC 18720), 264 (HSC 20164), 268 (HSC 20166) [Provenienz Sagan], 278 (HSC 20170) [Provenienz Görlitz], 287 (HSC 7524) [Provenienz Schweidnitz].

[19] Opp. Nr. 259 (HSC 18720), 261 (HSC 8327) [Provenienz Heinrichau], 268 (HSC 20166) [Provenienz Sagan], 287 (HSC 7524) [Provenienz Schweidnitz], 304 (HSC 7528) [Provenienz Löwenberg].

[20] Opp. 268 (HSC 20166) [Provenienz Sagan].

[21] Opp. Nr. 261 (HSC 8327) [Provenienz Heinrichau], 308 (HSC 8062) [Provenienz Glogau].

[22] Opp. Nr. 250.

In einigen Zusammenstellungen ist der lokale Bezug ganz offensichtlich, wie z. B. in einem Löwenberger Codex, der heute im Staatsarchiv von Breslau aufbewahrt wird.[23] Hier stehen am Anfang Willküren der Stadt und der Gemeinde, gefolgt von den Vorreden des ‚Sachsenspiegels', dem ‚Löwenberger Rechtsbuch Lehnrechts', weiter hinten das ‚Kampfrecht von Löwenberg', das ‚Löwenberger Rechtsbuch Landrechts', eine weitere Willkür der Stadt Löwenberg und dann das Zollrecht von Lemberg. Aber auch in Sammelhandschriften, die keinen so deutlichen Bezug zu einem bestimmten Ort haben, kann man wohl davon ausgehen, dass sie häufig den Anforderungen der aktuellen lokalen Rechtspraxis Rechnung trugen bzw. diese retrospektiv dokumentierten.

Betrachtet man die regionale Überlieferung des ‚Schwabenspiegels' etwa anhand der nach heutigen Aufbewahrungsorten gegliederten Rechtsbücherverzeichnisse, hatte dieser Rechtstext in Schlesien offensichtlich eine geringere Bedeutung als der ‚Sachsenspiegel'. Doch obwohl Schlesien als erstes und sicher auch wichtigstes Verbreitungsgebiet sächsisch-magdeburgischen Rechts gelten kann, war auch der ‚Schwabenspiegel' dort durchaus bekannt und findet sich in insgesamt vier Breslauer Handschriften, einmal sogar zusammen mit dem ‚Sachsenspiegel Lehnrecht' und dem ‚Richtsteig Landrechts'.[24]

Auch weiter im Nordosten, im Deutschordensland, war der ‚Schwabenspiegel' nicht unbekannt und diente u. a. dem ‚Alten Kulm' (wohl in der zweiten Hälfte des 14. Jahrhunderts in Kulm entstanden)[25] und auch dem ‚Elbinger Rechtsbuch' (entstanden wohl zwischen 1270 und 1320 – bzw. nach Oppitz zwischen 1338 und 1470)[26] als Quelle.[27] Vor allem durch die Adaptation von Auszügen oder Bearbeitungen verbreiteten sich hier Rechtsinhalte des ‚Schwabenspiegels'. Codices, die den Text selbst überliefern, sind dagegen selten. Lediglich in Danzig[28] und in Königsberg[29] lässt sich je eine Schwabenspiegelhandschrift nachweisen.

---

[23] Wrocław/Breslau, Archiwum Państwowe, Rep. 132a, Dep. miasta Lwówka Nr. 1. (Opp. Nr. 304, HSC 7528); Literatur: JOHANEK, Löwenberger Rechtsbuch, in: Verfasserlexikon, Bd. 5, ^{2}1985, Sp. 920–923).

[24] Wrocław/Breslau, Biblioteka Uniwersytecka, Cod. Mil. II, 174 [antea Varia 6; mspt. fol 174] (Opp. Nr. 273, HSC 20169); *Provenienz:* Görlitz Ratsarchiv, Görlitz Milich'sche Bibliothek – Wrocław/Breslau, Archiwum Państwowe, Akta miasta Swidnic. No. 176 (früher Świdnica/Schweidnitz, Stadtarchiv, Cod. B) (Opp. Nr. 288, HSC 7524) – Wrocław/Breslau, Archiwum Państwowe, Rep. 135 E 147 (Opp. Nr. 306, HSC 7529) – Wrocław/Breslau, Biblioteka Uniwersytecka, Cod. II F 17 (Opp. Nr. 24, HSC 20164, ⟨http://www.bibliotekacyfrowa.pl/publication/147⟩ – Abfragedatum: 13.08.2012).

[25] Vgl. JOHANEK, Alter Kulm, in: Verfasserlexikon, Bd. 1, ^{2}1978, Sp. 267–269.

[26] OPPITZ, Deutsche Rechtsbücher des Mittelalters, Bd. 1, 1990, S. 57. Zum ‚Elbinger Rechtsbuch' siehe auch LÜCK, Elbinger Rechtsbuch, in: ^{2}HRG, Bd. 1, 2008, Sp. 1317–1319.

[27] Vgl. JOHANEK, Schwabenspiegel, in: Verfasserlexikon, Bd. 8, ^{2}1992, Sp. 905.

[28] Gdańsk/Danzig, Biblioteka Gdańska Polskiej Akademii Nauk, Ms. 1791 (Opp. Nr. 356; HSC 7209).

[29] Berlin, Geh. Staatsarchiv Preuß. Kulturbesitz, XX. HA Msc. A 2° 32 [früher Königsberg, Staatsarchiv, Msc. A 32 2] (Opp. 799, HSC 8330).

Blickt man vom Süden, dem bayerischen Entstehungsgebiet des ‚Schwabenspiegels‘ nach Böhmen, kehrt sich das Verhältnis zwischen ‚Sachsenspiegel‘ und ‚Schwabenspiegel‘ um. Allein in Prag finden sich heute wenigstens 29 Belege für den Rechtstext aus Augsburg.[30] Bis auf zwei Ausnahmen handelt es sich hierbei um Übertragungen in die tschechische Sprache. Weitere Texte – sowohl tschechische als auch deutsche – finden sich in Brünn.[31] Von den ca. 350[32] in der Forschung genannten Überlieferungszeugen des ‚Schwabenspiegels‘ entfallen somit allein auf die Städte Prag und Brünn mit den hier genannten Texten etwa zehn Prozent der erhaltenen Handschriften. Aus diesem Befund lässt sich schließen, dass der ‚Schwabenspiegel‘ auch hier eine nicht unerhebliche Rolle im Rechtsleben seiner Zeit gespielt hat – ganz im Gegensatz zum ‚Sachsenspiegel‘, von dem es so gut wie keine Nachweise gibt.[33]

Das Vorherrschen von Schwabenspiegeltexten in dieser Region im Verhältnis zum annähernd vollständigen Fehlen von Sachsenspiegelhandschriften könnte zu der Annahme verleiten, das Recht sächsischer Provenienz hätte hier keine oder nur eine geringe Bedeutung gehabt. Betrachtet man aber allein die Mitüberlieferung von Codices[34], die auch Schwabenspiegeltexte bieten, zeigt sich, dass es offensichtlich doch Interesse auch am ‚Sächsisch-magdeburgischen Recht‘ gegeben haben muss. So finden sich in einer Brünner[35] Sammelhandschrift und in fünf Prager Codices[36] jeweils neben Schwabenspiegeltexten u. a. auch mehrere Magdeburger Rechtstexte: Schöffensprüche, ‚Magdeburger Schöffenrecht‘, ‚Weichbildrecht‘ oder das ‚Meißner Rechtsbuch‘.

---

[30] Opp. Nr. 1222–1224, 1230, 1232 f., 1236, 1240 f., 1245 f., 1248–1256, 1260 (HSC 8380), 1265, 1267, 1276, 1279–1282, 1284.

[31] Opp. Nr. 314 (HSC 7611), 320 (HSC 7609), 321, 329 (HSC 13723 – heute Budapest, Provenienz Brünn).

[32] In diesem Zusammenhang sei darauf hingewiesen, dass die Zahl der bekannten Überlieferungszeugen nur sehr vage Rückschlüsse auf die ursprünglich vorhandenen Texte zulässt. Hierzu siehe auch DERSCHKA (Übers.), Der Schwabenspiegel, 2002, S. 6 und Anm. 5. Da es sich bei Rechtstexten in erster Linie um Gebrauchsprosa handelt, die für die Verwendung in rechtlichen Zusammenhängen hergestellt oder beschafft wurde, lässt sich schon von dem Vorhandensein einzelner Überlieferungszeugen darauf schließen, dass diese zumindest vorübergehend auch Verwendung gefunden haben. Entscheidend für die hier anzustellenden Schlüsse sind die jeweiligen Verhältnisse von Schwabenspiegel zu Sachsenspiegel und Magdeburger Stadtrecht, aus denen eine Dominanz der einen oder anderen Rechtsorientierung abzulesen ist.

[33] Fragmente in Prag: Opp. Nr. 1235 (HSC 21230), 1269/1271 (HSC 7648).

[34] Die Aussagekraft dieser Überlegungen ließe sich im Einzelfall verbessern, wenn nicht nur die gemeinsam in einer Handschrift vereinigten Texte, sondern auch Texte aus unterschiedlichen Handschriften berücksichtigt werden könnten, die zur selben Zeit an einem Ort in Gebrauch waren. Dies ist jedoch allein auf Grundlage der Rechtsbücherverzeichnisse nicht möglich.

[35] Brno/Brünn, Archiv Města Brna, Fond Sbírka rukopisu, c. 1 (Opp. Nr. 314, HSC 7611).

[36] Praha/Prag, Národní muzeum, III E 21 [antea 23 G 16; 780] (Opp. Nr. 1245) – Praha/Prag, Národní muzeum, Křivokl. Knihovny I d 13 [antea D V 22] (Opp. Nr. 1252) – Praha/Prag, Národní muzeum, V C 9 [antea 23 C 2; 685] (Opp. Nr. 1254).

Wird darüber hinaus die Gesamtheit der überlieferten Rechtshandschriften in den Gebieten mit starker Schwabenspiegelverbreitung in den Blick genommen, wird der Befund gestärkt, dass hier auch Texte sächsisch-magdeburgischer Provenienz zum Kanon der Rechtsbücher gehörten. Zahlreiche Überlieferungszeugen des ‚Meißner Rechtsbuchs' in deutscher und tschechischer Sprache finden sich u. a. in Brünn[37], Olmütz[38] und Prag[39], aber auch ‚Magdeburger Fragen' bzw. ‚Magdeburger Urteile'[40] und ‚Weichbildrecht'[41] wurden hier offensichtlich bei der Rechtsfindung zu Rate gezogen.

4. Vorläufige Schlussfolgerungen

Die hier vorgestellte Materialbasis ist für eine abschließende Beurteilung selbstverständlich zu klein. Es müssten möglichst alle bekannten Sammelhandschriften und auch frühen Drucke, die entsprechende Rechtstexte enthalten, erfasst und auf deren jeweilige Mitüberlieferung – und wenn möglich auch gleichzeitige Nutzung am gleichen Ort – hin ausgewertet werden, um repräsentativere Aussagen nicht nur über das Verhältnis von Sächsisch-magdeburgischem Recht zur Schwabenspiegelrezeption bzw. -tradierung machen zu können. Zudem ließe sich so auch über andere Rechtsquellen erfahren, wo sie zu welcher Zeit Verbreitung fanden und mit welchen anderen Texten sie wohl die Grundlage für die regionale Rechtsprechung geboten haben. Für die Auswertung ist notwendigerweise die Provenienz der Handschriften zu berücksichtigen, was nicht immer einfach ist.[42] Außerdem wäre auch die zeitliche Erstreckung des Gebrauchs zu berücksichtigen, um nicht nur Beginn und Ende des Einflusses einzelner Rechtstexte bestimmen, sondern ggf. auch Tendenzen ihrer sich verändernden Zusammenstellung erkennen zu können. Im Ergebnis müsste sich zeigen lassen, welche Rechtstexte bzw. welche Zusammenstellungen von Texten, die im weitesten Zusammenhang mit der Rechtsprechung stehen, in den verschiedenen Regionen vorherrschend waren. Es spricht einiges dafür, dass sich aus den so gewonnenen Parametern der Überlieferung Aussagen über Veränderungen der Rechtsprechungspraxis ableiten ließen.

---

[37] Opp. Nr. 318 (HSC 7610), 319 (HSC 7437).

[38] Opp. Nr. 1187 (HSC 13775), 1188 (HSC 22847), 1191 (HSC 8374).

[39] Opp. Nr. 1221 (HSC 2092), 1237–1239, 1243, 1245 (HSC 22053), 1247, 1252, 1254, 1258 (HSC 8379), 1264 (HSC 22056), 1268, 1278.

[40] Brünn: Opp. 319 (HSC 7437).

[41] Brünn: Opp. 314 (HSC 7611); Prag: Opp. Nr. 1244, 1272 (Fr.) (HSC 7649), 1275 (HSC 7650), 1277.

[42] Die Herkunft einer Handschrift ist nicht immer sicher nachzuweisen; außerdem wäre zwischen einem Wechsel des Ortes zur Zeit der aktiven Verwendungsphase eines Rechtstextes und dem Wechsel des bloßen Aufbewahrungsortes zu unterscheiden.

Schon die wenigen hier genannten Beispiele lassen aber wohl den Schluss zu, dass der ‚Schwabenspiegel' in bestimmten Regionen zwar den ‚Sachsenspiegel' in seiner genuinen Form weitgehend verdrängt hat, bzw. wohl eher von vornherein obsolet erscheinen ließ, dass aber andere Rechtstexte, die z. T. vergleichbare Rechtsinhalte transportieren, wie etwa das ‚Meißner Rechtsbuch', vor allem aber auch Texte des Magdeburger Stadtrechts, dort dennoch verbreitet und damit wohl auch bekannt waren. Eine dichotomische Aufteilung zwischen ‚Sächsisch-magdeburgischem Recht' hier und ‚Schwabenspiegel' dort ist angesichts der wechselseitigen Überschneidungen der Rechtsinhalte nicht sinnvoll. Möglicherweise lassen sich über eine flächendeckende Auswertung der in Rechtsbüchern versammelten Quellen die für das Rechtsleben einer *bestimmten* Region zu einer *bestimmten* Zeit wichtigen Rechtsgrundlagen besser bestimmen, als es mit der Betrachtung jeweils einzelner Texte bislang gelingen konnte.[43]

[43] Um das Wissen über die Mitüberlieferung in Rechtshandschriften zu vertiefen und vor allem, um die Möglichkeiten der Auswertung größerer Rechtsbücherbestände zu verbessern, wird seit 2013 in der eingangs genannten Arbeitsstelle die Rechtsbücherbibliographie von Ulrich-Dieter Oppitz (OPPITZ, Deutsche Rechtsbücher des Mittelalters, Bd. 2, 1990) mit allen Nachträgen in eine Datenbank überführt, die unter dem Arbeitstitel ‚(Deutsche) Rechtsbücher Digital' nach dem vorläufigen Abschluss der Arbeiten im Netz zugänglich gemacht werden soll.

Frank EICHLER (Hamburg/Deutschland)

Rechtsbücher und die Mündlichkeit des mittelalterlichen Rechts

Vorbemerkung

Die Entstehung der Rechtsbücher – das heißt der Landrechts-, aber auch der Rechtsgangbücher – wird allgemein in die Welle von Rechtsaufzeichnungen eingeordnet, die im 12. Jahrhundert begann, im 13. Jahrhundert anschwoll und nie mehr endete. Dass damit das beginnende Ende der ausschließlichen Mündlichkeit im Recht eingeläutet wurde, wird als selbstverständlich vorausgesetzt, wobei weder die Einzelheiten der rein mündlichen Rechtspflege betrachtet werden noch nach einem kausalen Zusammenhang gefragt wird. Dass dieser Zusammenhang besteht, also dass die Bedingungen der Mündlichkeit geradezu zur Notwendigkeit einer Rechtsaufzeichnung führten, soll hier aufgezeigt werden, und zwar durch die Darstellung aller Aspekte der Mündlichkeit im Rechtswesen einer sich entwickelnden Gesellschaft.

Warum schreiben Menschen etwas auf? ‚Schrift' bedeutet, Informationen in dauerhafte physische Zeichen umzusetzen, mit denen diese Informationen über Raum und Zeit übertragen werden können – über Raum, wenn man Briefe an entfernte Empfänger verschickt, und über Zeit, wenn etwas aufgezeichnet wird, das nicht dem Gedächtnis allein anvertraut bleiben soll. Dass dies der Sinn der Landrechtsaufzeichnungen war, soll hier durch Darstellung der Rechtspflege unter den Bedingungen der Mündlichkeit gezeigt werden.[1]

Die gerichtliche Rechtspflege

Die traditionellen weltlichen Gerichte des Mittelalters[2] waren (im Gegensatz zu den geistlichen Gerichten) Veranstaltungen ohne Schriftstücke: keine Ladungen (die erfolgten persönlich und mündlich durch den *vronboden*, sprich Büttel), keine Sitzungsprotokolle, keine Urteilsausfertigungen. Die mittelalterlichen Rechte sind stattdessen voller Bestimmungen über Zeugen. Im Gegensatz dazu kommen im Sachsenspiegel ‚Briefe' (also Schriftstücke) nur an drei Stellen vor: als Briefe des Königs oder von Fürsten.[3]

---

[1] Die Kenntnis des Corpus Iuris Civilis und dessen ‚Nachahmung', die manchmal als Antrieb für die Rechtsaufzeichnungen genannt werden, mögen mitgespielt haben, dürften aber allein nicht ausgereicht haben für Vorhaben, die einen erheblichen Aufwand an Mühe, Zeit und auch Geldmitteln erfordert haben müssen.

[2] Mehrere der folgenden Absätze über die mittelalterliche Rechtspflege finden sich auch bei EICHLER, Recht ohne Schrift, 2010.

[3] Heidelberg, Universitätsbibliothek, Cod. Pal. germ. 167, Ldr. II, 43 § 3, Ldr. III, 34 § 5 und Ldr. III, 64 § 1.

Die deutschen Gerichtsverfahren waren bis etwa zum Ende des 13. Jahrhunderts reine Zeugenprozesse.[4] Die (festen) Beweisregeln bestimmten, in welchen Sachen welche Partei welchen (Zeugen-)Beweis zu führen berechtigt beziehungsweise verpflichtet war.[5] In unserem Zusammenhang interessieren dabei vor allem diejenigen Zeugen, die von vornherein zu einer Transaktion hinzugezogen wurden, um das Vereinbarte oder Geschehene (etwa eine erfolgte Zahlung) später durch ihren Zeugeneid beweisen zu können. Sie erfüllten damit die Funktion, die später Schriftstücken zukam, sie ersetzten also unterschriebene Verträge, Quittungen und dergleichen.[6] Dabei gab es – vergleichbar mit heutigen formalen Anforderungen an ein verpflichtendes Schriftstück – Anforderungen an die Eigenschaften der Personen, deren Zeugnis später als Beweis anerkannt werden würde. So behandelt im Hamburger Ordeelbook von 1270 ein Artikel den Fall, dass von zwei hinzugezogenen Zeugen über eine (mündliche) Vereinbarung einer später das Zeugenerfordernis der Erbsässigkeit nicht mehr erfüllt. Der Artikel sieht in diesem Fall vor, dass es auf die Zeugeneignung zur Zeit des bezeugten Ereignisses ankommt, nicht auf den Zeitpunkt der gerichtlichen Aussage.[7] Als Sonderfall gilt die Bezeugung einer mündlichen letztwilligen Verfügung. Hierzu verlangt das Ordeelbook die Zuziehung von zwei Ratsherren.[8]

Die Beweisführung mit Zeugen setzte viel Vertrauen in deren Aussagen voraus. Die Beeidung war daher von größter Wichtigkeit und in der Tat bezeichnete das Wort ‚tugh' sowohl den Zeugen als auch das Zeugnis und den Zeugeneid. Zeugenaussage war gleichbedeutend mit Zeugeneid und der Eid wurde so ernst genommen, er wog so schwer, dass eine beeidete Tatsache als endgültig und unumstößlich bewiesen galt und somit, je nach Zusammenhang, streitentscheidend

---

[4] Um die Wende zum 14. Jahrhundert werden in England kaufmännische Aufzeichnungen und Urkunden als Beweismittel im Prozess erwähnt. So im Bristol-Traktat Kap. II. (bei EICHLER (Hrsg.), Lex Mercatoria – das englische Marktrecht des Mittelalters, 2008, S. 33) und an vielen anderen Stellen; desgleichen in der Fleta II, 61 (ebd., S. 85). Die lokalen Rechte gaben jedoch noch oft einem Zeugeneid den Vorzug gegenüber Geschriebenem (ebd., S. 22–24), wohl aus größerem Vertrauen in das Gewohnte im Vergleich zu dem ‚Neumodischen'. In Deutschland könnte es ähnlich gewesen sein; Cordes spricht für das Ende des 13. Jahrhunderts von „spärlichen Spuren hansischer Buchführung" (CORDES, Spätmittelalterlicher Gesellschaftshandel im Hanseraum, 1998, S. 200, Anm. 1). Für das 14. Jahrhundert erwähnt Cordes (ebd., S. 202) die Verwendung arabischer Ziffern, die, weil ‚heidnisch', nicht von den Gerichten anerkannt wurden.

[5] Als Beispiel: im Hamburger Ordeelbook wird in Art. VI, 17 bestimmt, dass der auf Mietzinszahlung klagende Vermieter die Höhe der Forderung beschwören darf; dem Mietschuldner bleibt allein die Einrede, er habe seine Schuld bezahlt – dies wiederum darf er (durch Zeugeneid) beweisen (EICHLER, Das Hamburger Ordeelbook von 1270 samt Schiffrecht, 2005, S. 190 f.).

[6] Das von der Mündlichkeit völlig geprägte Rechtswesen sollte dann auch, neben dem Handel, der erste (weltliche) Lebensbereich werden, der sich der Verschriftlichung erschloss (U. MÜLLER, Mündliche Literaturtradition I. Deutsche Literatur, in: LexMa, Bd. 6, 2003, Sp. 899 f.).

[7] EICHLER, Das Hamburger Ordeelbook von 1270 samt Schiffrecht, 2005, S. 244 f., Art. VII, 20.

[8] Ebd., S. 92 f., Art. I, 12 – Über die genannten Beispiele hinaus enthält das Ordeelbook einen ganzen Abschnitt über Zeugen: „*Dit is das sevende stucke van tughen*", mit 20 Artikeln (ebd., S. 214–246).

war.[9] Diese hohe Bedeutung hatte der Eid selbstverständlich auch seiner religiösen Komponente zu verdanken und sie war untrennbar mit der tiefen Gläubigkeit des mittelalterlichen Menschen verbunden. Daneben trug aber auch die hochgradige Formalisierung des Eides dazu bei, ihm zusätzliches Gewicht zu verleihen. Die persönliche Eignung des Zeugen wurde schon erwähnt. Wurde sie erfolgreich gerügt, so galt der Eid des Zeugen auch nachträglich als ungültig. Aber auch der Ablauf der Eideshandlung, insbesondere der exakte Wortlaut des vom Zeugen gesprochenen Eides war entscheidend. Das galt nicht etwa nur für die Eidesformel im engeren Sinn, sondern für den ganzen Text, der auch die Sachaussage in ihrer rechtsrelevanten Formulierung einschloss. Ein Versprecher machte den ganzen Eid hinfällig, weswegen oft ein ‚Staber' bestellt wurde, der dem Schwörenden den Text vorsprach, damit dieser ihn fehlerfrei nachsprechen konnte.[10] Und schließlich gehört zum wirksamen Eid die peinliche Befolgung der Vorschriften über die Bekleidung des Zeugen, seine Haltung und Gesten und so weiter.[11] All dies galt nicht nur für Zeugen, sondern selbstverständlich erst recht für den Eineid, den Eid der Partei in eigener Sache, zumeist ein Unschulds- oder Reinigungseid. Dieser wird wohl stets ein ‚Eid auf die Heiligen' gewesen sein, d. h. der Eid war verbunden mit Berührung eines Reliquienkästchens.[12]

Das Streitverfahren vor Gericht bestand ausschließlich aus der mündlichen Verhandlung – Schriftsätze konnte es naturgemäß nicht geben. Die Verhandlung bestand aus ritualisierter Rede und Gegenrede der Parteien, wobei der Gegenstand und Endpunkt eines jeden Vortrags die Behauptung einer Rechtsfolge war. Der Richter hatte die Pflicht, nach jedem Parteivortrag einen der Urteilsfinder zu fragen, ob diese Rechtsfolgenbehauptung richtig sei. So schreibt das Hamburger Ordeelbook in Art. IX, 25 vor:

> „*Der Vogt soll vor Gericht zweier Männer Rede* [an]*hören, und einen Mann zwischen ihrer beider Rede um ein rechtes Urteil fragen.*"[13]

Mit dem etwas kryptischen Satz ist gemeint, dass der Richter nach jedem Parteivortrag (‚Rede') einen Mann – nämlich einen der Dingleute/Urteilsfinder – um das Urteil über die soeben gehörte Rede zu bitten hat, und zwar bevor die Gegenpartei darauf erwidert hat („zwischen").

Wenn die Rede des Gegners mit (Zwischen-)Urteil gutgeheißen worden war, kam dann der Gegenrede die höchste Bedeutung zu. Sie musste daher wohl bedacht werden. Dafür stand den Prozessparteien das Recht auf die *achte* zu, d. h.

---

[9] PLANCK, Das Deutsche Gerichtsverfahren im Mittelalter, Bd. 2, 1879, S. 40 a. E.

[10] Ebd., S. 36 f. – Zum Wort ‚Staber': wir kennen heute noch das Wort ‚buchstabieren'!

[11] Ebd., S. 33 f.

[12] Im Ordeelbook ist der Eid auf den Heiligen an zahlreichen Stellen ausdrücklich vorgeschrieben. – Fotografien erhaltener ‚Schwurblöcke' findet man im Katalog der Ausstellung „Die Hanse – Lebenswirklichkeit und Mythos" (BRACKER (Hrsg.), Die Hanse, Bd. 2, 1989, S. 429 ff.).

[13] Sinngleich auch Sachsenspiegel, Ldr. I, 62 § 7.

auf eine vertrauliche Beratung mit Freunden oder Rechtsbeistand und auf die richterliche Erlaubnis dazu und eine entsprechende Verhandlungspause.[14]

Bekannt ist der Begriff der *vare*, nämlich der Gefahr, durch ein versehentliches Abweichen von Formvorschriften einen Rechtsnachteil bis hin zum Prozessverlust zu erleiden.[15] Die *vare* war ein wesentlicher Grund für die Einrichtung der Vorsprecher, welche die richtigen Anträge kannten und fehlerfrei vortragen konnten.[16] Das legt die Vermutung nahe, dass auch die mündlichen Äußerungen vor Gericht formalisiert waren: als Gerichtsformeln. Wilhelm Ebel hat in seiner Schrift zu den Gerichtsformeln 53 Quellen ganz oder auszugsweise herausgegeben, die solche Formeln enthalten.[17] Es sind die Reden etwa des Klägers (oder seines Vorsprechers), der die Hilfe des Gerichts begehrt, um zu seinem Recht zu kommen, die Sätze, mit denen der Richter die Dingleute um ihr Urteil fragt, oder die Antwort des befragten Schöffen, wenn er das erbetene Urteil gutheißt. Dabei war nur der reine Sachvortrag formfrei, für die übrigen Wortlaute, die sich auf die Verfahrensschritte bezogen, bestanden Vorgaben oder zumindest Vorlagen. Ein Beispiel aus dem ‚Rechtsbuch des Alten Landes' (Auszug[18]):

> „*De Vorsprake secht: Her Vaget, will gi minem hovetmann und mi eine Acht geven?*
> *De Vaget secht: Ik gunne di der Acht.*"

Nachdem der Vorsprecher einen Antrag gestellt hat – der bereits ein vorformuliertes Urteil enthalten sollte – fragt der Richter einen Schöffen:

> „*De Vagt secht to einem schepen: Des Ordels frage ik di.*
> *So vint de schepe: Also se erst vor Recht gekamen is.*"[19]

---

[14] Im Einzelnen dazu ausführlich PLANCK, Das Deutsche Gerichtsverfahren im Mittelalter, Bd. 1, 1879, S. 217 ff.

[15] Ausführlich darüber SIEGEL, Die Gefahr vor Gericht und im Rechtsgang, 1866. Bereits im 12. Jahrhundert gab es zahlreiche Bestrebungen, die *vare* zu begrenzen oder gar abzuschaffen, so z. B. in dem Privileg des Erzbischofs Wichmann für Magdeburg (LIEBERWIRTH, Das Privileg des Erzbischofs Wichmann und das Magdeburger Recht, 1990, S. 17 ff.).

[16] Zur *vare* siehe aber auch unten, *S. 142, Anm. 24*.

[17] W. EBEL, Alte Deutsche Gerichtsformeln, 1981. Eine viel größere Anzahl wörtlicher Reden (‚Formulare') finden sich bei Planck (etwa in PLANCK, Das Deutsche Gerichtsverfahren im Mittelalter, Bd. 1, 1879, S. 166 f. oder 224 ff.), sehr viele, aber nicht nur, aus dem Richtsteig Landrechts. Während Planck aber nur an einer Stelle beiläufig die „bei dem strengen Formalismus nahe liegende Gefahr der Straf- oder gar Sachfälligkeit" erwähnt (ebd., S. 194, im Zusammenhang mit dem Vorsprecher) und auf die *vare* nicht weiter eingeht, sieht Ebel sehr wohl den Zwang zur Einhaltung der zitierten Wortlaute (W. EBEL, Alte Deutsche Gerichtsformeln, 1981, S. 2).

[18] W. EBEL, Alte Deutsche Gerichtsformeln, 1981, S. 71.

[19] Die Antwort bezieht sich darauf, dass der vorausgegangene Parteivortrag bereits das begehrte Urteil vorformuliert enthalten hat. Auf diese Rolle der Vorsprecher, nämlich die Ausformulierung des beantragten Urteils, hat schon Landwehr hingewiesen (LANDWEHR, „Urteilfragen" und „Urteilfinden" nach spätmittelalterlichen, insbesondere sächsischen Rechtsquellen, in: ZRG GA 96 (1979), S. 31), und sie unterstreicht deren Bedeutung als Rechtskundige.

(Gemeint ist damit, dass die vorherige – und nicht die letzte – Rechtsbehauptung richtig sei.) Es versteht sich, dass diese Zeugnisse aus der Zeit der Mündlichkeit ihrerseits durch schriftliche Überlieferung auf uns gekommen sind. Die obigen Beispiele kennen wir aus einem Druck um 1580. Die frühesten Aufzeichnungen sind der Richtsteig Landrechts (verfasst von Johann v. Buch etwa in der ersten Hälfte des 14. Jahrhunderts) und die Blume des Sachsenspiegels (Nicolaus Wurm, wahrscheinlich 1397).[20] Es ist nicht daran zu zweifeln, dass die gesprochene Rede vor Gericht formalisiert war und daher zu der Rechtsmasse gehörte, die von bestimmten an der Rechtspflege Beteiligten auswendig gewusst werden musste. Dieses Memorieren dürfte geradezu der Grund für die Erstarrung der Formulierungen gewesen sein. Dasselbe gilt natürlich auch für die nichtsprachlichen Verfahrensregeln: Die Hegung des Gerichts war detailreich festgelegt, ebenso die Ordnung, wer zu sitzen bzw. bei welchen Handlungen zu stehen verpflichtet war, wie ein Zeuge gekleidet sein musste und mit welchen Gesten er zu schwören hatte. All dieses Wissen war lange Zeit nur im Gedächtnis der Beteiligten festgehalten. Aufzeichnungen begannen erst mit dem schon genannten Richtsteig Landrechts und ähnlichen Rechtsbüchern. Bis dahin waren das materielle Recht ebenso wie das Verfahrensrecht dem Gedächtnis der Rechtsgemeinschaft anvertraut.

Für die zuletzt genannten Äußerlichkeiten bestand dabei die Erleichterung, dass alle Rechtsgenossen, die zu ihren Tagen gekommen waren, also von ihrem 21. Lebensjahr an bei allen ‚echten Dingen', d. h. dreimal jährlich zugegen sein mussten – womit sie ihrer Dingpflicht genügten – und dabei Augen- und Ohrenzeugen des Ablaufs waren. Dadurch prägte sich ein gemeinschaftliches Wissen ein, zugleich mit der Überzeugung, dass die Rechtsgeltung der Urteile von der Ordnungsmäßigkeit des Gerichts und damit von der peniblen Befolgung der hergebrachten Formen abhing.[21] Die *vare*, das Risiko des Prozessverlustes durch (auch versehentliche) Formverletzung, war eben keine mutwillige Schikane, etwa von hoher Hand, sondern Ausfluss eines spezifischen mittelalterlichen Rechtsverständnisses. Der Grundgedanke, dass Rechtsgleichmäßigkeit Rechtssicherheit bedeutet, ist keineswegs auf das Mittelalter beschränkt.[22] Der Ansicht, der besonders strenge Formalismus des Mittelalters sei der Schwäche der damaligen Gerichte geschuldet,[23] muss aber entgegengehalten werden, dass die Verhältnisse der

---

[20] Stobbe erwähnt in seinem Abschnitt über die Richtsteige die Gerichtsformeln kurz mit der Bemerkung, dass sich die Parteien ihrer zu bedienen hatten (STOBBE, Geschichte der deutschen Rechtsquellen, Bd. 1, 1860, S. 402).

[21] Dem lag, wie dem gesamten mittelalterlichen Recht, die Überzeugung zugrunde, dass das alte Recht gutes, d. h. richtiges Recht sei. Siehe dazu auch KERN, Recht und Verfassung im Mittelalter, 1952, S. 25 ff. – auch dort in ausdrücklicher Verbindung mit der Mündlichkeit der Rechtsüberlieferung.

[22] KAUFMANN, Formstrenge, in: HRG, Bd. 1, 1971, Sp. 1163.

[23] So BRUNNER, Deutsche Rechtsgeschichte, Bd. 1, 1906, S. 252, zit. nach KAUFMANN, Formstrenge, in: HRG, Bd. 1, 1971.

Mündlichkeit einen zumindest ebenso starken Zwang zur Formstrenge ausübten: Bei nur mündlich überkommenen Regeln stand zu befürchten, dass einmal zugelassene Abweichungen zu einem Aufweichen der festen, bewährten Regeln führen würde.[24]

Auch die Einlegung eines Rechtsmittels war formalisiert: Die ‚Urteilsschelte' hatte ‚auf stehendem Fuße' zu erfolgen, natürlich mündlich. Das Recht, das die Dingleute (oder Schöffen) anwandten, existierte ja ausschließlich in mündlicher Überlieferung – kein Gesetzbuch weit und breit. Die Urteilsschelte war, ganz wie das Wort insinuiert, eine Schelte, ein Tadel, gerichtet gegen den Urteilsfinder, der die betreffende Urteilsfrage des Richters so beantwortet hatte, dass er den Unwillen des Scheltenden erregte. Ausgeschlossen war die Urteilsschelte gegen Urteile in Strafverfahren und gegen Urteile, die zuvor durch die *vulbort* von der Gesamtheit der Dingleute oder Schöffen gutgeheißen worden waren.[25] Auch fehlende Ebenbürtigkeit des Scheltenden mit dem zu scheltenden Urteilsfinder war ein Hinderungsgrund für die Schelte. Die Rechtsfolge einer zulässigen Schelte war die Unterbrechung des Verfahrens mit Aussetzung bis zur Entscheidung des (nächsthöheren) Gerichts über die Schelte. Das dortige Verfahren war dann formal ein Rechtsstreit zwischen dem Scheltenden und dem gescholtenen Urteilsfinder.

Man sieht, dass die mittelalterliche Praxis durchaus einen Weg entwickelt hatte, um mit einer gewissen Unsicherheit des nicht aufgeschriebenen Rechts umzugehen. Dabei bestanden, zusätzlich zu den hier geschilderten Regelungen, zahlreiche ‚Wette'-Vorschriften, die geeignet waren, die Lust der Parteien auf übermütige Urteilsschelten zu dämpfen.

Das Nichtvorhandensein schriftlicher Verhandlungsprotokolle und Urteilsausfertigungen war dann fatal, wenn sie als Beweisdokumente dafür hätten dienen sollen, dass eine Streitsache bereits einmal gerichtlich entschieden oder verglichen war, wenn nämlich der erfolglose Kläger nach einiger Zeit und vielleicht vor einem anderen Gericht dieselbe Klage missbräuchlich erneut erhob. Dann oblag es dem erneut Beklagten, den Beweis zu führen, dass die Sache bereits *res iudi-*

---

[24] Dass die *vare* auch ein Abweichen von den mündlichen Prozessreden zum Prozessrisiko machte, wird weder von Ebel in seiner Edition der Gerichtsformeln noch von Planck bei den zahllosen von ihm wiedergegebenen Wortlauten behauptet. Die Geltung der Formstrenge, die bekanntermaßen öfter, zum Teil zwecks Erzielung von Wedden, missbräuchlich gehandhabt wurde, lag vornehmlich, und zum Teil sehr nachvollziehbar, beim Beweisverfahren; das hat ausführlich und überzeugend T. Meyer nachgewiesen: MEYER, Gefahr vor Gericht, 2009, S. S. 263 ff., insbes. S. 270 f.

[25] Ansonsten wurden die Urteilsfragen des Richters jeweils an einen einzelnen Dingmann gerichtet, der auch die Möglichkeit hatte, die Beantwortung zu verweigern mit der Begründung, er wisse das rechte Urteil nicht. Die *vulbort* beruhte auf einer Abstimmung aller Dingleute. Der verhandlungsführende Richter konnte sie anordnen, wenn es ihm schien, dass die (von einem Einzelnen gegebene) Antwort zweifelhaft war. Verweigerten die übrigen Dingleute die Folge, so entstand keine Rechtswirkung außer der Hinfälligkeit der betreffenden Antwort. Siehe hierzu Ssp., Ldr. II 12 § 1–15 sowie sehr ausführlich PLANCK, Das Deutsche Gerichtsverfahren im Mittelalter, Bd. 1, 1879, S. 248–303. Zur *vulbort* siehe SELLERT, Vollbort, in: HRG, Bd. 5, 1998, Sp. 1023 f.

cata und rechtskräftig entschieden war. Diesen Beweis konnte er dann nur durch Gerichtszeugnis führen, also durch die Zeugenaussage des Richters des ersten Gerichts, hilfsweise (etwa wenn der Richter inzwischen verstorben war) durch beteiligte Urteilsfinder (*dinglude*) oder andere Gerichtspersonen.[26] Im Hamburger Stadtrecht von 1270 erscheint das Gerichtszeugnis in mehreren Artikeln.[27]

Zum Gerichtszeugnis gehört auch die nachträgliche Aussage des Gerichts über die Bestimmungen eines eigenen Urteils, wenn sich Kläger und Beklagter darüber streiten, wie dieses (wohlgemerkt nur mündlich gesprochene und nirgends schriftlich festgehaltene!) Urteil genau gelautet habe. Das Hamburger Ordeelbook regelt den Fall ausdrücklich (Art. VI, 8) und bestimmt sogar, wie zu verfahren sei, wenn sich die Ratsherren und Dingleute untereinander nicht darüber einig sind, wie sie den (ja vielleicht länger zurückliegenden) Fall seinerzeit entschieden haben: Dann soll nämlich derjenige obsiegen, der als Erster das Gericht mit der Bitte um Klarstellung angerufen hat.[28] Auch diese Situation war charakteristisch für die Verhältnisse der Mündlichkeit und die Lösung des Problems typisch.[29]

Ein weiteres Mittel, die fehlende Schrift als Mittel zur Sicherung von Rechten zu ersetzen, war die Publizität. Rechtsakte wurden in der Öffentlichkeit vor aller Augen vorgenommen und dabei – neben den entsprechenden Worten – durch körperliche Symbole sinnfällig gemacht. Das konnten Handlungen, Gesten oder Gegenstände sein oder Verbindungen von allen dreien. Bekannt sind die verschiedenen öffentlichen Symbolhandlungen für die Auflassung bzw. Besitzeinweisung beim Eigentumsübergang eines Grundstücks. Häufig handelte es sich dabei um die handhafte Übergabe eines Grundstücksteils wie einer Scholle, einem Zweig, Rasen, Türpfosten, Glockenseil oder ähnlichem durch den Veräußerer an den neuen Besitzer als reale Investitur.[30] Eine andere rechtssymbolische Handlung

---

[26] Planck widmet dem Gerichtszeugnis, entsprechend der Bedeutung des Instituts, einen größeren Abschnitt (PLANCK, Das Deutsche Gerichtsverfahren im Mittelalter, Bd. 2, 1879, S. 157–193).

[27] EICHLER, Das Hamburger Ordeelbook von 1270 samt Schiffrecht, 2005, Art. VI, 3, 4 und 6 sowie VII, 11.

[28] Ebd., S. 178, Art. VI, 8.

[29] Gerichtszeugnis kommt auch heute noch vor: Das Bundesverfassungsgericht entschied 2009 die Frage des heutigen Prioritätsranges zwischen der Erinnerung des Richters und einem schriftlichen Protokoll der mündlichen Verhandlung dahingehend, dass nach dem Gedächtnis des Richters und der Verfahrensbeteiligten ein Sitzungsprotokoll berichtigt werden darf. (Entscheidung des Zweiten Senats des BVerfG vom 5.3.2009, berichtet in der Frankfurter Allgemeinen Zeitung v. 6.3.2009.) Technisch handelte es sich um die ablehnende Entscheidung über eine Verfassungsbeschwerde gegen ein Urteil des BGH, worin dieser die frühere gegenteilige Rechtsprechung aufgab. In dem konkreten Fall hatte ein Straftäter gegen seine Verurteilung Revision eingelegt und gerügt, dass in der Verhandlung die Klageschrift nicht verlesen worden sei. Das Protokoll enthielt in der Tat keinen Vermerk über die Verlesung der Klageschrift, was aber auf einem Protokollierungsfehler beruhte; dieser durfte (auch nach der Rüge des behaupteten Verfahrensverstoßes) berichtigt werden.

[30] So STOBBE, Handbuch des Deutschen Privatrechts, Bd. 2, 1883, S. 186; Beispiele auch bei HÜBNER, Grundzüge des deutschen Privatrechts, 1919, S. 213, und PLANITZ, Grundzüge des deutschen Privatrechts, 1949, S. 107. Noch im 16. Jahrhundert wird in einer anonym nachgeführten Fassung der Glosse zum Hamburger Stadtrecht von 1497 die Übergabe des Rings (Türring, -klopfer) als

war das Handauflegen des rechtmäßigen Besitzers auf die gestohlene Sache beim ‚Anefang'.[31]

Durch die Schriftlosigkeit erhielt die Publizität eine gesteigerte Bedeutung. Die Sichtbarkeit von Rechtsverhältnissen spielte eine hervorgehobene Rolle und das Rechtsinstitut der ‚gewere', mit dem entscheidenden Merkmal des offenkundig ausgeübten Besitzes, ist in diesem Zusammenhang zu sehen. Die Entwicklung der Idee von abstraktem Eigentum war mit dem durch die Schriftlosigkeit bedingten Publizitätserfordernis schlecht vereinbar.[32] An dieser Stelle soll in Erinnerung gerufen werden, dass die öffentlichen Sichtbarmachungen von Rechtsakten selbstverständlich nicht als Ersatz für die fehlende Schriftform empfunden wurden, sondern dass umgekehrt die Schrift nach und nach an die Stelle von anschaulichen Rechtssymbolen trat.

Im Zustand der Schriftlosigkeit bestand natürlich auch schon das Bedürfnis, privatrechtliche Vorgänge ‚festzuhalten', sie physisch belegen zu können. Nicht jeder Vorgang war bedeutend genug, um zwei Zeugen hinzuzuziehen. Dafür bestand die Einrichtung des Kerbholzes. Eine Latte wurde – je nach Art des Geschäfts – nach und nach mit Kerben versehen, deren Form, Abstand und Tiefe per Konvention für bestimmte Geldbeträge oder geleistete Arbeiten stand.[33] Nach der Abgeltung der aufgelaufenen Forderung konnte die Latte dem Schuldner als ‚Quittung' ausgehändigt werden. Für den Geschäftsverkehr zwischen reisenden Kaufleuten in England schildert Clanchy die Handhabung so, dass die Latte der Länge nach geteilt wurde, so dass jeder der beiden Geschäftspartner eine Hälfte mit sich nehmen konnte, mit der Gewissheit, dass der andere ihn nicht durch arglistiges Hinzufügen einer unberechtigten Kerbe betrügen konnte.[34] In England spielten die ‚tallies'[35] in der Rechtsliteratur eine bedeutende Rolle, sie wurden

symbolische Übergabe eines Hauses genannt (Glosse Codex B zu Stadtrecht Art. H, III, bei EICHLER (Hrsg., Übers.), Die Langenbeck'sche Glosse zum Hamburger Stadtrecht von 1497, 2008, S. 252). – Symbolische Gesten oder Handlungen haben auch heute noch Bedeutung, man denke an den Handschlag, den Tausch von Eheringen, zeremonielle Amtseinführungen. Zu den oft mittelalterlichen Ursprüngen heutiger Gebräuche siehe FUHRMANN, Überall ist Mittelalter, 1998, dort z. B. über Begrüßungsrituale (17 ff.).

31 PLANCK, Das Deutsche Gerichtsverfahren im Mittelalter, Bd. 1, 1879, S. 824 ff., insbes. S. 828.

32 Siehe hierzu ausführlich HÜBNER, Grundzüge des deutschen Privatrechts, 1919, S. 10 f. sowie MITTEIS, LIEBERICH, Deutsches Privatrecht, 1981, S. 86. Zur Bedeutung der Publizität allgemein OGRIS, Publizität, in: HRG, Bd. 4, 1990, Sp. 92–95.

33 Vgl. SCHMIDT-WIEGAND, Kerbholz, in: HRG, Bd. 2, 1978, Sp. 701 ff., und LUDWIG, Kerbholz, in: LexMa, Bd. 5, 1991, Sp. 1115. Zu den englischen ‚tally sticks' siehe CLANCHY, From memory to written record, 1979, Taf. VIII, nach S. 265 (mit Abbildungen). Zum Vergleich mit heute: die Striche auf dem Bierdeckel!

34 Ebd., S. 95 f.

35 Interessant ist die Etymologie des Wortes. Das Oxford Dict. of Engl. Etymology führt es zurück auf das altfranzösische ‚taille' und dessen lat. Ursprung *talea* = Stab: ONIONS [u. a.] (Hrsg.), The Oxford dictionary of English etymology, 1966, S. 901. Viel wahrscheinlicher ist der Zusammenhang mit dem ‚tellen', das im Altenglischen (aber auch im alten Niederdeutschen, Friesischen und Holländischen) die Bedeutung ‚zählen' hat. Selbst im modernen Englisch ist der ‚teller' der (Bar-

nämlich als gerichtliches Beweismittel für die Rechtmäßigkeit einer Forderung im kaufmännischen Geschäftsverkehr anerkannt.[36] Es ist nicht sicher, ob am Ende des 13. Jahrhunderts mit ‚tally' ausschließlich Kerbhölzer gemeint waren, denn irgendwann wurden mit dem Begriff auch schriftliche Eigenaufzeichnungen von Kaufleuten (Lieferlisten und dergl.) bezeichnet.[37]

Zu dem Bereich ‚Sichtbarkeit von Rechtsverhältnissen' gehörte, neben dem Privatrecht, selbstverständlich auch das Strafrecht, etwa mit den Ehrenstrafen (schimpflicher Aufzug, Prangerstrafen, Haarverlust[38]), aber auch mit dem Rechtsinstitut des Gerüftes, wobei jeder in Hörweite gesetzlich (und bei Strafe[39]) verpflichtet war, hinzu zu laufen und Augenzeuge des jeweiligen Ereignisses zu werden.

Ungeschriebene Gesetze

So viel zu den Details des alltäglichen Rechtsbetriebs. Wie stand es aber mit dem Recht, das dort gesprochen wurde?

Die Frage, woher das Recht – im Sinne von Gerechtigkeit – komme, ist an die Rechtsphilosophen zu verweisen. Anders ist es mit dessen Konkretisierung, also der Formulierung von Normen, von Regeln, zu deren Begriff es gehört, dass sie danach auch weiterhin angewandt werden.[40] Naturgemäß sind die ältesten überlieferten Quellen solchen konkreten Rechts, aus dem frühgeschichtlichen Orient, schriftliche Quellen – anders wüssten wir nichts von ihnen. Aber auch den ältesten aufgeschriebenen Gesetzen der Menschheit muss Recht vorausgegangen sein, das zunächst nur in den Köpfen der Menschen stand, aber eben feststand, und das in ihren Gesellschaften angewandt wurde. Genau diese Entwicklung vollzog sich auch in dem Raum, der heute Deutschland heißt, bevor die Schrift, das Lesen und Schreiben in Anwendung kam.

---

geld zählende) Schalterbeamte in der Bank, ebenso wie einer der vier ‚teller', die im engl. Parlament nach Abstimmungen die Stimmen zählen.

[36] Beispiele sind das Bristol-Traktat zur *Lex Mercatoria* in Kap. VI (EICHLER (Hrsg.), Lex Mercatoria – das englische Marktrecht des Mittelalters, 2008, S. 42), das Londoner Kurzmanuskript in § 1 (ebd., S. 81) und die Fleta II, Kap. 61 und 63 (ebd., S. 85; außerdem dort in der Einleitung S. 11 und 24).

[37] Das heutige Oxford Dictionary nennt für *tally* (neben dem historischen Kerbholz) die Bedeutung ‚score, reckoning made to register a fixed number of objects delivered or received', also Ladeliste, Lieferschein oder dergl. Vgl. der Tallymann (‚tallyman'), der heute wie früher im Hafen die Be- oder Entladung der Schiffe anhand der Ladeliste kontrolliert (SCHARNOW (Hrsg.), Lexikon der Seefahrt, 1976, S. 540; MARTIN, Hafenbuch Hamburg, 2008, S. 20).

[38] Ausführlich HIS, Das Strafrecht des deutschen Mittelalters, Bd. 1, 1920, S. 569 ff.

[39] Z. B. Ordeelbook Art. IX, 24 (EICHLER, Das Hamburger Ordeelbook von 1270 samt Schiffrecht, 2005, S. 287).

[40] Dilcher meint, die Bildung von Normen sei in einer oralen (!) Kultur gar nicht möglich, sondern nur „Regelhaftigkeit" (DILCHER, Normen zwischen Oralität und Schriftkultur, 2008, S. 67). Dabei wird m. E. der Begriff ‚Norm' überspitzt. Wie unten im Abschnitt ‚Textformen' gezeigt wird, hat die mündliche Rechtsbildung und -überlieferung sehr wohl formulierte Sätze hervorgebracht, die allen Ansprüchen an Rechtsnormen genügen.

Wir können mit Sicherheit davon ausgehen, dass die ältesten Rechtsregeln oder Rechtsgewohnheiten bei uns in den Versammlungen der jeweiligen Siedlungsgenossen entstanden, also in ihrem Thing (oder Ding[41]). Diese Versammlung hatte, unter anderem, sicher auch den Zweck der Friedenssicherung[42] und hatte dafür bei der Regelung von Konflikten zunächst keinen anderen Maßstab als den, was die Mitglieder für ‚richtig', also für ‚recht' hielten.[43] Aus der Wiederholung von gleichen Konfliktfällen und der deswegen wiederholten Anwendung der vorigen Einzelregelung werden Regeln entstanden sein, die es dann im Gedächtnis zu behalten und bei Bedarf anzuwenden galt.[44]

Wenn dies eine plausible Vorstellung von der Entwicklung des materiellen Rechts ist, dann ist es nicht mehr schwierig, die Entwicklung des Dings zu einer Gerichtsversammlung mit festen Verfahrensregeln nachzuvollziehen. Aus dem Mitentscheid aller Dinggenossen wurde ein ritualisierter Dialog mit Urteilsfragen der Versammlungsleitung und den Antworten der Urteilsfinder, der Dingleute. Der Richter war der Repräsentant des Trägers des Rechtszwangs und von diesem eingesetzt;[45] das konnte der Bauermeister sein oder ein Vogt, je nach der jeweiligen Herrschaftsstruktur.[46]

---

[41] Althochdeutsche und altsächsische Quellen schreiben ‚thing' und im Altenglischen und Altnordischen wurde ‚þing' geschrieben. Gesprochen wurde der Anlaut mit Sicherheit ähnlich wie das englische ‚th', und es wäre wohl angebracht, heute die Schreibweise ‚Thing' zu verwenden. Durchgesetzt hat sich jedoch ‚Ding'.

[42] Weitzel nennt das Ding das zentrale Willensbildungs- und Konfliktlösungsorgan der Epoche (WEITZEL, Die Bedeutung der Dinggenossenschaft für die Herrschaftsordnung, in: DILCHER, DISTLER (Hrsg.), Leges, Gentes, Regna, 2006, S. 354).

[43] Siehe dazu Ruth Schmidt-Wiegands interessanten Artikel „rechts und links" über die sprachliche Herkunft und die Symbolik des Begriffspaars (SCHMIDT-WIEGAND, Rechts und links (sprachlich), in: HRG, Bd. 4, 1990, Sp. 264 f.).

[44] Das öffentliche und mündliche Verfahren vor der Dinggenossenschaft ist der anerkannte Entstehungsort von Regeln und Verfahren der Konfliktschlichtung (DILCHER, Normen zwischen Oralität und Schriftkultur, 2008, S. 10), also Rechtsnormen.

[45] Jürgen Weitzel sieht in dem „politischen Beamten" als Richter ein antikes Element (WEITZEL, Die Bedeutung der Dinggenossenschaft für die Herrschaftsordnung, in: DILCHER, DISTLER (Hrsg.), Leges, Gentes, Regna, 2006, S. 356). Die Zeitgenossen sahen ihn eher als ein Glied in der Lehnssystem-Kette mit dem König als obersten Richter, der diese Aufgabe als Lehnsherr an die Fürsten delegierte (Ssp., Ldr. III 52 § 2, auch 55 § 1).

[46] Die Abstufung der Gerichte erfolgte nach ihrer Sach- bzw. Strafkompetenz und nach dem Stand des Personenkreises, über den geurteilt werden durfte. Die Hierarchiefolge war König (höchster Richter, „1. Hand"), Fürst (Fahnlehen, also Herzog oder Markgraf, „2. Hand"), Graf (Landgraf oder Pfalzgraf, „3. Hand"), Gografen („4. Hand"). Die Zählung nach Händen findet sich im Ssp., Ldr. III 52 § 3, wonach Gerichte über „Hals und Hand", also Todes- und Verstümmelungsstrafen, „nicht an die 4. Hand gehen". Die Belehnung mit dem Regal der Gerichtsbarkeit erfolgte nicht automatisch mit dem Lehen über Ländereien verknüpft, wenn sie ihr auch in der Praxis meist folgte); sie erforderte einen eigenen ‚Richtereid' (siehe PLANCK, Das Deutsche Gerichtsverfahren im Mittelalter, Bd. 1, 1879, S. 4 ff.).

Hier – sagen wir im 13. Jahrhundert – soll unsere Betrachtung mit Blick auf die Mündlichkeit ansetzen. Zu ihren Bedingungen gehört die Tatsache, dass den Dingleuten (den Urteilsfindern) wie den Richtern keinerlei Gesetzesbücher zur Verfügung standen. Erst die Rechtsbücher und Statuten, die man im Verlauf des 12. und 13. Jahrhunderts aufzuzeichnen begann, änderten daran etwas. Bis dahin waren die Träger des Rechts völlig auf ihre Erinnerung an Rechtsregeln angewiesen, die sie ihrerseits mündlich von den Älteren gehört und erlernt hatten, als jeweils jüngstes Glied in einer Tradierungskette, die eine vollständige Rechtsordnung über Jahrhunderte hinweg bewahrt (auch angepasst und fortentwickelt) und weitergegeben hatte.

Bei der näheren Betrachtung der mündlichen Rechtswahrung und Weitergabe sind zwei Gegenstände von Interesse: der Personenkreis, der die Rechtsnormen tradierte, und die Textform, in der diese Normen memoriert und weitergegeben wurden.

Der Personenkreis der Bewahrer

In einigen skandinavischen Ländern war die mündliche Bewahrung des Rechtswissens institutionalisiert im Amt des Gesetzessprechers (Rechtsprecher, Rechtsmann, ‚lagman'), der am Ding das Gesetz vorzutragen hatte. Nach Wilhelm Ebel ist die Einrichtung allerdings auch bei Friesen, Bayern und Alemannen bezeugt. Er wurde meist in sein Amt gewählt, wobei sich durch die Weitergabe des Rechtswissens vom Vater an den Sohn faktisch rechtskundige Familien ergeben haben werden, in denen das Amt quasi erblich war.[47] Am stärksten als Amt ausgeprägt war der Rechtsprecher in Island. Er wurde – seit dem Jahre 930 – auf dem jährlich stattfindenden ‚Allding' für drei Jahre gewählt. Neben Leitungsfunktionen bei den Sitzungen der ‚Gesetzmacher' (‚lögretta') oblag ihm der Rechtsvortrag bei bestimmten Gelegenheiten, zur Gewährleistung einer verlässlichen Überlieferung und authentischen Formulierung des Rechts.[48]

Die skandinavische und isländische Tradition endete im 13. Jahrhundert.[49] Die Vermutung ist naheliegend, dass dies mit der beginnenden schriftlichen Aufzeichnung von Rechtsnormen zusammenhängt, wodurch die Rechts- und Gesetzessprecher überflüssig wurden. Aber auch außerhalb solcher Besonderheiten war die Tradierung des Rechts jedenfalls an das Rechtswissen und die Rechtskunde einer Vielzahl von Einzelpersonen gebunden. Theuerkauf zählt zum Rechtswissen jedes Wissen von Recht, auch das geringste und unvollkommenste. ‚Rechtskundig' ist bei ihm, wer Rechtswissen von einigem Umfang hat.[50] Dazu gehörten in jedem

[47] W. Ebel, Geschichte der Gesetzgebung in Deutschland, 1958, S. 17f.

[48] Ehrhardt, Rechtssprecher, in: HRG, Bd. 4, 1990, Sp. 361.

[49] Merzbacher, Gesetzessprecher, in: HRG, Bd. 2, 1978, Sp. 1604–1606 und Ehrhardt, Rechtssprecher, in: HRG, Bd. 4, 1990.

[50] Theuerkauf, Lex, Speculum, Compendium Iuris, 1968, S. 3ff.

Fall die Dingleute: Sie waren die Urteilsfinder, die – so wie am Ursprung der Ding-Gerichte der ‚Umstand', also die umstehenden Rechtsgenossen – die Urteilsfragen des Richters beantworteten. Es muss einleuchten, dass zunächst aus einfachen Praktikabilitätsgründen aus dem Umstand eine Gruppe von Männern wurde, die sich als zu der Aufgabe befähigt erwiesen hatten. Inwieweit daraus ein Amt wurde, gar ein erbliches, ist nicht überliefert,[51] aber die Wahrscheinlichkeit spricht dafür. Das Rechtswissen wäre dann – vergleichbar den Sach- und Marktkenntnissen eines Gewerbes – vom Vater auf den Sohn weitergegeben worden. Dieselbe Situation lag in England vor, wo die ‚doomsmen' dieselbe Rolle spielten wie die Dingleute. Auch dort wird ein erbliches Amt vermutet.[52] Das spätere Schicksal der Funktion der Dingleute war von der einsetzenden Schriftlichkeit geprägt. In einer späteren Handschrift der Glosse zum Hamburger Stadtrecht von 1497 liest man, dass zu diesem Dienst unbescholtene, erbsässige Bürger aufgefordert wurden, und zwar mit Strafandrohung.[53] In der Hamburger Gerichtsordnung von 1540 wird die (Urteils-),Findung' von einem Gremium aus Dingleuten und Vorsprechern, also rechtskundigen Anwälten, wahrgenommen.[54] Die Dingleute waren zu Laienrichtern im heutigen Sinn geworden. Nicht sie waren mehr die Träger des Rechtswissens, sondern geschriebene, bald auch gedruckte Gesetzesbücher.

Den (norddeutschen) Dingleuten entsprachen im Magdeburger Rechtskreis, aber auch in Süddeutschland, die Schöffen. Hier bestand mit dem Amt der Schöffen und ihrer Dingpflicht eine feste Schöffenverfassung als Kern – auch und gerade zum gebotenen Ding.[55] Im Ursprung der karolingischen Schöffenverfassung waren sieben Schöffen als Urteilsfinder vorgesehen, im späten Mittelalter waren es zumeist zwölf (in manchen Orten auch mehr, etwa 24).[56] Die persönlichen Voraussetzungen (ortsansässig, begütert, unbescholten, von ehelicher Geburt usw.) schlossen persönliche Freiheit ein, die zu einer allgemeinen Standesbezeichnung führte: schöffenbarfrei. Diese Schöffen waren mit Sicherheit Träger der mündlichen Rechtsbewahrung und -weitergabe.

---

[51] PLANCK, Das Deutsche Gerichtsverfahren im Mittelalter, Bd. 1, 1879, S. 103.

[52] Die ‚doomsmen' waren Urteilsfinder (doom = Urteil), die sich aus dem Kreis der Rechtsgenossen (‚suitors') durch Rechtskunde hervorgetan hatten, sodass sie gewohnheitsmäßig zu den Gerichtssitzungen geladen wurden. Plucknetts gute Beschreibung deckt sich fast völlig mit der Rolle der *dinglude* (PLUCKNETT, A concise history of the common law, 1956, S. 91).

[53] Langenbeck'sche Glosse (Codex der Klasse C) zu Art. B VI (bei EICHLER (Hrsg., Übers.), Die Langenbeck'sche Glosse zum Hamburger Stadtrecht von 1497, 2008, S. 119 sowie LAPPENBERG (Hrsg.), Die ältesten Stadt-, Schiff- und Landrechte Hamburgs, 1845, S. 197). Die Weigerung, als Dingmann in die ‚Findung' zu gehen, wurde mit 3 Pfund Geldstrafe geahndet.

[54] ANDERSON (Hrsg.), Hamburgisches Privatrecht, Bd. 3, 1787, Ordening des Neddersten Gerichts, S. 7 ff. „*Van den Dingluden und Vorsprakens*" (eigene Paginierung).

[55] Zum echten Ding, das nur wenige Male im Jahr stattfand – im sächsischen Landrecht dreimal – bestand nach wie vor die allgemeine Dingpflicht aller Dinggenossen. Ssp., Ldr. I 2 auch I 60 § 3; ausführlich PLANCK, Das Deutsche Gerichtsverfahren im Mittelalter, Bd. 1, 1879, S. 51 ff.

[56] Zur Geschichte der Schöffenverfassung und der Schöffengerichte ausführlich BATTENBERG, Schöffen, in: HRG, Bd. 4, 1990, Sp. 1463 ff.

Wenn man sieht, dass beide – die norddeutschen Dingleute und die Magdeburger Schöffen – im 13. Jahrhundert fest etablierte Funktionen innehatten, so fragt sich, wie die historische Entwicklung von dem oben genannten ‚Umstand' (das heißt: den um das Gericht herum stehenden Rechtsgenossen) zu solchen doch klar definierten Ämtern vor sich gegangen sein wird. Jacob Grimm zitiert dazu in seinen „Rechtsalterthümern" einige Fundstellen aus früher Zeit. Hier eins von mehreren Beispielen:

> „[...] *fecimus convenire scabinos nostros cum senioribus hominibus civitatis et curtis in Swartebroek, qui quidem cum communi concordia et unanimi assensu et consensu cum juramento nec non tactis sacrosanctis unanimiter enarrarunt et protestarunt, quod ex relatu suorum progenitorum, seniorum et antecessorum semper audiverunt et pro vero intellexerunt.*"
> „[...] heißen wir unsere Schöffen zusammenzutreten mit den ältesten Männern der Stadt und des Hofes in Swartebroek, damit sie in gemeinsamer Eintracht und einmütiger Zu- und Übereinstimmung in einem Urteil – ausgenommen über Geistliches – erklären und bekennen, was sie aus den Erzählungen ihrer Vorfahren, Älteren und Vorgängern immer gehört haben und für richtig halten." (Übers. d. Verf.)[57]

Hier wird eine beginnende Selektion sichtbar und zwar wurden nach dem Lebensalter die ‚ältesten' Männer selektiert. Es ist noch nicht von gezieltem Memorieren die Rede, zu dem Zweck, als Urteilsfinder zu fungieren, vielmehr haben die Männer in ihrem Leben, seit sie zu ihren Tagen gekommen sind, als Dingpflichtige zahlreichen Dingen beigewohnt – je älter, desto mehr – und haben gehört, was dort als Recht gesprochen wurde. Ihre Erinnerung war das Buch, in dem der urteilsfragende Richter nachschlug.

Es wäre naheliegend zu vermuten, dass der Schultheiß, der ja (im Magdeburger Rechtskreis) im Gerichtsverfahren einer der zwölf Schöffen war, eine Rolle bei der mündlichen Rechtsüberlieferung spielte. Das war aber sicherlich nicht der Fall. Seine Rolle beim Beantworten von Urteilsfragen war beschränkt auf die erste, einleitende Urteilsfrage des Richters, nämlich nach der vollständigen Erfüllung aller formalen Voraussetzungen für die Rechtmäßigkeit des Gerichts. Diese Frage wurde an den Schultheiß gerichtet und erst wenn er sie bejaht hatte, begannen die Verhandlungen der einzelnen Sachen.[58] Der Schultheiß war ein von der Gerichtsherrschaft eingesetzter Beamter, der dem Richter gegenüber eine Kontroll- und Aufsichtsfunktion innehatte, der diesen gar ersetzen konnte, etwa bei Rechtsverweigerung oder dann, wenn der Richter selbst beklagt wurde. Von diesem Beamten wurde gewiss Gerichtserfahrung verlangt, aber Träger des überlieferten Rechtswissens zu sein war nicht seine Aufgabe.

---

[57] J. Grimm, Deutsche Rechtsalterthümer, Bd. 2, 1899, S. 386. Das Beispiel stammt aus dem Swartebroeker Weistum (Gelderland).

[58] Weichbildrecht, Art. 10 § 4 und 16 § 2 (Daniels, Gruben, Das sächsische Weichbildrecht, Bd. 1, 1858, Sp. 79, 87). Zum Amt des Schultheißen siehe Planck, Das Deutsche Gerichtsverfahren im Mittelalter, Bd. 1, 1879, S. 7 ff.

Neben den Dingleuten, also Urteilsfindern, müssen die oben schon erwähnten Vorsprecher genannt werden, die in den mittelalterlichen Gerichten überall vorgesehen waren. Ihre Aufgabe bestand darin, in der mündlichen Streitverhandlung vor Gericht für ihre Partei zu sprechen und dabei die rechten Formulierungen und Worte zu gebrauchen. Dies war notwendig, weil der Formalismus des mittelalterlichen Prozesses auch die gesprochene Sprache beherrschte. Es wurden Gerichtsformeln gebraucht, und wenn sie nicht verwendet wurden, konnte der verhandlungsführende Richter aus der (freien, formlosen) Rede der Partei nicht die richtige Urteilsfrage an die Urteilsfinder richten. Es war nicht seine Aufgabe, aus einem freien Parteivortrag eine Rechtsfrage herauszuschälen, um sie dann den Dingleuten zu stellen. Daraus folgte, dass der Gebrauch korrekter, vielleicht auch obligatorischer Sätze direkt prozessentscheidend war.[59] Das Risiko, einen Rechtsstreit wegen eines Formverstoßes zu verlieren, wurde *vare* (Gefahr) genannt und war gefürchtet (s. o. *S. 140*). Die Vorsprecher waren somit Männer, die sowohl Gerichtserfahrung als auch Rechtskenntnisse für ihr Amt benötigten und daher zu den Personen gehörten, die Träger und Tradierer des Rechtswissens waren. Auch der Sachsenspiegel nennt das Vorsprecher-Sein gleichwertig neben dem Urteil-Finden.[60]

Eine weitere Personengruppe dürfte zu den Trägern der Rechtskunde gehört haben: die sogenannten Wittigsten. Ihrer wird in der rechtshistorischen Literatur kaum gedacht. Das Hamburger Ordeelbook von 1270 bezieht sich in seinen ersten Artikeln mehrmals auf sie. Im Proömium heißt es:

> „[…] *sint desse ordele bescreven van der menen stad willen unde van der wittigesten raden van hamborch.*"
> „[…] sind diese Urteile von der ganzen Stadt Willen und vom Rat der Wittigsten von Hamburg geschrieben."[61]

Die Artikel 1, 4 und 5 werden ausdrücklich als Beschlüsse der Wittigsten bezeichnet.[62] Sprachlich steht das mittelniederdeutsche *wittich* für klug, verständig, weise und *de wittigeste borgere* für *prudentes, discretiores*, die rechtsverständigsten, angesehensten, notabelsten Bürger.[63] Die Stadt Stade hat bei der Übernahme des

---

[59] Die Parteien waren durchaus berechtigt, ohne einen Vorsprecher zu verhandeln, und sie durften auch den Vortrag ihres Vorsprechers korrigieren, so im Hamburger Ordeelbook Art. IX, 26 (EICHLER, Das Hamburger Ordeelbook von 1270 samt Schiffrecht, 2005, S. 290).

[60] Sachsenspiegel, Vorrede von der Herren Geburt, letzter Satz. Über die Bedeutung der Vorsprecher bei der Formulierung der Urteilsfragen siehe LANDWEHR, „Urteilfragen" und „Urteilfinden" nach spätmittelalterlichen, insbesondere sächsischen Rechtsquellen, in: ZRG GA 96 (1979), S. 29. Zum Vorsprecher allgemein PLANCK, Das Deutsche Gerichtsverfahren im Mittelalter, Bd. 1, 1879, S. 194 ff. – Zur *vare* und den Gerichtsformeln siehe auch unten *S. 140*.

[61] EICHLER, Das Hamburger Ordeelbook von 1270 samt Schiffrecht, 2005, S. 76.

[62] Dabei handelt es sich um die Bürgermeisterwahl, das Verbot gegen Rittersitze innerhalb der Stadt, und das Verbot, Güter des Landesherrn in der Stadt zu kaufen oder zu Pfand zu nehmen.

[63] LÜBBEN, WALTHER, Mittelniederdeutsches Handwörterbuch, 1888, S. 590.

Hamburger Stadtrechts das Proömium in Gänze übernommen (nur ‚hamborch‘ wurde durch ‚stade‘ ersetzt). Angesichts der zahlreichen Änderungen zur Anpassung an Stader Verhältnisse kann man daraus schließen, dass es die Wittigsten auch in Stade gab. Im Bremer Stadtrecht, in dem der Begriff ebenfalls auftaucht, sind sie ehemalige Ratsmitglieder.[64] Für Hamburg bezeichnet Lappenberg die Wittigsten als „eine neben dem Rate bestehende, mit demselben gesetzgebende Behörde“ und folgert aus der Übereinstimmung mit Stade und Bremen, die Institution müsse aus der (erzbischöflichen) Hamburger Altstadt stammen.[65] Sie wäre dann wahrscheinlich älter als die (der Neustadt zuzurechnende) Ratsverfassung und die Wittigsten könnten dann Dingleute gewesen sein, die durch ihre Rechtsverständigkeit herausragten. Aber ob Dingleute oder Ex-Ratmänner, sie müssen, wenn sie zu Beschlüssen über das Stadtrecht hinzugezogen wurden, Rechtskundige gewesen sein und somit zu dem Kreis derjenigen gerechnet werden, denen die Wahrung und Weitergabe des (bis dahin) schriftlosen Rechts oblag.

Reime als Merkhilfe

Wenn man sich vor Augen hält, dass nicht nur die Verfahrensregeln, sondern auch das gesamte materielle Recht allein in den Köpfen von einer Vielzahl von Männern (Frauen waren am Rechtsleben nicht beteiligt) gewusst wurde und ausschließlich von Mund zu Mund weitergegeben wurde, so stellt sich ganz selbstverständlich die Frage, in welcher Form die mündlich tradierten Rechtssätze memoriert wurden. Diese Frage ist nicht eindeutig zu beantworten.

Waren es Kurzfassungen mit Konzentration auf das Ergebnis? Oder waren es ausformulierte Fassungen, gleich- oder fast gleichlautend mit den späteren Niederschriften? Wir sind auf Vermutungen angewiesen. Einiges spricht dafür, dass es vollständige Sätze waren, die im Gedächtnis der Männer bewahrt und weitergegeben wurden.

Viele der einander entsprechenden Rechtssätze in verschiedenen Aufzeichnungen sind sehr ähnlich formuliert und die Versuchung ist immer groß gewesen, daraus auf Vorlagen- und Übernahmeverhältnisse sowie auf die Datierung der Handschriften zu schließen. Dabei wird zu leicht übersehen, dass der Zeitpunkt der schriftlichen Aufzeichnung nichts über den Zeitpunkt aussagt, von dem an ein Rechtssatz in Anwendung war. Die Textähnlichkeiten sind – mit großer Wahrscheinlichkeit – allein aus der Verbreitung der mündlich ‚gängigen‘ Formulierungen zu erklären.

---

[64] So SCHWARZWÄLDER, Bremen um 1300 und sein Stadtrecht von 1303, in: ELMSHÄUSER, HOFMEISTER (Hrsg.), 700 Jahre Bremer Recht, 2003, S. 43, 63.

[65] LAPPENBERG (Hrsg.), Die ältesten Stadt-, Schiff- und Landrechte Hamburgs, 1845, S. XXI, XXXII f.

Solche Formulierungen sollten sicher gut einprägsam sein. Sätze sind einprägsam, wenn sie bestimmte sprachliche Merkmale haben: Sie können Endreime oder Stabreime enthalten, sie können einem Sprechrhythmus folgen, sie können geläufige Begriffspaare enthalten oder auffällige Metaphern. Alle diese Merkmale sind vorzügliche Gedächtnisstützen. Etliche solcher einprägsam formulierter Rechtssätze sind im Lauf der Zeit zu Rechtssprichwörtern geworden. Von diesen volkstümlichen Formen sollten sie aber begrifflich unterschieden werden. Am besten wären sie als ‚Rechtssprüche' zu bezeichnen. Danach wären Rechtssprüche einprägsam gestaltete Rechtssätze, formuliert von Wissenden, bestimmt zur mündlichen Weitergabe an ihre jüngeren Nachfolger. Dagegen sind Rechtssprichwörter zwar entstanden aus Rechtssprüchen, es sind volkstümlich gewordene Einzelsätze, die oft bis in die heutige Zeit erhalten geblieben sind und fast ebenso oft in ihrem ursprünglichen Sinn nicht mehr verstanden werden.[66]

Rechtssprichwörter sind wiederholt untersucht und beschrieben worden. Ekkehard Kaufmann hat die Unterscheidung zwischen Rechtssätzen und Rechtssprichwörtern getroffen und betont, dass nicht Prägnanz, Reimform und Ähnliches Belege für ein Sprichwort seien, sondern sein volkstümlicher Umlauf (dessen Häufigkeit sich im Nachhinein nicht wirklich ermitteln lässt). Die Reimform sei vielmehr im Mittelalter Stilelement gehobener Sprache gewesen.[67] Diese letztere Behauptung lässt sich naturgemäß nur aus schriftlichen Quellen für die geschriebene Sprache belegen und gilt nicht automatisch auch für die gesprochene Sprache. Wenn beispielsweise Gesprochenes gereimt wurde, dann ist die starke Vermutung gerechtfertigt, dass der Zweck darin bestand, einen Text einprägsam zu machen, ihm eine Gedächtnisstütze einzubauen, damit er im Gedächtnis behalten und bewahrt werden konnte.

Anders als Kaufmann hat Ruth Schmidt-Wiegand in einer ihrer Arbeiten über Rechtssprichwörter[68] darauf verwiesen, dass viele Rechtssätze, die wie Sprichwörter wirken, dem mündlich überlieferten Gewohnheitsrecht angehören und dass manches (wie die häufige doppelte Negation) die Herkunft der Sätze aus der Mündlichkeit des Gerichts verrät.[69] In demselben Aufsatz werden zahlreiche Beispiele dafür genannt, dass der Sachsenspiegel Rechtsregeln enthält, die ihrer sprachlichen Form nach sehr wohl Rechtssprichwörter gewesen sein mögen:

---

[66] Die Redensart „Aller guten Dinge sind drei" ist sehr alt und bezog sich darauf, dass man zu drei Dingen (Ding-Terminen) geladen wurde; folgte man dreimal (‚im Guten') nicht, dann erst erfolgten Zwangsmaßnahmen.

[67] KAUFMANN, Rechtssprichwort, in: HRG, Bd. 4, 1990, Sp. 364 ff.

[68] SCHMIDT-WIEGAND, Sprichwörter und Redensarten aus dem Bereich des Rechts, in: BUCHHOLZ, MIKAT, WERKMÜLLER (Hrsg.), Überlieferung, Bewahrung und Gestaltung in der rechtsgeschichtlichen Forschung, 1993; außerdem hat Ruth Schmidt-Wiegand folgendes Werk herausgegeben: DIES., Deutsche Rechtsregeln und Rechtssprichwörter, 1996.

[69] DIES., Sprichwörter und Redensarten aus dem Bereich des Rechts, in: BUCHHOLZ, MIKAT, WERKMÜLLER (Hrsg.), Überlieferung, Bewahrung und Gestaltung in der rechtsgeschichtlichen Forschung, 1993, S. 283.

„*Got is selve recht, dar umme is em recht lef*" (Prolog);
„*de aldere scal delen unde de jungere scal kesen*" (Ldr. III, 29 § 2);
„*de ok erst to der molen kumt, de scal erst malen*" (Ldr. II, 59 § 4);
„*man und wif ne hebben nen tweit gut to erme live*" (Ldr. I, 31 § 1);
„*men scal ok dem erve gelden, dat men deme doden sculdig was*" (Ldr. I, 6 § 4);
„*swelkes ordeles men erst bedet, dat scal men erst vinden*" (Ldr. I, 62 § 8);
„*wif ne mach eres gudes nicht vergeven ane eres mannes willen*" (Ldr. I, 31 § 1);
„*musdele unde morgengave ne erft nen wif bi eres mannes live*" (Ldr. III, 38 § 3);
„*it is mannich man rechtlos, de nicht is echtlos*" (Ldr. I, 51 § 1);
„*herren und mannes valscher rat / geliket wol ungetreuer tat*" (Lnr. 76 § 6).[70]

Jacob Grimm, der in seinen „Deutschen Rechtsalterthümern" zahlreiche Sprüche mit Rechtsinhalten aus einer Vielzahl von Quellen vorstellt, trifft dabei keine begriffliche Trennung zwischen Formeln, Rechtssätzen und Rechtssprichwörtern. Beispiele für sich reimende Sprüche sind bei ihm: Hehler sind Stehler; Bürgen soll man würgen; gezwungener Eid ist Gotte leid; wer darf jagen, darf auch hagen; dreitägiger Gast wird jedermann zur Last.[71] Sie zeigen Sprichwortcharakter und lassen völlig offen, ob sie einst Rechtssätze waren. Auch bei den ‚Formeln' nennt Grimm eher häufige Formulierungen als das, was wir heute unter einer Formel verstehen. Ein Beispiel sei die Formulierung über die Qualität der Naturalien, die als Abgaben abzuliefern waren: weder das beste noch das schlechteste; *mansum unum nec optimum nec pessimum, sed medium*; de beste nicht noch de argeste; *unum porcum de majoribus, nec optimum nec abjectiorem*, und so weiter.[72]

Während die sich reimenden Sprüche einzelne Endreime aufweisen, existieren auch ganze Textteile in Reimform (‚Reimprosa'), ganz sicher zum Zweck der besseren Einprägsamkeit und um sie leichter behalten zu können. Ein Beispiel dafür findet sich im Sachsenspiegel, Ldr. I, 4:

„*Uppe oltuile · unde uppe duerge*	„An Blöde und an Zwerge
en sterft nen len noch erue ·	erstirbt weder Lehen noch Erbe,
noch uppe kropel kint ·	auch nicht an ein verkrüppelt Kind.
We denne de eruen sin ·	Wer danach ihre Erben sind,
unde ere negesten mage	und ihre nächsten Verwandten,
de scolen se holden mit plage ·"	die sollen sie pflegen mit ihren Handen."[73]

[70] Ebd.; Zitate lt. Schmidt-Wiegand nach der Sachsenspiegel-Ausgabe von Ernst August Eckhardt (EIKE von Repgow, Sachsenspiegel Landrecht, 1973).

[71] J. GRIMM, Deutsche Rechtsalterthümer, Bd. 1, 1899, S. 45 ff., hier S. 47.

[72] Ebd., S. 49.

[73] Text nach dem Sachsenspiegel im Codex Palatinus in der Edition von Sachße ([EIKE von Repgow], Sachsenspiegel oder Sächsisches Landrecht, 1848, S. 37), die Übersetzung des Verf. als freier Versuch der Reim-Nachahmung.

Soll man hier annehmen, dass Eike von Repgow die Stelle aus Freude am Reimen so formuliert hat? Immerhin hat er das Talent dazu in seinen Reimvorreden unter Beweis gestellt.[74] Aber warum dann nur diese Stelle? Wahrscheinlicher ist doch, dass sie als gereimter Rechtsspruch überliefert und allgemein in dieser Textform bekannt und gebräuchlich war.

Ein anderes Beispiel: Der *auctor vetus de beneficiis* ist fast gänzlich in (lateinischer) Reimprosa geschrieben und diese Schrift wird, zumindest von Autoritäten wie C. G. Homeyer und K. A. Eckhardt, dem Spiegler zugeschrieben, als Erstzuschrift zu dem späteren deutschen Lehnrecht im Sachsenspiegel.[75] Diese gereimte Aufzeichnung ist gewiss kein mündlich tradiertes Volksgut. Sowohl die lateinische Sprache als auch die große zusammenhängende Textmasse schließen das aus. Wenn man nicht annehmen will, dass die Reime nur poetisches Schmuckwerk waren, ist die Vermutung näherliegend, dass der Text den Betroffenen und eben auch Lernenden vermittelt werden und die lockere Reimform der besseren Einprägsamkeit dienen sollte. Selbst für die später (um 1230) durch Eike von Repgow erfolgte Aufzeichnung des Landrechts im Sachsenspiegel wird angenommen, dass sie für Richter oder Schöffen bestimmt war – Schmidt-Wiegand schließt das aus der Untersuchung der Randnotizen in einer der Handschriften.[76]

Im Sachsenspiegel sind insgesamt 105 Kurzsätze als ‚Rechtssprichwörter' bestimmt worden, d. h. es wurden die sprachlichen Merkmale festgestellt, welche für solche Sprichwörter typisch sind, also End- oder Stabreime, Sprechrhythmen, Metaphern oder Ähnliches, wodurch die Sätze die Eignung zu Merksätzen erhalten.[77] Kurz, sie erfüllen just jene Anforderungen, welche an Rechtssprüche in unserem Sinne gestellt werden: leichte Merkbarkeit im Interesse der Erlernbarkeit und damit der wirksamen mündlichen Weitergabe.

Zu den aufgeführten sprachlichen Merkmalen, die das Lernen und Merken von Rechtssätzen erleichtern sollten, lässt sich auch die natürliche und lebhafte Anschaulichkeit hinzurechnen, die viele solcher Sätze kennzeichnet. Dazu gehören die typischen Adjektive (der helle Tag, bei dunkler Nacht, das weiße Silber, Meer und See sind wild und salzig) und die oft naturnahen Beschreibungen: Was ‚die Egge bestrichen und die Hacke bedecket' hat, folget dem Erbe; oder: Des Mannes Saat, die er mit dem Pflug wirket, ist verdienet, ‚als die Egge darüber gehet'.[78]

---

[74] Vorreden zu Rechtsbüchern waren häufig gereimt, z. B. vor dem Sächsischen Weichbildrecht (DANIELS, GRUBEN, Das sächsische Weichbildrecht, Bd. 1, 1858, ohne Seitenzahl). Auch Grimm vermerkt die häufigen Reimvorreden (J. GRIMM, Deutsche Rechtsalterthümer, Bd. 1, 1899, S. 47).

[75] SCHLOSSER, Auctor vetus de beneficiis, in: HRG, Bd. 1, 1971, Sp. 246 f.

[76] SCHMIDT-WIEGAND, Sprichwörter und Redensarten aus dem Bereich des Rechts, in: BUCHHOLZ, MIKAT, WERKMÜLLER (Hrsg.), Überlieferung, Bewahrung und Gestaltung in der rechtsgeschichtlichen Forschung, 1993, S. 284, mit Anm. 33.

[77] JANZ, Rechtssprichwörter im Sachsenspiegel, 1989, zitiert nach SCHMIDT-WIEGAND, Sprichwörter und Redensarten aus dem Bereich des Rechts, in: BUCHHOLZ, MIKAT, WERKMÜLLER (Hrsg.), Überlieferung, Bewahrung und Gestaltung in der rechtsgeschichtlichen Forschung, 1993, S. 284.

[78] Das letzte Beispiel steht im Ssp., Ldr. II 58 § 2. Weitere Beispiele nennt J. GRIMM, Deutsche Rechtsalterthümer, Bd. 1, 1899, S. 51.

Zusammengefasst: Aus dem Befund bei zahlreichen schriftlich überlieferten Rechtssätzen lässt sich schließen, dass die der Aufzeichnung vorausgegangene mündliche Überlieferung nicht in einer einheitlichen Textform tradiert wurde, sondern in ‚Sprüchen' mit unterschiedlichen sprachlichen Merkmalen (Endreim, Rhythmus, Alliteration, Metapher usw.), die geeignet waren, die Sprüche besser memorieren und erinnern zu können, sowie sie später im Wege der Weitergabe an Jüngere besser den Lernenden einprägen zu können.

Rechtsentwicklung und Verkündung in der Mündlichkeit

Aus der hier geschilderten Funktionsweise der mündlichen Rechts-Tradierung darf nicht geschlossen werden, dass in der von Generation zu Generation weitergereichten Rechtsmasse keine Fortentwicklung habe stattfinden können, dass sie starr und unveränderlich gewesen sei. Auf zwei Arten kam es zu Veränderungen: die unbeabsichtigte, nämlich die ungewollte Ungenauigkeit, und die gezielte Verbesserung. Die erstere Art war systemimmanent. Wenn über hundert Generationen Tausende von Einzelpersonen Wissen mündlich weitergeben, muss es geradezu zwangsläufig zu irrtümlichen Verfälschungen gekommen sein.

Anders verhielt es sich mit gezielten Modifikationen. Hier konnte z. B. ein Urteil für einen Sachverhalt erforderlich werden, für den die vorhandenen Rechtssätze keine Regelung vorsahen. Da die Dingleute oder Schöffen ja Urteils*finder* waren, die – in ihrer eigenen Vorstellung – das (vorhandene!) Recht fanden, bedeutete es für sie keine Veränderung des Rechts, wenn sie die neue Regelung in ihren Wissensbestand aufnahmen. In gleicher Weise werden sie gehandelt haben, wenn die Anwendung des ihnen bekannten Rechts zu einem als unbillig empfundenen Ergebnis geführt hätte und sie deswegen den konkreten Sachverhalt zur Ausnahme erklärten, indem sie der überlieferten Regel ein ‚außer, wenn […]' hinzufügten. Für sie war dies keine Rechts-Fortentwicklung, sondern eine Präzisierung des alten, von den Vorfahren überkommenen Rechts, das schon immer so bestanden und das in diesem Detail zufällig nur noch niemand ge*funden* hat.

Auf solche Art und Weise hat es mit Sicherheit auch Anpassungen des Rechts an die sich verändernden technischen, wirtschaftlichen und sozialen Verhältnisse gegeben.[79] Nur der Vollständigkeit halber muss hier erwähnt werden, (denn es hatte nichts mit den Motiven für die Erstellung von Rechtsbüchern zu tun,) dass auch die Verbreitung und Publizierung der wenigen schriftlichen Gesetze (wie Landfrieden und dergleichen) in der untersten Ebene mündlich durch öffentliches Verlesen an festen lokalen Verkündplätzen erfolgte.[80]

---

[79] Vgl. zu diesem Zusammenhang auch KERN, Recht und Verfassung im Mittelalter, 1952, S. 38 ff.

[80] Siehe dazu LÜCK, Verkündplätze, in: HRG, Bd. 5, 1998, Sp. 748 ff. und DERS., Verlesen von Rechtssatzungen, in: HRG, Bd. 5, 1998, Sp. 760 f.

Rechtsbücher als der Beginn von Rechtsaufzeichnungen

Hält man hier inne und lässt die geschilderten Einzelheiten der rein mündlichen Rechtspflege Revue passieren, so leuchtet ein, dass die Fülle des Rechtsstoffes, den die Urteilsfinder in ihren Köpfen haben mussten, auch Fehler zur Folge haben musste, mit dem Ergebnis, dass ein und derselbe Sachverhalt an verschiedenen Orten und zu verschiedenen Zeiten unterschiedlich entschieden wurde. Gerichtsurteile betreffen – und beschweren – Menschen, und es konnte nicht ausbleiben, dass die Rechtspflege in den Geruch der Unzuverlässigkeit kam. Das mag zu der Tendenz beigetragen haben, geistliche Gerichte auch in weltlichen Angelegenheiten anzurufen bzw. ihre Zuständigkeit für ein bestimmtes Rechtsgeschäft von vornherein zu vereinbaren.[81] Aber nicht nur die Rechtsuchenden, sondern auch die Männer, denen die Bewahrung und Tradierung des Rechts oblag, werden es als Mangel empfunden haben, eben ‚nur' ihre eigene Erinnerung an lange zurückliegende Instruktionen (etwa durch ihre Väter) zu haben. Kurz, die Situation schrie irgendwann nach jemandem, der das hergebrachte Landrecht aufschrieb: Jemand, der a) die Rechtskenntnisse dazu besaß, b) schreiben konnte und c) die Zeit, die finanziellen Mittel und die Motivation dafür besaß. Es war die Geburtsstunde der Rechtsbücher.

In anderen Worten: Die Rechtsbücher waren Gedächtnisaufzeichnungen von bisher schon praktiziertem Recht. Sie gaben nur wieder, was zuvor entwickelt und mündlich tradiert worden war. Das gilt selbstverständlich auch für den Sachsenspiegel des Eike von Repgow, der das ausdrücklich hervorhebt:

> „*Diz recht en habe ich selber nicht erdacht, es haben von aldere an uns gebracht, unse guten vorevaren.*" (Reimvorrede Z. 151).[82]

Es gibt keinen Hinweis, dass dies bei den später fortgeführten Fassungen des Spiegels anders gewesen sei. Den Anstoß dazu mag oft gegeben haben, dass die Rechtspflege, allein auf das Gedächtnis einiger weniger gestützt, an ihre Grenzen stieß. Besonders deutlich wird dieses Motiv ausgedrückt im Falle der englischen Stadt Ipswich, wo in dem umfangreichen Protokoll einer mehrtägigen Bürgerversammlung im Juni 1200 unter anderem festgehalten wurde:

> „*Also, it was ordained and agreed by the whole community that the laws and free customs of the town should be set down in a particular roll, which shall be called the Domesday. This roll shall always be kept in the custody of those who shall at the time be bailiffs of the town, so that they may know how to carry out their office. All statutes of the Merchant Gild shall be placed in another roll, just as is done in other cities and bo-roughs where there is a Merchant Gild. The alderman may always have this roll in*

---

[81] Vgl. TRUSEN, Anfänge des gelehrten Rechts in Deutschland, 1962, S. 45 f.

[82] EIKE von Repgow, Sachsenspiegel, 1993, S. 23. Zu der Denkweise „Altes Recht ist gutes Recht" siehe Schott in seinem Nachwort zum Sachsenspiegel (EIKE von Repgow, Der Sachsenspiegel, 1996, S. 372).

his possession, so that he know how to carry out his office."
„Auch wurde von der ganzen Gemeinde beschlossen und vereinbart, dass die Gesetze und freien Rechtsgewohnheiten der Stadt in einem besonderen Register aufgeschrieben werden sollen [...] Das Register soll immer von denen verwahrt werden, die jeweils die Amtmänner der Stadt sind, so dass sie wissen können, wie sie ihr Amt zu führen haben. [...]"[83]

Die zufällig überlieferte Dokumentation des Aufzeichnungszwecks bestätigt, dass solche Gesetze und Statuten vollumfänglich vor ihrer schriftlichen Aufzeichnung bestanden. Mittelalterliches Recht war „seit unvordenklichen Zeiten mündlich überliefertes Gewohnheitsrecht".[84] Dass jedes Recht – Stadt- oder Landrecht oder Gildesatzung – irgendwann einmal erstmalig aus der Mündlichkeit geholt und aufgeschrieben worden sein muss, ist eigentlich selbstverständlich,[85] wenn auch Historiker immer wieder versucht sind zu glauben, dass ein jeder Codex einen (verschollenen) Vorgänger gehabt haben müsse.

Etwas anders mag es sich bei Stadtrechten verhalten haben, deren Normen aus verschiedenen Quellen stammten, wobei die Aufzeichnung eine Festlegung darstellte, für welche Rechtsfrage welches Recht Anwendung finden solle. Dabei konnte es sich um die Konkurrenz zwischen dem Landrecht des die Stadt umgebenden Landes mit dem selbstgesetzten Stadtrecht oder mit eigenen Ratsurteilen handeln. Ein Beispiel dafür könnte das Hamburger Ordeelbook sein, in dem sich Normen des sächsischen Landrechts neben denen des Lübecker Stadtrechts finden, nachdem sich die Hamburger Altstadt (Landrecht) mit der später gegründeten Neustadt (Stadtrecht) vereinigt hatte.

Die hier beschriebenen Anstöße zur schriftlichen Aufzeichnung von Rechtsordnungen – also Frühformen von Kodifizierung – sind ausdrücklich als ‚Anfänge' der Aufzeichnung zu verstehen. Selbstverständlich muss hier auch die um diese Zeit einsetzende Welle von Rechtsaufzeichnungen erwähnt werden. Sie hatte, neben den hier soeben genannten, mehrere andere Gründe, zu denen durchaus auch das Vorbild der Bücher des antiken römischen Rechts gehörte, aber auch der Blick auf die geistlichen Gerichte, an denen die Akteure sich an aufgeschriebenes Kirchenrecht halten konnten. Nicht zuletzt machte sich die zunehmende Zahl der Lesekundigen bemerkbar, die es als Bedürfnis oder auch als ihr Anrecht empfanden, das Recht ihrer Stadt selbst nachlesen zu können. Hier sei an das Privileg der Grafen von Holstein für Hamburg von 1292 erinnert, in dem der Stadt

---

[83] Das ganze Protokoll findet sich bei ALSFORD, Medieval English Urban History, ⟨http://www.trytel.com/~tristan/towns/ipswich2.html⟩ – Abfragedatum: 30.07.2014. Der im Original lateinische Text wird hier in seiner englischen Übersetzung wiedergegeben, um den englisch-rechtlichen Begriffen gerecht zu werden. Deutsch: Übers. d. Verf.

[84] EIKE von Repgow, Der Sachsenspiegel, 1996, S. 371.

[85] „Ursprünglich wohl nur als Gedächtnisstütze des Rechtsprechers angelegt, erwuchsen schriftliche Aufzeichnungen [...] langsam in den Charakter geschriebener Landrechte hinein." (W. EBEL, Geschichte der Gesetzgebung in Deutschland, 1958, S. 18.).

ausdrücklich vorgeschrieben wird, das von ihr autonom selbst gesetzte Recht in ein Buch zu schreiben:

> „*Conferimus nichilominus eisdem de mera et libera voluntate nostra, ut iura sua et sententias nusquam alias, id est, foris ciuitatem, quam in domo consulum ipsius ciuitatis, secundum scripta libri ipsorum liberius exsequantur, tali condicione adiecta, quod nec pauperi aut diuiti, uel alicui ex parte nostra postulanti, qui sibi autumauerit et suspicauerit minus fuste esse sentenciatum et iniuriam irrogatam, si pecierit, ipsius libri copia nullatenus denegetur.*“[86]
>
> „Wir übertragen ihnen nichtsdestoweniger aus unserem vollen und freien Willen das Recht, dass sie ihre Gesetze und Urteile, und zwar nirgends anders als im Rathaus ihrer Stadt, nach den Aufzeichnungen ihres Buches frei anwenden, unter der weiteren Bedingung, dass weder Armen noch Reichen, oder irgendjemandem aus unseren Landen, der solches fordert, eine Abschrift dieses Buches verweigert wird, wenn er glaubt und vermutet, weniger gerecht verurteilt und eines Unrechts beschuldigt (worden) zu sein.“ (Übers. d. Verf.)

Mit solchen Gedanken begann das Ende der Periode der Mündlichkeit. In den Städten (zu deren Privileg es typischerweise gehörte, sich eigenes Recht zu setzen,) begann man Stadtrecht aufzuschreiben, also amtliche *codices* mit Gesetzeswirkung zu erstellen. Wo Landrecht galt, entstanden große Rechtsbücher (wie der Sachsenspiegel) oder auch kleine, die zumeist verschollen sind. Die große Bedeutung, die der Sachsenspiegel erlangte, verdankt er zum einen natürlich der überragenden Leistung des Eike von Repgow, zum anderen aber eben auch der Größe des alten sächsischen Stammesgebiets, das vom heutigen Sachsen bis an die nördlichen Küsten Deutschlands reichte. Übrigens ist auch der Schwabenspiegel regional nicht auf seine Heimat beschränkt geblieben. Der Autor der bekannten Langenbeck'schen Glosse zum Hamburger Stadtrecht von 1497 zitiert an zwei Stellen das (nicht nur) von ihm „keyßerrecht“ genannte Rechtsbuch.[87] Der schiere Umfang des Sachsenspiegels und der anderen Rechtsbücher verdeutlicht, dass bis dahin auf dem Gebiet der Rechtspflege unter den Bedingungen der Mündlichkeit Gedächtnisleistungen erbracht worden sind, die heute unvorstellbar wären, und nicht ‚nur‘ auf dem Gebiet der Rechtspflege – daran sei hier auch erinnert.[88]

---

[86] LAPPENBERG (Hrsg.), Hamburgisches Urkundenbuch, Bd. 1, 1842, S. 722; der vollständige Text mit Übersetzung findet sich auch bei EICHLER (Hrsg., Übers.), Die Langenbeck'sche Glosse zum Hamburger Stadtrecht von 1497, 2008, S. 473 f.

[87] Siehe bei EICHLER (Hrsg., Übers.), Die Langenbeck'sche Glosse zum Hamburger Stadtrecht von 1497, 2008, S. 240, 296 f., dort bezeichnet als ‚Keyßer landthrecht‘.

[88] Als Beispiel kann das Gebiet der Seefahrt dienen. Das, was später, etwa im 15. Jahrhundert, in Segelanweisungen aufgeschrieben wurde, musste vorher der Steuermann auswendig wissen und das waren für jedes Teilstück einer Fahrt Details wie Wassertiefe und -farbe, Beschaffenheit des Grundes (Sand, Schlick, Kies usw.), Strömungen, Tidenverhältnisse und Landmarken mit ihren Peilungen, alles ohne Seekarte und Kompass. Beispiele finden sich in Koppmanns Edition des Seebuchs (KOPPMANN, Das Seebuch, 1876), der ältesten (erhaltenen) Handschrift einer solchen Sammlung von Segelanweisungen und in einer Beschreibung bei Schnall (SCHNALL, Navigation nach Sicht und Sand, in: HOFFMANN, SCHNALL, Die Kogge, 2003, S. 34–41).

GEDEON Magdolna (Miskolc/Ungarn)

Das Rechtsbuch von Schemnitz und die Maximilianische Bergordnung

In den Quellen finden sich Hinweise auf eine Siedlung am Ort von Schemnitz schon zur Zeit Stephans I. Später bildeten die von Andreas II. aus Thüringen und Tirol eingeladenen Bergleute die Mehrheit der Einwohner der Stadt. Die Mongolen hatten diese im Jahr 1241 vollständig zerstört, die Überlebenden flüchteten in die Wälder und Bergwerke, bzw. ein Großteil der deutschen Siedler kehrte in ihre alte Heimat zurück. Nach den Überlieferungen ruhte der Bergbau volle drei Jahre und wie im ganzen Land war auch in Schemnitz ein vollständiger Neuanfang nötig.[1]

König Béla IV. rief erneut deutsche Siedler ins Land, die nach 1244 die zerstörte Stadt wieder aufbauten. Nach der Meinung Kachelmanns kamen diese Siedler aus der Stadt Schebnitz, die in der Nähe der böhmischen Grenze lag.[2] Sie bekamen neue Privilegien und fassten ihre mitgenommenen Rechte und die am Ort entstandenen Rechtsgewohnheiten zusammen. Der König bestätigte die auf diese Weise geschaffenen Statuten der Stadt. Die Quelle des Rechtsbuchs von Schemnitz war also nicht das königliche Privilegium, sondern die vom Stadtrat verwendeten städtischen Statuten.[3]

Es sind mehrere handschriftliche Exemplare des Schemnitzer Rechtsbuchs erhalten, die heute im Schemnitzer und Kremnitzer Stadtarchiv sowie im Ungarischen Nationalmuseum aufbewahrt werden. Der Rechtswissenschaftler Gusztáv Wenzel untersuchte während einer Reise die Schriften im Schemnitzer Stadtarchiv und schrieb darüber im Jahre 1843 in den Jahrbüchern der Literatur Folgendes:

---

[1] Vgl. IZSÓ, A selmeci bányajogról egy jeles évforduló alkalmából, in: Bányászati és Kohászati Lapok 138,3 (2005), S. 29.

[2] KACHELMANN, Geschichten der ungarischen Bergstädte und ihrer Umgebung, 1855, S. 113.

[3] Vgl. IZSÓ, A selmeci bányajogról egy jeles évforduló alkalmából, in: Bányászati és Kohászati Lapok 138,3 (2005), S. 29. Schemnitz war eine der sieben niederungarischen Bergstädte. Im 14. Jahrhundert entstanden nämlich Bergbaubeziehungen zu Kremnitz und Neusohl, die später zur Gründung des Bundes dieser sieben freien Bergstädte führten. Die sieben niederungarischen Bergstädte waren: Selmecbánya [Schemnitz/Banska Štiavnica], Besztercebánya [Neusohl/Banská Bistrica], Bakabánya [Pukkantz/Pukanes], Körmöcbánya [Kremnic/Banska Kremnica], Újbánya [Königsberg/Nova Bana], Libetbánya [Libether/Lubietova], Bélabánya [Dilin/Banska Bela]. Die Bezeichnung ‚niederungarische' spiegelt seit dem 16. Jahrhundert nicht die geografische Lage der Städte nach ihrer Himmelsrichtung wider. Vielmehr ergibt sie sich aus einer Linie, gezogen vom nördlichen Zipser Komitat bis zum Zusammentreffen des Komitats Syrmien mit dem Temescher Banat im Süden. Die Gebiete links dieser Linie, von Wien bzw. Pressburg (den damaligen Hauptstädten) aus gesehen, werden als niederungarische, die rechts davon als oberungarische Gebiete bezeichnet. Vgl. ZSÁMBOKI, A magyar bányászat évezredes története, 1997, S. 100, 136–138.

„Eigentlich besitzt die Stadt Schemnitz vier Exemplare dieses ihres alten Stadtrechts, von denen aber zwey, als spätere Bestätigung aus dem Anfange des sechszehnten Jahrhunderts, kaum einigen wissenschaftlichen Werth haben. Viel wichtiger dagegen sind die beyden anderen, deren Schriftzüge und Verzierungen auf das vierzehnte Jahrhundert hinweisen. [...] Jedenfalls ist aber eine der Abfassung fast gleichzeitige, von dem Magistrate der Stadt selbst veranstaltete und sehr sorgfältig genommene Abschrift des wahrscheinlich verloren gegangenen Originals auf Pergament.“[4]

Einige Fragmente des Schemnitzer Bergrechts publizierte Thomas Wagner zuerst im Jahr 1791 in seinem Werk „Corpus Juris Metallici recentissimi et antiquiris“.[5] Er zitiert hier auch eine Anordnung Ferdinands I. von 1549, die beweist, dass das älteste der Rechtsbücher auf dem Gebiet des Königreichs Ungarn aus der Stadt Schemnitz stammt.[6]

Dass das Rechtsbuch von Schemnitz das älteste Rechtsbuch in Ungarn ist, steht außer Zweifel. Bei einem städtischen Rechtsbuch erhebt sich aber immer die Frage, woher dieses Recht stammt. Gibt es eine andere Stadt, deren Recht es beeinflusste? Gerade was das Rechtsbuch von Schemnitz betrifft, standen sich zwei Parteien gegenüber, die ihre Auffassungen gar nicht einander annähern wollten. Eine Partei vertrat die Ansicht, das Schemnitzer Rechtsbuch sei durch das böhmische Iglauer Rechtsbuch beeinflusst worden, es sei sogar die reine Übersetzung des lateinischen Iglauer Rechtsbuchs.[7] Andere behaupten im Gegenteil dazu, das Iglauer Rechtsbuch sei die Übersetzung des Rechtsbuchs von Schemnitz und das Schemnitzer Recht habe eine eigenständige Entwicklung genommen.[8]

[4] WENZEL, Das alte Stadt- und Bergrecht der königlichen Frey- und Bergstadt Schemnitz in Ungarn aus dem dreyzehnten Jahrhunderte, in: Jahrbücher der Literatur. Anzeigeblatt für Wissenschaft und Kunst 104 (1843), S. 3. Hier wurde auch der Text des Rechtsbuchs veröffentlicht, und es erschien auch im Jahre 1862 in: DERS., Árpádkori új okmánytár = Codex diplomaticus Arpadianus, Bd. 3: 1261–1272, 1862, S. 206–228. Diesen Text des Rechtsbuches übernahm Kachelmann in sein Werk, wozu er eine neuere, leichter lesbare Schreibweise benutzte. Siehe KACHELMANN, Geschichte der ungarischen Bergstädte, 1853, S. 177–192. Weitere Ausgaben des Rechtsbuchs von Schemnitz: PIIRAINEN, Das Stadt- und Bergrecht von Banská Štiavnica/Schemnitz, 1986 (in diesem philologischen Werk werden zehn erhaltene Handschriften des Stadt- und Bergrechts in vollem Wortlaut ediert); zweisprachige Ausgabe: FUCHS (Übers.), Selmecbánya város középkori jogkönyve, 2009.

[5] Th. WAGNER (Hrsg.), Corpus Iuris Metallici recentissimi et antiquioris, 1791, S. 164–170.

[6] Ebd., S. XVII.

[7] SCHNEIDER, Lehrbuch des Bergrechtes, 1870, S. 22–25; HÓMAN, A XIV. századi aranyválság, in: DERS., A történelem útja, 2002, S. 275; RÖSSLER (Hrsg.), Die Stadtrechte von Brünn aus dem XIII. u. XIV. Jahrhundert, nach bisher ungedruckten Handschriften, 1852, S. XXIV; TOMASCHEK, Der Oberhof Iglau in Mähren und seine Schöffensprüche aus dem XIII. u. XIV. Jahrhundert, 1868, S. 6; DERS. (Bearb.), Die Rechte und Freiheiten der Stadt Wien, Bd. 1, 1877, S. VII; DERS., Deutsches Recht in Österreich im XIII. Jahrhundert auf Grundlage des Stadtrechts von Iglau, 1859, S. 343–350.

[8] WENZEL, Magyarország városai és városjogai a múltban és jelenben, 1877, S. 56–59; SÍPOS, Magyar bányajog, tekintettel a franczia, szász, porosz bányajogokra, a magyar bányatörvényjavaslatra és az újabb igazságügyi reformtervekre, 1872, S. 89 f.; KARSTEN, Über den Ursprung des Bergregals in Deutschland, 1844, S. 12; BISCHOFF, Österreichische Stadtrechte und Privilegien, 1857,

Eine Zwischenposition nimmt Győző Bruckner ein[9], der die Einwirkung der deutschen Stadtrechte bestätigt. Er teilt die Meinung derjenigen Rechtswissenschaftler, die betonen, dass jedes Stadtrecht in Ungarn ohne Ausnahme auf Grundlage der ausländischen Stadtrechte und des Sachsen- und Schwabenspiegels entstanden sei.[10] Er fügte jedoch das Folgende hinzu:

> „Das Rechtsbuch von Schemnitz ist keine selbständige Rechtsschöpfung der Stadt, aber es ist auch keine reine Übersetzung des Iglauer Rechtsbuchs, da man darin bestimmte Änderungen finden kann, die die Schemnitzer Verhältnisse widerspiegeln."[11]

An mehreren Stellen zeigt das Rechtsbuch von Schemnitz auch eine selbständige Rechtsentwicklung. So sind z. B. die Ämter des Kammergrafen und des Tarnakmeisters dem Iglauer Rechtsbuchs nicht bekannt, das Wahlverfahren des Bergrichters wird im Schemnitzer Rechtsbuch anders geregelt als im Iglauer Rechtsbuch, und beide Rechtsbücher enthalten jeweils im anderen Rechtsbuch fehlende Maßnahmen.[12] Ich möchte zu dieser Frage nicht Stellung nehmen, aber ich empfehle zu berücksichtigen, dass die Gründer von Schemnitz nach der Meinung János Kachelmanns aus einer Stadt in der Nähe der böhmischen Grenze stammten.

Das Rechtsbuch von Schemnitz besteht aus zwei Hauptteilen: Der erste Teil enthält allgemeine privatrechtliche, öffentlichrechtliche und strafrechtliche Bestimmungen, während im zweiten Teil die bergrechtlichen Anordnungen zusammengefasst werden. Da ich mich mit der Entwicklung der Bergordnung beschäftigen möchte, sind aus dem ersten Teil nur die öffentlichrechtlichen Bestimmungen relevant. Der Ausgangspunkt dieser Untersuchung ist der Freiheitsbrief König Bélas IV., der am Anfang des Rechtsbuches steht.[13] Der König erteilt darin der Stadt die volle Freiheit in der Verwaltung der Stadt. Die Bürger der Stadt wählen ihren Magistrat selbständig. Der Richter war niemandem unterstellt. Also konnten die Bürger selbst die Statuten ihrer Stadt festlegen.

S. 140; TIMON, Magyar alkotmány- és jogtörténet, 1919, S. 311. Die Zusammenfassung der einzelnen Ansichten siehe: IZSÓ, A selmeci bányajogról egy jeles évforduló alkalmából, in: Bányászati és Kohászati Lapok 138,3 (2005), S. 29–34.

[9] BRUCKNER, A középkori partikuláris jogfejlődés és a selmeci városi és bányajog, 1935, S. 6.

[10] Diese Abfolge zeigt Kálmán Demkó in einer Tabelle, nach der sich die Rechtsübermittlung wie folgt darstellt: Schwabenspiegel → bayerisch-österreichisches Recht → österreichisches Landrecht → Recht der Stadt Enns, die ihr Recht im Jahre 1212 von Lipót VI. erhielt → Wien 1221 → mehrere Rechtsvorschriften von Wien wurden in das alte Recht von Iglau im Jahre 1249 aufgenommen → Schemnitz, das sein Recht von Béla IV. erhielt (dazu siehe den Anfang dieses Aufsatzes) → Rechte der niederungarischen und seit 1328 der oberungarischen Bergstädte. In: DEMKÓ, A felső-magyarországi városok életéről a XV-XVII. században, 1890, S. 7.

[11] „A selmeci jogkönyv nem önálló alkotás, de nem csupán egyszerű másolata az iglaui jogkönyvnek, mert a helyi viszonyoknak megfelelően változtatások észlelhetők rajta." (Übersetzung der Verfasserin) BRUCKNER, A középkori partikuláris jogfejlődés és a selmeci városi és bányajog, 1935, S. 15.

[12] Ebd.

[13] Das Original der Urkunde von König Béla IV. wurde 1442 in einem Feuer im Stadtarchiv vernichtet. Deshalb sind nur die in dem Rechtsbuch erhaltenen Teile bekannt. Vgl. IZSÓ, A selmeci bányajogról egy jeles évforduló alkalmából, in: Bányászati és Kohászati Lapok 138,3 (2005), S. 29.

Warum diese Großzügigkeit des Königs? Die Besonderheit der Stadt Schemnitz lag darin, dass Schemnitz keine einfache Stadt, sondern eine Bergstadt war. Das Stadtgebiet war reich an Silber und Gold. In der Zeit der Stadtgründung gehörten die Bodenschätze zum Königseigentum, aber die Bergwerksunternehmer konnten diese Schätze gegen die Abgabe von Fronzahlungen heben. Die Fron, die *urbura*, betrug ein Achtel oder Zehntel des gewonnenen Erzes.[14] Dieses Schuldverhältnis funktionierte so, dass die Bergwerksunternehmer ihre Fachkenntnisse, Ausrüstungen und Arbeit gaben und dafür einen Teil des gewonnenen Erzes bekamen. Der König stellte sein Gelände samt dem Erz zur Verfügung und erhielt dafür die Fron. König Karol Robert führte darüber hinaus den Zwangsverkauf der Erze für die Kammer ein.[15] Der festgelegte Preis war natürlich viel niedriger als der Marktpreis. Das war für beide Parteien ein gutes Geschäft, vor allem für den König, der ohne Investition ein hohes Einkommen erzielte. Außerdem gab der König den Städten, also den Gesellschaften der Bergwerksunternehmer, volle Freiheit in der Selbstverwaltung. Die Waldbürger konnten deshalb den städtischen Rat und die Rechtsschaffung fest in ihren Händen halten.[16]

Wenn wir aber die Geschichte der Rechtsschaffung hinsichtlich des Bergbaus untersuchen, können wir bemerken, dass zwischen dem König und den Bergwerksunternehmern ein Wettbewerb um die Bergschätze und um das Geld begann. Der Einsatz war nicht gerade klein. Aus einigen königlichen Urkunden lässt sich berechnen, dass in der zweiten Hälfte des 13. Jahrhunderts bei Schemnitz etwa 600 kg Silber pro Jahr ausgegraben wurden. Der Goldgewinn konnte noch höher ausfallen.[17] In diesem Wettbewerb versuchten beide Parteien, also der Hof und die wohlhabenden Schemnitzer Bergunternehmer, ihre Anteile am Gewinn zu erhöhen.

Im 16. Jahrhundert stiegen die Kosten der Bergwerke, da es sehr aufwendig war, Erz aus den tieferliegenden Schichten abzubauen. Deshalb wollten die Unternehmer immer mehr Erträge behalten und der Hof versuchte seine Aufsicht über den Bergbau auszuweiten. Als die Türken 1541 Buda besetzten, siedelten die Bürger der Bergstädte in die Nachbarländer um. Die wohlhabenden Bergwerksinhaber brachten ihre Familien vor allem in Polen, in Krakau und Boroszló, in Sicherheit. Die Bürger nutzten diese Situation, um Blicksilber ins Ausland zu bringen, damit sie das Silber der königlichen Kammer nicht zu einem aufge-

---

[14] ZSÁMBOKI, A magyar bányászat évezredes története, 1997, S. 31–33.

[15] Siehe: IZSÓ, Szemelvények a középkori montanisztika magyarországi történetének írott forrásaiból (1000–1526), 2006, S. 16. Die Vorschrift wurde durch König Sigismund zum Gesetz, siehe: Corpus Juris Hungarici/Magyar törvénytár, Bd. 1, 1899, S. 238, Art. XIII: 1405 (III) 5: „*Sed hujusmodi aurum, et argentum, sicut de aliis mineris, et montanis nostris, ad cameram nostram venire est consuetum; ad vendendum, in cameram nostræ majestatis, teneantur apportare, et exponere hujusmodi venditioni.*"

[16] Vgl. PAULINYI, A bányajoghatóság centralizációjának első kísérlete Magyarországon, in: Századok 114,1 (1980), S. 5.

[17] Vgl. ZSÁMBOKI, A magyar bányászat évezredes története, 1997, S. 40.

zwungenen (ungünstigen) Kurs verkaufen mussten. Die verwitwete Königin Maria[18] kam jedoch bald hinter diese Praxis und nahm dies zum Anlass, die Bergbauaufsicht zu zentralisieren. Neben der Verordnung, die sich gegen die unrechtmäßige Überführung von Silber richtete, und die am 2. Juli 1545 ausgefertigt wurde, wollte sie auch eine neue Bergordnung ausarbeiten lassen. Dieser Versuch scheiterte aber am Verhalten der Schemnitzer, die den Verhandlungen fern blieben, obwohl die Mandanten der übrigen sechs Bergstädte zu Verhandlungen bereit waren.[19]

Warum diese entschiedene Gegenwehr der Stadt Schemnitz? Nach der neuen Bergordnung wäre die Bergbauverwaltung dem Stadtrat entzogen worden und der Bergmeister mit vier Geschworenen hätte der Hofkammer unter der Aufsicht des Kammergrafen unterstanden. Somit hätten die Magistraten gar keinen Einfluss mehr auf den Bergbau gehabt und hätten deshalb auch kein Interesse mehr an dem Bergwerksunternehmen gehabt. Also wäre die ganze Bergwerksverwaltung dem Stadtrat aus den Händen genommen worden.[20] Obwohl Schemnitz die erste ‚Schlacht' gewonnen hatte, gab der Hof den Kampf nicht auf. Die unrechtmäßige Überführung von Silber ins Ausland wurde auch später mehrmals verboten, z. B. in einer Anordnung von 1565.[21]

Im Jahre 1548 übergab Königin Maria die Bergstädte an Ferdinand I. Um den Bergbau unter einheitliche Verwaltung zu stellen, wollte der König das Amt des Oberstkammergrafen einrichten. Zugleich wollte Ferdinand eine neue Bergordnung zusammenstellen.[22]

Nach mehreren Umarbeitungen wurde die neue sog. ‚Maximilianische Bergordnung' im Jahre 1560 fertiggestellt und sie wurde nach langem Verhandeln von Kaiser Maximilian II. am 10. Februar 1565 verkündet.[23] Diese Ordnung konnte aber nicht in Kraft treten, da die Bergstädte nicht zu einer Einigung bereit waren, obwohl schon 1564 in einer Verordnung des Kaisers bestimmt wurde, dass die neue Bergordnung überall in den Bergstädten verkündet und in 32 Exemplaren ausgeteilt werden solle.[24] Die Maximilianische Bergordnung konnte schließlich

---

[18] Im Jahre 1522 übergab König Ludwig II. der Königin die niederungarischen Bergstädte als Heiratsgeschenk. Siehe: F. A. SCHMIDT (Bearb.), Chronologisch-Systematische Sammlung der Berggesetze der Österreichischen Monarchie, Bd. 1, 1834, S. 85–88, 2. Februar 1522.

[19] Die Geschichte des Silberschmuggels wurde von Oszkár Paulinyi beschrieben, siehe: PAULINYI, A bányajoghatóság centralizációjának első kísérlete Magyarországon, in: Századok 114,1 (1980), S. 7–17.

[20] Ebd., S. 20.

[21] F. A. SCHMIDT (Bearb.), Chronologisch-Systematische Sammlung der Berggesetze der Österreichischen Monarchie, Bd. 2, 1834, S. 141 f., Königliches Patent, 30. Dezember 1565.

[22] ECKHART, A főbányagrófi hivatal szervezése, in: Századok 48,1 (1914), S. 197–213.

[23] F. A. SCHMIDT (Bearb.), Chronologisch-Systematische Sammlung der Berggesetze der Österreichischen Monarchie, Bd. 2, 1834, S. 1, Kundmachungspatent, 10. Februar 1565.

[24] DERS. (Bearb.), Chronologisch-Systematische Sammlung der Berggesetze der Österreichischen Monarchie, Bd. 1, 1834, S. 412, Kais. Reskript, 10. September 1564.

am 16. Februar 1573 in sieben niederungarischen Bergstädten verkündet werden, nachdem die aus den alten Bergrechten der Bergstädte zusammengestellten Erläuterungen als Anhang zu der neuen Bergordnung hinzugefügt worden waren.[25] Eine Passage der neuen Bergordnung besagt, dass diese nur in dem Fall angewandt werden solle, wenn man in den Erläuterungen keine passende Regel finden würde.[26] Also kam die Maximilianische Bergordnung nur subsidiär zur Geltung.

Die Maximilianische Bergordnung enthält praktische, dem damaligen Bergbau zeitgemäße, geeignete Vorschriften. Solche Regeln fehlten den Waldbürgern jedoch nicht unbedingt. Fand sich in ihrem Rechtsbuch keine Regelung für ein bestimmtes Problem, so trafen die Bürger gesonderte Vereinbarungen, um eventuell aufkommende Konflikte zu umgehen. Ein zentrales Problem war beispielsweise die Frage, wem das gefundene Erz gehört, wenn zwei Stollen aufeinandertrafen und durchbrochen wurden. Obwohl wir für dieses Problem auch im Rechtsbuch eine Lösung finden,[27] schlossen die Bergwerksunternehmer auch für diese Fälle Vereinbarungen.[28]

Warum verteidigten die Bergstädte ihre Rechte gegen die neue Bergordnung so hartnäckig? Gleich auf der ersten Seite der Maximilianischen Bergordnung findet sich die Information, dass alle Bergwerke und künftigen Stollen, samt den zu ihrem erfolgreichen Abbau aufzubrauchenden Wäldern und Wasserleitungen dem Kammergut gehören, und dass es den weltlichen und kirchlichen Herren und Adeligen und den Städten verboten ist, mit dem Abbau zu beginnen, ohne eine besondere königliche Erlaubnis ein Bergwerk aufzuschlagen, abzubauen und dort zu arbeiten, und von den Bergmännern und Amtleuten der Hofkammer Urbar oder Fron zu fordern.[29] Mit Hilfe dieses Paragraphen sollte in der Bergordnung eine vorher in Ungarn nicht gebräuchliche Regel eingeführt werden, nach der „das Bergwerksregale dem Landesherrn unmittelbar vorbehalten wird."[30] Das ungarische Verfassungsrecht kannte jedoch keine „unmittelbar vorbehaltenen" Regal-

[25] DERS. (Bearb.), Chronologisch-Systematische Sammlung der Berggesetze der Österreichischen Monarchie, Bd. 2, 1834, S. 224, Kundmachungspatent, 16. Februar 1573. Hier kann man auch den Text der Bergordnung lesen. Eine weitere Ausgabe mit den Erläuterungen und mit den Reskripten von Königin Maria Theresia: MAXIMILIAN II., Neue Berg-Ordnung des Königreichs Ungarn, und solcher Cron einverleibten Gold, Silber, Kupfer, und anderer Metall-Bergwerken, 1805.

[26] MAXIMILIAN II., Neue Berg-Ordnung des Königreichs Ungarn, und solcher Cron einverleibten Gold, Silber, Kupfer, und anderer Metall-Bergwerken, 1805, I. § 5.

[27] FUCHS (Übers.), Selmecbánya város középkori jogkönyve, 2009, Bergrecht, § 8.

[28] PÉCH, Alsó-Magyarország bányamívelésének története, Bd. 1, 1884, S. 233.

[29] MAXIMILIAN II., Neue Berg-Ordnung des Königreichs Ungarn, und solcher Cron einverleibten Gold, Silber, Kupfer, und anderer Metall-Bergwerken, 1805, I. § 1.

[30] DELIUS, Anleitung zu der Bergbaukunst nach ihrer Theorie und Ausübung, Bd. 2, 1806, S. 427. Ungarische Übersetzung: DELIUS, Bevezetés a bányatan elméletébe és gyakorlásába valamint a bányakincstári tudományok alaptételeinek ismertetésébe [Anleitung zu der Bergbaukunst nach ihrer Theorie und Ausübung, nebst einer Abhandlung von den Grundsätzen der Berg-Kammeralwissenschaft ⟨ungar.⟩], 1972 (darin: Értekezés a bányászati kamarális tudomány alapelveiről [Übers. v. János Mihalovits]).

rechte und die Bergwerkshoheit konnte auch vom König ausschließlich im Rahmen der ungarischen Gesetze durch die offiziellen Behörden, unter der Aufsicht des Landestages, ausgeübt werden.[31] Daneben wurde im Jahre 1523 in einem Artikel auch die Bergbaufreiheit verkündet: Damit Gold und Silber reichlich werde, erlaube der König, dass die Gold-, Silber-, Kupfer- und anderen Erzbauwerke von jedermann frei abgebaut werden können. § 1: Für den Bau der Bergwerke lasse er auch aus dem Ausland Arbeiter und Bergmänner herbeirufen, und lasse dies in einer Anordnung verkünden. § 2: Und diese und auch die schon vorhandenen sollen ihre alten Freiheiten behalten und gegen alle Angreifer verteidigt werden.[32]

Der Protest der niederungarischen Bergstädte war nicht grundlos. Die Selbständigkeit der Städte wurde, ähnlich wie beim Entwurf der Königin Maria, auch durch die neue Bergordnung aufgehoben. Die alte Freiheit bedeutete nämlich in Schemnitz, dass der Richter der Stadt von den Geschworenen des Stadtrats gewählt wurde, und zwar von denen, die schon seit einem Jahr im Stadtrat tätig waren.[33] Nach dem Bergrecht der Stadt wurde der wichtigste Bergbeamte, der Bergmeister, vom Richter und dem Rat gewählt und deshalb war er, obwohl er von der Kammer bezahlt wurde, ein Mann des Städtischen Rates. Der Bergmeister musste auch dem Stadtrat einen Eid ablegen.[34] Die Mutungen wurden vom Bergmeister und den Geschworenen unter dem Siegel der Stadt verliehen.[35] So vertraten der Richter und der Bergmeister die Interessen der Bergwerksunternehmer, die im Stadtrat saßen.

Gemäß der neuen Bergordnung stand der Bergmeister aber unter dem Oberstkammergrafen[36] und er sollte ihm gegenüber einen Eid ablegen,[37] obwohl er nach dem alten „Brauch" der Städte gewählt wurde.[38] Auch die anderen Bergbeamten

---

[31] DELIUS, Bevezetés a bányatan elméletébe és gyakorlásába valamint a bányakincstári tudományok alaptételeinek ismertetésébe [Anleitung zu der Bergbaukunst nach ihrer Theorie und Ausübung, nebst einer Abhandlung von den Grundsätzen der Berg-Kammeralwissenschaft ⟨ungar.⟩], 1972, S. 455, Anm. 129.

[32] Corpus Juris Hungarici/Magyar törvénytár, Bd. 1, 1899, S. 818, Art. XXXIX: 1523 (V): „*Ut aurum et argentum in copia habeatur; majestas regia committat fodinas minerarum auri, et argenti, ac cupri, et aliorum metallorum, libere colere; § 1: Et de externis quoque regnis, ad culturam eorum laborantes, et montanistas advocare, et publico edicto proclamare faciat; § 2: Tandemque et illos, et modernos, in eorum libertatibus antiquis conservare; et ab omnibus impetitoribus defensare dignetur.*"

[33] FUCHS (Übers.), Selmecbánya város középkori jogkönyve, 2009, Stadtrecht, § 8.

[34] Ebd., Stadtrecht, § 2.

[35] Ebd., Stadtrecht, § 3.

[36] Ferdinand I. wollte mit der Einführung der neuen Bergordnung auch das Oberstkammergrafenamt einrichten, siehe: ECKHART, A főbányagrófi hivatal szervezése, in: Századok 48,1 (1914), S. 197–213.

[37] Wir können in der Bergordnung auch die Eidsformeln lesen: MAXIMILIAN II., Neue Berg-Ordnung des Königreichs Ungarn, und solcher Cron einverleibten Gold, Silber, Kupfer, und anderer Metall-Bergwerken, 1805, XLVI. §§ 1–13.

[38] Ebd., I. § 4.

sollten dem Oberstkammergrafen nach der Bergordnung einen Eid ablegen, womit sie nicht mehr dem Stadtrat, sondern dem den König vertretenden Oberstkammergrafen verantwortlich waren. Im Schemnitzer Rechtsbuch finden wir sogar eine Regel, dass der Kammergraf nur zusammen mit dem Richter und den Geschworenen wegen Heimsuchung in ein Haus eintreten darf,[39] wohingegen jetzt, im Sinne der Bergordnung, die ganze Stadtverwaltung unter die Aufsicht des Oberstkammergrafen gestellt wurde.[40] Damit die Bergbeamten ohne Voreingenommenheit nur ihrem König dienten, durften sie keinen Anteil an einem Bergwerk haben, ausgenommen wenn sie vom König eine Genehmigung dafür bekamen, sonst erhielten sie eine Geldstrafe und verloren ihren Anteil.[41]

In der Rechtspflege wurde der Weg der Appellation verändert. Nach dem Recht von Schemnitz konnte man vom Richter der Stadt an ein Gericht der anderen sechs Bergstädte appellieren und dann weiter an den König oder den Tarnakmeister.[42] Nach der neuen Bergordnung wäre von einem *iudex montanorum* ein Rechtsspruch erteilt worden, mit dem man an den Oberstkammergrafen und anschließend auch an den König in Form einer Supplikation appellieren konnte.[43] Das bedeutete, dass der König die Appellationen in der niederösterreichischen Kammer bearbeiten ließ.

Wenn wir die Erläuterungen von Schemnitz betrachten, enthalten diese Regeln vor allem technische, nicht mit der Verwaltung zusammenhängende Vorschriften. Diese Erläuterungen überlebten aber die Bergordnung. Die Bergordnung wurde auf dem Landtag nicht als Gesetz angenommen, aber sie wurde nach der Zurückdrängung der Türken in anderen Bergbaugebieten Ungarns verkündet. Erst 1723

---

[39] FUCHS (Übers.), Selmecbánya város középkori jogkönyve, 2009, Stadtrecht, § 7.

[40] Das Amt des Oberstkammergrafen wurde erstmals mit David Haag im Jahre 1598 besetzt. Der König erteilte für ihn eine Instruktion, die die Aufgaben des Kammergrafen enthielt. In dieser Instruktion kann man lesen, dass die 7 niederungarischen Bergstädte unter die Aufsicht des Oberstkammergrafen gestellt werden, und dass er die Jurisdiktion und Oberhoheit über alle Beamten inne hat. Den Text der Instruktion siehe: F. A. SCHMIDT (Bearb.), Chronologisch-Systematische Sammlung der Berggesetze der Österreichischen Monarchie, Bd. 3, 1834, S. 286–299, Königliche Instrukzion für den Oberstkammergraf, 28. Februar 1598. Vgl. PÉCH, Alsó-Magyarország bányamívelésének története, Bd. II/1, 1887, S. 378.

[41] MAXIMILIAN II., Neue Berg-Ordnung des Königreichs Ungarn, und solcher Cron einverleibten Gold, Silber, Kupfer, und anderer Metall-Bergwerken, 1805, XXVII. § 1.

[42] FUCHS (Übers.), Selmecbánya város középkori jogkönyve, 2009, Stadtrecht, § 16. Dieser Artikel konnte erst nach 1405 in das Rechtsbuch eingefügt werden, da der Bund der Bergstädte erst nach dem Landtag 1405 gegründet wurde, zu dem König Sigismund die Delegierten der Bergstädte gemeinschaftlich eingeladen hatte. Siehe: Ebd., S. 24, Anm.

[43] MAXIMILIAN II., Neue Berg-Ordnung des Königreichs Ungarn, und solcher Cron einverleibten Gold, Silber, Kupfer, und anderer Metall-Bergwerken, 1805, XXXVII. §§ 1 f. Die Trennung der Stadt- und Berggerichtsbarkeit zog nach sich, dass auch die Streitsachen verteilt werden mussten. Solche Regeln finden wir auch in der Maximilianische Bergordnung (ebd., XXXIII). Eingehend wurde diese Verteilung durch die *Constitutiones et Rescripta* von Maria Theresia durchgeführt, siehe: F. A. SCHMIDT (Bearb.), Chronologisch-Systematische Sammlung der Berggesetze der Österreichischen Monarchie, Bd. 7, 1834, S. 238, 9. Junii 1747.

wurde sie durch den 108. Artikel als *lex privata* der Berggerichte als Gesetz akzeptiert. Es ist interessant, dass das Gesetz die Bergordnung nicht beim rechten Namen nennt:

> „Die Berggerichte bleiben, nach deren mehr als vor einhundert Jahren festgelegten Privatgesetzen, in ihrer derzeitigen Form erhalten.“[44]

Die Erläuterungen, „in welchen der Gesetzgeber selbst spricht“, wurden aber durch eine Anordnung der Hofkammer 1801 als allgemein gültige bergrechtliche Norm im ganzen Land verbindlich.[45]

Mit Hilfe des Artikels von 1723 konnte die Maximilianische Bergordnung bis 1854, bis zum Inkrafttreten des österreichischen Berggesetzes, gültig bleiben. Die Regeln der Bergstädte lebten jedoch weiter, da das neue Berggesetz vorschrieb, dass die Bergbaugebiete ihre Ordnungen innerhalb eines bestimmten Zeitraumes an das Gesetz anpassen können.[46] Die ITSZ (Ideiglenes Törvénykezési Szabályok) versicherten die weitere Geltung der örtlichen Ordnungen, insofern sie den Gesetzen nicht widersprachen (Revier-Statuten).[47]

Wer den Kampf gewonnen hat? Oszkár Paulinyi, der die Geschichte des Silberschmuggels erforscht hat, hat betont, dass die Maximilianische Bergordnung der technischen Entwicklung des Bergbaus und des Hüttenwesens diente, dass aber die Bodenschätze den ungarischen Staat nicht bereicherten. Die Entscheidungen wurden von österreichischen Beamten im Interesse des Hauses Habsburg getroffen und das Einkommen aus dem Bergbau wurde von Königin Maria im Ausland ausgegeben. Nur die unteren Kammern seien in den Händen ungarischer Beamter geblieben.[48]

Weiterhin können wir auch in den Reskripten Maria Theresias lesen:

> „[...] *der Oberstkammergraf ist der Hauptmann der Bergstädte, und die königlichen Kommissare sollen demselben ihre Mandatsbriefe zeigen.*“[49]

---

[44] Corpus Juris Hungarici/Magyar törvénytár, Bd. 4, 1900, S. 646, Art. CVIII: 1723 (II): „*Judicia montanistica, secundum privatas eorundem leges, ultra seculum stabilitas: in suo esse manebunt.*“

[45] F. A. SCHMIDT (Bearb.), Chronologisch-Systematische Sammlung der Berggesetze der Österreichischen Monarchie, Bd. 19, 1837, S. 343, Hofkammerdekret, 18. April 1801: Die Erläuterungen „nicht als Statutarische – denn das waren die ehemaligen alten Ordnungen – und nur diesen oder jenen Bezirk betreffende, sondern als geschriebene positive, und allgemein verbindende Gesetze, wie sie es nach Zeugnis alterer Urkunden von ihren Anbeginn fortan waren, betrachtet werden müßen.“

[46] Allgemeines Berggesetz für das Kaiserthum Oesterreich, 1854, 16. Hauptstück, Übergangs-Bestimmungen §§ 274 f. Vgl. BALKAY, SZEŐKE, Magyar bányajog, 1901, S. 8.

[47] Die Beschlüsse der Judexkurialkonferenz führten im Jahre 1861 mit der modifizierten Wiederherstellung der früheren ungarischen gleichzeitig die grundsätzliche Aufhebung der österreichischen Justizgesetze herbei. ITSZ, VII/IV § 16. Vgl. BALKAY, SZEŐKE, Magyar bányajog, 1901, S. 9.

[48] PAULINYI, A bányajoghatóság centralizációjának első kísérlete Magyarországon, in: Századok 114,1 (1980), S. 21.

[49] F. A. SCHMIDT (Bearb.), Chronologisch-Systematische Sammlung der Berggesetze der Österreichischen Monarchie, Bd. 7, 1834, S. 260, Nr. 31 (Übersetzung der Verfasserin aus dem Lateinischen).

Dieser Satz bedeutet, dass die Stadtverwaltung den Bergwerksunternehmern bis zum 18. Jahrhundert ganz entzogen war, die Aufsicht über die Städte gehörte schon zur Befugnis des Oberstkammergrafen, dem Vertreter des Königs.

Katalin GÖNCZI (Leipzig/Deutschland)

Vom ungarischen ,Volksgeist' bis zum europäischen Kontext[1]

Zur Geschichte der Rechtsbücherforschung im Donau-Gebiet

Die ersten Rechtsbücher im Donau-Gebiet sind primär im städtischen Bereich entstanden. Das späte 14. und das frühe 15. Jahrhundert lassen sich als Zeitalter der städtischen Rechtsaufzeichnungen im Königreich Ungarn bezeichnen. In dieser Epoche wurden das Schemnitzer Stadt- und Bergrecht,[2] die Zipser Willkür,[3] das Pressburger Stadtrechtsbuch[4] sowie das Ofner Stadtrechtsbuch[5] aufgezeichnet.[6] Fast ein Jahrhundert später wurde auf Anregung der Stände die ,consuetudo', das ,ius patrium', als Gesetzentwurf fixiert.[7] Daher werden im Folgenden die Grundzüge der Rechtsbücherforschung im Zusammenhang mit der Stadtrechtsgeschichtsschreibung erörtert.[8]

I. Die Rechtsbücherforschung zu Beginn der ungarischen Rechtsgeschichte

Die Anfänge der Rechtsbücherforschung in Ungarn lassen sich auf die Zeit der Trennung des historischen Rechts vom geltenden Recht datieren. In der ungarischen Rechtsgeschichte ging es vornehmlich darum, das während der Osmanenherrschaft verlorengegangene Archivmaterial zu ersetzen. Die ersten Rechtshistoriker des Landes waren also Quellensammler und Quelleneditoren.

Die Edition der Zipser Willkür durch den Tyrnauer Jesuiten Karl Wagner gilt als erster Schritt auf dem Weg der Rechtsbücherforschung. Er publizierte 1773 eine Pergamenthandschrift aus dem Jahre 1540, die Georgenberger Handschrift der Zipser Willkür.[9] Damit bahnte er den Weg für weitere Editionen.

---

[1] Eine erweiterte Fassung der hier vorgelegten Überlegungen ist publiziert in: GÖNCZI, CARLS, Sächsisch-magdeburgisches Recht in Ungarn und Rumänien, 2013.

[2] PIIRAINEN, Das Stadt- und Bergrecht von Banská Štiavnica/Schemnitz, 1986.

[3] DEMKÓ, Lőcse története, 1897; PIIRAINEN, Das Rechtsbuch der XI Zipser Städte, 2003.

[4] KIRÁLY, Pozsony város joga a középkorban, 1894.

[5] MOLLAY (Hrsg.), Das Ofner Stadtrecht, 1959.

[6] KÜPPER, Einführung in die Rechtsgeschichte Osteuropas, 2005, S. 298.

[7] Tripartitum opus iuris consuetudinarii inclyti Regni Hungariæ (Edition: WERBŐCZY, The customary law of the Renowned Kingdom of Hungary in three parts (1517), 2005). Dazu BAK, Tripartitum opus, in: LexMa, Bd. 8, 1997, Sp. 1015 f.; HOMOKI-NAGY, Das Allgemeine Bürgerliche Gesetzbuch in der ungarischen Rechtspraxis der Richter, in: BÉLI (Hrsg.) [u. a.], Institutions of legal history with special regard to the legal culture and history, 2011, S. 137.

[8] Für neuere Ansätze in der Forschungsgeschichte Ostmitteleuropas siehe: LÜCK, „Deutsches Recht im Osten", in: ZRG GA 26 (2009), S. 175–206; BILY, CARLS, GÖNCZI, Sächsisch-magdeburgisches Recht in Polen, 2011, S. 39–67.

[9] C. WAGNER, Analecta Scepusii Sacri et Profani, 1774.

Martin Georg Kovachich veröffentlichte im Jahre 1803 eine Zusammenstellung der Quellen des ‚ius tavernicale'.[10] Diese Quellensammlung beinhaltete Gesetzestexte wie z. B. das Stadtdekret von König Sigismund aus dem Jahre 1405, in dem u. a. der Appellationsweg in städtischen Angelegenheiten geregelt wurde. Kovachich wurde später vom König wegen seiner Leistungen auf dem Gebiet der Quellenkunde zum Landeshistoriker für Diplomatik und Statistik ernannt.[11]

Während der ersten Jahrzehnte des 19. Jahrhunderts entfaltete sich in Deutschland die historische Rechtsschule, die durch die ‚peregrinatio academica'[12] auch in Ungarn Nachfolger fand.[13] Die Studienwege von Andreas Michnay und Paul Lichner führten an die Universitäten Leipzig und Göttingen, wo sie mehrere Semester lang Philologie und Theologie studierten.[14] Sie erhielten nach der Rückkehr Professorenstellen am evangelischen Lyzeum in Pressburg. In der Bibliothek des Lyzeums entdeckten sie eine Handschrift aus dem 16. Jahrhundert – dieser Fund und die anschließende Edition der Handschrift im Jahre 1845 brachten das Stadtrecht der wichtigsten Stadt des Königreichs Ungarn im Mittelalter ans Licht.[15]

Die Publikation dieser so genannten ‚Lyzealhandschrift' stellt den ersten gedruckten Text des Ofner Stadtrechtsbuches dar. Die Herausgeber wiesen in einem reichen Fußnotenapparat auf die Übereinstimmungen des Textes mit dem süddeutschen bzw. sächsisch-magdeburgischen Recht hin. In der Beilage veröffentlichten sie weitere wichtige Quellen des Stadtlebens im Königreich Ungarn.[16] Die Quellenedition wurde auch mit einem Wörterverzeichnis versehen,[17] das die ostmitteldeutsche Sprache mit ihren bayerisch-österreichischen Zügen wiedergab.

---

[10] KOVACHICH (Hrsg.), Codex authenticus iuris tavernicalis statutarii communis, complectens monumenta vetera et recentiora partim antea vulgata, partim hactenus inedita, 1803.

[11] SZINNYEI, „Kovachich *Márton György*", in: DERS., Magyar írók élete és munkái, Bd. 6, 1899.

[12] SZABÓ, Előtanulmány a magyarországi joghallgatók külföldi egyetemeken a XVI-XVIII. században készített disputatióinak (disszertációinak) elemzéséhez, in: Publicationes Universitatis Miskolciensis. Sectio Jurisdica et Politica 8,5 (1993), S. 79–154; SZABÓ, Magyarországiak politica-disputatiói nyugat-európai egyetemeken a 17. században, in: PÉNZES, RÁCZ, TÓTH-MATOLCSI (Hrsg.), A szabadság felelőssége, 2011, S. 276–308; GÖNCZI, Juristischer Wissenstransfer von der Göttinger Universität in das Königreich Ungarn im späten 18. Jahrhundert, in: FATA, KURUCZ, SCHINDLING (Hrsg.), Peregrinatio Hungarica, 2006, S. 175–196.

[13] ZLINSZKY, Die historische Rechtsschule und die Gestaltung des ungarischen Privatrechts im 19. Jahrhundert, in: PÓLAY (Hrsg.), Studia in honorem Velimirii Pólay septuagenarii, 1985, S. 433–445; PÓLAY, A pandektisztika és hatása a magyar magánjog tudományára, 1976, S. 3–158.

[14] SZINNYEI, „Michnay *Endre Dániel*", in: DERS., Magyar írók élete és munkái, Bd. 8, 1902; DUKA ZÓLYOMI, Michnay, Andreas Daniel von, in: MAIER, MUSGER (Bearb.), Österreichisches Biographisches Lexikon, Bd. 6, 1975, S. 265; SZINNYEI, „Lichner *Pál*", in: DERS., Magyar írók élete és munkái, Bd. 7, 1900.

[15] MICHNAY, LICHNER (Hrsg.), Ofner Stadtrecht von MCCXLIV-MCCCCXXI/Buda városának törvénykönyve MCCXLIV-MCCCCXXI-ből, 1845.

[16] In der Beilage wurden u. a. die Zipser Willkür, das Privileg der Siebenbürger Sachsen aus dem Jahre 1224 sowie das Privileg der Zipser Sachsen aus dem Jahre 1271 abgedruckt. Ebd., S. 221–268.

[17] Ebd., S. 269–298.

In der Einleitung fassten Michnay und Lichner die Tendenzen und Aufgaben der damaligen Rechtswissenschaft zusammen.[18] Dabei wiesen sie auf die Bedeutung der historischen Methodik hin, da „jedes Recht in älteren Gesetzen und Gewohnheiten wurzelt, und den Kern können wir nur dann begreifen, wenn wir die Ursprünge erforscht haben".[19] Die historische Erforschung des einheimischen Rechts, so betonten die Herausgeber, führe zum besseren Wissen über die eigene Rechtsordnung und trage außerdem zur Rechtsfortbildung bei, was in den 1840er Jahren von besonderer Bedeutung war. Die Begriffe ‚Ursprung' und ‚Wurzeln', Argumente wie ‚Leben der Nation' und die Hinweise auf die Zusammenhänge von Sprache, Brauch und Gesetze zeigen, dass sowohl Michnay als auch Lichner mit dem Instrumentarium der historischen Methode vertraut waren. Ihre programmatische Schrift lässt sich daher als Beginn der historischen Schule in Ungarn bezeichnen.[20]

Diese Edition reflektierte József Eötvös, als er im Jahre 1847 über die Schwäche des Stadtbürgertums in Ungarn schrieb.[21] Seine Gedanken zu den Städten lassen sich im Hinblick auf die romantisch-nationalen Ideale der 1840er Jahre einordnen:

> „Unsere Städte bildeten ein fremdes und von allen Nationen getrenntes Element. Sie standen wie deutsche Inseln inmitten des ungarischen Meeres, mit fremder Sprache und fremden Bräuchen, und wie es das erhalten gebliebene Ofner Stadtrechtsbuch bezeugt, sogar mit fremden Gesetzen."[22]

Diese Inselmetapher zog in die ungarische Geschichtsschreibung ein und taucht seitdem immer wieder auf.

Seit der Epoche des ‚nation-building' suchte man nach dem Ursprung der mittelalterlichen Stadtrechte im Königreich Ungarn. Als ein roter Faden erwies sich die Herkunftsfrage der Städte, die zusammen mit Problemen der Rechtsbücherforschung diskutiert wurde. Tonangebend war der führende Rechtshistoriker der Pester (später Budapester) königlichen Universität, Gusztáv Wenzel.[23]

---

[18] MICHNAY, LICHNER, Előszó, in: DIES., (Hrsg.), Ofner Stadtrecht von MCCXLIV-MCCCCXXI/ Buda városának törvénykönyve MCCXLIV-MCCCCXXI-ből, 1845, S. VII; dazu siehe: ZLINSZKY, Wissenschaft und Gerichtsbarkeit, 1997, S. 9.

[19] Übersetzung der Verfasserin aus dem Ungarischen.
„Mivel pedig minden jog rend szerint más régibb törvényekben és szokásokban gyökeredzik, úgy hogy velejét csak akkor foghatjuk fel egészen, ha annak eredetéhez hatottunk." MICHNAY, LICHNER, Előszó, in: DIES., (Hrsg.), Ofner Stadtrecht von MCCXLIV-MCCCCXXI/Buda városának törvénykönyve MCCXLIV-MCCCCXXI-ből, 1845, S. VII.

[20] ZLINSZKY, Die historische Rechtsschule und die Gestaltung des ungarischen Privatrechts im 19. Jahrhundert, in: EL BEHEIRI (Hrsg.), Durch das römische Recht, aber über dasselbe hinaus, 2008, S. 386f.; GÖNCZI, Die europäischen Fundamente der ungarischen Rechtskultur, 2008, S. 262.

[21] EÖTVÖS, Magyarország 1514-ben, 1847, S. 39f.

[22] Übersetzung der Verfasserin aus dem Ungarischen.
„Városaink e szerint idegen, az összes nemzettől különvált elemet képeztek; mintegy német szigetekként álltak itt a magyar tenger közepett, idegen nyelvvel s szokásokkal, sőt mint a fennmaradt budai jogkönyv bizonyítja, idegen törvényekkel is." Ebd.

Zur Rechtsbücherforschung trug Wenzel – wie seine Vorgänger – zuerst durch Quellenpublikationen bei. Im Jahre 1843 edierte er eine Handschrift des Schemnitzer Stadt- und Bergrechts.[24] Wenzel verfasste seine wesentlichen Werke zur Stadtrechtsgeschichte aber nach 1867, also nachdem die Souveränität des ungarischen Staates innerhalb der Donaumonarchie wiederhergestellt worden war.

II. Dualismuszeitalter

Nach dem Ausgleich entfaltete sich die Kultur im nationalen Sinne, zugleich blühte der Historismus auf. In der Epoche des Dualismuszeitalters entstanden neben den Quellenausgaben bereits mehrere analytische Werke. Gusztáv Wenzels stadtrechtsgeschichtliche Arbeiten,[25] Kálmán Demkós Publikationen über das Recht der Zips[26] sowie Gustav Lindners Studie zum Codex Altemberger[27] sind wichtige Beiträge zur Rechtsbücherforschung im Dualismuszeitalter.

Wenzels Thesen zu den Stadtrechten drückten die nationalen Gefühle während der südosteuropäischen Ära des ‚nation-building' aus:

> „Es ist noch anzumerken, dass die Stadtrechte in Ungarn nicht vom Ausland geliehen wurden. Die Stadtrechte sind hier im Lande auf der Grundlage der Privilegien der ungarischen Könige entstanden, und zwar unter dem Schutz und der Sicherheit der ungarischen Gesetze. Die Stadtrechte ruhen also auf jenen Rechtsprinzipien und Rechtsansichten, die im Rechtsbewusstsein der hiesigen Stadtbewohner aufgrund ihrer so genannten Volksautonomie verwurzelt waren."[28]

Wenzel setzte sich 1878 in einer Arbeit zum Tavernikalrecht auch mit dem Ofner Stadtrechtsbuch als Quelle auseinander und nahm im Hinblick auf die Quellen-

---

[23] SZINNYEI, „Wenzel *Gusztáv*", in: DERS., Magyar írók élete és munkái, Bd. 14, 1914.

[24] WENZEL, Das alte Stadt- und Bergrecht der königlichen Frey- und Bergstadt Schemnitz in Ungarn aus dem dreyzehnten Jahrhunderte, in: Jahrbücher der Literatur. Anzeigeblatt für Wissenschaft und Kunst 104 (1843), S. 1–21.

[25] DERS., Magyarország városai és városjogai a múltban és jelenben, 1877; DERS., A XV. századi tárnoki jog.

[26] DEMKÓ, A felső-magyarországi városok életéről a XV-XVII. században, 1890; DERS., A szepesi jog '(Zipser Willkühr)', 1891; DERS., Lőcse története, 1897.

[27] LINDNER, Der Schwabenspiegel bei den Siebenbürger Sachsen, in: ZRG GA 6 (1885), S. 86–141; DERS. (Hrsg.), Az Altenberger-féle Codex/Der Codex Altenberger, 1885.

[28] Übersetzung der Verfasserin aus dem Ungarischen.
„Különben megjegyzendő még, hogy a magyarországi városjogok nem a külföldtől kölcsönöztettek. Az országban keletkeztek azok, magyar királyok privilégiumainak alapján, magyar törvények oltalma és biztosítása alatt, oly jogelvek és jognézetek szerint, melyek az itteni városlakosoknak jogi öntudatában gyökereztek, az u. n. népautonomiának útján. S e tekintetben a magyarországi városjogok egészen más szempont alá esnek, mint p. o. a Lengyelország városaiban egykor fennállt jog, mely – mint fennebb láttuk – nem ezen országban vette eredetét, hanem mint magdeburgi, lübecki stb. jog nyugati vidékekről recipiáltatott." WENZEL, Magyarország városai és városjogai a múltban és jelenben, 1877, S. 44.

verbindungen einen nationalistischen Blickwinkel ein. Er bezeichnete die Übernahmen aus den Rechtsspiegeln als die Integration von „Thesen von fremdem Ursprung", welche als „Äußerungen der doctrinalen Bildung des Autors dieses Rechtsbuchs" anzusehen seien.[29] Die Dichotomie ‚fremd' und ‚einheimisch' setzte sich in seiner Diskussion der Rechtsgeschichte der Städte fort. Wenzel war der Meinung, dass die ‚fremden' Elemente im Ofner Stadtrechtsbuch mit der Vergangenheit der ‚einheimischen' Städte nicht zusammenhängen.[30]

Diesen Gedanken nahm 1890 der führende Historiker der Zips, Kálmán Demkó, auf und modifizierte und ergänzte Wenzels Thesen wie folgt:

> „Die Prinzipien der Stadtrechte in Ungarn wurden aus dem Auslande mitgebracht. Sie entwickelten sich aufgrund der Privilegien der ungarischen Könige unter dem Schutz und der Sicherheit der ungarischen Gesetze nach solchen Rechtsprinzipien und Rechtsansichten, die den wirtschaftlichen und gesellschaftlichen Umständen der privilegierten Rechtsstellung der hiesigen Stadtbewohner entsprachen."[31]

Demkó führte bereits in dieser ersten analytischen Studie die Kategorie der ‚Rechtsverwandtschaft' ein und unterschied zwischen den Städten des von ihm so genannten Halle-Magdeburgischen Rechts und den Städten des bayerisch-österreichischen Rechts.

1891 publizierte Demkó eine Arbeit in den geschichtswissenschaftlichen Abhandlungen der Ungarischen Akademie der Wissenschaften und ging auf die Quellenverbindungen der Zipser Willkür mit den deutschen Rechtsspiegeln ein. Damit setzte er die von Michnay und Lichner begonnene Tradition des Quellenvergleichs fort. Demkó bestätigte anhand der Forschungen zur Zipser Willkür seine frühere These, dass die Prinzipien des ungarischen Stadtrechts aus dem Ausland stammten.[32] Damit widersprach Demkó Wenzels stärker nationalistischer Sicht. Kálmán Demkó war weiterhin auch als Editor tätig und veröffentlichte zwei Handschriften der Zipser Willkür; dabei wertete er die Rechtssätze rechtsdogmatisch aus.[33]

Die Rechtsbücherforschung wurde in den ersten Jahren des 20. Jahrhunderts zum Gegenstand der geisteswissenschaftlichen Disziplinen. Die Geisteswissen-

---

[29] Übersetzung der Verfasserin aus dem Ungarischen.
„[...] ezen jogkönyv szerzője doctrinalis képesitettségének nyilatkozatai." DERS., A XV. századi tárnoki jog, S. 12.

[30] Ebd.

[31] Übersetzung der Verfasserin aus dem Ungarischen.
„A magyarországi városjogok alapelvei a külföldről hozattak be, [...] magyar királyok privilégiumainak alapján magyar törvények oltalma és biztosítása alatt fejlődtek ki oly jogelvek és jognézetek szerint, melyek az itteni városlakosok kiváltságos helyzetéből kifolyó közjogi állásnak és a nyert privilégiumok alapján keletkezett közgazdasági és társadalmi viszonyoknak megfeleltek." DEMKÓ, A felső-magyarországi városok életéről a XV-XVII. században, 1890, S. 5.

[32] DERS., A szepesi jog '(Zipser Willkühr)', 1891, S. 4.

[33] DERS., Lőcse története, 1897, S. 16–86.

schaftliche Fakultät der Budapester Universität schrieb 1903/04 einen Preis für die Untersuchung des Ofner Stadtrechts aus. Preisträgerin wurde Néda Relković mit einer kulturhistorischen Doktorarbeit.[34] Darin beschäftigte sie sich zunächst mit den deutschen Rechtsspiegeln und den so genannten ‚Stadtrechtsfamilien'.[35] Mit der Methode der Staatenkunde beschrieb sie dann das Stadtleben von Ofen. Relković lieferte außerdem einen rechtsdogmatischen Überblick über die Bestimmungen des Ofner Stadtrechtsbuches, verglich den Text des Ofner Stadtrechtsbuches mit seinen Quellen und lieferte dabei eine Zusammenstellung der wörtlichen und thematischen Übereinstimmungen.[36] Zur Auswertung der Quellenverbindungen kam es aber in Relković' Arbeit nicht.

Anfang des 20. Jahrhunderts wandte sich die Rechtsgeschichtsschreibung vermehrt der Verfassungsgeschichte zu. In diesem Rahmen waren die Städte ein Teil der Geschichte der Selbstverwaltung in Ungarn. Die Städte wurden von Ákos Timon daher im Zusammenhang mit Fragen der Selbstverwaltung diskutiert.[37] Auch im Handbuch der ungarischen Verfassungs- und Rechtsgeschichte von János Király kamen die Städte als Teil der „ländlichen Staatsorganisation und Justiz" vor.[38] Die Stadtbürgerschaft betrachtete Király im Rahmen der Ständeverfassung.[39] Diese verfassungsgeschichtliche Sicht ermöglichte es aber nicht, die Wechselwirkung des Stadtrechts mit seinen europäischen Quellen wahrzunehmen.

III. Die Zwischenkriegszeit

In der Zwischenkriegszeit kam es einerseits zur ideologischen Instrumentalisierung der Geschichte der Stadtentwicklung und zur Hervorhebung der nationalistischen Elemente der Stadtentwicklung. Andererseits wurde die Untersuchung des Ofner Stadtrechtsbuches außerhalb der Rechtsgeschichte fortgesetzt.

Das nationale Pathos des 19. Jahrhunderts wurde in der Zwischenkriegszeit propagandistisch verstärkt; dies betraf sowohl die Darstellungsweise der Ethnien und der Sprache in der Zips[40] als auch Ansichten über das Gewohnheitsrecht in der Stadt. In einer kulturgeschichtlichen Darstellung zur Zips wollte zum Beispiel Győző Bruckner für ausländische Leser „die kulturelle Obrigkeit der Zipser Deutschen" zeigen.[41] Er sprach 1922 von „erhaltengebliebener Reinheit der Rasse und

---

[34] RELKOVIĆ, Buda város jogkönyve, 1905.

[35] Ebd., S. 13–15.

[36] Ebd., S. 31–107.

[37] TIMON, Ungarische Verfassungs- und Rechtsgeschichte, 1909, S. 218–232 und 718–725.

[38] KIRÁLY, Magyar alkotmány- és jogtörténet, Teil 1: Bevezető rész: A nyugati alkotmány- és jogfejlődés a kezdő középkorban. Magyar alkotmánytörténet a középkorban, 1908, S. 399–411.

[39] Ebd., S. 610–612.

[40] WEINELT, Das Stadtbuch von Zipser Neudorf und seine Sprache, 1940.

[41] Übersetzung der Verfasserin aus dem Ungarischen.
„[...] hogy ezzel is bizonyíthassam, elsősorban a külföld előtt a szepesi németek (czipszerek)

Sprache bei den Zipser Deutschen“[42] sowie „von ihrem politischen Beruf“.[43] Bruckner füllte die auf Eötvös zurückgehende Insel-Theorie also mit germanozentrischem Inhalt.

Béla Iványi, Ordinarius für Rechtsgeschichte an der Debrecener (später an der Szegeder) Universität[44] setzte die nationale Idee des Volksgeistes[45] um, indem er den von ihm so genannten ‚ungarischen Genius‘ in die Stadtrechtsforschung einführte. In einer 1924 veröffentlichten Arbeit zum Stadtrecht von Ofen und Debreczin fasste er das Debrecziner Recht so zusammen, dass „die deutschen Stadtrechte vom Geist des Debrecziner Volkes verinnerlicht und zur ungarischen Gewohnheit geformt wurden.“[46] Die ‚Gewohnheit‘ in Debreczin stammte gemäß Iványi vom ungarischen Boden und vom ungarischen Geist. Sie entsprang – so Iványi – der Vernunft der Debrecziner Richter, so dass das Stadtrecht von Debreczin eine Offenbarung ‚des ungarischen Genius‘ sei.[47]

---

kultúrfölényét Szepes vármegye többi lakosságával szemben […]“, BRUCKNER, A Szepesség népe, 1922, S. 3.

42 Übersetzung der Verfasserin aus dem Ungarischen.
„[…] még ma is majdnem teljesen megőrizték faji és nyelvi tisztaságukat […]“ Ebd., S. 17.

43 Übersetzung der Verfasserin aus dem Ungarischen.
„[…] így excluzív természete és szigorú erkölcsössége révén a faj sok éven át szinte tisztán megőrizte sajátságait és fontos politikai hivatást is teljesített. Magyarország északnyugati részének tótságát és északkeleti vidékeinek ruthén lakosait mintegy ék gyanánt ő választotta el egymástól; a szlávság tengerében egy kis szigetet alkotott, mely hasonlíthatlanul magasabb kultúrájával, fejlettebb anyagi eszközeivel megakadályozta amazoknak terjeszkedését.“ Ebd., S. 15.

44 Eintrag „Iványi Béla“ in Magyar Életrajzi Lexikon (1000–1990), 2001.

45 Führende Rechtswissenschaftler verwendeten in der Privatrechtswissenschaft des späten 19. Jahrhunderts die Volksgeistlehre. Die Rechtsidee entstand z. B. nach Pál Hoffmann aus dem Genius der Nation, der primär in Gewohnheitsrecht, aber auch in Gesetzen und in der Rechtswissenschaft existiere. HOFFMANN, A birtoki jogtan kétségei, 1892, S. 44. Dazu PÓLAY, A pandektisztika és hatása a magyar magánjog tudományára, 1976, S. 114 f. Mihály Herczeg betrachtete den Volksgeist als Erscheinung des nationalen Genius. HERCZEGH, Magyar családi és öröklési jog, 1885, S. III.

46 Übersetzung der Verfasserin aus dem Ungarischen.
„A debreceni jog nem compilatio a német jogokból […] mert itt ezen a tősgyökeres magyar földön élők, ha vettek is át – persze öntudatlanul a budai vagy a tárnoki jogon keresztül – egyes jogelveket és tételeket a germán vagy más jogokból, ha az egyes német jogok e város jogának kialakulására és fejlődésére voltak is hatással, mégis a debreceni nép lelke ezeket az elveket teljesen magáévá téve a helyi viszonyoknak megfelelően magyarra formálta és átváltoztatta.“ IVÁNYI, Debrecen és a budai jog, 1924, S. 35.

47 „A szokás Debrecenben sokkal hatalmasabb jogkeletkezési forrás volt, mint bármelyik idegen jog. És ez a szokás, ez a mos vagy consuetudo magyar talajból, magyar lélekből, az egyszerű iparos és kereskedő debreceni bírák egészséges, józan eszéből fakadt, úgy hogy Debrecen város egykori joga nem más, mint a magyar génius teremtő és átalakító erejének egyik külső megnyilvánulása.“ Ebd., S. 36.
Siehe außerdem die deutsche Zusammenfassung: „Diese consuetudo oder mos oppidi entspross ungarischem Boden und ungarischer Seele. Die einfachen Gewerbe oder Handel treibenden Debrecener Richter und Geschworenen haben diese consuetudo zu Stande gebracht, so dass wir behaupten können, dass das ehemalige Recht der Stadt Debrecen eigentlich eine offenbare Äußerung des ungarischen Genius war.“ Ebd., S. 41.

In der Zwischenkriegszeit wurden aber auch die philologisch-historischen Untersuchungen zum Ofner Stadtrechtsbuch fortgesetzt. 1938 tauchte eine dritte Handschrift des Ofner Stadtrechtsbuches auf, wozu 1941 Néda Relković eine Studie publizierte.[48] Sie lokalisierte die Herkunft der Handschrift auf die siebenbürgische Stadt Klausenburg. Zusätzlich erschien eine Publikation über die Lautlehre des Ofner Stadtrechtsbuches.[49]

IV. Nach 1948

In der Ära des historischen Materialismus rückte die Rechtsstellung der Bauern im Zusammenhang mit dem Klassenkampf in den Vordergrund.[50] Gemäß der nunmehr etatistischen Ausrichtung der Rechtsgeschichtsforschung wurde die Stadt vorrangig als Organ der Verwaltung behandelt.[51] Daher konnten das Stadtrecht und die städtischen Rechtsaufzeichnungen nicht zum Gegenstand rechtshistorischer Forschung werden.

Allerdings erfolgten im Bereich der Sprachwissenschaften wichtige Schritte: der Linguist Károly Mollay veröffentlichte 1959 eine kritische Edition des Ofner Stadtrechtsbuches.[52] Mollay benannte zugleich weitere Aufgaben der rechtshistorischen Forschung, darunter die Übersetzung des Rechtsbuches.[53] In der rechtshistorischen Forschung kam es aber erst 1970 zu einem Aufsatz über Forschungsmöglichkeiten zum Ofner Stadtrechtsbuch.[54] In den 1970er Jahren begann die editorische Tätigkeit des finnischen Linguisten Ilpo Tapani Piirainen, als er aus slowakischen Archiven wichtige Handschriften zum Stadt- und Bergrecht publizierte.[55]

---

[48] RELKOVIĆ, A budai jogkönyv (Ofner Stadtrecht) harmadik kézirata a Fővárosi Könyvtárban, in: Fővárosi Könyvtár Évkönyve 11 (1941), S. 121–141.

[49] DIDOVÁCZ, A budai jogkönyv hangtana, 1930.

[50] STIPTA, The Main Tendencies of Hungarian Legal Historiography in the 20th Century and its Present Situation, in: Journal on European History of Law 2,1 (2011), S. 75.

[51] KÁLLAY, Zur Verwaltungsgeschichte der freien königlichen ungarischen Städte im 17. und 18. Jahrhundert, in: Mitteilungen des Österreichischen Staatsarchivs 15 (1962), S. 181–199; CSIZMADIA, A magyar közigazgatás fejlődése a XVIII. századtól a tanácsrendszer létrejöttéig, 1976; KÁLLAY, A városi önkormányzat hatásköre Magyarországon 1686–1848, 1989.

[52] MOLLAY (Hrsg.), Das Ofner Stadtrecht, 1959.

[53] Ebd., S. 30.

[54] KÁLLAY, Über die Möglichkeiten des Erforschens der Fortbestehung, mit besonderer Rücksicht auf das Ofner Rechtsbuch, in: ANTALFFY (Bearb.) [u. a.], Einzelne Probleme der Rechtsgeschichte und des römischen Rechts, 1970, S. 57–65.

[55] PIIRAINEN, Das Stadt- und Bergrecht von Kremnica/Kremnitz, 1983; DERS., Das Stadt- und Bergrecht von Banská Štiavnica/Schemnitz, 1986; PAPSONOVÁ, PIIRAINEN, Das Recht der Spiš/Zips, 2 Bde, 1992; MEIER, PIIRAINEN, Der Schwabenspiegel aus Kaschau, 2000; PIIRAINEN, Nachträge zum Zipser Recht, 2001; DERS., Das Rechtsbuch der XI Zipser Städte, 2003.

Die Forschungsaufgabe einer rechtshistorischen Auswertung des Ofner Stadtrechts ist auch 1984 bei Dietlinde Munzel im Handwörterbuch zur Deutschen Rechtsgeschichte thematisiert worden.[56] Die moderne Forschung des Ofner Stadtrechts eröffnete 1982 Martyn Rady an der University of London mit einer von dem dort lehrenden Professor László Péter betreuten und 1985 veröffentlichten Dissertation.[57]

V. Wende des 20. zum 21. Jahrhundert

Quellensammlung, Quelleneditionen und Textvergleiche markieren den Weg der neueren Rechtsbücherforschung, die nach dem ‚Zeitalter der Extreme' zur intensiven analytischen Auseinandersetzung im europäischen Kontext aufstieg.

Zum Abschluss einige skizzenhafte Bemerkungen zu neueren Ansätzen der Rechtsbücherforschung:

1. Grenzüberschreitender Charakter

Dieser Forschungsansatz eröffnet auch für die Rechtsbücherforschung neue Perspektiven, denn im jetzigen Zeitalter der intensiven europäischen Integration ist die Stellung nationaler Grenzen neu zu diskutieren. Dies erfordert eine neue Selbstdefinition des Fachs Rechtsgeschichte, da sich die Grundzüge dieser Disziplin gerade im Zeitalter des aufkommenden Territorialstaates etablierten: Diese ältere, auf die staatlichen Grenzen fixierte Rechtsgeschichtsschreibung sollte überwunden werden. Mit diesem grenzüberschreitenden Forschungsansatz lässt sich auch der Prozess der Stadtrechtsentwicklung adäquater erfassen.[58] In diesem Zusammenhang ist auf die modernen Übersetzungen der deutschsprachigen Rechtsbücher und die begleitenden Studien hinzuweisen.[59]

---

[56] MUNZEL, Ofener Stadtrechtsbuch, in: HRG, Bd. 3, 1984, Sp. 1184–1186.

[57] RADY, Medieval Buda, 1985.

[58] Als Beispiel für den grenzüberschreitenden Charakter der Rechtsgeschichte siehe das Langzeitvorhaben der Sächsischen Akademie der Wissenschaften zu Leipzig: „Das sächsisch-magdeburgische Recht als kulturelles Bindeglied zwischen den Rechtsordnungen Ost- und Mitteleuropas", dazu: LÜCK, Wirkungen des Sachsenspiegels und des Magdeburger Rechts in Ostmitteleuropa, in: BALOGH E., HEGEDŰS, MEZEI, SZOMORA, TRASER (Hrsg.), Legal Transitions, 2007, S. 279; CARLS, Das sächsisch-magdeburgische Recht – Sprach- und Rechtstransfer in Mittel- und Osteuropa, in: E. BALOGH, HEGEDŰS, MEZEI, SZOMORA, TRASER (Hrsg.), Legal Transitions, 2007, S. 259–267.

[59] EIKE von Repgow, The Saxon mirror [Sachsenspiegel ⟨engl.⟩], 1999; BLAZOVICH, SCHMIDT (Hrsg., Übers.), Buda város jogkönyve, Bd. I u. II, 2001; EIKE von Repgow, A Szász tükör [Sachsenspiegel ⟨ungar.⟩], 2005; BLAZOVICH, SCHMIDT (Hrsg.), A Sváb tükör, 2011.

2. Methodische Erneuerung

Um die Verflechtung der Stadtrechte und der Rechtsbücher im Donau-Gebiet zu analysieren, wurde vor einiger Zeit der ‚Rechtstransfer' als zentraler Begriff in die rechtshistorische Forschung eingeführt.[60] Mit diesem Ansatz können nicht nur Übereinstimmungen, sondern auch die Wege des Transfers unter Berücksichtigung des sozialhistorischen Hintergrunds nachgewiesen werden.

3. Interdisziplinarität

Bei der Analyse der Rechtsbücherforschung in Zusammenhang mit der Stadtrechtsentwicklung im Donau-Gebiet sind außer der vergleichenden Rechtsgeschichte auch die Sozialgeschichte und die Wirtschaftsgeschichte zu berücksichtigen. Neue Erkenntnisse sind zudem auf dem Gebiet der Sprachwissenschaften zu konstatieren.[61]

---

[60] GIARO (Hrsg.), Modernisierung durch Transfer im 19. und frühen 20. Jahrhundert, 2006; LÜCK, Rechtstransfer und Rechtsverwandtschaft, in: MALÝ, SOUŠA (Hrsg.), Práva městská Království českého, 2013, S. 298–317.

[61] NÉMETH, Die Abweichungen der drei Handschriften des Ofner Stadtrechts/A budai jogkönyv három kéziratának eltérései, 2000; HÁZI, NÉMETH (Hrsg.), Gerichtsbuch/Bírósági könyv, 2005; BILY, Zu einigen Aspekten der sprachlichen Auswertung von Rechtstermini im Projekt „Das sächsisch-magdeburgische Recht als kulturelles Bindeglied zwischen den Rechtsordnungen Ost- und Mitteleuropas", in: ĎURČO, KOZMOVÁ, DRINKOVÁ, Deutsche Sprache in der Slowakei, 2009, S. 223–232.

HAMZA Gábor (Budapest/Ungarn)

Das „Tripartitum“ von István Werbőczy als Rechtsquelle*

1. Die Analyse des Gewohnheitsrechts (*ius consuetudinarium*) und der Rechtsgewohnheiten (*consuetudines*)[1] ist in den letzten Jahrzehnten in der internationalen Forschung immer mehr in den Vordergrund gerückt.[2] Innerhalb der europäischen verfassungs- und privatrechtsgeschichtlichen Forschungen hat die Untersuchung der *consuetudo* und ihrer schriftlichen Erfassung immer mehr an Gewicht gewonnen.[3]

Es ist kaum notwendig zu betonen, wie wichtig die vergleichende Rechtswissenschaft bzw. die durch sie entwickelte Forschungsmethode auch für dieses Forschungsgebiet ist, wenn sie auch den historischen Aspekten Rechnung trägt. Hierbei müsste in einer historisch-rechtsvergleichenden Studie außer den kontinentalen Rechtssystemen auch das angelsächsische bzw. englische Recht mit einbezogen werden. Die Erforschung des *common law* könnte einen wichtigen Teilbereich einer umfassenden vergleichenden Analyse darstellen.[4] Das Aufzeigen des *quid commune* und des *quid diversum* kann mit Hilfe des historischen Rechtsvergleichs ein genaues Bild über die tatsächliche Rolle des Gewohnheitsrechts, der Rechtsgewohnheiten und der darauf basierenden Rechtsbücher bzw. Rechtssammlungen (Kompilationen) in dem jeweiligen nationalen Rechtssystem[5] geben.

Nach Ansicht des Verfassers ist die Erschließung dieses Themenbereichs mit der genauen Analyse des im nicht-römischen Sinn gebrauchten Richterrechts, des sogenannten *judge made law*, eng verbunden. Dieses wirft die Frage nach der eigentlichen Funktion des Richters bei der Rechtsschöpfung auf. Innerhalb dieses Problemkreises muss hingegen der richterliche Entscheidungsspielraum bei der Urteilsfällung von der richterlichen Gewalt[6] klar getrennt werden. Letztere ist

---

* Dieser Beitrag wurde inhaltlich nahezu unverändert bereits auf Ungarisch unter folgendem Titel veröffentlicht: HAMZA, Werbőczy Tripartituma mint sajátos jogforrás, in: A Magyar Tudomány Napja a Délvidéken – 2011, 2012, S. 31–43; auf Deutsch als: DERS., Das „Tripartitum“ von István Werbőczy als Rechtsquelle, in: Ungarn-Jahrbuch 24 (1998/1999 [2000]), S. 19–29.

[1] Hinsichtlich des Begriffs des *ius consuetudinarium* bei den Römern siehe FÖLDI, HAMZA, A római jog története és institúciói, 2011, S. 77 f.

[2] An einer Theorie des Gewohnheitsrechts arbeiteten Anfang des 19. Jahrhunderts VOLKMAR, Beyträge zur Theorie des Gewohnheitsrechtes, 1806 und KLÖTZER, Versuch eines Beytrags zur Revision der Theorie vom Gewohnheitsrecht, 1813.

[3] In diesem Zusammenhang sei auf die folgende, 1992 herausgegebene, Aufsatzsammlung hingewiesen: DILCHER, LÜCK, SCHULZE, WADLE, WEITZEL, WOLTER, Gewohnheitsrecht und Rechtsgewohnheiten im Mittelalter, 1992. Die Erforschung der *consuetudo* gewinnt auch in Arbeiten über das kanonische Recht immer größere Bedeutung.

[4] HELMHOLZ, Continental law and common law, in: Duke Law Journal 6 (1990), S. 1207–1228.

[5] Im Hinblick auf die Untergliederung des Rechtssystems (*ordo iuris*) siehe HAMZA, Reflections on the classification (*divisio*) into ‚branches‘ of modern legal systems and Roman law traditions, in: CASCIONE, MASI DORIA (Hrsg.), Fides Humanitas Ius, Bd. 4, 2007, S. 2449–2476.

offensichtlich ein Begriff aus der Rechtsphilosophie und steht in engem Zusammenhang mit der Gewaltenteilung (*séparation des pouvoirs*). Aus historischer Sicht ist der richterliche Kompetenzbereich von der Rolle und von dem Aufgabenbereich des Rechtsgelehrten, des *iuris consultus* oder *iurisperitus*, auch in der Rechtsanwendung nicht zu trennen.[7] In dieser Hinsicht mag es genügen, auf die Bedeutung der Glossatoren und später der Kommentatoren als Konsulenten (*consiliatores*) hinzuweisen.

2. Im Falle der Glossatoren spielte das *consilium sapientis iudiciale* eine außerordentlich bedeutende Rolle, worauf auch Lombardi in der Sekundärliteratur hinwies.[8] Im Italien des 14. und 15. Jahrhunderts gewannen die Kommentatoren (*consiliatores*) in der Rechtsprechung einen immer größeren Einfluss. Gemäß den Statuten (*statuta*) der italienischen Stadtstaaten gewannen die *responsa consiliatorum* recht häufig obligatorischen Charakter. In diesem Zusammenhang schreibt Dawson zu Recht von einer ‚primacy of the learned man'.[9] Die herausragende Rolle der Universitätsprofessoren bei der Rechtsprechung war im Deutschland des 16. bis 18. Jahrhunderts ähnlich, da hier schließlich die italienische Rechtstradition (*tradizione giuridica*) ihre Fortsetzung fand. Hierbei genügt es, an ihre Rolle bei der Rechtsprechung der Spruchkollegien hinzuweisen.[10]

3. Im Prolog des „Tripartitum opus juris consuetudinarii inclyti regni Hungariæ"[11], das István (Stephanus) Werbőczy 1514 beendete und 1517 in Wien auf eigene Kosten drucken ließ, wird der Begriff der *aequitas* erwähnt und im zweiten Teil, der die Definition und die Aufteilung des Rechtsbegriffes erörtert, weiter ausgeführt.[12] Nach Ansicht des Autors dieser Abhandlung steht dieser Begriff mit gro-

---

[6] Vgl. GORLA, ROSELLI, Per la storia del potere dei giudici in Italia fra il secolo XVI e i secoli XIX-XX fino alla cessazione dello Statuto Albertino, in: Il Foro Italiano 109,3 (1986), S. 93 ff.

[7] Eine Übersicht über die eigentümlichen ‚Kompetenzen' der Richter, der Gesetzgeber und Rechtsgelehrten (Professoren) im Hinblick auf die gesamteuropäische Rechtsentwicklung gibt R. C. Van Caenegem (siehe VAN CAENEGEM, Judges, Legislators and Professors, 1987).

[8] LOMBARDI VALLAURI, Saggio sul diritto giurisprudenziale, 1967, S. 125 f.

[9] DAWSON, The oracles of the law, 1986, S. 138 ff. Dawson schreibt hier vom „commitment to legal science", das ebenso auf die herausragende Rolle der Universitätsprofessoren bei der Rechtsprechung hinweist.

[10] Die Grundlage des ‚Professorenrechts' bildet – historisch betrachtet – die Rechtsprechung der Spruchkollegien.

[11] Im Folgenden „Tripartitum" oder ‚Dreierbuch'. Vgl. die Auffassung in Bezug auf das Gewohnheitsrecht bei BOBBIO, La consuetudine come fatto normativo, 1942, S. 31: „La norma consuetudinaria si forma indipendentemente dalla volontà dei singoli che pur hanno contribuito a costituirla: non c'è una volontà che imponga la norma consuetudinaria; c'è bensi una tradizione incosciente che finisce per imporsi alla volontà. La volontà nella legge è il prius, nella consuetudine il posterius. In conclusione, la consuetudine non è un atto o un complesso di atti, ma è un fatto naturale che si svolge nel tempo."

[12] Der zweite Teil des Prologs des „Tripartitum" über „das Recht und über die Aufteilung des Rechts" enthält den folgenden Hinweis auf die *aequitas* (§ 2): „*Aliter autem jus dicitur: collectio legitimorum praeceptorum, quæ nos arctant ad observandum bonum, et aequum, hoc est: utilitatem, et*

ßer Wahrscheinlichkeit in engem Zusammenhang mit der Rechtsanwendung. Daraus ließe sich mit gutem Grund folgern, dass István Werbőczy, auch wenn er sich auf die *aequitas* berief, auf die Möglichkeit bzw. Notwendigkeit einer Rechtsanwendung hinwies, die Anspruch auf Wissenschaftlichkeit erhebt und daher von wenigstens *vergleichsweise* hohem Niveau zeugt. Es erscheint jedoch äußerst problematisch, dass Werbőczy bei seiner Definition des Rechtsbegriffs die Billigkeit als Rechtsprinzip nur erwähnt, ohne auf ihre konkrete Anwendungsmöglichkeit einzugehen.

In Bezug auf das Gewohnheitsrecht darf nicht unerwähnt bleiben, dass dieses im Gegensatz zum Gesetz (*lex*) eine natürliche Vorbedingung ist, die sich mit der Zeit fortentwickelt. Während bei einem Gesetz die *voluntas* schon *vor* dessen Verabschiedung oder Entstehung vorhanden ist – so ist die in einem Gesetz verwirklichte *voluntas* eine Art *prius* –, lässt sich bei der *consuetudo* die *voluntas* erst später feststellen und ist somit eine Art *posterius*. In diesem Zusammenhang kommt die *consuetudo* unabhängig vom Willen der sie schaffenden Individuen (Personen) zustande.[13] Bei der Untersuchung der gewohnheitsrechtlichen Sammlungen müssen diese wesentlichen Merkmale des Gewohnheitsrechts, die es vom Gesetz im eigentlichen Sinne unterscheiden, unbedingt beachtet werden.

4. Besondere Beachtung verdient im Hinblick auf die zweifelsfrei äußerst komplexe Beziehung zwischen dem Gewohnheitsrecht und den das Gewohnheitsrecht erfassenden Kompilationen der 1683 entstandene bzw. verkündete dänische Kodex (*Danske Lov*).[14] Dieser Kodex, der 1688 unter König Christian V. (1670–1699) auch in Norwegen mit einigen Veränderungen in Kraft trat, kann nämlich nicht als Reform-Gesetzbuch betrachtet werden.[15] Die bedeutende Mehrheit seiner Artikel bzw. Abschnitte basieren auf Landesrecht, das aus dem 13. Jahrhundert stammt und folglich Gewohnheitsrecht ist, sowie auf den in späteren Jahrhunderten verabschiedeten königlichen Gesetzen. So manche Norm aus dem Landes- oder Provinzialrecht des 13. Jahrhunderts wird wörtlich in den dänischen Kodex (*Danske Lov*) aufgenommen. In diesem Sinne lässt sich hier eher von einer Inkorporation oder Konsolidierung als von einer eigentlichen Kodifikation sprechen.[16] Eigens erwähnt werden sollte die Tatsache, dass bei Erstellung des däni-

---

aequitatem, sive veritatem, justitiam designantem“. An dieser Stelle sei auf die Meinung von Szászy-Schwarz hingewiesen, nach der die *aequitas* im einheimischen ungarischen Privatrecht (*ius privatum patrium*) die Interpretation der Rechtsnormen (des Rechtsstoffes bzw. der Rechtsmaterie) nach Kriterien der Billigkeit bedeutet habe. SZÁSZY-SCHWARZ, Parerga, 1912, S. 31 ff.

[13] TAMM, The Danish code of 1683, in: Scandinavian Studies in Law 28 (1984), S. 165. Siehe noch HAMZA, Entstehung und Entwicklung der modernen Privatrechtsordnungen und die römischrechtliche Tradition, 2009, S. 429 f.

[14] Über die Deutung des Kodex-Begriffes siehe VANDERLINDEN, Le concept de code en Europe occidentale du XIIIe au XIXe siècle, 1967; TARELLO, Storia della cultura giuridica moderna, Bd. 1, 1976, S. 18 ff.; GUZMÁN BRITO, La fijación del derecho, 1977.

[15] TAMM, The Danish code of 1683, in: Scandinavian Studies in Law 28 (1984), S. 170.

[16] Der Adressat des am 4. März 1585 in Neutra (Nitra, Nyitra) verfassten Briefes ist der Rat der Stadt

schen Gesetzbuchs das römische Recht – die Kompilatoren stützten sich vorwiegend auf die justinianische Kodifikation bzw. Kompilation – zweifelsohne eine Rolle spielte, so dass es für den Kodex also unbestreitbar eine Rechtsquelle (*fons iuris*) war. Hinsichtlich der Tatsache, dass es in Dänemark, anders als in Deutschland, jedoch nicht zu einer Rezeption *in complexu (in globo)* des *ius Romanum* (wenn auch nur subsidiär) kam, hatte das römische Recht nur eine untergeordnete Bedeutung. Der Verfasser ist der Ansicht, dass auch in dieser Hinsicht das „Tripartitum" und der etwa 170 Jahre später entstandene dänische Kodex miteinander verglichen werden können.

Ein wesentlicher Unterschied zwischen dem „Tripartitum" und dem dänischen Kodex besteht darin, dass die Erstellung und die Publikation des ‚Dreierbuchs' die in Ungarn herrschende Rechtsunsicherheit bei Weitem nicht aufzuheben vermochte. Die Veröffentlichung der heimischen *consuetudo* änderte nichts daran, dass das Gesetzesrecht weiterhin unbekannt blieb. Dies verdeutlicht ein im Jahre 1585 von Zakariás Mossóczy geschriebener Brief:

> „Das Recht ungestraft nicht zu kennen, durften bei den Römern nur die Soldaten, die Frauen und die Bauern; in diesem Lande [in Ungarn, G. H.] kennen nicht nur die Soldaten, Frauen und Bauern das Recht nicht, sondern nicht einmal die Anwälte, ja sogar zum Nachteil der Parteien nicht einmal die Gerechtigkeit schaffenden Richter [sic!, G. H.] kennen das heimische Recht."[17]

Es ist offensichtlich – schließlich sind seit der Veröffentlichung des ‚Dreierbuchs' knapp 70 Jahre vergangen –, dass Zakariás Mossóczy unter dem Begriff des heimischen Rechts, dem *ius patrium*, das gesetzliche Recht oder Gesetzesrecht (*leges* und *decreta*) versteht.

5. Anders als das „Tripartitum" enthält der dänische Kodex das gesamte im Land gültige Recht bzw. Rechtssystem (*ordo iuris*). Im Hinblick darauf stellte dieser Kodex eine neue Art der Kodifikation dar und war dadurch eine Neuheit. Im Jahre

---

Schemnitz (Banská Štiavnica, Selmecbánya). Darin schreibt Mossóczy, Bischof von Neutra, über die Veröffentlichung des *Corpus Juris*: „[...] *universa regni Ungariæ decreta, constitutiones et articulos magnis laboribus et fatigiis iam a certis annis in ordinem redegimus, correximus diligenter ac typis mandari nunc curavimus.*" Die zitierte Stelle des Briefes im lateinischen Original: „*Legibus antiquis Romanorum rusticis tantum, foeminis et militibus impune ius ignorare licebat, sed in regno hoc [in Ungarn, G. H.] non solum a militibus, foeminis et rusticis, verum etiam ab ipsismet procuratoribus, plerumque etiam a iura reddentibus ingenti causantium damno leges patriæ ignorabantur.*" Siehe IVÁNYI, Mossóczy Zakariás és a magyar Corpus Juris keletkezése, 1926, S. 43, 90f. Die ungewohnt heftige Kritik Mossóczys in Bezug auf die Rechtsunsicherheit ist nicht zuletzt deswegen glaubwürdig, da er selbst Richter war, also Jurist mit hinreichenden Kenntnissen über die Praxis.

[17] Über die politischen Umstände bei der Verabschiedung des dänischen Gesetzbuchs siehe TAMM, The Danish code of 1683, in: Scandinavian Studies in Law 28 (1984), S. 166. Die Tatsache, dass der Kodex den gesamten Rechtsstoff des Landes enthält, trägt unserer Meinung nach in nicht zu vernachlässigender Weise dazu bei, dass die Kodifikation bzw. Kompilation für andere Länder wie Preußen, Russland, Schweden und Polen als Musterbeispiel zur Nachahmung diente.

1683 schaffte es der dänische, absolutistisch herrschende Monarch, dass durch die Verabschiedung eines einzigen Gesetzbuchs die Rechtseinheit verwirklicht wurde.[18] Rund anderthalb Jahrhunderte früher waren in Ungarn jedoch die sozialen, ökonomischen und politischen Voraussetzungen nicht gegeben, die zur Beseitigung der Rechtsunsicherheit hätten führen können, indem in einem Kodex das gesamte Rechtssystem – das sogenannte *ius commune omnium*[19] systematisch versammelt wurde.

Bis zur Entstehung des „Tripartitum" waren seit der Gründung des ungarischen Königtums über fünfhundert Jahre vergangen. Dieses halbe Jahrtausend genügte dem ungarischen Volk, um sein eigenes Recht zu entwickeln. Der so entstandene Rechtsstoff bestand jedoch größtenteils aus dem Gewohnheitsrecht. Das positive, gesetzliche Recht machte nur einen geringen Teil des ungarischen Rechtes aus, so dass das unbestimmbare Wesen des Gewohnheitsrechts in bedeutendem Maße zur Entstehung der Rechtsunsicherheit beitrug. Zudem bereitete der Zugang zum genauen Wortlaut der Gesetzestexte den einzelnen Gerichten *vor* der Erfindung der Buchdruckerkunst ernsthafte Schwierigkeiten und war somit ein weiterer Faktor, der zur Steigerung der Rechtsunsicherheit beitrug. Bei der Interpretation der Rechtsnormen entstanden oftmals sogar zwischen den Richtern derart heftige Meinungsverschiedenheiten, dass die prozessierenden Parteien, die ihre Interessen gefährdet sahen, in die Beratungssäle der Gerichte eindrangen und unter Gewaltandrohung die ihnen günstigen Entscheidungen zu erzwingen suchten. Darauf weist die Approbation des ‚Dreierbuchs' klar hin.[20]

6. Die Konsequenzen aus diesen unhaltbaren Verhältnissen waren seit Mitte des 15. Jahrhunderts die Kodifikationsbestrebungen, die im Wesentlichen jedoch ohne Ergebnis blieben. István Werbőczy erhielt von König Wladislaw II. (Ladislaus, auf Ungarisch: Ulászló, 1490–1516) den Auftrag, das bestehende Recht geordnet in einem Kodex zusammenzufassen.[21]

---

[18] In Bezug auf die Bedeutung des *ius commune omnium* für das mittelalterliche polnische Recht siehe MALINOWSKA, Il concetto di ‚ius commune' nella giurisprudenza della vecchia Polonia, in: Studi di onore di Edoardo Volterra, Bd. 3, 1971, S. 417.

[19] Hinsichtlich der Beziehung zwischen Gewohnheitsrecht und Gesetzgebung in Polen siehe GRZYBOWSKI, La loi et la coutume en Pologne (depuis le Xème siècle jusqu'à 1795), in: Rapports polonais présentés au sixième Congrès international de droit comparé, 1962, S. 46 ff.

[20] „*Et quibusdam in judicando, vel judicio postulando, regni consuetudinem, aliis constitutionum formulam sequentibus, atque allegantibus, ita ut non inter eos solum, quorum causa ageretur, sed inter ipsos etiam iudices, ac jurium regni consultissimos, et peritissimos, magna interdum super hujusmodi legum, consuetudinum interpretatione, contentio oriretur: ut quandoque hi, qui plus viribus, et potentia, quam legibus, et justitia fiderent tribunal judicium magno asseclarum agmine aggressi, quod ratione, et legibus nequirent, clamore, et multitudine obtinere contenderent: et qui jure inferiores esset, vincere tamen et superiores esse non* j u r e *sed tumulta, ac multitudine niterentur. (Approbatio)*" (Hervorhebung G. H.).

[21] Zum Ursprung der ‚Kodifikationsbewegungen' im Europa des 16. Jahrhunderts bietet SALMONOWICZ, Die neuzeitliche europäische Kodifikation (16.–17. Jahrhundert), in: Acta Poloniae historica 37 (1978), S. 29 ff. eine detaillierte Übersicht.

Mit der Absicht, die *correctura iurium* zu verwirklichen, entstand das „Tripartitum" eigentlich als Gesetz, als allgemeines umfassendes Dekret, das es jedoch niemals geworden ist. Die bekannte Ursache dafür war, dass das ‚Dreierbuch' den auf gewohnheitsrechtlichen Grundlagen basierenden verfassungsrechtlichen Voraussetzungen nicht entsprach, obwohl seine Unterzeichnung durch den König am 19. November 1514 erfolgte. Aber es fehlten gleich zwei verfassungsrechtliche Vorschriften, die notwendig waren, damit das „Tripartitum" Gesetzeskraft erhielt: Einerseits fehlte das königliche Siegel, andererseits blieb seine öffentliche Bekanntmachung aus.[22]

Warum das ‚Dreierbuch' – anders als das *Decretum maius*, das im Jahre 1486 unter König Matthias Corvinus als umfassendes Gesetz entstanden war – nicht auch den Status eines Gesetzes erhielt, liegt darin begründet, dass sich der Hochadel der formellen Erhebung des „Tripartitum" zu einer Rechtsnorm mit Gesetzeskraft widersetzte, wobei die Angst vor einem möglichen Machtzuwachs des niederen Adels eine wichtige Rolle spielte. Zu Beginn des 16. Jahrhunderts mochte das auf die *reformatio iuris Hungarici* abzielende ‚Dreierbuch' dem Hochadel zu demokratisch erschienen sein, da Werbőczy die *una eademque nobilitas* als eines seiner Grundprinzipien betrachtete.[23]

7. Im Jahre 1517, also nach dem Tod von Wladislaw II. (1516), veröffentlichte Werbőczy, der kurz zuvor mit dem Amt des *personalis praesentiæ regiæ in iudiciis locumtenens* betraut wurde, mit Hilfe der Buchdruckerkunst das „Tripartitum" auf eigene Kosten.[24] Die gedruckten Exemplare des ‚Dreierbuchs' wurden im ganzen Land ziemlich schnell bekannt. Von dieser Zeit an – bis zum Jahre 1848 – wurde das „Tripartitum" zur wichtigsten Rechtsquelle des ungarischen Rechtslebens.[25] Eine bekannte Tatsache ist, dass einige Juristen und Rechtsgelehrte das ‚Dreierbuch' schlichtweg als Gesetz betrachteten. Unter ihnen waren, neben Gusztáv Wenzel selbst, ‚mehrere ausgezeichnete Rechtsgelehrte unserer Heimat', von denen dieser Imre Kelemen, Sándor Kövy und Pál Szlemenics besonders hervorhob.[26] Nach Kelemens Ansicht ist das „Opus Tripartitum Werbőczianum" – neben den „Decreta Diaetalia inde a S. Stephano ad praesens usque tempus" – Teil des *codex legum nostrarum*,[27] auch *Corpus Iuris Hungarici* ge-

---

[22] Über die Literatur zusammenfassend siehe ZAJTAY, Sur le rôle du droit romain dans l'évolution du droit hongrois, in: L'Europa e il diritto romano, Bd. 2, 1954, S. 197.

[23] BÓNIS, Einflüsse des römischen Rechtes in Ungarn, 1964, S. 69.

[24] Das „Tripartitum" ist zwischen 1517 und 1844 21-mal in lateinischer, 18-mal in ungarischer und je einmal in kroatischer, deutscher und griechischer Sprache erschienen.

[25] ZAJTAY, Sur le rôle du droit romain dans l'évolution du droit hongrois, in: L'Europa e il diritto romano, Bd. 2, 1954, S. 197.

[26] WENZEL, A magyar magánjog rendszere, Bd. 1, 1885, S. 89.

[27] KELEMEN, Historia juris Hungarici privati documentis, ac testimoniis illustrata, 1818, S. 418. Diese Arbeit ist in der Übersetzung Miklós Jeszenszkys auch in ungarischer Sprache erschienen: KELEMEN, A magyar törvény históriája [Historia juris Hungarici ⟨ungar.⟩], 1820. Im Hinblick auf die rechtswissenschaftliche Tätigkeit Imre Kelemens (1744–1819) siehe SZINNYEI, „Kelemen *Imre*, (szent-katolnai)", in: DERS., Magyar írók élete és munkái, Bd. 5, 1897, S. 1363 f.

nannt. Auf diese Weise sieht er das „Tripartitum“ als Gesetz an,[28] das über *vis ac potestas veri, atque indubitatis iuris* verfügt.[29]

8. Szlemenics nennt Werbőczys „Tripartitum“ geradewegs ein Gesetzbuch[30] und beruft sich dabei auf die Gesetzesartikel LXIII/1514 und XLI/1518 von Bács. In diese Betrachtung muss jedoch die wesentliche Tatsache mit einbezogen werden, dass der Gesetzesartikel LXIII/1514 nur die Verlesung, Bekräftigung und Versendung an die verschiedenen Komitate verordnete. Dies reicht aber nicht aus, um das „Tripartitum“ als Gesetz anerkennen zu können. Ein Gesetz verleiht nämlich einem Gesetzesentwurf – und schließlich war das ‚Dreierbuch‘ zu dieser Zeit nur ein Entwurf[31] –, über den er Bestimmungen enthält, noch keine formelle Gesetzeskraft. Was den Gesetzesartikel XLI/1518 von Bács betrifft: er bestimmt, dass die Komitate gemäß dem ‚geschriebenen Recht des Landes‘ urteilen sollten. In erster Linie stellt sich jedoch die Frage, ob dieses Gesetz unter dem Begriff des ‚geschriebenen Landesrechts‘ wohl das ‚Dreierbuch‘ gemeint hat. Dies lässt sich zwar nicht zweifelsfrei behaupten, wird aber, die wenige Jahre zurückliegende historische Entwicklung beachtend, als Folgerung plausibel sein. Aber auch wenn das angenommen wird, kann das „Tripartitum“ immer noch nicht Gesetzbuch genannt werden.[32] Der Grund dafür liegt darin, dass auch in diesem Gesetz, genauso wie in dem Gesetzesartikel LXIII/1514, das ‚Dreierbuch‘ nur in Anspielungen auftritt. In diesem Zusammenhang ist es sinnvoll, sich auf Grosschmids Behauptung zu berufen: „Gesetz ist nur das, was unmittelbar als Gesamttext mit königlichem Siegel versehen wird, und nicht das, auf dessen Text bzw. Identität sich nur schließen lässt.“[33] Weiterhin kann das ‚Dreierbuch‘ auf der Grundlage des Gesetzes von Bács auch deshalb nicht als Gesetz betrachtet werden, weil jenes schon in seiner Einleitung ausdrücklich erwähnte, dass die in dem Gesetz vorhandenen Bestimmungen nur drei Jahre lang bindend wirksam sind.[34]

An dieser Stelle muss auf den wesentlichen Umstand hingewiesen werden, dass es noch heute umstritten ist, ob die Gesetze von Bács auch vom König bekräftigt worden sind. Es kann nämlich nicht nachgewiesen werden, ob diese Gesetze mit dem Siegel des Königs versehen wurden. Mit Rücksicht darauf, dass dieser Vorgang nicht stattgefunden hat, entbehrt jeder Versuch einer Grundlage, den Gesetzescharakter des „Tripartitum“ auf dieser Basis zu begründen. Wenn also der Gesetzesartikel XLI/1518 kein perfektes, genauer gar kein Gesetz war, dann

---

[28] Kelemen analysiert im Anhang der „Historia juris Hungarici privati“ (S. 482–503) ausführlich das „Tripartitum“ und schildert auch Werbőczys Lebenslauf: KELEMEN, Historia juris Hungarici privati documentis, ac testimoniis illustrata, 1818, S. 482–503.

[29] Ebd., S. 488.

[30] SZLEMENICS, Elementa juris civilis Hungarici, Bd. 1, 1817, S. 448.

[31] GROSSCHMID, Magánjogi előadások, 1905, S. 543.

[32] SZLEMENICS, Elementa juris civilis Hungarici, Bd. 1, 1817, S. 449.

[33] GROSSCHMID, Magánjogi előadások, 1905, S. 625.

[34] FRANK, A közigazság törvénye Magyarhonban, Bd. 1, 1987, S. 627.

fällt in diesem Falle jede Schlussfolgerung, die damit in Zusammenhang gebracht wird, *ruente fundamento* in sich zusammen.[35]

9. Nicht unerwähnt bleiben sollte die Ansicht Kövys, der als Juraprofessor und bekannter Rechtsgelehrter an der Rechtsakademie (auf Ungarisch: *jogakadémia*) in Sárospatak Werbőczys „Tripartitum" gleichfalls als Gesetz betrachtete. Ihm zufolge wurde es erst lange nach seiner Entstehung zum Gesetz, nämlich zu dem Zeitpunkt, als es durch die Gesetze XXIV/1588 und II/1622 stillschweigend seine Bekräftigung fand: „Nonnisi magno post intervallo – XXIV/1588; II/1622 – lege scripta, licet tacite, confirmato."[36]

Werden die vorangegangenen Erläuterungen zu Hilfe genommen, muss ganz offensichtlich auch Kövys Ansicht als unzutreffend und in die Irre führend beurteilt werden. Die von ihm genannten zwei Gesetze sind genauso wenig dafür geeignet, Werbőczys „Tripartitum" zum Gesetz zu erheben, wie die vielfachen späteren, die auf das „Tripartitum" hinweisen und deren Schar uns Wenzel lückenlos darbietet.[37] Von diesen Gesetzen enthält nämlich keines das ‚Dreierbuch' selbst, sondern lediglich Hinweise auf einige seiner Regeln. Diese Gesetze machen das „Tripartitum" folglich nicht zum Gesetz, sondern erkennen es lediglich als Rechtsquelle (*fons iuris*) an. Die Situation lässt sich vergleichen mit dem Handelsgesetz von 1875 (XXXVII/1875), das auf bestimmte Gewohnheiten verweist. Aus diesen Hinweisen folgt nicht, dass diese Gewohnheiten zum Gesetz werden, ebenso wenig machen die oben erwähnten Gesetze das „Tripartitum" insgesamt zum Gesetz.[38] Es kann aus den genannten Sachverhalten nur der Schluss gezogen werden, dass das „Tripartitum" als Rechtsquelle kein Gesetz darstellt und sich nicht in die Kategorie der *leges* eingliedern lässt.

10. In der früheren juristischen Literatur war die Ansicht weit verbreitet, dass für das „Tripartitum" innnerhalb der Rechtsquellen eine ganz eigene Kategorie, die des ‚Rechtsbuchs', reserviert ist. Dieser Begriff ist in mehreren europäischen Staaten durchaus nicht unbekannt.[39] Darunter versteht man die Systematisierung des gesamten Rechtsstoffs (Gewohnheitsrecht, Gesetze) eines jeden Staates. Man könnte auch sagen, ein Rechtsbuch sei nichts anderes als eine Rechtsnormensammlung.[40]

---

[35] Ebd. Vgl. noch GROSSCHMID, Magánjogi előadások, 1905, S. 626f.

[36] Siehe KÖVY, Elementa jurisprudentiae Hungaricae, 1835, S. 12.

[37] WENZEL, A magyar magánjog rendszere, Bd. 1, 1885, S. 92.

[38] FRANK, A közigazság törvénye Magyarhonban, Bd. 1, 1987, S. 66. Vgl. noch GROSSCHMID, Magánjogi előadások, 1905, S. 627.

[39] Aus der spanischen Literatur siehe CAÑAS, La costumbre: Fuente autónoma del Derecho?, in: Quaderni Fiorentini 21 (1992), S. 387ff.

[40] GROSSCHMID, Magánjogi előadások, 1905, S. 628. Vgl. noch GAUDEMET, Les modalités du droit à la lumière de l'histoire comparative, in: Le nuove frontiere del diritto e il problema dell'unificazione, Bd. 1, 1979, S. 426f.

Nach Vilmos Fraknói war es nicht Werbőczys Aufgabe, ein ‚Gesetzbuch' (*codex*) zu verfassen, sondern lediglich ein ‚Rechtsbuch' herauszugeben. Seine Theorie basiert auf der Tatsache, dass Werbőczy in Wirklichkeit den Auftrag erhalten hat, das im Land gültige Recht systematisch zu erfassen und in einem Buch redigiert zusammenzustellen.[41] Daraus lässt sich jedoch noch nicht schließen, dass das ‚Dreierbuch' in der Tat ein Rechtsbuch war. Es darf nämlich nicht vergessen werden, dass die Kodifikatoren in der Regel ihren Auftrag mit der Vorbedingung bekommen haben, das bereits ‚bestehende' Recht zu bewahren und in die Form eines Gesetzbuchs zu bringen. Das ist auch nur allzu natürlich, schließlich ist das Ziel einer jeden Kodifikation, das Recht in seiner nationalen Eigentümlichkeit zu erhalten und eventuell weiterzuentwickeln, und nicht die heimische Entwicklung durch die Übernahme fremder Systeme, genauer gesagt von deren Instituten, zu bremsen.

11. Mit dem ‚Dreierbuch' als Rechtsquelle *sui generis* befasste sich ausführlich Gusztáv Wenzel. Ihm zufolge beruht die bindende Kraft des „Tripartitum" auf folgenden vier wesentlichen Elementen, auf deren Grundlage Wenzel das „Tripartitum" auch als Rechtsbuch betrachtet bzw. seinen ‚Rechtsbuchcharakter' anerkennt:[42]

1. „dass Werbőczy das in unserer Heimat bestehende Recht aufgezeichnet hat;"
2. „dass dessen bindende Kraft nachträglich die heimische Gesetzgebung,"
3. „die beständige, kontinuierliche Rechtspflege der heimischen Gerichte" und
4. „die heimische Rechtswissenschaft anerkannt, unterstützt und gutgeheißen hat."

Im Folgenden sollen die von Gusztáv Wenzel erwähnten Merkmale einzeln analysiert werden. Die „treue, wahrheitsgemäße Aufzeichnung des in unserer Heimat bestehenden Rechts" weist darauf hin, dass Werbőczys Arbeit das existierende, gültige Recht gemäß den tatsächlichen, wahrhaftigen Umständen widerspiegelt. Werbőczy wollte dadurch nicht Recht schaffen, sondern das bereits ‚bestehende' Recht zusammenfassen. Hierauf weist sogar er selbst in einer an König Wladislaw II. gerichteten Widmung ausdrücklich hin.[43] Unzweifelhaft ist jedoch, dass Werbőczy bei den Vorarbeiten für das „Tripartitum" auch aus dem römischen und dem kanonischen Recht geschöpft hat, obwohl seine eindeutige Hauptquelle das heimische Recht (*ius patrium*) war.[44] Aber auch wenn er ausschließlich das hei-

---

[41] FRAKNÓI, Werbőczy István életrajza, 1899, S. 59, 62 und 84.

[42] WENZEL, A magyar magánjog rendszere, Bd. 1, 1885, S. 90f.

[43] „*Nemo autem id sibi persuadeat, me tantum mini authoritatis vendicasse, ut novas aliquas leges afferre, ac superaddere fuerim ausus: sed ea duntaxat, quæ a majoribus meis accepi, quaeque observari in pertractandis judiciis, causisque discutiendis vidi, audivi, didici; in unum quasi volumen contuli, ac digessi: consilio tamen cum caeteris mei collegis, et patrii juris, ac consuetudinum non ignoraris, prius communicatio. (Praefatio auctoris)*".

[44] Über die Quellen des ‚Dreierbuchs' bzw. über die bezüglich der Quellen oftmals entgegengesetzten Standpunkte in der Literatur DELL'ADAMI, Az anyagi magánjog codificatiója, Bd. 1, 1877, S. 77f. Vgl. noch SZÁSZY, Werbőczy és a magyar magánjog, in: BALÁS, CSEKEY, SZÁSZY, BÓNIS, Werbőczy István, 1941, S. 89.

mische Recht aufgearbeitet hätte, könnte das ‚Dreierbuch' nicht als Rechtsquelle angesehen werden. Die in ihm niedergeschriebenen Rechtsnormen haben zwar bindenden Charakter, dieser ergibt sich jedoch nicht aus der Tatsache, dass sie im ‚Dreierbuch' aufgeführt sind, sondern daraus, dass sie auf bereits früher erlassenen gesetzlichen Verordnungen oder auf dem Gewohnheitsrecht gründen. Die eigentliche Bedeutung des „Tripartitum" wäre formell vergleichbar mit einer Kompilation, deren Verfasser jede beliebige Person hätte sein können, und der *eo ipso* noch keine bindende Kraft zukommt. Folglich macht der Umstand, dass Werbőczy das heimische Recht aufgezeichnet hat, das Ergebnis dieser Aufzeichnung, nämlich jene Kompilation, noch nicht aus sich selbst heraus zur Rechtsquelle.

12. Wenzel muss jedoch in der Hinsicht zugestimmt werden, dass die spätere Gesetzgebung und der richterliche *usus* den bindenden Charakter des „Tripartitum" „anerkannt, unterstützt und gutgeheißen hat". An dieser Stelle soll darauf verwiesen werden, dass Gusztáv Wenzel ohne Vorbehalte die Volksgeisttheorie[45] im Sinne von Friedrich Carl von Savigny und Montesquieu vertrat und deshalb auch dem Gewohnheitsrecht Priorität vor dem geschriebenen Gesetzesrecht einräumte.[46] Es wäre jedoch nicht richtig zu behaupten, Gesetzgebung und Rechtsprechung seien die Grundlage und letzte Begründung für ein rechtlich bindendes „Tripartitum", sie machten es zur Rechtsquelle. Der Gesetzesartikel XLI/1518 und die ihm folgenden Gesetze bzw. Verordnungen konstatieren lediglich, dass das ‚Dreierbuch' Rechtsquelle sei, und die richterliche Praxis es bereits als zwingende Rechtsnorm anwendet. Zur Rechtsquelle machte das „Tripartitum" – und verlieh ihm obligatorischen Charakter – der schon bei Werbőczy erwähnte und vielleicht die Wirkung der antiken römischen Staatslehre widerspiegelnde *consensus populi*.[47]

Letzten Endes sah Gusztáv Wenzel die bindende Kraft des „Tripartitum" in der Rechtswissenschaft. Zwar besteht kein Zweifel darüber, dass diese in der Rechtspraxis und besonders in der Rechtsentwicklung eine tragende Rolle spielt, das bedeutet jedoch bei Weitem nicht, dass eine von ihr – das heißt von der Jurisprudenz – gefasste Meinung irgendeine Norm schon mit bindender Kraft versieht.

[45] J. SCHRÖDER, Zur Vorgeschichte der Volksgeistlehre, in: ZRG GA 109 (1992), S. 1 ff.

[46] WENZEL, A magyar magánjog rendszere, Bd. 1, 1885, § 35. Beachtet sei aber, dass Wenzel für die zweite Hälfte des 19. Jahrhunderts aufgrund der Stellungnahmen von Bernhard Windscheid und Heinrich Dernburg, die die Kodifikation bzw. die Kodifikationsidee generell befürworten, die Notwendigkeit der Kodifikation akzeptierte und als Garantie für die Rechtssicherheit (*certitudo iuris*) betrachtete. WENZEL, A magyar magánjog rendszere, Bd. 1, 1885, S. 13.

[47] Da Werbőczy Ciceros Dialog „De re publica" in dem heute bekannten Umfang noch nicht kennen konnte, interpretierte er diesen Begriff wohl im Sinne der römischen Geschichtsschreiber. Im Hinblick auf den *consensus populi* bei Cicero siehe HAMZA, Riflessioni sulla teoria ciceroniana dello Stato, in: Il Pensiero Politico 29 (1996), S. 83 ff. Siehe noch HAMZA, L'*optimus status civitatis* di Cicerone e la sua tradizione nel pensiero politico, in: LABRUNA (Hrsg.), Tradizione romanistica e Costituzione, Bd. 2, 2006, S. 1455–1468.

Es ist nämlich durchaus vorstellbar, dass die Jurisprudenz eine bestimmte Rechtsnorm als bindend beurteilt, während das ‚Rechtsempfinden‘ gerade vom Gegenteil überzeugt ist.[48] In einem solchen Falle kann ausschließlich der Konsens des Volkes – der *consensus populi* – eine Leitfunktion innehaben und nicht der Standpunkt der Rechtsgelehrten.

13. Es ist also leicht einzusehen, dass im ungarischen Recht das „Tripartitum“ aufgrund der von Wenzel ausgeführten Eigenheiten nicht als Rechtsquelle *sui generis* betrachtet werden kann. Gleichzeitig ist es jedoch gar nicht notwendig, für das „Tripartitum“ innerhalb der Quellen des ungarischen Rechts eine spezielle Kategorie zu entwerfen. Es lässt sich nämlich mühelos in eine bekannte Klasse eingliedern,[49] jedoch ganz offensichtlich nicht in die der Gesetze, so dass das ‚Dreierbuch‘ schließlich nicht als Gesetzbuch betrachtet werden kann.[50] Dass es auch nicht zu den Verordnungen oder Statuten gehört, ist eindeutig und bedarf keiner weiteren Erläuterung.

Das „Tripartitum“ zählt zweifelsohne zum Gewohnheitsrecht,[51] also zur *consuetudo* oder zum *ius consuetudinarium*.[52] Das „Tripartitum“ ist folglich eine ‚offizielle gewohnheitsrechtliche Sammlung‘ – der treffendste Terminus technicus hierfür ist der des *recueil officiel de coutumes*[53] – und gehört damit in jene Kategorie der Rechtsquellen (*fontes iuris*), die in Italien und Spanien schon im zwölften Jahrhundert bekannt war, sich in großer Zahl jedoch erst um das 15. und

[48] Wenzel formulierte in Bezug auf die rechtliche Grundlage der bindenden Kraft des Gewohnheitsrechts folgendermaßen: „A szokásnak kötelező ereje a magyar jogrendszerben általában a nép autonómiáján alapszik.“ [Die bindende Kraft der Gewohnheit beruht im ungarischen Rechtssystem im Allgemeinen auf der Autonomie des Volkes.] WENZEL, A magyar magánjog rendszere, Bd. 1, 1885, S. 79.

[49] In der Interpretation des ungarischen Romanisten und Zivilrechtlers Pál Hoffmann ist das Gewohnheitsrecht, ähnlich dem Gesetz und der Jurisprudenz, Quelle für das ‚ein Doppelleben‘ führende, also in den Rechtsverhältnissen ‚offenbarte‘ und ‚im Bewußtsein der Nation als Idee‘ vorhandene Recht: HOFFMANN, A jog lénye, 1864. Vgl. noch HAMZA, Adalék a történeti jogi iskola magyarországi hatásához, in: Jogtudományi Közlöny 35 (1980), S. 541.

[50] Die Unterscheidung bedeutet in diesem Fall eher nur eine formell hierarchische Differenzierung. Zur Beziehung zwischen Gesetz und Gewohnheitsrecht: DIESTELKAMP, Das Verhältnis von Gesetz und Gewohnheitsrecht im 16. Jahrhundert – aufgezeigt am Beispiel der oberhessischen Erbgewohnheiten von 1572, in: Rechtshistorische Studien, 1977, S. 1 ff.

[51] Der Vergleich des ‚Dreierbuchs‘ mit der ebenso verbindlichen, wenn auch nicht über Gesetzeskraft verfügenden, Gewohnheit des römischen Rechts wäre eine eigenständige Studie wert. Zur Grundlage der bindenden Kraft der Gewohnheiten des antiken römischen Rechts siehe SENN, La leçon de la Rome antique sur le fondement de la force obligatoire de la coutume, in: Introduction à l'étude du droit comparé, Bd. 1, 1938, S. 218–226.

[52] Eine hervorragende Übersicht über das Gewohnheitsrecht und über die bindende Kraft (*binding force*) von dessen Sammlungen gibt in der Sekundärliteratur WATSON, An approach to customary law, in: University of Illinois Law Review 1984,3 (1984), S. 561 ff.

[53] Zur Kategorisierung der gewohnheitsrechtlichen Sammlungen: GILISSEN, La coutume, in: La coutume/Custom, Bd. 1: Antiquité, Afrique noire, Amérique, Australie/Antiquity, Black Africa, America, Australia, 1990, S. 33.

16. Jahrhundert – in erster Linie in Frankreich, Deutschland und in den Niederlanden – ausgebreitet hat.[54]

[54] REGNAULT, Manuel d'histoire du droit français, 1947, S. 171 ff.; SMIDT, Rechtsgewoonten, 1954, S. 310; VAN DEN BERGH, Wet en gewoonte, 1982, S. 32 ff.

Bernd KANNOWSKI (Bayreuth/Deutschland)

Tiere im Schwabenspiegel

I. Thema und Methode

Es ist nun ja leider selten genug, dass eine Tagung über den Schwabenspiegel stattfindet. Wenn sich diese rare Gelegenheit doch einmal bietet, sollten Referenten dann nicht zu übergreifenderen, größeren und grundlegenderen Themen sprechen als ausgerechnet über das Tier im Schwabenspiegel?

Dem ist zweierlei entgegenzuhalten. Erstens waren Rechtsprobleme im Zusammenhang mit Tieren aus damaliger Sicht alles andere als marginal, und zwar weder aus der Sicht der Zeit insgesamt noch speziell aus der des Schwabenspiegelautors. Dass Tiere im mittelalterlichen Alltag eine ganz andere und sehr viel größere Rolle spielten als heute, bedarf wohl kaum einer längeren Erklärung,[1] nicht zuletzt deshalb, weil die mittelalterliche Welt – was auch im Schwabenspiegel zum Ausdruck kommt – eine agrarische war, bestritten doch vier Fünftel der Bevölkerung ihren Unterhalt durch bäuerliche Lebensweise.[2] Nutztierhaltung war ein entscheidender Wirtschaftsfaktor.[3] Tiere dienten in der Landwirtschaft als Zugmaschinen.[4] Aus dem Schwabenspiegel erfahren wir, dass zu seiner Entstehungszeit entweder ein Ochse oder – was die jüngere Betriebsweise ist[5] – auch bereits ein Pferd vor den Pflug gespannt wurde.[6] Weiterhin waren Tiere bzw. von ihnen gezogene Fahrzeuge die einzigen Transportmittel an Land.[7]

Zudem war der Besitz bestimmter Tiere ein wichtiges Statussymbol, was insbesondere – darauf wird zurückzukommen sein – im Schwabenspiegel zum Tragen kommt. Und dass rechtliche Bestimmungen über Tiere aus Sicht des Schwabenspiegelautors von besonderer Bedeutung sind, erweist auch ein Blick auf sein religiös motiviertes Vorwort.[8] Darin greift der Autor den göttlichen Auftrag aus dem Buch Genesis auf, der Mensch solle sich die Erde unterwerfen und über die

---

[1] DINZELBACHER, Mittelalter, in: DERS. (Hrsg.), Mensch und Tier in der Geschichte Europas, 2000, S. 181–292; MEIER, Mensch und Tier im Mittelalter, 2008; OBERMAIER (Hrsg.), Tiere und Fabelwesen im Mittelalter, 2009.

[2] KUTZ, Das Dorf und die bäuerliche Lebenswelt im Schwabenspiegel, in: Zeitschrift für die Geschichte des Oberrheins 156 (2008), S. 85.

[3] MEIER, Mensch und Tier im Mittelalter, 2008, S. 102.

[4] RÖSENER, Bauern im Mittelalter, 1985, S. 151.

[5] KUTZ, Das Dorf und die bäuerliche Lebenswelt im Schwabenspiegel, in: Zeitschrift für die Geschichte des Oberrheins 156 (2008), S. 105.

[6] LASSBERG (Hrsg.), Der Schwabenspiegel oder Schwäbisches Land- und Lehen-Rechtbuch, 1840, im Folgenden abgekürzt als Schwsp.$^{\text{Laßb.}}$, Ldr. 224.

[7] DINZELBACHER, Mittelalter, in: DERS. (Hrsg.), Mensch und Tier in der Geschichte Europas, 2000, S. 194 ff.

[8] Dazu BLAZOVICH, Die Bibel und der Schwabenspiegel, in: ZRG KA 97 (2011).

Tiere herrschen. Er sagt, Gott habe „*die Vögel in den Lüften, die Fische im Wasser, die Tiere im Walde, die Würmer in der Erde* [...] *ganz dem Menschen zu Dienst und Nutzen geschaffen*".[9] Aneignung und Beherrschung der Tierwelt durch den Menschen ist nichts anderes als die Erfüllung genau dieses Auftrags. Und diese geschieht durch die entsprechenden rechtlichen Bestimmungen.

Neben diesen Erwägungen spricht noch ein zweiter Aspekt für die Auswahl des Themenkomplexes ‚Tiere'. Er soll für mich – wie sich im Folgenden zeigen wird – methodisch ein greifbarer inhaltlicher Sammelpunkt sein, um zu allgemeineren Charakteristika des Schwabenspiegels vorzustoßen.

Die große Bedeutung von Tieren im Mittelalter zeigt sich nicht zuletzt darin, dass auch in anderen Rechtsquellen häufig Tiere vorkommen.[10] So finden sich in der *Lex Salica* aus dem frühen sechsten Jahrhundert gleich zu Anfang Bestimmungen über Diebstähle bestimmter Tierarten und die zu leistenden Ersatzsummen.[11] Zeitlich sehr viel näher zum Schwabenspiegel aber ist der Sachsenspiegel, das bedeutendste deutsche mittelalterliche Rechtsbuch. Eike von Repgow hat es um das Jahr 1230 verfasst. Einige Bestimmungen daraus werde ich vergleichend denen des Schwabenspiegels gegenüberstellen. In diesem Zusammenhang möchte ich auch einen kurzen Blick auf das Thema Bilderhandschriften werfen. Es ist bekannt, dass vier solcher Handschriften zum Sachsenspiegel überliefert sind.[12] Weniger bekannt ist, dass auch eine reich bebilderte Handschrift des Schwabenspiegels existiert. Hier sind zwar nicht wie bei den Bilderhandschriften des Sachsenspiegels alle Bestimmungen durchgehend illustriert. Es handelt sich also nicht um eine Bilderhandschrift zu dem Rechtsbuch in einem engen technischen Sinn.[13] Doch enthält die Handschrift, die heute in der königlichen Bibliothek in Brüssel

---

[9] Schwsp.$^{\text{Laßb.}}$, Vorwort (a). – Nochmals in Bezug genommen am Anfang von Schwsp.$^{\text{Laßb.}}$, Ldr. 236.

[10] Ein Überblick dazu bei SCHUMANN, „Tiere sind keine Sachen", in: HERRMANN (Hrsg.), Beiträge zum Göttinger Umwelthistorischen Kolloquium 2008–2009, 2009, S. 183 ff.

[11] ECKHARDT (Hrsg.), Lex salica, 1953, Art. 2–7, 9 (Schweine, Rinder, Schafe, Ziegen, Hunde, Vögel, Bienen).

[12] Die Literatur zum Thema ist kaum zu überblicken. Die neueste größere Veröffentlichung zum Thema mit Arbeiten aus verschiedenen Blickwinkeln, die eine aktuelle Übersicht zum Forschungsstand geben, ist dieser Sammelband: EIKE von Repgow, Sachsenspiegel, Aufsätze und Untersuchungen, 2011.

[13] „B.[ilderhandschriften] oder Codices picturati sind Hs. in Buchform mit figürlichen Illustrationen, die in einem engen Verhältnis zum Text stehen, indem sie den Inhalt narrativer, didaktischer, allegorischer oder metaphorischer Partien veranschaulichen und im Blick auf ihre Anwendung erläutern und ergänzen. Anders als die historisierten oder bewohnten Initialen ma. Hs., welche die Einteilung des Textes in Bücher, Kapitel und Titel markieren, ist für die B.[ilderhandschrift] die Kontinuität der Illustrationen und ihr thematischer Zusammenhang charakteristisch. Idealfall ist die durchgehende Illustration wie sie für die vier erhaltenen B.[ilderhandschriften] des Ssp. [...] vorauszusetzen ist.", SCHMIDT-WIEGAND, Bilderhandschriften, in: ^{2}HRG, Bd. 1, 2008, Sp. 580. – So im Ergebnis auch DERSCHKA (Übers.), Der Schwabenspiegel, 2002, S. 313 ff., der allerdings die meines Erachtens insofern irritierende Bezeichnung ‚Brüsseler Bilderhandschrift' verwendet (S. 309 in der Überschrift und S. 311 ff. im Kolumnentitel).

liegt,[14] insgesamt 73 ganzseitige Illustrationen. Vier davon betreffen mit Tieren im Zusammenhang stehende Regelungen.

II. Schwabenspiegelbestimmungen zum Thema ‚Tiere'

Die hohe Bedeutung von Tieren im Alltagsleben spiegelt sich in der großen Zahl von Schwabenspiegelartikeln wider, die sich mit Tieren beschäftigen. Im Landrechtsteil zähle ich 68[15] von insgesamt 377 Artikeln nach der Zählung bei Laßberg. Seine Ausgabe lege ich meiner Untersuchung zugrunde,[16] wobei ich immer wieder auch die neuhochdeutsche Übersetzung von Derschka zitiere.[17] Die besagten 68 Artikel machen etwa 18 % aus.[18] Im Lehnrecht hingegen kommen Tiere in nur drei Artikeln vor und spielen mithin fast gar keine Rolle.[19]

Von den 68 Landrechtsartikeln lassen sich die weitaus meisten – nämlich insgesamt 51 – drei thematischen Feldern zuordnen:[20]

- Das erste davon betrifft die Haftung für durch Tiere verursachte Schäden (‚Schäden durch Tiere').
- In einem zweiten geht es um die Rechtsfolgen von Diebstahl, Tötung oder Verletzung verschiedener Tiere (‚Schäden an Tieren').
- In einem dritten schließlich geht es in einem weiten Sinn[21] um Erwerb und Verlust von Eigentum an Tieren (‚Eigentum an Tieren').

Die übrigen 20 Artikel aus dem gesamten Schwabenspiegel (17 aus dem Landrecht, drei aus dem Lehnrecht) betreffen prozess-[22] und strafrechtliche[23] Themen

---

[14] Königliche Bibliothek Brüssel Ms 14689–91.

[15] Artikel, in denen Tiere nicht direkt genannt oder nicht als solche gemeint sind, weil sie nur als Bestandteil einer Redensart vorkommen, zähle ich nicht dazu (so Schwsp.[Laßb.], Vorwort (c): „[Wir] *gingen* […] *in die Irre wie Schafe ohne Hirten*"; Schwsp.[Laßb.], Ldr. 350 Ic: „*Aufbürden von Hunden*" als Redensart für „Bekundung von Missachtung"; Schwsp.[Laßb.], Ldr. 369 I: Fischleim aus der Schwimmblase des Störs als Hilfsmittel). Flüche oder Segnungen von Tieren im Rahmen des auf das Alte Testament Bezug nehmenden und somit eine Sonderrolle innehabenden (dazu unten *S. 208*) Artikels, Schwsp.[Laßb.], Ldr. 201 zähle ich nicht mit (Schwsp.[Laßb.], Ldr. 201t: Fluch über Vieh; Schwsp.[Laßb.], Ldr. 201u: Segnung der Ställe). Auch sehe ich ein Fabelwesen nicht als ein Tier an (Drache, Schwsp.[Laßb.], Ldr. 377 II β).

[16] LASSBERG (Hrsg.), Der Schwabenspiegel oder Schwäbisches Land- und Lehen-Rechtbuch, 1840. Eine Begründung für das Zugrundelegen der Ausgabe Laßbergs findet sich dort auf S. 13 f.

[17] DERSCHKA (Übers.), Der Schwabenspiegel, 2002.

[18] Das ist nur ein Näherungswert. Da ich bei den Artikeln über Tiere, nicht aber bei der Gesamtzahl der Artikel, einzelne Absätze zähle (gekennzeichnet durch römische Zahlen bzw. kleine Buchstaben), würde der Anteil bei Änderung dieser Zählweise geringer ausfallen.

[19] Zusammengestellt in Anhang 1.

[20] Siehe Aufstellung in Anhang 2.

[21] So zähle ich hierzu auch Bestimmungen, die sich mit der Zugehörigkeit von Tieren zu einer Sondervermögensmasse wie Morgengabe oder Heergewette beschäftigen (Schwsp.[Laßb.], Ldr. 18, 25), ebenso eine Bestimmung, die die Ersatzpflicht für Tierfutter bei Rückgabe an den Eigentümer behandelt (Schwsp.[Laßb.], Ldr. 353) oder eine Regelung über für Tiere zu leistende Abgaben (Schwsp.[Laßb.], Ldr. 217b).

oder Konstellationen, in denen ein rechtserhebliches Maß mit Hilfe eines Tieres genommen wird.[24] Eine weitere Gruppe dieser nicht in meine drei Hauptkategorien fallenden Artikel behandelt vertragsrechtliche Fragen, wobei Leihe und Miete von Pferden – was im Hinblick auf die Präsenz dieser Tiere im mittelalterlichen Alltag wie auch ihren wirtschaftlichen Wert nicht überrascht – eine prominente Rolle spielen.[25] Diese Bedeutung von Pferden kommt noch in weiteren Bestimmungen zum Ausdruck, die sich mit Regeln beim Reiten beschäftigen.[26]

Die drei soeben genannten dominanten Themenfelder will ich im Folgenden näher behandeln.

1. Schäden durch Tiere

Zuerst also zu der Haftung für Tierschäden: Die Bestimmungen des Schwabenspiegels zu diesem Thema unterscheiden danach, ob ein zahmes Nutztier oder ein Wildtier den Schaden verursacht hat. Bei Wildtieren trifft den Halter eine verschärfte Haftung, die er nicht begrenzen kann. Bei einem Nutztier nämlich kann sein Halter sich der Schadensersatzpflicht entledigen, indem er das Tier nach dem Schadensfall nicht mehr aufnimmt.[27] Diese Konstruktion scheint dem Sachsenspiegel entnommen zu sein.[28]

Allerdings finden sich auch Regelungen, die ihr Vorbild nicht im Sachsenspiegel haben. So ist der Eigentümer komplett von der Haftung frei, wenn ein potentieller Dieb bei seiner Tat durch das Tier zu Tode kommt. Der gleiche Ge-

[22] Schwsp.$^{\text{Laßb.}}$, Ldr. 114a: Versorgung der Pferde beim Rechtszug; Schwsp.$^{\text{Laßb.}}$, Ldr. 263: Judeneid auf Schweinehaut; Schwsp.$^{\text{Laßb.}}$, Lnr. 128c: Versorgung der Pferde auf dem Weg zum Oberherrn; Schwsp.$^{\text{Laßb.}}$, Lnr. 126a: Abwehr von Fliegen, Mücken und Bremsen vor Gericht.

[23] Schwsp.$^{\text{Laßb.}}$, Ldr. Art. 174a: Strafe für Behauptung sexuellen Umgangs mit Tieren; Schwsp.$^{\text{Laßb.}}$, Ldr. 182: Auf Vogel gerichteter Schuss tötet versehentlich einen Menschen; Schwsp.$^{\text{Laßb.}}$, Ldr. 201h: Strafe für sexuellen Umgang mit Tieren; Schwsp.$^{\text{Laßb.}}$, Ldr. 254: Tötung von Tieren, die bei Vergewaltigung zugegen waren.

[24] Schwsp.$^{\text{Laßb.}}$, Ldr. 52: Besteigen des Pferdes als Fitnesstest; Schwsp.$^{\text{Laßb.}}$, Ldr. 143b: Auf Pferd sitzender Mann als Maß für zulässige Bauhöhe; Schwsp.$^{\text{Laßb.}}$, Ldr. 310: Von zwei einjährigen Ochsen gezogene Last als Maß.

[25] Schwsp.$^{\text{Laßb.}}$, Ldr. 213: Von Hirten; Schwsp.$^{\text{Laßb.}}$, Ldr. 222: Vom Verpfänden und Verleihen eines Pferdes; Schwsp.$^{\text{Laßb.}}$, Ldr. 223: Rechte und Pflichten des Pferdemieters; Schwsp.$^{\text{Laßb.}}$, Ldr. 224: Tierleihe; Schwsp.$^{\text{Laßb.}}$, Lnr. Art. 9b: Verleihen eines Pferdes an den Herrn.

[26] Schwsp.$^{\text{Laßb.}}$, Ldr. 193c: Zoll für Reiter; Schwsp.$^{\text{Laßb.}}$, Ldr. 195: Buße für Reiten über bebautes Land; Schwsp.$^{\text{Laßb.}}$, Ldr. 221: Verkehrsregel für Reiter; Schwsp.$^{\text{Laßb.}}$, Vorwort (e): Papst reitet auf weißem Pferd. – Auch die bereits in *Anm. 22* genannten Artikel Schwsp.$^{\text{Laßb.}}$, Ldr. 114a und Schwsp.$^{\text{Laßb.}}$, Lnr. 128c lassen sich in diesem Kontext anführen.

[27] Schwsp.$^{\text{Laßb.}}$, Ldr. 204, 244. Den gleichen Gedanken für einen Angriff durch einen Hund verfolgt Schwsp.$^{\text{Laßb.}}$, Ldr. 342: Verzichtet der Eigentümer auf den Wert des getöteten Hundes, muss er den durch dessen Angriff erlittenen Schaden nicht ersetzen.

[28] Ssp., Ldr. II 40 einerseits, II 62 andererseits; Der Schwabenspiegel erweitert diese Haftungskonstruktion noch dadurch, dass er bei einem als schädlich bekannten Pferd keine befreiende Entäußerung zulässt (Schwsp.$^{\text{Laßb.}}$, Ldr. 205).

danke liegt zugrunde, wenn der unrechtmäßige Pfandbesitzer eines Tieres für den durch dieses verursachten Schaden aufkommen muss, wohingegen den Eigentümer keine Zahlungspflicht trifft.[29] In diesen Zusammenhang passt, dass die Tierhalterhaftung sich grundlegend ändert, wenn ein Verschuldenselement im Spiel ist. So muss derjenige, welcher sein Tier auf ein fremdes Kornfeld oder Grasland treibt, so dass es dort Schaden anrichtet, dem Geschädigten den doppelten Betrag des entstandenen Schadens ersetzen. Zwar gibt es eine ähnliche Bestimmung auch im Sachsenspiegel,[30] doch ist dort nicht von einem *duplum* die Rede. Ein solches ist vielmehr eine typische Konstruktion für Privatstrafklagen nach römischem Recht.[31]

Grundsätzlich galt für Tierschäden nach römischem Recht die Noxalhaftung der *actio de pauperie*. Der Eigentümer stand danach vor der Wahl, entweder dem Geschädigten das Tier auszuliefern (*in noxam dedere*) oder den Schaden zu ersetzen (*noxiam sarcire*), ähnlich wie nach Sachsen- und Schwabenspiegel. Ein pönales Element, wie es bei zum Ersatz des *duplum* oder *quadruplum* verpflichtenden Tatbeständen regelmäßig zum Ausdruck kommt, gab es bei Haftung für Tierschäden nach der *actio de pauperie* ursprünglich nicht, und erst in späterer Zeit ergab sich im Zusammenhang mit zur Belustigung gehaltenen wilden Tieren eine Änderung. Diese ist im Edikt der kurulischen Ädile festgelegt.[32] Danach war

---

[29] Schwsp.Laßh., Ldr. 199, 327.

[30] Ssp., Ldr. II 47.

[31] BERGER, Encyclopedic Dictionary of Roman Law, 1953, s. v. ‚Duplum', ‚Actiones in simplum', ‚Infitiari (infitiatio)', ‚Furtum'. – Auf das *duplum* oder gar dessen Doppeltes (*quadruplum*) sind eine ganze Reihe von Klagen gerichtet, so *actio furti nec manifesti: duplum*, KASER, Das römische Privatrecht, Abschn. 1, 1971, S. 613; *actio furti manifesti: quadruplum* (ebd., S. 616); *actio legis aquiliæ* gegen den Bestreitenden bzw. nicht Geständigen: duplum (ebd., S. 620; so wohl auch rezipiert: COING, Europäisches Privatrecht, Bd. 1, 1985, S. 512); Raub oder Bandenschädigung: im ersten Jahr nach der Tat *quadruplum*, danach dann *duplum* (KASER, Das römische Privatrecht, Abschn. 1, 1971, S. 626), genauso bei der *actio quod metus causa* (ebd., S. 627; COING, Europäisches Privatrecht, Bd. 1, 1985, S. 516), streitig allerdings im *usus modernus* (ebd., S. 516). Ferner bei Schädigung durch Prozess gegen Geld wider besseren Wissens (KASER, Das römische Privatrecht, Abschn. 1, 1971, S. 629). Weiter bekommt derjenige, der einem in Not eine Sache in Verwahrung gibt, bei Treubrüchigkeit des Verwahrenden das Doppelte des Werts ersetzt (*actio depositi*, Dig. 16.3.1–4, dazu KASER, KNÜTEL, Römisches Privatrecht, 2008, § 39 Rdnr. 15; KASER, Das römische Privatrecht, Abschn. 1, 1971, S. 629, behandelt das als deliktsrechtliche Klage. Im Reich rezipiert, COING, Europäisches Privatrecht, Bd. 1, 1985, S. 480). Nach dem Edikt *De his qui deiecerint vel effuderint* (bei aus der Wohnung geworfenen oder gekippten Sachen): *duplum* (KASER, Das römische Privatrecht, Abschn. 1, 1971, S. 628), *actio servi corrupti* (Verführung eines Sklaven): *duplum* (ebd.), gegen den Publikanen und seine Familie bei Schäden spezielle Klagen: *duplum* (ebd.). – Auch im Mainzer Reichslandfrieden von 1235 kommt das pönale Element durch das *duplum* zum Ausdruck, was als früher Einfluss des römischen Rechts anzusehen ist. – Für das geltende Recht ist Bar der Meinung, im Fall einer Verdoppelung mit pönalem Charakter (doppelte Lizenzgebühr der GEMA bei Urheberrechtsverletzung) dränge sich die rechtshistorische Parallele zum *duplum* des römischen Rechts auf: BAR, Schadensberechnung im gewerblichen Rechtsschutz und Urheberrecht und allgemeine Schadenstheorie, in: UFITA 81 (1978), S. 61.

[32] *„Deinde aiunt aediles: ‚Ne quis canem, verrem vel minorem aprum, lupum, ursum, pantheram,*

bei bestimmten gefährlichen Tieren statt der Noxalhaftung das *duplum* vorgesehen.[33] Dieses konnte es nach römischem Recht allerdings auch bei Vorsatztaten nach aquilischer Haftung geben,[34] ganz unabhängig davon, ob ein Tier in dem haftungsträchtigen Sachverhalt vorkommt. Ein denkbarer Anwendungsfall könnte darin liegen, dass jemand – wie in der entsprechenden Schwabenspiegelbestimmung – seine Tiere zur Futteraufnahme auf eine fremde Wiese treibt.

Einige Bestimmungen im Bereich der Tierhalterhaftung sind auch dem mosaischen Recht entnommen.[35] So ist von einigen Tieren gesagt, man solle sie steinigen, wenn sie einen Menschen getötet haben, und ihr Fleisch nicht essen, denn sie seien unrein.[36] Bei einem Ochsen soll die Verantwortlichkeit des Eigentümers davon abhängen, ob er ihm die Hörner abgesägt hat.[37] Diese Bestimmungen über Steinigungen entsprechen weder der mittelalterlichen Realität[38] noch sind sie frei von Widersprüchen. So wird die Möglichkeit, sich unter bestimmten Voraussetzungen von der Haftung zu befreien, in Schwsp.$^{\text{Laßb.}}$, Ldr. Art. 201e nicht erwähnt. Das mag daher rühren, dass der Verfasser verschiedene Vorlagen zusammenstellte, wobei er deren Unterschiede nicht immer bemerkte. Darauf werde ich später noch einmal zurückkommen.

2. Schäden an Tieren

In einem zweiten Schritt möchte ich mich Bestimmungen über Diebstahl bzw. Verletzung oder Tötung von Tieren zuwenden. Dabei möchte ich zunächst die oben im Zusammenhang mit dem *duplum* geäußerten Gedanken aufgreifen, denn dessen aus dem römischen Recht herrührender pönaler Charakter kommt auch hier zum Ausdruck. So soll der Dieb eines Beizvogels dem Eigentümer den doppelten Wert ersetzen, falls es zu einer Wertminderung des Tieres gekommen ist. Zusätzlich ist der einfache Wert des Vogels in diesem Fall an den Richter zu zahlen, was wiederum an eine Art Gewette erinnert, wie es im Sachsenspiegel niedergelegt ist. Und auch wenn der Vogel unversehrt zurückgegeben werden kann, fällt im Ergebnis für den Dieb das *duplum* an. Dann soll der Kläger schwö-

leonem', et generaliter ,aliudve quod noceret animal, sive soluta sint, sive alligata, ut contineri vinculis, quo minus damnum inferant, non possint, qua vulgo iter fiet, ita habuisse velit, ut cuiquam nocere damnumve dare possit'. Si adversus ea factum erit et homo liber ex ea re perierit, solidi ducenti, si nocitum homini libero esse dicetur, quanti bonum aequum iudici videbitur, condemnetur, ceterarum rerum, quanti damnum datum factumve sit, dupli." Dig. 21.1.40–42. – Dazu KASER, Das römische Privatrecht, Abschn. 1, 1971, S. 633 Anm. 31.

[33] Dazu KLAUSBERGER, Vom Tierdelikt zur Gefährdungshaftung, in: Teoria e storia del diritto privato 4 (2011).

[34] Dazu BERGER, Encyclopedic Dictionary of Roman Law, 1953, s. v. „Lex Aquilia".

[35] Dazu BLAZOVICH, Die Bibel und der Schwabenspiegel, in: ZRG KA 97 (2011).

[36] Schwsp.$^{\text{Laßb.}}$, Ldr. 201c, 204, offensichtlich in Anlehnung an Exodus, 21,28.

[37] Schwsp.$^{\text{Laßb.}}$, Ldr. 201c. Eine ähnliche Wertung findet sich in Exodus, 21,29.

[38] SCHUMANN, „Tiere sind keine Sachen", in: HERRMANN (Hrsg.), Beiträge zum Göttinger Umwelthistorischen Kolloquium 2008–2009, 2009, S. 199.

ren, wie viel sein Vogel wert sei. Dieser Wert allerdings ist (neben Rückgabe des Tieres) zwischen Bestohlenem und Richter zu teilen. Als Parallele zum Sachsenspiegel ist auch die anschließende Bestimmung zu nennen, man solle dem Mann „*Haut und Haar abschlagen*", wenn die zu zahlende Summe uneinbringlich sei.[39] Hier vermischen sich also Vorstellungen des römischen Rechts mit solchen, die aus dem Sachsenspiegel herrühren. Die eigenständige Weiterführung von Vorstellungen aus dem römischen Recht zeigt sich ferner darin, dass der mit dem *duplum* verknüpfte Bestrafungsgedanke im kirchlichen Kontext Verschärfung erfährt. So ist bei Diebstahl von Pferden, Rindern und anderen Tieren, die im Eigentum der Kirche stehen, deren dreifacher Wert zu ersetzen, wobei Tiere hier mit beweglichen Sachen in einem umfassenden Sinne gleichgesetzt sind.[40] Ein solches *triplum* ist im römischen Recht selten.[41]

Bei einem Vergleich mit dem Sachsenspiegel fällt weiterhin etwas auf, das sich anhand der soeben erwähnten Beizvögel bereits ankündigte: Die Bestimmungen des Schwabenspiegels erfassen einen völlig anderen Schwerpunkt. So nennt zwar auch der Sachsenspiegel für Tiere zu leistende Ersatzbeträge – in der Terminologie Eikes ist vom „Wergeld der Vögel und Tiere" die Rede.[42] Bei ihm geht es allerdings um landwirtschaftliche Nutztiere, begonnen mit einem halben Pfennig für ein Huhn, es folgen verschiedene Schweine, Zugochsen und Reitpferde. Im Schwabenspiegel hingegen sind haarklein die Wergeldbeträge für unterschiedliche Arten von Hunden aufgeführt.[43] Gleich im Folgenden beschäftigt der Schwaben-

---

[39] Schwsp.$^{\text{Laßb.}}$, Ldr. 239, letzter Satz. Die Parallelbestimmung Ssp., Ldr. II 13 § 1 lautet wie folgt: „[...] *dat mut die burmeister wol richten des selven dages to hut unde to hare, oder mit dren schillingen to losene.*"

[40] Schwsp.$^{\text{Laßb.}}$, Ldr. 331.

[41] Das *triplum* gewährt die *actio furti concepti* (Diebesgut wird bei einer Haussuchung gefunden, Klage gegen Hausherrn, unabhängig davon ob Dieb oder nicht) und die *actio furti oblati* (Regressklage des Hausherrn gegen denjenigen, der ihm die Sache untergeschoben hat), JÖRS, KUNKEL, WENGLER (Begr.), HONSELL, MAYER-MALY, SELB (Bearb.), Römisches Recht, 1987, S. 360.

[42] Ssp., Ldr. III 51 § 1: „*Nu vernemet umme vogele unde diere weregelt. Dat hun gilt man mit enem halven penninge, die anet also. Die gans mit enem penninge, die brut gans unde die brut henne mit dren penningen binnen irer brut tiet, unde die stelle anet also; dat selve dut man dat verken unde dat tzickelin binnen irme soge unde die katten. Dat lam vor viere; dat kalf vor sesse. Dat volen vor enen schilling binnen sime soge, unde den hofwart also. Den hunt, den man scuprode het, mit dren schillingen unde dat suert unde dat jarge svin. Dat rint mit vier schillingen. Die soge, die verkene dreget oder tüt, mit vif schillingen. Den vulwassen ber also unde den esel. Den mul mit achte schillingen unde den tochossen unde den veltstriken. Andere veltperde, die to vulleme arbeide dogen, mit tvelf schillingen. Die aver beneden iren jaren sin, die gilt man als in na irme aldere geboret. Dat rideperd, dar die rideman sime herren uppe dienen sal, dat gilt man mit eme punde. – § 2. Riddereperde aver, ors unde teldere unde runtziden, den n'is nen weregelt gesat, noch meste svinen; dar umme sal man sie unde alle varende have wedergeven oder gelden na des werderunge, die sie verlos, jene ne minnere sie mit sinem eide, die sie gelden sal.*"

[43] Schwsp.$^{\text{Laßb.}}$, Ldr. 333–343. Dazu SCHUMANN, Zur Rezeption frühmittelalterlichen Rechts im Spätmittelalter, in: KERN, WADLE, SCHROEDER, KATZENMEIER (Hrsg.), Humaniora, 2006, S. 337–386, bes. S. 337, 340ff., 345f., 350f., 374ff. – Für andere Tiere heißt es nur beiläufig im Zusammen-

spiegel sich mit einer anderen für ihn wichtigen Tierart, nämlich mit Jagdvögeln. Es geht um Habichte verschiedener Qualität, um Falken und schließlich noch um Sperber.[44] In diesem Zusammenhang findet auch der Pfau[45] Erwähnung, was darauf hindeutet, dass die erwähnten Vögel eher als Statussymbole und weniger als Nutztiere anzusehen sind.

An dieser Schwerpunktsetzung nun ist zweierlei bemerkenswert: Zum einen scheint der Schwabenspiegel im Gegensatz zum Sachsenspiegel stärker aus der Sicht eines Luxustierhalters geschrieben worden zu sein. Es geht nicht um Tiere als Eier- und Fleischlieferanten oder als Transportmittel. Es geht um die Jagd mit Hunden[46] und Greifvögeln.[47] Der enorme Wert letzterer in den Augen des Schwabenspiegelautors wird evident, wenn er ausspricht, wegen keines anderen Vogels als Habichten und Sperbern „*oder was eben so gut ist wie diese*" könne ein Mann Vermögen oder gar sein Leben verlieren.[48]

Die Beizjagd hatte sich im Rahmen der ritterlich-höfischen Kultur im Hochmittelalter intensiv entfaltet und erfreute sich bei Adel und Rittertum großer Beliebtheit.[49] Insbesondere der Falke wurde zum Symbol des ritterlich-höfischen Lebens.[50] Kein Geringerer als Kaiser Friedrich II. von Hohenstaufen verfasste die berühmte Abhandlung „*De arte venandi cum avibus*" („Von der Kunst, mit Vögeln zu jagen").[51] Der Schwabenspiegel scheint demnach jedenfalls an dieser Stelle nicht aus der Perspektive eines an Nutztierhaltung Interessierten, sondern vielmehr aus der eines Adeligen geschrieben, der sich einen Pfau als Ziervogel halten konnte. Nutztierhaltung war zudem für den Verfasser des Schwabenspiegels vielleicht auch deshalb nicht sonderlich interessant, weil sie in seinem vornehmlichen Geltungsgebiet – dem süddeutschen Raum – eine geringere Rolle spielte als im Norden Deutschlands.[52] Insgesamt befand sich der Getreideanbau als dominierende landwirtschaftliche Produktionsart seit dem Hochmittelalter in stetigem Vormarsch.[53]

---

hang mit der Tötung durch einen gefällten Baum, zu zahlen sei für das Tier soviel „*wie es wert ist oder war*", ohne dass das näher spezifiziert wird (Schwsp.[Laßb.], Ldr. 183).

44 Schwsp.[Laßb.], Ldr. 344, 345.

45 HÜNEMÖRDER, ENGEMANN, Pfau, in: LexMa, Bd. 6, 1993, Sp. 2026, mit weiteren Nachweisen.

46 Dazu RÖSENER, Die Geschichte der Jagd, 2004, S. 140 ff.

47 Zur Geschichte der Beizjagd ebd., S. 151 ff.; Einzelheiten zu ihren verschiedenen Formen ebd., S. 163 f., jeweils mit weiteren Hinweisen.

48 Schwsp.[Laßb.], Ldr. 238, letzter Satz.

49 RÖSENER, Die Geschichte der Jagd, 2004, S. 151.

50 Ebd., S. 161.

51 Ebd., S. 154 ff.; MEIER, Mensch und Tier im Mittelalter, 2008, S. 92 f. – Solche Traktate über die Falkenjagd waren insbesondere im mittelalterlichen Frankreich populär: SMETS, The Falconry Treatise by Arteloche de Alagona, in: OBERMAIER (Hrsg.), Tiere und Fabelwesen im Mittelalter, 2009, S. 55.

52 RÖSENER, Bauern im Mittelalter, 1985, S. 117.

53 Ebd., S. 113 ff., 150.

Zum anderen ist bemerkenswert, dass die genannten Passagen offenbar aus der *Lex Baiuvariorum*,[54] einem zwischen dem 6. und 8. Jahrhundert entstandenen germanischen Stammesrecht, entnommen sind. Und dabei geht es nicht um Inspiration oder Anlehnung, sondern tatsächlich um fast wörtliche Übernahme. So sind in dem germanischen Volksrecht einerseits und im Schwabenspiegel andererseits in gleicher Reihenfolge acht verschiedene Hundearten mit den dazugehörigen Bußbeträgen identisch hintereinander aufgeführt.[55] Ähnlich verhält es sich mit den Bestimmungen über Jagdvögel.[56] An dieser Stelle lässt sich also – wie an so vielen Stellen des Schwabenspiegels[57] – die wörtliche Übernahme fremder Textbausteine nachweisen. Hierin unterscheidet sich der Schwabenspiegel vom Sachsenspiegel, für den sich solche Übernahmen allenfalls in narrativen Passagen nachweisen lassen. Wieso der Schwabenspiegel hier ausgerechnet die *Lex Baiuvariorum* abschreibt und weshalb gerade diese Passage, wird wohl für immer ein Rätsel bleiben. Klar ist aber, dass der Schwabenspiegelautor diesen heute in über 30 teils vollständig, teils fragmentarisch erhaltenen Handschriften[58] überlieferten Text gekannt und verwendet haben muss. Irgendeine Art von Einfluss müssen die frühmittelalterlichen *leges* also das ganze Mittelalter hindurch behalten haben. Das deckt sich mit der Behauptung des Nikolaus von Kues (1401–1464), die *leges* seien auch zu seiner Zeit im ländlichen Bereich noch in Gebrauch.[59]

3. Eigentum an Tieren

Die Beobachtung, Beizvögel genössen nach dem Schwabenspiegel besonderes Interesse, setzt sich bei einem Blick auf die Bestimmungen zum Eigentum an Tieren fort, den ich in einem weiteren, dritten Schritt unternehmen möchte. So soll durch Einfangen des Vogels nach dem dritten Tag seines Entfliegens Eigentum an ihm zu erlangen sein, es sei denn, er befände sich in der Mauser.[60] Dann verbliebe das Tier auch weiterhin beim ursprünglichen Eigentümer. Über den Sinn dieser Vorschrift lässt sich nur spekulieren. Nahe liegt, sie mit der Flugunfähigkeit in Verbindung zu bringen, die die Mauser für den Vogel zur Folge haben

[54] Dazu LANDAU, Die Lex Baiuvariorum, 2004; SIEMS, Das Lebensbild der Lex Baiuvariorum, in: HECKER, HEYDENREUTHER, SCHLOSSER (Hrsg.), Rechtssetzung und Rechtswirklichkeit in der bayerischen Geschichte, 2006, S. 29–73.

[55] Lex Baiuvariorum, XX, 1–9; Schwsp.[Laßb.], Ldr. 334–341.

[56] Lex Baiuvariorum, XXI; Schwsp.[Laßb.], Ldr. 344 f., Satz 2.

[57] KLEBEL, Zu den Quellen des Schwabenspiegels, in: WEGENER (Hrsg.), Festschrift für Karl Gottfried Hugelmann zum 80. Geburtstag, Bd. 1, 1959.

[58] Aufstellung der Handschriften in: MERKEL, Lex [Leges] Baiuwariorum, in: PERTZ (Hrsg.), Inde ab anno Christi quingentesimo usque ad annum millesimum et quingentesimum, 1993 [1863], S. 184–190.

[59] NIKOLAUS von Kues, De concordantia catholica (libri tres), 1963, III, 25, Rn. 473 f. Dazu SCHÄFER, Juristische Germanistik, 2008, S. 31 f.

[60] Schwsp.[Laßb.], Ldr. 237.

kann. Damit nämlich wäre es ihm unmöglich, trotz entsprechender Neigung zu seinem ursprünglichen Herrn zurückzukehren. Für andere im Käfig gehaltene Vögel soll die Mauser-Ausnahme allerdings nicht gelten, auch nicht für entflogene Tauben und Pfauen.[61] Bei Pfauen verlängert sich die Periode des Fernbleibens ohne Verlust des Eigentums an dem Tier auf vier Tage, was möglicherweise daran liegt, dass Pfauen nicht gut fliegen können. Ebenso gilt für nistende Vögel eine andere Regel.[62] Sobald sie flügge sind, werden sie herrenlos, so dass jeder sie sich durch Ergreifen aneignen kann.

Anders wiederum verhält es sich bei Gänsen, Hühnern und Enten (‚zahmen Vögeln'). An diesen verliert niemand sein Eigentum, wie lange sie auch fernbleiben und wo immer sie auch sind.[63] Der Schwabenspiegelautor unterscheidet demnach zwischen Tieren, die er als wild, und solchen, die er als zahm einordnet.[64] Was zum Menschen gehört und für gewöhnlich zu ihm zurückkehrt, gilt je nach Tierart entweder für immer oder für eine bestimmte Zeit als sein Eigentum. Wilde Tiere bleiben nur solange Eigentum, wie ihnen das Entfliehen aus welchem Grund auch immer – etwa aus Bewegungsunfähigkeit oder Gefangenschaft – unmöglich ist.

Im Allgemeinen unterliegen Nutztiere in puncto Eigentumserwerb nach dem Schwabenspiegel den gleichen Regeln wie bewegliche Sachen.[65] Für gezähmtes Wild allerdings gibt es eine Sonderregelung, denn es kommt für die Eigentumsfrage darauf an, ob das Tier nach seinen Gängen in den Wald die Angewohnheit hat, zu seinem Halter zurückzukehren. Hat es das für acht Tage nicht getan, so geht er des Eigentums an dem Tier verlustig und es steht nunmehr einem anderen frei, es zu erwerben.[66] Die Regelung dieses Falles im römischen Recht ist ähnlich, wobei dieses jedoch die Acht-Tage-Frist nicht kennt.[67]

Eine besondere Regelung findet sich außerdem im Hinblick auf Bienen, was die große ökonomische Bedeutung dieser Tierart im späten Mittelalter unterstreicht. Honig war der einzige Süßstoff, die Bienenzucht dementsprechend verbreitet.[68] Für das Eigentum an einem entflogenen Bienenschwarm findet der

---

[61] Schwsp.$^{\text{Laßb.}}$, Ldr. 240.

[62] Schwsp.$^{\text{Laßb.}}$, Ldr. 238.

[63] Schwsp.$^{\text{Laßb.}}$, Ldr. 242.

[64] Eine ähnliche Differenzierung findet sich nach dem Magdeburger Weichbildrecht: SCHULZ, Die historische Entwicklung des Rechts an Bienen (§§ 961–964 BGB), 1990, S. 74.

[65] Schwsp.$^{\text{Laßb.}}$, Ldr. 56f., 168a, 222ff., 258f. Deutlich auch für Fische, Schwsp.$^{\text{Laßb.}}$, Ldr. 196: „*Wer Holz schlägt oder Gras schneidet oder in eines anderen Mannes Teich fischt, der soll drei Schilling geben.*" Im Lehnrecht wird die Gleichbehandlung von Tieren mit beweglichen Sachen bei der Leihe deutlich: „*Wer sein Ross oder etwas von seinem Gut seinem Herrn verleiht* […]" (Schwsp.$^{\text{Laßb.}}$, Lnr. 9b).

[66] Schwsp.$^{\text{Laßb.}}$, Ldr. 243.

[67] Inst. 2.1.15.

[68] HAFF, Zum Bienenrecht in den schwedischen und dänischen Landschaftsgesetzen, in: ZRG GA 60 (1940), bes. S. 253; MEIER, Mensch und Tier im Mittelalter, 2008, S. 113; RÖSENER, Bauern im Mittelalter, 1985, S. 150; ERLER, SCHMIDT-WIEGAND, Bienen, in: ^{2}HRG, Bd. 2, 2008, S. 574.

Schwabenspiegel eine sonderbare Lösung.[69] Das Eigentum an dem Schwarm geht nicht wie nach römischem Recht sofort verloren, wenn der ursprüngliche Eigentümer den Schwarm aus dem Blickfeld verliert.[70] Vielmehr darf er seine Bienen – genau wie im Fall eines entflogenen Vogels – drei Tage lang verfolgen. Der Schwabenspiegelautor scheint hier also eine Art Systematisierung nach Tierarten vorzunehmen. Für flugfähige Tiere beträgt das Verfolgungsrecht drei Tage, ganz unabhängig von der Größe wie auch davon, ob es sich um Vögel oder Insekten handelt.

Lassen sich die Bienen nun auf einem Baum oder Haus nieder, so soll ihr Eigentümer versuchen, sie durch Schläge gegen den Baum zum Herabfallen zu bringen. Die heruntergefallenen Tiere gehören ihm, die oben verbleibenden dem Eigentümer des Baumes bzw. Hauses.[71] Diese Stelle verdient aus mehreren Gründen Aufmerksamkeit.

Zunächst ist sie in eigentümlicher Weise an die *Lex Baiuvariorum* angelehnt.[72] Jedenfalls in diesem Fall erweist sich, dass der Schwabenspiegelautor beim Kompilieren thematische Schwerpunkte gemacht zu haben scheint. So greift er, wenn es um Tiere geht, wohl gern auf die *Lex Baiuvariorum* zurück. Das jedenfalls hat er bei Hunden und Beizvögeln ja auch schon getan.

An dieser Stelle allerdings ist anders als bei den Hunden und Beizvögeln keineswegs eine mehr oder weniger wörtliche Übernahme zu verzeichnen. Hier sind die beiden Texte:

Lex Baiuvariorum XXII, 8

„Si apes, id est examen alicuius, ex apile elapsus fuerit et in alterius nemoris arborem intraverit et ille consecutus fuerit, tunc interpellat eum cuius arbor est, et cum fumo et percussionibus ternis de traverse secure, si potest, suum eiciat examen; verumtamen ita, ut arborem non laedatur. Et quod remanserint, huius sint, cuius arborem est.“[73]

Schwsp.Laßb., Ldr. 365

„Unde ist daz bynvͥ vz vliegent. vnde vallent vf einen bovm. vnde er innen drin tagen nach volget. so sol er ienem sagen dez der bovm ist. daz er mit im gange. daz er sinen ymmen gewinne. Si svln mi ein ander gan. vnde mit axen svln si an den bovm hovwen vnde flahen. vnde mit kolben. vnde swa mit si mvͥgen. daz si doch den bovm iht verseren. noch verderben. oder vellet er an ainen zvn. oder vffen ein hus. oder swar an er vellet, so ist ez daz selbe reht alse vmbe den bovn. so er an den bovm die flege getůt. die hie vor genennet sint. swaz der Ymben dar vffe belibet die sint ienes mannes dez der bovm ist.“[74]

---

[69] Der Sachsenspiegel kommt als Vorbild nicht in Betracht, denn Bienen sind im Sachsenspiegel nicht erwähnt.

[70] Inst. 2.1.14.

[71] Schwsp.Laßb., Ldr. 365.

[72] SCHULZ, Die historische Entwicklung des Rechts an Bienen (§§ 961–964 BGB), 1990, S. 64.

[73] Übersetzung von BEYERLE (Hrsg., Bearb.), Lex Baiuvariorum, 1926, S. 182: „Wenn der Bienenschwarm eines Mannes aus dem Bienenkorb entwichen ist und im Wald eines andern sich an einen Baum anlegt und jener ihn verfolgt hat, dann zeige er es dem Eigentümer des Baumes an, und

Es geht offenbar um einen wegen Überpopulation ausgeflogenen Bienenschwarm, der sich als Traube auf einem Ast bzw. Baum niedergelassen hat, ohne – und hier liegt möglicherweise ein Unterschied zu dem in der *Lex Baiuvariorum* geregelten Sachverhalt[75] – bereits einen Stock gebildet zu haben[76] (Hs. Laßberg: „*unde vallent uf einen boum*" – „und lassen sich auf einem Baum nieder"). Es ist möglich, eine solche Bienentraube abzuschütteln und in irgendeiner Art Gefäß aufzufangen, so wie Imker das auch heute noch tun. In der *Lex Baiuvariorum* ist – anders als im Schwabenspiegel – noch von Rauch als Mittel zum Heraustreiben[77] die Rede. Hier geht es also um das Heraustreiben der Bienen, und nicht – wie im Schwabenspiegel – um durch Schläge, das heißt wohl infolge der durch sie verursachten Erschütterungen, herabgefallene Bienen. Auch wenn die zwei Bestimmungen auf den ersten Blick aneinander angelehnt erscheinen, sieht es bei näherem Hinsehen doch so aus, als hätten sie zwei verschiedene Konstellationen vor Augen.

Des Weiteren ist die bereitgestellte Lösung des Problems durchaus ambivalent. Es fragt sich nämlich, was genau mit „[ihm] gehören [...] die Bienen, die herabfallen. Die Bienen, die oben bleiben, gehören jenem Mann, dem der Baum gehört" gemeint ist, genauer gesagt: Ist gemeint, dass der Bienenschwarm entweder ganz herunterfällt oder vollständig oben bleibt oder hat der Autor eine Teilung des Schwarmes vor Augen? Falls Letzteres zutrifft, ist zu berücksichtigen, dass derjenige Anteil der Bienen, der nicht bei der Königin bleibt, entweder zu ihr zurückkehren oder, falls er sie nicht findet, zum Mutterstock zurückkehren oder aber zugrunde gehen wird. Führen also die Schläge gegen den Baum dazu, dass eine gewisse Menge von Bienen herunterfällt und die Königin oben bleibt, so sind die herabgefallenen für den ursprünglichen Eigentümer das Schwarms ohne Wert.[78]

---

durch Rauch und drei Schläge mit der umgekehrten Axt treibe er, wenn er es vermag, seinen Bienenschwarm heraus, doch so, daß der Baum nicht verletzt wird. Die aber zurückbleiben, sollen dem gehören, dessen der Baum ist."

[74] Übersetzung von DERSCHKA (Übers.), Der Schwabenspiegel, 2002, S. 215: „Schwärmen jemandem die Bienen aus und lassen sich auf einem Baum nieder, und er folgt ihnen drei Tage nach, so soll er dies jenem sagen, dem der Baum gehört, damit er mit ihm gehe, damit er seine Bienen wieder fange. Sie sollen miteinander gehen, und sie sollen mit Äxten und mit Kolben und womit auch immer sie können an den Baum hauen und schlagen, so dass sie den Baum nicht versehren oder verderben. Lassen sie sich auf einem Zaun oder auf einem Haus nieder oder worauf auch immer sie sich niederlassen, so gilt dasselbe Recht wie für den Baum. Schlägt er gegen den Baum, wie es hiervor genannt ist, gehören ihm die Bienen, die herabfallen. Die Bienen, die oben bleiben, gehören jenem Mann, dem der Baum gehört."

[75] SCHULZ, Die historische Entwicklung des Rechts an Bienen (§§ 961–964 BGB), 1990, S. 43; ARMBRUSTER, Die Zeideln und die Baiwaren, in: Archiv für Bienenkunde 19 (1938), S. 275.

[76] DERS., Über germanische, besonders nordische Imkerei, 1940, S. 24, macht für die von ihm betrachteten nordischen Gesetze die Beobachtung, dass sie in diesem Punkt häufig unbestimmt sind und zu wenig unterscheiden, was auch für den Schwabenspiegel und die Lex Baiuvariorum zu gelten scheint.

[77] DROEGE, Die Honigbiene von A bis Z, 1993, S. 36 (Stichwort „Besänftigung der Bienen"): „Zur Beruhigung und zum Vertreiben der Bienen dient vor allem Rauch [...]".

[78] SCHULZ, Die historische Entwicklung des Rechts an Bienen (§§ 961–964 BGB), 1990, S. 44.

Umgekehrt sind die oben gebliebenen Bienen für den Eigentümer des Baumes ohne Wert, falls die Königin herunterfällt.

Dieser Umstand hat Karl Haff zu der Deutung geführt, die Bestimmung der *Lex Baiuvariorum* – an die der Schwabenspiegel in diesem Punkt anknüpft – beruhe auf einer falschen Vorstellung vom Bienenleben, nämlich der, ein Schwarm sei ohne weiteres teilbar.[79] Das ist möglich,[80] doch ist dieser Schluss nicht zwingend. Denn obwohl durch das Auseinanderreißen des Schwarms möglicherweise ein wirtschaftlicher Verlust eintritt, von dem im Gegenzug niemand profitiert, also einfach nur ein Teil der wertvollen Honigproduzentinnen verloren geht: Der Sinn der Bestimmung könnte darin gelegen haben, für einen Konflikt im Hinblick auf Eigentum eine klare und möglicherweise von beiden Seiten als annehmbar empfundene Lösung bereitzustellen. Diese arbeitete gegebenenfalls mit einem glücksspielartigen Mechanismus, was jedoch keineswegs heißt, sie hätte keine Aussicht auf Akzeptanz gehabt.[81] Das könnte der Fall gewesen sein unter der Voraussetzung, dass die in dem Spiel angelegte Risikoverteilung auf Zustimmung stieß. Die Chancen des Baumeigentümers dürften grundsätzlich größer gewesen sein, wobei die Beschaffenheit des besetzten Baumes natürlich eine wichtige Rolle spielte. Dass der Herr des Baumes die besseren Karten hatte, könnte jedoch den zeitgenössischen Wertungen entsprochen haben. Bei einem Bienenschwarm, den der Eigentümer bis zu drei Tage lang verfolgen durfte, und zwar – im Gegensatz zum römischen Recht[82] – auch dann, wenn er ihn zwischenzeitlich aus den Augen verloren hatte, erscheint diese Vermutung jedenfalls nicht abwegig.

Nach den teilweise wörtlichen Übernahmen aus der *Lex Baiuvariorum* in mehreren Artikeln des Schwabenspiegels lässt sich wohl kaum etwas anderes denken, als dass der Schwabenspiegelautor eine Handschrift dieses germanischen Stammesrechts verwendet haben muss. Wir wissen jedoch nicht, welche das war. Falls die Annahme, der Schwabenspiegel sei im Raum Augsburg entstanden, stimmt, so war es jedenfalls wohl keine der auf unsere Tage gekommenen Handschriften. Nur eine davon weist eine Verbindung mit Augsburg auf, gehörte sie doch im 16. Jahrhundert dem Augsburger Bürgermeister Marcus Welser.[83] Diese allerdings

---

[79] HAFF, Zum Bienenrecht in den schwedischen und dänischen Landschaftsgesetzen, in: ZRG GA 60 (1940), S. 255.

[80] ARMBRUSTER, Über germanische, besonders nordische Imkerei, 1940, S. 24, stellt fest, dass die von ihm betrachteten Gesetze „ja nicht von Bienenfachleuten herrühren". Nachdem auch der Schwabenspiegel in der Beschreibung der bienenspezifischen Vorgänge unbestimmt ist, könnte das auch hier gelten.

[81] DERS., Die Zeideln und die Baiwaren, in: Archiv für Bienenkunde 19 (1938), S. 275.

[82] Inst. 2.1.14.

[83] Handschrift Nr. B 4, dazu MERKEL, Lex [Leges] Baiuwariorum, in: PERTZ (Hrsg.), Inde ab anno Christi quingentesimo usque ad annum millesimum et quingentesimum, 1993 [1863], S. 186; KOTTJE, Die Lex Baiuvariorum – das Recht der Bayern, in: MORDEK (Hrsg.), Überlieferung und Geltung normativer Texte des frühen und hohen Mittelalters, 1986, S. 20.

kann dem Schwabenspiegelautor ca. 300 Jahre früher nicht zur Verfügung gestanden haben, denn die besagte Handschrift stammt aus einem Kloster (evtl. Niederaltaich) in *Bavaria inferior* (Niederbayern).

In enger Verbindung mit dem Eigentum an Tieren steht die Frage des Jagdrechts. Dieses steht nach dem Schwabenspiegel grundsätzlich jedermann frei, abgesehen von den Bannforsten des Adels. Dort ist die Jagd bei der hohen Buße von 60 Schillingen verboten, die ein Bauer wohl niemals würde aufbringen können. Diese Regelung ist deutlich an die entsprechende des Sachsenspiegels angelehnt, zum Teil stimmt sie wörtlich damit überein.[84]

III. Illustrationen zum Thema ‚Tiere'[85]

Abschließend möchte ich noch auf die Funktion der zuvor erwähnten ganzseitigen Abbildungen aus der illustrierten Brüsseler Handschrift des Schwabenspiegels eingehen. Dass die Brüsseler Illustrationen nicht den gleichen Stellenwert haben können wie die aus den ‚Bilderhandschriften' zum Sachsenspiegel im technischen Sinne,[86] ergibt sich bereits aus der Anordnung der Bilder zum Text sowie ihrer sehr viel geringeren Anzahl. Dennoch bleibt die Frage, ob es sich um reinen Buchschmuck handelt, der den Betrachter erfreuen und das wertvolle Buch in größerem Glanz erscheinen lassen sollte, oder ob die Bilder darüber hinaus zu einem irgendwie besseren oder anderen Verständnis des Rechtstextes dienen sollten.[87]

Im Zusammenhang mit meinem Thema ‚Tiere im Schwabenspiegel' finden sich insgesamt vier einschlägige Illustrationen, alle zum Landrechtsteil des Schwabenspiegels: eine zu Artikel 212 („Wer Vieh zum Schaden treibt"), eine zu Artikel 237 („Von wilden Vögeln"), eine zu Artikel 243 („Wer Wild zähmen will") und schließlich eine zu Artikel 341 („Hofwart").

Bei dem Bild zu Artikel 212[88] findet sich so wie bei allen Illustrationen aus der Brüsseler Handschrift über dem Bild ein rubrizierter Verweis auf den in Bezug genommenen Rechtsartikel. Links im Bild ist ein Bauer zu sehen, was sich durch seine aus einem kurzen Rock bestehende, in gräulichen Tönen gehaltene Bauerntracht erkennen lässt.[89] In einem hohen Kornfeld rechts davon sind ein Pferd, ein

---

[84] Schwsp.$^{\text{Laßb.}}$, Ldr. 236; Ssp., Ldr. II 61.

[85] Die Beschreibung der Bilder beruht zum Teil auf der von Frau Jennifer Bäse im Rahmen meines Seminars „Der Schwabenspiegel im Bild (?)" (Universität Freiburg, Sommersemester 2010) angefertigten Studienarbeit.

[86] Dazu oben *S. 192, Anm. 13.*

[87] Eine generell alle Brüsseler Illustrationen betreffende Betrachtung dazu findet sich bei DERSCHKA (Übers.), Der Schwabenspiegel, 2002, S. 313 ff.

[88] Königliche Bibliothek Brüssel Ms 14689–91, fol. 185v, wiedergegeben im *Anhang 3, S. 215.*

[89] LOY, Stoffe und Kleidung im Mittelalter, 1923, S. 123; SCHMIDT-WIEGAND, Text und Bild in den Codices picturati des Sachsenspiegels, in: DIES. (Hrsg.), Text – Bild – Interpretation, Bd. 1, 1986, bes. S. 15; HÜPPER, Kleidung, in: EIKE von Repgow, Die Wolfenbütteler Bilderhandschrift des Sachsenspiegels, Kommentarband zur Faksimile-Ausgabe, 1993, S. 166, 177.

Ochse und ein Schwein zu sehen, die dabei sind, die Ähren abzufressen. Durch den erhobenen Stock des Bauern könnte angezeigt sein, dass er die Tiere in das Feld getrieben hat bzw. dabei ist, das zu tun, wodurch sein vorsätzliches Handeln zu Tage tritt. Welche Rechtsfolge sich nach dem Schwabenspiegel aus solchem Handeln ergeben soll, wird aus der Illustration hingegen nicht deutlich. Dargestellt ist hier allein der Tatbestand.

Artikel 237 beschäftigt sich mit dem Eigentum an wilden Vögeln, wobei aber nur Habichte und Sperber explizit erwähnt sind. Die in schwarz-weiß und mit Grautönen gemalten drei Vögel auf dem Bild,[90] die am Himmel fliegen bzw. auf den Händen der Personen sitzen, lassen Habichte erkennen. Die kleineren, in dem Baum etwa in der Bildmitte sitzenden Vögel sollen vermutlich Sperber darstellen, was durch ihre rotbraune Brust, einem Merkmal dieser Vögel, zum Ausdruck kommt, denn zumindest bei einem von ihnen ist das deutlich zu sehen. Diese vergleichsweise detailreiche Ausgestaltung in diesem Punkt lässt wiederum vermuten, dass der Illustrator ein reges Interesse an Beizvögeln hatte bzw. dieses dezidierte Interesse des Schwabenspiegelautors reflektierte.

Die Person in der Mitte mit dem Habicht auf der einen Hand weist mit dem Zeigefinger der anderen auf diesen Vogel. Bei dieser Person könnte es sich um einen Grafen in Richterfunktion handeln, was seine Kleidung andeutet. Der Mann trägt einen Grafenhut, der in derselben Farbe wie sein Rock gehalten ist und dessen Kopfteil eine rote, bügelförmige Borte ziert. Als Indiz eines höheren Standes ist ferner der auffallend lange Rock zu deuten.[91] Links hinter dem Grafen steht eine weitere Person in einem kürzeren, grünen Rock. Dieser Mann deutet ebenfalls mit dem rechten Zeigefinger auf den auf der linken Hand des Grafen sitzenden Habicht. In der rechten Bildhälfte steht ein Mann in blauem Rock mit einem weiteren Habicht auf der linken Hand, was andeuten könnte, dass er Eigentümer mehrerer Vögel war (standes- bzw. gewerbsmäßige Vogelhaltung), von denen einer entflogen ist. Dabei könnte es sich um den über den Köpfen von Richter und grün bekleideter Person im linken Bildrand fliegenden Vogel handeln, was dann bedeuten würde, dass hier eine zeitlich frühere Phase der Geschichte im gleichen Bild erscheint. Denkbar ist, dass der grün bekleidete Mann diesen Vogel – der im Bild ja auch über seinem Kopf fliegt – gefunden hat und nunmehr das Eigentum an ihm gerichtlich geltend macht, während der ursprüngliche Besitzer im blauen Rock vor Gericht die Herausgabe des Tieres fordert. Der Fingerzeig von Richter und grün bekleideter Person könnte dann als gerichtliche Geltendmachung des Rechts an dem Vogel (Klage) zu deuten sein. Auch denkbar wäre, dass der Richter das Eigentum des Finders an dem Vogel bestätigt, denn der Fingerzeig kann in

[90] Königliche Bibliothek Brüssel Ms 14689–91, fol. 193v, wiedergegeben im *Anhang 3, S. 216*.

[91] SCHMIDT-WIEGAND, Die Bilderhandschriften des Sachsenspiegels als Quelle der Kulturgeschichte, in: DIES., HÜPPNER (Hrsg.), Der Sachsenspiegel als Buch, 1991, S. 257; DIES., Text und Bild in den Codices picturati des Sachsenspiegels, in: DIES. (Hrsg.), Text – Bild – Interpretation, Bd. 1, 1986, bes. S. 15; LOY, Stoffe und Kleidung im Mittelalter, 1923, S. 67, 123f.

mittelalterlichen Bilderhandschriften auch eine Beweisfunktion haben.[92] Aus welchem Grund und unter welchen Voraussetzungen der ursprüngliche Eigentümer des Vogels verlustig ging, lässt sich der Illustration jedoch nicht entnehmen.

Auf der Illustration zu Artikel 243[93] sind in der linken Bildhälfte ein Hirsch und ein Reh zu erkennen, in der rechten Bildhälfte steht eine vierköpfige Personengruppe. Dass es in dieser Bestimmung um den Erwerb des Eigentums an Wild durch dessen Zähmung gehen soll, um die gegebenenfalls zu leistende Geldbuße oder gar darum, dass der Zähmer das Eigentum an dem Tier verliert, wenn es wegläuft und acht Tage ausbleibt, wird in der Illustration keineswegs erkennbar.

Auf der Illustration zu Artikel 341[94] sehen wir einen Hund, der einen Mann bellend angreift. Im Hintergrund ist ein Haus gezeichnet, woraus deutlich wird, dass es sich um einen Wachhund für Haus und Hof (‚Hofwart') handelt. Der Mann am rechten Bildrand erhebt einen Stock, um den ihn mit aufgerissenem Maul anspringenden Hund abzuwehren. Dargestellt ist hier ein Teil des Tatbestands aus dem entsprechenden Artikel.

Als Gesamtbefund lässt sich festhalten, dass die Illustrationen allenfalls einen Teil des Tatbestandes wiedergeben, während ihnen über die Rechtsfolge nichts zu entnehmen ist. Eine Ausnahme bei den vier hier betrachteten Bildern ist die Illustration zu Art. 237, der sich mit der Beizjagd beschäftigt. Hier könnten gerichtliche Vorgänge in Bezug genommen sein, wobei aber auch hier die materielle Rechtslage (Eigentumsverlust nach drei Tagen) aus der bildlichen Darstellung nicht zu erahnen ist. Trotzdem scheint sich das große Interesse an der Kunst, mit Vögeln zu jagen, das sich aus dem Text des Schwabenspiegels entnehmen lässt, in der Bebilderung widerzuspiegeln. Eine den Rechtstext irgendwie erläuternde bzw. mit diesem in Wechselwirkung tretende Funktion haben die Brüsseler Bilder nach meinen Beobachtungen für die hier behandelten vier Abbildungen aber nicht. Es handelt sich demnach um etwas von den Bilderhandschriften zum Sachsenspiegel kategorial Verschiedenes, nämlich um reinen Buchschmuck.[95]

IV. Ergebnisse

Während der Sachsenspiegel in puncto Tiere jedenfalls in erster Linie die ländlich-bäuerliche Lebenswelt vor Augen hat, findet sich im Schwabenspiegel daneben stärker die Perspektive von adeligem Rittertum und höfischer Kultur. Insbesondere die Beizjagd und der damit einhergehende hohe Wert der Vögel sind ein wichtiges Thema. Dabei orientiert sich der Schwabenspiegel an einem bunten Strauß unterschiedlicher Quellen, wobei die *Lex Baiuvariorum* bei der rechtlichen Behandlung von Tieren für seinen Autor eine besondere Rolle gespielt zu haben

---

[92] AMIRA, Die Handgebärden in den Bilderhandschriften des Sachsenspiegels, 1905, S. 208 f.

[93] Königliche Bibliothek Brüssel Ms 14689–91, fol. 195v, wiedergegeben im *Anhang 3, S. 217.*

[94] Ebd., fol. 229v, wiedergegeben im *Anhang 3, S. 218.*

[95] So im Ergebnis auch DERSCHKA (Übers.), Der Schwabenspiegel, 2002, S. 313 ff.

scheint. Dabei gibt es – wie sich bei den Bienen gezeigt hat – nicht nur wörtliche Übernahmen. Der Schwabenspiegelautor geht hier eigenständig mit seiner Vorlage um und findet eine von ihr abweichende Lösung, wobei allerdings vieles unklar bleibt. Im Zusammenhang damit taucht eine Frage auf, der ich mich abschließend zuwenden will.

Kein Geringerer als Johann Wolfgang von Goethe sprach in seinen berühmten Jugenderinnerungen ‚Dichtung und Wahrheit' aus, der Schwabenspiegel habe im südlichen Deutschland gegolten, ebenso wie der Sachsenspiegel im nördlichen.[96] Zwar ist das für ihn kein wichtiger Punkt und er äußert das auch nur *en passant*. Dennoch: Der studierte Jurist Goethe und wohl auch seine Zeitgenossen[97] gingen offenbar, wenn auch ungeprüft und warum auch immer, davon aus, dem Schwabenspiegel sei im gesamten Süden Deutschlands eine ähnliche rechtliche Autorität zugekommen wie dem Sachsenspiegel im Norden. Bei einem Blick auf den Themenkomplex ‚Tiere' tritt zunächst der kompilatorische Charakter des Schwabenspiegels zu Tage. Zwar entwickelt das Rechtsbuch in einigen Punkten auch eigene Lösungen, doch sind diese jedenfalls überwiegend aus so unterschiedlichen Quellen wie dem Sachsenspiegel, den Leges, dem römischen sowie auch dem mosaischen Recht zusammengeschrieben. Was aber für die Frage der Praktikabilität entscheidend ist: Der Schwabenspiegel ist dabei nicht frei von Widersprüchen. Das habe ich oben für eine aus dem mosaischen Recht entnommene Bestimmung im Hinblick auf einen schädlichen Ochsen erwähnt. Das wirft die Frage auf, ob das Werk wirklich so bedeutend gewesen sein kann, wie Goethe und seine Zeitgenossen das glaubten bzw. wo deren Überzeugung herrührte.

Ohne das abschließend beantworten zu können, lässt ein Blick auf Forschungsergebnisse zur Bedeutung von Schriftlichkeit im Mittelalter die Vermutung zu, dass Goethe vielleicht doch Recht hatte. Insbesondere bei städtischen Rechtsaufzeichnungen lässt sich bis in die Frühe Neuzeit hinein beobachten, dass die davon Betroffenen ihre Texte und insbesondere deren Geschichte genau kannten und somit wussten, was davon einzuhalten war und was man überlesen konnte. Eine Angleichung an die tatsächlichen Gegebenheiten war aufwändig und auch gar nicht notwendig, weil es dem Konsens entsprach, bestimmte Passagen zwar stehen zu lassen, aber nicht anzuwenden.[98]

---

[96] GOETHE, Aus meinem Leben, 3. Teil, 12. Buch, 1975, S. 583.

[97] Dieser Eindruck entsteht bei einem Blick in die Prozessakten eines Zivilprozesses am Reichskammergericht (OESTMANN, Ein Zivilprozess am Reichskammergericht, 2009): Schwabenspiegel, S. 286–288, 312f., 370f., 386, 409, 412f., 415, 423, 542, 548, 550; Sachsenspiegel, S. 79, 266, 272f., 286–288, 293, 305, 312f., 327f., 370f., 386, 409f., 413f., 420f., 423, 427, 437f., 542, 548f., 550; Sächsisches Recht, S. 280, 291, 293f., 328, 386, 427f., 430, 434, 438f., 469, 548f.

[98] MIHM, Vom Dingprotokoll zum Zwölftafelgesetz, in: KELLER, MEIER, SCHARFF (Hrsg.), Schriftlichkeit und Lebenspraxis im Mittelalter, 1999, S. 65f.; KANNOWSKI, Aufzeichnung des Rechts, in: ²HRG, Bd. 1, 2008, Sp. 350f.

Genau so könnte es sich auch mit der Schwabenspiegelpassage über das mosaische Recht verhalten. Sie wirkt im Gefüge des Rechtsbuches inhaltlich nicht nur deswegen als Fremdkörper, weil sie eine Sequenz von umgeformten Sachsenspiegelbestimmungen unterbricht.[99] Evident wird das Andersartige in erster Linie dadurch, dass der Text es explizit ankündigt:[100] „*Diese Worte sprach Gott selbst aus seinem Munde zu Moses unter seinen Augen, und sie handeln vom Gericht.*" Mit diesen Worten beginnt der fragliche Artikel 201 des Landrechts. Und dass die Zeitgenossen jedenfalls diese Formulierung keineswegs überlesen haben, beweist ein Blick in die Illustrationen der Brüsseler Handschrift: Am Anfang des ziemlich langen Artikels 201 ist die Übergabe der zwei Steintafeln durch Gott an Moses dargestellt. Daneben gibt es ein weiteres Bild, auf dem er die Steintafeln bereits in Händen hält und in Begleitung einiger Personen Gott, der offenbar über das darin niedergelegte Recht belehrt, gegenübersteht.[101]

So waren die mosaischen Passagen den Zeitgenossen möglicherweise das, was die Bilder andeuten: Eine Erzählung aus dem Alten Testament, damit eher eine Art Predigt als Recht. Bestand ein solches Bewusstsein, so könnte das erklären, wie der Schwabenspiegel trotz Widersprüchen praktische Bedeutung hatte. Auch der Sachsenspiegel weist ja narrative Passagen auf.[102] Vielleicht ist das friedliche Nebeneinander solcher erklärender bzw. erzählender Abschnitte mit solchen, die

---

[99] Schwsp.[Laßb.], Ldr. 201 unterbricht eine Sequenz des Landrechts, in der im Wesentlichen auch unter Aufrechterhaltung der Artikelabfolge Bestimmungen des Sachsenspiegels wiedergegeben werden. Es geht zunächst um die Herstellung von Münzen, dann um Zoll und Geleit und die Schadensersatzpflicht desjenigen, der den Weg verlässt und bebautes Land überfährt. Es geht um die Strafe für den Diebstahl landwirtschaftlicher Produkte, das Erbrecht am Gut eines Hingerichteten und den Umgang des Richters mit Diebesgut. – Die besagte Sequenz geht bis Ssp., Ldr. II 31 § 3 (entspricht Schwsp.[Laßb.], Ldr. 200), dann erfolgt eine Unterbrechung und weiter geht es dann bei Ssp., Ldr. II 39 (entspricht Schwsp.[Laßb.], Ldr. 202).

[100] Darauf weist auch SCHUMANN, „Tiere sind keine Sachen", in: HERRMANN (Hrsg.), Beiträge zum Göttinger Umwelthistorischen Kolloquium 2008–2009, 2009, S. 198f. hin.

[101] Königliche Bibliothek Brüssel Ms 14689–91, fol. 178r, 180r, wiedergegeben im *Anhang 3, S. 213 u. S. 214.*

[102] Ssp., Ldr. I 3 § 1, III 53 § 1 und insbesondere III 44, wo Eike eine *Origo gentis* der Sachsen beschreibt: „*§ 1. To babilonie irhuf sik dat rike, die was geweldich over alle land, die tovurde cyrus unde wandelde dat rike in persiam; dar stunt it bit an darium den lesten, den versegede alexander unde karde't an krieken; dar stunt it also lange, went is sik rome underwant unde julius keiser wart. Noch hevet peteresrome behalden dar von dat werltlike sverd, unde von sente halven dat geistlike, dar umme het sie hovet aller werlde. – § 2. Unse vorderen die her to lande quamen unde die doringe verdreven, die hadden in allexandres here gewesen, mit erer helpe hadde he bedvungen al asiam. Do alexander starf, do ne dorsten sie sik nicht to dun in'me lande durch des landes hat, unde scepeden mit dren hundert kelen; die verdorven alle up vier unde veftich. Der selven quamen achteine to prutzen unde besaten dat; tvelve besaten rujan; vier unde tvintich quamen her to lande. – § 3. Do irer so vele nicht newas, dat sie den acker buwen mochten, do sie die dorinschen herren slugen unde verdreven, do lieten sie die bure sitten ungeslagen, unde bestadeden in den acker to alsogedaneme rechte, als in noch die late hebbet; dar af quamen die late. Von den laten die sik verwarchten an irme rechte sint komen dagewerchten.*"

rechtliche Regelungen formulieren, eine für den Quellentyp ‚deutsche Rechtsbücher' typische Erscheinung.

Anhang 1: Verzeichnis der mit Tieren befassten Schwabenspiegelartikel

Landrecht

Vorwort (a):	Tiere zum Nutzen des Menschen geschaffen
Vorwort (e):	Papst richtet auf weißem Pferd
Art. 18:	Tiere als Morgengabe (Pferde, Rinder etc.)
Art. 25b:	Pferd als Ausstattung des Ritters
Art. 26:	Schafe, Ziegen, Schweine etc. als Bestandteil der Morgengabe
Art. 52:	Besteigen des Pferdes als Fitnesstest
Art. 56:	Tiere als bewegliche Sachen
Art. 57:	Tiere als gestohlenes Gut
Art. 114:	Versorgung der Pferde beim Rechtsgang
Art. 143b:	Auf Pferd sitzender Mann als Maß für zulässige Bauhöhe
Art. 168a:	Tiere als bewegliche Sachen
Art. 174a:	Strafe für Behauptung sexuellen Umgangs mit Tieren
Art. 182:	Auf Vogel gerichteter Schuss tötet versehentlich einen Menschen
Art. 183:	Schadensersatz für durch gefällten Baum erschlagenes Tier
Art. 193c:	Zoll für Reiter
Art. 195:	Buße für Reiten über bebautes Land
Art. 196:	Rechtsfolge des Fischens in fremdem Teich
Art. 197b:	Umfang von Fischereirechten
Art. 199 I:	Tier tötet seinen Dieb
Art. 201c:	Steinigung eines Ochsen wegen Tötung eines Menschen
Art. 201d:	Wenn Tiere in Brunnen fallen oder einander verletzen
Art. 201e:	Diebstahl an Tieren und Schaden durch Tiere
Art. 201f:	Wenn Tier in Obhut eines Verwandten stirbt
Art. 201h:	Strafe für sexuellen Umgang mit Tieren
Art. 202:	Vorschriften über Fütterung und Notversorgung müder Pferde
Art. 204:	Von Schäden durch besonders gefährliche Tiere
Art. 205:	Verantwortung für ein schädliches Pferd
Art. 212:	Wer seine Tiere auf fremdes Land treibt
Art. 213:	Von Hirten
Art. 217b:	Für Tiere zu leistende Abgaben
Art. 221:	Verkehrsregel für Reiter
Art. 222:	Vom Verpfänden und Verleihen eines Pferdes
Art. 223:	Rechte und Pflichten des Pferdemieters
Art. 224:	Tierleihe

Art. 236:	Jagdrecht
Art. 237:	Eigentumsverlust an Beizvögeln
Art. 238:	Eigentum an nistenden Vögeln
Art. 239:	Diebstahl von Vögeln
Art. 240:	Von Tauben und Pfauen
Art. 241:	Kein Erwerb von Vögeln durch Bösgläubigen
Art. 242:	Von zahmen Vögeln (Gänsen, Hühnern, Enten)
Art. 243:	Erwerb und Verlust von Eigentum an Wild
Art. 244:	Schäden durch bissigen Hund, Wolf, Hirsch, Bär
Art. 254:	Tötung von Tieren, die bei Vergewaltigung zugegen waren
Art. 258a:	Wenn fremdes Tier in Obhut stirbt
Art. 258b:	Wenn gepfändetes Tier stirbt
Art. 259:	Knecht verspielt oder verpfändet Pferd des Herrn
Art. 263:	Judeneid auf Schweinehaut
Art. 301:	Wer Tiere des Nachbarn in seinem Stall unterstellt
Art. 310:	Von zwei einjährigen Ochsen gezogene Last als Maß
Art. 317:	Diebstahl von Tieren nebst an Richter zu zahlenden Beträgen
Art. 326:	Verwundung des Pferdes, wenn Angriff auf Mann zielte
Art. 327:	Zu Unrecht gepfändetes Tier richtet Schaden an
Art. 333:	Diebstahl oder Tötung eines Leithundes
Art. 334:	Diebstahl oder Tötung eines Treibhundes
Art. 335:	Diebstahl oder Tötung eines Spürhundes
Art. 336:	Diebstahl oder Tötung eines Biberhundes
Art. 337:	Diebstahl oder Tötung eines Windhundes
Art. 338:	Diebstahl oder Tötung eines Wachhundes
Art. 339:	Diebstahl oder Tötung eines Jagdhundes
Art. 340:	Diebstahl oder Tötung eines Hirtenhundes
Art. 341:	Diebstahl oder Tötung eines den Hof bewachenden Hundes
Art. 342:	Tötung eines Hundes in Notwehr und Ersatzpflicht
Art. 343:	Lähmung eines Hundes
Art. 344:	Diebstahl oder Tötung von Habichten und Falken
Art. 345:	Diebstahl oder Tötung von Sperbern
Art. 353:	Ersatzpflicht für Tierfutter bei Rückgabe an den Eigentümer
Art. 365:	Von ausschwärmenden Bienen

Lehnrecht

Art. 9b:	Verleihen eines Pferdes an den Herrn
Art. 126a:	Abwehr von Fliegen, Mücken und Bremsen vor Gericht
Art. 128c:	Versorgung der Pferde auf dem Weg zum Oberherrn

Anhang 2: Einteilung der mit Tieren befassten Artikel in drei Hauptgruppen

A. Schäden durch Tiere

Art. 199 I:	Tier tötet seinen Dieb
Art. 201c:	Steinigung eines Ochsen wegen Tötung eines Menschen
Art. 201e:	Schaden durch Tiere[103]
Art. 202:	Vorschriften über Fütterung und Notversorgung müder Pferde
Art. 204:	Von Schäden durch besonders gefährliche Tiere
Art. 205:	Verantwortung für ein schädliches Pferd
Art. 212:	Wer seine Tiere auf fremdes Land treibt
Art. 244:	Schäden durch bissigen Hund, Wolf, Hirsch, Bär
Art. 327:	Zu Unrecht gepfändetes Tier richtet Schaden an
Art. 342:	Tötung eines Hundes in Notwehr und Ersatzpflicht[104]

B. Schäden an Tieren

Art. 201f:	Wenn Tier in Obhut eines Verwandten stirbt
Art. 183:	Schadensersatz für durch gefällten Baum erschlagenes Tier
Art. 201d:	Wenn Tiere in Brunnen fallen oder einander verletzen
Art. 201e:	Diebstahl an Tieren[105]
Art. 239:	Diebstahl von Vögeln
Art. 258a:	Wenn fremdes Tier in Obhut stirbt
Art. 258b:	Wenn gepfändetes Tier stirbt
Art. 301:	Wer Tiere des Nachbarn in seinem Stall unterstellt
Art. 317:	Diebstahl von Tieren nebst an Richter zu zahlenden Beträgen
Art. 326:	Verwundung des Pferdes, wenn Angriff auf Mann zielte
Art. 333:	Diebstahl oder Tötung eines Leithundes
Art. 334:	Diebstahl oder Tötung eines Treibhundes
Art. 335:	Diebstahl oder Tötung eines Spürhundes
Art. 336:	Diebstahl oder Tötung eines Biberhundes
Art. 337:	Diebstahl oder Tötung eines Windhundes
Art. 338:	Diebstahl oder Tötung eines Wachhundes
Art. 339:	Diebstahl oder Tötung eines Jagdhundes
Art. 340:	Diebstahl oder Tötung eines Hirtenhundes
Art. 341:	Diebstahl oder Tötung eines den Hof bewachenden Hundes
Art. 342:	Tötung eines Hundes in Notwehr und Ersatzpflicht[106]
Art. 343:	Lähmung eines Hundes

[103] Auch in B.
[104] Auch in B.
[105] Auch in A.
[106] Auch in A.

Art. 344:	Diebstahl oder Tötung von Habichten und Falken
Art. 345:	Diebstahl oder Tötung von Sperbern

C. Eigentum an Tieren

Vorwort (a):	Tiere zum Nutzen des Menschen geschaffen
Art. 18:	Tiere als Morgengabe (Pferde, Rinder etc.)
Art. 25b:	Pferd als Ausstattung des Ritters
Art. 26:	Schafe, Ziegen, Schweine etc. als Bestandteil der Morgengabe
Art. 56:	Tiere als bewegliche Sachen
Art. 57:	Tiere als gestohlenes Gut
Art. 168a:	Tiere als bewegliche Sachen
Art. 196:	Rechtsfolge des Fischens in fremdem Teich
Art. 197b:	Umfang von Fischereirechten
Art. 217b:	Für Tiere zu leistende Abgaben
Art. 236:	Jagdrecht
Art. 237:	Eigentumsverlust an Beizvögeln
Art. 238:	Eigentum an nistenden Vögeln
Art. 240:	Von Tauben und Pfauen
Art. 241:	Kein Erwerb von Vögeln durch Bösgläubigen
Art. 242:	Von zahmen Vögeln (Gänsen, Hühnern, Enten)
Art. 243:	Erwerb und Verlust von Eigentum an Wild
Art. 259:	Knecht verspielt oder verpfändet Pferd des Herrn
Art. 353:	Ersatzpflicht für Tierfutter bei Rückgabe an den Eigentümer
Art. 365:	Von ausschwärmenden Bienen

Anhang 3: Abbildungen (folgende Seiten)

Königliche Bibliothek Brüssel Ms 14689–91, fol. 357 (178r)

Königliche Bibliothek Brüssel Ms 14689–91, fol. 361 (180r)

Königliche Bibliothek Brüssel Ms 14689–91, fol. 372 (185[v])

Königliche Bibliothek Brüssel Ms 14689–91, fol. 388 (193ᵛ)

Königliche Bibliothek Brüssel Ms 14689–91, fol. 392 (195v)

Königliche Bibliothek Brüssel Ms 14689–91, fol. 460 (229ᵛ)

KONCZ Ibolya Katalin (Miskolc/Ungarn)

Die Wurzeln der Frauenrechte in den mittelalterlichen Rechtsbüchern

Ausgehend vom Titel dieses Beitrags soll zunächst der Untersuchungsgegenstand eingegrenzt werden. Der Reihenfolge des Zeitpunktes ihrer Aufzeichnung entsprechend wurden in diesem Beitrag die folgenden Rechtsbücher berücksichtigt: zunächst der Sachsenspiegel,[1] der nach der gängigen Meinung der Forschung Anfang des 13. Jahrhunderts entstanden ist,[2] und der Schwabenspiegel,[3] der laut neuestem Forschungsstand Mitte des 13. Jahrhunderts aufgeschrieben wurde.[4] Chronologisch folgt darauf das Rechtsbuch der Stadt Schemnitz,[5] welches zum ersten Mal im 13. Jahrhundert niedergeschrieben wurde und somit das älteste ungarische städtische Rechtsbuch ist.[6] Weiterhin werden im Folgenden die Anordnungen des Ofner Stadtrechts[7] untersucht, das im Vergleich zu den oben genannten erst recht spät, nämlich im ersten Drittel des 15. Jahrhunderts, zu Papier gebracht wurde.[8] Um auch die längerfristige Entwicklung im Blick zu behalten, wurde auch das Tripartitum von István Werbőczy[9] als die wichtigste Sammlung des Gewohnheitsrechts in Ungarn aus dem 16. Jahrhundert berücksichtigt.

Was die rechtshistorischen Wurzeln der Sonderrechte von Frauen angeht, so sollen hier nur jene untersucht werden, die sich mit der Institution der Ehe befassen[10], nicht jedoch zu Fragen des Erbrechts.[11] Nach dieser Eingrenzung der Untersuchung folgen nun zunächst einige Worte zu den Rechtsbüchern.

Der Sachsenspiegel war im mittelalterlichen deutschen Raum das erste Rechtsbuch, das in deutscher Sprache geschrieben wurde.[12] Als das erste niedergeschriebene, gemeinhin bekannte deutsche Recht gibt er dem Leser Einblicke in die zeitgenössischen, gesellschaftlichen und sozialen Zustände.[13] Er besteht aus zwei

---

1 EIKE von Repgow, A Szász tükör [Sachsenspiegel ⟨ungar.⟩], 2005.

2 F. EBEL, Sachsenspiegel, in: HRG, Bd. 4, 1990, Sp. 1229 f.; EIKE von Repgow, A Szász tükör [Sachsenspiegel ⟨ungar.⟩], 2005, S. 13; BLAZOVICH, SCHMIDT (Hrsg., Übers.), Buda város jogkönyve, Bd. I, 2001, S. 6.

3 BLAZOVICH, SCHMIDT (Hrsg.), A Sváb tükör, 2011.

4 TRUSEN, Schwabenspiegel, in: HRG, Bd. 4, 1990, Sp. 1547–1551; JOHANEK, Schwabenspiegel, in: Verfasserlexikon, Bd. 8, ²1992, S. 897 f.; BLAZOVICH, SCHMIDT (Hrsg., Übers.), Buda város jogkönyve, Bd. I, 2001, S. 8; DIES. (Hrsg.), A Sváb tükör, 2011, S. 10–14.

5 FUCHS (Übers.), Selmecbánya város középkori jogkönyve, 2009.

6 Ebd., S. 5.

7 BLAZOVICH, SCHMIDT (Hrsg., Übers.), Buda város jogkönyve, Bd. I u. II, 2001.

8 DIES. (Hrsg., Übers.), Buda város jogkönyve, Bd. I, 2001, S. 13.

9 Tripartitum.

10 Und zwar: *parapherna, allatura, coacquisita conjugum* und *dos*.

11 Und zwar: *jus capillare, quarta puellaris, jus viduale.*

12 F. EBEL, Sachsenspiegel, in: HRG, Bd. 4, 1990, Sp. 1228 f.; RELKOVIĆ, Buda város jogkönyve, 1905, S. 13.

13 BLAZOVICH, SCHMIDT (Hrsg., Übers.), Buda város jogkönyve, Bd. I, 2001, S. 8.

Teilen: dem Landrecht und dem Lehnrecht.[14] Für diese Untersuchung ist das Landrecht relevant, das sich mit dem bäuerlich-adeligen Lebensraum sowie dem Dienstrecht der städtischen, adeligen und höfischen Beamten beschäftigt.

Es enthält die dargestellten rechtlichen Normen in einer konkreten, verständlichen Form. Im Landrecht finden sich Regelungen zum Besitz-, Erb-, Ehe-, Vermögens- und Nachbarschaftsrecht, aber auch Bestimmungen, die die Tierhaltung und den Straßenverkehr betreffen.[15] Der Sachsenspiegel wurde während des Mittelalters in einem weiten Kreis verbreitet und in erster Linie in den nord- und westdeutschen Gebieten angewendet.[16]

László Blazovich stellte fest:

> „Weil der Sachsenspiegel in Magdeburg mit Ergänzungen als städtisches Recht galt, verbreiteten sich seine Rechtsgedanken mit dem Magdeburger Recht weiter nach Osten. Das ist im mittelalterlichen Ungarn nicht nur im Rechtsgebrauch der oberländischen Städte nachzuweisen, sondern auch im Ofner Rechtsbuch."[17]

Der Sachsenspiegel wurde zum Ausgangspunkt für weitere Rechtsbücher, zum Beispiel für die von Görlitz und Meißen oder auch für den holländischen Sachsenspiegel.[18]

In den folgenden Jahrhunderten haben andere städtische Rechtsbücher, wie z. B. die von Magdeburg und Wien, aus dem Sachsenspiegel ganze Teile übernommen, vermutlich in solchen Fällen, in denen den Verfassern keine örtlichen Anordnungen vorlagen. So ist der Sachsenspiegel eine sogenannte subsidiäre Rechtsquelle geworden, die dazu beigetragen hat, in erster Linie in den östlichen Gebieten des Heiligen Römischen Reiches Deutscher Nation eine Rechtseinheit herzustellen. Ebenso hat er auch die Rechtsentwicklung der Nachbarländer beeinflusst.[19] In den südlichen und westlichen Teilen der deutschen Gebiete, in den österreichischen, böhmischen und mährischen Gegenden hat hingegen die umgestaltete, daher als süddeutsche „Tochterrechtsquelle"[20] bezeichnete Form des Sach-

---

[14] F. EBEL, Sachsenspiegel, in: HRG, Bd. 4, 1990, Sp. 1234.

[15] Ebd., Sp. 1234 f.; BLAZOVICH, SCHMIDT (Hrsg., Übers.), Buda város jogkönyve, Bd. I, 2001, S. 7.

[16] RELKOVIĆ, Buda város jogkönyve, 1905, S. 13; BLAZOVICH, SCHMIDT (Hrsg., Übers.), Buda város jogkönyve, Bd. I, 2001, S. 34 f.

[17] BLAZOVICH, SCHMIDT (Hrsg., Übers.), Buda város jogkönyve, Bd. I, 2001, S. 120. „Die Blume von Magdeburg": BOEHLAU (Hrsg.), Die Blume von Magdeburg, 1868; und noch STIPTA, A középkori német állam- és jogfejlődés, in: GÖNCZI [u. a.], Egyetemes jogtörténet, Bd. 1, 1999, S. 176. Über den Rechtsbrauch der oberländischen Städte siehe: SZABÓ, Sachsen in Ungarn und ihr Rechtsleben im Mittelalter und der frühen Neuzeit, in: SCHMIDT-RECLA, SCHUMANN, THEISEN (Hrsg.), Sachsen im Spiegel des Rechts, 2001, S. 104.

[18] RELKOVIĆ, Buda város jogkönyve, 1905, S. 14.

[19] F. EBEL, Sachsenspiegel, in: HRG, Bd. 4, 1990, Sp. 1235; BLAZOVICH, SCHMIDT (Hrsg., Übers.), Buda város jogkönyve, Bd. I, 2001, S. 8; RELKOVIĆ, Buda város jogkönyve, 1905, S. 14.

[20] F. EBEL, Sachsenspiegel, in: HRG, Bd. 4, 1990, Sp. 1231; Blazovich verwendet lieber den Ausdruck „Mellétermék" („Nebenprodukt"). BLAZOVICH, SCHMIDT (Hrsg., Übers.), Buda város jogkönyve, Bd. I, 2001, S. 8, bzw. bestimmt er es als „ein Ableger des Sachsenspiegels", ebd., S. 122.

senspiegels, der Schwabenspiegel, gewirkt.[21] In der Frage seiner Verbreitung haben sich die Feststellungen von Lück und Blazovich[22] durchgesetzt, nach denen er in den süd- und südwestlichen deutschen Gebieten, in Schlesien, in den Gebieten, in denen die deutsche Richterordnung galt, und in den österreichischen Gebieten seine Wirkung hatte.[23]

Weiterhin war er in Mähren, Ungarn, Siebenbürgen und Oberungarn[24] verbreitet. Im Hinblick auf die städtischen Rechtsbücher sind Köln, Freiburg und Wien als die Vermittler des Rechtsstoffes des Schwabenspiegels hervorzuheben. Für uns ist an dieser Stelle das Wiener Rechtsbuch maßgeblich, da es eine große Wirkung auf das rechtliche Leben von Pressburg hatte und seine Wirkung auch im Ofner Stadtrecht und im Recht der böhmisch-mährischen Bergstädte (Iglau) zu finden ist. Letzteres wirkte sich wiederum auf das Recht von Schemnitz und auch auf das Recht der unter- und oberungarischen Bergstädte aus.

Der Schwabenspiegel setzt sich aus zwei großen Einheiten zusammen. Der erste Teil, das sogenannte Buch der Könige, ist zugleich ein Teil der Weltchronik aus christlicher Perspektive. Der zweite Teil enthält das Landrecht, für das der Sachsenspiegel die Vorlage war.[25] Innerhalb des Landrechts sind zwei separate Teile zu unterscheiden, deren erster nochmals kleinere Einheiten beinhaltet, wie zum Beispiel die Anordnungen über das Lehnrecht, die Anordnungen über das Gericht und verklagte Personen sowie den Teil über den König und das Reich. Im zweiten Teil sind separate Regeln zur rechtlichen Lage der Frauen, Geistlichen, ‚Geistesschwachen' und Rechtlosen enthalten. Dieser Teil des Spiegels ist nicht homogen. An mehreren Stellen hat der Verfasser einige Anordnungen aufgeschrieben, die ihm wohl gerade eingefallen waren, ungeachtet dessen, ob sie inhaltlich zu der betreffenden Stelle passten.

Die oben erwähnten Rechtsbücher fassten die Reichsrechte[26] und die Landrechte[27] zusammen. Parallel dazu entstanden mit der Herausbildung der Städte die sogenannten Stadtrechte,[28] die nur noch die Lebensverhältnisse der städtischen

---

[21] F. EBEL, Sachsenspiegel, in: HRG, Bd. 4, 1990, Sp. 1232; RELKOVIĆ, Buda város jogkönyve, 1905, S. 13.

[22] LÜCK, Kohärenzen, Parallelen, Divergenzen, in: Acta juridica et politica 71, Fasc. 17.7 (2008), S. 592–594; BLAZOVICH, SCHMIDT (Hrsg.), A Sváb tükör, 2011, S. 13.

[23] Siehe auch KANNOWSKI, Der Laienspiegel, die Magdeburger Fragen und der Schwabenspiegel, in: DEUTSCH (Hrsg.), Ulrich Tenglers Laienspiegel, 2011, S. 218 f.

[24] SZABÓ, Sachsen in Ungarn und ihr Rechtsleben im Mittelalter und der frühen Neuzeit, in: SCHMIDT-RECLA, SCHUMANN, THEISEN (Hrsg.), Sachsen im Spiegel des Rechts, 2001, S. 106.

[25] BLAZOVICH, SCHMIDT (Hrsg.), A Sváb tükör, 2011, S. 9–14.

[26] Siehe ERLER, Reichsrecht, in: HRG, Bd. 4, 1990, Sp. 729.

[27] Siehe LAUFS, SCHROEDER, Landrecht, in: ²HRG, Lfg. 19, 2014, Sp. 552.

[28] Ausführlicher: DILCHER, Stadtrecht, in: HRG, Bd. 4, 1990, Sp. 1863–1873; DERS. (Hrsg.), Bürgerrecht und Stadtverfassung im europäischen Mittelalter, 1996, S. 22, 34; PLANITZ, Die deutsche Stadt im Mittelalter, 1954, S. 332–340; ENNEN, Frühgeschichte der europäischen Stadt, 1981, S. 270–293.

Gesellschaftsschicht regelten. Dagegen ist nachzuweisen, dass die Anordnungen der Rechtsbücher, die Reichsrechte und Landrechte enthalten, entweder unverändert oder in geänderter Form übernommen worden sind, wenn sie sich auf die neuen Verhältnisse übertragen ließen. Relković formulierte es folgendermaßen:

> „Das (städtische) Rechtsbuch ist nichts anderes als die Weiterentwicklung des ländlichen Rechts in gewisser wirtschaftlicher Hinsicht; das ist der Grund dafür, dass einige ländliche Rechte, Rechtsbücher auch als Quelle gedient haben.“[29]

Blazovich vertritt dazu folgenden Standpunkt:

> „Die städtischen Rechtsbücher enthalten Gewohnheitsrecht.“[30]

Den verschiedenen Rechtsgebieten, die in den Landrechten geregelt waren, wurde in den städtischen Rechtsbüchern den örtlichen Gegebenheiten entsprechend unterschiedliches Gewicht beigemessen. Neben Verwaltungsregeln sind auch Anordnungen zum Prozess-, Straf-, Personen-, Sachen-, Vermögens- und Erbrecht zu finden. Als Ergebnis der Forschung[31] ist festzustellen, dass die Mehrheit der städtischen Rechtsbücher kleinere oder auch größere Teile aus den Rechtsbüchern von Sachsen, Schwaben, vielleicht auch von Franken oder Magdeburg übernommen hat.

Ebenso wie der Sachsenspiegel aus den kaiserliche Reichsrechte und lokale Landesrechte zusammenfassenden Rechtsbüchern besonders hervorsticht, so zeichnet sich unter den städtischen Rechtsbüchern das Magdeburger Recht besonders aus.[32] Auf dieses Rechtsbuch beriefen sich die Städte direkt oder indirekt.[33] Im Rechtsbuch von Magdeburg sind die Übernahme der Anordnungen des Sachsenspiegels und dessen Anpassung an die städtischen Verhältnisse am klarsten zu beobachten. Unter diesem Einfluss wurde Magdeburg während des Mittelalters eine der wichtigsten Mutterstädte. Die sogenannten ‚Tochterstädte‘ des Magdeburger Rechts betrachteten dieses als Vorlage. Abweichungen von den rechtlichen Regelungen entstanden nur aufgrund lokaler Besonderheiten und städtischer Privilegien. Dem Magdeburger Recht ist man gefolgt in den östlichen Teilen der deutschen Gebiete, in Städten in Polen und Schlesien, Pommern und Thüringen und in den Magdeburger ‚Tochterstädten‘, die später teilweise ebenfalls zu einer ‚Mutterstadt‘ geworden sind, wie z. B. Breslau, Krakau, Thorn, Culm, Halle, Leipzig, Dresden, Brandenburg, Neumarkt, Ratibor, Olmütz.[34]

---

[29] RELKOVIĆ, Buda város jogkönyve, 1905, S. 14 (Übersetzung der Verfasserin aus dem Ungarischen).

[30] BLAZOVICH, SCHMIDT (Hrsg., Übers.), Buda város jogkönyve, Bd. I, 2001, S. 119.

[31] MOLLAY (Hrsg.), Das Ofner Stadtrecht, 1959, S. 13; LIEBER, Wortschatzprobleme in Zusammenhang mit dem Ofner Stadtrecht, in: MÁDL (Hrsg.), Festschrift Karl Mollay zum 65. Geburtstag, 1978, S. 171–182; BLAZOVICH, SCHMIDT (Hrsg., Übers.), Buda város jogkönyve, Bd. I, 2001, S. 9.

[32] STIPTA, A középkori német állam- és jogfejlődés, in: GÖNCZI [u. a.], Egyetemes jogtörténet, Bd. 1, 1999, S. 176.

[33] RELKOVIĆ, Buda város jogkönyve, 1905, S. 14.

[34] Ebd., S. 15.

Die wichtigeren städtischen Rechte sind mit der Ansiedlung der deutschen Siedler nach Ungarn gekommen. So ist die Übernahme des Magdeburger Rechts in die Stadtrechte der Zipser Sachsen (Zipser Willkür), von Käsmark (16. Jahrhundert), Leutschau (16. Jahrhundert), Hermannstadt, Preschau (16. Jahrhundert) und im Rechtsbuch von Gross-Scharosch zu beobachten. Im Ofner Stadtrecht ist der gemeinsame Einfluss mehrerer Städte zu finden.[35]

Das Ofner Stadtrecht ist hinsichtlich seines Aufbaus ein umfangreiches Werk, bestehend aus einer Einführung und 441 Abschnitten.[36] Nach der Einführung folgt das Inhaltsverzeichnis, das aus acht Abschnitten besteht.[37] Die eigentlichen inhaltlichen Elemente können in vier Haupteinheiten unterteilt werden. Der erste Teil regelt in 64 Abschnitten die städtische Regierung. Die zweite Einheit enthält 100 Abschnitte und handelt vom Beruf der Händler, Handwerker und von anderen Berufen. Die dritte Einheit enthält die Rechtsprechung in 138 Abschnitten. Die letzte, vierte Einheit regelt in 38 Abschnitten das Verhältnis fremder Händler zur Stadt Ofen.[38] Diese Einteilung stimmt nur oberflächlich betrachtet. Analysiert man den Inhalt des Rechtsbuches genauer, zeigt sich, dass die thematische Abgrenzung zwischen den einzelnen Abschnitten nicht immer ganz eingehalten wird.

Das Ofner Rechtsbuch diente den deutschsprachigen Einwohnern, die einen Teil ihrer Rechte aus den deutschen Herkunftsgebieten mitgebracht hatten, als Richtschnur. Somit ist der These zuzustimmen, es gebe eine Beziehung zwischen den Inhalten der deutschen Rechtsbücher und den Anordnungen des Ofner Stadtrechts.[39] Relković hat während ihrer Forschungen insgesamt 97 Passagen in den Quellen gefunden, in denen eine Verwandschaft zu bezeugen ist. In 47 Fällen konnte Ähnlichkeit zu den Artikeln des Sachsenspiegels, 50 Mal zu den Anordnungen des Schwabenspiegels gefunden werden. Das betrifft mehr als ein Fünftel der 445 Regeln des Ofner Stadtrechts. Hinsichtlich seiner Entwicklungsgeschichte kann man sagen, dass Ofen nach dem 13. Jahrhundert zur Mutterstadt geworden ist, denn das Ofner Recht wurde 1265 von Komorn, 1347 von Kaschau, 1357 von Sillein, 1370 von Bartfeld und 1374 von Preschau übernommen. Als königliche Freistadt (Tavernikalstadt) hat Ofen auch auf die Tavernikal-Urteile Auswirkungen gehabt und auch im aus den Urteilen zusammengesetzten Tavernikalrecht (*Ius Tavernicale*) kann man die Elemente des Ofener Rechts entdecken. Davon ausgehend kann man die Regelungen der auf die Ehe bezogenen Elemente der Son-

---

[35] Diese Ansicht vertreten: BLAZOVICH, SCHMIDT (Hrsg., Übers.), Buda város jogkönyve, Bd. I, 2001, S. 10; PLANITZ, ECKHARDT, Deutsche Rechtsgeschichte, 1971, S. 137 f.; MICHNAY, LICHNER (Hrsg.), Ofner Stadtrecht von MCCXLIV-MCCCCXXI/Buda városának törvénykönyve MCCXLIV-MCCCCXXI-ből, 1845, S. 404; MOLLAY (Hrsg.), Das Ofner Stadtrecht, 1959, S. 190; GÖNCZI, Ungarisches Stadtrecht aus europäischer Sicht, 1997; MUNZEL, Ofener Stadtrechtsbuch, in: HRG, Bd. 3, 1984, Sp. 1184 f.

[36] RELKOVIĆ, Buda város jogkönyve, 1905, S. 21.

[37] Ebd., S. 22.

[38] Ebd., S. 22 f.

[39] Ebd., S. 31.

derrechte der Frauen im Sachsenspiegel, im Schwabenspiegel und im Ofner Stadtrecht plausibel vergleichen.

Hinsichtlich der in diesem Beitrag untersuchten Rechtsbücher soll besonders betont werden, dass der Sachsen- und der Schwabenspiegel für jede Schicht, Ordnung und Gruppe der Gesellschaft Anordnungen enthalten, während sich im Vergleich dazu das Ofner Stadtrecht und das Schemnitzer Rechtsbuch nur mit einer besonderen Gesellschaftsschicht, dem städtischen Bürgertum und dessen Rechten und Pflichten, befassen. Das Tavernikalrecht (*Ius Tavernicale*) enthält, wie auch sein Name zeigt, Regeln für das städtische Bürgertum auf der Grundlage der Rechtsprechung der königlichen Freistädte und des Tavernikalstuhls. Auch das Tripartitum von Werbőczy, welches in den hier vorgelegten Vergleich einbezogen wurde, enthält Regeln für die Mitglieder der privilegierten Schicht des Adels.[40] Diese Tatsachen im Auge behaltend wird versucht, die Ursprünge der Regelung einzelner Rechtsinstitute zu finden, darzustellen und gegebenenfalls miteinander zu vergleichen. Zunächst wurden die Anordnungen des Schwabenspiegels analysiert und nach Möglichkeit mit dem Sachsenspiegel, dem Ofner Stadtrecht, dem Rechtsbuch der Stadt Schemnitz, dem Tavernikalrecht (*Ius Tavernicale*) und dem von Werbőczy herausgegebenen Tripartitum verglichen.

Dieser Beitrag beschäftigt sich mit den Rechten der Frauen. In der untersuchten Epoche war der Status von Frauen und Männern und somit auch deren vermögensrechtliche Verhältnisse nicht gleich. Infolgedessen sind Regeln entstanden, die die Lage der Frauen in der Gesellschaft stabilisierten. In der für das Mittelalter charakteristischen patriarchalischen Gesellschaft war hinsichtlich der vermögensrechtlichen Verhältnisse der wichtigste Gesichtspunkt das Sichern der Güter innerhalb der Familie. Deshalb ist fast in allen Regionen die Ordnung der Erbfolge des Sohnes zu finden. Der schwache Punkt des Systems ist die Frau, denn sie verlässt mit der Heirat das Haus ihres Vaters und gehört von da an zum Haus, zur Familie bzw. zum Geschlecht ihres Mannes. Damit sichert sie die Beziehung, die Verbindung zwischen den Familien, hat jedoch vermögensrechtlich eine verändernde Rolle. Mit dem Akt der Heirat nimmt sie aus ihrer ehemaligen Familie Güter mit, vermindert also den dortigen Familienbesitz. Um weitere Vermögensminderungen zu verhindern, beschränkten die Rechtsbücher die Erbfähigkeit der Frauen nach dem Tod ihrer Männer. Man kann also behaupten, dass man hinsichtlich der rechtlichen Bedeutung der zeitgenössischen Güter zwei Typen unterscheiden kann. Zur ersten Gruppe gehört das Vermögen der Familie, dessen rechtlicher Status zu jeder Zeit feststeht und für die Zukunft genau zu berechnen ist. Zur zweiten Gruppe gehören die Güter, die mit den Frauen in Verbindung stehen und hinsichtlich ihres rechtlichen Schicksals im Grunde genommen genauso wie

[40] HOMOKI-NAGY, Das Allgemeine Bürgerliche Gesetzbuch in der ungarischen Rechtspraxis der Richter, in: BÉLI (Hrsg.) [u. a.], Institutions of legal history with special regard to the legal culture and history, 2011, S. 138.

die Frauen selbst zwischen den Familien bzw. Geschlechtern in Bewegung sind. Denn die Frau geht von der Familie ihres Vaters zur Familie ihres Mannes über und im Falle seines Todes wird sie durch eine erneute Heirat zu einer wiederum anderen Familie gehören. Die Ordnung der rechtlichen Bestimmung dieser Güter ist eine kardinale Frage jeder Epoche.

Die sich im Laufe der Jahrhunderte entfalteten Sonderrechte der Frauen befinden sich innerhalb des ehelichen Vermögensrechts und des Erbrechts. Innerhalb des ehelichen Vermögensrechts muss man die Gerade (*parapherna*), die Mitgift, die Errungenschaft, den Frauenunterhalt und die Morgengabe erwähnen. Zum Erbrecht gehören das Jungfrauenrecht, die Quarta (*quartalitium*) und das Witwenrecht.

In diesem Beitrag behandele ich nur die Sonderrechte der Frauen, die zum Kreis des ehelichen Vermögensrechts gehören. Die Systeme der ehelichen Vermögensrechte können in zwei große Gruppen geteilt werden: in das Gütertrennungssystem und das Gütervereinigungssystem.

Im Rahmen des Gütertrennungssystems verursacht die Eheschließung prinzipiell keine Änderungen am Vermögen der Ehepartner. Beide Ehepartner können während der Ehe über ihr Vermögen verfügen. Dieses System begünstigt die Unabhängigkeit der Frau. In den Gütervereinigungssystemen gelangt das Vermögen der Frau in die Hände ihres Mannes. Dabei geht es entweder nur um die Vermögensverwaltung, wobei das Vermögen der ehelichen Parteien ansonsten getrennt bleibt, oder aber die zwei Vermögen verschmelzen im Ganzen oder nur zum Teil zu einem gemeinsamen Vermögen.

Die Gütervereinigungssysteme hängen immer mit der Unterordnung der Frauen zusammen und im Allgemeinen knüpft sich daran die Macht des Ehemanns, die im Grunde genommen die Handlungsfähigkeit der Frau entweder im Ganzen abschafft oder zumindest stark beschränkt. Die ehelichen Vermögensrechte germanischer Herkunft bekannten sich zum Prinzip der Gütervereinigung. Ihr Motto könnte gewesen sein: ‚Mann und Weib haben kein gezweiet gut.' In Folge der Eheschließung wurde das Vermögen der zwei Ehepartner während der Ehe in den Händen des Ehemanns vereinigt.

Innerhalb des Gütervereinigungssystems kann man zwei Untergruppen bestimmen. In der ersten sind die zwei Vermögen nur äußerlich miteinander verbunden. Der Ehemann hat nur das Verwaltungsrecht über das Vermögen der Frau inne, es bleibt jedoch im Besitz der Frau. Diese Form der Besitzregelung lässt sich als Verwaltungsgemeinschaft bezeichnen. Die andere Gruppe bilden die Rechtssysteme, in denen der Ehemann mit der Eheschließung das Eigentumsrecht über das Vermögen seiner Frau erwirbt, was als Gütergemeinschaft verstanden wird. Innerhalb dieser Gruppe können drei weitere Typen unterschieden werden: erstens die allgemeine Gemeinschaft, zweitens die Zugewinngemeinschaft, bei der nur die während der Ehe erworbenen Güter zu gemeinsamen Gütern werden, und drittens die Mobiliargemeinschaft, in der ausschließlich der Ehemann Immobilien erwerben kann, die während der Ehe erworbenen Mobilien jedoch zum gemeinsamen Vermögen gehören. Dazu kamen noch die Fälle der begünstigten Beerbung der Frauen (Hausgerät) nach Art der ungarischen Witwenbeerbung: Leibzucht, Leibgedinge, Musteil, Wittum und Witwenteil. Die städtischen Rechte verwirklichten für ihre Bürgerschaft verschiedene germanische eheliche Vermögensrechtssysteme. Das Recht der Stadt Schemnitz übernahm die dem Iglauer Recht entnommenen böhmisch-mährischen Drittelteilsrechte, also die Gütergemeinschaft zwischen den Ehepartnern im Verhältnis von 2/3 zu 1/3 zwischen Ehemann und Ehefrau.

Von den Stadtrechten wurde das nach dem Ofner Stadtrecht im 15. Jahrhundert entstandene *Ius Tavernicale* richtungsweisend, das das System der Vermögensgesellschaft zur Geltung brachte. Wahrscheinlich hat dieses auch in der Arbeit von Werbőczy als Grundlage gedient, in der er an einer Stelle den Zugewinn der Leibeigenen bestimmte.[41] Alles in allem ist zu sagen, dass die einzelnen, unterschiedlichen Elemente des germanischen ehelichen Vermögensrechts in Ungarn viele Jahrhunderte richtungsweisend waren. Das Vermögensrecht ist in seinem Grundtyp eher dem von germanischen Gesellschaftssystemen abweichenden Gütertrennungssystem gefolgt, was die Grundlage für das Freivermögen der Frau geschaffen hat. Das zeigt sich bereits im Ofner Stadtrecht.[42] Das Tavernikalrecht (*Ius Tavernicale*) basiert hingegen eher auf dem Freivermögen der Ehefrau und es bezog sich sowohl auf ihre ererbten Mobiliar- als auch Immobiliargüter. Der Zugewinn wird hingegen im Abschnitt über den Ehemann behandelt.[43]

Das System des Freivermögens der Frau hat Werbőczy als „*vetus et approbata lex hujus regni*" am klarsten zum Ausdruck gebracht. Aber das ins gemeinsame Haus eingebrachte Mobiliarvermögen der Frau verbirgt sich in dem Begriff „*allatura uxorea*". Die Behandlung der Errungenschaft gehört sogar im 19. Jahrhundert noch zum Recht des Ehemanns. Dadurch hat man eine innerhalb des Systems der Gütervereinigung bestimmte Verwaltungsgemeinschaft von der Seite des Ehemanns verwirklicht. Was die Grundlagen des ungarischen ehelichen Vermögensrechts betrifft, wurde das Tripartitum von Werbőczy[44], das auf der Landrichtersitzung bestätigt wurde, bis zum Ende des 19. Jahrhunderts angewandt.

Der Inhalt des persönlichen Rechtsverhältnisses zwischen den Ehepartnern ist die Gesamtheit aller nicht zu ihrem Vermögen gehörenden Rechte und Verbindlichkeiten, die den Ehepartnern gegenseitig aufgrund der bestehenden Ehe zustehen. Innerhalb dieses Rahmens müssen die Ehepartner ihren ehelichen Pflichten nachkommen und in enger oder (voller) Lebensgemeinschaft miteinander leben, die die moralische Auffassung der Gesellschaft an den Begriff der Ehe koppelt. Alle weiteren ehelichen Verbindlichkeiten entspringen aus dieser einzigen Pflicht.

---

[41] Tripartitum, III, Art. 29 § 2.

[42] BLAZOVICH, SCHMIDT (Hrsg., Übers.), Buda város jogkönyve, Bd. II, 2001, S. 522, Nr. 397.

[43] Ius Tavernicale, S. 133.

[44] HERGER, A nővételtől az állami anyakönyvvezetőig, 2006, S. 76.

Solche weiteren Verbindlichkeiten waren die eheliche Treue, die gegenseitige Erfüllung der ehelichen Pflicht (*debitum conjugale*), die Morgengabe, die die Frau erst nach dem Beilager bekam und das Zusammenleben (die Wohnstätte des jeweiligen Ehepaares konnte der Ehemann allein bestimmen, die Ehefrau hatte die Pflicht, ihrem Mann in die jeweilige Wohnstätte zu folgen).

Die Gerade[45] bedeutet nichts anderes als die beweglichen Güter, die die Ehefrau von ihrem Mann oder dessen Eltern zum Anlass der Verlobung oder Eheschließung bekam. Das Verlobungsgeschenk bestand im Vergleich zur Morgengabe, die die Hauptinstitution des primitiven ehelichen Vermögensrechts war, aus beweglichen Gütern, die keinen großen materiellen Wert hatten – meistens weibliche Kleidung oder Schmuck – und zum Gebrauch gedacht waren. Der grundsätzliche Unterschied zwischen dem Verlobungsgeschenk und der Morgengabe ist, dass das Verlobungsgeschenk von der Familie oder dem Vater der Frau gemacht werden konnte, die Morgengabe dagegen konnte nur der Ehemann überreichen, er war sogar dazu verpflichtet.[46]

Sobald die Frau in den gültigen Ehestand getreten war, wurde sie vom elterlichen Familienkreis getrennt und trat in den ihres Ehemanns ein. Damit erlosch nicht nur jeder auf die Vermögensrechte bezogene Kontakt der verheirateten Frau zu ihrem Elternhaus, sondern auch ihr Anspruch auf weiteren Unterhalt aus dem familiären Vermögen. Es lag also im Interesse der Familie der Frau, dass das ausgeschiedene Mitglied der Familie in ihrer neuen Umgebung ihrem Rang entsprechende Vermögensumstände vorfand. Der Bräutigam sollte deshalb schon im Voraus eine Art Bürgschaft dafür leisten, dass er seine Ehefrau „*filiale loco*“, sogar „*qua socia vitae*“ empfangen und sich seines Vermögens würdig um sie kümmern werde. Dazu diente das sogenannte Sondervermögen, das der heiratende Mann seiner Frau traditionell auszahlen oder die Auszahlung wenigstens garantieren bzw. in Aussicht stellen sollte.[47]

Wie Schaurek darlegt, bekam die Frau das Verlobungsgeschenk direkt von ihrem Mann dafür, dass sie mit ihm in den Ehestand getreten ist (Muntschatz, später Wittum).[48] Nach den Verordnungen des Schwabenspiegels bildete das Verlobungsgeschenk ein sogenanntes getrenntes Sondervermögen, welches die Ehefrau nach dem Tod ihres Ehemanns bekam.[49] Im frühen Mittelalter bestand das Verlobungsgeschenk meistens aus Schmuck, Kleidung oder Geschirr.[50] In den

---

[45] BUNGENSTOCK, Gerade, in: HRG, Bd. 1, 1971, Sp. 1527–1530.

[46] ILLÉS, Jegyajándék, in: DEZSŐ (Hrsg.), Magyar Jogi Lexikon, Bd. 4, 1903, S. 403f.; HOMOKI-NAGY, Jegyajándék, in: Művelődéstörténeti Lexikon, Bd. 4, 2005, S. 443f.

[47] SCHAUREK, A hitbér, 1917, S. 38.

[48] Ebd., S. 40.

[49] EIKE von Repgow, A Szász tükör [Sachsenspiegel ⟨ungar.⟩], 2005, S. 117, Ldr. I, 2.3: „Sie (die Frau) nimmt auch alles, was zu der Gerade gehört [...]“, in: EIKE von Repgow, Sachsenspiegel, Textband, 1993, S. 115.

[50] BUNGENSTOCK, Gerade, in: HRG, Bd. 1, 1971, Sp. 1527.

städtischen Rechtsbüchern fungierte das Verlobungsgeschenk, dem Schwabenspiegel folgend, als getrenntes Sondervermögen. Dieses spielte nach dem Tod des Ehemanns eine bedeutende Rolle im Hinblick auf die existenzielle Sicherheit der Frau.[51]

Die Mitgift (Heiratsgut)[52] war die Gesamtheit der Sachwerte, die entweder die Frau selbst oder eine andere Person, die für die Frau verantwortlich war (Vormund), dem Mann mit dem Ziel der Deckung der Belastungen des Ehelebens übergab. Mit der Übergabe des Vermögens der Mitgift erwarb der Mann Nutznießung an den Gegenständen der Mitgift während des Bestehens der Ehe. Über den Teil der Mitgift, der zu den nicht zu konsumierenden Dingen (*ususfructus regularis*) gehörte, verfügte die Person, die diesen beigesteuert hatte. Dennoch musste sich der Besitzer an das Recht des Ehemanns auf Nutznießung halten. Was die zu konsumierenden Dinge (*quasi ususfructus*) betrifft, so erwarb der Ehemann hingegen Eigentumsrecht und er hatte erst im Falle der Auflösung der Ehe die Pflicht, die Dinge in gleicher Menge und Qualität zu erstatten. Die Nutznießung des Ehemanns über die Mitgift erlosch mit dem Ende der Ehe. Die Rückgabe der Gegenstände der Mitgift erfolgte von Seiten des Nutznießers *in integrum restitutio*, im selben Zustand wie bei der Übergabe. Für den natürlichen Verschleiß während der Nutzung war er jedoch nicht verantwortlich.[53]

Bis zur Frühen Neuzeit können die Begriffe des modernen Rechts nicht verwendet werden. Im Hinblick auf die Dinge, die in die Ehe eingebracht wurden, trat im 13. Jahrhundert eine entscheidende Veränderung durch die beginnende Ausdifferenzierung von Mitgift, Morgengabe, dem Verlobungsgeschenk und dem anderen Vermögen der Frau ein. Deutliche Trennungen zwischen diesen Vermögen bilden sich erst in der von uns dargestellten Epoche heraus. Ein entscheidender Unterschied ist bereits zwischen dem Verlobungsgeschenk (Gerade, *paraphernal*) und der Mitgift (*allatura*) festzustellen. Das Verlobungsgeschenk stammte vom Ehemann, die Mitgift nicht.

Nach der Verordnung des Ofner Stadtrechts durfte die Frau über ihre Mitgift frei verfügen.[54] Es finden sich jedoch keine Informationen darüber, ob es sich um Mobiliar- oder Immobiliargüter handelte oder ob sich die Mitgift möglichweise auch aus beiden Gütervarianten zusammensetzen konnte. Im Recht von Pozsony

[51] Ebd., Sp. 1528.

[52] MESZLÉNYI, Hozomány, in: DEZSŐ, Magyar Jogi Lexikon, Bd. 4, 1903, S. 248–251; BRAUNEDER, Mitgift, in: HRG, Bd. 3, 1984, S. 610–612; SCHULZE, Wittum, in: HRG, Bd. 5, 1998, Sp. 1469–1472; OGRIS, Dos, in: HRG, Bd. 1, 1971, Sp. 775–778.

[53] MESZLÉNYI, Hozomány, in: DEZSŐ, Magyar Jogi Lexikon, Bd. 4, 1903, S. 248–251; ILLÉS, Hitbér, in: DEZSŐ (Hrsg.), Magyar Jogi Lexikon, Bd. 4, 1903, S. 144 f.

[54] BLAZOVICH, SCHMIDT (Hrsg., Übers.), Buda város jogkönyve, Bd. II, 2001, S. 522 (Nr. 397): „Eine Ehefrau durfte über das eigene von ihren Eltern oder von ihrem anderen Ehemann gestammten Vermögen auch gegen den Willen ihres Ehemannes verfügen, sie durfte es, wenn sie wollte, verkaufen […].“ (Übersetzung der Verfasserin aus dem Ungarischen). Siehe auch: BLAZOVICH, SCHMIDT (Hrsg.), A Sváb tükör, 2011, Ldr., S. 76.

wurde die Mitgift grundsätzlich als Mobiliargut verstanden. Daher ist anzunehmen, dass diese Regelung auch in Ofen galt.[55] Im (sogenannten) Tripartitum wurde das Institut der Mitgift nicht geregelt, diese wurde darin nicht einmal erwähnt. Stattdessen stößt man im Artikel 93 des ersten Teils auf die Unterscheidung von *dos* und *donatio*.[56] Was die inhaltlichen Elemente betrifft, ist festzustellen, dass hier die *donatio* die Merkmale der Mitgift trägt.

Unter Errungenschaft[57] versteht man die Gesamtheit der Güter, die in der Errungenschaftsgemeinschaft von den verheirateten Ehepartnern während ihres Ehelebens entweder getrennt oder gemeinsam erworben wurden. Weder der Sachsenspiegel noch der Schwabenspiegel kennen die Errungenschaft im Falle während der Ehe erworbener Güter. Die entsprechende Stelle im Sachsenspiegel lautet:

> „Da die Ehefrau in der Ehe unter die Obhut ihres Ehemanns kommt, verwaltet er auch ihren Besitz".[58]

Der Schwabenspiegel stellt noch konkreter fest:

> „Ein Mann und eine Frau können über einen Besitz geteilt nicht verfügen."[59]

Das Institut der Errungenschaft ist mit deutschen Siedlern nach Ungarn gelangt und hat Eingang in die städtischen Rechtsbücher gefunden. Außerdem wurde die Errungenschaft im Tavernikalrecht (*Ius Tavernicale*) geregelt. Im Tripartitum existiert sie nur im Fall der Leibeigenen und der städtischen Bürger. Die Ehefrau wurde stets zur Teilhaberin und Mitbeteiligten an dem Vermögen, das ihr Ehemann während der Ehe erworben hat.[60] Im Fall der Adeligen hat die Frau nur dann Anspruch auf die Errungenschaft, wenn der Ehemann für die während der Ehe erworbenen Güter den Namen seiner Frau in die Bekennungsbriefe (*in litteris fassionalibus*) einschreiben ließ.[61]

Die Morgengabe[62] war ein Ehrengeschenk, welches der Mann der Frau am Morgen nach der Brautnacht übergab oder zu übergeben versprach.[63] Im Falle der

[55] KIRÁLY, Pozsony város joga a középkorban, 1894, S. 388 (Nr. 39).

[56] WERBŐCZY, Tripartitum, 1990, I, Artikel 93.

[57] Vergleiche KOLOSVÁRY, Közszerzemény (coacquisitio conjugalis, Errungenschaft), in: DEZSŐ (Hrsg.), Magyar Jogi Lexikon, Bd. 5, 1904; OGRIS, Errungenschaftsgemeinschaft, in: HRG, Bd. 1, 1971.

[58] EIKE von Repgow, A Szász tükör [Sachsenspiegel ⟨ungar.⟩], 2005, S. 135 f., Ldr. I, 31 (Übersetzung der Verfasserin aus dem Ungarischen).

[59] BLAZOVICH, SCHMIDT (Hrsg.), A Sváb tükör, 2011, Ldr. I, 32 (Übersetzung der Verfasserin aus dem Ungarischen).

[60] Tripartitum, III, Art. 29 § 2: „Die Ehefrau wird ja während ihrer Ehe am durch den Ehemann zusammen erworbenen Vermögen immer teilhaben und mitbeteiligt sein, so dass sie, wenn ihr Ehemann ohne Testament stirbt, alle mit ihm zusammen erworbenen Güter erben wird." (Übersetzung der Verfasserin aus dem Ungarischen).

[61] Tripartitum, I, Art. 102.

[62] ILLÉS, Hitbér, in: DEZSŐ (Hrsg.), Magyar Jogi Lexikon, Bd. 4, 1903, S. 144–147; HOMOKI-NAGY, Hitbér, in: Művelődéstörténeti Lexikon, Bd. 4, 2005, S. 141; MAYER-MALY, Morgengabe, in: HRG, Bd. 3, 1984, Sp. 678–683; SCHULZE, Wittum, in: HRG, Bd. 5, 1998, Sp. 1469–1472; OGRIS, Dos,

zum Stand der Ritter Gehörenden regelt der Sachsenspiegel die Höhe der Morgengabe im Detail.[64] Der Schwabenspiegel legt genaue Kriterien für die Morgengabe für Personen verschiedener gesellschaftlicher Stände fest. Demnach konnte der Ritter seiner Frau am Morgen nach der Hochzeitsnacht am Bett oder, wenn er zu Tisch ging, am Tisch ohne Erlaubnis der Erben einen Knecht und eine Magd, eine eingezäunte Bodenfläche und ein Holzhaus schenken. Freie Herren sollten ein Geschenk im Wert von 100 Mark überreichen. Die Geschenke von Mittelfreien sollten wiederum einen Wert von 10 Mark, die von Ministerialen etwa 5 Mark ausmachen. Andere Leute sollten ihr bestes Pferd oder Rind abtreten.[65] Im Sinne des Schwabenspiegels ist die Morgengabe ein Geschenk, das der Ehefrau für das Beilager gebührt. Daher war die Übergabe zeitlich auf den Morgen nach dem Beilager festgelegt.

Hajnik folgend lässt sich feststellen, dass das der Frau gemachte ‚Geschenk für den Morgen nach dem Beilager' allmählich im Begriff der Morgengabe aufgegangen ist.[66] Das Ofner Stadtrecht kannte zwar den Begriff der Morgengabe,[67] aber aufgrund mangelnder Schriftquellen kann nicht auf ihren Umfang geschlossen werden. Außerdem fehlen Informationen darüber, aus welchen Gütern die Morgengabe gebildet wurde.[68] Nach dem Ofner Stadtrechtsbuch sollte die Tradition der Morgengabe wegen der schwächeren Gesundheit der Frau aufrechterhalten werden. Außerdem beurteilte der Verfasser des Rechtsbuches es als bösartig und strafbar, einer Frau die Morgengabe durch List vorzuenthalten.[69]

Im Artikel 393 wird expressis verbis die Möglichkeit ausgeschlossen, dass die Ehefrau auf ihre Morgengabe verzichtet.[70] Sie konnte jedoch ausgesetzt werden,

---

in: HRG, Bd. 1, 1971, Sp. 775–778.

63 SCHAUREK, A hitbér, 1917, S. 59, Anm. 98.

64 *„Nun vernehmet, was jeder Mann von ritterlicher Herkunft seiner Frau als Morgengabe schenken soll. Am Morgen, wenn er mit ihr zu Tische geht, also vor dem Frühstück, kann er ihr ohne Zustimmung der Erben einen Knecht oder eine Magd schenken, die noch innerhalb ihrer Jahre sind, ferner Zaun und Zimmer und feldgängiges Vieh.*" In: EIKE von Repgow, Sachsenspiegel, Textband, 1993, S. 115. Siehe auch EIKE von Repgow, A Szász tükör [Sachsenspiegel ⟨ungar.⟩], 2005, S. 129, Ldr. I, 20.

65 BLAZOVICH, SCHMIDT (Hrsg.), A Sváb tükör, 2011, Ldr. I, S. 221 (Nr. 18).

66 HAJNIK, Egyetemes európai jogtörténet, 1875, S. 290.

67 *„Eß ist loblich, das mann dem kranckenn geschlecht der weiber czu staten chümpt mit morgengab* [...]" MOLLAY (Hrsg.), Das Ofner Stadtrecht, 1959, Nr. 393, S. 186; RELKOVIĆ, Buda város jogkönyve, 1905, S. 132.

68 Auch wenn dies im Ofner Stadtrecht nicht geregelt wird, finden wir im Rechtsbuch von Pressburg eine Verfügung, nach der die Morgengabe mit hoher Wahrscheinlichkeit ein Mobiliar sein kann. Siehe dazu: KIRÁLY, Pozsony város joga a középkorban, 1894, S. 401 (Nr. 91).

69 BLAZOVICH, SCHMIDT (Hrsg., Übers.), Buda város jogkönyve, Bd. II, 2001, S. 519 (Nr. 393); RELKOVIĆ, Buda város jogkönyve, 1905, S. 132.

70 BLAZOVICH, SCHMIDT (Hrsg., Übers.), Buda város jogkönyve, Bd. I, 2001, S. 88. Im Rechtsbuch der Stadt Schemnitz finden wir die Verfügung, dass der Ehemann die als Morgengabe übergebenen Güter ohne Zustimmung der Ehefrau nicht verkaufen und nicht veräußern darf. Siehe dazu: FUCHS (Übers.), Selmecbánya város középkori jogkönyve, 2009, S. 16 § 3: *„Hatt er aber seiner haws-*

wenn die Ehefrau Ehebruch begangen hatte, da diese dann die Morgengabe nicht mehr einfordern konnte.[71] Die erzwungene Zustimmung zum Verzicht der Ehefrau auf die Morgengabe war von Anfang an ausgeschlossen.[72] Nur die Ehefrau konnte den Ehemann von der Leistung der Morgengabe befreien und nur sie konnte auch ihren Verkauf erlauben.[73] Aus dieser Regelung kann man folgern, dass die Frau eigentumsrechtlich über die Morgengabe verfügte, aber der Ehemann diese besaß und verwaltete. Im 13. Jahrhundert des Mittelalters ist davon auszugehen, dass der Mann auch noch der Vormund der Frau war, weshalb er das Verwaltungsrecht gegenüber der Frau besaß.[74]

Der Unterschied zwischen der deutschen und der ungarischen Rechtspraxis bestand darin, dass die Höhe der Morgengabe nach den deutschen Rechtsbüchern auf einer Einigung der Parteien beruhte, während sie in Ungarn für diejenigen Barone und Adeligen, die mindestens 50 Grundstücke besaßen, einen festgelegten Wert hatte.[75] Die Adligen, deren Vermögen unterhalb dieser Größe lag, waren von dieser Regelung allerdings nicht betroffen und konnten die Morgengabe wie in der deutschen Rechtspraxis nach der Hochzeit selbst bestimmen.[76]

Zusammenfassend lässt sich die Morgengabe also als ein Geschenk bzw. eine Prämie für die Treue und das Beilager der Frau beschreiben. Man kann sie als eine auf dem Beilager basierende Pflicht (*obligatio ex lege*) bezeichnen, die an eine zeitliche Begrenzung und Bedingung gekoppelt ist. Als zeitliche Grenze fungiert das Ende der Ehe, zu dessen Zeitpunkt die Morgengabe fällig wird, jedoch ist daran die Bedingung geknüpft, dass die Frau ihre eheliche Treue nicht gebrochen hat. Heiratete die Frau (mehrmals) erneut, so stand ihr nach jeder Ehe eine Morgengabe zu, allerdings immer nur halb so groß wie die vorherige.[77] Der Anspruch auf die Morgengabe verjährte nie.[78]

Der Fall, dass der Ehemann zuerst verstarb, wurde extra geregelt. Der Sachsenspiegel erklärt, dass die Witwe ihr Haus dem Eigentümer des Grundstücks, auf dem das Haus steht, zum Kauf anbieten soll. Nimmt er es nicht, muss sie das Gebäude abreißen und den Boden anschließend einebnen.[79]

---

frawnn sein gut zu morgnngab gebnn, für Erbernn lewttnn, das tarr er nicht verkawffnn, noch onwerdnn, on seiner hawsfrawnn willnn […]". Auch das Tavernikalrecht bemerkt, dass die Morgengabe nicht zu veräußern ist. Siehe dazu: Ius Tavernicale, S. 223 (Nr. 125).

[71] BLAZOVICH, SCHMIDT (Hrsg., Übers.), Buda város jogkönyve, Bd. I, 2001, S. 88; DIES. (Hrsg., Übers.), Buda város jogkönyve, Bd. II, 2001, S. 519 (Nr. 392).

[72] Ebd., S. 519 (Nr. 393).

[73] Ebd.

[74] Der Sachsenspiegel besagt eindeutig, dass der Ehemann der Vormund der Ehefrau ist. Siehe: EIKE von Repgow, A Szász tükör [Sachsenspiegel ⟨ungar.⟩], 2005, S. 141 f., Ldr. I, 45.

[75] Tripartitum, I, Art. 93.

[76] BLAZOVICH, SCHMIDT (Hrsg., Übers.), Buda város jogkönyve, Bd. II, 2001, S. 462 f., Anm. 1.

[77] Tripartitum, I, Art. 96.

[78] Tripartitum, I, Art. 78.

[79] EIKE von Repgow, A Szász tükör [Sachsenspiegel ⟨ungar.⟩], 2005, S. 129, Ldr. I, 20.

Auch nach den Regeln des Schwabenpiegels sollte die Frau den ursprünglichen Zustand wieder herstellen (*in integrum restitutio*) und den Erben die Immobilien zum Kauf anbieten. Es ist wichtig zu betonen, dass die Frau das Land nur zur Nutzung erhielt, aber eine fortgesetzte Nutzung nach dem Tod des Mannes mit den Erben aushandeln konnte. Das Rechtsbuch sieht aber für den Ehemann vor, dass er seiner Frau ein ewiges Nutzungsrecht zusichern konnte, wenn er dies mit den Erben abgestimmt hatte. In diesem Fall konnte niemand der Frau diese Güter entziehen, auch nicht die Erben, sobald sie dieser Regelung zugestimmt hatten.[80]

Im Rechtsbuch wurde nicht der Umgang mit den in der Morgengabe enthaltenen Mobilien im Falle des Todes des Ehemanns geregelt, d. h. diese beweglichen Güter konnte die Frau behalten. Es ist wahrscheinlich, dass sie die Mobilien als Eigentum und nicht nur zur Nutzung empfing. Dieser Abschnitt zeigt, dass zu dieser Zeit die Priorität darin bestand, die Immobilien, d. h. das Vermögen der Familie zu bewahren. Die Frau folgte ihrem Mann nach der Eheschließung und das Rechtsbuch schrieb vor, was sie als Morgengabe bekommen konnte, wobei es unzulässig war, den Familienbesitz aufgrund des Geschenks für die Frau zu zerstückeln. Aus diesem Grund schreibt das Rechtsbuch die Vereinbarung mit den Erben vor. Die Gerade (*parapherna*) und die Morgengabe werden in den frühen Rechtsbüchern unter einem Begriff gefasst.

Laut der entsprechenden Anordnung des Sachsenspiegels sollte die Frau nach der Auszahlung des Nachlasses ihre Morgengabe und alles, was zu den Mobilien gehört, an sich nehmen. Der Sachsenspiegel enthält eine ausführliche Liste der beweglichen Güter: Tiere, Schränke, Fäden, Betten, Kissen, Kleidungsstücke, Schmuckstücke, Bücher für den Gottesdienst, Bänder.[81] Auch die Regelungen des Schwabenspiegels zur Morgengabe sind umfangreich.[82] Eine weitere Regelung des Sachsenspiegels traf für den Fall zu, wenn der Ehemann zu seinen Lebzeiten die Morgengabe seiner Frau verpfändet hatte. In diesem Fall mussten die Erben die Morgengabe für die Frau laut der Anordnungen des Rechtsbuches einlösen.[83] Der Schwabenspiegel übernahm diese Anordnung quasi wörtlich.[84]

Lebten die Parteien unwissend in einer später für ungültig erklärten Ehe, so durfte die Frau ihr Vermögen, also die Morgengabe und die ihr zur Nutznießung überlassenen Güter, behalten.[85] Solange der Mann noch anderes Vermögen zur Verfügung hatte, durfte er seiner Frau die beweglichen und unbeweglichen Güter der Morgengabe nicht wegnehmen.[86] Nur im Falle absoluter Notwendigkeit durfte er diese rechtmäßig einem anderen geben.[87] Dies galt auch dann, wenn ihm die Frau die Güter selbst übergab.[88]

---

[80] BLAZOVICH, SCHMIDT (Hrsg.), A Sváb tükör, 2011, S. 223 f., Ldr. I, 21.
[81] EIKE von Repgow, A Szász tükör [Sachsenspiegel ⟨ungar.⟩], 2005, S. 133, Ldr. I, 24.2 f.
[82] BLAZOVICH, SCHMIDT (Hrsg.), A Sváb tükör, 2011, S. 225 f., Ldr. I, 25.
[83] EIKE von Repgow, A Szász tükör [Sachsenspiegel ⟨ungar.⟩], 2005, S. 133, Ldr. I, 24.4.
[84] BLAZOVICH, SCHMIDT (Hrsg.), A Sváb tükör, 2011, S. 225 f., Ldr. I, 25.
[85] Ebd., S. 225, Ldr. I, 24.
[86] Ebd., S. 224, Ldr. I, 23.
[87] Ebd.

Das Ofner Stadtrecht regelt ausführlich die Frage, was mit der Morgengabe geschehen soll, wenn einer der Ehepartner stirbt.[89] Das Rechtsbuch sieht dafür zwei getrennte Fälle vor. Der Erste betrifft den Tod eines der Partner noch vor der Eheschließung. In diesem Fall bekommt diejenige Person die Morgengabe zurück, die sie versprochen hat. Im zweiten Fall, wenn ein Partner nach der Eheschließung starb, dann durfte der überlebende Ehepartner die Morgengabe als Besitz behalten.[90] Von dieser Regelung konnten sich die Ehepartner jedoch gegenseitig entbinden. In diesem Fall erwarb der überlebende Ehepartner die Morgengabe nach dem nach der Eheschließung eingetretenen Todesfall nicht und sie fiel an die Verwandten des Verstorbenen zurück.[91]

Ebenfalls hervorzuheben ist eine Verordnung des Ofner Stadtrechts, laut der man die Kategorie der *contrados* gekannt hat. Nach dieser Regel konnte „eine Frau [...] über ihren eigenen Besitz [...] verfügen [...] ausgenommen, wenn sie ihrem Ehemann aus diesem Besitz als Morgengabe [...] einen Teil versprochen hat."[92]

---

88 Ebd.

89 BLAZOVICH, SCHMIDT (Hrsg., Übers.), Buda város jogkönyve, Bd. II, 2001, S. 462 (Nr. 282). „Es kommt vor, dass man unter den Kindern eine Morgengabe verspricht. Wenn sie wirklich versprochen wird, wie die Rechtsvorschrift über Morgengabe [Im Ofner Stadtrecht gibt es keine solche Rechtsvorschrift, aber in der Stadt Sopron gab es eine solche. Siehe: HÁZI, Sopron szabad királyi város története, Bd. II,1, 1930, S. 11 f.] vorschreibt, und wenn sie sich dazu aus ihrem freien Willen verpflichten und das eine Kind stirbt, bevor sie einander heiraten, dann fällt die Morgengabe an die Person, die sie versprochen hat. Wenn sie einander aber heiraten, dann darf der/die andere Überlebende die Morgengabe bis zum Ende seines/ihres Lebens behalten. Eine Ausnahme wird gemacht, wenn der/die eine den/die andere schon früher von den Bindungen befreit hat, der/die sie von dem Spender vollkommen in Besitz genommen hat." (Übersetzung der Verfasserin aus dem Ungarischen).

90 BLAZOVICH, SCHMIDT (Hrsg., Übers.), Buda város jogkönyve, Bd. II, 2001, S. 462 (Nr. 282).

91 RELKOVIĆ, Buda város jogkönyve, 1905, S. 133.

92 Übersetzung der Verfasserin. BLAZOVICH, SCHMIDT (Hrsg., Übers.), Buda város jogkönyve, Bd. II, 2001, S. 533 (Nr. 397). Wichtig ist die Betonung der Verfügung. Im 19. Jahrhundert wurde unter berühmten ungarischen Juristen ausführlich darüber diskutiert, ob die Ehefrau dem Ehemann eine Morgengabe geben kann, also ob es die Institution von *contrados* gibt. Diesbezüglich vertrat Ráfael Schaurek (SCHAUREK, A hitbér, 1917, S. 169 f.) den Standpunkt, die Morgengabe stünde nur der Frau zu. Seine These untermauerte er mit den entsprechenden Anordnungen aus Werbőczys Tripartitum. Ignác Frank war der Ansicht, die Morgengabe habe nicht existiert, die dem Ehemann vermachten Güter seien nicht der Kategorie der Morgengabe zuzuordnen, sondern im Rahmen des ehelichen Vermögensrechts als selbständige Institution zu behandeln (FRANK, A közigazság törvénye Magyarhonban, Bd. 1, 1987, S. 537). Demgegenüber meinte Károly Szladits, „die Ehefrau kann dem Ehemann *contrados* sichern." (Übersetzung der Verfasserin). (SZLADITS, A magyar magánjog vázlata, Bd. 1, 1933, S. 356). László Blazovich bemerkt dazu: „Die uralte Gewohnheit, dass die Frau ihrem Mann von ihrer Morgengabe oder von ihrem eigenen Vermögen etwas (im al[l]gemeinen [eine] Waffe) übergibt, war im deutschen Recht bekannt, sogar Tacitus hatte es in seiner Germania aufgezeichnet. Durch das gegenseitige Geschenk wollte man das feste Ineinanderflechten der Fäden der Ehe ausdrücken. Die Gewohnheit wurde auch von den Ofenern bewahrt." (BLAZOVICH, SCHMIDT (Hrsg., Übers.), Buda város jogkönyve, Bd. I, 2001, S. 209). Ich halte es für wichtig, die gemeinhin akzeptierte Ansicht hervorzuheben, dass Werbőczy für die Verfassung seines

Die Regelungen der Morgengabe können wie folgt zusammengefasst werden: Gemäß dem Sachsenspiegel steht der Familie der Frau die Morgengabe am Morgen nach der Brautnacht zu.[93] Der Schwabenspiegel regelt alternativ dazu: Die Morgengabe steht der Frau nach der Brautnacht am Bett oder beim Frühstück zu.[94] Im Gegensatz dazu finden wir im Ofner Stadtrecht weder eine Regelung[95] über die Art und Weise der Übergabe noch etwas darüber, ob es überhaupt eine Morgengabepflicht gegeben hat.

Im Tripartitum ist die Verfügung hervorzuheben, nach der zwar mit der Brautnacht das Recht der Ehefrau auf die Morgengabe entsteht, die physische Übergabe der Güter jedoch erst nach dem Tod des Ehemanns vorgesehen ist.[96] Besonders stellt sich die Frage, aus welchem Grund die Ehefrau die Morgengabe bekommt. Der Sachsenspiegel und der Schwabenspiegel sind sich hier einig, dass dieser in der Eheschließung besteht.[97] Im Ofner Stadtrecht finden wir keine solche Erklärung. Laut Tripartitum ist die gesetzliche Eheschließung allein nicht ausreichend, stattdessen ist auch die Brautnacht ein notwendiges Element.[98] Es ist auch interessant zu überprüfen, wer die Morgengabe gibt. Allein der Sachsenspiegel hebt die Männer, die zum Stand der Ritter gehören, hervor. Alle anderen werden gleich behandelt.[99] Durch die Verfügung im Schwabenspiegel bekommen wir ein kom-

---

Tripartitums die Anordnungen des Ofner Stadtrechts verwendet hat. Trotzdem findet man keinen Hinweis auf die Existenz und Regelung einer *contrados*, worauf ich früher schon hingewiesen habe. Dafür kommen zwei Erklärungsansätze in Frage. Zum einen wäre es möglich, dass diese Rechtsinstitution, obwohl sie im Ofner Stadtrecht noch enthalten war, in der ungarischen Rechtspraxis nicht mehr angewendet wurde, so dass Werbőczy es nicht für wichtig hielt, sie zu erwähnen. Die zweite mögliche Erklärung wäre: Solange das System der *contrados* in den deutschen Gebieten (dem Standpunkt Blazovichs folgend) unter den Adeligen lebendig war, existierte sie in Ungarn nur unter den städtischen Bürgern. Daher hat Werbőczy, der bei der Anfertigung seines Rechtsbuches die Adeligen im Blick hatte, diese adelsfremde Institution ausgelassen.

93 EIKE von Repgow, A Szász tükör [Sachsenspiegel ⟨ungar.⟩], 2005, S. 129, Ldr. I, 20: „*Nun vernehmet, was jeder Mann von ritterlicher Herkunft seiner Frau als Morgengabe schenken soll. Am Morgen, wenn er mit ihr zu Tische geht, also vor dem Frühstück, kann er ihr ohne Zustimmung* [...]," in: EIKE von Repgow, Sachsenspiegel, Textband, 1993, S. 115.

94 BLAZOVICH, SCHMIDT (Hrsg.), A Sváb tükör, 2011, S. 221 f., Ldr. I, 18.

95 Blazovich betont: „Die in Ofen geltenden Erbgewohnheiten unterschieden sich nicht wesentlich von dem auf mittelalterlichen [sic!] deutschen [sic!] Boden und in Städten geltenden [sic!] Recht [...]" (BLAZOVICH, SCHMIDT (Hrsg., Übers.), Buda város jogkönyve, Bd. I, 2001, S. 212). Dabei bezieht er sich auf folgende Autoren: KAUFMANN, Erbfolgeordnung (privatrechtliche), in: HRG, Bd. 1, 1971, Sp. 959–962; RELKOVIĆ, Buda város jogkönyve, 1905, S. 88 f., 138; SZENDE, A magyarországi városi végrendeletek helye az európai joggyakorlatban, in: Soproni Szemle 4 (1999), S. 343–356. Dennoch kann man feststellen, dass die Erbfolgeanordnungen im Hinblick auf den Anteil des Vermögens für die Ehefrau nicht erwähnt werden, um ihr rechtliches Schicksal zu klären.

96 Tripartitum, I, Art. 98.

97 EIKE von Repgow, A Szász tükör [Sachsenspiegel ⟨ungar.⟩], 2005, S. 129, Ldr. I, 20; BLAZOVICH, SCHMIDT (Hrsg.), A Sváb tükör, 2011, S. 221, Ldr. I, 18.

98 Tripartitum, I, Art. 93 § 2.

99 EIKE von Repgow, A Szász tükör [Sachsenspiegel ⟨ungar.⟩], 2005, S. 129, Ldr. I, 20.

plettes Bild über die Schichten der Gesellschaft.[100] Das Ofner Stadtrecht enthält die Anordnungen für Stadtbürger. Laut Tripartitum ist es die Pflicht der Adligen, die Morgengabe zu übergeben. Alle gesellschaftlichen Gruppen geben Güter mit unterschiedlichen Werten.[101]

Von Interesse ist in diesem Zusammenhang auch, mit welchem Recht die Ehefrau die Güter bekommt. Dabei ist es notwendig, zwischen beweglichen und unbeweglichen Gütern zu unterscheiden. Die beweglichen Güter stellen in allen Fällen Besitz dar. In Bezug auf diese Güter sehen sowohl der Sachsenspiegel als auch der Schwabenspiegel einen Unterschied darin, ob der Ehemann die Erben vor der Schenkung gefragt hat. War dies nicht der Fall, dann erhielt die Ehefrau die übergebenen Güter nur bis zum Tod des Ehemanns zur Nutzung.[102] Mit der Zustimmung der Erben konnte sie jedoch ein Nutzungsrecht bis zu ihrem Tod erhalten. Im Tripartitum hingegen finden sich keine solchen Bedingungen. Hier brauchte der Ehemann die Erben nicht zu fragen und die Ehefrau erhielt eine Liegenschaft automatisch zur ewigen Nutzung. Nach dem Tod ihres Ehemanns durfte die Ehefrau die beweglichen Güter behalten. Der Sachsenspiegel und der Schwabenspiegel legen eine nahezu gleiche Auflistung dieser Güter vor.[103] Handelte es sich bei den Gütern um Liegenschaften, so musste die Frau diese zurückgeben, wenn sie sie ohne Zustimmung der Erben erhalten hatte. Mit Zustimmung der Erben konnte sie diese Güter jedoch bis zu ihrem Tod behalten. Der Schwabenspiegel formuliert schon nuancierter. Im Fall der Liegenschaft, *in integrum restitutio*, durfte sie das Haus auf der Liegenschaft nehmen, wenn sie das Land nicht verletzte und sollte es den Erben zum Kauf anbieten. Für die Liegenschaft, die sie mit der Zustimmung der Erben bekommen hatte, behielt sie jedoch bis zu ihrem Tod das Nutzungsrecht. Nach der Verfügung des Tripartitums durfte die Frau die Liegenschaft nutzen, solange sie verwitwet lebte. Heiratete sie aber erneut, so sollten ihr die Erben die Morgengabe auszahlen.[104]

Somit konnte gezeigt werde, dass es notwendig war, die Rechte der Frauen ihrer speziellen Stellung in der Gesellschaft entsprechend gesondert zu regeln, wobei in dem hier betrachteten Zeitraum das grundlegende Ziel darin bestand, das Vermögen innerhalb der Familie zu sichern.[*]

---

[100] BLAZOVICH, SCHMIDT (Hrsg.), A Sváb tükör, 2011, S. 221, Ldr. I, 18.

[101] Tripartitum, I, Art. 93 § 4, 5.

[102] EIKE von Repgow, A Szász tükör [Sachsenspiegel ⟨ungar.⟩], 2005, S. 129, Ldr. I, 20; BLAZOVICH, SCHMIDT (Hrsg.), A Sváb tükör, 2011, S. 223 f., Ldr. I, 21.

[103] EIKE von Repgow, A Szász tükör [Sachsenspiegel ⟨ungar.⟩], 2005, S. 133, Ldr. I, 24.2 f.; BLAZOVICH, SCHMIDT (Hrsg.), A Sváb tükör, 2011, S. 225 f., Ldr. I, 25.

[104] Tripartitum, I, Art. 98 § 1–4.

* Herrn Frank Kirschner danke ich für seine Unterstützung bei grammatischen und stilistischen Fragen.

Ulrike MÜSSIG (Passau/Deutschland)

Dieser Beitrag ist dem Andenken an den Wiener Rechtshistoriker emer. o. Univ.-Prof. Dr. iur. DDDr. h.c. Werner Ogris gewidmet, der nicht nur diese meiner Ideen schon seit der ersten Skizze auf dem Würzburger Rechtshistorikertag mit größtem Wohlwollen gefördert hat.

Verfügungen von Todes wegen in mittelalterlichen Rechts- und Schöffenbüchern

I. Einleitung

1. Allgemeines: Forschungsstand und Kritik

a. Die 2011 veröffentlichte Leipziger Habilitationsschrift von Adrian Schmidt-Recla „Kalte oder warme Hand?"[1] bestätigt die auf dem Würzburger Rechtshistorikertag 2002 artikulierte These, dass mittelalterliche deutsche Rechtsaufzeichnungen fortschrittliche Elemente letztwilliger Verfügungen belegen und sich daher gewillkürte Erbfolge und Testamente im deutschen Recht nicht erst unter dem Einfluss des römisch-kanonischen Rechts entwickelt haben.[2] Damit wird nicht der römisch-kanonische Einfluss auf die Entwicklung des Testamentsrechts bestritten, sondern nur der überlieferte Gegensatz, das einheimische Recht hätte vor der Rezeption des gelehrten Rechts keine Testamente gekannt. Lassen sich erbrechtlich wirkende Verfügungen im mittelalterlichen einheimischen Recht nachweisen, dann wäre die Bedeutung der Rezeption des römisch-kanonischen Rechts für die Entwicklung des modernen Erbrechts neu zu definieren: Das spätmittelalterliche „Recht der kalten Hand" erschiene als ein nach den lokalen Anforderungen geformtes und durch die Rezeption des gelehrten Rechts nur wenig umgestaltetes Recht.

b. Wenn sich auch die Testamentsfunktionen deutschrechtlicher Institute bei einigen Autoren durchgesetzt haben[3] und in der Fachöffentlichkeit anerkannt ist,

---

[1] SCHMIDT-RECLA, Kalte oder warme Hand?, 2011, S. 51.

[2] SEIF [MÜSSIG], Römisch-kanonisches Erbrecht in mittelalterlichen deutschen Rechtsaufzeichnungen, in: ZRG GA 122 (2005), S. 87–112.

[3] HAGEMANN, Erbrecht, in: ²HRG, Bd. 1, 2008, Sp. 1370, 1384; LÜCK, Berg und Tal, in: FREITAG, RANFT (Hrsg.), Geschichte der Stadt Halle, Bd. 1, 2006, S. 246; FLOSSMANN, KALB, „Von recht und landgebrauchs wegen" im Testamentsrecht der Landtafel ob der Enns, in: OLECHOWSKI, NESCHWARA, LENGAUER (Hrsg.), Grundlagen der österreichischen Rechtskultur, 2010, S. 157. Vgl. auch die zustimmenden Zitate bei Schmidt-Recla (SCHMIDT-RECLA, Kalte oder warme Hand?, 2011, S. 29, 51, 56). Schmidt-Recla stimmt dem methodischen Ansatz der Untersuchung bei Müßig zu, der auch seiner Arbeit zugrunde liegt; mit Hinweis auf den quantitativen Unterschied. S. 65, Anm. 40: Verweis hinsichtlich methodischer Aspekte. S. 65, Anm. 42: Zu statistischen Querschnitten. S. 76: Methodisch zustimmend: Suche nach dem Begriff „Testament" wäre verfehlt; S. 78, Anm. 19; S. 81: Hinsichtlich der Verwendung des Begriffs „Vergabung"; S. 108, Anm. 121,

dass „[d]ie neuere rechtsgeschichtliche Forschung [...] u. a. in einigen Einträgen der hallischen Schöffenbücher fortschrittliche Elemente bei der Herausbildung einer Testierfreiheit im Sinne des römisch-kanonischen Rechts erkannt“[4] hat, ist die höchstrichterlich gefärbte Breitenwahrnehmung noch eine andere:

> „In den germanischen Rechten [so das BVerfG!] kannte man überwiegend keine Verfügungsfreiheit des Erblassers; der Nachlass wurde nur innerhalb der Familie vererbt. Erst durch die Rezeption des römischen Rechts gewannen die Testierfreiheit und damit auch der Gedanke [... des Pflichtteilsrechts ...] an Bedeutung“,

vernehmen wir den ersten Senat des Bundesverfassungsgerichts in einem Beschluss vom 19.4.2005.[5] Diese sicher nicht fundiert rechtshistorisch gemeinte Aussage des Bundesverfassungsgerichts zementiert das landläufig zitierte *nullum testamentum* der Germania des Tacitus[6] und die daraus abgeleitete Schlussfolgerung, mittelalterlichen deutschen Rechtsaufzeichnungen sei eine gewillkürte Erbfolge fremd. Erbe nähme man ausschließlich aufgrund gesetzlicher Erbfolge (gem. Landrecht, II § 30).[7] Durchbrechungen der im Erbenlaub verkörperten deutschrechtlichen Bindung des Familiengutes seien möglich durch Rechtsgeschäfte unter Lebenden, Seelenheilsschenkungen (*pro salute animae*) oder Schenkungen von Kaufgut und fahrender Habe unter Lebenden auf den Todesfall (*donatio post obitum inter vivos*) (gem. Sachsenspiegel Landrecht, I 52 § 1, 2). Die in Rechts- und Schöffenbüchern nachweisbaren deutschrechtlichen Verfügungen des durch Erbenlaub beschränkten Erblassers seien aber als unwiderrufliche Verfügungen vom römisch-rechtlichen Testament wesensverschieden.

123, S. 109, 114, Anm. 148, S. 378, 388: Zur Auslegung von Sachsenspiegel Landrecht II, 30; S. 392, 395, Anm. 171, S. 420: Hinweis auf die fehlende dogmengeschichtliche Auswertung der Stadt- und Gerichtsbuchquellen mit Ausnahme von Seifs Aufsatz (SEIF [MÜSSIG], Römisch-kanonisches Erbrecht in mittelalterlichen deutschen Rechtsaufzeichnungen, in: ZRG GA 122 (2005), S. 87, 96–100), Anm. 17; S. 432: Unterscheidung zwischen ererbtem und gewonnenem Gut; Einfluss der Buch'schen Glosse; Referenzquellen der Magdeburger Stadtrechte; kritische Anmerkung zur zeitlichen Einordnung des Art. 20 der sogenannten Weichbildvulgata (Vgl. aber STOBBE, Geschichte der deutschen Rechtsquellen, Bd. 1, 1860, S. 407); S. 437, Anm. 79, S. 439, 441, Anm. 85. Kritisch: KANNOWSKI, Die Umgestaltung des Sachsenspiegelrechts durch die Buch'sche Glosse, 2007.

[4] LÜCK, Berg und Tal, in: FREITAG, RANFT (Hrsg.), Geschichte der Stadt Halle, Bd. 1, 2006, S. 246.

[5] BverfG, Beschl. v. 19.4.2005, 1 BvR 1644/00 und 1 BvR 188/03; NJW (2005), 1561–1567, 1563. Vgl. dazu auch SCHMIDT-RECLA, Kalte oder warme Hand?, 2011, S. 17.

[6] „*Heredes tamen successoresque sui cuique liberi, et nullum testamentum.*“ – Erben und Rechtsnachfolger sind trotzdem nur die eigenen Kinder, und es gibt kein Testament. (Zitiert und übersetzt nach TACITUS, Germania, 1988, S. 86f., Cap. XX). Statt vieler SPRECKELMEYER, Zur rechtlichen Funktion frühmittelalterlicher Testamente, in: CLASSEN (Hrsg.), Recht und Schrift im Mittelalter, 1977, S. 91–113. Zum Forschungsstand eindrucksvoll SCHMIDT-RECLA, Kalte oder warme Hand?, 2011, S. 32f.

[7] Statt vieler LANDAU, Die Testierfreiheit in der Geschichte des Deutschen Rechts im späten Mittelalter und in der frühen Neuzeit, in: ZRG GA 114 (1997), S. 59; OGRIS, Testament, in: HRG, Bd. 5, 1998, Sp. 153.

Derjenige, der versucht ist, dem Bundesverfassungsgericht hinsichtlich seines zitierten Beschlusses auch in rechtshistorischen Forschungsangelegenheiten Glauben zu schenken, kann sich auf die germanistische Tradition des 19. Jahrhunderts berufen: Georg Beseler formuliert in seinem ersten Teil der „Lehre von den Erbverträgen“ (1835) den ausschließlichen Beitrag des römisch-kanonischen Rechts: Die einseitige letztwillige Verfügung sei dem deutschen Recht zumindest im Bereich des Sachsenspiegels völlig fremd gewesen.[8] Auch in der neueren Literatur ist der Akzent auf dem römisch-kanonischen Recht im Testamentsrecht prominent vertreten.[9] So betont Werner Ogris in seinem HRG-Artikel „Testament“ den Beitrag des römisch-kanonischen Rechts für die Einführung der gewillkürten Erbfolge: Neben den römischrechtlichen Grundlagen des Testamentsrechts seien dies die kirchliche Gerichtsbarkeit für Testamentssachen und die kanonischen Testamentsformen.[10] Peter Landau bestätigt in seinem grundlegenden Aufsatz zur Testierfreiheit den Einfluss des kanonischen Rechts.[11] Diese Fokussierung auf das römisch-kanonische Testamentsrecht macht es schwer, in den einheimischen Rechtsinstituten schon vor der Rezeption erbrechtliche Funktionsäquivalenzen zum römisch-kanonischen Testamentsrecht zu erkennen. Und genau um Letzteres geht es in diesem Beitrag.

c. Untersucht man die erbrechtlichen Wirkungen der deutschrechtlichen Verfügung anhand des Sachsenspiegels (II) und der Hallenser, Leipziger (III) und Magdeburger Spruchpraxis (IV), öffnet dies den Blick dafür, dass sich das mittelalterliche einheimische Recht schon vor der Rezeption auf dem Weg zum Testament befunden hat. Dadurch mag dann der Einfluss des gelehrten Testamentsrechts geringer erscheinen,[12] als es die gewohnte Verankerung des Rechts der letztwil-

---

[8] BESELER, Die Lehre von den Erbverträgen, Theil 1, 1835, S. 243, 251 ff. Zu Beselers Lehre von den Erbverträgen grundlegend J. SCHRÖDER, Zur älteren Genossenschaftstheorie, in: Quaderni fiorentini per la storia del pensiero giuridico moderno 11/12 (1982/83), S. 399 ff. und darauf aufbauend SEIF [MÜSSIG], Die Gesamthand als Konstruktion der Germanistik, in: ZRG GA 118 (2001), S. 302 ff. Beseler folgen BRUNNER, HEYMANN (Bearb.), Grundzüge der deutschen Rechtsgeschichte, 1919, S. 233; LOENING, Das Testament im Gebiet des Magdeburger Stadtrechtes, 1906, S. 36 u. 44. Differenzierend PAULI, Abhandlungen aus dem Lübischen Rechte, T. 3, 1841, S. 156 ff., 163 ff., 173: nur im Sachsenspiegel hätte man lange am deutschrechtlichen Grundsatz festgehalten, wonach eine letztwillige, einseitige und widerrufliche Verfügung unzulässig gewesen wäre, während das Testament in den übrigen deutschen Gebieten schon lange vor der Vollrezeption aufgekommen sei. Ebenso SIEGEL, Das deutsche Erbrecht, [1853] 1969, S. 136 f. Vgl. auch die Hinweise auf Karl v. Amira, Karl Friedrich Einhorn, Heinrich Gottfried Gengler, Carl Friedrich Gerber, Rudolf Hübner, Hans Planitz, Richard Schröder, Giulio Vismara bei SCHMIDT-RECLA, Kalte oder warme Hand?, 2011, S. 32 f.

[9] Vgl. die profunde Übersicht über die Tacitus-Rezeption eines „germanischen Erbrechts“ bei SCHMIDT-RECLA, Kalte oder warme Hand?, 2011, S. 33 ff.

[10] OGRIS, Testament, in: HRG, Bd. 5, 1998, Sp. 152.

[11] LANDAU, Die Testierfreiheit in der Geschichte des Deutschen Rechts im späten Mittelalter und in der frühen Neuzeit, in: ZRG GA 114 (1997), S. 56–72. Vgl. auch HAGEMANN, Erbrecht, in: ²HRG, Bd. 1, 2008, Sp. 1376 f.

ligen Verfügungen im römischen Recht[13] und die eingeschliffene Gegenüberstellung zum deutschrechtlichen Familienerbrecht[14] annehmen lassen.

2. Quellenlage

a. Allgemein

Die Untersuchung erbrechtlicher Funktionsäquivalenzen deutschrechtlicher Verfügungen konzentriert sich auf die Rechtsbücher und Spruchbücher, namentlich auf den Sachsenspiegel und die mit ihm verwandten Rechtsbücher, seine Glossen sowie das sächsisch-magdeburgische Recht in der Hallenser, Leipziger und Magdeburger Schöffenspruchpraxis.

Der Quellenzugriff auf die Rechtsbücher (II) folgt der inhaltlichen Überlegung, dass ihr abstrakter Normenbestand Grundstrukturen letztwilliger Verfügungen erkennen lässt, zumal die Vorbildfunktion des Sachsenspiegels, die auch für das Konferenzthema in Szeged „Der Schwabenspiegel und die Rechtsbücher“ Pate gestanden haben mag, eine weite Rezeption der Landrechtsregelung (im II. Buch, Artikel 30) zur Verfügungsfreiheit des Erblassers wahrscheinlich macht.[15]

Die Auswertung der Schöffenspruchpraxis (III, IV, V) folgt der formellen Überlegung, dass die in der kommunalen Verwaltung und Rechtspflege im 13. Jahrhundert einsetzende Schriftlichkeit Rechtstatsachenforschung ermöglicht. Die Dokumentationsdichte über den praktischen Gebrauch der Testierfreiheit anhand der Spruchtätigkeit der Schöffenbänke in den Mutterstädten des Magdeburger Rechts ist einzigartig. Zudem spricht auch die „Wanderungsbewegung“ des Magdeburger Rechts im Zuge der weitgehend friedlich verlaufenden städtischen Besiedlung in Schlesien, Böhmen, Mähren, der Slowakei und Ungarn[16] für eine Vorbildfunktion der in den Schöffenbüchern belegten rechtstatsächlichen Testamentspraxis.

---

[12] So auch schon BRAUNEDER, Kanonisches und römisch-gemeines Recht am Beginn der modernen Privatrechtswissenschaft, in: SCHEUERMANN, WEILER, WINKLER (Hrsg.), Convivium utriusque iuris, 1976, S. 107, 116.

[13] COING, Europäisches Privatrecht, Bd. 1, 1985, S. 564 ff.

[14] BRUNNER, HEYMANN (Bearb.), Grundzüge der deutschen Rechtsgeschichte, 1919, S. 233; CONRAD, Deutsche Rechtsgeschichte, Bd. 1, 1962, S. 40 ff., 159 ff., 416 ff.; HAGEMANN, Erbrecht, in: ^{2}HRG, Bd. 1, 2008, Sp. 1374; MITTEIS, LIEBERICH, Deutsches Privatrecht, 1981, S. 165 f.; KLIPPEL, Familie versus Eigentum, in: ZRG GA 101 (1984), S. 117 ff., 129 f.; WESENBERG, WESENER, Neuere deutsche Privatrechtsgeschichte im Rahmen der europäischen Rechtsentwicklung, 1985, § 18 V.; HÜBNER, Grundzüge des deutschen Privatrechts, 1930, S. 734 f.; PLANITZ, ECKHARDT, Deutsche Rechtsgeschichte, 1971, S. 204.

[15] Schmidt-Recla, (SCHMIDT-RECLA, Kalte oder warme Hand?, 2011, S. 70) spricht sogar von einer „Vorbildfunktion für die Rechtsentwicklung in einer bestimmten historischen Epoche.“

[16] LÜCK, Einführung: Das sächsisch-magdeburgische Recht als kulturelles Bindeglied zwischen den Rechtsordnungen Ost- und Mitteleuropas, in: EICHLER, LÜCK (Hrsg.), Rechts- und Sprachtransfer in Mittel- und Osteuropa, 2008, S. 1–28; DERS., Zur Gerichtsverfassung in den Mutterstädten des Magdeburger und Lübecker Rechts, in: DERS., PUHLE, RANFT (Hrsg.), Grundlagen für ein neues Europa, 2009, S. 165 ff.

Das Interesse an der Hallenser, Leipziger und Magdeburger Spruchpraxis ergibt sich aus der besonderen Bedeutung dieser Schöffenstühle für die Konsolidierung des sächsisch-magdeburgischen Rechts in Osteuropa. Den Einfluss und die weitreichende Wirksamkeit des Hallenser Schöffenstuhls[17] dokumentiert nicht nur die Rechtsmitteilung Herzog Heinrichs von Schlesien an die schlesische Stadt Neumarkt (1235),[18] sondern auch das sächsische Weichbildrecht[19]. Danach sollten sich alle, die aus Polen, Böhmen und der Mark Lausitz Recht begehren, nach Halle wenden. Auch an den Leipziger Schöffenstuhl, dessen Ursprung im Leipziger Stadtgericht zu suchen ist,[20] kamen Anfragen von allen Seiten. Die Bestimmungsorte der Leipziger Schöffensprüche liegen fast über das ganze kursächsische Gebiet verstreut.[21] Und Magdeburger Schöffensprüche versandte der vom Ratskollegium getrennte Schöffenstuhl[22] in weite Teile Ostmitteleuropas, wie die Editionen für Schweidnitz,[23] für Leitmeritz[24] und für Posen[25] zeigen.[26]

Die Schöffenspruchsammlungen sind Präjudiziensammlungen, an denen sich seit dem Spätmittelalter die von den begrenzten Mutterstadtrechten im Altsiedelland losgelöste Rechtsprechung orientierte. Die Schöffensprüche sind nicht als ursprüngliche Mitschriften des Gerichtsverfahrens zu verstehen, sondern wurden im Nachhinein von den Stadtschreibern, die selbst nicht Mitglieder der Schöffen-

[17] Neben dem Schultheißengericht war für die Bürgerstadt (Bergstadt) Halle das Schöffenkollegium (Schöffenstuhl) zuständig.

[18] Inhaltlich weist diese Rechtsmitteilung auf Verlangen Herzog Heinrichs von Schlesien eine große Nähe zum Sachsenspiegel auf, ohne dass daraus auf eine direkte Benutzung des Sachsenspiegels durch die hallischen Schöffen geschlossen werden kann. Vgl. KANNOWSKI, DUSIL, Der Hallensische Schöffenbrief für Neumarkt von 1235 und der Sachsenspiegel, in: ZRG GA 120 (2003), S. 61–90.

[19] LÜCK, Halle an der Saale, in: ²HRG, Bd. 2, 2012, Sp. 668–671 und DERS., Halle-Neumarkter Recht, in: ²HRG, Bd. 2, 2012, Sp. 671–673.

[20] Schöffenstühle gleichen Ursprungs gab es im mittleren Deutschland vor allem in Magdeburg, Halle und Brandenburg. In den Universitätsstädten Halle und Leipzig blieben die alten Schöffenstühle von den späteren Spruchkollegien der dortigen Juristenfakultäten als selbständige Kollegien getrennt.

[21] KISCH, Einleitung, in: DERS. (Hrsg.), Leipziger Schöffenspruchsammlung, 1919, S. 16*, 101*. Die Herzöge von Sachsen, Landgrafen von Thüringen und Markgrafen zu Meißen lenkten die Spruchsachen aus ihren Ländern nachdrücklich nach Leipzig, zu Lasten von Magdeburg. (BUCHDA, Leipzig, in: HRG, Bd. 2, 1978, Sp. 1839).

[22] Zu dieser Trennung als markantestes Merkmal der Stadtverfassung Magdeburger Rechts siehe LÜCK, Zur Gerichtsverfassung in den Mutterstädten des Magdeburger und Lübecker Rechts, in: DERS., PUHLE, RANFT (Hrsg.), Grundlagen für ein neues Europa, 2009, S. 169.

[23] GOERLITZ, GANTZER (Bearb.), Die Magdeburger Schöffensprüche und Rechtsmitteilungen für Schweidnitz, 1940 (zitiert als „Spruch Schweidnitz").

[24] WEIZSÄCKER (Bearb.), Magdeburger Schöffensprüche und Rechtsmitteilungen für den Oberhof Leitmeritz, 1943 (zitiert als „Spruch Leitmeritz").

[25] GOERLITZ, GANTZER (Bearb.), Magdeburger Schöffensprüche für die Hansestadt Posen und andere Städte des Warthelandes, 1944 (zitiert als „Spruch Posen").

[26] Vgl. auch FRIESE, LIESEGANG (Bearb.), Die Magdeburger Schöffensprüche für Gross-Salze, Zerbst und Anhalt, Naumburg und aus dem Codex Harzgerodanus, 1901 (zitiert als „Spruch Gross-Salze").

stühle waren, in das Schöffenbuch eingetragen. Dabei ist insbesondere der Transformationsvorgang von der Mündlichkeit der Verhandlung in die Schriftlichkeit der Schöffenbücher zu berücksichtigen. Man wird wohl von einer Art Redaktionsvorgang ausgehen dürfen,[27] der die rationale Systematisierung des Regelwissens der Schöffen und damit die Verdichtung zu einem normativen Quellenbestand entscheidend begünstigt hat. Gustav Hertel geht in seiner Einleitung zu den Hallischen Schöffenbüchern sogar soweit, dass er die von ihm edierten Bücher für „spätere Zusammenstellungen oder vielmehr Auszüge" hält[28], wobei er den zeitlichen Abstand der nachträglichen Bearbeitung offen lässt.[29] Durch ihre weite Verbreitung bieten die Hallenser, Leipziger und Magdeburger Spruchsammlungen einen gemeinschaftlichen normativen Quellenbestand, der allgemeines Rechtswissen in Gestalt des Regelwissens der Schöffen belegt.

b. Untersuchungsrelevante Besonderheiten der Hallenser Schöffenbücher sowie der Leipziger und Magdeburger Schöffenspruchsammlungen

aa. Die Schöffenbücher der Stadt Halle wurden von dem Schöffengericht „auf dem Berge" im Jahre 1266 angelegt.[30] Damit gelten sie neben den Wismarer und Akner Schöffenbüchern zu den ältesten im deutschsprachigen Raum.[31] Die Einrichtung der Schöffenbücher geht auf einen Beschluss der Halleschen Bürgerschaft und der Schöffen vom 12. Januar 1266 zurück.[32] Bemerkenswert erscheint, dass unter den Schöffen ein *her Conrat, heren Eyken sone* genannt wird. Gutjahr wertet dies als entscheidenden Beleg für seine These, Eike von Repgow sei ein Hallenser gewesen. Insgesamt existieren 166 Schöffenbücher der Stadt Halle[33],

---

[27] SEIDEL, Ablösung und Verdrängung des Niederdeutschen durch das Hochdeutsche, in: FREITAG, RANFT (Hrsg.), Geschichte der Stadt Halle, Bd. 1, 2006, S. 179, 181 f.

[28] HERTEL (Bearb.), Die Hallischen Schöffenbücher, Theil 1: 1266–1400, 1882, Einleitung, S. XXIII.

[29] Allerdings hat Andrea Seidel nachgewiesen, dass diese Zeiträume als gering anzusehen sind. Vgl. SEIDEL, Ablösung und Verdrängung des Niederdeutschen durch das Hochdeutsche, in: FREITAG, RANFT (Hrsg.), Geschichte der Stadt Halle, Bd. 1, 2006, S. 179 ff.

[30] Die Datierung ergibt sich aus der Vorrede des ersten Buches. Vgl. HERTEL (Bearb.), Die Hallischen Schöffenbücher, Theil 1: 1266–1400, 1882, S. 3 und LÜCK, Berg und Tal, in: FREITAG, RANFT (Hrsg.), Geschichte der Stadt Halle, Bd. 1, 2006, S. 246.

[31] SEIDEL, Ablösung und Verdrängung des Niederdeutschen durch das Hochdeutsche, in: FREITAG, RANFT (Hrsg.), Geschichte der Stadt Halle, Bd. 1, 2006, S. 179, 181. Lieberwirth geht davon aus, dass einfache Aufzeichnungen der Schöffentätigkeit aber auch schon vor diesem Zeitraum erfolgten (LIEBERWIRTH, Eike von Repchow und die Stadt Halle, in: KÖBLER (Hrsg.), Wege europäischer Rechtsgeschichte, 1987, S. 272, 278), wobei diese weder überliefert noch belegt sind.

[32] BIERBACH, Urkundenbuch der Stadt Halle, ihrer Stifter und Klöster, Teil 1: 806–1300, 1930, Nr. 320; vgl. LIEBERWIRTH, Eike von Repchow und die Stadt Halle, in: KÖBLER (Hrsg.), Wege europäischer Rechtsgeschichte, 1987, S. 272–280.

[33] Die ersten sieben Bücher befinden sich in der Universitäts- und Landesbibliothek Sachsen-Anhalt, die weiteren 159 befinden sich im Landeshauptarchiv Sachsen-Anhalt, Abt. Wernigerode. Vgl. SEIDEL, Ablösung und Verdrängung des Niederdeutschen durch das Hochdeutsche, in: FREITAG, RANFT (Hrsg.), Geschichte der Stadt Halle, Bd. 1, 2006, S. 180, Anm. 15. Zudem existieren die

wobei nur die ersten sechs in der von Hertel erstellten und hier ausgewerteten Edition berücksichtigt worden sind, welche mit dem Jahr 1466 endet.

Hinsichtlich der Strukturierung ist allgemein anzumerken, dass sich die herausgegebenen Schöffenbücher in sechs Bücher untergliedern. Dabei ist zu beachten, dass die Bücher sich teilweise über mehrere Jahrzehnte hin erstrecken, teilweise parallel geführt wurden und zudem die Eintragungen nicht (genau) chronologisch erfolgt sind, was Schmidt-Recla in seiner Habilitationsschrift „Kalte oder warme Hand?“ nicht immer beachtet. Nimmt man die Handschriften- und Pergamentanalyse aus der Inauguraldissertation von Fritz Jülicher zu Hilfe, gelangt man immer wieder zu anderen Ergebnissen als Schmidt-Recla.[34]

bb. Die von Guido Kisch edierten Leipziger Schöffensprüche haben, anders als die Hallischen, nie die Vornahme der Verfügung selbst zum Gegenstand, sondern einen Richterspruch, der Gültigkeit oder Rechtsfolge einer bereits vorgenommenen Verfügung behandelt. Dennoch wird der Inhalt der fraglichen Verfügung zumeist jedenfalls sinngemäß wiedergegeben. Dies bedeutet zugleich, dass – anders als bei den Hallischen Schöffensprüchen – nicht immer zweifelsfrei festzustellen ist, wann eine Erlebensbedingung vorliegt. Dafür lässt sich anhand der Leipziger Schöffensprüche besser die Frage beantworten, unter welchen Voraussetzungen Verfügungen von Todes wegen zulässig waren und welchen Inhalt sie haben durften. Hinsichtlich der in der „Leipziger Schöffenspruchsammlung“ enthaltenen Sprüche ist anzumerken, dass ein nicht unerheblicher Teil von ihnen nur unvollständig erhalten bzw. dort abgedruckt ist. Bei den hiervon betroffenen Sprüchen ist in der Sammlung nur die Überschrift abgedruckt. Der eigentliche Spruch fehlt hingegen. Die Überschriften lassen zwar zumeist Rückschlüsse auf den Inhalt des Spruchs zu, eindeutige Aussagen lassen sich jedoch nicht treffen. Eine genaue zeitliche Einordnung einzelner Leipziger Sprüche ist in der Regel nicht möglich. Sämtliche Sprüche stammen aber aus dem 14. und 15. Jahrhundert.

cc. Bei der Auswertung der Magdeburger Schöffensprüche für Leitmeritz ist zu beachten, dass die Edition von Wilhelm Weizsäcker neben den Schöffensprüchen im engeren Sinn, die die Entscheidung einer Rechtssache bzw. Klage zum Gegenstand haben, noch einige sogenannte Rechtsmitteilungen enthält, in denen die Magdeburger Schöffen abstrakte Rechtsfragen beantworten, welche ihnen vom Oberhof Leitmeritz oder anderen böhmischen Städten gestellt wurden.[35] Dies gilt

---

Schöffenbücher des Gerichts „im Tal“, die allerdings erst später angelegt wurden und auch nicht ediert sind.

[34] JÜLICHER, Die mittelniederdeutsche Schriftsprache im südlichen elbostfälischen Gebiet, 1925. Siehe dazu auch SEIDEL, Ablösung und Verdrängung des Niederdeutschen durch das Hochdeutsche, in: FREITAG, RANFT (Hrsg.), Geschichte der Stadt Halle, Bd. 1, 2006, S. 179 ff., bes. S. 183.

[35] Zudem zu beachten ist hinsichtlich der Leitmeritz-Edition, dass die in ihr enthaltenen Sprüche im Original auf Alt-Tschechisch bzw. Böhmisch überliefert sind. Für die Spruchsammlung wurden die Texte dann ins Neuhochdeutsche übertragen. Die Auswertung der Leitmeritzer Sprüche ist daher unter dem Vorbehalt möglicher Übersetzungsfehler zu lesen, da natürlich der deutsche Text der Bearbeitung zu Grunde gelegt wurde.

auch für die von Theodor Goerlitz und Paul Gantzer herausgegebenen Magdeburger Schöffensprüche für Schweidnitz, mit dem Unterschied, dass die abstrakten Rechtsmitteilungen für Schweidnitz nicht in der äußeren Form eines Schöffenspruchs abgefasst sind.

3. Forschungsansatz: Methode

Nicht in Abrede gestellt wird der Beitrag des römisch-kanonischen Rechts für die Einführung der gewillkürten Erbfolge.[36] Es geht auch nicht um ein – nicht unproblematisches – dogmengeschichtliches Interesse an der deutschrechtlichen Verfügung.[37] Forschungsansatz ist vielmehr die seit dem Würzburger Rechtshistorikertag 2002 wirkende Feststellung, dass das mittelalterliche Recht mit seinem Instrumentarium Rechtswirkungen einer postmortalen Verfügungsfreiheit erzielen konnte, die dem römischrechtlichen Testament entsprachen. Im Sinne von Elmar Wadle[38] kann die modernrechtliche Begrifflichkeit nur ein Vehikel sein, um sich in die mittelalterliche Rechtspraxis vorzutasten. Unter diesem Vorbehalt verstehe ich die Kategorien der „Verfügungsfreiheit", „Beschränkung der Verfügungsfreiheit" und „Abgrenzung zur lebzeitigen Verfügung" als möglichst voraussetzungslos gehaltene Kategorien zur Auswertung der Testamentswirkungen deutschrechtlicher Institute. Dem Verdacht juristisch-dogmatischer Begriffsbestimmung lässt sich damit begegnen, dass es die angeblichen Argumente für die Wesensverschiedenheit der deutschrechtlichen Verfügung zum römisch-rechtlichen Testament sind,[39] die sich in den genannten Kategorien niederschlagen. Der von Schmidt-Recla vorgelegten historisch-etymologischen Ableitung des Verfügungsbegriffs[40] schließe ich mich in vollem Umfang an.

II. Testamentswirkungen einer Verfügung von Todes wegen nach den normativen Quellen des sächsisch-magdeburgischen Rechts

1. Verfügungsfreiheit des Erblassers

Zentrale Sachsenspiegelstelle für die deutschrechtliche Verfügung von Todes wegen ist Landrecht II. Buch, Artikel 30:

---

[36] OGRIS, Testament, in: HRG, Bd. 5, 1998, Sp. 152; LANDAU, Die Testierfreiheit in der Geschichte des Deutschen Rechts im späten Mittelalter und in der frühen Neuzeit, in: ZRG GA 114 (1997), S. 56–72.

[37] Vgl. dazu überzeugend SCHMIDT-RECLA, Kalte oder warme Hand?, 2011, S. 82 ff.

[38] WADLE, Über Entstehung, Funktion und Geltungsgrund normativer Rechtsaufzeichnungen im Mittelalter, in: CLASSEN (Hrsg.), Recht und Schrift im Mittelalter, 1977, S. 503 f.

[39] BESELER, Die Lehre von den Erbverträgen, Theil 1, 1835, § 6 (S. 69 ff.), § 14 (S. 246); ALBRECHT, Die Gewere als Grundlagen des älteren deutschen Sachenrechts, 1967, S. 208 ff.; LOENING, Das Testament im Gebiet des Magdeburger Stadtrechtes, 1906, § 3, S. 21 ff. u. § 9, S. 109.

[40] SCHMIDT-RECLA, Kalte oder warme Hand?, 2011, S. 88 ff.

„Wer sich Erbe zusagt nicht von Sippe halben, sondern von Gelobede, das halte man für Unrecht, es sei denn, man könne bezeugen, dass das Gelobede vor Gericht geschehen sei.“[41]

Die Buch'sche Glosse zum ersten Halbsatz bestätigt zunächst das Recht eines kinderlosen Erblassers, sich durch Adoption einen gesetzlichen Erben zu schaffen.[42] Die Testierfreiheit des kinderlosen Erblassers ist für den Glossator mit dem Grundsatz vereinbar, dass es nur „geborene“, nicht „gekorene“ Erben gibt. Die im römischen Recht daraus entstandene allgemeine Testierfreiheit ließ sogar die Enterbung der gesetzlichen Erben zu, die durch das Pflichtteilsrecht gegen Verarmung zu schützen waren.[43] Die Glosse fährt fort mit der Beschreibung des römischen Pflichtteilsrechts und seinen Änderungen unter Justinian .[44] Das Pflichtteilsrecht – von der Glosse nicht besonders charmant als „*beworinheit*“ = Verwirrung bezeichnet – musste das sächsische Recht nicht übernehmen, da es keine allgemeine Testierfreiheit anerkannte:

„*Und diese Verwirrung haben die Sachsen alle wiederum abgelegt, und sie halten einfach dafür, dass ihr Erbe niemand aufgrund von Wahl oder Versprechen nehmen kann, sondern nur durch Verwandtschaft. Das sagt er* [nämlich Eike] *hier.* (Sachsenspiegel Landrecht I 3 § 3; Nov. 118.3.1)“[45]

2. Beschränkung der Verfügungsfreiheit

Entscheidend ist im vorliegenden Zusammenhang die im zweiten Halbsatz verankerte Verfügungsfreiheit über gewonnenes Gut und über fahrende Habe, wenn die Verfügung vor Gericht geschieht (*gestedeget si*). Hier glossiert Johann von Buch:

---

[41] Ins Hochdeutsche übertragen von der Verfasserin nach der Eckhardtschen Ausgabe: EIKE von Repgow, Sachsenspiegel Landrecht, 1973, S. 158.

[42] „*Hier behandelt Eike eine bestimmte Art von Kaiserrecht, das heißt de adoptionibus / das ist von gewillkürter Erbenbestimmung und das verhielt sich so, dass ein jeder einen Sohn oder eine Tochter willküren konnte, wenn er wollte, und die nahm er in seine Gewalt und vererbte ihnen sein Gut.* (Inst. 1.11.1; Dig. 1.7.1.). *Das war zugunsten getan denen, die keine Kinder hatten / und auch für die, die sie in Kämpfen verloren hatten.*“ Ins Hochdeutsche übertragen von der Verfasserin nach der kritischen Ausgabe, KAUFMANN (Hrsg.), Glossen zum Sachsenspiegel-Landrecht, T. 2, 2002, S. 717. Zu danken hat die Verfasserin dem Herausgeber, der für den Würzburger Vortrag die Druckfahnen zur Verfügung gestellt hat. Vgl. bereits KAUFMANN, Einige Bemerkungen zur geplanten Edition der Glosse des Johann von Buch zum Sachsenspiegel-Landrecht, in: LÜCK, SCHILDT (Hrsg.), Recht, Idee, Geschichte, 2000.

[43] „*Danach war es also Gesetz, dass ein jedermann sich zum Sohne wählte und sich als Erben einsetzte wen er wollte.* (Nov.22.2 pr. zweiter Satz; Dig. 35.2.1.). *Dies begann sich in ein Übel* [...] *zu wandeln, denn etliche gaben ihr ganzes Gut und ließen die Kinder nach Brot gehen.* (Nov.18 pr. dritter Satz). *Dies beklagte der Kaiser und besserte das Recht, dass man den Kindern zwingend den dritten Teil des Vatergutes lassen soll.* (Nov. 18.1).“ Ins Hochdeutsche übertragen von der Verfasserin nach der kritischen Ausgabe, KAUFMANN (Hrsg.), Glossen zum Sachsenspiegel-Landrecht, T. 2, 2002, S. 717f.

[44] Vgl. dazu COING, Europäisches Privatrecht, Bd. 1, 1985, S. 611 m. w. N.

[45] Ins Hochdeutsche übertragen von der Verfasserin nach der kritischen Ausgabe, KAUFMANN (Hrsg.), Glossen zum Sachsenspiegel-Landrecht, T. 2, 2002, S. 718.

> „*Sooft man aber bezeugen kann, dass ich Dir vor Gericht gelobt habe / dass Du mein Erbe nehmen solltest / so sollst Du es denn nehmen. Ja. So steht es hier / und was das Recht will / da sollen wir nicht wider / weil der Kaiser nichts anderes will, als das Recht will.* (Nov. 113 pr.)“[46]

Die Verfügung über ererbte Grundstücke ist an die Zustimmung der nächsten gesetzlichen Erben gebunden, an das Erbenlaub in der Terminologie des Art. 52 § 1, Landrecht Buch I.[47]

Die Unterscheidung zwischen gewonnenem und ererbtem Gut ist schon vor der Entstehung der Buch'schen Landrechtsglosse in den Hamburger Statuten von 1270 (Art. 8, 1)[48] sowie im Görlitzer Recht von 1304 (Art. 22 a.E., Art. 20 a.E.)[49] nachweisbar. Die Verfügungsfreiheit über gewonnenes Gut und die Bindung des ererbten Guts durch Erbenlaub findet sich auch in einem Magdeburger Schöffenspruch von 1324, wonach es „*Brauch ist, dass ein Mensch mit seinem erworbenen Gut tun und lassen kann, was er will.*“[50] Auch der „vermehrte Sachsenspiegel“, das sog. Breslauer Landrecht von 1365, erlaubt über das gewonnene Gut zu verfügen „*an ir aller Wille unde mit Rechte*“, also ohne der Erben Wille und mit Recht.[51] Auch die Weichbildvulgata kennt in Art. 20 die Verfügungsfreiheit für gewonnenes Gut.[52]

---

46 Ins Hochdeutsche übertragen von der Verfasserin nach der kritischen Ausgabe, KAUFMANN (Hrsg.), Glossen zum Sachsenspiegel-Landrecht, T. 2, 2002, S. 719. Vgl. zur gerichtlichen Fertigung (*gestediget zy*) ausführlich HEUSLER, Institutionen des deutschen Privatrechts, Bd. 2, 1886, § 195 (S. 621 f.) und § 196, S. 631.

47 Ins Hochdeutsche übertragen von der Verfasserin nach der Eckhardtschen Ausgabe: EIKE von Repgow, Sachsenspiegel Landrecht, 1973, S. 109.

48 Zitiert nach von SYDOW, Darstellung des Erbrechts nach den Grundsätzen des Sachsenspiegels, mit Rücksicht auf die verwandten Quellen, 1828, S. 184.

49 Zitiert nach GAUPP, Das alte Magdeburgische und Hallische Recht, 1966, S. 278 f. Ob sich bereits der Rechtsmitteilung nach Breslau von 1261 in § 15 (zitiert nach ebd., S. 233) eine Beschränkung des Erbenlaubs auf ererbtes Gut entnehmen lässt, ist zweifelhaft, weil mit dem Begriff des „erbe“ auch das gesamte Vermögen gemeint sein kann. Vgl. zur Bedeutung Erbe als „gesamtes Vermögen, das in den Erbgang geht“ in: F. EBEL (Hrsg.), Magdeburger Recht, Bd. 2, 1989, Nr. 87 (S. 62), zur Bedeutung als „gesamtes Vermögen, auch fahrende Habe“ bei Sachsenspiegel II 30 nach der Sachsenspiegel-Illustration in der Auslegung nach AMIRA (Hrsg.), Die Dresdener Bilderhandschrift des Sachsenspiegels, Bd. 2,1, 1969, S. 390 ff.; zur Bedeutung als „Gesamtes Vermögen, das in den Erbgang geht“ im Görlitzer Recht von 1304, Art. 108: „Mit swelcheme gute der man erstirbet, daz heizet allez erbe“ (zitiert nach GAUPP, Das alte Magdeburgische und Hallische Recht, 1966, S. 305) und „Mit welkeme gude di man vorstervet, dat het alles erve“ (CLAUSWITZ (Hrsg.), Berlinisches Stadtbuch aus dem Ende des XIV. Jahrhunderts, 1883, Erbrecht § 5 (S. 130)). Zum Bedeutungsstreit siehe HEUSLER, Institutionen des deutschen Privatrechts, Bd. 2, 1886, § 196 (S. 630).

50 Zitiert nach Spruch Leitmeritz, Nr. 4 (S. 30 ff., 33).

51 Vermehrter Sachsenspiegel 1, 39, 12, zitiert nach von SYDOW, Darstellung des Erbrechts nach den Grundsätzen des Sachsenspiegels, mit Rücksicht auf die verwandten Quellen, 1828, S. 184.

52 Zitiert nach ZOBEL, Sechsisch Weychbild unndt Lehenrecht, 1589, Weichbild Art. 20, Glosse No. 5 (fol. 19^{v}). Vgl. dazu auch DANIELS, GRUBEN, Das sächsische Weichbildrecht, Bd. 1, 1858, S. 23 f.

Der Erblasser kann also nach sächsischem (Land-)Recht vor Gericht frei über gekaufte Grundstücke verfügen, die Beschränkung durch Erbenlaub gilt nur für ererbte Grundstücke.[53] Fehlt das Erbenlaub, erlischt das Widerspruchsrecht der Erben erst binnen eines Jahres.[54] Eine nicht in gehegtem Ding gefertigte Verfügung kann jederzeit von den nächsten Erben angefochten werden.[55] Diese gerichtliche Fertigung, das „*stetigunge, stedegen*“ nach dem Wortlaut des Sachsenspiegels, entspricht dem *banno stabilire*, dem Bannwirken des Richters nach der gerichtlichen Aufbietung des tradierten Gutes.[56]

3. Abgrenzung zur lebzeitigen Verfügung

Auf dem Totenbett kann gemäß Landrecht I, Art. 52 § 2 nicht einmal über Fahrnis verfügt werden:

> „*Alle fahrende Habe vergibt man ohne Erlaubnis der Erben in allen Städten, und überlässt und verleiht Gut, solange man vermag, mit Schild und Schwert begürtet, von einem Stein oder Stock, eine Daumenelle hoch, auf ein Pferd zu steigen, ohne Hilfe außer der, dass man den Steigbügel und das Pferd hält. Wenn man dies nicht mehr tun kann, so kann man es weder vergeben noch überlassen oder verleihen, weil man es dadurch jemandem entziehen würde, der bereits darauf wartet, dass es ihm durch unseren Tod zufällt.*“[57]

---

[53] Vgl. Spruch Leitmeritz, Nr. 4 (S. 33); F. EBEL (Hrsg.), Magdeburger Recht, Bd. 2, 1989, Nr. 70 (S. 51) und Nr. 77a (S. 54); Spruch Schweidnitz, II Nr. 12 (S. 94), II Nr. 22 (S. 115); Spruch Posen, Nr. II 14, II 28, II 42. KISCH (Hrsg.), Leipziger Schöffenspruchsammlung, 1919, Nr. 74 (S. 120), Nr. 77 (S. 121 f.), Nr. 594 (S. 409 ff.). Anders LABAND, Das Magdeburg-Breslauer systematische Schöffenrecht aus der Mitte des 14. Jahrhunderts, 1967, IV, 1, 3, 4, 10, 12: Erbenlaub ist erforderlich für jegliches ererbtes Gut, gleich ob Immobilien oder fahrendes Gut; ebenso Kap. 20 Glogauer Rechtsbuch, zitiert nach WASSERSCHLEBEN (Hrsg.), Deutsche Rechtsquellen des Mittelalters, Bd. 1, 1860, S. 3. Die Unterscheidung zwischen der Testierfreiheit für wohlerworbenes Gut und der Beschränkung für ererbte Immobilien kannte auch das lübische Recht (vgl. LANDAU, Die Testierfreiheit in der Geschichte des Deutschen Rechts im späten Mittelalter und in der frühen Neuzeit, in: ZRG GA 114 (1997), S. 61, Anm. 18 m.w.N. 7. Ab dem Zeitraum (1322–1332) konstatiert Schmidt-Recla (SCHMIDT-RECLA, Kalte oder warme Hand?, 2011, S. 522) einen starken Rückgang der Hallenser Schöffensprüche, in denen ein Erbenlaub erwähnt wird.

[54] F. EBEL (Hrsg.), Magdeburger Recht, Bd. 2, 1989, Nr. 70 (S. 51); Spruch Schweidnitz, II Nr. 20 (S. 112); LABAND, Das Magdeburg-Breslauer systematische Schöffenrecht aus der Mitte des 14. Jahrhunderts, 1967, IV, 1, 10 und 37; HERTEL (Bearb.), Die Hallischen Schöffenbücher, Theil 1: 1266–1400, 1882, Nr. I 44 (S. 11); Schöffenurteile der Dresdener Handschrift, Kap. 163, zitiert nach WASSERSCHLEBEN (Hrsg.), Deutsche Rechtsquellen des Mittelalters, Bd. 1, 1860, S. 304 f.

[55] Vgl. auch HEUSLER, Institutionen des deutschen Privatrechts, Bd. 2, 1886, § 197 (S. 632).

[56] Ebd., § 196, S. 631. Der Übergang der Affatomie in die *traditio post obitum* führt zur Übernahme der Formvorschriften der Eigentumsübertragung an einzelnen Liegenschaften (ebd., § 195 (S. 625 f.), der Sachsenspiegel II 30 in diesem Zusammenhang sieht).

[57] Ins Hochdeutsche übertragen von der Verfasserin nach der Eckhardtschen Ausgabe: EIKE von Repgow, Sachsenspiegel Landrecht, 1973, S. 109 f.

Kann der Erblasser sich nicht mehr aufrecht halten, gilt er für die Glosse nicht mehr als Träger seines Vermögens:

> „*Und darum haben die Sachsen unter sich das Recht, dass, wer etwas vergeben will, der soll es vergeben, solange er es gebrauchen kann. Wenn er sein Gut zu einem Zeitpunkt vergibt, zu dem er es nicht mehr gebrauchen kann, der vergibt nicht, was sein ist, sondern das, was eigentlich seinen Erben gehört,* […] (Nov. 17.12).“[58]

Nach dem Magdeburg-Breslauer systematischen Schöffenrecht kann, wer gesund ist und ohne eines Mannes Hilfe zu gehegtem Ding zu gelangen vermag, fahrende Habe und erworbenes Gut vergeben.[59] Sowohl im Deutschenspiegel (1265/1275)[60], im Schwabenspiegel (1275/1276)[61] als auch im Frankenspiegel, dem kleinen Kaiserrecht (1328–1350)[62], manifestiert sich diese Regel als Bestimmung der Geschäftsfähigkeit.

---

[58] Ins Hochdeutsche übertragen von der Verfasserin nach der kritischen Ausgabe, KAUFMANN (Hrsg.), Glossen zum Sachsenspiegel-Landrecht, T. 1, 2002, S. 374.

[59] „*Welch man also mechtig ist synis libis, daz her ane mannis hulfe vor gehegtim dinge gesten moge alzo lange, bis daz her di gobe tut, der mag syne varnde habe und erbe vorgebin, daz her gekouft hat adir ym gegebin ist.*“, LABAND, Das Magdeburg-Breslauer systematische Schöffenrecht aus der Mitte des 14. Jahrhunderts, 1967, IV, 1, 37.

[60] Deutschenspiegel, I. Landrechtsteil, Art. 49 § 1 (ECKHARDT, HÜBNER (Hrsg.), Deutschenspiegel mit Augsburger Sachsenspiegel und ausgewählten Artikeln der Oberdeutschen Sachsenspiegelübersetzung, 1930, S. 121) in der hochdeutschen Übertragung von der Verfasserin: „*Solange der man sich mit einem schwert begürten kann, und auf einem Roß mit einem Schild und mit einer Lanze sitzen kann, und man ihm einen Holzklotz zu dem Roß setzt, der eine dûm-elle (d. h. Spitze des Daumens bis Ellenbogen) hoch ist, und man ihm den Steigbügel halten muß, und eine Meile reiten konnte, solange konnte er tun und lassen, als ob er vierzig Jahre alt wäre.*“, Deutschenspiegel, I. Landrechtsteil, Art. 71 § 11 (ECKHARDT, HÜBNER (Hrsg.), Deutschenspiegel mit Augsburger Sachsenspiegel und ausgewählten Artikeln der Oberdeutschen Sachsenspiegelübersetzung, 1930, S. 143), in der hochdeutschen Übertragung von der Verfasserin: „*Solange der Mann die Kraft hat, daß er sich begürten kann mit einem Schwert und mit einem Schild von einem Stein oder einem Holzklotz von einer dûm-elle ohne eines Mannes Hilfe auf ein Roß kommen kann, – dennoch soll man ihm daß Roß halten und Steigbügel, solange er das tun kann und eine Meile weit reiten kann, so kann er mit seinem fahrenden Gut machen was er will. Und wenn er das nicht tun kann, so kann er weder geben noch leihen noch lassen noch nichts tun, das jemand nützt, dem er gibt oder läßt oder leiht, das jedoch denen schadet, die auf seine Güter eine Anwartschaft haben.*“

[61] Schwabenspiegel Normalform, erster Landrechtsteil, Art. 52 (K.A. ECKHARDT, I. ECKHARDT (Hrsg.), Schwabenspiegel, 1972, S. 176) in der hochdeutschen Übertragung von der Verfasserin: „*Solange der man sich mit einem schwert begürten kann, und auf einem Roß mit einem Schild und mit einer Lanze sitzen kann, und man ihm einen Holzklotz zu dem Roß setzt, der eine dûm-elle (d. h. Spitze des Daumenss bis Ellenbogen) hoch ist, und man ihm den Steigbügel halten muß, und eine Meile reiten konnte, solange konnte er tun und lassen, auch wenn er vierzig Jahre alt wäre.*“

[62] Kleines Kaiserrecht II. Buch, Art. 36: „*die gift mag er auch wol tun, er ge oder ste oder sizze oder lige, er si gesund oder siech, wan der sin gut gibet, der gibt das mit dem mut und nit mit dem libe. Wan ist ein man des libes stark und gesund. und der sinne irrelos, waz er dan tut, daz en hat kein macht; ist er des libes krank, daz man in muz tragen un heben und ist der sin gesund so hat ez macht waz er getut.*“ (zitiert nach SIEGEL, Das deutsche Erbrecht, [1853] 1969, S. 140).

III. Letztwillige Verfügungen in der Hallenser Schöffenspruchpraxis

1. Verfügungsfreiheit des Erblassers

Belegt wird die gewillkürte Erbfolge in der mittelalterlichen sächsischen Rechtspraxis durch zahlreiche Schöffensprüche. So dokumentieren die Hallischen Schöffenbücher bereits für das 13. Jahrhundert Verfahren, in denen übergangene bzw. benachteiligte gesetzliche Erben einzelne Verfügungen angegriffen haben. Berichtet ist darin von einem Erblasser, der einem Sohn sein gesamtes Gut, dem anderen Sohn jedoch nur zwei Mark hinterlässt:

> „*Her Herman de isenmengere quam in geheget ding unde gaf sime sone Johannese, dat he nu hedde unde immer mer gewinne, unde Hince, sin sone, sal an sime gude hebben two mark na sime dode.*“[63]

Auch die belegten Erbeinsetzungen von Ehefrau und Kindern zu gleichen Teilen sind als Beispiele für gewillkürte Erbeinsetzung zu nennen,[64] da die Ehefrau neben Blutsverwandten kein eigenes Erbrecht hatte, sondern nur die Gerade sowie ihr in die Ehe gebrachtes Gut erhielt.[65] Es finden sich auch Verfügungen, die besondere Anordnungen für die Auseinandersetzung zwischen Frau und Kindern treffen.[66] Wiedergegeben sind in den Hallischen Schöffenbüchern auch Verfügungen an den Schwager,[67] in einem Fall neben den Söhnen als den gesetzlichen Erben.[68] Ebenso dokumentiert sind Verfügungen von ganzen Vermögen und von

[63] HERTEL (Bearb.), Die Hallischen Schöffenbücher, Theil 1: 1266–1400, 1882, Nr. I 66 (S. 15) (gesamtes Gut an einen Sohn, anderer Sohn erbt nur zwei Mark). Zwei Mark dürften eine recht bescheidene Summe gewesen sein, vgl. etwa ebd., Nr. I 21 (S. 7) (60 Mark an Ehefrau); ebd., Nr. I 59 (S. 14) (30 Mark an Ehefrau); ebd., Nr. I 18 (S. 7) (20 Mark an Ehefrau).

[64] Ebd., Nr. I 19 (S. 7), I 36 (S. 9f.), I 41 (S. 10f.), I 48 (S. 12), I 85 (S. 18), I 99 (S. 20), I 100 (S. 20), I 120f. (S. 23), I 155 (S. 27): Ehefrau und Kinder erben zu gleichen Teilen. „Dursal“ für die Ehefrau: ebd., Nr. I 7 (S. 5), I 32 (S. 9), I 44 (S. 11), I 87 (S. 18), bei letzterem gleichzeitig Erbeinsetzung von Ehefrau und Kindern, dazu: BUCHDA, Dursal (dursal eigen), in: ZRG GA 59 (1939), S. 194ff.

[65] Zum Ehegattenerbrecht des Sachsenspiegels SYDOW, Darstellung des Erbrechts nach den Grundsätzen des Sachsenspiegels, mit Rücksicht auf die verwandten Quellen, 1828, S. 242ff. Zur Gerade als weibliches Gerät aus der Fahrnis beider Ehegatten ebd., S. 259ff. Vgl. dazu § 14 Breslauer Recht von 1261, zitiert nach GAUPP, Das alte Magdeburgische und Hallische Recht, 1966, S. 233: „*Ofte ein man ein wip nimet stirbit die man daz wip ne hauet in sime gute nicht her ne habiz ir gegeben in gehegeteme dinge oder zu libgedinge zu irme libe.*“ Nicht selten wird in derartigen Fällen eine „Vormundschaft“ über die Gabe angeordnet, z. B. in: HERTEL (Bearb.), Die Hallischen Schöffenbücher, Theil 1: 1266–1400, 1882, Nr. I 12 (S. 6), I 64 (S. 15), I 120, 121, 129 (S. 23), I 155 (S. 27), vielleicht um die Übervorteilung eines der Bedachten zu vermeiden.

[66] HERTEL (Bearb.), Die Hallischen Schöffenbücher, Theil 1: 1266–1400, 1882, Nr. I 168 (S. 28), I 100 (S. 20).

[67] Gabe mit Widerrufsvorbehalt (aber ohne Erbenlaub) an den Schwager: ebd., Nr. I 159 (S. 27); Gabe an den Schwager (ohne Erlaubnis der vorhandenen Erben): ebd., Nr. I 198 (S. 32).

[68] Ebd.: „*Albrecht die herigmengere is gekomen in geheget dinck unde heuet begauet sinen hof unde dat he nu heuet unde imber mer gewint, sinen dren sonen Johannese unde Jacope unde Sandere, also dat ere muder ire lifgetucht dar ane hebbe unde Tile, vre swager, twintich mark.*“

Quoten.[69] Zudem finden sich auch Schöffensprüche zur Unterscheidung von vergabtem und unvergabtem Gut. So entscheiden die Magdeburger Schöffen Mitte des 14. Jahrhunderts, dass die gewillkürte Verfügung von Gut eine gesetzliche Erbquote nicht schmälert:

> „*Und sulche gift enhindert daz kint doran nicht, is moge wol mit andir sinem geswistreden czu teile gan an des vatirs gute und erbe, daz her in der stat gerichte noch syme tode gelosin hat umvorgebin.*“[70]

Dieselbe Rechtsfolge für „*unuorgebin gute*“ erkennen die Magdeburger Rechtsmitteilungen für Schweidnitz aus derselben Zeit.[71]

2. Bindungswirkung der Verfügungen von Todes wegen

Die Schöffensprüche belegen zahlreiche Verfügungen von Todes wegen mit „underscheid“ oder „undirscheit“. So finden sich in den Hallischen Schöffenbüchern aus der Zeit von 1266–1275 Verfügungen mit dem Vorbehalt, „*al de wile dat he levet, so sal he dar mede dun, swat so he will*“.[72] Danach ist der Verfügende zeitlebens berechtigt nach Gutdünken mit der Sache zu verfahren. In einem Magdeburger Schöffenspruch von 1380 entscheiden die Schöffen einen Rechtsstreit zwischen zwei Eheleuten dahin, dass der Mann, auch wenn er seiner Frau die Hälfte seines Gutes durch Verfügung für seinen Todesfall gewährt habe, berechtigt sei, 6 Mark Zins für einen Altar als Seelgerät zu stiften, weil er sich bei der Verfügung „die Gewalt der Gabe“, also freies Verfügungsrecht über sein Gut vorbehalten habe.[73] Das Schöffenrecht dokumentiert einen so häufigen Gebrauch des Verfügungsvorbehaltes, dass dieser wohl auch schon bekannt und verbreitet war vor dem mit den hier ausgewerteten Schöffensprüchen urkundlich belegten Zeitraum ab 1266, also damit vor der dritten Ausgabe des Sachsenspiegels von 1270.

---

[69] Ebd., Nr. I 66 (S. 15): ganzes Gut an einen Sohn, anderer Sohn erbt nur zwei Mark; ebd., Nr. I 19, 36, 41, 48: Ehefrau und Kinder erben zu gleichen Teilen. Ebd., Nr. I 18 (S. 7), I 21 (S. 7): Vermächtnis an Ehefrau, das allerdings kein Leibgeding (bloßes lebzeitiges Nutzungsrecht, eine solche Verfügung findet sich etwa in ebd., Nr. I 6 (S. 5), Nr. I 26 (S. 8)) darstellt, sondern eine über ein Nutzungsrecht hinausgehende Begünstigung. Vgl. auch Schöffenrecht der Dresdener Handschrift, Kap. 90 (zitiert nach WASSERSCHLEBEN (Hrsg.), Deutsche Rechtsquellen des Mittelalters, Bd. 1, 1860, S. 89); Spruch Gross-Salze, Nr. II 28 (S. 174f.).

[70] LABAND, Das Magdeburg-Breslauer systematische Schöffenrecht aus der Mitte des 14. Jahrhunderts, 1967, IV, 1, 13 (S. 128); IV, 1, 21 (S. 132); auch überliefert in F. EBEL (Hrsg.), Magdeburger Recht, Bd. 2, 1989, Nr. 82 (S. 60), Nr. 114 (S. 80f.).

[71] Spruch Schweidnitz, I Nr. 5 (S. 50–75, hier S. 58).

[72] HERTEL (Bearb.), Die Hallischen Schöffenbücher, Theil 1: 1266–1400, 1882, Nr. I 19, 21f., 26–28, 41, 43, 48, 70 u. a.

[73] „*Hiruff sprechin wir eyn recht: Hat Pauwil der gabe gewald behalden, alzo der brieff uns wisit* [= Widerrufsvorbehalt], *domite her syn wip begabit hat, zo mag si dese leczste gabe nicht geweren und selgerete zu machin nicht gewerin. Fon rechts wegin.*“, Spruch Schweidnitz, II Nr. 10 (S. 92).

Anders als noch in Würzburg 2002 möchte ich meine damalige Einschätzung als Widerrufsvorbehalt aufgrund der überzeugenden Ergebnisse Schmidt-Reclas korrigieren.[74] Angesichts des rechtstatsächlichen Quellenbestandes der Hallischen Schöffenbücher ist der Vorbehalt, der Verfügende solle zu Lebzeiten „*selue herre sin*", nicht aus der Sicht des Verfügenden zu werten, durch einseitiges Handeln die Verfügung wieder zu beseitigen, sondern aus der Sicht des Begünstigten: Aufgrund einer solchen Verfügung mit „*underscheid*" oder „*undirscheit*" kann der Begünstigte nur das erhalten, was zum Zeitpunkt des Todes des Verfügenden als Nachlass noch vorhanden ist. War Nachlass vorhanden, erhielt ihn der Begünstigte im Erbfall, war keiner vorhanden, erhielt er nichts. Für diese Rechtswirkungen ist das Verständnis als Widerrufsvorbehalt nicht erforderlich.

In den Hallischen Schöffenbüchern findet sich jedoch eine wiederkehrende Fallkonstellation, in der erbrechtliche Bindung schon zu Lebzeiten des Erblassers eintritt, was Schmidt-Recla nicht gesehen hat.[75] Interessant im Hinblick auf die Frage einer lebzeitigen Berechtigung des Begünstigten an einem, ihm von Todes wegen zugewandten, Gegenstand sind die Sprüche V 1205, 1216 und 1217. Darin wendet ein Mann seiner Ehefrau zunächst unter Erlebensbedingung sein gesamtes Vermögen zu (1205). Dann verzichtet die Frau wenig später auf das ihr Zugewandte (1217) und der Mann nimmt eine neue Verfügung unter Erlebensbedingung zu ihren Gunsten, diesmal beschränkt auf ein Haus, vor (1216). Bemerkenswert ist, dass Spruch 1218 davon spricht, dass die Frau ihrem Mann die Gabe wiedergibt („*Ilze* [...] *hat wedir gebin Nikel Czoymer, irem elichin werte, dy gabe, dy her or* [...] *gegebin hat* [...]."). In demselben Verhältnis stehen auch jeweils die Sprüche V 53, 225 und 226, V 859 und 1032 sowie V 625 und 638 zueinander. Dies lässt es als denkbar erscheinen, dass nach dem Verständnis der Hallenser Schöffen der Frau schon zu Lebzeiten des Mannes ein Recht an der Gabe zustand und dieser die Verfügung nicht frei widerrufen konnte.

3. Verfügung unter Lebenden statt auf den Todesfall

Die in den Schöffensprüchen dokumentierte Rechtspraxis belegt, dass die Verfügungen nach sächsischem Recht unter Lebenden noch keine Wirkung entfalteten, sondern erst mit dem Todesfall. Gegen die von Beseler, Albrecht und Loening vorgebrachte[76] unmittelbare dingliche Wirkung zu Lebzeiten des Verfügenden spricht zum einen die von den Schöffen bestätigte Möglichkeit, künftig zu erwerbendes Gut zu vergeben, „*swat he nu heuet unde imber mer gewint* [...]"[77] in

[74] SCHMIDT-RECLA, Kalte oder warme Hand?, 2011, S. 109, 421 ff.

[75] Ebd., S. 421 ff.

[76] BESELER, Die Lehre von den Erbverträgen, Theil 1, 1835, § 6, S. 69 ff. u. § 14, S. 246; ALBRECHT, Die Gewere als Grundlagen des älteren deutschen Sachenrechts, 1967, S. 208 ff.; LOENING, Das Testament im Gebiet des Magdeburger Stadtrechtes, 1906, § 3, S. 21 ff. u. § 9, S. 109.

[77] HERTEL (Bearb.), Die Hallischen Schöffenbücher, Theil 1: 1266–1400, 1882, Nr. I 12 (S. 6), I 13 (S. 6), I 19 (S. 7), I 21 (S. 7), I 33 (S. 9), I 59 (S. 14), I 66 (S. 15), I 70 (S. 16), I 74 (S. 16 f.), I 82 (S. 17) und viele andere.

der Sprache der Hallenser Schöffen. Solche Verfügungen „*omnium bonorum, que habet vel habere poterit*" (1324) finden sich auch im Schöffenbuch der Stadt Zerbst.[78] Gleichlautende Verfügungen behandeln Schöffenurteile aus der von Wasserschleben herausgegebenen Dresdner Handschrift[79] und der von Kisch bearbeiteten Leipziger Schöffenspruchsammlung[80]. Zum anderen bestätigen die Formulierungen in den Verfügungen wie z. B. „*na sim live*", „*na sim tode*", „*erblich nach seyme tode czu besiczczen*",[81] dass es sich um Verfügungen auf den Todesfall handelt, deren Wirksamkeit erst mit dem „Erbfall" eintrat und dass dem Verfügenden auch der erbrechtliche Aspekt durchaus bewusst war, d. h. es sich gerade nicht um Schenkungen unter Lebenden handelte.

Für eine (erbrechtliche) Wirkung der Verfügung von Todes wegen gemäß Sachsenspiegel Landrecht II, 30 spricht zudem auch die Rechtspraxis der Schöffen, dass der Bedachte die Zuwendung nur weitervererbt, wenn er den Erblasser überlebte. Damit ist ausgeschlossen, dass bereits zum Zeitpunkt der Verfügung ein dingliches Recht entsteht. Denn dann könnte der Bedachte dieses Recht auch weitervererben, wenn er vor dem Erblasser stirbt.[82]

---

[78] NEUBAUER, Das älteste Schöffenbuch der Stadt Zerbst, in: Mitteilungen des Vereins für Anhaltische Geschichte und Altertumskunde 7 (1898), lfd. Nr. 1, 2 (S. 379), Nr. 24 (S. 380), Nr. 26 (S. 381).

[79] Schöffenurteile der Dresdener Handschrift, Kap. 58, zitiert nach WASSERSCHLEBEN (Hrsg.), Deutsche Rechtsquellen des Mittelalters, Bd. 1, 1860, S. 195.

[80] KISCH (Hrsg.), Leipziger Schöffenspruchsammlung, 1919, Nr. 79 (S. 123), Nr. 81 (S. 124 f.).

[81] HERTEL (Bearb.), Die Hallischen Schöffenbücher, Theil 1: 1266–1400, 1882, Nr. I 12, 18, 19, 21, 26–30, 33, 36, 43, 48, 52, 59 (S. 14): „*na sim dode*" o. ä.; NEUBAUER, Das älteste Schöffenbuch der Stadt Zerbst, in: Mitteilungen des Vereins für Anhaltische Geschichte und Altertumskunde 7 (1898), Nr. 1, 2 (S. 379): „*dedit omnia bona sua post mortem*"; KISCH (Hrsg.), Leipziger Schöffenspruchsammlung, 1919, Nr. 82 (S. 125), Nr. 60, (S. 113), Nr. 79 (S. 123), Nr. 81 (S. 124 f.), Nr. 89 (S. 128); GROSCH (Bearb.), Die Schöffenspruchsammlung der Stadt Pößneck, T. 1, 1957, Nr. I, 62, S. 67 f.; LABAND, Das Magdeburg-Breslauer systematische Schöffenrecht aus der Mitte des 14. Jahrhunderts, 1967, IV, 1, 13; Magdeburger Fragen (1386 und 1402, so datiert bei OPPITZ, Deutsche Rechtsbücher des Mittelalters, Bd. 1, 1990, S. 51) I 12, 1 und I 12, 3. Das Treuenbrietzner Schöppenbuch (1351) kennt eine „*donatio post obitum*" (die allerdings wohl als unwiderrufliche auszulegen ist) und ferner die gewillkürte Erbeinsetzung für den Fall, dass der Erblasser ohne leibliche Erben stirbt (zitiert in: RIEDEL (Hrsg.), Codex diplomaticus Brandenburgensis, Bd. 1,9, 1849, S. 360). Schöffenurteile der Dresdener Handschrift, Kap. 58, zitiert nach WASSERSCHLEBEN (Hrsg.), Deutsche Rechtsquellen des Mittelalters, Bd. 1, 1860, S. 89 f.: „*erblich zu tun und zu lassen*". Glogauer Rechtsbuch, Kap. 21, zitiert nach WASSERSCHLEBEN (Hrsg.), Deutsche Rechtsquellen des Mittelalters, Bd. 1, 1860, S. 4: Gabe, „*erblich nach seyme tode czu besiczczen*".

[82] Schöffenurteile der Dresdener Handschrift, Kap. 99b (zitiert nach WASSERSCHLEBEN (Hrsg.), Deutsche Rechtsquellen des Mittelalters, Bd. 1, 1860, S. 245): Hier wird ganz genau unterschieden zwischen einer Gabe, die erst auf den Todesfall wirksam wird, und einer Gabe, die zu Lebzeiten wirksam ist: Nur die Gabe, die bereits durch einen Erbfall an die Frau gelangt ist, wird an ihre Erben (weiter)vererbt. Ebenso interpretieren diesen Spruch Victor Friese und Erich Liesegang (Spruch Gross-Salze, Nr. III.B.11 (S. 447)). Datiert wird dieser Spruch allerdings auf die erste Hälfte des 15. Jahrhunderts (ebd., S. 347). M. E. schmälert das die Aussagekraft für die hier maßgebliche Zeit des 13./14. Jahrhunderts nicht, weil der Sache nach das überkommene deutsch-

4. Besonderheiten der Hallenser Spruchpraxis nach 1425

Bisher hat die Forschung nur die Hallenser Spruchpraxis bis 1425 erfasst.[83] Wertet man das V. Buch und damit die Hallenser Spruchpraxis ab 1425 empirisch aus, ist erkennbar, wie sehr sich erbrechtliche Wirkungen der Verfügungen etabliert haben.

a. Nur noch vereinzelt finden sich Verfügungen über das Vermögen im Ganzen:

> „*Hans Durkorn ist komen vor gehegit ding vnde hat gegebin Clawse Durkorne vnde Katherynen, syner swester, alle dat sy hat vnde ymmer gewynnet, is sy an eigen, an erbe, an varnder habe ader wuran daz sy, nach syme tode dar mete czu thunde vnde czu lassene.*“[84]

Eindeutig im Vordergrund stehen Verfügungen über Einzelgegenstände.[85]

b. Anders ist das Bild bei gegenseitigen Verfügungen unter Ehegatten, die sich stets auf das gesamte Vermögen beziehen. Dabei ist als Fehlerquelle einzuräumen, dass in den Schöffensprüchen nicht immer erkennbar ist, ob einzelne Vermögensgegenstände das ganze bzw. einen Großteil des Vermögens ausmachen. Zudem finden sich bei Gaben unter Erlebensbedingung an den Ehepartner (meist die Ehefrau) Verfügungen, die eine große Zahl von Einzelgegenständen betreffen; meist inklusive der Zuwendung eines bestimmten Geldbetrages (siehe etwa Spruch V 1772[86]), die in der Summe jedenfalls einen großen Teil des Vermögens

---

rechtliche Institut und nicht etwa ein römischrechtlich beeinflusstes Rechtsinstitut behandelt wird. Außerdem findet sich eine ähnliche Argumentation bereits um 1350 im Magdeburg-Breslauer Systematischen Schöffenrecht (LABAND, Das Magdeburg-Breslauer systematische Schöffenrecht aus der Mitte des 14. Jahrhunderts, 1967, IV, 1, 11): Die Kinder können den Mann als Erben der Mutter zu dessen Lebzeiten an Verfügungen nicht hindern, weil sie noch kein Recht an der Sache erworben haben.

[83] Schmidt-Recla hat die Hallischen Schöffenbücher nur bis 1400 ausgewertet, ohne dass diese Zeitgrenze sachlich begründet wird (SCHMIDT-RECLA, Kalte oder warme Hand?, 2011).

[84] HERTEL (Bearb.), Die Hallischen Schöffenbücher, Theil 2: 1401–1460, 1887, S. 241. Gleichlautend (immer gleiche Formulierungselemente: „*vor gehegit ding*“, „*alle dat sy hat*“, „*nach syme/ireme tode dar mete czu thunde vnde czu lassene*“) zu diesem zitierten 33. Spruch aus dem V. Buch noch die im 249. Spruch angeführte Verfügung der „*Margreta, Peter Herczogen eliche husfrouwe*“, die im 252. Spruch behandelte Verfügung des „*Hans Smed*“, die im 381. Spruch gegenständliche Verfügung der „*Ilse Schencken*“, des „*Jan von Pegow*“ (Nr. 594), der „*Sabina, Clawsz Kellen eliche wettewe*“ (Nr. 730), des „*Konegund, Drewsz Beckirs seliger wetwe*“ (Nr. 754), des „*Peter Strubinger*“ (Nr. 1089), des „*Nicolawsz Czoymer*“ (Nr. 1205), der „*Hanne, Hansz Kolsowen selger wettewe*“ (Nr. 1218), des „*Hans Cruczman*“ (Nr. 1253), des „*Martin Spys*“ (Nr. 1308), des „*Pawlus Knowdenrich*“ (Nr. 1310), des „*Cuntze Horn*“ (Nr. 1450) und des „*Petir Brancze*“ (Nr. 1690).

[85] Im Verhältnis zu den 15 belegten Gesamtverfügungen (*Anm. 83*) stehen 194 Verfügungen über Einzelgegenstände unter ausdrücklicher Erlebensbedingung. Also beispielsweise der 2342. Schöffenspruch des V. Buches: „*Anthonius Goltsmed ist gekommen vor gehegit ding vnde hat gegebin Agnesen, syner elichen husfrowen, sin husz in der smerstraszen gelegen zcum strusze genant nach syme tode darmethe zcu thune vnde zcu lassen.*“, HERTEL (Bearb.), Die Hallischen Schöffenbücher, Theil 2: 1401–1460, 1887, S. 535 f.

[86] „*Hansz Forster ist komen vor gehegit ding vnde had gegebin Dorothean, siner eelichin husfrouwen,*

des Verfügenden betroffen haben dürften. Gegenseitige Verfügungen von Ehegatten, die nicht jeweils den gleichen Inhalt haben – der eine Ehegatte verfügt über sein Vermögen im Ganzen, der andere nur über einzelne Gegenstände (z. B. Sprüche V 1373[87]/1372[88] – werden auf zwei aufeinanderfolgende Sprüche verteilt. Auffällig ist auch, dass in solchen Situationen der Ehemann unter Erlebensbedingung, die Ehefrau hingegen ohne eine ausdrückliche solche verfügt (weiteres Bsp. Sprüche V 1359[89]/1360[90]). In den Sprüchen 427 bis 446 werden mehrere gleichartige Verfügungen des Ehemannes zugunsten der Frau und gegenseitige Verfügungen unter Ehegatten direkt hintereinander aufgeführt.

Die Verfügungen unter Ehegatten werden offenbar häufig aus Anlass der Eheschließung bzw. kurz danach vorgenommen. Dies zeigt sich daran, dass auf künftige, während der Zeit der Ehe möglicherweise eintretende Ereignisse, wie etwa die Geburt gemeinsamer Kinder, Bezug genommen wird. Die Geburt von Kindern tritt dabei nie als auflösende Bedingung einer Gabe an die Ehefrau auf: Diese enthält entweder alle Güter, nur die Hälfte oder nur noch den Kindesteil. Beispiele enthalten der Spruch V 1836 (kinderloses Sterben; dann alle Güter)[91], der Spruch V 1624 (kinderloses Sterben des Erblassers und neben Kindern der überlebenden Ehefrau; nur die Hälfte des Hofes)[92] und der Spruch V 1317 (kinderloses Sterben und Kinder der überlebenden Ehefrau; nur der Kindesteil)[93].

---

sechczig rinsche gulden an allen sinen besten gutern, ys sy an eigin, an erbe, an farnder habe adir wurane daz sy, nach sime tode darmitte zcu thune vnde zcu lassenn.", ebd., S. 464.

87 „*Anne, Steffan Grefen eeliche husfrouwe, ist komen vor gehegit ding und had gegebin Steffan Grefen, orem eelichen manne, alles daz sy had vnde vmmer mer gewynnet, vzgenomen dy gerade vnde dy gabe, dy er or gegebin had, als hiruor berurt ist.*", ebd., S. 416.

88 „*Steffan Grefe ist komen vor gehegit ding vnde had gegebin Annen, siner eelichin husfrouwen, sinen hoff gelegin hinder sente Niclausze nach sinem tode zcu orem liebe vnde alle farnde habe in demselbin hofe mit der farnder hafe nach sinem tode zcu thune vnde zcu lassene.*", ebd., S. 415 f.

89 „*Elizabeth, Hansz Gerwiges eeliche wertynne, ist komen vor gehegit ding vnde had gegebin Hansze Gerwig, orem eelichin manne, eyn husz uff dem Berlin gelegen mit allem rechtin, als sy daz von Conrade Strusze, orem vater, angestorbin ist.*", ebd., S. 414.

90 „*Hans Gerwig ist komen vor gehegit ding vnde had gegebin Elizabeth, siner eelichin wertynne, hundirt gulden an sinen besten gutern nach sinem tode darmitte zcu thune vnde zcu lassene.*", ebd.

91 „*Valentin Schreyer ist komen vor gehegit ding vnde had gegebin Margareten, siner eelichin husfrouwen, kinderteil an allen sinen gutern; weres abir, daz er von todis wegin abeginge vnde keyne kinder liesze, so sal dy frouwe alle sine guter behaldin darmitte zcu thune vnde zcu lassenn.*", ebd., S. 470.

92 „*Clausz Czoberitz ist komen vor gehegit ding vnde had gegebin Konen, siner eelichin husfrouwen, den hoff hinder senthe Michel gelegin zcu orer lipczucht, weres daz er ane kinder vorstorbe, hettin sy abir kinder, zo sulde sy dy helffte an dem hofe zcu orer lipczucht habin.*", ebd., S. 446.

93 „*Jan Wrage ist kommen vor gehegit ding vnde hat gegebin Angneten, syner elichin husfrowin, alle dy gutire, dy her hat adir immer gewynnet, es sy an eigen, an erbe, an varndir habe adir wurane daz es sy nach synem tode damete zcu thune und zcu lassen, were daz sy nicht kinder mit enander hetten, sundir hetten sy abir kinder, so sulde dy ffrowe kinder teil habin an den gutirn nach synem tode.*", ebd., S. 409.

Hinsichtlich gegenseitiger Verfügungen unter Ehegatten unter Erlebensbedingung, die ab 1425 signifikant vermehrt auftreten, fällt auf, dass die erste Verfügung häufig unter eine Bedingung gestellt wird.[94] Sollten gemeinsame Kinder geboren werden, sollte die Ehefrau nur den Kindesteil an den Gütern des Mannes erhalten (zweite Verfügung). So formulieren die Hallenser Schöffen im 106. Spruch des V. Buches:

> „*Heinrich Wert vnde Ilzebethe, syn eliche husfrowe, sint komen vor gehegit ding vnde habin sich vnder enander begabit mit allen gutern, dy sy habin vnde vmmer gewynnen, is sy an eigen, an erbe, an varnder habe ader wuran daz sy; welch irer eer vorstirbit, so sal der ander dy gutere behalden czu thunde vnde czu lassene; gewynnen sy, aber kinder mit enander, so sal dy frowe kinder teil habin an den gutern.*“[95]

Gleichlautende Formulierungen enthalten auch die Sprüche V 117, 124, 135 und 169. In den frühen Schöffensprüchen des I. Buches tauchen solche Zuwendungen nur des „Kindesteils“ an die Ehefrau noch nicht auf, mit Ausnahme einer Verfügung zwischen ca. 1322 und 1332. Ein Vergleich mit der Einordnung nach Schmidt-Recla bestätigt diesen Eindruck: Dort wird die frühste Verfügung über eine Kindesteilquote bei Spruch I 1086 verordnet, vermehrt treten diese dann erst im III. und IV. Buch auf.

c. Im Vergleich zu den untersuchten Schöffensprüchen des I. Buches fällt auf, dass die Verfügungen im V. Buch nie unter Verfügungsvorbehalt vorgenommen werden. Die im I. Buch recht häufig (vgl. etwa Sprüche I 19, 26 und 44) vorkommende Formulierung „*Al de wile dat aver he levet, so will he darmde dun, swat he will*“ taucht im V. Buch nicht mehr auf. Dies lässt sich als Hinweis werten, dass sich die erbrechtliche Wirkung der Verfügung im 15. Jahrhundert etabliert hat.

d. Für die im 15. Jahrhundert etablierte rein erbrechtliche Wirkung spricht auch der rechtstatsächliche Befund in den Hallischen Schöffenbüchern, dass die vorkommenden Verzichte von Erbberechtigten auf das Erbe überwiegend erst nach dem Tode des Erblassers und gegenüber anderen (erbberechtigten Verwandten) erfolgen (Sprüche V 1736 f.[96], 906[97], 820[98]). Eine Ausnahme bildet nur Spruch 905[99] zu einem lebzeitigen Verzichten zwischen Erblasser und Bedachtem.

---

94 Dies gilt nicht für die Sprüche V 87, 102, 148, 160, 168, 173 f.

95 HERTEL (Bearb.), Die Hallischen Schöffenbücher, Theil 2: 1401–1460, 1887, S. 252.

96 „*Margarete, Bertolt Schroters eeliche husfrouwe, ist komen vor gehegit ding vnde had gegebin vnde vorczicht getan mit volbort ores eelichin vormunden Hansze Fritzen, oren vetter, vnde sinen erbin allir gerechtigkeit, dy sy von dem gnanten, orem vater, anirsterbin muchte.*“, ebd., S. 459.

97 „*Vit Cruse ist komen vor gehegit ding vnde hat gegeben vnde vorczicht getan Hansen Crusen, synem brudire, alle der gerechtigkeit ‖ dy on an dem huse by den vleisschernen von sinem vatire anirstorben wasz mit allem rechte, also sy on anirstoben ist.*“, ebd., S. 362.

98 „*Hans Czoke ist komen vor gehegit ding vnde hat gegebin Heynen vnde Konen, sinen brudirn, alle dy gerechtichkeit, dy ome von synem vatir anirstorbin ist, ez sy an eigen, an erbe, an varndir habe adir wurane daz ez sy, domete czu thune vnde czu lossenn.*“, ebd., S. 351.

IV. Letztwillige Verfügungen in der Leipziger Schöffenspruchpraxis

Die rechtstatsächliche Auswertung der Leipziger Schöffensprüche ergänzt das bisher anhand der Hallenser Praxis gezeichnete Bild der Testamentswirkungen der Verfügungen von Todes wegen im sächsischen Recht.

1. Wirksamkeitsvoraussetzungen für letztwillige Verfügungen

a. Formale Voraussetzungen

In formeller Hinsicht bedarf eine Verfügung von Todes wegen zu ihrer Wirksamkeit der Vornahme vor Gericht. Dies wird von den Leipziger Schöffen in mehreren Sprüchen implizit vorausgesetzt. In Spruch 510[100] wird eine Verfügung für unwirksam erklärt, die nicht vor Gericht vorgenommen worden ist. Auch muss die Verfügung vor demjenigen Gericht erfolgen, in dessen Bezirk sich das zu vergebende Vermögen befindet bzw. in dem der Verfügende wohnt. Dies ergibt sich aus Spruch 696[101], der eine Verfügung für unwirksam erklärt, die vor einem örtlich unzuständigen Gericht erfolgt ist.

b. Verfügungsbefugnis

Die Befugnis, durch Rechtsgeschäft den Rechtsnachfolger zu bestimmen, stand allein dem Erblasser zu. Dritte konnten nicht etwa durch Kauf des zukünftigen Erbteils eines der zukünftigen Erben in dessen Position einrücken. Dies geht aus Spruch 511[102] hervor, in welchem ein Mann die Erbteile seiner Stiefkinder noch zu Lebzeiten ihrer Mutter kauft. Das Gericht entscheidet, dass nach dem Tode der Frau ihr Vermögen dennoch auf die Kinder als gesetzliche Erben übergeht.

---

99 „*Katharina, Hans Katthen eliche husvrowe, ist komen vor gehegit ding vnde hat vorczicht getan Hanse Kyperlande alle der gerechtigkeit, dy sy von Hanse Ffrunde, orem vatire, vnde von Dorothean, orir mutir, anirstorben mochte, esz sy an eigen, an erbe, an varndir habe adir wurane daz esz sy, vzgeslossen dy gerade, dy or von irer mutir anirsterben mochte.*“, ebd., S. 362.

100 „*Hierauf sprechen wir schöpfen zu Leiptzik recht: Seintmal die tode frau irem vertrauten manne ir stand erbeeigen und farend habe nicht aufgelassen hat vor gericht, als recht ist, das er also in sein gewere pracht hett, und in der frauen gewere ist verstorben, so hat die frau das geerbet auf ihre negste erbnemen mit merem rechten, dan der man mit seiner kegenrede darein gesprechen moge. Von rechtis wegen.*“, KISCH (Hrsg.), Leipziger Schöffenspruchsammlung, 1919, S. 368.

101 „*Nachdemmal Rentzsch von Stenen seiner eelichen wirtin in dem gericht, da sie mit irer habe und gut wohnhaft gewest und verstorben seint, an seinem gut keins gedingt noch gegabt hat, als recht ist, das Gerdrut Crosius mit recht moch erweisen: So kann ir Rentzsch von Stenen und sein wirtin, irer schwester, guter, das unter ime erstorben ist, keins mer gefolgen wan ihrer schwester gerade.*“, ebd., S. 497.

102 „*Hierauf: Was der man seinem weibe an dem gut, das er seinen Stiefkindern abgekauft hat, und auch an dem gut, das er darnach zu ime gekauft hat, gedingt oder gegeben hat vor gericht, als recht ist, das hat die frau auf ire Kinder geerbt zu gleicher teilung. Von rechtes wegen.*“, ebd., S. 369.

Hinsichtlich der Befugnis des Erblassers, frei über sein Vermögen zu verfügen, differenzieren die Leipziger Schöffen zwischen Vermögen, welches der Erblasser durch Arbeit oder Rechtsgeschäft erworben hat, und ererbtem Vermögen, welches er selbst durch Erbschaft (von seinem Stamm) erworben hat. Das ererbte Vermögen darf er seinem Stamm (d. h. insbesondere seinen Kindern), auch bei einseitiger Bevorzugung einzelner Stammesmitglieder (z. B. des Sohnes), nicht durch Verfügung entziehen (Spruch 58[103]). Über das erarbeitete oder sonst nicht durch Erbschaft erworbene Vermögen kann dagegen sogar bis zur vollen Höhe anderweitig verfügt werden. In Spruch 79[104] wird etwa eine Verfügung über das gesamte erarbeitete Vermögen zugunsten der Ehefrau (die nicht zum Stamm des Erblassers dazu gezählt wird) als zulässig angesehen. Auch eine Bevorzugung bestimmter Kinder bei der Verfügung unter Benachteiligung anderer ist zulässig, soweit nur erarbeitetes Vermögen betroffen ist (Spruch 702[105]). Dementsprechend ist die Verfügung über ererbtes Vermögen ohne Einwilligung der eigenen gesetzlichen Erben („Erbenlaub") nichtig (Spruch 77[106]). Für die Verfügung über erarbeitetes Vermögen bedarf es dagegen nicht des Erbenlaubs, wie sich aus Spruch 709 ergibt: „*Gut, das der man erarbeit hat, mocht er seinem weibe on seiner erben laube wol geben* […]."[107] Darüber hinaus wird in Spruch 79 festgestellt, dass es der Wirksamkeit der Verfügung noch nicht einmal entgegensteht, dass sie

---

[103] „[…] *was er aber nachmals anerstorben von seinem stame umb gleicher guter hette, mag er seinem su noch niemands on eurm und eures weibs, seiner eelichen, naturlichen tochter willen nicht entfremden oder vergeben, desgleichen an allen anderen seinen gutern;* […]", ebd., S. 112. Vgl. auch die Sprüche 74, 428 und 587.

[104] „*Sprechen wir schöpfen zu Leiptzig auf sulch frage vor recht: Hat Hans Schaft, euer bruder, nach seines ersten weibs tode ein ander weib zu der eh genomen und hat er die mit eurem wissen und willen begabt, verricht zu rechter dingzeit, mit hundert rh. fl., an allem seinen gut, das er hat oder immer gewinne, zu rechtem erbe, also seinen tod sie erlebt. Haben sie sich dan darnach nach etzlichen jarn begiftet und begabt mit allem dem, das sie haben oder immer mer gewinnen also, welchs ir eins eher abgeht, so sol das ander haben, also es hat, sonder wen Schafts bruder seinen tod erlebt, soll dem die frau so geben XX rh. fl.; gewinne sie aber leibserben, so sollen die guter frauen Elsen halb volgen und dem leibserben. Also ist dan sulch gut sein gegeben oder erarbeitet oder sunst wol gewunnen gut gewest, so hat er sich mit seinem weib in oben berurtem maß wol haben mogen begaben; und ob sulch letste gabe ohne euer willen und wissen geschechen ist, das ist euch unhulflich und zu der gab unschedlich, sunder es pleibt pillich dapei. Und ir mogt die gab mit euer einsage, in der frage furgebracht, nicht machtlos noch unbestendig beweren noch machen. Von rechtes wegen, etc.*", ebd., S. 123.

[105] „*Hierauf: Seintdemmal das der man das gut, beweglich und unbeweglich, mit seinen kindern erarbeit hat, so mag er des erarbeiten guts einem kinde wol mer geben nach seiner gunst wan dem andern bei seinem lebendigen leibe mit merem rechten, dan ime die andern darein gesprechen mogen. Was er aber guts lest unvergeben nach seim tode, das erbet dan auf seine kinder mit einander gleich zu gleicher teilung.*", ebd., S. 499.

[106] „*Und ist sulche gabe geschechen one erbenlaube und on eire wissen und volwort, und ist die gabe nicht bestanden one rechte ansprach jar und tag: so ist die gabe an den anerstorben gutern machtlos.*", ebd., S. 368. Vgl. auch Spruch 594.

[107] Ebd., S. 509.

ohne Wissen und Willen des gesetzlichen Erben (dort des Bruders des Erblassers) erfolgt ist. Auch der Verkauf von ererbtem Vermögen ist, wie sich etwa aus Spruch 276 ergibt, grundsätzlich unwirksam. Ebenso wenig kann ein Vater als gesetzlicher Vertreter („Vormund") seiner Tochter über Vermögen verfügen, welches diese geerbt hat (Spruch 407). Nach dem Regelwissen der Leipziger Schöffen konnte ererbtes Vermögen durch rechtsgeschäftliches Handeln nicht entzogen werden, sondern blieb untrennbar mit dem Stamm verbunden („Das Gut fließt mit dem Blut").

c. Verlust der Verfügungsbefugnis

aa. Auf dem Kranken- bzw. Sterbebett verliert derjenige, der dem Tode näher ist als dem Leben, seine Verfügungsbefugnis.[108] Die Sprüche 252, 293, 294 und 297 der Leipziger Schöffen gehen davon aus, dass letztwillige Verfügungen auf dem Kranken- bzw. Sterbebett nichtig sind. In Spruch 296 wird zudem ausdrücklich erwähnt, dass eine „bei gesundem Leibe" getroffene Verfügung wirksam ist. Ausnahmen von diesem Grundsatz lassen die Leipziger Schöffen etwa dann zu, wenn die gesetzlichen Erben des Verfügenden bei der Vornahme der Verfügung anwesend waren und keine Einwände erhoben haben (Spruch 293[109]). Erben sind dann nicht mehr schutzwürdig, wenn sie in die Verfügung einwilligen.

bb. Auch durch Vornahme einer Verfügung verliert der Verfügende die Verfügungsbefugnis über die zugewendeten Gegenstände. Dies wird aus Spruch 462[110] deutlich, wo ein Mann seiner ersten Ehefrau sein gesamtes Vermögen zuwendete. Die Leipziger Schöffen entscheiden, dass der Mann nach dem Tode dieser Frau seiner zweiten Ehefrau sein Vermögen nicht nochmal zuwenden kann. Vielmehr hätten die Kinder der begünstigten ersten Frau die Gabe geerbt. Dieses Regelwissen wurde schon in den Hallischen Schöffensprüchen formuliert: Um eine einmal erfolgte Verfügung rechtlich ungeschehen zu machen, war erforderlich,

---

[108] Vgl. schon SEIF [MÜSSIG], Römisch-kanonisches Erbrecht in mittelalterlichen deutschen Rechtsaufzeichnungen, in: ZRG GA 122 (2005), S. 95f.

[109] „*Doch, so das mit willen und gunst irer freunde und erbnemen geschehen ist, so pleibt es pei craft und macht pillich;*", KISCH (Hrsg.), Leipziger Schöffenspruchsammlung, 1919, S. 227. Vgl. auch Spruch 499.

[110] „*Hierauf: Seintmal Hans seiner eelichen wirtin geben hat alles halb, das er hat oder imer gewunne, vor gericht, als recht ist, so hat die frau nach irem tode die helft des guts von der gabe wegen geerbt auf ire kindere zu gleicher teilung. Haben nun die kinder nach irer mutter tode irer muter angefelle gefordert und angesprochen, wie recht ist, und ist dann zwischen dem vater und kindern geteidingt, das der vater der kinder angefelle von irer muter [gebrauchen] und inen behalden solle zu getreuer hand den anderen gut, das die kinder gezeugen und volkomen mogen, wie recht ist: So konde der vater den kinderen zu schaden irer muter angefelle, das er unter ime hat, seinem anderen weibe nicht geben noch auflassen. Und was [der] man erbes daruber und guts gehabt hat, daran mocht er seinem weibe, dem andern, die helft wol geben, und dieselbe helft sol volgen der andern frauen von der gabe wegen, die in der man getan hett, mit mehrem rechten, dan ir die kinder daraein gesprechen mogen.*", ebd., S. 325.

dass der Begünstigte dem Verfügenden die Gabe zurückgab. Erst dann konnte neu über sie verfügt werden.[111] Dies erklärt auch die im ersten Buch der Hallischen Schöffensprüche gelegentlich vorkommenden Verfügungsvorbehalte, die dem Verfügenden später anderweitige Verfügung über die Gabe ermöglichten. Derartige Verfügungsvorbehalte sind in den Leipziger Schöffensprüchen indes nicht ersichtlich, was aber auch der eingangs erwähnten, fehlenden Wiedergabe der Verfügung von Todes wegen selbst geschuldet sein mag.[112]

d. Zeitliche Reichweite

Eine Verfügung, die nicht unter Erlebensbedingung erfolgt ist, kann durch Zeitablauf wirkungslos werden, wenn der Verfügende die vergebenen Gegenstände nicht an den Begünstigten übergibt. Dies wird aus Spruch 499 ersichtlich, in dem das Gericht entscheidet, dass eine Verfügung, die 18 Jahre zuvor erfolgt ist, unwirksam geworden ist, da der Verfügende die Gabe nie übergeben hat.[113]

2. Letztwillige Verfügungen zugunsten von Ehegatten

Das Sächsisch-Leipziger Recht kannte offenbar kein gesetzliches Erbrecht des Ehegatten. So wird in Spruch 46 explizit festgestellt, dass der Mann kein Recht an den Gütern seiner verstorbenen Frau hat, sofern diese zu Lebzeiten keine ihn insoweit begünstigende Verfügung getroffen hat.[114] Den gleichen Inhalt haben auch die Sprüche 470 und 504.[115] Allerdings finden sich in den Sprüchen 35 und 594 Hinweise darauf, dass es der „Gewohnheit" der Stadt entspreche, dem Ehegatten einen Teil des eigenen Vermögens (von Todes wegen) zuzuwenden.[116] Die Verfügungen zugunsten des anderen Ehegatten (insbesondere bei Leibgedingen) dienten damit wohl insbesondere dessen Versorgung nach dem Tode des Verfügenden. Einen Beleg für die Notwendigkeit eines solchen Vorgehens liefert Spruch 590, der davon spricht, dass eine Witwe von den Verwandten ihres verstorbenen Mannes aus dem Haus getrieben wird, da sie keine Gabe bzw. kein Leibgeding erhalten hatte („*Als quamen die negsten erbnemen und trieben mein muter aus dem erbe, als ihr keins begabt was wan ir leibgeding.*").[117]

---

[111] Vgl. oben die Sprüche V 1205, 1216 und 1217 (*III.2, S. 251*). Vgl. auch hier *S. 250, Anm. 72.*

[112] Vgl. oben *I.2.b.bb., S. 243.*

[113] „*Ap einer sein gut seinem freunde aufließ und sich des pei seinem Leben nicht eußert.*", KISCH (Hrsg.), Leipziger Schöffenspruchsammlung, 1919, S. 357.

[114] „*Die wittib hat etzliche ire guter dem manne nicht aufgelassen.*", ebd., S. 105 f.

[115] Ebd., S. 330, 363.

[116] Ebd., S. 99, 409.

[117] Ebd., S. 404 ff.

V. Letztwillige Verfügungen in der Magdeburger Schöffenspruchpraxis

Auch eine rechtstatsächliche Auswertung der Magdeburger Schöffensprüche für Gross-Salze, Zerbst und Anhalt, Naumburg, für Posen, für Schweidnitz und für Leitmeritz bestätigt die Herausbildung einer Testierfreiheit im sächsischen Recht.

1. Wirksamkeitsvoraussetzungen für letztwillige Verfügungen

a. Formale Voraussetzung

Eine Vergabung muss in jedem Fall vor dem „gehegten Ding" bzw. der „rechten Dingstätte", vor den Richtern und Schöffen erfolgen. Notdinge bzw. einfache Dorfgerichte reichen nicht.[118] Wurde diese Voraussetzung nicht eingehalten, so war die Vergabung für die Magdeburger Schöffen unwirksam. Zudem war erforderlich, dass das angerufene Gericht für das zu vergebende Vermögen (örtlich) zuständig war. Nach dem Schöffenspruch Nr. 71 für Schweidnitz war die Verfügung von Todes wegen u. a. deshalb unwirksam, weil sie vor einem anderen als demjenigen Gericht erfolgt ist, in dessen Bezirk das vergebene Vermögen belegen war. In dieselbe Richtung weist auch der Spruch für Leitmeritz Nr. 26.

b. Verfügungsbefugnis

aa. Dem Regelwissen der Hallenser und Leipziger Schöffen entsprechend kann auch nach Magdeburger Schöffenspruchrecht über ererbtes Vermögen nicht verfügt werden.[119] Eine Ausnahme hiervon besteht nur dann, wenn die nächsten Verwandten (und damit Erben) des Verfügenden bei Vornahme der Vergabung ihr Erbenlaub erteilen, wie Spruch Leitmeritz, Nr. 16 explizit zum Ausdruck bringt. Verfügungen von Todes wegen über erworbenes Gut sind regelmäßig belegt.[120] Aus dem Leitmeritzer Spruch Nr. 4 geht auch ausdrücklich hervor, dass Begünstigter einer solchen Vergabung jeder beliebige Dritte sein kann, d. h. nicht zwingend ein Mitglied der Familie des Erblassers sein muss.[121]

bb. Gleichwohl ist eine ohne Erbenlaub vorgenommene Verfügung (von Todes wegen) nicht *ipso jure* unwirksam, sondern erst nach (rechtzeitigem) Widerspruch der benachteiligten Verwandten des Erblassers.[122] Das Recht, einer Verfügung

---

[118] Vgl. Spruch Posen, II Nr. 8 (um 1389) (S. 78).

[119] Vgl. Spruch Posen, II Nr. 14 (S. 88), II Nr. 25 (S. 100); Spruch Leitmeritz, Nr. 16 (S. 68); Spruch Schweidnitz, II Nr. 96 (S. 270).

[120] Eine Verfügung über auf sonstigem Wege erworbenes Vermögen ist aber ohne weiteres möglich, wie in Spruch Leitmeritz, Nr. 4 (S. 30) festgestellt wird; siehe hierzu auch Spruch Schweidnitz, II Nr. 12 (S. 94).

[121] Spruch Leitmeritz, S. 33 f.: „*Ein Mensch, der sein Gut erarbeitet hat, kann es bei seinem gesunden Leben seinen Kindern oder wem er wollte geben nach seinem Tode, also daß er dessen mächtig sei, dieweil er lebt ist, daß solche Gabe vor gehegtem Gerichte geschieht, wie Recht ist.*"

[122] Spruch Posen, II Nr. 14 (S. 88).

über ererbtes Vermögen zu widersprechen, steht, wie etwa Spruch Schweidnitz, II Nr. 83 belegt, jedoch nur denjenigen Verwandten des Erblassers zu, welche als spätere potentielle Erben durch sie benachteiligt werden. In dem genannten Spruch halten die Schöffen die Verfügung eines Mannes nach dem Widerspruch seines Enkels nur dann für unwirksam, wenn der Enkel aufgrund landesherrlich bestätigtem Schweidnitzer Stadtrecht in die erbrechtliche Position seiner verstorbenen Mutter als Erbin des Großvaters eingerückt ist. Ansonsten scheint ihm ein Widerspruchsrecht gegen die vom Großvater vorgenommene Verfügung nicht zuzustehen. Ähnliches steht auch in Spruch Leitmeritz, Nr. 114. Hierzu passt, dass dem Ehegatten des Verfügenden, der nach Magdeburger Recht kein gesetzliches Erbrecht besaß, auch nicht die Möglichkeit zukam, einer vom Partner vorgenommenen Verfügung von Todes wegen zu widersprechen.[123]

cc. Es ist hingegen auch möglich, das Widerspruchsrecht zu verwirken, wie aus Spruch Schweidnitz, II Nr. 96 hervorgeht: Der lebzeitigen Veräußerung eines ererbten Grundstücks durch den Erblasser kann seine Schwester nicht mit Erfolg widersprechen, da sie Kenntnis von der Veräußerung hatte und der Widerspruch nicht innerhalb der hierfür bestehenden Ausschlussfrist von Jahr und Tag erfolgte.

Der Kenntnis des widerspruchsberechtigten Verwandten von der Verfügung kommt in diesem Zusammenhang entscheidende Bedeutung zu. So wird in Spruch Schweidnitz, II Nr. 97, der ein Läuterungsurteil der Schöffen zu Spruch II Nr. 96 enthält, der Widerspruch der Schwester des Erblassers doch noch zugelassen, da diese nachweisen konnte, dass sie nichts von der Verfügung ihres Bruders über ein ererbtes Grundstück wusste. Der Gedanke der Verwirkung, der offenbar hinter dem Verlust des Widerspruchsrechts durch Fristablauf steht, trägt also nach Auffassung der Schöffen nicht bei fehlender Kenntnis des widerspruchsberechtigten Verwandten. Sein „verspätetes“ Vorgehen erscheint dann möglicherweise nicht mehr rechtsmissbräuchlich.

---

[123] Spruch Leitmeritz, Nr. 116 (S. 381 f.): „*Hat Nikolaus von Tscherntschitz, Euer Mitbürger, all sein Gut, Erbe und Fahrnis und das, was er bei Euerem Rechte gehabt hat, vor gehegtem Gericht, dort, wo ein jeder sein Erbgut nach Recht zu übergeben hat, wie denn nach Laut eines Briefes unter seinem und anderer Biederleute Siegel versiegelt ist, verordnete und geschafft und den* [Brief] *in Euer Stadtbuch eintragen lassen, jedoch mit Vorbehalt der vollen Macht, ihn zu ändern; ist denn solche Ordnung und Verschaffung desselbigen Gutes durch den vorgenannten Eueren Mitbürger bei seinem Leben nicht geändert worden und hat auch von seinen Freunden und auch von seinem ehelichen Weibe oder sonst keiner zu seinen Lebzeiten dem widersprochen, sondern ist es erst nach seinem Tode durch seine verlassene Witwe gehindert worden; und steht Eure Frage nun danach, ob solche Verschreibung zu Recht genügend und kräftig ist oder nicht; und ist, daß die verlassene Witwe Eueres vorberührten Mitbürgers die Verschreibung und Ordnung des Gutes desselbigen ihres Mannes nach seinem Tode gehindert hat, so kann sie damit solche Verschaffung nach Recht nicht unmöglich machen, es wäre denn, daß sie sonst einige Gerechtigkeit zu solchem Gute ihres Mannes hätte vermöge etlicher Erben oder etwelcher Gabe, die bis zum Tode ihres Mannes ohne zu Kräften gekommenen Verzicht in ihrem Besitz gewesen wäre, und auf solche Gerechtigkeit müßte sie sich benenntlich begeben, ob sie damit solche Verschaffung ihres Mannes unbeständig machen und rechtliche Entscheidung darüber nehmen könnte. Von Rechtes wegen.*“

Gelegentlich findet sich im Zusammenhang mit einem verspäteten Widerspruch der Verwandten die Aussage der Schöffen, der Begünstigte sei nun (d. h. nach Fristablauf) „näher" an der Gabe und ihm stünde ein „besseres Recht" an dieser zu als den Verwandten des Erblassers.[124] Die Frage, ob dies nach der damaligen Rechtsauffassung einer Änderung der dinglichen Rechtslage entsprach oder ob lediglich die Verwandten ihr Recht an der Gabe nicht mehr ausüben konnten, lässt sich nicht beantworten.

dd. Hinsichtlich des Verbots, über ererbtes Vermögen zu verfügen, enthalten die Magdeburger Schöffensprüche jedoch eine weitere Differenzierung, die in den Leipziger Schöffensprüchen noch nicht erkennbar war: Eine Verfügung über ererbtes Vermögen ohne Erbenlaub wird durch Widerspruch der Erben nur insoweit unwirksam, als unbewegliches („liegendes") Vermögen betroffen ist. Für ererbtes bewegliches („fahrendes") Vermögen bedarf es des Erbenlaubes erst gar nicht und ein Widerspruch ist ohne rechtliche Wirkung.[125]

ee. Diejenigen Personen, die einer Verfügung über ererbtes Vermögen widersprechen, betonen dabei oft den Zusammenhang zwischen der Vergabung an einen Sippenfremden (wozu auch der Ehegatte zählt) und einer möglichen Kinderlosigkeit des Verfügenden (siehe etwa Spruch Schweidnitz, II Nr. 12).[126] Nur in diesem Fall scheint nach der damaligen Rechtsüberzeugung die Gefahr der Entfremdung des Gutes von der Sippe bestanden zu haben. Kinder des Erblassers, die zugleich Erben des von der Verfügung Begünstigen waren, hätten schließlich wieder eine Rückführung des Gutes an die Sippe bewirken können.

c. Verlust der Verfügungsbefugnis

aa. Die Freiheit des Verfügenden von Krankheit bzw. Todesnähe scheint hier, ebenso wie im Leipziger Recht, für die Wirksamkeit der Verfügung eine Rolle zu spielen. In den Sprüchen Posen, II Nr. 31 sowie Leitmeritz, Nr. 4 wird ausdrücklich die Vornahme der Verfügung „bei gesundem Leibe" betont. Andererseits halten die Magdeburger Schöffen im Spruch Leitmeritz, Nr. 51 eine auf dem Sterbebett vorgenommene Verfügung für wirksam. Die genauen Gründe hierfür werden aus dem Spruch nicht deutlich. Wahrscheinlich ist jedoch, dass die Verfügung deshalb ihre Geltung behielt, weil sie in Gegenwart der Kinder des Erblassers erfolgte und möglicherweise auch, weil die vergebene Summe Geld dem

[124] Vgl. etwa Spruch Leitmeritz, Nr. 64 (S. 254 f.).

[125] Siehe andeutungsweise bereits Spruch Posen, II Nr. 14 (S. 88), ausdrücklich dann in Sprüche Posen, II Nr. 28 (S. 104 f.), II Nr. 42 (S. 123 f.) sowie Spruch Leitmeritz, Nr. 71 (S. 277 ff.).

[126] „*Waz der vrauwen Dorothea an dem houe anderstorbin ist vnd waz von erbis wegen ze ankomen ist, daz mage ze sunder volwort irre muter dem mane nicht offgeben, noch dem male vrauwe Dorothea selbir keyne kindir hot. Ist ir abir vor gerichte ich(t) waz offgegeben vnd dorczu ander ir gereit gut vnd andir farde habe mag ze erme elichym manne wol offgeben. Dez kann er muter nicht wedersprechen.*", Spruch Posen, S. 382 f.

Begünstigten direkt überreicht wurde. Diese Sichtweise wird durch den Spruch für Leitmeritz Nr. 53 untermauert, in welchem das Gericht eine auf dem Sterbebett vorgenommene Verfügung deshalb für unwirksam hält, weil sie ohne Wissen und Willen der Kinder und Erben des Verfügenden vorgenommen wurde. Die Anwesenheit der (gesetzlichen) Erben des Verfügenden bildet auch in den Leipziger Schöffensprüchen eine Ausnahme zur Unwirksamkeit einer auf dem Sterbebett vorgenommenen Verfügung.

bb. Die Vornahme einer Vergabung hat in der Regel ebenfalls den Verlust der Befugnis zur Folge, über das betroffene Vermögen anderweitig zu verfügen. Dies ergibt sich mittelbar bereits aus Posen Spruch II Nr. 25.[127] Dort kann ein Mann die Vergabung einer Geldsumme an seine Ehefrau nur mit deren Zustimmung widerrufen. Ein Widerruf durch den Mann allein scheint nicht möglich zu sein. Ein weiteres Beispiel für unzulässige Zweitverfügung findet sich in Spruch Schweidnitz, II Nr. 39. Die gleiche Rechtsauffassung fand sich bereits in den Hallischen Schöffensprüchen. Dem lag offenbar die Annahme zu Grunde, dass dem Begünstigten auch schon zu Lebzeiten des Verfügenden ein gewisses Recht an der Gabe zustand, welches ihm einseitig nicht wieder entzogen werden konnte. Stimmte aber der durch die erste Verfügung Begünstigte der zweiten ihn benachteiligenden Verfügung zu, so wurde die Zweitverfügung dadurch wirksam und konnte auch später nicht mehr angefochten werden.[128] Wollte der Verfügende ohne weiteres für den Rest seines Lebens die Verfügungsbefugnis über sein Gut behalten, so musste er sich diese bei Vornahme der Vergabung vorbehalten. Dies ist etwa aus Spruch Schweidnitz, II Nr. 10 ersichtlich. Dank des vom Ehemann bei der Vergabung erklärten Verfügungsvorbehalts kann er auch später Teile seines Vermögens anderweitig – hier in Form eines Seelgeräts für die Kirche – vergeben. Ein dagegen gerichteter Widerspruch seiner Frau, die durch eine frühere Verfügung begünstigt wurde, bleibt aufgrund des Verfügungsvorbehalts ohne Wirkung. Weitere Beispiele für eine aufgrund des Verfügungsvorbehalts wirksame Zweitverfügung sind in den Sprüchen Leitmeritz, Nr. 51 und Schweidnitz, II Nr. 38 zu finden.

cc. Zusammenfassend kann hinsichtlich der Verfügungsbefugnis des Erblassers und des Widerspruchsrechts des Verwandten im Magdeburger Recht gesagt werden, dass die Rechtsfolgen der Verfügung über ererbtes Vermögen im Vergleich zu den bisher ausgewerteten Rechten etwas differenzierter sind. So findet sich weder in den Leipziger noch in den Hallischen Sprüchen die oben erwähnte Unterscheidung zwischen ererbtem beweglichen und unbeweglichen Vermögen.

---

[127] „*Sint dem mole das dy fraw keyginwortig vor dy gehegte bang komen ist und dy gobin selber machtlos gemacht hot domete, das sy eres mannis wederruffunge gevulbord und en ledig un(d) los gelossin hat sulcher gobin, dy her ir gegebin hotte, so mus sy noch erem eygin willen der gobe entpern, und ir bruder mag des nicht wedersprechin, und der stat briff, den der bruder ynnehot von seyner swester wegen, ist domethe ouch machlos gewordin, von rechtis wegen.*“, Spruch Posen, S. 101.

[128] Spruch Leitmeritz, Nr. 91 (S. 341 ff.).

Auch wird im Magdeburger Recht zum ersten Mal spezifiziert, welchen Personengruppen das Recht zustand, der Verfügung des Erblassers zu widersprechen.

2. Rechtsfolgen der Verfügung einschließlich Rechtsanwendungsfragen des Magdeburger Stadtrechts

a. Eine wirksame Verfügung von Todes wegen bewirkt – jedenfalls mit dem Tod des Erblassers – eine unmittelbare Änderung der dinglichen Rechtslage. Dem Begünstigten fällt das übertragene Recht ohne weiteres zu. Dies belegen die Sprüche Posen, II Nr. 45 und 47. Dort wird jeweils eine Klage von Verwandten des verstorbenen Erblassers gegen die aus einer Verfügung von Todes wegen begünstigte Person abgewiesen. Die Verwandten hatten die Herausgabe vergebener Gegenstände von dem Begünstigten gefordert. Die Schöffen verweisen in ihrem Spruch jedoch darauf, dass diese Gegenstände auf den Begünstigten übergegangen seien und den Verwandten des Verstorbenen kein Recht mehr an ihnen zustehe. Vergibt der Erblasser sein Vermögen an mehrere Personen, so erben diese zu gleichen Teilen.[129]

b. Die Wirkung einer Verfügung von Todes wegen erfasst hingegen nicht diejenigen Grundstücke, die in auswärtigen Gerichtsbezirken gelegen sind.[130] Offenbar haben unter Geltung des Magdeburger Rechts vorgenommene Verfügungen nur im Geltungsbereich dieses Rechts Wirkung und nicht auch darüber hinaus.[131]

---

[129] Vgl. Spruch Leitmeritz, Nr. (73, S. 285 ff.).

[130] „Die Schöffen zu Magdeburg erklären in Sachen des Hinz Benusch als Klägers gegen Johann Fridel als Beklagten wegen des Nachlasses von dessen Ehefrau, daß sie über die Willkür, nach der die Gerade und Fahrnis an den Ehemann falle, nicht Recht sprächen. Habe der Beklagte aber all sein gut an seine Frau rechtswirksam gegeben, so seien hiervon nur die in auswärtigen Gerichten gelegenen Grundstücke und die besonders verbrieften Güter ausgeschlossen. Alles übrige sei von der Frau auf die Kinder und von diesen auf ihn vererbt worden. Die Gerade komme den nächsten Spillmagen zu.
Ersamen besundern guten frunde. Als ir vns czwier parte schulde vnd antworte gesant habin (!), nemlichen Hinczen Benusch vnd Johannes Fridel, vnd betten (!), euch ein recht nach solcher schriftlicher clage vnd antwort zcu vorschriben, als den Johannes Fridel vffbrenget, das die stat solche wilkor vnd recht hat, stirbet eynem manne seyn weyb, das alle gerade vnd farinde habe stirbet an den man vor allen anderen iren frunden vngehindert, vff solche wilkor sprechen wir scheppen kein recht, sunder hat Johannes Fridel synem weybe al seyn gut keynes auszgenomen mechtigklichen vsz der hand an vndirscheyd gegeben, ir von stad an domethe zcu thunde vnd zcu lossen, so ist (nach) sotaner gobe alle Johan Fridels gut vorgeben, vsgeschlossen stende eygen, ligende grunde, in andern gerichten gelegen, vnd vorbrifete gutter.“, Spruch Schweidnitz, II Nr. 48 (S. 172 f.). Vgl. auch Schöffenspruch für Leitmeritz, Spruch Leitmeritz, Nr. 18 (S. 72 ff.).

[131] Ansonsten wird örtliches Recht, welches nicht mit dem sächsisch-magdeburgischen Stadtrecht identisch ist, von den Magdeburger Schöffen uneinheitlich gehandhabt. So berücksichtigen sie in Spruch Schweidnitz, II Nr. 77 eine Willkür der Stadt Breslau und machen sie zur Rechtsgrundlage ihrer Entscheidung. Dagegen wird in den Sprüchen Leitmeritz, Nr. 21 (S. 80 ff.) und Schweidnitz, II Nr. 48 ausdrücklich mitgeteilt, dass die Schöffen über örtliche Gewohnheiten kein Recht sprechen. Gelegentlich wird auch eine Entscheidung mit der Maßgabe gefällt, dass sich aus örtlichem Gewohnheits- bzw. Sonderrecht von ihr abweichende Rechtsfolgen ergeben können, siehe etwa die

3. Letztwillige Verfügungen zugunsten von Ehegatten

a. Die Magdeburger Schöffensprüche erwähnen oft die Morgengabe als Zuwendung unter Ehegatten, die auch auf den Todesfall erfolgen kann. Die Gabe soll dem begünstigten Ehegatten bis zu seinem Tode gebühren und besteht meist in einer bestimmten Geldsumme, die dem Begünstigten am Nachlass zustehen soll.[132]

Hinsichtlich des Leibgedings enthält die Magdeburger Schöffenspruchsammlung für Schweidnitz eine interessante Rechtsbelehrung der Schöffen. So tritt durch das Leibgeding keine dauerhafte Trennung zwischen Sippenvermögen und dem dem Ehegatten als Leibgeding zugewandten Vermögen ein. Vielmehr darf der begünstigte Ehegatte über das Leibgeding seinerseits nicht disponieren und es fällt nach seinem Tode wieder in den Nachlass des ursprünglich Verfügenden:

> „*Cheyn wip mac ir lipgedinge zcu eygin behalden noch verkoufin. Wenne so sie stirbit, das lipgedinge get widir an des mannes erbe.*“[133]

b. Eine weitere Gestaltungsmöglichkeit, die sicherstellt, dass Vermögen, welches dem Ehepartner verreicht wurde, letztlich doch an die eigene Sippe zurückfällt, findet sich in Spruch Schweidnitz, II Nr. 99, in welchem der Erblasser bestimmt, dass die Gabe nur für die verbleibende Lebenszeit seiner Ehefrau in deren Vermögen übergehen soll. Danach soll sie an die Erben seines vorverstorbenen Sohnes und damit an die eigene Sippe zurückfallen. Diese Anordnung entspricht damit in ihren Rechtsfolgen der heutigen Bestimmung von Vor- und Nacherben. Dem ähnlich ist die in Spruch Leitmeritz, Nr. 65 zu findende Gestaltung, dass ein vom Vater an die Tochter verreichtes Gut nach deren Tode ihren Halbgeschwistern zufallen soll.

c. Ein gesetzliches Erbrecht des Ehegatten kennt die Magdeburger Schöffenspruchpraxis nicht. Zu finden sind allerdings Hinweise auf eine Willkür der Stadt Schweidnitz, wonach ein Ehemann ohne weiteres die Fahrhabe seiner Frau nach deren Tode erhält.[134]

VI. Schluss

Fasst man das sich in den Rechts- und Schöffenbüchern abzeichnende Bild der Verfügungen auf den Todesfall zusammen, wird deutlich, dass das einheimische Recht bereits im 13. Jahrhundert fortschrittliche Elemente bei der Herausbildung

---

Sprüche Schweidnitz, II Nr. 83 (S. 247 f.), Nr. 110 (S. 298 f.). In der Mehrheit der Fälle urteilen die Magdeburger Schöffen also nur auf Grundlage des sächsisch-magdeburgischen Rechts.

[132] Vgl. etwa Sprüche Posen, II Nr. 49 (S. 135 f.) und II Nr. 51 (S. 137 ff.).

[133] Spruch Schweidnitz, I Nr. 5 (S. 55, Art. 20).

[134] Vgl. Spruch Schweidnitz, II Nr. 48 (S. 172 f.).

einer Testierfreiheit im Sinne des römisch-kanonischen Rechts kannte. In der Spruchpraxis der Hallenser, Leipziger und Magdeburger Schöffen sind die erbrechtlichen Wirkungen der deutschrechtlichen Verfügung so stark den Rechtsfolgen des römisch-rechtlichen Testaments angenähert, dass ihre Unterscheidung schwer fällt.[135] Damit hat Hieronymus Christoph Meckbach Recht, wenn er sagt:

> „Diejenigen, welche vorgeben, dass die Altteutschen keine testamenta in Gebrauch gehabt, sind von *Cornelio Tacito* verführet worden, weil dieser in seinem Büchelgen *de situ, moribus et populis germaniæ cap. XX* angeführet, daß bey diesen solche nicht gebräuchlich gewesen wären [...].“[136]

Hat sich die Ausgestaltung der Verfügungen in den einheimischen Rechten schon vor der Rezeption des gelehrten Rechts auf dem Weg zum Testament befunden, ist die Entstehung der gewillkürten Erbfolge im Allgemeinen und des Testaments im Besonderen insoweit auch von deutschrechtlichen Rechtsinstituten beeinflusst.

Parallelitäten mit den Rechtswirkungen zu römischen und kanonischen Rechtsfiguren begünstigten die Rezeption, wobei die Grade von Ähnlichkeit und Unterschiedlichkeit von einheimischem und gelehrtem Recht nur schwer fassbar sind. Die Untersuchung der letztwilligen Verfügungen in den spätmittelalterlichen normativen Rechtsquellen liefert also keine Schwarz-Weiß-Malerei wie die hier widerlegte Position (der Germanistik des 19. Jahrhunderts), nach der einseitige letztwillige Verfügungen dem deutschen Recht völlig fremd gewesen und ausschließlich Gegenstand der Rezeption seien, sondern ein buntes Bild. Und diese Buntheit entspricht wohl am ehesten der Mannigfaltigkeit der Rechtssätze im Mittelalter.

Daraus ergibt sich über die letztwilligen Verfügungen hinaus die Schlussthese, dass das Eindringen des gelehrten Erbrechts in die einheimischen Rechte von den Zeitgenossen nicht als Gegensatz zwischen gelehrtem und einheimischem Recht begriffen wurde, in dem das stärkere und bessere siegt, sondern als eine Synthese. Nicht der Gegensatz, sondern die Synthese erscheinen typisch für das Rechtsdenken des 13. und 14. Jahrhunderts. So ist die juristische Koordinierung sächsischer und römischer Rechtssätze oder – frei übertragen nach dem Wortlaut des Glossenprologs – die Konkordanz das ausdrückliche Ziel des Johann von Buch:

> „Wenn Du vor einem Kirchengericht streitest, wirst Du für einen Träumer gehalten, wenn Du Dich berufen willst, auf das Recht dieses Spiegels, das von denen [Richtern] verachtet wird, weil es [nur] das Recht eines Volkes ist, wenn es nicht übereinstimmt mit den legibus oder canonibus, wie sie hier in Übereinstimmung gebracht sind, und [dadurch] die Zustimmung der Gesetze erhalten haben.“[137]

---

[135] Dies geben selbst LOENING, Das Testament im Gebiet des Magdeburger Stadtrechtes, 1906, S. 40, und PAULI, Abhandlungen aus dem Lübischen Rechte, T. 3, 1841, S. 163 zu.

[136] MECKBACH, Commentar über den Sachsen-Spiegel, 1998 [1789], S. 458.

[137] KAUFMANN (Hrsg.), Glossen zum Sachsenspiegel-Landrecht, T. 1, 2002, S. 103, Prolog. Zitiert auch bei STEFFENHAGEN, Die Landrechtsglosse des Sachsenspiegels, 1. Teil, 1925, S. 52.

NIKOLICZA Erika (Dunaújváros/Ungarn)

Der Einfluss des Magdeburger Rechts auf das Ofner Stadtrecht in der deutschen Fachliteratur

In Ungarn ist das Ofner Stadtrecht[1] eines der jüngsten unter den wenigen, aber relativ vollständig erhaltenen Rechtsbüchern aus dem ungarischen Mittelalter. Das Rechtsbuch hat die Art des Lebens von Buda/Ofen beeinflusst und gleichzeitig hielt es die alten Sonderrechte der Stadt und auch die Texte der neueren, von König Sigismund erhaltenen Privilegien fest. In seinem Vorwort nennt das Rechtsbuch selbst seine Quellen, darunter auch das Magdeburger Recht:[2]

> „*Hye hebet sich an das Rechtpuech nach Ofnerrstat Rechten, Vnd mit helet in etlichen dingen oder stugken Maidpurgerischem rechten, Vnd ist geschriben nach allen ausgesprochen vrtaillen vnd nach gueterr löblicher gewonhait, Vnd allermaisten nach sag hantfestlicherr prieff, Damit dÿ selbe Ofenstat gestifft, gefreyet vnd pegabet wardenn ist von manigen künigen vnd fürsten des lands zu Vngeren* […].“[3]

Dieser Satz gibt Grund zur Annahme, dass das Magdeburger Recht eine der Quellen des Ofner Stadtrechts war. Die Spuren des Magdeburger Rechts im Ofner Stadtrecht aufzufinden ist aber nicht so einfach. Obwohl aufgrund früherer ungarischer Forschungsergebnisse vermutet werden konnte, dass einige Artikel des Ofner Stadtrechts einigen Kapiteln des Magdeburger Rechts sehr ähnlich oder sogar mit diesen identisch sind, gab es auf das Magdeburger Recht außer seiner einmaligen Erwähnung im Weiteren keine direkten Hinweise. Die Geschichte der Forschungen, die sich mit den Verbindungsmöglichkeiten zwischen Buda/Ofen und Magdeburg beschäftigen und deren Grundlage eben dieser das Magdeburger Recht erwähnende Satz bedeutete, ist sowohl in Ungarn als auch in Deutschland lang.

Anfang des 19. Jahrhunderts hat die historische und rechtshistorische Wissenschaftswelt in Deutschland und in Österreich begonnen, größeres Interesse an dem auf Mittel- und Osteuropa ausgeübten Einfluss des Magdeburger Rechts zu zeigen. In die durch das Magdeburger Recht beeinflussten Länder wurde auch Ungarn einbezogen. Infolge dieses Interesses wurde die Menge der deutschen

---

[1] MOLLAY (Hrsg.), Das Ofner Stadtrecht, 1959.

[2] Es ist eine Tatsache, dass das Ofner Stadtrecht von mehreren deutschen Rechtsquellen beinflusst wurde. Heute kann vermutet werden, dass auch der Schwabenspiegel unter diesen ist. In Ungarn hat László Blazovich in dieser Richtung geforscht.

[3] MOLLAY (Hrsg.), Das Ofner Stadtrecht, 1959, Nr. 1, S. 58. Die erste ungarische Übersetzung von BLAZOVICH, SCHMIDT (Hrsg., Übers.), Buda város jogkönyve, Bd. II, 2001, S. 301: „Itt kezdődik a Buda városának jogaira alapozott jogkönyv, amely némely tételében, illetőleg részében megegyezik a magdeburgi joggal, és megíratott az összes kimondott ítélet, a jó és dicséretes szokások, legfőképpen pedig ama oklevelek kijelentései alapján, amelyekkel az említett Buda városát Magyarország egyes királyai és fejedelmei megalapították, szabaddá tették és megajándékozták.“

Fachliteratur[4] immer größer, die sich auch mit den Verbindungsmöglichkeiten zwischen dem Magdeburger Recht und den ungarischen Rechtsbüchern, darunter auch dem Ofner Stadtrecht, beschäftigten.

Die Beurteilung der deutschen Fachliteratur ist jedoch nicht so einfach. Wegen der häufigen Änderungen der ungarischen Staatsgrenzen muss man versuchen, eindeutig festzustellen, wie das jeweilige wissenschaftliche Werk die Grenzen Ungarns definiert. In der deutschen Fachliteratur gibt es sehr viele Werke, die sich zwar mit dem auf Ungarn ausgeübten Einfluss des Magdeburger Rechts beschäftigen, aber sie weisen nicht darauf hin, auf welches Gebiet und welche Epoche sie sich genau beziehen. Da die Grenzen Ungarns in den 20er, 30er und 40er Jahren des 20. Jahrhunderts mehrmals geändert worden sind,[5] kann nur schwer festgestellt werden, ob der jeweilige Autor diese Änderungen bedacht oder sie außer Acht gelassen hat. Man muss aber neben der Frage, welches Gebiet in den verschiedenen historischen Epochen zu Ungarn gehörte, auch den durch die jeweils aktuelle Politik auf die Wissenschaft ausgeübten Einfluss beachten. Bei einigen Beispielen der Fachliteratur der Zwischenkriegszeit muss man die Fakten von der politischen Ideologie der damaligen Zeit trennen. Da es natürlich auch in der deutschen Wissenschaft vorgekommen ist, dass die Politik (vor allem während des Nationalsozialismus) die historischen und rechtshistorischen Forschungen für die Rechtfertigung ihrer Handlungen zu instrumentalisieren versucht hat, muss man auch hier die Forschungsergebnisse mit Vorsicht beurteilen.

Zur möglichst objektiven und wahren Darstellung dieser Werke muss ein Großteil der zur Verfügung stehenden biographischen Fachliteratur verwendet werden. Die Lebensläufe und die wissenschaftlichen Tätigkeiten der einzelnen Autoren werden dargestellt in Werken wie dem zeitgenössischen „Reichshandbuch der Deutschen Gesellschaft",[6] der *Berliner Akademie der Wissenschaften*,[7]

---

[4] Die Verfasserin dieser Zeilen hatte dank der Fürsprache von Herrn Professor Heiner Lück von der Sächsischen Akademie der Wissenschaften zu Leipzig das Glück, als Erste das Eike-von-Repgow-Stipendium zu erhalten. Dadurch wurde der Verfasserin die wissenschaftliche Arbeit in Deutschland ermöglicht, infolgedessen ein Teil der deutschen Fachliteratur über die Verbindungsmöglichkeit zwischen Buda/Ofen und Magdeburg erschlossen werden konnte. Dieser Beitrag enthält teilweise die Ergebnisse dieser Forschungsarbeit.

[5] Nach dem Ersten Weltkrieg, am 4. Juni 1920, wurden die Grenzen des heutigen Ungarns festgelegt. Seit diesem Friedensvertrag gehört Oberungarn (Felvidék) nicht mehr zu Ungarn. So muss man von der Donau als nördliche Grenze Westungarns ausgehen, wenn ein Autor in dieser Zeit über Ungarn schreibt, ohne das Gebiet des Landes oder die Stadt genau definiert zu haben. Diesem Gedanken folgend sollte man, wenn ein Autor der Zwischenkriegszeit sich auf eine ungarische Stadt bezieht, die er nicht genau benennt, wohl an Buda/Ofen denken. Die geographischen Veränderungen, die mit dem Zweiten Weltkrieg in Zusammenhang stehen (2. November 1938 Felvidék [Oberungarn] 11.927 km^2; März 1939 Kárpátalja [Karpato-Ukraine] 12.061 km^2; 30. August 1940 Észak-Erdély [Nord-Siebenbürgen] 43.104 km^2; April 1941 Délvidék [Niederungarn] 11.475 km^2: Történelmi világatlasz, 2001, S. I), stellen ein noch größeres Problem dar. Im Falle der während dieser Zeit geschriebenen Werke kann nämlich überhaupt nicht mehr definiert werden, welche Stadt gemeint ist, wenn sie nicht genau genannt wurde.

oder in jüngster Zeit durch das „Deutsche Bibliographische Generalregister",[8] die „Deutsche Biographische Enzyklopädie",[9] die „Neue Deutsche Biographie"[10] und die Sammlungen über Persönlichkeiten, die in der Geschichte der Stadt Magdeburg eine wichtige Rolle gespielt haben, wie die „Magdeburger Persönlichkeiten"[11] und das „Magdeburger biographische Lexikon".[12]

In der deutschen Fachliteratur gibt es viele rechtshistorische oder historische Werke, die sich mit dem Einfluss des Magdeburger Rechts auf Ungarn beschäftigt haben, deren Aussagen aber wegen der oben erwähnten Probleme für die Untersuchung des Einflusses des Magdeburger Rechts nicht genutzt werden können, da sie in dieser kritischen Epoche geschrieben wurden und weder genannt haben, auf welche ungarische Stadt noch auf welche Grenzen sie sich bezogen. Hier sind als Beispiele auch einige Werke von so anerkannten Rechtshistorikern wie Eberhard Freiherr von Künßberg, Gertrud Schubart-Fikentscher und des angesehenen Historikers Albert Brackmann zu nennen.

1. *Eberhard Freiherr von Künßberg* (1881–1941) ist eine der bekanntesten Personen der deutschen Rechtswissenschaft. Er hat viele wichtige rechtswissenschaftliche Werke geschrieben, unter anderem auch in Zusammenarbeit mit Richard Schröder.

> „Rich. Schröder holte K. 1905 als Mitarbeiter für das 1894/96 begonnene Wörterbuch der älteren deutschen Rechtssprache nach Heidelberg. [...] Nach Schröders Tod 1917 übernahm er selbst die Leitung des Dt. Rechtswörterbuches. [...] K. kann auch als Begründer der Rechtswortgeographie gelten, die mit historischen Wortkarten arbeitet."[13]

Er ist als Vater eines neuen Forschungsgebiets, der ‚Rechtswortgeographie', anerkannt.

> „K. begründete die Rechtliche Volkskunde, veröffentlichte u. a. [...] Rechtliche Volkskunde (1936) und befasste sich mit dem Zusammenhang zwischen Rechts- und Sprachverkehr [...]."[14]

Als Ergebnis dieser Arbeit wurde sein Werk *Rechtssprachgeographie*[15] im Jahre 1926 veröffentlicht. In diesem Werk vertrat er die These, dass es einen Zusam-

---

[6] TÖNNIES, Reichshandbuch der Deutschen Gesellschaft, 2 Bde, 1930–1931.
[7] HARTKOPF, Die Berliner Akademie der Wissenschaften, 1992.
[8] GORZNY (Hrsg.), Deutsches biographisches Generalregister, Bd. 1–, 2001–.
[9] KILLY, ENGELHARDT, VIERHAUS (Hrsg.), Deutsche biographische Enzyklopädie, Bd. 1–13, 1995–2003.
[10] Neue deutsche Biographie, Bd. 1: Aachen-Behaim [bis Bd. 25: Stadion-Tecklenborg (2013)], 1953–.
[11] WIEHLE, Magdeburger Persönlichkeiten, 1993.
[12] HEINRICH, SCHANDERA, Magdeburger biographisches Lexikon, 2002.
[13] LAUFS, „Eberhard Freiherr von Künßberg", in: NDB, Bd. 13, 1982, S. 226 f.
[14] KILLY, ENGELHARDT, VIERHAUS (Hrsg.), Deutsche biographische Enzyklopädie, Bd. 6, 1997, S. 151.
[15] KÜNSSBERG, Rechtssprachgeographie, 1926.

menhang zwischen dem Recht und der Verbreitung einer Sprache gebe.[16] Wissenswert ist hier, dass Künßberg die Donau als Grenze des Einflusses des Magdeburger Rechts betrachtete.

> „Man beachte z. B. wie das Magdeburger Recht in Ungarn vor allem mit dem mitteldeutschen Sprachgebiet zusammenfällt, während südlich der Donau Wiener Rechtseinfluß und bayerische Mundart vorwiegen."[17]

2. Im Mittelpunkt der wissenschaftlichen Forschungsarbeit von *Albert Brackmann* (1871–1952) standen grundsätzlich die Beziehungen zwischen Kaisertum und Papsttum, darunter auch die Untersuchung der Papsturkunden und verschiedener diplomatischer Probleme. Aber nachdem er 1929 zum Generaldirektor der Preußischen Staatsarchive und 1935 auch zum Kommissarischen Leiter des Reichsarchivs ernannt worden war, konnte er auch „der deutschen Ostforschung wertvolle wissenschaftliche und organisatorische Impulse geben."[18] In seinem Werk, das unter dem Titel „Magdeburg als Hauptstadt des deutschen Ostens im frühen Mittelalter"[19] im Jahre 1937 erschien, wurde der mögliche Zusammenhang zwischen dem Magdeburger Recht und Ungarn erwähnt, aber auch hier geht es um Ungarn im Allgemeinen, ohne die genauen Grenzen des Landes zu bestimmen.

> „Zuerst übernahmen Halle, Stendal und Leipzig das Magdeburger Recht; dann kam es in fast alle größeren Städte der Mark Brandenburg und der Lausitz, und im 13. Jahrhundert eroberte es sich Schlesien und Pommern, durch die Kulmer Handfeste von 1233 das ganze Ordensland Preußen, ferner Böhmen, Mähren und Ungarn [...]."[20]

3. *Gertrud Schubart-Fikentscher* (1896–1985) war eine sehr bedeutende Rechtshistorikerin ihrer Zeit. Sie hat im Jahre 1938 Anerkennung für ihr Werk erhalten, indem sie einen von der Preußischen Akademie der Wissenschaften zu Berlin ausgeschriebenen Preis gewann. Ihr in der Fachliteratur auch heute noch oft zitiertes Werk wurde im Jahre 1942 unter dem Titel „Die Verbreitung der deutschen Stadtrechte in Osteuropa"[21] veröffentlicht. In den Rechtskreis des Magdeburger Rechts hat sie auch Ungarn eingereiht, ohne die genauen Grenzen des Landes oder ohne die Stadt genau zu nennen, die mit dem Magdeburger Recht in Zusammenhang gebracht werden kann.

> „Magdeburgisches Recht in außermagdeburgischen Städten findet sich am frühesten in Stendal und Leipzig, im übrigen in den meisten Städten der Marken Brandenburg und Meißen, den Lausitzen, in Schlesien, [...], in verschiedenen Städten Böhmens, Mährens und Ungarns."[22]

---

[16] KILLY, ENGELHARDT, VIERHAUS (Hrsg.), Deutsche biographische Enzyklopädie, Bd. 6, 1997, S. 151.

[17] KÜNSSBERG, Rechtssprachgeographie, 1926, S. 27, 47.

[18] GOETTING, „Brackmann, Albert Johann Karl Theodor", in: NDB, Bd. 2, 1955, S. 505.

[19] BRACKMANN, Magdeburg als Hauptstadt des deutschen Ostens im frühen Mittelalter, 1937.

[20] Ebd., S. 69.

[21] SCHUBART-FIKENTSCHER, Die Verbreitung der deutschen Stadtrechte in Osteuropa, 1942.

4. Als Ergebnis der von *Wilfried Krallert* (1912–1969) organisierten Arbeit wurde im Jahre 1958 der „Atlas zur Geschichte der deutschen Ostsiedlung“[23] herausgegeben. Das Werk, das auch Landkarten enthält, gibt eine Zusammenfassung des durch das deutsche Recht und die deutsche Kultur auf Osteuropa ausgeübten Einflusses. Hier wird das bereits dargestellte Problem deutlich. Buda/Ofen wurde zwar unter den deutschen Städten in Ungarn genannt, aber die deutschen Quellen, die mit Buda/Ofen im Zusammenhang stehen könnten, wurden nicht angegeben.

> „Vom 13. Jahrhundert an wurden auch im Innern Ungarns deutsche Städte gegründet. Die wichtigsten Städte des Landes, darunter Ofen (= Buda) und Pest (zusammen das heutige Budapest), Ödenburg, Stuhlweißenburg, Fünfkirchen, Szeged und Debrecen sind deutsche Gründungen, ebenso die siebenbürgischen und Zipser Städte und die zahlreichen Städte in Oberungarn (der heutigen Slowakei), die im Zusammenhang mit dem Bergbau entstanden.“[24]

Krallert hielt Buda/Ofen nicht einfach für eine Stadt, die auch deutsche Kontakte hatte, sondern für eine Stadt, die mit den oben erwähnten anderen ungarischen Städten zusammen von den Deutschen gegründet wurde. Seine Äußerungen wurden weder durch ungarische noch durch deutsche Quellen gestützt. So lässt sich dieses Werk nicht in die Reihe der Forschungen einreihen, deren Ziel das Auffinden der deutschen Quellen im Ofner Stadtrecht ist. Auch aufgrund seines Lebenslaufes muss Krallerts wissenschaftliche Tätigkeit vorsichtig bewertet werden.[25]

5. *Friedrich Ebel* (1944–2005) war einer der bedeutendsten Rechtshistoriker. Im Mittelpunkt seiner wissenschaftlichen Tätigkeit stand die Stadtrechtsforschung.

> „Dr. jur., Prof. FU Berlin; FU, Inst. f. Deutsche Rechtsgeschichte, [...] Dr. jur 73, Habil. U Tübingen 77, WissR. U. Prof. U. Bielefeld 78, Prof. FU Berlin 81. Deutsche Rechtsgeschichte, Neuere Privatrechtsgeschichte, Bürgerliches Recht, Versicherungsrecht.“[26]

Als Professor an der Freien Universität in Berlin beschäftigte er sich vor allem mit dem Magdeburger Recht. Als Ergebnis seiner Arbeit steht heute neben den wichtigen Quellenausgaben[27] auch eine Bibliographie[28] der sich mit dem Mag-

---

[22] Ebd., S. 65.

[23] KRALLERT (Bearb.), Atlas zur Geschichte der deutschen Ostsiedlung, 1958.

[24] Ebd., S. 9.

[25] „[Er] gehörte schon 1934 der SS an, [...]. Er war in das Netzwerk der Südostforschung der SS eingebunden und federführend zuständig für die Planung des Raubes von Kulturgütern und wissenschaftlichen Bibliotheken.“ VODOSEK, [Rezension zu:] Österreichische Historiker 1900 bis 1945. Lebensläufe und Karrieren in Österreich, Deutschland und der Tschechoslowakei in wissenschaftlichen Porträts. Hrsg. von Karel Hruza. Wien, Köln, Weimar: Böhlau Verlag, 2008, [...], in: Bibliothek. Forschung und Wissenschaft 33,3 (2009).

[26] Kürschners deutscher Gelehrten-Kalender, 19. Ausgabe, Bd. 1, 2003, S. 626.

[27] F. EBEL (Hrsg.), Magdeburger Recht, Bd. 1: Die Rechtssprüche für Niedersachsen; Bd. 2: Die Rechtsmitteilungen und Rechtssprüche für Breslau, Teil 1: Die Quellen von 1261 bis 1452, Teil 2: Die Quellen von 1453 bis zum Ende des 16. Jahrhunderts, 1983, 1989, 1995; DERS., Der Rechte

deburger Recht beschäftigenden Rechtshistoriker zur Verfügung. In einer seiner letzten Schriften schrieb er auch über Ungarn, ohne aber den genauen Stadtnamen oder die Staatsgrenzen zu nennen.

> „Von Polen und Litauen war bereits die Rede; dazu treten große Teile der Ukraine – in Kiew steht heute noch ein Denkmal, das an das Magdeburger Recht erinnert und Einzelfälle in ungarischen Territorien.“[29]

Anhand dieser Beispiele kann festgestellt werden, dass Ungarn im Zusammenhang mit dem Magdeburger Recht in der deutschen Fachliteratur mehrmals erwähnt wurde. Aber da sie für die Erforschung des Ofner Stadtrechts nicht zu gebrauchen sind, sollen im Folgenden nur solche Werke in Betracht gezogen werden, die eindeutig über Buda/Ofen bzw. über das Ofner Stadtrecht schreiben.

6. Das Interesse für die eigene Geschichte und seine bedeutende Rolle im Mittelalter hat die Mitglieder des Vereins für Geschichte und Altertumskunde des Herzogtums und Erzstiftes Magdeburg zur Gründung der Zeitschrift „Geschichts-Blätter für Stadt und Land Magdeburg“ bewogen, die 1866 zum ersten Mal erschien. Die Zeitschrift enthielt nicht nur Beiträge von bekannten Wissenschaftlern wie Gustav Hertel,[30] sondern auch Schriften von begeisterten Laien, die sich für die Geschichte Magdeburgs interessierten. Der Grundgedanke der Zeitschrift wurde in der Einführung eines Beitrages von *Johann Georg Adalbert von Mülverstedt* (1825–1914) im Jahre 1870 formuliert.

> „Von der Ansicht ausgehend, dass diese Zeitschrift den Freunden Magdeburgischer Geschichte und den späteren Bearbeitern derselben eine Quelle historischer Materialien dazu und ein Sammelpunkt wissenschaftlicher Darstellungen aus dem Gebiet der Magdeburger Geschichte und Landeskunde sein soll, haben wir für zweckmäßig erachtet, diesen Blättern auch ab und zu kürzere das bezeichnete Thema berührende Abhandlungen und Aufsätze einzuverleiben, die in andern Zeitschriften oder größeren Werken enthalten sind oder Auszüge daraus und Referate über sie hier zu liefern.“[31]

7. Im Jahre 1881 wurde in derselben Zeitschrift ein Aufsatz von *August Zacke* (1811–1883) veröffentlicht, in dem er die Gebiete zu sammeln versucht hat, auf die das Sächsische Recht und das Magdeburger Recht Einfluss ausgeübt haben.

> „Um übersehen zu lassen, welche Verbreitung dieses Sächsische Recht gefunden hat, in welchen Ländern die Gerichte nach ihm Recht sprechen und die Städte die Magdeburger Stadtverfassung annahmen, diene die nachfolgende Aufzählung.“[32]

Weg, 2 Bde, 2000.

[28] DERS., Bibliographie der Sekundärliteratur zum Magdeburger Recht, 1998.

[29] DERS., Die Bedeutung deutschen Stadtrechts im Norden und Osten des mittelalterlichen Europa, in: DERS., Unseren fruntlichen grus zuvor, 2004, S. 392.

[30] HERTEL, Verzeichnis der Magdeburger Schultheißen, Schöffen und Ratmänner, in: Geschichts-Blätter für Stadt und Land Magdeburg 16 (1881), S. 253–276.

[31] MÜLVERSTEDT, Die älteste Stadtverfassung in Magdeburg, in: Geschichts-Blätter für Stadt und Land Magdeburg 5 (1870), S. 459.

Der Punkt Nr. 8 dieser Aufzählung erwähnte das Magdeburger Recht im Ofner Stadtrecht.

> „Ungarn. Im Ofener Stadtbuch von 1244, von der Mehrzahl der Städte angenommen, heißt es: ‚Mit helet (es theilt mit, es enthählt) in etlichen dingen oder stugken Maidpurgischem rechten.' […]."[33]

Außer diesem einzigen Satz hat der Autor nichts weiter über die Möglichkeit einer Verbindung geschrieben.

8. Zwei Jahre später, 1883, wurde die Möglichkeit der Verbindung zwischen dem Ofner Stadtrecht und dem Magdeburger Recht im Werk des Germanisten und Bibliothekars *Hermann Oesterley* (1833–1891) erneut thematisiert. Sein Werk ist jedoch wissenschaftlich nur eingeschränkt zu nutzen.

> „O. studierte Philosophie sowie Musik und promovierte in Göttingen […] 1858–61 war er Privatdozent für theoretische Musik an der Univ. Kiel. 1862–72 arbeitete er als Gehilfe bzw. Sekretär bei der Bibliothek in Göttingen, 1873–91 als Kustos bei der Bibliothek in Breslau. […] Trotz Wiedergabefehler, ungenauer kritischer Apparate und Quellenverweise […] sind manche seiner Editionen bis heute von Wert."[34]

In seinem Werk „Historisch-geographisches Wörterbuch des deutschen Mittelalters"[35], das zum ersten Mal im Jahre 1883, und als Neuauflage nochmals im Jahre 1962 herausgegeben wurde, wird die auch durch das biographische Lexikon erwähnte Lückenhaftigkeit deutlich. Dies zeigt sich beispielhaft in dem Artikel über Ofen, in welchem der Autor keine Erklärung für die Abkürzungen gibt:

> „Ofen (Hauptstadt von Ungarn) […] – 1457, Schöppenchron., St.-Ch. 7, Magdeb. 1, 398, 7. – […]."[36]

9. *Karl Konrad Ferdinand Maria von Amira* (1848–1930) war ein namhafter und anerkannter Rechtshistoriker seiner Epoche, zahlreiche biographische Lexika enthalten seinen Lebenslauf.[37] Seine wissenschaftliche Tätigkeit hatte zwei Zweige. Neben der Beschäftigung mit der traditionellen deutschen Rechtshistorie war er gleichzeitig Begründer eines neuen Zweiges der deutschen rechtshistorischen For-

---

[32] ZACKE, Ueber Sachsenrecht und den Schöffenstuhl zu Magdeburg, in: Geschichts-Blätter für Stadt und Land Magdeburg 16 (1881), S. 39.

[33] Ebd., S. 40.

[34] SCHNYDER, „Oesterley, Hermann", in: NDB, Bd. 19, 1999, S. 461.

[35] OESTERLEY, Historisch-geographisches Wörterbuch des deutschen Mittelalters, 1962.

[36] Ebd., S. 497.

[37] GORZNY (Hrsg.), Deutsches biographisches Generalregister, Bd. 1, 2001, S. 241: „1953 Neue deutsche Biographie, Bd. 1 [B] L, SL; 1961 Zischka, Gert: Allgemeines Gelehrten Lexikon [C] L; 1973 Biographisches Wörterbuch zur deutschen Geschichte Bd. 1 [C] SL; 1983 Bosls bayerische Biographie [C] L, SL; 1985 Persönlichkeiten in Münchner Friedhöfen 1784–1984 [C]; 1989 Deutsche Juristen aus fünf Jahrhunderten [C] SL; 1992 Die Berliner Akademie der Wissenschaft [C]; 1995 Deutsche biographische Enzyklopädie. Bd. 1. [C] L, SL."

schungen, der Rechtsarchäologie.[38] Auf diesem Gebiet hat er Pionierarbeit geleistet.[39] In seinem zum ersten Mal im Jahre 1893 erschienenen Werk „Germanisches Recht“[40] beschäftigte er sich auch mit dem Stadtrecht. Er schrieb über die Quellen des deutschen Rechts und erwähnte unter anderem auch das Ofner Stadtrecht.

> „Eine weitere Reihe von Stadtbüchern setzt sich aus Werken zusammen, die sich [...] auf die Darstellung des in bestimmten einzelnen Städten geltenden Rechts beschränken. Einige davon stehen der vorigen Klasse noch insofern nahe, dass sich unter ihren Materialien der Sachsenspiegel und andere sächsische Quellen befinden. [...] das große *Rechtpuech nach Ofner stat rechten* in 441 Kapiteln (zwei von verschiedenen Verfassern stammende Teile von 1405/13 und 1421) insofern, als es Magdeburger Recht benutzt.“[41]

10. Mit der Frage der Verbreitung des Magdeburger Rechts in Mittel- und Osteuropa hat sich auch *Eugen Schiffer* (1860–1954) beschäftigt. In seinem unter dem Titel „Der Schöffenstuhl zu Magdeburg“[42] 1905 erschienenen Werk hat er über die Magdeburger Schöffen geschrieben.

> „In Polen und Litthauen, Masovien und [usw.] wurde seit dem Anfang des 14. Jahrhunderts den neu gegründeten Städten regelmäßig Magdeburger Recht verliehen – teils unmittelbar, teils durch Vermittlung von Culm. [...] Ebenso verbreitet es sich nach Mähren [...], nach Ungarn, wo es die Grundlage des im Anfang des 15. Jahrhunderts in deutscher Sprache verfassten Ofener Rechtsbuches wurde, [...].“[43]

Der Autor stellte fest, dass der auf die Stadt Buda/Ofen ausgeübte Einfluss des Magdeburger Rechts ganz eindeutig gezeigt werden kann. Eugen Schiffer war nicht nur Autor wissenschaftlicher Studien,[44] sondern auch Politiker.[45]

> „Er zählte zu den führenden liberalen Politikern vor und nach der Novemberrevolution in Deutschland, so 1919 als Finanzminister und von 1919 bis 1921 als Justizminister und Vizekanzler der Reichsregierung. Als Jude und Liberaler wurde er von den Nazis verfolgt. [...] Von 1900 bis 1906 war Eugen Schiffer Landgerichtsrat in Magdeburg. Von 1912 bis 1924 vertrat er die DDP für den Magdeburger Wahlkreis im Reichstag.“[46]

Seine wissenschaftliche Arbeit war auch in Ungarn bekannt. „Er [war] Ehrenmitglied des Ungarischen Juristenvereins (sowie Präsident der Deutschen Gesellschaft von 1914) [...].“[47]

---

[38] LIERMANN, „Amira, Karl Konrad Ferdinand von“, in: NDB, Bd. 1, 1953, S. 249.

[39] KILLY, ENGELHARDT, VIERHAUS (Hrsg.), Deutsche biographische Enzyklopädie, Bd. 1, 1995, S. 115.

[40] AMIRA, Germanisches Recht, Bd. 1, 1960.

[41] Ebd., S. 172f.

[42] SCHIFFER, Der Schöffenstuhl zu Magdeburg, 1905.

[43] Ebd., S. 13.

[44] KILLY, ENGELHARDT, VIERHAUS (Hrsg.), Deutsche biographische Enzyklopädie, Bd. 8, 1998, S. 631.

[45] WIEHLE, Magdeburger Persönlichkeiten, 1993, S. 111.

[46] Ebd.

11. Im Jahre 1905 hat *Otto Loening* (1880–1943) eine Arbeit geschrieben, die im Jahre 1906 unter dem Titel „Das Testament im Gebiet des Magdeburger Stadtrechtes“[48] erschien. Er hat in seinem Werk als einen möglichen Bezugspunkt des Magdeburger Rechts in Ungarn auch das Ofner Stadtrecht erwähnt.

> „Selbst in Ungarn fand Magdeburgisches Recht Aufnahme, und das berühmte Ofener Rechtsbuch aus dem Anfang des 13. Jahrhunderts ist ein Zeugnis für die Bedeutung unseres Stadtrechtes.“[49]

Er betrachtete das Ofner Stadtrecht als Beweis für die Existenz des Magdeburger Rechts in Ungarn. Seine wissenschaftliche Bedeutung zeigt sich in der Tatsache, dass nur wenige biographische Lexika (und vor allem nur solche, die zu seiner Zeit erschienen) seinen Namen enthalten.[50]

12. An den Namen des Rechtshistorikers *Richard Carl Heinrich Schröder* (1838–1917) kann eines der Grundwerke der deutschen Rechtshistorie namens „Lehrbuch der deutschen Rechtsgeschichte“[51] (erste Ausgabe 1889) geknüpft werden. Es wurde innerhalb von 43 Jahren zwischen 1889 und 1932 siebenmal, und im Jahre 1966 die siebente Ausgabe neuerlich herausgegeben. In diesem Werk erwähnte Schröder auch das Ofner Stadtrecht und setzte es in Beziehung zum Magdeburger Recht.

> „[Das Magdeburger Recht] bildete die Grundlage des im Anfang des 15. Jahrhunderts in deutscher Sprache verfassten Ofener Rechtsbuches.“[52]

13. *Raimund Friedrich Kaindl* (1866–1930) war österreichischer Historiker.[53] Im Mittelpunkt seines wissenschaftlichen Interesses standen vor allem die Rolle und die Lage der deutschsprachigen Bevölkerung auf dem Gebiet der Österreichisch-Ungarischen Monarchie.

> „Historiker, Volkskundler, [...] 1893 habilitierte er sich für österr. Rechtsgeschichte, wurde 1901 ao. und 1905 o. Professor in Czernowitz (1912/13 Rektor), 1915 nahm er einen Ruf nach Graz an. [...] Dann dehnte er seine Forschungen auf die Geschichte des Deutschtums in den öst. und südl. Landesteilen der Doppelmonarchie aus.“[54]

In der Folge dieser Forschungsarbeit wurde sein Werk „Geschichte der Deutschen in den Karpathenländern“[55] in drei Bänden zwischen den Jahren 1907 und 1911

---

[47] TÖNNIES, Reichshandbuch der Deutschen Gesellschaft, Bd. 2, 1931, S. 1629.
[48] LOENING, Das Testament im Gebiet des Magdeburger Stadtrechtes, 1906.
[49] Ebd., S. 9.
[50] TÖNNIES, Reichshandbuch der Deutschen Gesellschaft, Bd. 2, 1931, S. 1144.
[51] R. SCHRÖDER, Lehrbuch der deutschen Rechtsgeschichte, 1907.
[52] Ebd., S. 697.
[53] G. GRIMM, „Kaindl, Raimund Friedrich“, in: NDB, Bd. 11, 1977, S. 33.
[54] Ebd.
[55] KILLY, ENGELHARDT, VIERHAUS (Hrsg.), Deutsche biographische Enzyklopädie, Bd. 5, 1997, S. 404.

veröffentlicht. In seinem 1907 erschienenen Band über Ungarn sprach Kaindl (1866–1930) auch das Ofner Stadtrecht an.

> „Neben den süddeutschen Städterechten machte sich aber auch das sächsische Magdeburger Recht geltend. Geradeso wie der Norden der Sudetenländer unter den Einfluß des Magdeburger Rechts geriet und in Prag nach Ausweis seines Rechtsbuches aus dem 14. Jahrhundert beide genannten Rechte nebeneinander herrschten, so drang Magdeburger Recht auch in Ungarn, besonders in dessen nördlichen Gegenden ein, und fand auch in Ofen neben dem österreichischen einige Berücksichtigung. [...] So wird im deutschen ‚Rechtspuech nach Ofner Statrechten' (um 1415) bemerkt, daß es sich ‚in etlichen Dingen oder Stugken an Maidpurgeischen Recht' halte, [...].“[56]

14. In der Reihe der Forscher, die sich mit der Stadtgeschichte Magdeburgs beschäftigten, hatte *Fritz-August Wilhelm Markmann* (1899–1949) eine eigenartige Rolle inne. Er wirkte als Jurist und Politiker, in den 1930er Jahren, während der Regierung der Nationalsozialisten, auch als Oberbürgermeister von Magdeburg.[57] Besonders interessierte ihn die Verbreitung des Magdeburger Rechts.[58]

> „In seine Amtszeit bis zum Ausbruch des II. WK fallen beachtliche kommunalpolitische Leistungen (Handelshafenausbau, Anschluß an Autobahn und Mittellandkanal, Schiffshebewerk). [...] An der Gesch. Magdeburgs sehr interessiert, gründete er 1933 das Stadtgesch. Mus. [...] Besonders interessierten ihn Gesch. und Verbreitung des Magdeburger Stadtrechts, zu dem er, ausgehend von geopolitischen Positionen, mehrere Publikationen verlegte. Den offiziellen Auftakt für die Slg. der Magdeburger Schöffensprüche bildete Mitte 1937 eine Ausstellung, verbunden mit einem ns. Rechtswahrertag. M. beauftragte den Stadtarchivar Paul Krause, in den Ostgebieten des Dt. Reiches Magdeburger Schöffensprüche zu sammeln. Ein von ihm 1940 gegründetes Inst. zur Erforschung des Magdeburger Stadtrechts blieb Episode. Der Ausbruch des II. WK bedeutete auch im Leben M.s einen tiefen Einschnitt. [...] Alle zivilen Bauvorhaben und Projekte mussten gestoppt werden. [...] Von der Sinnlosigkeit des Krieges überzeugt, versuchte er im April 1945 ohne Erfolg die Verteidigung der todwunden Elbestadt zu verhindern. Von den Amerikanern verhaftet und interniert, wurde er im September 1946 entlassen und fand bei Verwandten in Ebstorf Unterkunft.“[59]

Markmanns Werke spiegeln natürlich den Geist der damaligen Zeit wider, deshalb müssen seine Sätze mit besonderer Vorsicht bewertet werden. In seinem Werk „Vom deutschen Stadtrecht“[60] aus dem Jahre 1937 hat er über die Spuren des Magdeburger Rechts in Ungarn nicht nur im Allgemeinen geschrieben, sondern auch die Stadt Buda/Ofen erwähnt.

---

[56] KAINDL, Geschichte der Deutschen in den Karpatenländern, Bd. 2: Geschichte der Deutschen in Ungarn und Siebenbürgen bis 1763, in der Walachei und Moldau bis 1774, 1907, S. 25 f.

[57] WIEHLE, Magdeburger Persönlichkeiten, 1993, S. 141 f.

[58] HEINRICH, SCHANDERA, Magdeburger biographisches Lexikon, 2002, S. 448 f.

[59] Ebd.

[60] MARKMANN, Vom deutschen Stadtrecht, 1937.

„Wenn das Recht von Ofen durch das Magdeburger Recht beeinflußt wurde, wenn der Sachsenspiegel und der Schwabenspiegel die Unterlagen für das 1626 erlassene Zipsel [sic!] Landrecht darstellten, wenn das deutsche Stadtrecht in Podolien, Wolhynien und der Ukraine bis 1831 Geltung gehabt hat, dann liegt darin nicht nur die Feststellung der Tatsache der Ausbreitung dieser Rechte, sondern es liegt darin eine Kulturtat, wie wir sie in ihrem Ausmaße bis heute noch nicht abzuschätzen vermögen.“[61]

Für den Beweis dieses Einflusses veröffentlichte Markmann auch eine Landkarte unter dem Titel „Die Verbreitung des deutschen Stadtrechts nach dem Osten“.[62] Auf dieser Karte wurde die Verbreitung von Magdeburger Recht ausführlich dargestellt. Ein Jahr später, im Jahre 1938, gab er ein weiteres Werk heraus: „Zur Geschichte des Magdeburger Rechts“.[63] In diesem Werk wies er darauf hin, dass es in Ungarn sehr kompliziert sei, die Spuren des Magdeburger Rechts aufzufinden, weil nicht nur das Magdeburger Recht, sondern auch andere deutsche Rechte Einfluss ausgeübt hätten.

„In Ungarn traf es sich mit dem von Prag und Wien ausgehenden süddeutschen Stadtrecht, demgegenüber es sich als großräumiges Recht nicht allzu stark durchsetzen konnte. So zeigt denn Ungarn eine Mischung zwischen Magdeburger und süddeutschem Recht. Die durch die Gebirgsbildungen im eigentlichen Ungarn und in Rumänien verursachte Kleinräumigkeit machte das Magdeburger Recht untauglich für diese Landschaftsgebilde und überließ sie in stärkerem Ausmaß dem ihrem Charakter entsprechenden süddeutschen Stadtrechtskreis.“[64]

Auch in diesem Werk veröffentlichte er eine Landkarte unter dem Titel „Geltungsbereich des Magdeburger Rechts“.[65] Auf dieser ist Budapest auf der Verbreitungsgrenze des Magdeburger Rechts eingezeichnet.

„Daß das Magdeburger Recht die Grundlage des um 1410 herum in deutscher Sprache verfassten Ofener Rechtsbuches mit 441 Kapiteln bildet, darf der Vollständigkeit halber erwähnt werden. Es ist das jenes Rechtsbuch, das als Richter nur Deutsche zulässt.“[66]

15. Auch die neueste deutsche Fachliteratur beschäftigt sich mit dem Verhältnis zwischen dem Ofner Stadtrecht und dem Magdeburger Recht. Im Jahre 1990 wurde das Werk „Deutsche Rechtsbücher des Mittelalters“[67] von *Ulrich-Dieter Oppitz* (geb. 1939) herausgegeben. Der Arbeit von Gustav Homeyer folgend stellte er eine Bibliographie zusammen, die sowohl Quellenausgaben, darunter auch das Ofner Stadtrecht, als auch die Fachliteratur über die deutschen Rechtsbücher enthält.

---

[61] Ebd., S. 38.

[62] Ebd., S. 40 f.

[63] MARKMANN, Zur Geschichte des Magdeburger Rechts, 1938.

[64] Ebd., S. 21.

[65] Ebd., S. 20.

[66] Ebd., S. 37.

[67] OPPITZ, Deutsche Rechtsbücher des Mittelalters, Bd. 1, 1990.

„Quellen des O. St. Rb. sind auf süddeutscher Grundlage der Sachsenspiegel, Iglauer, Wiener und Magdeburger Recht sowie die Goldene Bulle König Bélas IV. (1244), Privilegien Ladislaus IV. (1276) und Sigismunds (1403). Einzelne Artikel stimmen mit dem Magdeburg-Breslauer Recht (1261) und dem Magdeburg-Görlitzer Recht (1304) überein."[68]

Es handelt sich um Quellen des Ofner Stadtrechts, darunter wurden sowohl das Magdeburger Recht als auch der Sachsenspiegel genannt.

16. *János M. Bak* (geb. 1929) verfasste im „Lexikon des Mittelalters" unter dem Stichwort ‚Ofen' einen Eintrag mit grundsätzlichen kurzen Angaben über das Ofner Stadtrecht, seine Form und seinen Inhalt. Er erwähnte, dass unter den Quellen des Ofner Stadtrechts auch deutsche, wie das Magdeburger Recht, zu finden seien.

„Ofen, Stadtrecht, dt.sprachige Rechtsslg. des Rates der Stadt Ofen (→ Buda) in Ungarn, wohl zw. 1405 und 1421 als private Aufzeichnung entstanden. Ihr Verfasser Johann (vielleicht der Stadtrichter Johann Siebenlinder oder ein Stadtschreiber gleichen Vornamens) nennt als Q. das → Magdeburger Recht, das O.er Gewohnheitsrecht und Kg.surkk., deren Einfluß vorherrscht; die Spuren verschiedener dt. Rechte sind auch nachweisbar. [...]"[69]

17. 2001 verfasste *Heiner Lück* (geb. 1954)[70] einen Beitrag,[71] in dem er einige ungarische Quellen nennt, die mit dem Magdeburger Recht in Verbindung gebracht werden können. In diese Reihe wurde auch das Ofner Stadtrecht gestellt.

„Zu Beginn des 15. Jahrhunderts entstand in der ungarischen Stadt Ofen (ung. Buda) eine Rechtsaufzeichnung, in deren Einleitung der Verfasser darauf aufmerksam macht, dass er sich bei ‚etlichen dingen oder stugken' an ‚Maidpurgerischem rechten' orientiert habe. Das berühmte Ofener Stadtrechtsbuch ist nur ein Beispiel von ungarischen Rechtsquellen, die bewusst an deutsches Recht, insbesondere an den Sachsenspiegel und das Magdeburger Stadtrecht, anknüpfen. Es dokumentiert eine sehr enge und spezifische Verbindung zwischen der Rechtskultur Ungarns und des Territoriums, das heute zum Land Sachsen-Anhalt gehört. Man fragt sich, warum und wie Rechtsnormen aus dem mitteldeutschen Raum nach Ungarn gelangt sind."[72]

Seiner Ansicht nach haben der Sachsenspiegel und das Magdeburger Recht Einfluss auf Osteuropa, so auch auf Ungarn, ausgeübt.

---

68 Ebd., S. 60.

69 BAK, Ofen, Stadtrecht, in: LexMa, Bd. 6, 1993, S. 1366.

70 „O. Mitgl. d. Sächs. Akad. d. Wiss. zu Leipzig. Mitgl. Hist. Komm. f. Sachsen-Anhalt, Mitgl. Senatskomm. F. Akademienvorhaben der Union d. dt. Akad. d. Wiss. Bürgerl. Recht, [...]." Kürschners deutscher Gelehrten-Kalender, 19. Ausgabe, Bd. 2, 2003, S. 2031.

71 LÜCK, Zur Rezeption des sächsisch-magdeburgischen Rechts in Osteuropa, in: BREMER (Hrsg.), Grenzen überschreiten, 2001, S. 9–28.

72 Ebd., S. 9.

Außerdem erwähnte er auch das Problem der Staatsgrenze Ungarns.

> „Mit dem Landesnamen Ungarn ist hier das alte Königreich Ungarn in seiner Ausdehnung bis zur Schlacht bei Mohács 1526 gemeint, das vor allem auch das Gebiet der heutigen Slowakei (Oberungarn) und Siebenbürgen einschloss. Das oberungarische Territorium spielte bei der Rezeption des sächsisch-magdeburgischen Rechts in Zentralungarn eine wichtige Mittlerrolle und muss hier schon deshalb einbezogen werden.“[73]

Die Frage, wie die Verbindung zwischen dem Ofner Stadtrecht und dem Magdeburger Recht zustande kam, ist seiner Meinung nach wissenschaftlich noch nicht beantwortet.

> „Auf welchem Wege das Magdeburger Recht nach Ofen gelangte, ist immer noch weitgehend ungeklärt. Möglicherweise spielt die örtliche Nähe des Ortes Siebenlinden (slowak. Lipiany) zu Eperjes eine Rolle, denn in der zuletzt genannten Stadt ist eine Handschrift des Magdeburger Rechts nachgewiesen. Sollte Johannes Siebenlindner tatsächlich der Verfasser des Ofener Rechtsbuches sein, wären dessen Kenntnisse über das Magdeburger Recht dadurch vielleicht erklärbar.“[74]

Diese zuletzt erwähnte Möglichkeit bezieht sich auf die These Karl Mollays, die er in der von ihm zusammengestellten ersten kritischen Ausgabe des Ofner Stadtrechts formuliert hat. Er nahm Johannes Siebenlinder, der aus Siebenlinden bei Eperjes stammt, als Autor des Ofner Stadtrechts an.

> „Wir wissen, dass Eperjes (slowak. Prešov), eine der um die 1430-er Jahre sich enger zusammenschließenden sieben königlichen Freistädte eine aus dem 14. Jh. stammende Abschrift des Magdeburger Rechts besitzt. In der Nähe von Eperjes liegt die Ortschaft Siebenlinden (slowak. Lipiany), von hier stammt – seinem Namen nach – jener Johannes Siebenlinder, in dem ich den Verfasser des Ofner Rechtsbuchs vermute.“[75]

In der Anmerkung zu dieser Stelle[76] verweist Mollay auf Béla Iványis Werk „Debrecen és a budai jog“ von 1924, in welchem dieser die Gerichtstage der Stadt thematisierte und dabei auch das Magdeburger Recht erwähnte.[77] Da die Stadt Eperjes einen Codex des Magdeburger Rechts aus dem 16. Jahrhundert besaß,

---

[73] Ebd., S. 10.

[74] Ebd., S. 24.

[75] MOLLAY (Hrsg.), Das Ofner Stadtrecht, 1959, S. 21.

[76] Ebd.

[77] IVÁNYI, Debrecen és a budai jog, 1924, S. 24: „A törvény napokon a törvénykezési idő, amely a magdeburgi jog szerint napkeltétől napnyugtáig (‚*von den morgen als dy sone offgit, bis das se nedirit*‘) tartott, úgylátszik Debrecenben is reggeltől valószínűleg az esti harangszóig terjedt, amelynél tovább a peres felek egymásra várakozni nem tartoztak. Ezt a törvénykezési időt, helyesebben ennek az időnek végső határát Debrecen város jegyzőkönyve: *hora competens iudicii*-nek, *hora iudicii*-nek, *iuridicum*-nak, *hora vespertina*-nak nevezi, s ez valószínűleg egybeesett a *pulsus vespertinus*-sal, azaz az esti harangszóval.“

hält es Mollay für wahrscheinlich, dass dieses dem Autor des Ofner Stadtrechts auch bekannt war.[78]

Die Familienforschungen von András Kubinyi kamen jedoch zu einem anderen Ergebnis bezüglich der Person des Autors.[79] Seiner Meinung nach ist Johannes Siebenlinder nicht identisch mit der Person, die sich im Stadtrechtsbuch genannt hat. Denselben Gedanken formulierte er auch im Kapitel über Buda/Ofen in „Budapest története.“[80] Also ist der Weg des Magdeburger Rechts nach Buda/ Ofen, der von Mollay gezeichnet wurde, noch immer zweifelhaft.[81] Es erscheint immer wahrscheinlicher, dass Schlesien beim Bekanntwerden Magdeburger Rechts in Buda/Ofen eine größere Rolle spielte. Ohne Zweifel hatte Buda/Ofen Handelskontakte zu Magdeburg, die jedoch wohl nicht direkt, sondern größtenteils über Breslau in Schlesien, und teilweise auch über die in der Lausitz liegende Stadt Görlitz gelaufen sind. Diese mittelalterlichen Handelswege spielten möglicherweise eine Rolle beim Erscheinen des Magdeburger Rechts in Buda/Ofen. Ergebnisse von Forschungen in dieser Richtung könnten zur Beantwortung der Frage beitragen, wie die Bürger von Buda/Ofen mit dem Magdeburger Recht in Kontakt gekommen sind.

18. Zu der neuesten Fachliteratur gehört das großartige dreibändige Werk, das im Jubiläumsjahr 2005 unter dem Titel „1200 Jahre Magdeburg“[82] erschienen ist. Der erste Band handelt von der Geschichte der Stadt, zwischen der Gründung 805 und der ersten Vernichtung im Jahre 1631. Der Autor ist der Historiker *Helmut Asmus* (geb. 1931), der die Geschichte der Stadt sowohl aus der Sicht der Archäologie, als auch der Kulturhistorie – mit sehr vielen Abbildungen, Bildern und Fotos illustriert – erzählt. Bei der Darstellung des Magdeburger Rechts und der Tätigkeit des Schöffenstuhls spricht er auch über dessen Einfluss auf Mittel- und Osteuropa. Er versuchte eine Quellensammlung aufzustellen, in die er das Ofner Stadtrecht aus Ungarn einbezog.

---

[78] MOLLAY (Hrsg.), Das Ofner Stadtrecht, 1959, S. 21.

[79] „[...] valószínűtlennek tartjuk azt a feltevést, hogy ő lett légyen a Jogkönyv szerzője.“ KUBINYI, A budai német patríciátus társadalmi helyzete családi összeköttetéseinek tükrében a XIII. századtól a XV. század második feléig, in: Levéltári Közlemények 42 (1971), S. 250.

[80] „A Jogkönyv szerzőjét nem ismerjük, Mollay megállapítása alapján biztos, hogy keresztneve János volt [...] Hogy Siebenlinder János volt-e, kétséges.“ KUBINYI, Budapest története a későbbi középkorban Buda elestéig (1541-ig), in: GEREVICH (Hrsg.), Budapest története, Bd. 2, 1973, S. 7–334.

[81] Über den Autor bzw. die Autoren des Ofner Stadtrechts schreibt József Schmidt, der Übersetzer der ersten ungarischsprachigen Ausgabe des Ofner Stadtrechts, das Folgende: „A szerzőkről bizonyossággal csak annyit tudunk, hogy a Prológust és az első 158 cikkelyt egy János nevű személy állította össze és foglalta írásba, valamint, hogy a 403. cikkelyig tartó részt egy jegyző folytatta. A többi rész szerzőjének kilétét homály fedi.“ SCHMIDT J., Budai Jogkönyv, in: KŐSZEGHY (Hrsg.), Magyar Művelődéstörténeti Lexikon, Bd. 1, 2003, S. 465.

[82] ASMUS, 1200 Jahre Magdeburg, Bd. 1, 2005.

> „Für Polen erließ König Kasimir 1347 ein Statut mit dem gesamten Inhalt des Magdeburger Rechts, in Ungarn fand es 1410 seinen Niederschlag im ‚Ofener Rechtsbuch', dazu gab es eine Übersetzung ins Ukrainische und Russische."[83]

Der Autor hält den Einfluss des Magdeburger Rechts auf das Ofner Stadtrecht für eindeutig, einen Vergleich auf Grundlage der Quellen macht er jedoch nicht.

In diesem Beitrag wurde versucht, zusammenfassend darzustellen, ob die Theorie einer Verbindungsmöglichkeit zwischen dem Ofner Stadtrecht und dem Magdeburger Recht in der deutschen Fachliteratur belegt werden kann. Anhand der oben erwähnten Beispiele ist gut ersichtlich, dass sich die deutsche Fachliteratur mit diesem Problem bereits seit dem 19. Jahrhundert beschäftigt hat. Aber es scheint auch eine Tatsache zu sein, dass die Forschungen den Einfluss des Magdeburger Rechts auf das Ofner Stadtrecht im Allgemeinen aus einem einzigen Satz im Ofner Stadtrecht „*Hye hebet sich an das Rechtpuech nach Ofnerrstat Rechten, Vnd mit helet in etlichen dingen oder stugken Maidpurgerischem rechten,* [...]."[84] herleiten. Lang ist die Reihe der Werke, die diesen Einfluss als Tatsache ansehen, aber es gibt wenige Forschungsergebnisse, die ihre Äußerungen mit dem Vergleich der Quellen belegen können.

---

[83] Ebd., S. 230.

[84] MOLLAY (Hrsg.), Das Ofner Stadtrecht, 1959, Nr. 1, S. 58.

Ilpo Tapani PIIRAINEN † (Münster/Deutschland)

Das Zipser Recht und seine Auswirkungen auf weitere Rechtsbücher des 16.–17. Jahrhunderts

1. Entstehung und Entwicklung der Landschaft Zips

Die kulturhistorisch bedeutsame Landschaft, die auf Slowakisch Spiš, auf Ungarisch Szepes und auf Deutsch Zips heißt, liegt im Osten der heutigen Slowakei, im Nordosten des früheren Königreichs Ungarn. Sie wird im Westen durch die Hohe Tatra begrenzt, liegt im Tal des Flusses Popper, im Gebiet des oberen Hernád sowie im Osten im alten Bergbaugebiet des heutigen slowakischen Erzgebirges. Im Norden erstreckt sie sich bis an die heutige Staatsgrenze zwischen Polen und der Slowakei, im Osten bis in die Nähe der Staatsgrenze zwischen der Slowakei und der Ukraine. Seit dem Altertum kreuzten sich hier wichtige Handelswege, im Mittelalter entstanden in diesem gebirgigen und waldreichen Gebiet zahlreiche Städte mit großem materiellen und kulturellen Reichtum. Als Zeichen der früheren Bedeutung dieser Landschaft ragt in der Nähe der heutigen Stadt Kirchdrauf bereits seit dem 12. Jahrhundert auf einem Hügel die Zipser Burg, eine der größten Burganlagen Mitteleuropas, empor.

Das Gebiet der Zips zeigt bereits in der vorhistorischen Zeit Spuren menschlicher Besiedlung. In Gehansdorf, etwa drei Kilometer von der heutigen Stadt Deutschendorf entfernt, wurde ein Neandertaler gefunden, dessen Alter auf 70.000 Jahre geschätzt wird. Aus der mittleren Steinzeit (etwa 10.000 bis 3.000 v. Chr.) stammen Geräte, die in der Zips in der Umgebung von Zipser Bela gefunden wurden. Weiterhin gibt es Anhaltspunkte dafür, dass die Zips in der neolithischen Zeit, etwa 3.000 bis 2.000 v. Chr., besiedelt war. Eindeutige Beweise für die frühe Besiedlung dieses Gebietes liefern archäologische Ausgrabungen, die in Donnersmark Funde aus der ottomanischen Kultur (ca. 1.500 v. Chr.) zutage brachten. Nicht nur Kultgegenstände, sondern auch Gebrauchsgegenstände und Goldschmuck zeugen von dem Reichtum der damals in der Zips ansässigen Siedler. In der Gegend der heutigen Stadt Leutschau wurden wiederum Metallarbeiten gefunden, die aus der jüngeren Bronzezeit (etwa 13. Jahrhundert v. Chr.) stammen und auf Verbindungen mit dem heutigen süddeutschen Gebiet hinweisen. Um 400 v. Chr. kamen Kelten in das Gebiet der heutigen Slowakei; obwohl sie sich vorwiegend im Südwesten der Region niederließen, lassen sich ihre Spuren auch in der Zips verfolgen. Auch die römische Kultur übte im 1.–4. Jahrhundert n. Chr. dort einen starken Einfluss aus. Aus dieser Zeit ist bekannt, dass die Handelswege vom Mittelmeer in den Norden und Osten Europas über die Zips führten.[1]

---

[1] VLADÁR, Umenie dávnovekého na Spiša, 1978; DERS., Dávne kultúry a Slovensko, 1983.

Eine slawische Besiedlung lässt sich in der Zips seit dem 6. Jahrhundert nachweisen. Die ältesten Funde sind Tonkrüge aus dem 6. sowie aus dem 8.–9. Jahrhundert, die im Gebiet von Zipser Neudorf und Tomsdorf ausgegraben wurden. In dieser Zeit vor dem Großmährischen Reich entstand in Čingov im Slowakischen Paradies am südlichen Rande der Zips eine mit Steinmauern befestigte hölzerne Burganlage. Im Flusstal des Hernád bildete sich im 9. Jahrhundert eine größere Niederlassung heraus, die auch eine neue Burganlage im Umfang von ca. 230 x 150 Meter umfasste. Aus dem 9.–10. Jahrhundert sind eine Reihe von Dorfsiedlungen bekannt, von denen sich einige (Käsmark, Leutschau, Donnersmark) später zu bedeutenden Städten entwickelten. Nach dem Untergang des Großmährischen Reiches im 7.–8. Jahrhundert dehnte sich das Herrschaftsgebiet der Piastendynastie des benachbarten Polen auch in das Gebiet der Zips aus; auch dies lässt sich durch archäologische Funde sowie mit Hilfe von Orts- und Gewässernamen nachweisen. Nach der Landnahme durch die Ungarn im 10. Jahrhundert kamen ungarische Grenzposten und madjarische Bevölkerung hinzu. Die Zips war bis 1918 eine Landschaft im Königreich Ungarn. Die Entwicklung der Städte in der Zips erlitt jedoch einen schweren Rückfall, als die Tataren im Jahre 1241 zahlreiche Ortschaften verwüsteten.

Die ersten deutschen Siedler kamen zu Beginn des 12. Jahrhunderts in größerem Umfang in die Zips, aber erst nach dem Tatareneinfall bzw. Mongolensturm der Jahre 1241/42 setzt die eigentliche Besiedlung der Zips durch die deutschen Siedler ein. Diese kamen, unterstützt durch die wirtschaftlichen Förderungsmaßnahmen seitens des Königreichs Ungarn, aus Thüringen, Sachsen, vereinzelt auch aus Bayern sowie aus dem neubesiedelten schlesischen Raum. Das Verwaltungszentrum für dieses Gebiet, in dem Slowaken, Ungarn, Deutsche, Polen, Ukrainer und Juden jahrhundertelang nebeneinander lebten, war anfangs die Zipser Burg, vom 16. Jahrhundert an die Stadt Leutschau. Die erste Urkunde, die das Gebiet der Zips betrifft, stammt aus dem Jahre 1209. Auf Bitte des Bamberger Bischofs Eckbert überträgt Andreas II. (1204–1235) darin ein Gebiet der Zips, das ihm gehörte, an den Zipser Probst Adolf (*terram quandum in Scepus sitam supra Poprad a Scepus eliberatam*). Quellen aus der zweiten Hälfte des 13. Jahrhunderts bezeugen, dass es damals in der Zips einen großen Stuhl des Zipser Adels (*sedes nobilium de Scepus*), einen kleinen Stuhl (*sedes decem lanceatorum*), eine Gemeinschaft der Zipser Sachsen (*provincia Saxonum des Cips*) und auch eine Gemeinschaft der Slawen (*provincia Sclavorum*) sowie einen Verband der Zipser Bergstädte gab, die recht unterschiedliche Interessen vertraten. Im Jahre 1344 wurde ein Bund der 24 Zipser Städte gegründet, der wesentlich zur wirtschaftlichen und kulturellen Entwicklung dieser Landschaft beitrug.

Die Gemeinschaft der 24 Zipser Städte wurde zerstört, als im Jahre 1412 der ungarische König Sigismund insgesamt 13 Zipser Städte seinem Schwager, dem polnischen König Wladislaw/Ladislaus, für 37.000 böhmische Groschen verpfändete. Bis zum Jahre 1772 gehörten sie zu Polen, bis sie wieder in das Königreich

Ungarn eingegliedert wurden. Die Städtegemeinschaft bestand bis 1778, als in diesen Bund ferner drei Städte aus dieser Region aufgenommen wurden und zusammen mit den oben genannten 13 Städten den Verband der 16 Zipser Städte bildeten. Die Städte Käsmark und Leutschau blieben außerhalb dieser Gemeinschaften und konnten als königliche Freistädte über ihre Entwicklung selbst bestimmen.

Die übrigen Städte des Bundes der 24 Zipser Städte, die nicht an Polen gerieten, bildeten die Gemeinschaft der 11 Zipser Städte. Letztgenannte Gemeinschaft währte nur kurz, weil ihre Einwohner im Jahre 1465 in die Leibeigenschaft der Zipser Burg gerieten. Im Gegensatz zu den 13 Städten, die während der polnischen Verpfändung ihre besondere Stellung gegenüber Polen ausnutzten und sich wirtschaftlich gut behaupten konnten, bestand die Gemeinschaft der 11 Städte aus kleinen Marktflecken (*oppida*), die ihre früheren Privilegien nicht verteidigen konnten. In den königlichen Freistädten und den 13 verpfändeten Städten der Zips entwickelten sich vor allem der Handel und das Handwerk. Dies schlug sich in der Kultur dieser Ortschaften nieder. In verschiedenen Städten wurden prächtige Bauten, Häuser und Kirchen, errichtet. In Leutschau wirkten der Humanist Johannes Henckel von Donnersmark und Meister Paul, ein Bildhauer von europäischer Bedeutung. Die wirtschaftlichen und geistigen Verbindungen zum benachbarten Krakau wurden ausgebaut, und an der Krakauer Universität wurden für die Zips manch führende Persönlichkeiten ausgebildet. Im Zeitalter der Reformation studierten Zipser oft an deutschen Universitäten (Wittenberg, Leipzig, Halle).[2]

Im Jahre 1918 wurde die Zips mit der Gründung des ersten tschechoslowakischen Staates vom Königreich Ungarn getrennt. In den ersten Jahren danach wurden Bevölkerungsstatistiken erstellt. Aus dem Jahre 1921 ergibt sich das folgende Bild über die Nationalitätenverhältnisse in der Zips: Die Gesamtbevölkerung betrug 168.745 Einwohner, davon waren 105.759, dem damaligen Sprachgebrauch gemäß, Tschechoslowaken, 37.133 Deutsche, 5.350 Madjaren (= Ungarn), 9.982 Russen (damit waren Ukrainer gemeint), 3.466 Juden, 1.822 andere – zum größten Teil Polen. Es gab in der Zips während der ersten tschechoslowakischen Republik 46 deutsche Volksschulen, vier deutsche Bürgerschulen sowie zwei deutsche Mittelschulen, das evangelische Realgymnasium in Käsmark und das deutsche Realgymnasium in Leutschau.

Ein großer Teil der schriftlichen Überlieferung in der Zips wurde in deutscher Sprache verfasst. Die ältesten Urkunden wurden auf Latein geschrieben, aber neben dem Lateinischen und vom 15. Jahrhundert an auch dem Slowakischen gewinnt Deutsch als Kanzleisprache seit dem 15.–16. Jahrhundert an Bedeutung und wird in vielen Kanzleien die dominante Sprache der rechtlichen und administrativen Kodifizierung. Deutsch als Urkundensprache wird im Jahre 1840

---

[2] CHALUPECKÝ, Die Ansiedlung der Sachsen in der Zips auf der Grundlage der Quellenüberlieferung, in: Karpatenjahrbuch 61 (2010), S. 59–66.

durch das Ungarische und mit der Gründung des ersten tschechoslowakischen Staates im Jahre 1918 durch das Slowakische ersetzt.[3]

2. Handschriften und Editionen des Zipser Rechts

Seit dem 13. Jahrhundert wurden im damaligen niederungarischen Bergbaugebiet, d. h. in der heutigen Mittelslowakei, sowie in der Region Zips Städte gegründet, in denen Slowaken, Ungarn sowie Deutsche lebten. Der ungarische König verlieh den Städten Privilegien, durch die die wirtschaftliche und politische Organisation dieser Ortschaften geschaffen wurde. Es entstand nach dem Muster anderer mitteleuropäischer Städte eine Rechtstradition, in der die lokale, z. T. seit der slawischen Zeit überlieferte und durch die ungarische Krone ergänzte lokale Rechtsprechung mit den überregionalen, weitgehend aus dem deutschen Kulturraum kommenden Rechtsgrundsätzen verbunden wurde. Häufig wurden die Stadtrechte aufgezeichnet. Der Grund dafür dürfte nicht nur der geforderte schriftliche Rechtsbeweis gewesen sein, sondern auch die Tatsache, dass auch die Amtspersonen nicht in der Lage waren, die durch die komplizierte Rechtsstruktur der Stadt notwendige Zahl der Rechtssätze mit der erforderlichen Genauigkeit im Gedächtnis zu behalten. Ein weiterer Grund für die Aufzeichnung der Stadtrechte dürfte das Misstrauen verschiedener sozialer Gruppen untereinander gewesen sein, die in den Städten des Spätmittelalters lebten. Ein wichtiger Anlass für die schriftliche Abfassung von Stadtrechten war auch die Verleihung des Stadtrechts an eine andere Stadt, was im Gebiet der heutigen Slowakei offensichtlich öfter der Fall war.

Die älteste erhaltene Rechtskodifizierung in der Slowakei ist das Stadtrecht von Sillein aus dem Jahre 1378, das auf das Recht von Karpfen zurückgeht. Eine vollständige, buchstabengetreue Edition des deutschsprachigen Originaltextes erfolgte 1972. Davor wurden in einer Monographie die deutschsprachigen Überschriften des Codex und die im 15. Jahrhundert angefertigte Übersetzung des Rechtstextes ins Slawische veröffentlicht. Bereits im 18. Jahrhundert haben sich Historiker für deutsche Rechtstexte interessiert. Im 19. Jahrhundert wurden die Stadt- und Bergrechte von Schemnitz und Kremnitz sowie das Recht der Zips auf der Grundlage der Leutschauer Handschrift aus dem Jahre 1540, der sog. Zipser Willkür, in Editionen veröffentlicht, die jedoch nach den heutigen diplomatischen, buchstabengetreuen Editionsgrundsätzen für philologische Untersuchungen kaum geeignet sind. Dasselbe gilt für die Edition des Stadt- und Bergrechts von Kremnitz, in der graphemische Abweichungen von der Handschrift vorkommen sowie einzelne Wörter und ganze Artikel fehlen.[4]

---

[3] GRÉB, Zipser Volkskunde, 1932; MARSINA (Hrsg.), Národnostný vyvoj miest na Slovensku do roku 1918, 1984; PAPSONOVÁ, PIIRAINEN, Das Recht der Spiš/Zips, 2 Bde, 1992.

[4] CHALUPECKÝ, Stadtrechte im Gebiet der heutigen Slowakei, in: Karpatenjahrbuch 63 (2012), S. 43–56.

In den 30er Jahren des 20. Jahrhunderts erwuchs erstmals auch ein philologisches Interesse an deutschsprachigen Handschriften in slowakischen Archiven. Herbert Weinelt legte eine Gesamtdarstellung der mittelalterlichen deutschen Kanzleisprache der Slowakei vor und veröffentlichte eine Edition des Stadtbuches von Zipser Neudorf, das eine Handschrift des Zipser Rechts enthält.[5] Diese beiden Werke waren aus damaliger Sicht recht zuverlässige Einführungen für den Umgang mit deutschsprachigen Quellen in Archiven im Gebiet der heutigen Slowakei. Die Ereignisse des Zweiten Weltkrieges und die darauf erfolgte Vertreibung der sog. Karpatendeutschen aus der Region haben aber dazu beigetragen, dass die Erforschung der deutschsprachigen, auch älteren Texte dort mehrere Jahrzehnte ruhte. Aus heutiger Sicht ist es für die philologische und historische Forschung ein Glück, dass die Archive damals die deutschsprachigen Quellen nicht vernichten oder ‚säubern' mussten. Nach einigen Hinweisen fachkundiger Germanisten konnte der Verfasser des vorliegenden Beitrags 1969 im Rahmen des finnisch-tschechoslowakischen Kulturabkommens damit beginnen, jährlich in slowakischen Archiven an deutschsprachigen Handschriften zu forschen sowie Texte in Editionen und in wissenschaftlichen Beiträgen zu veröffentlichen.[6] Unter seiner Betreuung konnten mehrere Dissertationen und Habilitationsarbeiten an den Universitäten Münster und Bochum verteidigt und publiziert werden. Ein Verzeichnis mit Regesten zu ca. 14.000 deutschsprachigen Handschriften des 14.–17. Jahrhunderts in slowakischen Archiven erschien 2009 und bietet die Grundlage für Textuntersuchungen in mehreren Wissenschaftsdisziplinen.[7]

Mit der Edition des Rechts der Zips aus dem Jahre 1992 sollte ein wichtiges deutschsprachiges Rechtsdenkmal aus diesem geschichtlich bedeutsamen Gebiet der germanistischen, historischen und rechtsgeschichtlichen Forschung zugänglich gemacht werden. Im Jahre 1980 legte Mária Papsonová an der Universität Pressburg eine maschinenschriftliche Dissertation vor, die eine Edition der aus dem 15. Jahrhundert stammenden Handschrift des Zipser Rechts aus Georgenberg sowie deren sprachliche Analyse enthielt. Bereits 1984 konnte eine erste Übersicht über die Kodifizierung der sogenannten Zipser Willkür veröffentlicht werden. Schon im 13. Jahrhundert hatten die Deutschen in den Städten der Zips

---

[5] WEINELT, Die mittelalterliche deutsche Kanzleisprache in der Slowakei, 1938; DERS., Das Stadtbuch von Zipser Neudorf und seine Sprache, 1940.

[6] PIIRAINEN, Das Stadtrechtsbuch von Sillein, 1972; DERS., Das Iglauer Bergrecht nach einer Handschrift aus Schemnitz, 1980; DERS., Das Stadt- und Bergrecht von Kremnica/Kremnitz, 1983; DERS., Das Stadt- und Bergrecht von Banská Štiavnica/Schemnitz, 1986; PAPSONOVÁ, PIIRAINEN, Das Recht der Spiš/Zips, 2 Bde, 1992; MEIER, PIIRAINEN, Das Stadtbuch von Schwedler/Švedlár, 1993; PIIRAINEN, ZIEGLER, Collectanea Allerley Nutzlicher vnnd Nothwendiger Regeln des Rechtens, 1995; DIES., Das älteste Gerichtsbuch der Stadt Käsmark/Kežmarok aus den Jahren 1533–1553, 1998; MEIER, PIIRAINEN, Der Schwabenspiegel aus Kaschau, 2000; PIIRAINEN, Nachträge zum Zipser Recht, 2001; DERS., Das Rechtsbuch der XI Zipser Städte, 2003.

[7] MEIER, PIIRAINEN, WEGERA (Hrsg.), Deutschsprachige Handschriften in slowakischen Archiven, 3 Bde, 2009.

offensichtlich ihre eigene Rechtsordnung. Mit einem Privileg des ungarischen Königs Stephan V. aus dem Jahre 1271 wird bestätigt, dass die Zipser Deutschen nach Bräuchen lebten, die später in der sogenannten ‚Willkür' niedergeschrieben wurden. Die Beziehungen zu anderen deutschsprachigen Texten des Spätmittelalters sind offensichtlich. Viele Rechtssätze der Zipser Willkür sind in ihrer Materie typisch für die Stadtrechte im Umkreis des Sächsisch-Magdeburgischen Rechts und des Sachsenspiegels. Dazu zählen insbesondere die Rechtssätze über Kauf und Handel, über die Ordnung von Handwerk und Gewerbe sowie auch über das Verfahren bei Klagen wegen Schuld. Diese überregional geltenden Prinzipien wurden durch die lokale Rechtstradition zu einem umfangreichen Codex ergänzt. Aufgrund der erhaltenen Handschriften kann rekonstruiert werden, dass das Original 93 bis 100 Artikel enthielt, die die öffentliche Verwaltung, die Gerichtsbarkeit sowie das Familien-, Erb-, Vermögens- und Handelsrecht regelten.

In einer zweibändigen Ausgabe wurden bis zu 13 unterschiedliche Handschriften des Zipser Rechts, die bis zum Ende der 1980er Jahre ausfindig gemacht werden konnten, in einer buchstabengetreuen Form, in diplomatischen Editionen mit dem vollen Wortlaut der einzelnen Handschriften der Forschung zugänglich gemacht. In den 1980er Jahren forschte der Autor des vorliegenden Beitrags jährlich – oft monatelang – im Staatsarchiv Leutschau. Ivan Chalupecký, der frühere Direktor des Staatsarchivs und Dozent an der Katholischen Universität Rosenberg, bot für die Forschungen über Jahre hinweg vielseitige, wertvolle Hilfen. Die Handschriften, die sich zeitlich vom 15. bis ins späte 18. Jahrhundert erstrecken, werden in unterschiedlichen Archiven und Bibliotheken aufbewahrt und konnten für die Bearbeitung ins Staatsarchiv Leutschau ausgeliehen werden. Die Forschungen des Autors an deutschen Texten in slowakischen Archiven wurden seitens Finnlands kontinuierlich gefördert. Der Band mit der Edition der zehn auffindbaren Handschriften des Stadt- und Bergrechts von Schemnitz und das zweibändige Werk mit der Edition von 13 Handschriften des Zipser Rechts erschienen in einer Reihe der Universität Oulu in Finnland. Die Texte wurden graphemisch untersucht, wodurch sich die Entwicklung der geschriebenen Sprache in der Zips vom Frühneuhochdeutschen bis zum Neuhochdeutschen verfolgen lässt. Das Glossar zu den Handschriften bietet einen Einblick in die fachsprachliche Lexik des Zipser Rechts, soll aber vor allem den Rechtshistorikern und Geschichtswissenschaftlern als Hilfe für das Textverständnis dienen. Für die Germanistik und sprachhistorische Forschung ist es von Bedeutung, dass in dem seit 1986 erscheinenden Frühneuhochdeutschen Wörterbuch die Lexik des Schemnitzer Stadt- und Bergrechts sowie der Wortschatz des Zipser Rechts auf der Grundlage der Ausgabe von 1992 in den Belegen für einzelne Lemmata herangezogen werden.[8]

---

[8] ANDERSON (Begr.), GOEBEL (Hrsg.), REICHMANN, Frühneuhochdeutsches Wörterbuch, 1989–. Bis Mitte 2012 sind Lieferungen bis zum 9. Band erschienen.

Auch nach dem Erscheinen der Ausgabe von 1992 mit der Edition der 13 Handschriften ging die Suche nach weiteren noch auffindbaren Codices weiter. Das Zipser Recht bildete bis zum Ende des 18. Jahrhunderts die administrative und rechtliche Grundlage für das Zusammenleben der Menschen unterschiedlicher Nationalität und verschiedener Muttersprachen in den Zipser Städten. Dies erklärt, warum immerhin eine so große Anzahl von Handschriften ausfindig gemacht werden konnte. In den 1990er Jahren konnten dann mit großartiger Hilfe des Staatsarchivs Leutschau und des Archivars Ivan Chalupecký zwei weitere Codices entdeckt werden, die unter der Bezeichnung ‚Handschrift 14‘ und ‚Handschrift 15‘ in den Nachträgen zum Zipser Recht ediert und veröffentlicht wurden. Die ‚Handschrift 14‘ liegt im Staatsarchiv Leutschau und enthält eine Abschrift von 96 Artikeln des Zipser Rechts sowie acht Zusatzartikel mit der Überschrift *„Die Stück findet mann nicht in der Willkür“*. Danach folgt noch ein *„Register und Inhalt unsser Land Recht u(nd) Willkühr“*. Die Datierung 13. Dezember 1659 bezieht sich offensichtlich auf die Vorlage, aus der der Text kopiert wurde. Die Schrift ist eine Kurrentschrift des 18. Jahrhunderts, die von einem einzigen Schreiber geschrieben wurde. Die in der Handschrift genannte Jahreszahl 1659 ist als unrealistisch anzusehen. Die ‚Handschrift 15‘ wurde im April 1996 von Ivan Chalupecký zwischen den Akten des Evangelischen Lyzeums Käsmark entdeckt, die sich damals für eine Katalogisierung im Staatsarchiv Leutschau befanden. Auf dem Deckblatt steht die schwer lesbare Eintragung

> *„Abschrift in Zipser Bela am 12.1.1770 durch Georgium Carolum Borz Henricum Liber Baro de Merkenfeld“*.

Dem Handschriftenduktus nach handelt es sich dort um eine Kurrentschrift des 18. Jahrhunderts, die von einem einzigen Schreiber geschrieben wurde. Die Edition erschien in einem Band, der auch ein Glossar sowie eine Übertragung der Texte ins Neuhochdeutsche enthält.[9]

Mit den Veröffentlichungen aller bis 1990 auffindbaren Handschriften des Zipser Rechts wurde der Wunsch verbunden, dass diese Textausgaben seitens der Germanistik und der internationalen Forschung für die Untersuchung der Geschichte und der Rechtsverhältnisse der Landschaft Zips genutzt werden. Abgesehen von ein paar Untersuchungen im 19. Jahrhundert und während der sogenannten Ersten Tschechoslowakischen Republik sowie einigen kürzeren Beiträgen aus den 70er Jahren des 20. Jahrhunderts liegen Arbeiten über die Rechtsgeschichte der Zips erst aus der Zeit nach dem Ende der sozialistischen Herrschaft vor.[10] In Polen erschien eine Monographie über die Zips, die auch ein Kapitel

---

[9] PIIRAINEN, Nachträge zum Zipser Recht, 2001.

[10] DEMKÓ, A szepesi jog '(Zipser Willkühr)', 1891; MÁTTYASOVSKY, Spišské právo, in: Právny Obzor 18,12 (1935), S. 245–254; VIZKELETY, Príspevký k právnym dejinám spišských miest v stredoveku, in: Spiš. Vlastivedný zborník 3–4 (1973), S. 53–64; MERTANOVÁ, Vznik a vývoj spišského práva, in: Spišské mesta v stredoveku, 1974, S. 91–99.

über das Zipser Recht enthält. Die grenzüberschreitende, interdisziplinäre Zusammenarbeit zwischen slowakischen und polnischen Forschern über die Zips macht sich bis heute positiv bemerkbar.[11] Nach dem Ende der sozialistischen Herrschaft blühten das Interesse an der Vergangenheit der Zips und die Forschungsaktivitäten auf: Es wurden umfangreiche Sammelbände mit internationaler Beteiligung herausgegeben.[12] Der Zipser Historische Verein wurde neu gegründet, Konferenzen veranstaltet und regelmäßig ein Jahrbuch herausgegeben, dessen Beiträge Zusammenfassungen auf Deutsch und auf Englisch, gelegentlich auch auf Ungarisch oder auf Polnisch beinhalten. Es werden zahlreiche Ortsmonographien und Bildbände veröffentlicht, deren Kapitel über die Vergangenheit der Zips von Archivaren und anderen kompetenten Forschern verfasst werden. Da die meisten Handschriften des Zipser Rechts in den Ausgaben von 1992 und 2001 erstmalig veröffentlicht wurden, bietet sich für Juristen und Historiker nun die Möglichkeit, eine ausführliche Analyse der Rechtsverhältnisse in der Zips sowie deren Verbindungen zur Gesetzgebung in anderen Regionen Europas vorzunehmen. Der Autor dieser Ausgaben beschränkte sich als Linguist weitgehend auf die sprachhistorische Auswertung der Dokumente, und er verzichtete bewusst darauf, die Inhalte der verschiedenen Handschriften miteinander zu vergleichen oder die Paragrapheneinteilung für die Edition zu vereinheitlichen. Die Handschriften wurden vollständig in einer buchstabengetreuen Form abgedruckt, die Einteilung in Paragraphen für jede Handschrift entspricht dem jeweiligen handschriftlichen Original. Die Angaben zur Provenienz und zum heutigen Aufbewahrungsort der Handschriften werden in der Beschreibung der Handschriften möglichst genau geliefert.

Das Zipser Recht, in der Forschung auch ‚Zipser Willkür' genannt, ist ein Rechtskodex, der vom 14. bis zum 18. Jahrhundert die Freiheiten und Rechte der Zipser Städte gegenüber der ungarischen und polnischen Krone garantierte und nicht nur für die Einwohner der 24 Zipser Städte, sondern offensichtlich auch für die einzelnen Marktflecken und Dörfer die Rechtsgrundlagen für das Gemeinwesen, für das Miteinanderleben der Menschen unterschiedlicher Nationalitäten und verschiedener Sprachen lieferte. Der Text besteht – ähnlich wie die anderen Rechtsbücher des Spätmittelalters und der Frühen Neuzeit – aus Einzelparagraphen zum Zivil-, Straf- und Verwaltungsrecht. In Paragraph 1 wird die Eigenständigkeit der Rechtsprechung nach dem Zipser Recht begründet. Es wird angeführt, dass die ungarischen Könige diese Autonomie den Zipsern von alters her verliehen haben. Deswegen werden die Rechtsangelegenheiten vor dem Zipser Grafen und den Richtern der einzelnen Städte, nicht aber vor dem königlichen Gericht entschieden.

---

[11] RADZISZEWSKA, Studia z dziejów ustroju Spišza, 1969; ŠTEVÍK (Hrsg.), Spiš v 12. a 13. storoci/ Spišz w XII i XIII wieku/Scepus in the 12th and 13th century, 2011.

[12] GŁADKIEWICZ, HOMZA (Red.), Terra Scepusiensis, 2003.

Die darauf folgenden Bestimmungen behandeln ausführlich die Rechte der Frauen, u. a. garantieren sie Vermögensrechte auch für die Ehefrauen. Zwar kann eine Frau, deren Ehemann lebt, nicht allein einen Prozess führen. Ohne Einverständnis des Ehepartners können jedoch sowohl die Frau als auch der Mann ein Drittel des eigenen Vermögens Verwandten oder Kirchen vermachen. Einen zentralen Bereich des Zivilrechts stellen die Bestimmungen zu verschiedenen Erbangelegenheiten dar. Wenn die Ehepartner keine Kinder haben und einer von beiden stirbt, wird das Vermögen zwischen dem hinterbliebenen Ehepartner und den nächsten Verwandten aufgeteilt. Wenn wiederum Kinder zurückbleiben und der lebende Ehepartner erneut heiratet, wird die Erbschaft der Kinder mit Wissen des Richters zeitweise der Mutter bzw. dem Vater so lange übertragen, bis die Kinder mündig sind. Ebenso wird die Erbschaft der Waisenkinder von den nächsten Verwandten zeitweise an andere übertragen. Nach dem Erreichen des 19. Lebensjahres können die Waisen selbst über ihr Vermögen verfügen. Einige Bestimmungen betreffen Kinder, die heiraten und selbst Kinder bekommen. Die verheirateten Kinder bekommen ihren Erbteil und können diesen ihren eigenen Kindern vererben, auch wenn diese einen Elternteil verlieren. Dadurch wird garantiert, dass auch im Falle des Todes eines Sohnes oder einer Tochter deren Ehepartner und Kinder ihr Recht auf das elterliche Erbe behalten. Diese in vielen Variationen geschilderten Erbangelegenheiten deuten darauf hin, dass im Spätmittelalter und in der beginnenden Neuzeit häufig Familienmitglieder auch in jungem Alter verstarben und Witwen und Waisen zurückblieben.

Einen Einblick in das Leben einer mittelalterlichen oder frühneuzeitlichen Stadt gewähren auch die Bestimmungen über Vergewaltigungen von Frauen. Wenn ein Mann eine Jungfrau oder ehrbare Witwe vergewaltigte und dies mit den nächsten Verwandten oder mit zwei glaubwürdigen Zeugen nachgewiesen wird, verliert der Schuldige sein Leben und sein Eigentum. Wollte die vergewaltigte Frau nachträglich zugeben, das Geschehene sei ihr freier Wille gewesen, so sollte man ihren Ausführungen keinen Glauben schenken und den Beschuldigten nicht begnadigen. Über die Schattenseiten des Lebens berichtet auch die Bestimmung über einen Mann, der die Tochter eines ehrbaren Mannes heiratet, aber beschuldigt wird, im In- oder Ausland schon eine Frau zu haben. Er wird zum Tode verurteilt, die Frau behält ihr eigenes Vermögen und erhält die Hälfte des Vermögens des Mannes – die andere Hälfte fällt an den Grafen.

Mit Bestimmungen für das Zahlen einer Schuld innerhalb einer festgelegten Frist endet das eigentliche Zipser Recht. Darauf folgen acht Paragraphen.

> „*Die Stück findet mann nicht in der Willkür, und seÿn von Alters gehalten in 24. Städten.*“[13]

---

[13] PIIRAINEN, Nachträge zum Zipser Recht, 2001, S. 82.

Auch dort werden die Rechte der Frau und der Kinder verstärkt zum Ausdruck gebracht:

> *„Das Dritte. Wenn Mann und Weib miteinander lebten und sie Kinder hätten, und der Mann der Frauen erschlagen würde; So wollen wir, daß die Frau ein Drittheil soll nehmen an der Beßerung, und die Kinder, aber die Freünde 2. Theÿl"*.[14]

Diese Beispiele sollen verdeutlichen, wie stark und ausführlich das Zipser Recht das Familienrecht berücksichtigte. In dieser Hinsicht war diese Kodifizierung außerhalb des eigentlichen deutschen Sprachgebiets ‚moderner' als jahrhundertealte Rechtstraditionen in manchen Ländern Mittel- und Südeuropas.

3. Auswirkungen des Zipser Rechts auf weitere Rechtskodifizierungen in der Zips

Wie die bisher auffindbaren Handschriften des Zipser Rechts zeigen, wurde der Text mit dem konstanten Kern des Codex und gelegentlich mit einigen Ergänzungen oder kleineren Änderungen des Inhalts bis zum Ende des 18. Jahrhunderts in vielen Zipser Städten auf verschiedene Bereiche der städtischen Verwaltung, auf Regelungen von Vermögensfragen und auf die lokale Rechtspraxis angewandt. Die Artikel des Rechts wurden oft in Amtsbüchern und speziellen Rechtsbüchern verschiedener Ortschaften, u. a. im Rechtsbuch der 11 Zipser Städte, im Richteramtsbuch der Stadt Leibitz aus dem Jahre 1586 und im Formular- und Rechtsbuch der Stadt Göllnitz aus den Jahren 1665–1756 aufgezeichnet.[15] Diese galten offensichtlich jahrhundertelang als verbindliche Regelungen für das Zusammenleben der Menschen in der Frühen Neuzeit und wurden wegen ihrer Bedeutung sorgfältig aufbewahrt und somit bis heute archiviert. Das Zipser Recht übertrug Rechtsgrundsätze aus dem Umkreis des Sächsisch-Magdeburgischen Rechts ins Königreich Ungarn und wirkte über die eigentliche Kodifizierung hinaus auf weitere Rechtssammlungen unterschiedlicher Art. So existiert im Staatsarchiv Leutschau die Handschrift eines *Eidbüchleins* aus dem Jahre 1555, in der einige Bestimmungen neben dem deutschsprachigen Text auch eine parallele Übersetzung ins Slawische aufweisen. Aus der Stadt Kirchdrauf, die zu den 13 an Polen verpfändeten Städten gehörte, stammt die Handschrift eines Rechtsbuchs mit dem Titel „Collectanea Allerley Nutzlicher Vnnd Nothwendiger Regeln des Rechtens", das 1628 – also während der Verpfändung an Polen – von dem namentlich bekannten Notar Balthasar Apel aus Kirchdrauf verfasst wurde. Im Folgenden wird dieses Rechtsbuch im Umfang von 200 Handschriftenseiten näher beschrieben. Die Edition wurde vom Autor des vorliegenden Beitrags zusammen mit dem damaligen Assistenten Arne Ziegler vorbereitet, der seit mehreren Jahren als Professor für Germanistik an der Universität Graz tätig ist.[16]

---

[14] Ebd., S. 83.

[15] DERS., Das Rechtsbuch der XI Zipser Städte, 2003, S. 26–38.

3.1. Balthasar Apels Rechtsbuch

Im Anschluss an die Vorbereitungen des zweibändigen Werkes mit der Edition von 13 Handschriften des Zipser Rechts machte der o. g. Archivar Ivan Chalupecký den Autor des vorliegenden Beitrags auf ein handschriftliches Buch aufmerksam, das damals in der Zweigstelle Leutschau des Staatlichen Kreisarchivs Zipser Neudorf lag. Heutzutage wird dieser Codex in der Zweigstelle Leutschau des Staatsarchivs Leutschau, in demselben Gebäude wie das Staatsarchiv selbst, aufbewahrt. Die ca. 200 nicht nummerierten Blätter der Handschrift sind in Pappdeckeln gebunden, überzogen mit einer liturgischen Handschrift aus Pergament. Für die Schrift wurde schwarze Tinte benutzt, die Überschriften der einzelnen Artikel hingegen sind rot, ebenfalls die alphabetisch geordneten, nicht nummerierten Rechtstermini am oberen Seitenrand. Die Texte sind deutschsprachig, zwischendurch stehen auch längere Passagen auf Latein. Das handschriftliche Buch zeigt sowohl auf dem Umschlag als auch auf einzelnen Blättern starke Gebrauchsspuren, was darauf hinweist, dass der Codex in der täglichen Rechtspraxis oft benutzt wurde.

Die erste urkundliche Erwähnung einer Siedlung an der Stelle der heutigen Stadt Kirchdrauf befindet sich in einer Urkunde des ungarischen Königs Béla IV. vom 19. September 1249. Im Jahre 1999 wurde anlässlich des 450. Geburtstages der Ortschaft vom Rat und dem Bürgermeister von Kirchdrauf eine Chronik der Stadt ‚in Wort und Bild' veröffentlicht. Als Autoren des großformatigen Buches waren u. a. der o. g. Archivar Ivan Chalupecký, der jetzige Direktor des Staatsarchivs Leutschau, František Žifcák, und Peter Zmátlo, wissenschaftlicher Mitarbeiter an der Katholischen Universität Rosenberg, tätig. Der Band enthält neben historischen, kulturellen und wirtschaftlichen Beiträgen eine vielseitige Illustration mit Abbildungen und Fotos aus der Geschichte der Stadt sowie mit Reproduktionen von Archivalien und Karten. Zusammen mit der oberhalb der Stadt aufragenden Zipser Burg gehört Kirchdrauf zum Weltkulturerbe der UNESCO.

In der Beschreibung der Geschichte der Stadt während der Verpfändung an Polen (1412–1772) erwähnt František Žifcák im Kapitel über Humanisten in Kirchdrauf u. a. Balthasar Apel, der als Senator und städtischer Notar von 1627 bis zu seinem Tod im Jahre 1657 tätig war. Neben seiner beruflichen Tätigkeit widmete er sich – den zeitgenössischen kulturellen Tendenzen gemäß – der Dichtung und verfasste auf Deutsch religiöse Schriften. Darüber hinaus veröffentlichte er auf Latein Gedichte in den Bänden „Gamelia votiva", „Epicedia in excessum" und „Tedis sacratis". Er war ein vielseitig gebildeter Mann, dessen Gelehrsamkeit in seinem Rechtsbuch und in der Auslegung von dessen Quellen, aber auch durch seine Kontakte, die weit über die Zips hinausgingen, zum Ausdruck kommt.[17]

---

[16] PIIRAINEN, ZIEGLER, Collectanea Allerley Nutzlicher vnnd Nothwendiger Regeln des Rechtens, 1995.

[17] ŽIFČÁK (Hrsg.), Kronika mesta Spišské Podhradie slovom i obrazom, 1999, S. 30f.

Das Rechtsbuch von Balthasar Apel ist offensichtlich aufgrund eines genauen Konzeptes ins Reine geschrieben worden. Die alphabetische Anordnung ist korrekt, es gibt keine Schreibfehler. Auch die Benutzung der roten Tinte für die Termini und Überschriften weist darauf hin, dass das Rechtsbuch amtlichen Charakter haben sollte. Dafür spricht auch die Tatsache, dass es archivalisch über mehrere Jahrhunderte aufbewahrt wurde. Inhaltlich lassen sich die einzelnen Stichwörter und ihre Erläuterungen in die Gebiete Rechtswesen, Vermögensangelegenheiten, Ehesachen und Strafrecht einteilen. Unter dem Stichwort *Gesetz und Rechte* kommt das seit Jahrtausenden in der jüdischen und christlichen Welt herrschende Prinzip zum Ausdruck, dass jegliches Recht göttlichen Ursprungs sei. Diese in der Bibel überlieferte Auffassung vom Recht kommt auch beim Stichwort *Richter* zur Sprache, wenn von der Gerechtigkeit des Richters gesprochen wird. Weitere Bestimmungen über das Rechtswesen betreffen *Privilegien*, *Eid*, *Kläger*, *Prokurator* (Bevollmächtigten), *Vormund* sowie *Zeugen*. Schließlich werden auch noch die *Strafe* bzw. die *Buße* beschrieben.

Unter den Vermögenssachen werden einerseits *Schulden* sowie *Pfand und Bürgschaft dafür*, andererseits *Güter* (Immobilien und Mobilien) sowie deren *Kauf und Verkauf* im Einzelnen behandelt. Ähnlich wie in mittelalterlichen Rechtsbüchern – vor allem im Sachsenspiegel und im Zipser Recht – werden auch in diesem Rechtsbuch die *Erbangelegenheiten* sehr ausführlich erörtert. Zwar gibt es auch Bestimmungen darüber, wie man ein gültiges *Testament* machen soll, aber in Bezug auf die *Erbfolge und die Erbberechtigung, Verteilung des Vermögens* und die *Abgaben* werden besondere Anweisungen gegeben. Bei den *Strafsachen* werden verschiedene Arten von *Diebstahl* beschrieben und mit *Strafen* bedroht. In der Regel wird für *Mord* oder *Totschlag* eine *Todesstrafe* verhängt, das Gleiche gilt auch für die *Vergewaltigung* einer Frau.

Balthasar Apel nennt bei den behandelten Stichwörtern und Bestimmungen konsequent die Vorlagen, die er jeweils herangezogen hat. An erster Stelle steht der *Sachsenspiegel* bzw. das *Magdeburger Recht*, wobei jedoch nicht genannt wird, auf welche Redaktionen er sich bezieht. Als weitere Vorlagen werden *Sächsisches Landrecht* sowie *Magdeburger und Leipziger Schöffenurteile* aufgeführt. Dies weist darauf hin, dass Balthasar Apel ein vielseitig gebildeter, juristisch und theologisch bewanderter Mann war, der die deutsche Rechtsliteratur gut kannte. Er kannte sich aber auch mit der ungarischen Rechtstradition aus. Gelegentlich weist er auf *des Kaisers Recht* und auf *königliches Praktikum* hin. Es hängt mit der europäischen Rechtstradition zusammen, dass in diesem Rechtsbuch auch klassische Autoren der Antike genannt werden. Als Autorität für Balthasar Apel galt aber die *Bibel*, vor allem das *Alte Testament*, das immer wieder zitiert wird.

Balthasar Apel führt aber auch zeitgenössische Rechtsgelehrte an und zeigt damit, dass er offensichtlich gute Verbindungen zu den protestantischen Universitäten und Gelehrten in Deutschland hatte. An mehreren Stellen gebraucht er die Formulierung „*Ex Benedicto Carpzovii*". Gemeint ist damit *Benedict Carpzov*

(1595–1666), der 1620 Beisitzer am Leipziger Schöffenstuhl und 1645 Professor in Leipzig wurde. Er wurde durch seine Schriften bekannt, die sich durch Klarheit und Gelehrsamkeit auszeichneten, jedoch infolge ihrer Härte und Orthodoxie berüchtigt waren. Eine Persönlichkeit, die im Rechtsbuch von Balthasar Apel bei den Ehesachen seitenlang unter dem Namen *Nicolao Hemmingio* zitiert wird, ist Nils Hemming (1513–1600), ein dänischer Schüler Philipp Melanchthons. Hemming hat vorwiegend auf Latein zahlreiche Werke veröffentlicht, unter anderem eines über die Ehe. Es zeigt sich damit, dass Balthasar Apels wissenschaftliche Kontakte wahrscheinlich über Wittenberg liefen.

Als Beispiel für die alphabetisch geordneten Bestimmungen im Rechtsbuch Balthasar Apels wird im Folgenden das Stichwort *Verbot* wörtlich zitiert:

> „*Ob einer auff eineß andern gutt ein Verbott thete, wegen seines ausstendig[e]n geldes vnnd der beklagte vnter der Zeytt auch ei=nem andern schuldig wehre, vnnd ihm all sein hab vnnd gutt Verpfändet, d[a]z er sich darauß solte gezahlt machen; wer denn der nechste da zue sey? Rs[responsum]: Der Erste: Magd[eburger]: Recht: part[e]: 2: Cap[itel]: 2. dist[inctio]: 9.*
> *Von verbotene[n] wege[n] Wer Vnrechte wege schlegt oder macht, der soll von iedem Rade geben ein[e]n Pfenning, der Reuttende einen halben, Vnnd den Schaden der dadurch geschicht, sollen sie dehm bezahlen deßen der Acker oder wies[e]n ist. Sax[enspiegel]: lib[er]: 2. Art[ikel]: 27.*
> *Wer Verboten Holtz abhewt oder Graß abschneidett oder Medet od[er] auch in verbotenem Waßer fischett der ist verfallen fl[ungarische Florine] 3: Vnnd den schaden muß er nach erkenntnüß deß Rechten gelt[en]. Sax[enspiegel]: lib[er]: 2: Art[ikel]: 28.*
> *Von denen so in Verbotenen Wälden Wild schlagen besiehe lib[er]: 2: Art[ikel]: 61.*“[18]

Die Schreibform des Textes entspricht den Schreibkonventionen, die in Handschriften des 17. Jahrhunderts auch im geschlossenen deutschen Sprachgebiet galten. Die formelhafte Sprache und der Wortschatz vieler Passagen wurden aus dem Zipser Recht übernommen.

Am Ende der Handschrift des Rechtsbuchs von Balthasar Apel steht ein „*Tractatus Von den Richter[n] wie sie ihre ämpter trewlich vnd mit Fleyß verrichten sollenn*“ von Matthias Hertelius aus dem Jahre 1624 (in der Edition S. 121–142). Der Text macht einen ähnlich gelehrten Eindruck wie das Rechtsbuch von Balthasar Apel, es gibt jedoch keine Hinweise auf zitierte Quellen, nur ein paar Sprüche aus der Bibel. Über besagten Matthias Hertelius lässt sich in ungarischen, slowakischen und deutschen Nachschlagewerken nichts finden, auch eine Suche in Google und Wikipedia war erfolglos. In dem Text des „Tractatus“ bezeichnet sich Matthias Hertelius als Schreiber. Es ist möglich, dass Balthasar Apel den durchgehend deutschsprachigen Text aus einer anderen Handschrift abgeschrieben hat. Der Tractatus endet mit dem folgenden Vers:

---

[18] PIIRAINEN, ZIEGLER, Collectanea Allerley Nutzlicher vnnd Nothwendiger Regeln des Rechtens, 1995, S. 116.

„*Wenn zue Hoff kömpt ein armer man*
Seine Red kan er kaum sagen an
Man sieht ob er bring krumme hend
Wo nicht: ehe die Red vollendt
So weyst man ihn heim auff bedencken
Schlegt ihm die sach[e]n ab mit Renck[e]n."

3.2. Handschriften über die Rechtspraxis im Leutschau des 16.–17. Jahrhunderts

Nach dem Stadtbrand des Jahres 1550 wurden in Leutschau viele rechtliche Bestimmungen aus Vorlagen anderer Zipser Städte kopiert. Das Schriftgut der Stadt wurde registriert und es entstand ein Archiv nach dem Muster anderer mitteleuropäischer Städte. In den Jahren 1876–1883 wurde das Archiv in der jetzigen Form geordnet. Kálmán Demkó erhielt für seine Arbeit vom Stadtrat ein Honorar und legte eine Systematik für die Archivalien aus den Jahren 1280–1779 vor. Diese diente als Grundlage für ein 202 Seiten umfassendes maschinengeschriebenes Findbuch, das 1956 vom Archivar Paul Niederland abgeschlossen wurde. Der o. g. Leutschauer Archivar František Žifcák untersuchte in seiner Diplomarbeit an der Universität Pressburg das Schrifttum der Leutschauer Kanzlei in der zweiten Hälfte des 16. Jahrhunderts und veröffentlichte darüber 1976 einen Beitrag in der Zeitschrift der slowakischen Archivverwaltung.[19] Im Jahre 1995 wurde das frühere Archiv der Stadt Leutschau in die Bestände des Staatsarchivs Leutschau eingegliedert, in dem das maschinenschriftliche Findbuch von Paul Niederland und die maschinenschriftliche Diplomarbeit von František Žifcák sowie die dort genannten Handschriften interessierten Forschern zur Verfügung stehen.

Die meisten Quellen im Archiv der Stadt Leutschau sind Urkunden sowie Korrespondenz zwischen der Stadt Leutschau und mehreren Kanzleien über Wirtschafts- und Verwaltungssachen sowie Militärangelegenheiten. In der 21. Abteilung des Findbuchs werden 89 handschriftliche Bücher angeführt, darunter Protokolle der Sitzungen des Stadtrates aus den Jahren 1585–1784 und die Grundbücher (*Martzel-Buch*) aus den Jahren 1560–1773. Über das *Schlüsselrechtsbuch* aus den Jahren 1582–1611, über das *Wissbuch* aus den Jahren 1550–1616, über das *Malefitz-Buch* aus den Jahren 1550–1634 sowie über den *Liber causarum* aus den Jahren 1585–1599 wurde jeweils ein Beitrag veröffentlicht.[20] In einer Bo-

---

[19] ŽIFČÁK, Kancelária Levoče v druhej polovici 16. storočia, in: Slovenská archivistika 11,2 (1976), S. 146f.

[20] PIIRAINEN, Das Schlüsselrechtsbuch der Stadt Leutschau/Levoča, in: Der Ginko Baum. Germanistisches Jahrbuch für Nordeuropa 13 (1995), S. 290–297; DERS., Das Wissbuch der Stadt Leutschau/Levoča, in: Südostdeutsches Archiv 38/39 (1995/1996), S. 32–40; DERS., Das Malefitz-Buch der Stadt Leutschau/Levoča aus den Jahren 1550–1643, in: Südostdeutsches Archiv 38/39 (1997/1998), S. 133–146; DERS., Liber causarum der Stadt Leutschau/Levoča 1585–1599, in: Neuphilologische Mitteilungen 100 (1999), S. 301–308.

chumer Habilitationsschrift wurde die Korrespondenz der Stadt Leutschau in der zweiten Hälfte mit Methoden der historischen Soziolinguistik und historischen Textlinguistik untersucht, wobei der Schwerpunkt darin auf Urkunden und Briefe gelegt wurde.[21]

Die vier o. g. handschriftlichen Bücher dokumentieren die Rechtspraxis, wie sie in Zipser Städten nach Bestimmungen des Zipser Rechts in der Frühen Neuzeit ausgeübt wurde. In der Stadt Leutschau befand sich die höchste Gerichtsinstanz, von welcher die Funktion des *Schlüsselrechts* am interessantesten ist. Nach der endgültigen Entscheidung des Stadtrates war im Streit um größere Summen ein Aufschub des Zahlungstermins möglich, die Vereinbarung zwischen den beiden Parteien musste vor dem *Schlüsselrecht* bestätigt werden. Außer den *Schlüsselherren* werden *kleger und beklager* sowie der jeweilige Schuldenbetrag angeführt. Der konkrete Vertrag zwischen den Parteien, *Die Vergleichung*, musste in Anwesenheit der *Schlüsselherren* abgeschlossen werden. Wie für die kleinen Schulden endete die Formel immer mit Androhung einer Gefängnisstrafe. Das *Wissbuch* diente dazu, der Öffentlichkeit zur Kenntnis zu geben, dass jeweils genannte Immobilien im betreffenden Jahr durch Schulden belastet sind und nicht verkauft werden dürfen. Im Falle der Nichtzahlung zu einem festgelegten Termin konnte der Gläubiger über die Immobilien verfügen. Es handelt sich hier aus heutiger Sicht um eine Eintragung von Grundschulden, wie sie die Kreditinstitute überall für die Sicherheit ihrer Forderungen vornehmen. Bei dem *Malefitz-Buch* handelt es sich um eine schriftliche Wiedergabe von mündlich geführten Verhören sowie um eine Aufzeichnung von Gerichtsverhandlungen und -beschlüssen. Gelegentlich wird im Buch selbst die Bezeichnung *Acta Judiciari* gebraucht. Hinter dem *Liber causarum* verbergen sich Aufzeichnungen der Verhandlungen in Sitzungen des Stadtrates. Meistens werden dort Verwaltungsangelegenheiten, kleinere Straftaten sowie Schuldsachen beschrieben. Auch in diesem Rechtsbuch werden bei einer Zuwiderhandlung entsprechende Strafen verhängt.

4. Ausblick

Im vorliegenden Beitrag wurden die archivalischen Vorarbeiten und die editionsphilologischen Gesichtspunkte bei der Herausgabe von insgesamt 15 bis jetzt auffindbaren Handschriften des Zipser Rechts beschrieben. Anschließend standen ein aus dem Jahre 1628 stammendes Rechtsbuch aus der Zipser Stadt Kirchdrauf und dessen Vorlagen im Vordergrund. Die Umsetzung des bis zum 18. Jahrhundert in Zipser Städten angewandten Zipser Rechts in der praktischen Rechtsprechung dokumentieren vier Rechtsbücher des 16.–17. Jahrhunderts aus Leutschau. Untersuchungen zu weiteren Rechtsquellen in der Zips wären aus interdisziplinärer Sicht ertragreich, es fehlt jedoch an Forschern, die bereit sind die archiva-

[21] MEIER, Städtische Kommunikation in der Frühen Neuzeit, 2004.

lischen Vorarbeiten in den Archiven selbst durchzuführen und die Vielfalt der Handschriften aus dem Spätmittelalter und der Frühen Neuzeit in Fachveröffentlichungen zu beschreiben. Der Verfasser des vorliegenden Beitrags arbeitet an den Handschriften als Germanist und Linguist, wobei Kontakte zu Nachbarsdisziplinen dabei immer nützlich sind. Es bleibt zu hoffen, dass Forscher den Weg zu den slowakischen Archiven finden werden, zumal Findbücher und auch viele Veröffentlichungen über wichtige Bestände vorliegen.

RUSZOLY József (Szeged/Ungarn)

Zwei Rechtshistoriker von der Universität Szeged

I. György Bónis

„Zersplitterung und ständische Rechtsungleichheiten waren natürlich eine Brutstätte von Faustrecht und Rechtsunsicherheit. Deshalb schrieben ja manche praktische Juristen auch in Deutschland *Rechtsbücher*, nicht viel später, dass die englisch- und französischsprachigen Rechtsbücher erschienen waren. Chronologisch und seiner Bedeutung nach als erstes kam das Werk des Adeligen aus Ostfalen, Eike von Repgow, der Sachsenspiegel (*Szásztükör*) heraus (um 1220). Der Verfasser, in Judikatur bewandert, fasste sein Werk erst in lateinischer später in deutscher Sprache ab, in dem er das sächsische Recht so darstellen wollte, ‚wie die Frauen ihr Gesicht im Spiegel betrachten'. In den beiden Büchern sind das Landrecht und das Lehnrecht enthalten, sein Inhalt bildet das vom römischen Recht noch unberührte norddeutsche Gewohnheitsrecht, seine volkstümliche Sprache ist reich an saftigen Wendungen, in Versform abgefassten Rechtsregeln. Seine Wirkung war beträchtlich im norddeutschen Raum, wo man sich bald auf es als Gesetz berufen hatte, und auch in weiter gelegenen Gebieten – teils über das Magdeburger Stadtrecht vermittelt – in polnischen und ukrainischen Herrschaftsgebieten ebenfalls. Zahlreiche Überarbeitungen, gewohnheitsrechtliche Sammlungen wurden dadurch inspiriert. Wegen seiner antiklerikalen Auffassung wurden die 14 Lehrsätze in ihm vom Papst viel später ausdrücklich verurteilt. Der Schwabenspiegel (*Svábtükör*) war um die Mitte der 1270er Jahre in Süddeutschland entstanden, und neben den örtlichen sowie reichsweit geltenden Rechtsquellen schöpfte er bereits sowohl aus dem römischen wie auch dem kanonischen Recht. Die darin vertretene politische Auffassung war klerikal, man hatte bereits den Folgen des Interregnums zu Ungunsten der zentralen Staatsgewalt Rechnung getragen. Ein halbes Jahrhundert später war der Frankenspiegel (*Franktükör*) entstanden, wiederum im Dienste der Einheit des Reiches; danach waren noch weitere kleinere Sammlungen erschienen. In ihren Bereichen hatten sie alle der Sache der Wiederherstellung der Rechtseinheit jeweils innerhalb eines bestimmten Landes verholfen."[1]

Im Großen und Ganzen sollte ein Jurastudent – wie es ein halbes Jahrhundert zuvor in meiner Generation der Fall war – soviel, in Szeged vielleicht doch auch etwas mehr, über diese *Spiegel*, diese grundlegenden Rechtsquellen der deutschen Rechtsgeschichte wissen. Das Zitat stammt, ebenso wie der ganze Abschnitt 5. über die mittelalterliche deutsche Verfassungs- und Rechtsentwicklung, von György Bónis aus dem Lehrbuch „Egyetemes állam- és jogtörténet" [Allgemeine Staats- Rechtsgeschichte] (^{1}1957, ^{2}1958), für das er als Mitverfasser zeichnet. Natürlich ist dies nicht der eigentliche Grund, warum sein Name auf dieser Schwabenspiegel-Konferenz[2] Erwähnung findet. Er war der große ungarische

---

[1] BÓNIS, SARLÓS, Egyetemes állam- és jogtörténet, 1957, S. 178. – Vgl. RUSZOLY, Európai jog- és alkotmánytörténelem, 2011, S. 33–36.

Rechtshistoriker des 20. Jahrhunderts. An unserem Lehrstuhl in Kolozsvár/Klausenburg und in Szeged gleichermaßen war er mit Sicherheit der Größte. Eine Zeit lang galt er im Ausland – insbesondere das Mittelalter betreffend – als *der* Rechtshistoriker in Ungarn. Es erfüllt mich mit Genugtuung, dass sein Name – wenn auch seine Person langsam in Vergessenheit gerät – unseren Kollegen anhand seiner Werke bekannt geblieben ist.

1. Die Familie Bónis war eine kleinadlige Familie mit dem Adelsprädikat *Egri*, also von und zu Egri (Komitat Szatmár) – was an ein kleines Dorf erinnert, das heute zu Rumänien gehört und das vortreffliche auf Komitatsebene und sogar landesweit agierende öffentliche Amtsträger hervorbrachte.[3] György Bónis selbst aber wurde als Sohn einer Intellektuellenfamilie am 5. Januar 1914 in Budapest geboren. Der Vater war Rechtsanwalt, die Mutter Sprachlehrerin und Kunsthistorikerin. Er maturierte bei den Piaristen. Sein Religionslehrer war Sándor Sík, der später als Priesterdichter die Professur für Literaturgeschichte in Szeged innehatte. Bestimmend für seine ganze Lebensauffassung war die Pfadfinderbewegung.

Während seines Jurastudiums fühlte er sich am meisten an Professor Ferenc Eckhart gebunden, den man als Rechtshistoriker und Quellenforscher zur geistesgeschichtlichen Richtung rechnete. Eckhart hatte entschieden mit der historisierenden Auffassung gebrochen, nach der die charakteristische ungarische Verfassungs- und Rechtsentwicklung durch die Unikalität des ‚ungarischen Genius' begründet sei. Er betrachtete die Problematik im Zusammenhang mit der Gesellschafts- und Institutionsgeschichte West- und Mitteleuropas, mit besonderem Blick auf die Parallelentwicklung der mit uns zeitgleich den Weg der Staatsgründung antretenden slawischen Völker – unter anderem der Polen.

György Bónis, der bis zum Ende seines Studiums ständig ausgezeichnete Leistungen aufwies, wurde 1936 von der Budapester Universität der Titel Doktor *sub auspiciis gubernatoris* verliehen. Das akademische Jahr 1936/37 verbrachte er als Stipendiat in England. Über sein Studium berichtete er in einem Aufsatz *Az angol alkotmánytörténet-írás tegnap és ma* [Die Verfassungsgeschichtsschreibung in England gestern und heute] auf den Seiten der führenden ungarischen Historiker-Zeitschrift (*Századok*, 1940).[4]

---

[2] Konferenz zur Schwabenspiegel-Forschung, Szeged, 29. Februar 2008. – Als „Kurzreferat" erschienen in: RUSZOLY, Ein Leben für die Rechtsgeschichte, in: MÁTHÉ, MEZEY (Hrsg.), Rechtsgeschichtliche Studien, 2008; in vollem Umfang, mit Fußnoten: RUSZOLY, Ein Leben für die Rechtsgeschichte, in: DERS., Beiträge zur neueren Verfassungsgeschichte, 2009, S. 604–622; in ungarischer Fassung: DERS., Egy élet a jogtörténetért, in: RÁCZ (Hrsg.), Jurisprudentia splendidissima, 2010, S. 191–203; DERS., Egy élet a jogtörténetért, in: Szeged. A Város folyóirata 25,11 (2013), S. 82–85.

[3] Zu seinem *curriculum vitae*: BÓNIS, Pályám emlékezete, 1983, in: Szegedi Műhely 46,3–4 (2007), S. 101–148. Vgl. NAGYNÉ SZEGVÁRI, Bónis György 1914–1985, in: HAMZA (Hrsg.), Magyar jogtudósok, Bd. 1, 1999, S. 157–168; ZLINSZKY, György Bónis (1914–1985), in: ZRG GA 104 (1987), S. 487–494.

In der Studie „Szent István törvényeinek önállósága“ [Eigenständigkeit der Gesetze des Königs Stephan des Heiligen] (1983)[5] kann man en miniature all das vorfinden, was sein späteres Wirken charakterisiert: Anhand der Quellen zu analysieren und darzustellen, was in den einzelnen mittelalterlichen ungarischen Rechtsinstituten als einheimische Entwicklung und was als Einwirkung von außen zu bewerten ist. Ich zitiere seine Schlussfolgerung: „Das Gesetz König Stephans des Heiligen ist eine Schöpfung aus ungarischem Stoff, durchwoben mit kirchenrechtlichen Elementen, ein im wesentlichen eigenständiges Werk.“[6]

Angesichts der für seine Familie immer schwerer werdenden Lebensverhältnisse, das Schicksal der stellenlosen Akademiker teilend und gefördert durch den Staat, wollte er um jeden Preis Rechtshistoriker bleiben. Als Hilfskonzipient im Ministerium für Religion und öffentlichen Unterricht war er gerade dabei, sich auf die ungeliebte Fachprüfung in Verwaltungsrecht vorzubereiten, als im Herbst 1940 die Weltgeschichte selbst drastisch in sein Leben eingriff.

2. Nach dem Zweiten Wiener Schiedsspruch vom 30. August 1940 konnte die Franz-Joseph-Universität (Ferenc József Tudományegyetem), die 1921 in Szeged ein Zuhause fand, in ihren Gründungsstandort von 1872, nach Kolozsvár (Klausenburg; heute: Cluj-Napoca, Rumänien) prinzipiell (*de iure*) heimkehren. In der Tat wurden die Universitäten praktisch (*de facto*) gesetzlich rasch umorganisiert und von Debrecen, Pécs und Szeged aus revitalisiert.[7] Nur die Rechts- und Staatswissenschaftliche Fakultät kehrte als Ganzes von Szeged zurück. Im Übrigen wurden ihre Professoren während dieser zwanzig Jahre ausgetauscht. Der Lehrstuhl für Rechtsgeschichte war zu diesem Zeitpunkt vakant. Zum Lehrstuhlleiter berufen, erhielt György Bónis diesen Posten als öffentlicher außerordentlicher Jung-Professor, der noch kurz vor der Habilitierung stand.

Professor Bónis, der in Kolozsvár eine Familie gründete, hat sich in den Kriegsjahren mit großer Energie in die Arbeit gestürzt. Einen beträchtlichen Anteil nahm die Erforschung der besonderen Rechtsentwicklung in Siebenbürgen ein. Seine Monographie unter dem Titel „Magyar jog – székely jog“ (1942), die mit einer deutschsprachigen Zusammenfassung („Ungarisches Recht – Szekler Recht“, S. 99–104) erschienen war, gilt bis heute als grundlegendes Werk.[8] Aus letzterem zitiere ich:

> „Die Ungarn nahmen früher die abendländischen Einflüsse in sich auf und vermittelten diese an die entlang der östlichen Grenze angesiedelten Stämme. Das alte Szekler Recht ist folglich die Legierung aus uralten Institutionen und den westlich-ungarischen Einflüssen“.[9]

---

[4] BÓNIS, Az angol alkotmánytörténetírás tegnap és ma, in: Századok 74 (1940), S. 181–211.
[5] DERS., Szent István törvényeinek önállósága, in: Századok 72 (1938), S. 433–487.
[6] Ebd., S. 486.
[7] Gesetzesartikel XXVIII o. J. 1916[?].
[8] DERS., Magyar jog – székely jog, 1942.
[9] Ebd., S. 104.

Wie sich aus seiner Studie „Magyar jogi néphagyomány" [Ungarische Volksrechtstradition] (1939)[10] ersehen lässt, geriet György Bónis unter den Einfluss des jung verstorbenen Ethnographie-Professors István Györffy. Zusammen mit den Mitgliedern seines Seminars in Kolozsvár leistete er 1942 in einer bis heute einzigartig erhalten gebliebenen ungarischen Kleinlandschaft – in dem zwischen Kolozsvár und Nagyvárad/Großwardein gelegenen Kalotaszeg – Sammelarbeit. Von der geplanten Reihe von Veröffentlichungen konnte nur eine Folge erscheinen, da der Rest des Materials ein Opfer des Weltkriegs wurde.[11]

Sein Interesse am Rechtsleben des Volkes blieb auch später bestehen. Auf der Sitzung der Kommission für Rechtsgeschichte des Ungarischen Juristenverbandes am 14. Dezember 1981 war er einer der geladenen Redner zur Diskussion des Buches „Magyar jogi népszokások" [Ungarische Volksrechtsbräuche] (1981) von Ernő Tárkány Szücs.[12] Dort sind wir uns zum letzten Mal begegnet.

Im Oktober 1944 beteiligte sich Bónis an der Evakuierung der Universität nach Budapest. Obwohl er eine Befreiung vom Militärdienst besaß, wurde er in der Hauptstadt einer militärischen Sonderabteilung zugeteilt. Möglicherweise verdankte er sein Leben einer Verwundung am Bein, die er sich in der Nähe des Hotels Gellért zuzog, denn seine Einheit wurde später aufgerieben.

Die Kontinuität der rechtswissenschaftlichen Fakultät in Kolozsvár – und zum Teil der gesamten Universität – wurde allein durch den Völkerrechtler László Buza gewährleistet. György Bónis kehrte im März 1945 zusammen mit mehreren Professoren-Kollegen in die Hauptstadt Siebenbürgens zurück. Hier lehrte er ab dem akademischen Jahr 1945/46 als ungarischer ‚Gastprofessor' (*professor titular*) an der Bolyai-Universität (Bolyai Tudományegyetem) und war zunehmenden Angriffen gegen seine Person ausgesetzt. Bónis, der sich mit Tagespolitik nie befasst hatte, wurde als ungarischer Faschist verunglimpft. Nach weiteren Angriffen in der Presse kam er 1947 ins Gefängnis der *siguranţa* und es wurde gegen ihn ein Militärgerichtsverfahren eingeleitet. Aus dieser äußerst gefährlichen Lage rettete ihn sein ehemaliger Assistent Domokos Gyallay-Pap, der trotz seiner siebenbürgischen Wurzeln ein Mitarbeiter der ungarischen Botschaft in Bukarest war.

Noch während er in Haft saß, erschien eines seiner Hauptwerke ohne Angabe des Erscheinungsjahres „Hűbériség és rendiség a középkori magyar jogban" [Feudalismus und Ständewesen im mittelalterlichen ungarischen Recht] (1947).[13] Die sofortige Makulierung des Werks konnte zwar von einem Setzer aus Nagyenyed verhindert werden, aber es durfte nicht mehr verbreitet werden. Einige gerettete Exemplare kamen mit befreundeten Reisenden als ‚wissenschaftliche Schmug-

---

[10] DERS., Magyar jogi néphagyomány, 1939.

[11] TÁRKÁNY SZŰCS, Mártély népi jogélete, 1944.

[12] DERS., Magyar jogi népszokások, 1981; BÓNIS, [Rezension zu:] Tárkány Szűcs Ernő, Magyar jogi népszokások, Budapest 1981, in: Etnographia 93 (1982), S. 153f.

[13] BÓNIS, Hűbériség és rendiség a középkori magyar jogban, [1947].

gelware' nach Ungarn. Gerüchten nach soll der Rest auch heute noch in einem Keller der Universität vor sich hinmodern. Es ist sehr bedauerlich, dass dieses auf der Soziologie von Max Weber beruhende Werk, das die neuere – aus der Vorkriegszeit stammende – ausländische und ungarische rechtsgeschichtliche Literatur aufarbeitet, dabei aber entscheidend auf eigenen Forschungen fußt, aufgrund dieser Umstände in der ungarischen Wissenschaft ohne Wirkung blieb. Elemér Balogh gebührt der Verdienst an der Neuauflage von Bónis' Arbeit, die im Jahre 2003 bei einem Budapester Verlag erschienen ist.[14]

3. In der 1945/46 neu organisierten Juristischen Fakultät in Szeged wurde der Lehrstuhl für Rechtsgeschichte für György Bónis reserviert. Dorthin wurde er 1947 zum – nunmehr öffentlichen ordentlichen – Universitätsprofessor berufen. Er betreute zwei Fächer: die ungarische Staats- und Rechtsgeschichte sowie – sowjetischem Vorbild folgend, jedoch auch nach ungarischer Vorgeschichte eingeführt – die Allgemeine Staats- und Rechtsgeschichte.

Unsere Fakultät ist ohnehin zu Beginn der 1950er Jahre grundlegend umgestaltet worden. Das Verhältnis zwischen gebliebenen alten und den dazugekommenen neuen Professoren war nicht problemlos. Unter letzteren gab es auch solche, die aus den aufgelösten Einrichtungen hierher gekommen waren. György Bónis, der fast alles auf eine Karte, die Rechtsgeschichte setzte, wurde von seinen Kollegen sowohl angegriffen als auch unterstützt. In seinen Memoiren erwähnt er – neben anderem – sein Verhältnis zum Römischrechtler und Zivilistikfachmann Elemér Pólay, der übrigens 1949 von der Rechtsakademie Miskolc nach Szeged gekommen war, als sehr positiv.

Der Kommunistischen Partei war Bónis nicht beigetreten. Neben Mitgliedschaften in den Berufsverbänden war er für kurze Zeit Mitglied der Nationalen Bauernpartei (1947–1949) und in den fünfziger Jahren war für ihn die Arbeit in der Vaterländischen Volksfront und der Friedensbewegung ein beinahe obligatorisches öffentliches Engagement.

Seine Mittelalterforschung hatte Bónis zwar weitergeführt, jedoch war er auch an der damals forcierten modischen Erschließung der „fortschrittlichen Traditionen" beteiligt. Ein bleibendes Werk aus dieser Zeit stellt seine Monographie über den Juristen und Anführer der ungarischen Jakobinerbewegung („Hajnóczy József", 1954) dar, die sowohl in einer wissenschaftlichen als auch einer popularisierenden Fassung erschienen war.[15]

Zwar erhielt er bereits während seines Wirkens in Kolozsvár von Kultusminister Gyula Ortutay die Möglichkeit, die Erforschung der ungarischen Kirchengerichtsbarkeit im Rahmen der Ungarischen Akademie in Rom (Római Magyar Akadémia) fortzusetzen, doch konnte er davon keinen Gebrauch mehr machen. In den Westen durfte er erst wieder im Frühherbst 1956 ausreisen, um an einer

---

[14] DERS., Hűbériség és rendiség a középkori magyar jogban, 2003.
[15] DERS., Hajnóczy József, 1954; DERS., Hajnóczy, 1954.

Konferenz zur antiken Rechtsgeschichte (Geschichte der Antike) in Leiden teilzunehmen. Es ist bezeichnend, dass er am 23. Oktober 1956 gerade an einem Bericht über die Auslandsbeziehungen der Fakultät arbeitete, als er aus dem Radio vom Ausbruch der Revolution erfuhr.

Bónis wurde Mitglied des Revolutionskomitees der Universität sowie des durch dieses gewählten neuen Universitätssenats. Nach der sowjetischen Intervention am 17. November 1956 gehörte er zu einer Abordnung der Universität, die zu János Kádár reiste. Die Delegation wurde jedoch nur von den Kulturkommissaren Gyula Kállai und Ferenc Hont, der aus einer Szegeder Bürgerfamilie stammte, empfangen. Unverrichteter Dinge kehrten sie zurück und auch das Revolutionskomitee der Universität hatte sich inzwischen aufgelöst.

Tage zuvor, am 2. November 1956, hatte Bónis auf einer Sitzung der Professoren der Fakultät, die sich mit geplanten Entlassungen befasste, einen Vorschlag gemacht, was ihm später zum Verhängnis wurde. Im Nachhinein bezeichnete er sein Vorgehen selbst als die zweite große Fehleinschätzung in seinem Leben. In der Disziplinarverhandlung im Juni 1957 brachte man außerdem natürlich alle möglichen Anschuldigungen gegen ihn vor, beginnend bei seinem angeblich antisemitischen Verhalten in Kolozsvár bis hin zur fachlich-ideologischen Diskussion, die er mit seinem Budapester Koautoren des Lehrbuches „Egyetemes államés jogtörténet" [Allgemeine Staats- und Rechtsgeschichte] (1957) geführt hatte. Er selbst war sein eigener Belastungszeuge! Nur die Rigorosa konnte er gerade noch abnehmen. Am 28. Juni 1957 wurde er aus disziplinarischen Gründen entlassen.[16]

Sein schwerkranker Lehrmeister, Ferenc Eckhart, dem ebenfalls ein Disziplinarverfahren drohte und der etwas später verstarb[17], reagierte auf die Absetzung seines Schülers mit diesen Worten: „Alles, wofür ich gelebt habe, ist zusammengebrochen!" Bónis selbst hat sich in seinen Memoiren von 1983 – alles hinter sich wissend – stolz dazu bekannt:

> „Zweifellos habe ich für die Revolution teuer bezahlt, aber ich bin stolz, am Freiheitskampf des ungarischen Volkes beteiligt gewesen zu sein!"[18]

4. Bónis' Professorenlaufbahn war gescheitert, sein wissenschaftliches Wirken zum Glück aber nicht. Er fand eine Anstellung im Archiv der Hauptstadt Budapest, wo er bis in die Abteilungsleiterebene aufsteigen konnte. Fortgesetzt, sogar ausgeweitet hatte er seine Forschungs- und Publikationstätigkeit. Bónis hatte mehr Freunde und Unterstützer als Feinde und Widersacher, doch letztere haben ihm sein Leben oft vergällt, besonders im Hinblick auf seine Beziehungen zum

---

[16] PÉTER, A Szegedi Tudományegyetem az 1956-i forradalomban, in: Szegedi műhely 40,3–4 (2001), S. 149–176 [auch erschienen als Kapitel in PÉTER, 1956 előtt, alatt, után, 2006, S. 35–72]. Vgl. RUSZOLY, Egy lappangó jegyzőkönyv nyomában, in: Szegedi Műhely 41,1–2 (2002), S. 60–86.

[17] BÓNIS, Ferenc Eckhart, in: ZRG GA 75 (1958).

[18] BÓNIS, Pályám emlékezete, 1983, in: Szegedi Műhely 46,3–4 (2007), S. 131 (Übersetzung von Dezső Kulcsár).

und seine Reisen ins Ausland, obwohl Auslandsbeziehungen im Allgemeinen immer verbreiteter wurden!

Auf Vorschlag von Géza Marton und im Auftrag des Redakteurs Erich Genzmer veröffentlichte Bónis in der Reihe „Ius Romanum Medii Aevi" (IRMAE) seine bahnbrechende Studie „Einflüsse des römischen Rechts in Ungarn" (1964).[19] Eine späte Rezeption des römischen Rechts in den ungarischen Städten belegt auch seine Monographie „Buda és Pest bírósági gyakorlata a török kiűzése után. 1686–1708" [Gerichtspraxis in Ofen und Pest nach der Verjagung der Türken] (1962).[20] Weil diese nicht als Grundlage zur Erlangung des Doktorgrades der Akademie der Wissenschaften (DSc.) akzeptiert wurde, schrieb Bónis 1969 eine Dissertation zu einem anderen Thema, die nun von niemandem mehr beanstandet wurde. Diese Arbeit hat er in zwei Büchern veröffentlicht: „A jogtudó értelmiség a középkori Nyugat- és Közép-Európában" [Die rechtskundige Intelligenz in West- und Mitteleuropa des Mittelalters] (1972)[21] und „A jogtudó értelmiség a Mohács előtti Magyarországon" [Die rechtskundige Intelligenz im Ungarn vor der Schlacht zu Mohács] [Inhalt: „Les gens de loi en Hongrie d' avant Mohács" (1526)] (1971).[22]

Als Drittes ist mit diesen eng verbunden das kleine umfangreiche ‚Dreierbuch' von György Bónis mit dem Titel „Középkori jogunk elemei. Római jog, kánonjog, szokásjog" [Zusammenfassung u. d. T.: „Die Elemente des mittelalterlichen ungarischen Rechts (Römisches Recht, Kanonisches Recht, Gewohnheitsrecht)"] (1972).[23] Dieser Band ist eine vereinheitlichte Fassung einiger früher veröffentlichter Arbeiten, die teilweise (auch) in deutscher Sprache erschienen waren, wie etwa das IRMAE-Buch.[24] Führt man sich die eigentliche Bedeutung der einzelnen ‚Elemente' vor Augen, könnte man meinen, dass die Reihenfolge im Untertitel vielmehr umgekehrt sein sollte. Obwohl er sein Buch als „von experimentellem Charakter" vorgestellt hatte, waren seine Thesen noch lange Zeit gültig, da die von ihm erhofften weiteren vertiefenden und in die Breite gehenden Forschungsarbeiten ausblieben – vor allem aufgrund fehlender Quellen. Auf die Zusammenfassung dieser Feststellungen will ich noch – seinen Formulierungen treu bleibend[25] – im folgenden Punkt 5 zurückkehren.

Einen ganz anderen Schwerpunkt Bónis' Gesamtwerk bilden die Editionen von Gesetzen, die über die Millenniums-Ausgabe des „Corpus Iuris Hungarici" (1896)

---

[19] DERS., Einflüsse des römischen Rechtes in Ungarn, 1964, S. 110.

[20] DERS., Buda és Pest bírósági gyakorlata a török kiűzése után, 1962.

[21] DERS., A jogtudó értelmiség a középkori Nyugat- és Közép-Európában, 1972.

[22] DERS., A jogtudó értelmiség a Mohács előtti Magyarországon, 1971.

[23] DERS., Középkori jogunk elemei, 1972.

[24] DERS., Der Zusammenhang der Summa Legum mit dem Tripartitum, in: Studia Slavica Academiae Scientiarum Hungaricae 11 (1965), S. 373–409; DERS., Magyi János formuláskönyve és a gyakorlati jogtanítás, in: CSIZMADIA (Hrsg.), A pécsi egyetem történetéből, 1967, S. 225–260.

[25] DERS., Középkori jogunk elemei, 1972, S. 343–348.

hinausgehen. Diese wurden mit seinen Kollegen gemeinschaftlich herausgebracht und erschienen zum Teil postum: „The Laws of the Medieval Kingdom of Hungary. 1000–1301" (1989); „Decreta Regni Hungariæ" [...] „1301–1457" (1976); [...] „1458–1490" (1989). Nicht weniger bedeutsam sind die einleitenden Studien zu den „Tripartitum-Ausgaben" (1971, 1990).[26]

In den Publikationsreihen internationaler wissenschaftlicher Korporationen („Commission Internationale d'Histoire des Assemblées d' Etats" etc.) wurden seine Aufsätze fortlaufend veröffentlicht. Aus diesen lässt sich ein Bild der ständischen Vertretung in Ungarn erstellen, insbesondere zur Entwicklungsgeschichte des ungarischen Reichstages (*országgyűlés*) einschließlich seiner Umgestaltung im Jahr 1848.[27] Von diesen Studien erwähne ich hier mit Titel nur die letzte: „Der Übergang von der ständischen Repräsentation zur Volksvertretung in Ungarn" (1977).[28] *Nolens volens* übernahm ich an diesem Punkt von ihm den Staffelstab als Erforscher der bürgerlichen Volksrepräsentation (1848–1949)[29], wobei ich das Grundlagenwerk (1963)[30] Andor Csizmadias berücksichtigte, der von György Bónis ebenfalls hoch geschätzt wurde.

Nachdem ich György Bónis' reiches Wirken skizzenhaft und mit vielen Auslassungen dargestellt habe, will ich zum Schluss noch erwähnen, dass Bónis neben alledem bis zum Ende seines Lebens auch noch Forschungen zur Erschließung der mittelalterlichen ungarischen Kirchengerichtsbarkeit betrieb. Angespornt von seinem Lehrmeister, Ferenc Eckhart, begann er noch in dessen Seminar sich mit diesem Thema zu beschäftigen und veröffentlichte dazu mehrere maßgebliche Vorstudien, darunter „Die Entwicklung der geistlichen Ge-

---

[26] BAK, BÓNIS, SWEENEY (Hrsg.), The Laws of the Medieval Kingdom of Hungary, Bd. 1: 1000–1301, 1989; DÖRY (Hrsg.), BÁCSKAI (Mitarb.), BÓNIS (Mitarb.), Decreta Regni Hungariae/Gesetze und Verordnungen Ungarns, 1976, Einleitung, S. 9–65; DÖRY (Hrsg.), BÓNIS (Mitarb.), ÉRSZEGI (Mitarb.), TEKE (Mitarb.), Decreta Regni Hungariae/Gesetze und Verordnungen Ungarns, 1989; BÓNIS, Tripartitum opus, in: WERBŐCZI, Tripartitum opus iuris consuetudinarii inclyti regni Hungarie per Stephanum de Werbewcz editum Wien 1517, 1971, S. 3–14; DERS., A Hármaskönyv, in: WERBŐCZY, Tripartitum, 1990, S. VII-XIII.

[27] DERS., The Hungarian feudal diet (13th–18th centuries), in: Anciens Pays et Assemblées d'États 36 (1965), S. 287–307; DERS., The Powers of the Deputies in the Hungarian feudal diet (1790–1848), in: Anciens Pays et Assemblées d'États. Standen en Landen 37 (1965), S. 169–190; DERS., Ständisches Finanzwesen in Ungarn im frühen 16. Jahrhundert, in: CSATÁRI (Hrsg.), Nouvelles études historiques publiées à l'occasion du XIIe Congrès International des Sciences Historiques, Bd. 1, 1965, S. 83–103; DERS., Die ungarischen Stände in der ersten Hälfte des 18. Jahrhunderts, in: GERHARD (Hrsg.), Ständische Vertretungen in Europa im 17. und 18. Jahrhundert, 1969, S. 286–309; DERS., L'État corporatif hongrois au début du XVIe siècle, in: Anciens Pays et Assemblées d'États 70 (1977), S. 313–326.

[28] BÓNIS, Der Übergang von der ständischen Repräsentation zur Volksvertretung in Ungarn, in: BOSL (Hrsg.), MÖCKL (Mitarb.), Der moderne Parlamentarismus und seine Grundlagen in der ständischen Repräsentation, 1977, S. 174–235.

[29] RUSZOLY, Újabb magyar alkotmánytörténet 1848–1849, 2002.

[30] CSIZMADIA, A magyar választási rendszer 1848–1849-ben, 1963.

richtsbarkeit in Ungarn" (1963).[31] Das große Fazit blieb jedoch aus. Er selbst hatte noch aus den Forschungsnotizen an seiner letzten Arbeitsstätte, dem Institut für Literaturwissenschaft der Ungarischen Akademie der Wissenschaften, die einzigartige Sammlung „Szentszéki regeszták" [Inhalt: Regesten der Konsistorien] zusammengetragen, die dann von meinem Kollegen Elemér Balogh nach langer und mühsamer Arbeit veröffentlicht wurde (1997).[32] Da der bisher noch fehlende Registerband viele Missverständnisse klären könnte, wäre dessen Zusammenstellung dringend notwendig.

5. Das erste Problem, welches Bónis' Buch „Középkori jogunk elemei" [Elemente des mittelalterlichen ungarischen Rechts] (1972) behandelt, ist die Literatur des römischen und kanonischen Rechts in Ungarn. Einzelne Fachtermini des römischen Rechts sind bei uns seit dem Gesetzbuch König Stephans I. des Heiligen bekannt. Trifft man im Dekretum Ausdrücke aus dem römischen Recht wieder, wie etwa *lex*, *regale* (oder *senatus*) *decretum*, *monarchia*, *regalis potentia*, *potestas*, *facultas*, *dominium*, *hereditas*, *possessio*, werden die Gesellschaftsschichten mit Namen wie *comites*, *milites*, *hospites*, *cives*, *liberi*, *liberti*, *servi* bezeichnet, soll dies nur heißen, dass – ähnlich den ‚barbarischen Staaten' des Mittelalters – die ersten Schritte auch durch unsere Gesetzgebung im Gewand der lateinischen Sprache getan wurden. Es bedarf wohl keinerlei Beweises, dass in der Normsetzung des Staatsgründers diese Worte einen ganz anderen Sinn hatten, als im klassischen römischen Recht.[33]

Im 11.–12. Jahrhundert kann nur die abwegige Terminologie des römischen Rechts von Bologna nachgewiesen werden. Bei der Kirche findet man eine nicht näher bekannte kanonische Sammlung (*breviarium canonum*). Die Päpste zwangen unsere Könige, die obligatorische Kraft des sich herausbildenden kanonischen Rechts anzuerkennen. Deshalb muss man die Kenntnis Gratians und des Dekretalenrechts voraussetzen. Die Herausbildung der Dekretalen Rechtsetzung berührte auch unser Land. Um 1180 hatte der Papst an die ungarischen Bischöfe solche Weisungen zur Normgestaltung gerichtet.[34]

Um die Jahrhundertwende war Innozenz III. der Zwist zwischen Imre (Emmerich) (*rex*) und András (Andreas) (*dux*) ein gelegener Anlass, in der Rolle eines Schiedsrichters aufzutreten, und Imre (Emmerich) hatte sich gegen die Anschuldigungen einiger Bischöfe aufgrund des ihn ebenfalls bindenden kanonischen Rechts (*ius ordinarium*) zu wehren. Wenn es der päpstlichen Kurie auch nicht gelungen war, ihre lehnsherrliche Obergewalt in Ungarn zur Anerkennung zu bringen, so gab es für sie unter András (Andreas) (*dux*) dennoch reichlich Gele-

[31] BÓNIS, Die Entwicklung der geistlichen Gerichtsbarkeit in Ungarn 1526, in: ZRG KA 49 (1963), S. 174–235.

[32] DERS., Szentszéki regeszták, 1997.

[33] DERS., Középkori jogunk elemei, 1972, S. 15f.

[34] Ebd., S. 21.

genheit, sich in die ungarischen Angelegenheiten einzumischen. Der König hatte das kanonische Recht als universelles Recht (*ius commune*) anzuerkennen. Auf päpstlichen Befehl brach er zu Kreuzzügen auf und hatte unzählige Donationsbesitztümer aufgrund eines päpstlichen Dekretals (*Intellecto*, 1220) zurückgenommen. Es bedarf also keinerlei Beweises, dass Produkte päpstlicher Normensetzung nach Gratianus bekannt – sogar obligatorisch – geworden sind, auch in den wichtigen Zentren von Staat und Kirche in Ungarn und in den Wänden der königlichen *capella*, in der Kanzlei genauso wie in den Höfen von Oberklerus und Hochadel.[35]

Aus den häufigen Auslandsstudien der letzten Jahrzehnte des 13. Jahrhunderts ging die Gründung bedeutender Rechtsbibliotheken hervor. Das im ausgehenden 13. Jahrhundert in unser Land gelangte Manuskript, der Briefsteller des de Petrus Vinea,[36] zeigt die vermittelnde Rolle der Höfe der Könige und Prälaten. Unter der Herrschaft der Anjou-Dynastie gelangten wertvolle Rechtshandschriften hauptsächlich in die Bibliotheken der Domstifte, die auch in Prag und Esztergom abgeschrieben wurden. Theoretische Werke entstanden kaum, aber ein Teil des 1351 abgeschlossenen Formelbuches (*Ars Notaria*) von János Magyi verbreitete das kanonische Recht. Der Humanismus hob zwar das Bildungsniveau, führte aber zur Vernachlässigung der juristischen Literatur. Trotzdem waren in den Stifts-, Pfarr-, und sogar Privatbibliotheken recht viele – in erster Linie kirchenrechtliche – Arbeiten vorhanden, welche auch oft ausgeliehen wurden. Die theoretische Literatur des 15. Jahrhunderts ist nicht erwähnenswert, wogegen die zwei großen kirchlichen Formelbücher des Máté Beneéthy (1504–1511) und des unbekannten Notars, des Vikars Demeter Nyási (1511–1521), das Wissen des kanonischen Rechts in weite Kreise brachten.[37] Neben den Büchern des Kirchenrechts werden die Werke des römischen Rechts in den Hintergrund gedrängt, deshalb ist auch ihr Einfluss im Mittelalter verhältnismäßig gering.

In den selten auftauchenden römisch-rechtlichen und in den häufiger auffindbaren kanonisch-rechtlichen Einflüssen ist die Tätigkeit eines kleineren Teiles der rechtskundigen Intelligenz zu spüren, der eine Universität besucht hat. Die Erklärung für diese Disproportion ist, dass das Kirchenrecht durch Gerichte vertreten war, die über furchterregende Zwangsmittel verfügten, während das Kennenlernen des Zivilrechts zu allen Zeiten Privatangelegenheit einer kleinen Zahl von Wissenschaftlern blieb. Diese Einwirkungen hat Bónis im Einzelnen erforscht. Im Allgemeinen konnte er dabei die Bezugnahmen auf das Naturrecht und auf das römische Recht sowie das ‚Einsickern' einzelner römischer Grundprinzipien und das ‚Auftauchen' von Renunziationen zeigen. Anschließend untersuchte er einzeln die sich im ehemaligen öffentlichen Recht (besonders in der *plenitudo potestatis*), auf dem Gebiet der gesetzgebenden Gewalt und der Gesetz-

---

[35] Ebd., S. 21 f.

[36] Ebd., S. 29, 52 (Anm. 58), 30 (Anm. 37). Vgl. DERS., Petrus de Vinea leveleskönyve Magyarországon, in: Filológiai Közlöny 4 (1958), S. 1–26, 173–193.

[37] BÓNIS, Középkori jogunk elemei, 1972, S. 57 (Anm. 115–121).

gebung, im Personal- und Familienrecht, im dinglichen Recht und im Erbrecht, im Schuldrecht, im Strafrecht und im Prozessrecht zeigenden römisch-kanonischrechtlichen Einflüsse.

Als Ergebnis lässt sich feststellen, dass gegenüber der Geltung des Kirchenrechts für die Rezeption des römischen Rechts keinerlei Beweise vorhanden sind. Es wurde als eine Art Naturrecht betrachtet und mit großer Ehrfurcht erwähnt, ohne dass es konkret übernommen wurde. Seine Einflüsse wurden in den Etappen der Entwicklung unserer Gesellschaft spürbar. Zuerst um die Wende des 12. zum 13. Jahrhundert durch den Einfluss der Studien in Paris und Bologna. Zum zweiten Mal in den letzten Jahrzehnten der Regierung der Arpaden-Könige (in den letzten Jahrzehnten des 13. Jahrhunderts). Zum dritten Mal zur Zeit der Verbreitung des Humanismus in der zweiten Hälfte des 15. Jahrhunderts. Bis zu dieser Zeit hatten die praktischen Juristen unseres Landes, die keine Universität besucht hatten, schon das System des Gewohnheitsrechts ausgebaut, das den im Wesentlichen römisch-rechtlichen und kirchenrechtlichen Übernahmen widerstehen konnte.

Bei der Aufzeichnung des heimatlichen Gewohnheitsrechts wandte Bónis sich zuerst den Formelbüchern zu und versuchte, sie nach Typen aufzuteilen. Daraus wurde ersichtlich, dass man das praktische Rechtswissen in der königlichen Hofkanzlei (bzw. in der Curie) erlernen konnte, wovon es auf die glaubwürdigen Orte (*loca credibilia*) und durch sie auf das ganze Territorium des Landes einwirkte. Die Scholaren besuchten in der Hauptstadt und auf dem Lande Exekutionen, sie verrichteten praktische Arbeit, das heißt – nach Art europäischer Analogien – sie lernten und arbeiteten gleichzeitig praktisch. Der Unterricht an den glaubwürdigen Orten war ‚handwerklich' und wurde zugleich in Wort und Schrift durchgeführt. Der elementare Teil des Lehrstoffes enthielt die Zahlen. Alle mussten die Folgen des Lebensalters, die Termini der Verjährung und Ersitzung (*prescriptio*) sowie den Schätzwert von Gegenständen kennen. Solche Listen sind erst aus dem 15. Jahrhundert erhalten, aber aus inhaltlichen Gründen muss man ihr Vorhandensein schon für den Anfang des 13. Jahrhunderts voraussetzen bzw. annehmen. Sie wurden mit allen Schreibfehlern durch die Notare lückenhaft und voller Widersprüche weitergereicht. Die gewohnheitsrechtlichen Prinzipien selbst erschienen in den *arengae* der Urkunden und in den Urteilsbegründungen regelmäßig seit 1320. Ihre Gesamtheit zählte die Stände zu ihren Vorrechten und hütete sie sorgfältig. Trotzdem war das System nicht starr. Mit den Veränderungen des Rechts starb Einzelnes ab, Neues kam zu dem Übriggebliebenen. Solche Prinzipien sind im Vergleich zum römischen Recht ärmlich und in schlechtem Latein konstruiert. Aus Sicht der Kunstarten betrachtet entsprechen sie der *brocarda*. Im 15. Jahrhundert entwickelten sie sich schon zu Sammlungen, zu kleinen gewohnheitsrechtlichen Traktaten, die auch – wie es der Textvergleich zeigt – in Werbőczys „Tripartitum" (1514/1517) Verwendung fanden. Insgesamt aber stand die diesbezügliche Tätigkeit der praktischen Juristen auf einer niedrigen Ebene und könnte nur durch die Romanisation auf ein höheres Niveau gebracht werden.

Zum Schluss untersucht Bónis die zwei Möglichkeiten der Romanisierung des heimischen Rechts. Werbőczy glich den Prolog des „Tripartitums" nur äußerlich, unter teilweiser Verwendung der „Summa Legum Raymundi" (14. Jahrhundert) dem römischen Recht an, doch behielt er in den wesentlichen Teilen (I-III) das Gewohnheitsrecht bei.

Alles in allem ist also zu konstatieren, dass als István Werbőczy das ungarische Gewohnheitsrecht zusammenfasste, er mit der Sicherheit eines praktischen Juristen die früheren, zumindest in die Zeit von Zsigmond (Sigismund) zurückreichenden, aber im Grunde die Tradition der Anjou-Zeit fortsetzenden Anmerkungen ausgestaltet und weiterentwickelt hatte. Diese fand er in den Formularbüchern, von denen nicht unbedingt das in seiner Urteilsmeisterkanzlei angefertigte Werk als seine Hauptquelle diente. Als er jedoch die rechtstheoretischen Teile schrieb, verfolgte er – abweichend von seiner bisherigen Gestaltungsmethode – die seit den Glossatoren im römischen und kanonischen Recht herkömmliche Mosaiktechnik. Oder besser gesagt, er fügte jene Musterstücke ein, die ihm von seinem Mitarbeiter mit theologisch-kanonrechtlicher Bildung – Johannes Camers (Giovanni Ricuzzi oder Jeromos Balbi) – zur Verfügung gestellt wurden.[38]

Der Pressburger Kanoniker Imre Pápóczi übernahm im Pressburger Formelbuch (1504–1532) vollständige Teile des römischen Rechts aus einer ziemlich alten Quelle, nämlich aus der „Aurora" von Rolandinus. Zwar zollte es dem Werk des damals noch lebenden Werbőczy das erwünschte Lob, mit seiner Methodik übertraf es sein „Tripartitum". Mit seinen klassischen Zitaten wies es in die Richtung der bürgerlichen Entwicklung. Auf seinem Weg folgten ihm – nun mehr mit humanistischem Bewusstsein – Honterus (Johannes Honter – 1498–1549), Decius Barovius (János Baranyai Decsi – um 1560–1601) oder János Kithonich (1560–1619). Während jedoch Pápóczis Handschrift verstaubte, erreichte das „Tripartitum" mehr als 50 Ausgaben. Dies zeigt, dass der Adel die konservative Lösung wählte, entsprechend dem Erstarren unserer wirtschaftlichen Entwicklung.[39]

6. György Bónis kehrte meines Wissens ein einziges Mal nach Szeged zurück. Am Sitz der Szegeder Kommission der Ungarischen Akademie der Wissenschaften (SZAB) fand Ende September 1969 eine große internationale Konferenz für Rechtsgeschichte und römisches Recht statt, an der alle führenden Wissenschaftler unseres Berufsstandes – unter anderem auch Deutsche, Österreicher und Polen – teilnahmen. Einen Vortrag hat Bónis nicht gehalten. Mit seinem damals gerade das Amt des Dekans innehabenden Nebenbuhler György Antalffy kam es zu der lang ersehnten, per Handschlag besiegelten Versöhnung. Es war auch von der Verleihung einer Titularprofessur an ihn die Rede, was aber nicht realisiert wurde.

---

[38] Ebd., S. 260.

[39] Der Abschnitt 5. dieses Beitrags ist eine wesentlich erweiterte Wiedergabe der deutschen Zusammenfassung von Bónis' Buch „Középkori jogunk elemei" von 1972 (BÓNIS, Középkori jogunk elemei, 1972, S. 343–348).

Die Universitätslaufbahn von György Bónis war am Ende. Die Überwindung der sich ständig auftürmenden Hindernisse, seine überaus umfangreichen und vorzüglichen wissenschaftlichen Arbeiten hatten seine Kräfte zermürbt. Er starb am 5. November 1985 in Budapest an einer schweren Krankheit.

Mir war nicht mehr vergönnt, sein Schüler zu werden, dennoch – wenn auch in indirekter Weise – konnte ich seine Forschungsmethoden auf dem Gebiet der neueren ungarischen Verfassungsgeschichte (1848–1949) auch nutzen. Ein Vermittler war einer seiner Schüler, Ödön Both, der unseren Lehrstuhl zwei Jahrzehnte lang, bis zu seinem Tode, leitete (1965–1985).

Aus Miskolc heimgekehrt, übernahm ich den Lehrstuhl für Rechtsgeschichte in Szeged für gut anderthalb Jahrzehnte (1988–2005)[40] und durfte als Mitglied einer universitären Kommission im Jahr der Wende 1989/90 auch selbst an Bónis' Rehabilitierung mitwirken. Es war ein ergreifender Akt, in dem ihm vom Senat der Universität der Titel *post mortem professor emeritus* verliehen wurde. Die Pflege seines Nachlasses erfolgt im Rahmen des *Bónis György Szeminárium*. In dieser Hinsicht gebühren Verdienst und Anerkennung auch Professor Elemér Balogh. Und ich wiederum kann in seinem ehemaligen Arbeitszimmer auch in den Jahren nach dem Erlöschen meiner Lehrstuhlleitung weiterhin im öffentlichen Dienst innerhalb einer institutionalisierten Kleineinrichtung tätig sein – und als *professor emeritus* auch noch später.

(2008)

II. László Blazovich

Herrn Professor László Blazovich und durch ihn auch der Universität Szeged sowie der ungarischen Rechtsgeschichtsschreibung wurde eine große Ehre zuteil. Professor Blazovich wurde mit dem *Eike-von-Repgow-Preis* des Jahres 2010 ausgezeichnet. Dieser Preis wurde ihm für seine Verdienste um die deutschen Rechtsbücher, vor allem um die Szegeder Ausgabe des *Sachsenspiegels* in ungarischer Sprache zuerkannt. Er spricht aber auch für seine gesamte Laufbahn und seinen wissenschaftlichen Werdegang. Den Preisträger kenne ich seit langem, wir sind seit zwei Jahrzehnten Professorenkollegen. Damit aus der Laudatio keine voreingenommene Lobpreisung wird, erlaube ich mir, von den Tatsachen seiner langen Laufbahn und reichen beruflichen Tätigkeit auszugehen.[41]

---

[40] RUSZOLY, A középkortól a jelenkorig, in: Szeged. A Város folyóirata 16,12 (2004), S. 6–13. – Mitverfasser, mit eigenen Beiträgen: BLAZOVICH László, BALOGH Elemér, HOMOKI-NAGY Mária.

[41] Laudatio anlässlich der Verleihung des Eike-von-Repgow-Preises im Jahre 2010 an Prof. Dr. László Blazovich (Universität Szeged) in der Johanniskirche zu Magdeburg am 28. Oktober 2010; als Vortrag – mit kleineren Erweiterungen – auf der Rechtshistorischen Konferenz ‚Der Schwabenspiegel und andere Rechtsbücher im Donau-Gebiet', Szeged, 1.–2. März 2012 [Der Preisträger. Laudatio an László Blazovich zum Eike-von-Repgow-Preis 2010]; RUSZOLY, Laudatio dr. Blazovich László egyetemi tanárról, az Eike-von-Repgow-Preis 2010. évi kitüntetettjéről, in: Jogtörténeti Szemle [13], 2 (2011), S. 68–70; DERS., Laudatio 2010 – *Blazovich Lászlóról Magdeburgban*, in:

László Blazovich wurde 1943 in Szombathely geboren. Seine Kindheit verbrachte er in der Nachbarschaft einer schönen ehemaligen königlichen Freistadt, die ab 1921 in der westlichen Grenzregion lag, ehemals von drei Nationen (Ungarn, Deutschen und Kroaten) bewohnt wurde und Kőszeg (auf Deutsch: *Güns*) heißt. Seine Gymnasial- und Universitätsstudien absolvierte er in Szeged an der Theiß. Nach dem Erwerb seines Lehrerdiploms für Ungarisch und Geschichte fing er 1967 in Hódmezővásárhely an zu arbeiten. Am Ende seiner hiesigen Dienstzeit bekleidete er das Amt des stellvertretenden Direktors. Von hier wechselte er 1980 nach Szeged und wurde Direktor des Archivs des Komitats Csongrád. Aus diesem Archiv, das auch das Archiv der Königlichen Freistadt Szeged aufbewahrt, ging er 2009 in den Ruhestand.

László Blazovich ist Mediävist. Die Anregung für die Beschäftigung mit dem Mittelalter bekam er in den 1960er Jahren von dem ebenfalls am Anfang seiner Laufbahn stehenden Gyula (Julius) Kristó, dem späteren Geschichtsprofessor und Mitglied der Ungarischen Akademie Wissenschaften, dem ausgezeichneten Erforscher der Arpadenzeit, dem Gründer der Historikerschule in Szeged. Die ganze Zeit über, bis zu dem viel zu frühen Tod seines Lehrmeisters, blieb László Blazovich nicht nur im chronologischen Sinn, sondern auch hinsichtlich seiner Ergebnisse und Erfolge dessen Schüler Nr. 1. Zwar trug bereits Gyula Kristó viel zur Kenntnis der ungarischen Verfassungsgeschichte bei, so auch zur Erforschung des Komitatssystems im 11. Jahrhundert, dennoch ragt László Blazovich dadurch, dass er zu uns Rechtshistorikern kam, durch seinen scharfen Blick für die Rechtsgeschichte aus den ungarischen Mediävisten heraus.

Während der Zeit der Stabilisierung des Lehrstuhls für Rechtsgeschichte in Szeged im Jahre 1989 lud ich ihn ein, als Universitätsdozent mittelalterliche Rechtsgeschichte, vor allem Prozessrecht und kanonisches Recht, zu unterrichten. 1997 wurde er zum Universitätsprofessor am gleichen Lehrstuhl ernannt und ist auch heute noch dort tätig, bzw. gehört er seit der Teilung der Lehrstühle am 1. Juli 2005 dem Lehrstuhl für Europäische Rechtsgeschichte unter der Leitung von Prof. Dr. Elemér Balogh an. Nicht nebenbei möchte ich hier anmerken, dass bei uns noch alle drei rechtshistorischen Hauptkollegs (das römische Recht, die ungarische Rechtsgeschichte und die allgemeine [europäische] Rechtsgeschichte) Pflichtfächer sind. Theoretisch gibt es also keinen ungarischen Jurastudenten, der nichts vom Sachsenspiegel und dessen Verfasser, *Eike von Repgow*, oder dem Magdeburger Stadtrecht wüsste.

Die Forschungsbereiche und Publikationen von László Blazovich weiteten sich im Laufe der Zeit auf immer breitere Gebiete aus. Er behandelt und betreut mit großer Verehrung die mittelalterlichen Urkunden. *In medias res* sei in diesem Zusammenhang auf seine ausschlaggebende Rolle bei der riesigen Urkundenedi-

BALOGH, HOMOKI-NAGY (Hrsg.), Ünnepi kötet Dr. Blazovich László egyetemi tanár. 70. születésnapjára, 2013, S. 11–19.

tion „Anjou-kori Oklevéltár" [Urkundensammlung aus der Anjou-Zeit] hingewiesen. Er betreute die Bände 7, 8 und 10, die die Urkunden aus den Jahren 1323, 1324 und 1326 enthalten (1991, 1993, 2000).[42] In der Herausgabe des gesamten Prozessmaterials „A Telegdiek pere. 1568–1572" [Der Telegdi-Prozess. 1568–1572] (1995) leistete er hervorragende Arbeit.[43]

Von seinen zahlreichen Forschungsthemen möchte ich die regionale Siedlungsgeschichte hervorheben. Die Wurzeln dieses Wissenschaftszweiges bezüglich der Komitate reichen in der ungarischen Geschichtsschreibung bis in die 1930er Jahre zurück. Auf seiner Monographie „A Körös-Tisza-Maros köz középkori településrendje" [Mittelalterliche Siedlungsstruktur der Region zwischen den Flüssen Körös-Tisza-Maros] (1985)[44] baut sein Buch „Városok az Alföldön a 14–16. században" [Städte in der ungarischen Tiefebene im 14.–16. Jahrhundert] (2002)[45] auf. Mit dem erstgenannten Werk, in dem das Gebiet östlich von Szeged bis zu den Ausläufern des Bihar-Gebirges (heute: Rumänien) behandelt wird, erwarb Professor Blazovich 1986 den Titel ‚Kandidat der Geschichtswissenschaft' der Ungarischen Akademie der Wissenschaften. Es könnte für Sie von Interesse sein, dass in der besagten Region die Ortschaft ‚Ajtós' (Komitat Békés) lag, die während der osmanischen Zeit vernichtet wurde, und von wo der Vater – noch als ‚Ajtósi' – von Albrecht Dürer (1471–1528) stammte.

Im zweiten Buch, das die Städte östlich der Donau thematisiert, und mit dem er 2003 den Titel ‚Doktor der Geschichtswissenschaft' der Ungarischen Akademie der Wissenschaften erwarb, wird neben der Siedlungsgeschichte die Institutionsgeschichte – insbesondere die Verwaltung und die Rechtsprechung – in den Mittelpunkt gestellt. Ein besonderer Akzent wird auf die allmähliche Trennung von königlichen Freistädten und den unter dem Rechtsschutz (*iurisdictio*) eines Grundbesitzers stehenden Marktflecken (*oppidum*) gelegt, die als Vorstufe für die freien königlichen Städte (*libera regia civitas*) gelten kann.

Professor Blazovich, der als leitender Archivar auch schon früher über deutsche Kontakte verfügte, unternahm ab den 1990er Jahren mit der Unterstützung des ‚Deutschen Akademischen Austauschdienstes' mehrere Studienreisen nach Deutschland. Im Rahmen unserer Institutspartnerschaften genoss er mehrmals die Gastfreundschaft von Herrn Professor Dr. Heinz Holzhauer und arbeitete monatelang in der ‚Rechtshistorischen Bibliothek' zu Münster.

---

[42] BLAZOVICH, KRISTÓ (Hrsg.), Anjou-kori Oklevéltár/Documenta res Hungaricas tempore regum Andegavensium illustrantia, Bd. 7: 1323, 1991; DERS. (Hrsg.), Anjou-kori Oklevéltár/Documenta res Hungaricas tempore regum Andegavensium illustrantia, Bd. 8: 1324, 1993; DERS. (Hrsg.), Anjou-kori Oklevéltár/Documenta res Hungaricas tempore regum Andegavensium illustrantia, Bd. 10: 1326, 2000.

[43] BLAZOVICH, GÉCZI, A Telegdiek pere, 1995.

[44] BLAZOVICH, A Körös-Tisza-Maros köz településrendje, 1985.

[45] DERS., Városok az Alföldön a 14–16. században, 2002.

Das Interesse von Professor Blazovich richtete sich auf die Berührungspunkte der Geschichte der mittelalterlichen deutschen und ungarischen Stadtrechte. Die Frage der Herleitung unserer Städte wurde längere Zeit heftig diskutiert. Wie in den 1930er Jahren bereits geklärt wurde, steht außer Zweifel, dass die Siedlungen ungarischer Prägung sind, die ursprünglich Märkte waren. Ihre Entwicklung blieb – vor allem ab dem 13. Jahrhundert – dank der ausländischen Ansiedler (*hospes, hospites*) (Italiener, Wallonen, Deutsche/Sachsen) von der europäischen Institutionsgeschichte nicht unberührt. Diese ‚Gäste' brachten ihr Recht mit sich, das später auch ihre ungarischsprachigen Mitbürger genießen konnten.

László Blazovich begann seine einschlägige Forschungstätigkeit mit gutem Gespür für die Forschungsrelevanz des Themas mit dem *Ofner Stadtrecht*. In der zweibändigen Ausgabe des „Buda város jogkönyve" [Das Ofner Stadtrecht] (2001)[46] arbeitete er jene Methode aus, der er sich auch heute bedient. Mit einer umfangreichen einleitenden Studie publiziert er die ungarische Übersetzung des Rechtsbuches. Und noch lobenswerter ist, dass er die Einleitung auch in deutscher Sprache veröffentlichte. Auch dies spielte eine wesentliche Rolle dabei, dass er Kontakte mit deutschen Experten des Themas – unter ihnen auch Herr Prof. Dr. Heiner Lück (Martin-Luther-Universität Halle-Wittenberg) – ausbauen konnte.

In gleicher Weise ist er auch bei der Ausgabe des ‚ungarischen Sachsenspiegels' vorgegangen („A Szász tükör", 2005).[47] Da dieser – gerade auch durch das Magdeburger Stadtrecht – bedeutenden Einfluss auf die Entwicklung des ungarischen Stadtrechts ausgeübt hatte, trug Prof. Blazovich zur besseren Kenntnis des letzteren bei. Das auch sächsische Merkmale aufweisende *Ofner Stadtrecht* bestimmte durch das sogenannte Tavernikalrecht (*ius tavernicale*) ab dem 15. Jahrhundert bis 1848 das Rechtswesen einer bedeutenden Gruppe von Städten im Königreich Ungarn.[48]

Der Verfasser versucht nach der Darstellung der Struktur sowie der wichtigsten inhaltlichen Fragen des Rechtsbuches *Sachsenspiegel* kurz, sozusagen *in nuce*, die wichtigsten Rechtsinstitutionen zusammenzufassen. Insbesondere fokussiert er die Fragen auf das ‚Eigentums-, Familien- und Erbrecht'[49], auf ‚das Dorf und seine Einwohner'[50], auf die ‚Gerichtsverfahren'[51] sowie auf das ‚Strafrecht'[52] und das ‚Lehnrecht'[53] Mit anderen Worten: Er konzentrierte sich auf die mittelalterliche deutsche Rechtsgeschichte auf der Grundlage des Sachsenspiegels, reichlich

---

[46] BLAZOVICH, SCHMIDT (Hrsg., Übers.), Buda város jogkönyve, Bd. I u. II, 2001.

[47] EIKE von Repgow, A Szász tükör [Sachsenspiegel ⟨ungar.⟩], 2005.

[48] Neuere Bearbeitung: MERTANOVÁ, Ius tavernicale, 1985; RUSZOLY, [Rezension] Pozsonyi könyv a tárnoki jogról, in: Magyar jog 34,7–8 (1987), S. 696f.

[49] EIKE von Repgow, A Szász tükör [Sachsenspiegel ⟨ungar.⟩], 2005, S. 18–22.

[50] Ebd., S. 22–26.

[51] Ebd., S. 26–28.

[52] Ebd., S. 28–30.

[53] Ebd., S. 30–36.

versehen mit Belegen aus der deutschen Forschungsliteratur. Es handelt sich dabei grundsätzlich um eine gelungene Zusammenfassung mit diffenzierten Annäherungen und Thesen.

Schwierigkeiten bereitete die Übersetzung und die Einbettung der sächsischen Rechtsinstitutionen aus dem 13. Jahrhundert (wie z. B. *eigen*, *gut*, *gewere*, *erbe*, *len*).[54]

Dass sich Professor Blazovich durch diese seine Werke und durch andere zu diesem Thema publizierte Aufsätze und Studien um die europäische Rechtsgeschichtswissenschaft verdient machte, ist keine Übertreibung. Mit Sicherheit werden seine Bemühungen die angemessene wissenschaftliche Resonanz finden. Seine Ausgabe des *Schwabenspiegels* steht kurz vor dem Erscheinen. Bei diesen Editionsarbeiten wurde ihm von vielen Kollegen selbstlose Hilfe zuteil. Am meisten konnte er sich auf seinen nächsten Mitarbeiter, den ehemaligen Kommilitonen, den Germanisten József Schmidt verlassen.[55]

Der Mediävist László Blazovich setzte auch in der Lokalgeschichtsschreibung viele Zeichen. Die große Stadtmonographie „Szeged története" [Die Geschichte von Szeged], initiiert von László Péter, später von Gyula Kristó betreut, blieb mehr als ein Jahrzehnt lang unbeendet. In der Zeitspanne 1983–1994 erschienen vier Bände.[56] Band 5 über die Zeitgeschichte konnte während der Umwälzungen in den Jahren 1989/90 nicht erscheinen.

Professor Blazovich, der sich von Amts wegen (*ex officio*) mit dem gesamten Material des städtischen und Komitatsarchivs beschäftigen musste, nahm die Sache in die Hand und verfasste zuerst – zum Teil als Zusammenfassung der ersten vier Bände, zum Teil darüber hinaus auch die Epoche zwischen 1944 und 1989 überblickend – eine ‚Kurze Geschichte von Szeged' für ein breiteres Lesepublikum und erntete großen Erfolg.[57]

Erst danach konnte er als Herausgeber – zusammen mit seinen Mitarbeitern – die Fertigstellung der nicht abgeschlossenen Städtemonographie in Angriff nehmen. Der 5. Band in der Reihe, der auch die Redaktionsprinzipien der modernen deutschen Stadtgeschichtsschreibung widerspiegelt, ist dieses Jahr erschienen.[58]

In seinem eigens für ihn im Archiv eingerichteten Bereich arbeitet László Blazovich zurückgezogen – neben seiner Unterrichtstätigkeit – weiter an seinen Forschungsthemen. Für seine Tätigkeit, die er immer mit großer Erudition und Lust betrieb, und für die er manchmal Opfer bringen musste, erhielt er zahlreiche Auszeichnungen und Ehrungen. Am 21. Mai 2010 wurde er zum Ehrenbürger der

---

[54] Vgl. RUSZOLY, A magyar Sachsenspiegel-hez, in: Századok 140,2 (2006), S. 483–496.

[55] Vgl. BLAZOVICH, SCHMIDT (Hrsg.), A Sváb tükör, 2011.

[56] KRISTÓ (Hrsg.), Szeged története, Bd. 1, 1983; FARKAS (Hrsg.), Szeged története, Bd. 2: 1686–1849, 1985; GAÁL (Hrsg.), Szeged története, Bd. 3,1–2: 1849–1919, 1991; SERFŐZŐ (Hrsg.), Szeged története, Bd. 4: 1919–1944, 1994.

[57] BLAZOVICH, Szeged rövid története, 2005.

[58] DERS., Szeged története, Bd. 5: 1945–1990, 2010.

Stadt Szeged ernannt.[59] Dass er im gleichen Jahr auch den ‚Eike-von-Repgow-Preis' bekommen würde, hätten wir kaum gedacht. Ein besonderer Dank gebührt den Preisvergebern!

Dem Preisträger wünsche ich – auch im Namen meiner Mitarbeiter – weitere Erfolge!

(2010)

[59] Vgl. [TANDI], A helyi értéktől az egyetemességig, in: Szeged. A Város folyóirata 22,5 (2010), S. 15–17.

SZABÓ Béla (Debrecen/Ungarn)

Das Zusammentreffen von germanischen Rechtstraditionen und vom transferierten gemeinen Recht im „Eigen-Landrecht" (1583) der Siebenbürger Sachsen

Es ist seit langem eine bekannte Tatsache, dass das Rechtsbuch der Siebenbürger Sachsen – das im Jahre 1583 vom Fürsten von Siebenbürgen bestätigt wurde und gemeinhin als die „Statuta" oder das „Eigen-Landrecht" der Siebenbürger Sachsen bezeichnet wird – als eine Kompilation von genetisch verschiedenen Rechtsregeln zu betrachten ist. Es beinhaltet und verbindet einheimische Rechtstraditionen bzw. Rechtsgewohnheiten mit dem gelehrten römischen Recht, weist aber, wenn auch spärlich, Spuren des Gewohnheitsrechts des ungarischen Adels auf.[1]

Während der vergangenen drei Jahrhunderte wurde mehrfach versucht die Quellen der einzelnen Regeln der „Statuta" nachzuweisen.[2] In Anknüpfung an Schuler von Libloy stand in letzter Zeit besonders die Einwirkung des römischen Rechts auf das „Eigen-Landrecht" im Mittelpunkt des rechtshistorischen Interesses.[3] Diese Neigung ist damit zu erklären, dass das Rechtsbuch, welches nach seiner Promulgierung 1583 in Kronstadt (Brassó, Braşov) in deutscher und lateinischer Fassung veröffentlicht wurde, als der einzige gelungene Versuch zu beurteilen ist, durch den das römische (kaiserliche) Recht (im weiten Sinne das *ius commune*) als Subsidiarrecht formell auf dem Gebiet des ehemaligen Ungarns anerkannt wurde.

Diese Einmaligkeit der ‚formellen Rezeption' in der ungarischen Rechtsgeschichte lädt dazu ein, sich darüber Gedanken zu machen, wie dieser örtliche Rezeptionsvorgang im Lichte des im letzten Jahrzehnt aufgegriffenen Forschungsansatzes ‚Transfer normativer Ordnungen' und der vieldiskutierten Theorie des Rechtstransfers bzw. *legal transplants* zu beurteilen ist.

Können sich die im Rahmen dieser (und verwandter) Betrachtungsweisen (z. B. die Theorie der Rechtsirritationen) aufgestellten Thesen in der siebenbürgisch-sächsischen Rechtsentwicklung des Mittelalters und der Frühen Neuzeit widerspiegeln? Unter welchen gesellschaftlichen Bedingungen hat sich die Übernahme fremden Rechts bei den Sachsen und in wie vielen Etappen abgespielt? Welche zeitlichen, örtlichen und rechtskulturellen Faktoren konnten dabei eine Rolle spielen?

---

[1] LAUFS, Einführung, in: [FRONIUS], Das Eigen-Landrecht der Siebenbürger Sachsen, 1973, S. VI.

[2] REISZNER, Commentatio succincta ad jus statutarium Saxonum in Transylvania, Lipsiae, 1744; NAGY DE BRANYITSKA (Ed.), Jus Transsilvanico-Saxonum, 1845; SCHULER VON LIBLOY, Statuta jurium municipalium Saxonum in Transylvania, 1853; SUTSCHEK, Das deutsch-römische Recht der Siebenbürger Sachsen (Eigen-Landrecht), 2000.

[3] SUTSCHEK, Das deutsch-römische Recht der Siebenbürger Sachsen (Eigen-Landrecht), 2000; SZABÓ, Die Rezeption des römischen Rechts bei den Siebenbürger Sachsen, in: Publicationes Universitatis Miskolciensis, Sectio Juridica et Politica 9, Fasc. 1–13 (1994), S. 173–194.

Im Rahmen einer kurzen Abhandlung kann man natürlich nicht alle Aspekte behandeln, aber die Thematik dieses Sammelbandes hat mich veranlasst darüber nachzudenken, wie bestimmte Traditionen des Rechts und des Transfers von Recht bei den Sachsen aufeinandertreffen. Obwohl man nach unserem heutigen Wissen das traditionelle (‚germanische‘) Recht der Sachsen mit einem der hier am meisten erwähnten Rechtsbücher (Sachsenspiegel, Schwabenspiegel) oder mit Rechtstraditionen (sächsisch-magdeburgisches Recht) noch immer nicht in eine eindeutige genetische Beziehung bringen kann, wird der Leser zumindest den Eindruck erlangen, dass meine Ausführungen in diesem Band nicht ganz fehl am Platz sind.

Zuerst werde ich versuchen kurz (I.) den theoretischen Rahmen meiner Fragestellung aufzuzeichnen, dann (II.) einige für unser Thema wichtige Ereignisse der sächsischen Rechtsgeschichte aufzuzählen. Gleichzeitig werde ich versuchen, die Theorie und die historische Wirklichkeit in Verbindung zu bringen, so dass das als ‚traditionell‘ betrachtbare Recht der Sachsen womöglich etwas im Vordergrund bleiben soll. Schließlich werde ich mich darum bemühen, einige Beispiele (III.) über das Zusammentreffen von germanischen Rechtstraditionen und vom transferierten gemeinen Recht im „Eigen-Landrecht“ nachzuweisen.

I. Als theoretischen Rahmen des Transfer-Problems könnte man einfachheitshalber (aber der diesbezüglichen Literatur bestimmt nicht völlig gerecht werdend) drei verschiedene semantische Modelle verwenden, welche mit den Termini Rezeption, Rechtstransfer und *legal transplants* (Transplantation) umrissen werden können.[4] In der – in den letzten Jahrzehnten immens angewachsenen – diesbezüglichen Literatur wurden erhebliche Abgrenzungen betreffs der erwähnten semantischen Lösungen ausgearbeitet. Die Bevorzugung eines der Begriffe bzw. die Ablehnung der anderen zwei geht auf verschiedene Ausgangspunkte und Hypothesen zurück.

Der ältere Begriff der ‚Rezeption‘ wird in der Literatur anscheinend verdrängt, weil er üblicherweise eine asymmetrische ‚Geber-Nehmer-Beziehung‘ voraussetzt, in welche neuerdings das Bild des kulturellen Gefälles zwischen den zwei Teilnehmern hineininterpretiert wird und die einseitige Perspektive des Annehmens vorgibt.

---

[4] Über das terminologische ‚Wirrwarr‘ siehe kürzlich STOLLEIS, Transfer normativer Ordnungen – Baumaterial für junge Nationalstaaten, in: Rechtsgeschichte 20 (2012), S. 72. Stolleis listet beispielhalber folgende Ausdrücke auf: Transfer, Rezeption, Adaption, Übernahme, Aufnahme, Einfluss, Infiltration, (osmotische) Durchdringung, Mutationen, Translation, Transplantation, Kreuzung, Hybridisierung, Patchwork, Flickenteppich, Kontamination, Mischung, Export/Import, Kolonialisierung durch Recht oder systemtheoretisch Resignifikation. Er schlägt vor, im Weiteren von ‚Transfer normativer Ordnungen‘ bzw. von ‚grenzüberschreitender Wirkung von Recht (normativer Ordnung)‘ zu sprechen, um Missverständnisse bezüglich des vielbelasteten Terminus ‚Rezeption‘ vorzubeugen. Ebd., S. 72, 75.

Transfer und Transplantation setzen den Akzent hingegen stärker auf die Mobilität über bestimmte Grenzen hinweg. Sie wecken weiterhin nicht die Gefühle der Einseitigkeit und vermeiden auf der Seite des Empfängers den Eindruck des Bedürftigen, Unterentwickelten oder Unterlegenen.[5] Aber Transfer und *legal transplants* unterscheiden sich voneinander auch wesentlich durch ihre Ausgangspunkte und Annäherungswege.

Der Gedanke der Transplantation[6] geht von der Vorstellung aus, dass das Hineinfügen eines Elements in einen fremden Körper problemlos sein kann, also nicht durch externe (zeitliche, örtliche und rechtskulturelle) Faktoren, durch die ‚Umwelt' beeinflusst oder beeinträchtigt werden muss.[7] Das Verfolgen des Schicksals des transplantierten Rechts – das wesentlich mit schriftlich fixierten Rechtssätzen und Normen gleichgesetzt wird – kommt in dieser Theorie zu kurz. Die Unterschiede der gesellschaftlichen Bedingungen, die hinter beiden Normensystemen stehen, werden nicht genügend berücksichtigt. Es zählt nur, dass eine Transplantation, eine erfolgreiche Integration des Rechtssatzes in die neue Rechtsordnung trotz aller Unterschiede zustande kommt. Nach diesem Erklärungsversuch reagiert das Recht nicht auf (politische, ökonomische, oder soziokulturelle) Veränderungen in einer Gesellschaft und spiegelt diese auch nicht wider. Die Theorie stützt sich auf mehr oder minder erfolgreiche Transplantationen, welche besonders in der Geschichte des römischen Rechts in Europa vorzufinden sind.

Der dritte, hier in Betracht zu ziehende Annäherungsversuch, welcher sich des Begriffs ‚Rechtstransfer' bedient, geht von bestimmten gesellschaftstheoretischen Überlegungen aus. Nach diesen kann es zwar kein einheitliches, universelles Muster für die Transfer-Beziehungen zwischen ‚Rechtsordnungen' geben, es findet jedoch immer ein komplexer interaktiver Prozess statt. Es kann wohl wahr sein, aber – um die Durchführung meines Gedankenexperiments zu ermöglichen – muss ich trotzdem einige Leitgedanken auswählen, die im Weiteren meinen Ausführungen den Rahmen geben werden.

Es wird vorwiegend angenommen, dass es bei der sog. Rezeption des römischen Rechts in Europa seit dem Mittelalter um die Dualität von Traditionen und

---

[5] [BENDER, KIROV], Die Entstehung nationaler Rechtssysteme im postosmanischen Südosteuropa, ⟨http://data.rg.mpg.de/Rechtstransfer-Suedosteuropa.pdf⟩ – Abfragedatum: 30.07.2013, S. 10.

[6] Über Transplantationen existiert ebenfalls sehr viel Literatur: WATSON, Legal transplants, 1993; DERS., Legal transplants and law reform, in: The Law Quarterly Review 92 (1976), S. 79–84; DERS., Comparative law and legal change, in: The Cambridge Law Journal 37,2 (1978), S. 313–336; DERS., Aspects of reception of law, in: American Journal of Comparative Law 44,2 (1996), S. 335–351.

[7] Zur Kritik: LEGRAND, The Impossibility of „Legal Transplants", in: Maastricht Journal of European and Comparative Law 4 (1997), S. 111–124; DERS., Le droit comparé, 2009; DERS., The same at the different, in: DERS., MUNDAY (Hrsg.), Comparative Legal Studies, 2003, S. 240–311; EWAN, Social Structure and Law, 1990, S. 32–35; FRIEDMAN, [Rezension zu:] Alan Watson, Society and legal change, 1977, in: The British Journal of Law and Society 6 (1979), S. 127–129; GROSSFELD, Macht und Ohnmacht der Rechtsvergleichung, 1984, S. 80–93.

um den Transfer von Recht geht. Bezüglich dieser kulturhistorisch wichtigen Entwicklung diskutierte man und stritt[8] über die Beziehung von einheimischem, traditionellem, ‚germanischem' Recht und fremdem, rezipiertem, gelehrtem, manchmal aufoktroyiertem Recht.[9]

Innerhalb einer Gemeinschaft ist das Recht (vielleicht war es auch schon im Mittelalter so) ein ausdifferenziertes soziales System, das sein eigenes Ziel zu erfüllen hat. Innerhalb einer Gemeinde bildet sich eine autonome und spezifische juristische Tradition. Diese Tradition kann ihre Ziele gegebenenfalls aus eigener Kraft, ohne Übernahme fremder Lösungen erreichen. Das Rechtssystem erneuert sich natürlich auch in diesem Fall nicht unabhängig von seiner Umwelt, also von den sozialen Vorgängen, wirtschaftlichen Bedingungen, kulturellen Ereignissen. In anderen Fällen ist die von innen kommende Kraft eines Rechtssystems nicht ausreichend zur Selbsterneuerung und zum Erreichen seiner Ziele, sondern es wird ein Anstoß durch den Transfer fremden Rechts benötigt. Die erwähnten, an das Recht dauerhaft und strukturell gekoppelten ‚Umwelt-Verhältnisse' innerhalb einer Gemeinschaft – in welche eventuell oder nötigenfalls das fremde Recht transferiert werden soll – können natürlich auch die Möglichkeit und den Erfolg oder Misserfolg von eventuellen Transfers bestimmen.[10] Neben solchen langfristigen Verbindungen des Rechts mit seiner Umwelt könnte das Ordnungssystem einer Gemeinschaft auch zufälligen Ereignissen ausgesetzt werden, welche das bestehende Rechtssystem betreffen, es in nicht vorhersehbarer Weise in Bewegung setzen, zu einer Reflexion zwingen.[11]

Im Lichte dieser Prämissen setzen wir voraus, dass ein ‚traditionelles' ausdifferenziertes Rechtssystem existiert und dieses durch den Transferprozess (Rezeptionsprozess) mit fremden Normen, mit eventuell unvertrauten Ordnungsvorstellungen und juristischen Techniken konfrontiert wird. Der Transferprozess wird durch dauerhafte oder schlagartige Impulse aus der Umwelt des fraglichen Rechtssystems verursacht. In diesen Fällen handelt es sich immerhin um eine ‚Störung', eine Irritation.[12] Diese ‚irritierenden' Impulse können von der Politik, vom Wirtschaftsleben oder sogar von der Wissenschaft herrühren[13] und können eine – für das traditionelle Recht (seitens des Impulsgebers nötig erachtete) – Einladung zum Verändern und damit eine Aufforderung zur intensiveren, be-

[8] Zur Entwicklung des Rezeptionsverständnisses siehe STOLLEIS, Transfer normativer Ordnungen – Baumaterial für junge Nationalstaaten, in: Rechtsgeschichte 20 (2012), S. 72–75.

[9] FÖGEN, Rechtstransfer: Eine theoretische Einführung.

[10] Ebd. und FÖGEN, TEUBNER, Rechtstransfer, in: Rechtsgeschichte 7 (2005), S. 39.

[11] Zum Begriff solcher ‚Zufälle' siehe FÖGEN, Rechtstransfer: Eine theoretische Einführung.

[12] TEUBNER, Rechtsirritationen, in: BRAND, STREMPEL (Hrsg.), Soziologie des Rechts, 1998, S. 233–244; DERS., Rechtsirritationen, in: DUX, WELZ (Hrsg.), Moral und Recht im Diskurs der Moderne, 2001, S. 351–380.

[13] Diese ‚äußeren Gründe', die einen Transfer hemmen, erleichtern, provozieren oder ermöglichen können, treten in Erscheinung auch bei FÖGEN, TEUBNER, Rechtstransfer, in: Rechtsgeschichte 7 (2005), S. 39 f.

schleunigten Fortentwicklung bedeuten.[14] Aber dies geschieht natürlich nicht immer, oder nicht immer in gewünschtem Maße.

Im Falle solcher Prozesse bestehen mindestens zwei Möglichkeiten: 1. Da das Recht tendenziell konservativ ist, können die alten Strukturen sehr langlebig und ausgeprägt sein, so dass das Fremde abgestoßen wird. 2. Die Störungen können ein Rechtssystem durch fremde Normen und juristische Kommunikationen aber auch in Bewegung setzen, so dass die neuen Normen – wie auch immer – verarbeitet und womöglich integriert aber fast niemals eins zu eins übernommen werden. Denn die Rechtsnormen verändern sich natürlich, wenn sie von einer Gesellschaft in eine andere, von einer Zeit in eine andere transferiert werden. In beiden Fällen bestimmen die eigenen Strukturen, die eigenen ‚Traditionen' den Erfolg und das Ergebnis des Rechtstransfers. Beim Verfolgen dieser Prozesse muss man immer feststellen, welche Strukturänderungen oder Strukturbefestigungen durch die Irritationen/Transfers ausgelöst wurden und wie – da alle Systeme zum Gleichgewicht neigen – das Rechtssystem sich nach dem Transfer erneut stabilisiert. Das ist auch selbstverständlich, denn wenn ein Rechtssystem durch die Konfrontation mit den Transfers in Bewegung gebracht wird, so kann dies kaum ohne Folgen für seine Umwelt und somit für die Gesellschaft bleiben. Es ist also auch zu untersuchen, welche ko-evolutiven Prozesse in anderen sozialen Systemen der Gemeinschaft durch Rechtstransfers ausgelöst werden.[15]

II. 1. Die *Hospites Teutonici*, die sich in Siebenbürgen ab dem 12. Jahrhundert niederließen, hatten ein mehr oder weniger detailliertes – wahrscheinlich an der Schwelle zur Verschriftlichung stehendes – Rechtssystem mit sich gebracht. Die Einwanderer haben ihre alten Rechtsgewohnheiten, die ihnen in königlichen Privilegien (so im *Andreanum* 1224) gesichert wurden, behalten.[16]

Darüber, wie diese eigenen Rechtsgewohnheiten im Einzelnen gestaltet waren, wissen wir leider wenig. So ist es nicht verwunderlich, wenn sich die Meinungen über das mitgebrachte ‚Mutterrecht' der Siedler (wenn jemand in dieser Frage überhaupt Stellung bezieht) teilen.[17] So gibt es Äußerungen, nach denen von den Siedlern sächsisches Recht mitgebracht wurde, wovon sie dann ihren Namen ‚Sachsen' hergeleitet hätten. Andere sagen, dass niederfränkische Selbstverwal-

---

[14] FÖGEN, Rechtstransfer: Eine theoretische Einführung.

[15] Ebd.

[16] Schriftliches über diese Rechte wurde uns nicht überliefert. Das *Andreanum* ordnet an: „*Volumus et etiam firmiter praecipimus, quatenus ipsos nullus iudicet nisi nos vel comes Chybiniensis, quem nos ein loco et tempore contituemus. Si vero quocumque iudice remanserint, tantummodo iudicium consuetudinarium reddere teneantur, nec eos etiam aliquis ad praesentiam nostram citare praesumat, nisi causa coram suo iudice non possit terminari.*" Siehe ZIMMERMANN, WERNER (Hrsg.), Urkundenbuch zur Geschichte der Deutschen in Siebenbürgen, Bd. 1, 1892, Nr. 43, S. 35. Zum *Andreanum* siehe MOLDT, Unus sit populus et sub uno judice, in: Zeitschrift für Siebenbürgische Landeskunde 22,2 (1999), S. 197–216.

[17] EDER, De initiis iuribusque primaevis Saxonum Transsilvanorum commentation, 1792; SCHASER, De jure Flandrensi Saxonum Transsilvanorum, 1822.

tungsrechte am Anfang standen,[18] beziehungsweise dass die ursprünglichen Gewohnheitsrechte Spuren des kölnischen *jus Italicum* sowie der ost- und westfälischen Rechte enthielten.[19] Zu dieser Meinung gesellen sich Äußerungen, nach welchen das Recht der Siedler aus Flandern und aus Luxemburg stammte. Ihr Recht war das, was an Rhein und Mosel gegolten hat. Natürlich gab es kleine Verschiedenheiten innerhalb dieser Rechtstradition, aber insgesamt konnte man von deutschem Recht, vom *ius Teutonicum*[20] oder vom *ius* bzw. *mos Saxonum*[21] sprechen.

Wieder andere stellen in mittelalterlichen Urkunden der Sachsen sogar mehrfach Spuren des ribuarischen Rechts fest.[22] Wegen der sehr spärlichen (oder spärlich erforschten) Quellen meinen andere Forscher, dass das mitgebrachte Recht der Hermannstädter Siedler unbekannt und unbestimmbar sei.[23] Die neueste Untersuchung geht davon aus, dass der Sachsenspiegel Eikes von Repgow zumindest eine Orientierung für das Mutterrecht der Siebenbürger Siedler gegeben haben dürfte, weil sich die deutschen Landrechte im 12. Jahrhundert nicht wesentlich voneinander unterschieden haben.[24]

In jedem Fall können wir davon ausgehen, dass das althergebrachte Recht der Sachsen nicht einheitlich war.[25] Die Siedler stammten aller Wahrscheinlichkeit nach aus verschiedenen Rechtskreisen. Die Gemeinden hatten die Freiheit, ihre Richter frei zu wählen – Richter, die ihre Sprache sprachen, die die Rechtstradition kannten und darüber Bescheid wussten, was Sitte und Recht war. Die inhaltliche Entwicklung der Regeln konnte noch eher auseinandergehen. Eine Einheit des deutschen Rechts, das unter den *Saxones* gelten sollte, kann man für das Hochmittelalter nur sehr begrenzt vermuten.[26] Die mal konvergierenden, mal – trotz der allmählich sich herausbildenden einheitlichen Obergerichtsbarkeit der

---

[18] Auf Planitz' Untersuchungen stützend G. E. MÜLLER, Stühle und Distrikte als Unterteilungen der Siebenbürgisch-Deutschen Nationsuniversität 1141–1876, 1985, S. 2.

[19] SUTSCHEK, Das deutsch-römische Recht der Siebenbürger Sachsen (Eigen-Landrecht), 2000, S. 16, ohne Literaturnachweise.

[20] ZIMMERMANN, Die Siebenbürger Sachsen – ein Rechtsproblem, in: Siebenbürgische Zeitung, Folge 1, 15. Januar 2003, S. 7.

[21] KLEIN, Wer hat uns Siebenbürger Sachsen den „Goldenen Freibrief" erwirkt?, in: DERS., Saxonica Septemcastrensia, 1971, S. 211.

[22] AUNER, Das Wappen von Hermannstadt, in: Korrespondenzblatt des Vereins für Siebenbürgische Landeskunde 36 (1913), S. 71.

[23] LINDNER, Der Schwabenspiegel bei den Siebenbürger Sachsen, in: ZRG GA 6 (1885), S. 101.

[24] MOLDT, Läßt sich das Rechtsgebiet der Siebenbürger Sachsen einer Stadtrechtsfamilie zuordnen?, in: Zeitschrift für Siebenbürgische Landeskunde 26,1 (2003), S. 62f.

[25] DERS., Deutsche Stadtrechte im mittelalterlichen Siebenbürgen, 2009, S. 54.

[26] Mit Bezug auf die nivellierende und neutralisierende Wirkung der königlichen Privilegierung der verschiedenen *hospes*-Gemeinden plädiert Nilles für eine einheitliche ‚Gäste'-Rechtsgemeinschaft mindestens im Falle der Hermannstädter Provinz. Siehe NILLES, Zur Rechtslage der *„hospites Theuthonici"* in Siebenbürgen, in: Korrespondenzblatt des Arbeitskreises für Siebenbürgische Landeskunde 1 (1971), S. 89.

Stühle – divergierenden ‚mitgebrachten Rechte' (*consuetudines*) reichten für die Bauerngemeinden noch lange Zeit aus, so dass eine Tradition durch die Praxis von Generationen gefestigt wurde.

2. Erst im späten Mittelalter stellte sich heraus, dass das alte Gewohnheitsrecht nicht mehr leistungsfähig genug war.[27] Der durch die Wirtschaftspolitik der Könige Ungarns geförderte kurzfristige wirtschaftliche Aufschwung, die verhältnismäßig große Prosperität durch die extensive Entwicklung des Handels und der Gewerbe sowie der Geldwirtschaft[28] und auch die Umbildungen und Entwicklungen im Bereich der siebenbürgisch-sächsischen Verwaltung im 14. und 15. Jahrhundert wirkten sich auf die alten Rechtsgewohnheiten aus.[29] Die Städte haben eine führende Rolle eingenommen und für die städtische Produktions- und Handelstätigkeit reichte das alte Gewohnheitsrecht nicht mehr aus. Auch die unter den verschiedenen Sachsenstühlen vorherrschende Rechtsunsicherheit, die unterschiedliche Gerichtspraxis und der Mangel an schriftlichen Rechtsquellen haben zu den Reformwünschen beigetragen. Diese Bestrebungen wurden auch von außen erzwungen, denn in Streitigkeiten zwischen den Sachsen und den ungarischen Adeligen sollte die *lex consuetudinaria regni* gelten. König Matthias brachte 1463 zum Ausdruck, dass die Sachsen auch der Herrschaft der Landesgesetze unterworfen seien.[30] Diese Faktoren könnten zur Bedeutung des sogenannten „Codex Altemberger" – eines Rechtsbuches, das in der 2. Hälfte des 15. Jahrhunderts in Herrmannstadt, im Verwaltungs- und Jurisdiktionszentrum der Sachsen auftauchte – geführt haben.[31] Das kann man vielleicht als den ersten Versuch der Sachsen werten, fremdes Recht zu rezipieren/transferieren, um den Mangel der heimi-

---

[27] SZABÓ, Die Rezeption des römischen Rechts bei den Siebenbürger Sachsen, in: Publicationes Universitatis Miskolciensis, Sectio Juridica et Politica 9, Fasc. 1–13 (1994), S. 107; MOLDT, Läßt sich das Rechtsgebiet der Siebenbürger Sachsen einer Stadtrechtsfamilie zuordnen?, in: Zeitschrift für Siebenbürgische Landeskunde 26,1 (2003), S. 64.

[28] KÖPECZI (Hrsg.), Erdély rövid története, 1989, S. 228–233; DAN, GOLDENBERG, Der Warenaustausch zwischen Bistritz und den Moldauer Städten und Marktflecken im 16. Jahrhundert, in: Forschungen zur Volks- und Landeskunde 10,1 (1967), S. 5–34; MELTZL, Az erdélyi szászok ipara és kereskedelme a XIV. és XV. században, in: Századok 26 (1892), S. 633–657 u. 720–739; SZŰCS, Városok és kézművesség a 15. századi Magyarországon, 1955.

[29] Zur Verwaltungsentwicklung siehe HERMANN, Die Grundverfassungen der Sachsen in Siebenbürgen und ihre Schicksale, 1972; F. MÜLLER (Hrsg.), Zur Rechts- und Siedlungsgeschichte der Siebenbürger Sachsen, 1971; G. E. MÜLLER, Die sächsische Nationsuniversität in Siebenbürgen, in: Archiv des Vereins für Siebenbürgische Landeskunde 44,2/3 (1928), S. 227–424; G. E. MÜLLER, Stühle und Distrikte als Unterteilungen der Siebenbürgisch-Deutschen Nationsuniversität 1141–1876, 1985; MÜLLER-LAGENTHAL, Die geschichtlichen Rechtsgrundlagen der „Sächsischen Nationsuniversität" in Siebenbürgen und ihres Vermögens, in: Südost-Forschungen 3 (1938), S. 44–68.

[30] „*Nam, quum membrum huius regni sitis et legibus eius vivatis* [...]" (zitiert nach LINDNER, Der Schwabenspiegel bei den Siebenbürger Sachsen, in: ZRG GA 6 (1885), S. 108).

[31] Die vollständige Textausgabe: LINDNER (Hrsg.), Az Altenberger-féle Codex/Der Codex Altenberger, 1885; vgl. CONSTANTINESCU, Codicile Altenberger, 1988.

schen Gewohnheiten zu eliminieren.[32] Der „Codex“ (teils Landrecht des Schwabenspiegels, teils Weichbild von Magdeburg bzw. Iglauer Bergrecht) wurde – für mich jedoch auch nach der neuesten Arbeit von Dirk Moldt noch immer nicht überzeugend genug bewiesen[33] – vom Hermannstädter Obergericht als subsidiäre Quelle[34] neben der *consuetudo terræ Cybiniensis*, dem einheimischen Gewohnheitsrecht – worüber wir recht wenig wissen – jahrzehntelang angewendet. Wenn es wirklich so war, können wir diesen Einfluss der Regeln des „Codex“ den engen Verbindungen zuschreiben, die die Sachsen Siebenbürgens durch ihre vermittelnde Handelspartnerschaft mit den Städten des Deutschen Reiches aufrechterhielten. Neben der vermutlichen Anwendung des Landrechts des Schwabenspiegels ist die Bedeutung der zwei, ganz verschiedenen Stadtrechtsfamilien angehörenden, Stadtrechte des „Codex Altemberger“ noch nicht geklärt. Bezüglich des Magdeburger Weichbildrechts wurde in der Literatur immer darauf hingewiesen, dass seine Verwendung ohne weiteres vorstellbar sei,[35] weil es auch bei den Zipser Sachsen als subsidiäres Recht (zusammen mit dem Sachsenspiegel) gegolten hat. So ist also diese erste Rezeption, die Aufnahme des deutschen Rechts, deren primäres Ziel wir in der Schaffung eines *ius scriptum* erblicken sollten, als gelungen zu betrachten. Die ein halbes Jahrhundert später erfolgte Übernahme des römischen Rechts lässt jedoch die Vermutung zu, dass die vermeintlichen Neuerungen der Rechtssammlung noch nicht in das Blut der Siebenbürger Sachsen übergegangen waren. Obwohl einige Fragen bezüglich der praktischen Bedeutung des „Codex Altemberger“ noch nicht vollständig geklärt sind, könnten wir diesen als einen von wirtschaftlichen, kulturellen und justiziellen Impulsen vorangetriebenen Versuch des Einbettens nicht ganz fremder Normen in das Rechtssystem der politisch immer stärker zusammenwachsenden Gemeinschaft der Sachsen betrachten. Es ist durch nähere Untersuchungen zu klären, ob dadurch ein ‚legislativer‘ oder eher ein judizieller Transfer vorangetrieben wurde. Eindeutig ist schon jetzt, dass die neuen Normen die traditionellen ‚altsächsischen‘ Regeln besonders im Bereich des Familien- und Erbrechtes nicht verdrängen konnten.[36] Erwähnt werden sollte auch, dass es nicht ausgeschlossen ist, dass die Übernahme deutschen Rechts auch in Siebenbürgen partiell, auf andersartigen Vermittlungswegen und in mehreren Schüben, ‚schleichend‘ erfolgte.[37] Obwohl die letzten Untersuchungen von Moldt meines Erachtens nicht überzeugend genug sind, ist

---

[32] LINDNER (Hrsg.), Az Altenberger-féle Codex/Der Codex Altenberger, 1885, S. 105; DERS., A Svábtükör az erdélyi szászoknál, in: Az Erdélyi Múzeum-Egylet Bölcselet-, Nyelv- és Történettudományi Szakosztályának Kiadványai 1,3 (1884), S. 178.

[33] MOLDT, Läßt sich das Rechtsgebiet der Siebenbürger Sachsen einer Stadtrechtsfamilie zuordnen?, in: Zeitschrift für Siebenbürgische Landeskunde 26,1 (2003), S. 68 und *passim*.

[34] LINDNER (Hrsg.), Az Altenberger-féle Codex/Der Codex Altenberger, 1885, S. 108 und 140.

[35] So auch LAUFS, Einführung, in: [FRONIUS], Das Eigen-Landrecht der Siebenbürger Sachsen, 1973, S. XVIII; MOLDT, Deutsche Stadtrechte im mittelalterlichen Siebenbürgen, 2009, S. 53f.

[36] Siehe unten.

[37] MOLDT, Deutsche Stadtrechte im mittelalterlichen Siebenbürgen, 2009, S. 229.

es gut vorstellbar, dass das Sachsenspiegelrecht und das sächsisch-magdeburgische Stadt- und Marktrecht, das im Spätmittelalter und in der Frühen Neuzeit ‚modernste Recht'[38], auch bei den *hospites* in Siebenbürgen in der Praxis in größerem Umfang verbreitet war, als heute beweisbar ist.

3. Der wirtschaftliche Aufschwung der Siebenbürger Sachsen erlebte Anfang des 16. Jahrhunderts immer bedeutendere Erschütterungen. Der Transitverkehr ließ nach, die wirtschaftlichen Verbindungen verloren wegen der großen Entdeckungen in der neuen Welt sowie durch das Ausbreiten der osmanischen Macht an Raum.[39]

Vor dem Hintergrund der sich verschlechternden wirtschaftlichen und politischen Lage, entschloss sich die Sächsische Nationsuniversität 1540 dazu, das geschriebene und ungeschriebene Recht (*consuetudo seu lex provincialis* (1456)[40], „ordenung des rechten und laewelicher gewonhat" (1453)[41], „gemeines landtbrauch" (1541)[42]) zu überprüfen und dabei das römische Recht in größerem Maße in die Normen einzubauen. Das ergab sich sowohl aus den Bedürfnissen, als auch aus dem Zeitgeist. Da die Gemeinde infolge der wirtschaftlichen Abriegelung ökonomisch weitgehend isoliert war, konnte die *Universitas* sozusagen eine ideale Rechtsreform anstreben, besonders auf dem Gebiet des Obligationenrechts. Zur Grundlage dienten dabei die in Siebenbürgen weitgehend verbreiteten Werke Justinians.[43] Bezüglich der Verbreitung ist besonders Johannes Honterus hervorzuheben, der um 1540 auch den Auftrag zur Zusammenfassung der wichtigsten privatrechtlichen Prinzipien auf Grundlage des römischen Rechts erhielt.[44] Sein Werk, nach dem Muster der Institutionen Justinians konzipiert, aber auch Regeln aus anderen Teilen des *Corpus Iuris* enthaltend, erschien 1544.[45] Dieses *Compen-*

---

[38] F. EBEL, Rechtsentstehung und Rechtstransfer im Spiegel der Überlieferung (Magdeburger und Lübecker Recht), in: LÜCK, PUHLE, RANFT (Hrsg.), Grundlagen für ein neues Europa, 2009, S. 40f.

[39] Neben den schon zitierten Werken siehe BARTA, Az erdélyi fejedelemség születése, 1979.

[40] Siehe G. GÜNDISCH, H. GÜNDISCH, K. G. GÜNDISCH, NUSSBÄCHER (Hrsg.), Urkundenbuch zur Geschichte der Deutschen in Siebenbürgen, Bd. 5, 1975, S. 553.

[41] Siehe ebd., S. 398.

[42] Hermannstädter Magistratsprotokoll, I, 142. zitiert nach SCHULLERUS, Zum siebenbürgisch-deutschen Erbrecht, in: Siebenbürgische Vierteljahrsschrift 64 (1941), S. 274.

[43] Nach den Forschungen über den Bücherbestand Siebenbürgens im 16. Jahrhundert steht Justinian unter den 10 meistgelesenen Autoren. Das ist größtenteils Honterus zuzuschreiben, dessen Werk (HONTERUS, Sententiae ex libris pandectarvm ivris civilis decreptae, 1539) in den vierziger Jahren des 16. Jahrhunderts zwei weitere Auflagen erlebt hat.

[44] Über den Juristen Honterus siehe unter anderem: G. D. TEUTSCH, Honter: Johannes H. oder Honterus, in: ADB, Bd. 13, 1883, S. 78–83; HANGA, TEUTSCH, Opera juridică a umanistului transilvănean Johannes Honterus (1498–1549), in: Revista română de drept. Asociaţia Juriştilor din Republica Socialista România 30 (1974); ACKER, 1544–1974 – 430 Jahre 'Compendium jurius civilis' des Johannes Honterus, in: Korrespondenzblatt des Arbeitskreises für siebenbürgische Landeskunde 4 (1974), S. 23–31; SZABÓ, Johannes Honterus (1498–1549), in: HAMZA (Hrsg.), Magyar Jogtudósok, Bd. I, 1999, S. 13–40.

[45] HONTERUS, Compendium iuris civilis in usum civitatum ac sedium saxonicarum in Transylvania

dium des Honterus, in dem die sächsischen Rechtssonderheiten fehlten, diente zwar nicht als Rechtsquelle, wurde jedoch zur Grundlage der späteren Kodifikation.

4. Die *Universitas* hielt am Plan der Rechtsmodernisierung auch während der folgenden schicksalsschweren und wirtschaftlich ungünstigen, durch Kriege und politische Umgestaltung gezeichneten Jahre fest.[46] Die erste uns bekannte Fassung der sächsischen Munizipalstatuten war die in dreißig Artikel aufgeteilte – lateinisch-deutsch abgefasste – Zusammenstellung der traditionellen und römischen Rechtsregeln unter dem Titel „Statuta Iurium municipalium civitatis Cibiniensium reliquarumque civitatum et universorum Saxonum Transilvanien. collecta per Thomam Bomelium 1563."[47] Der Verfasser war der Notar und spätere Senator Thomas Bomel[48] aus Hermannstadt. Die erste Redaktion seiner Arbeit ist wahrscheinlich schon 1549 fertig gewesen.[49] Sein Werk wurde zwar nicht gedruckt,[50]

---

collectum, 1544; siehe ACKER, 1544–1974 – 430 Jahre 'Compendium jurius civilis' des Johannes Honterus, in: Korrespondenzblatt des Arbeitskreises für siebenbürgische Landeskunde 4 (1974), S. 28.

[46] So hat die *Universitas* im Jahre 1546 entschieden, Rechtssätze, welche sich durch langwierige Praxis bewährt haben (*jura probabilia*), zu sammeln und daraus ein geschriebenes Recht (*jus scriptum*) zu bilden. Eine Fassung des *jus consuetudinarium* wurde anscheinend schon 1549 fertig, denn die Universität hat darüber beraten, dass nach Überprüfung des Textes derselbe auf dem nächsten Landtag dem Gouverneur Martinuzzi – mit dem Ersuchen – vorgelegt werden solle, damit man die sächsischen Prozesse auf der Grundlage dieses Rechtsbuches entscheiden dürfe. Siehe HIENTZ, HEIGL, ŞINDILARIU (Hrsg.), Hermannstadt und Siebenbürgen, 2007, S. 59.

[47] BOMELIUS, Statuta jurium municipalium civitatis Cibinieñ [Cibiniensium] reliquarumque civitatum et universorum Saxonum Transsilvanieñ [Transsilvanicorum], collecta per Thomam Bomelium 1563 zugleich Statuta oder Satzung gemeiner stadrechten der Hermenstadt und ander stedte, Und aller Deutscher in Sybenburgen, durch Thomam Bomelium zusamen bracht. Im Jar. 1560 [Manuskript].

[48] SCHULER VON LIBLOY, Bomel, Thomas, in: ADB, Bd. 3, 1876, S. 118; SZABÓ, TONK, Erdélyiek egyetemjárása a korai újkorban 1521–1700, 1992, S. 274; NUSSBÄCHER, Zur Biographie von Thomas Bomelius, in: Zeitschrift für Siebenbürgische Landeskunde 29,2 (2006), S. 137–141; BORSA (Hrsg.), Alte siebenbürgische Drucke, 1996, Nr. 90.

[49] Dies wird durch eine Rechnung bezeugt: Staatsarchiv Hermannstadt, Hermannstädter Bürgermeisterrechnungen Nr. 61/1649. Bl. 43: *Thomæ Notario ab Universitate Saxonum addictis pro iure scripto vertendo solvit fl. 25.* Zitiert von NUSSBÄCHER, Zur Biographie von Thomas Bomelius, in: Zeitschrift für Siebenbürgische Landeskunde 29,2 (2006), S. 138.

[50] Vgl. ACKER, 1544–1974 – 430 Jahre 'Compendium jurius civilis' des Johannes Honterus, in: Korrespondenzblatt des Arbeitskreises für siebenbürgische Landeskunde 4 (1974), S. 28 f.; LAUFS, Einführung, in: [FRONIUS], Das Eigen-Landrecht der Siebenbürger Sachsen, 1973, S. X. Fronius über Bomels Arbeit: „*Damit aber solchem vnrath gerathen vnnd geholffen wůrde / vnd vnsere Recht vnd Gericht der Sachssen in Siebenbůrgen (auff form vnd weise des Edlen rechts / so auff schriefften vnnd* confirmation *seliger Kőnige inn Hungern bestehet) auch bass bestellet / haben sie auch gewůnschet vnd begeret / das jha ein mal aus der Stedten recht / gewonheiten vnd Priuilegien / was gewisses vnd bestendiges mőgte zusamen getragen / vnd inn gestalt eines gemeinen rechtens gefasset werden: dessen sich fůr jharen der Herr* Tomas Bomelius, *derselben Zeit Rathsman in der Hermanstadt mit sonderm fleis vnterstanden / einen kurtzen ausszug Sachssischen rechts / beyd inn Latein vnnd Deutsche sprache gebracht / eine anleitung gethan hat / welcher zwar gefellig vnd*

man hat es aber in der Praxis angewandt.[51] Mathias Fronius,[52] Senator aus Kronstadt hat aufgrund des Auftrages der *Universitas* das Konzept Bomels überarbeitet,[53] ebenfalls in lateinischer und in deutscher Sprache: „Statuta Iurium municipalium Saxonum in Transylvania – Das Eigen-Landrecht der Siebenbürger Sachsen"[54]. Nach Überprüfung der Arbeit seitens der Nationsuniversität wurde das Statuten-Werk vom Fürst 1583 approbiert. Bei der Abfassung des „Eigen-Landrechts" ist Fronius im Großen und Ganzen der Bearbeitung des Honterus gefolgt, fasste sich jedoch kürzer als dieser. In seinen vier Büchern wurden die für die Sachsen wichtigen Normen für das Prozessrecht, für das Familien- und Erbrecht, für das Obligationenrecht und endlich für das Strafrecht zusammengestellt. Das römische Recht erscheint in dem Statuten-Werk in zweifacher Weise. Erstens zeigen die Statuten selbst eine auffallend starke und direkte Beeinflussung durch Satzungen des römischen Rechts. Zweitens wird über die Anwendung der Statuten auch folgendes angeordnet:

---

lieb verhalten / auch inn ziemlichen gebrauch kommen war [...]" (FRONIUS, Der Sachſſen inn || Siebenbůrgen:|| *STATVTA*: Oder eygen || Landtrecht|| Cronstadt in Sie⸗||benbuergen durch George Greus /in ver[⸗]|| legung herrn Mathiae Fronij, Anno M. D. LXXXIII., fol. A iij^{v}.

[51] SCHULER VON LIBLOY, Siebenbürgische Rechtsgeschichte, Bd. 1, 1867, S. 131. Er behauptet, Bomels Werk sei als Kopie im Werk ‚Miscellanea' des Hermanstädter Rektors Mundelius 1565 erschienen. Das Werk wurde mit den „Statuta" bisher noch nicht eingehend verglichen und analysiert.

[52] Zur Person siehe: TRAUSCH, Schriftsteller-Lexikon oder biographisch-literärische Denk-Blätter der Siebenbürger Deutschen, Bd. 1, 1868, S. 358–366; NUSSBÄCHER, Matthias Fronius 1522–1588, in: Taten und Gestalten, Bd. 1, 1983, S. 109f.

[53] „[...] *weil in hernoch lauffenden jharen / etliche nicht geringere felle vnd fragen mit eingelauffen / so zum meisten aus geschrieben Kayser rechten erőrtert / etliche auch aus der Stedte gewonheiten entschlossen / etliche aber der Sachssen Priuilegien vnd freythůme berůhreten / war ein nothwendiges bedencken* [...] / *das angefangene kurtze rechts Bůchel fůr hende zu nehmen / auffs new zu besichtigen / zu leuteren / vnd mit was dem rechten vnd dieser Landschafft Sachssischer* Nation *gewonheiten gemess / zu mehren freundlicher massen befohlen / damit es gereichert an rechts regeln / vnd mit* statuten locupletirt [...] *hab ich meinem wenigen geringen verstand / vnd inn geschriebenem Keyser rechten blőder vnerfahrenheit noch / gedachtes rechts Bůchel fůr mich genohmen* [...] *neben etlichen* Paragraphis *vnd* Distinctionibus, *aus vnsern gewonheiten vnd gemeinen Priuilegie⟨n⟩ auch aus des* Iustiniani codice *vnd recht Bůchern / mit rechts regelen / gesetzen / Statuten / vnd mit etlichen gantz auffs new zugesetzten vnterschiedlichen* Titulis *also gereiniget gebessert gemehret vnnd* augmentirt [...]" (FRONIUS, Der Sachſſen inn || Siebenbůrgen:|| *STATVTA*: Oder eygen || Landtrecht|| Cronstadt in Sie⸗||benbuergen durch George Greus /in ver[⸗]|| legung herrn Mathiae Fronij, Anno M. D. LXXXIII., fol. A iiij^{v}).

[54] Beide Fassungen wurden 1583 gedruckt: FRONIUS, Statvta || Ivrivm || Mvnicipalivm || Saxonvm In Trans-||sylvania: || Opera || MAThiæ Fronii reuiſa, || locupletata & edita. || Impressum in Inclyta Transylvaniæ Corona. || Cvm Gratia Regia || & Priuilegio Decennali, 1583; FRONIUS, Der Sachſſen inn || Siebenbůrgen:|| *STATVTA*: Oder eygen || Landtrecht|| Cronstadt in Sie⸗||benbuergen durch George Greus /in ver[⸗]|| legung herrn Mathiae Fronij, Anno M. D. LXXXIII.. Die Gleichwertigkeit der beiden Fassungen wird bezweifelt von LAUFS, Einführung, in: [FRONIUS], Das Eigen-Landrecht der Siebenbürger Sachsen, 1973, S. XI-XII.

> „*Fůrsichtige Richter sollen fůrnemlich mercken / das sie jmmer noch den geschriebenen rechten vnnd Statuten / oder jha noch des Landes sitten vnnd brauch / jre vrtheiler aussprechen : Tragen sich aber solche sachen vnd fålle zu / darůber kein geschrieben recht nicht gefunden wůrde / sie sollen sich noch des Landes langwiriger gewonheit richten : Dann ein langer brauch vnnd gewonheit / so gemeinem nutz nicht zu wider ist noch schadet / mag fůr ein recht gehalten werden.*“[55]

Und weiter heißt es:

> „*Was nu in sonderheit inn diesem kurtzen Auszug der rechte⟨n⟩ / nicht ausdrůcklich verfastet ist / sol aus den alten Kayserlichen rechts regeln vnnd satzungen / so fern sie vnser Landschafft gemåss / erholet werden.*“[56]

Es wird also durch das Rechtsbuch kaiserliches, also römisches Recht als unmittelbar anwendbares Subsidiarrecht erwähnt, was in der ungarischen Rechtsgeschichte nicht ihres Gleichen findet. (Meines Erachtens muss man hier unter *Käyserliches Recht*[57] eindeutig das römische Recht verstehen.)[58] Analysieren wir die vorher skizzierten Ereignisse bezüglich der sächsischen Rechtserneuerungsbestrebungen, dann können wir folgende vorläufige Bemerkungen unterstreichen:
a) Die Anwendung des römischen Rechtes bei den Siebenbürger Sachsen war durch ihre soziale und wirtschaftliche Entwicklung vorbestimmt. Schon ihre mittelalterliche Rechtsentwicklung stand mit der Wandlung ihrer wirtschaftlichen Rolle, der Änderung ihrer Hauptbeschäftigung und ihrer sozialen Struktur in einem – wenn auch nicht immer geraden – Zusammenhang. In diesem Zusammenhang sei an die Besonderheit erinnert, dass sich die *Universitas* bezüglich des Warenverkehrs gerade in jener Zeit für eine Öffnung in Richtung des römischen Rechts entschloss, als die Sachsen teilweise zur Agrarwirtschaft zurückkehrten, sich auf Selbstversorgung umstellten bzw. die meisten Auslandsverbindungen aufgaben und so – auf sich selbst angewiesen – ein in sich geschlossenes Wirtschaftsleben organisierten. Die Wirtschaftverhältnisse fielen auf das Niveau des 15. Jahrhunderts zurück, es gab kein Kapital, um kleinkapitalistische Unternehmen zu finanzieren. Doch – obwohl etwas verspätet – können wir mit ‚Störungen‘ auch aus der Wirtschaft rechnen. Diese ‚Störungen‘ riefen nach Modernisierung und provozierten die Unterstützung und Aufrechterhaltung der neuen Rechtsformen.
b) Es scheint eindeutig zu sein, dass die Impulse damals von der politischen Seite

---

[55] FRONIUS, Statuta, 1.1.5. In der lateinische Fassung lautet es so: „*Judex in primis observare debet, ut aliter non judicet, quam quod legibus aut consuetudinibus aut moribus proditum est. In quibus autem caussis scriptis legibus non utimur, id sequi oportet, quod moribus et consuetudine introductum est. Nam longa consuetudo, quæ utilitates publicas non impedit, pro lege servabitur.*“

[56] FRONIUS, Statuta, 1.1.7; SCHULER VON LIBLOY, Statuta jurium municipalium Saxonum in Transylvania, 1853, S. 243.

[57] KRAUSE, Kaiserrecht und Rezeption, 1952.

[58] Moldt versteht darunter auch das Recht des Schwabenspiegels. MOLDT, Deutsche Stadtrechte im mittelalterlichen Siebenbürgen, 2009, S. 226.

am stärksten waren. Es waren die führenden Köpfe der *Universitas Saxonum*, die es im 16. Jahrhundert wieder einmal für nötig erachteten, ihr Recht zu erneuern. Die politische Zielsetzung ist nicht zu leugnen: die weitere Bemühung um Rechtssicherheit, die Stärkung der politischen Sonderstellung und der jurisdiktionellen Unabhängigkeit haben hier bestimmt eine wichtige Rolle gespielt.

c) Aber wie oben bereits angedeutet, hat der Rechtstransfer nicht nur etwas mit den politischen Institutionen, sondern auch sehr viel mit den Kommunikationsstrukturen und der juristischen Ausbildung zu tun.[59] Und auch beim Zustandekommen des „Eigen-Landrechts" rührten vielleicht die interessantesten ‚Störungsfaktoren' selbst aus der Wissenschaft. In der 2. Hälfte des 16. Jahrhunderts war das juristische Fachpotential bei den Sachsen eindeutig vorhanden. Die Siebenbürger Sachsen machten von den Möglichkeiten der Ausbildung in den ‚gelehrten Rechten' – oder was darunter im Mittelalter und in der Frühen Neuzeit verstanden wurde – auch im 16. Jahrhundert Gebrauch. In den ersten vier Reformationsjahrzehnten studierten mehr als einhundert sächsische Peregrinanten in Wittenberg vorwiegend Theologie, aber auch Jurisprudenz.[60] Letzteres ist im Falle von Bomel wahrscheinlich, bei Fronius sicher, denn jener war einige Jahre lang auch als Rechtslehrer in seiner Heimatstadt tätig. Auch Honterus hat eine Reform des Kronstädter Gymnasiums bewerkstelligt und dabei nicht nur den Unterricht der Humaniora, sondern auch die Grundausbildung in der Rechts- und Medizinwissenschaft als wichtig erachtet. Nach 1544 wurde je ein *lector* für diese ‚höheren Wissenschaften' angestellt, der verpflichtet war, Vorlesungen in beiden Disziplinen für die älteren *studiosi* zu halten.[61] In Honters Schulordnung wurden auch solche Tätigkeiten geregelt, welche der Vermittlung bestimmter juristischer Fachkompetenzen dienten: Disputationen und *lectiones*, fiktive Gerichtsverhandlungen sowie Theatervorführungen auch mit rechtlicher Relevanz.[62] Die wichtigste Aufgabe des Inhabers der Rechtskatheder war die Ausbildung solcher Jungen, die später bei der Verteidigung der Rechte der sächsischen Gemeinden mitwirken konnten.[63] Nach Fronius waren im Rechtsunterricht (was sich etwa für ein

---

[59] PIHLAMAJAMÄKI, Europäische Rechtskultur?, in: ClioThemis. Revue électronique d'histoire du droit 2 (2009), Absatz 19.

[60] In der 2. Hälfte des 16. Jahrhunderts waren in der Gemeinschaft der Siebenbürger Sachsen pro Generation etwa 170–200 Akademiten (frühere Universitätsbesucher) tätig. Das bedeutete, dass je aus 300–400 Nationsgenossen einer zum Peregriner wurde. Dazu siehe TONK, SZABÓ, Erdélyiek egyetemjárása a középkor és a koraújkor folyamán, in: BÉKÉSI (Hrsg.), Régi és új peregrináció, Bd. 1, 1993, S. 498.

[61] NUSSBÄCHER, Die Schulreform des Honterus und die Ausstrahlung der Honterus-Schule im 16. Jahrhundert, in: KÖNIG (Hrsg.), Beiträge zur Siebenbürgischen Schulgeschichte, 1996, S. 145. Nach Nussbächer wurden in der Honterus-Schule zwischen 1544 und 1600 nicht weniger als 1085 *studiosi* immatrikuliert. Wir haben aber keine Angaben darüber, wie viele Studenten in den vierziger und fünfziger Jahren die juristischen Kurse besucht haben.

[62] PHILIPPI, Das sächsische Schulwesen Siebenbürgens bis zum 17. Jahrhundert, in: KÖNIG (Hrsg.), Beiträge zur Siebenbürgischen Schulgeschichte, 1996, S. 143.

[63] WITTSTOCK, Johannes Honterus, der Siebenbürger Humanist und Reformator, 1970, S. 178.

Jahrzehnt aufrechterhielt) führende Persönlichkeiten der Kronstädter Intelligenz tätig.[64] Bei der Zusammenstellung der von den Politikern erwünschten erneuerten Rechtsnormen „*inn gestalt eines gemeinen rechtens*“ können sowohl Bomel als auch Fronius, der sich auf Honters Werke stützte, als Importeure der Rechtsnormen betrachtet werden. Wenn er bei seiner Mission erfolgreich sein wollte, musste Fronius, ein praktisch tätiger Jurist, die Realitäten in seinem Heimatland berücksichtigen.[65] Einerseits hatte er dem starken Traditionsbewusstsein seiner Volksgenossen Rechnung zu tragen, andererseits musste er sicherstellen, dass ihre juristischen Mitteilungen auch verstanden wurden. Dies hatte eine Simplifizierung beim Transferprozess des gelehrten Rechts zur Folge.[66] Die Ursache dieser Vereinfachung erklärt sich darin, dass die Normen, die zu schwierig für das rezipierende Rechtssystem waren, entweder nicht angenommen oder im Transferprozess den Verhältnissen angepasst wurden. Das war typischerweise die Situation vielleicht auch bei einigen römischrechtlichen Normen (eheliche Gütergemeinschaft, Intestaterbfolge – siehe unten), die die sächsischen Kodifikatoren nach Siebenbürgen zu importieren versuchten. Die transferierten Rechtsnormen konnten als solche zu schwierig sein, um von der empfangenden Seite aufgenommen werden zu können und mussten deshalb vereinfacht, modifiziert oder zurückgewiesen werden.[67] Im letzteren Fall konnte man auf die ‚eigenen Traditionen‘ zurückgreifen. Die Untersuchung der Regeln des „Eigen-Landrechts“ zeigt, dass interessanterweise einige der älteren germanischen Lösungen anscheinend viel persistenter waren als die Lösungen aus dem „Codex Altemberger“. Eines scheint sicher: ein Jahrhundert der bewussten rechtserneuernden Tätigkeit der Siebenbürger sächsischen Nation wurde mit der Abfassung und Promulgierung des Rechtsbuches abgeschlossen. Das Werk ist nicht ohne Lücken, hat jedoch die Probe der Zeit bestanden.[68] Es wurde dreieinhalb Jahrhunderte lang zur Grundlage des Rechtslebens der Sachsen[69] und hat ohne Zweifel somit das Leben der Sachsen schwerwiegend und dauerhaft beeinflusst.

---

[64] Der erste Rechtslehrer war für kurze Zeit überraschenderweise ein Engländer namens Henricus Philippus. Ihm folgten Fronius, später Petrus Apus Bogner, Doktor beider Rechte, dann der Dichter Valentin Wagner und möglicherweise noch andere. NUSSBÄCHER, Die Honterus-Schule in Kronstadt, ein bedeutendes Zentrum humanistischer Kultur im Siebenbürgen des 16. Jahrhunderts, in: DERS., Aus Urkunden und Chroniken, Bd. 2, 1985, S. 130; DERS., Die Schulreform des Honterus und die Ausstrahlung der Honterus-Schule im 16. Jahrhundert, in: KÖNIG (Hrsg.), Beiträge zur Siebenbürgischen Schulgeschichte, 1996, S. 148.

[65] Beim „Codex Altemberger“ können wir es eher als erfolglos betrachten, beim „Eigen-Landrecht“ aber als viel erfolgreicher ansehen.

[66] PIHLAMAJAMÄKI, Europäische Rechtskultur?, in: ClioThemis. Revue électronique d’histoire du droit 2 (2009), Absatz 18.

[67] Ebd., Absatz 15.

[68] LAUFS, Einführung, in: [FRONIUS], Das Eigen-Landrecht der Siebenbürger Sachsen, 1973, S. XIII f.

[69] Zur weiteren Geschichte des Rechtsbuchs siehe SCHULER VON LIBLOY, Siebenbürgische Rechtsgeschichte, Bd. 1, 1867, nebst einschlägigen ungarischen Büchern: DÓSA, Erdélyhoni jogtudomány, Bd. 1, 1861, S. 19; ECKHART, Magyar alkotmány- és jogtörténet, 2000, S. 267 f.

III. Als dritter Teil meiner Ausführungen sollen hier einige – vielleicht willkürlich ausgewählte und simplifizierten – Beispiele für das Zusammentreffen von traditionellen und transferierten Lösungen vorgestellt werden. Ich möchte nur einige Eigentümlichkeiten etwas näher unter die Lupe nehmen.

1. Im Prozessrecht, welches mit den Gerichtsorganisationsregeln zusammen ein ganzes Buch der Statuten beansprucht, finden wir neben direkter Übernahme justinianischer Regeln auch viele, die zwar auch inhaltlich den römischen Regeln entsprechen, doch von der gewohnheitsrechtlichen Entwicklung geformt wurden. Die Regeln der Ladung sind einfach, sie stammen aus dem Gewohnheitsrecht. Mittelalterliches Rechtsgut spiegelt sich bei der Prozessrolle des Eides wider, obwohl Vorbilder verschiedener Eidesformen schon bei Justinian vorzufinden sind.[70] Der Prozess der „‚Statuta'" ist im Übergang von der Einheit zur Trennung der Zivil- und der Strafprozesse erkennbar. Wichtiger als diese Momentaufnahme ist für das weitere Rechtsleben jedoch, dass der sächsische Prozess aufgrund der „‚Statuta'" konsequent mündlich blieb,[71] entgegen der Entwicklung sowohl in Siebenbürgen als auch im königlichen Ungarn.[72]

2. Es ist nicht zu leugnen, dass unter den privatrechtlichen Materien die familienrechtlichen und erbrechtlichen Rechtsverhältnisse vielleicht am meisten traditionsgebunden sind. In diesen Rechtsbereichen sind Veränderungen am schwierigsten umzusetzen, hier können wir mit dem stärksten Widerstand gegen den Transfer rechnen. Die Sachsen, als langsam zusammenwachsende Landesgemeinde, bildeten eine landrechtliche Rechtsgenossenschaft, welche auf bestimmte genossenschaftliche Züge bestand, die besonders in den Normen bezüglich der dinglichen Rechtsverhältnisse einen Widerhall fanden. Nennen wir nur zwei von denen: das Heimfallrecht der Kommunen[73] und das Verbot den Hof- und Grundbesitz an Fremde zu veräußern.[74]

---

[70] FRONIUS, Statuta, 1.9.2: „*Setzet ein Parthei der ander den Richterseyd heim / ohne des vrtheil / sie mag den annehmen oder verschlagen / oder auch widerumb der anmuttende Partheien zu růck heimlassen: Solcher Eideyde / wird ein lediger / frey williger im rechten genant. Die ander arth des Eides gehőret das Gericht an / welchen zwar der Klåger auch dem beklagten anmuttet / sonder auff des Richters bewilligen vnnd erkåntnůs geschehen mus. Der dritte Eid / heist ein nothwendiger eid / welchen der Richter allein durchs vrtheil auffleget / vnnd geschehen mus / so fern das theil / welchem er wird aufferlegt / die sache erhalten wil.*" – Dig., 25.2.11.1, Dig., 12.2.31, Cod., 6.42.32.

[71] Die Regelung bezüglich des Sprachregimes der Prozesse lautet bei Fronius wie folgt: „*Quo autem conventus intelligere possit et scire, quid adversario respondendum sit, visum est, ut omnis actor in foro Saxonico, caussam suam Saxonico idiomate perspicue proponere debet.*" – „Damit aber der angeklagte verstehen kőnne vnd wissen / was auff jn geklaget / vnd er verantworten sol / ist es von nőthen vnd wird fůr recht gehalten / das ein jeder klåger in Sachsischem gericht / seine *Proposition* vnd klage wider Sachsen / inn Deutscher sprache klårlich vnd bescheiden fůhren sol." (FRONIUS, Statuta, 1.4.2).

[72] SCHULER VON LIBLOY, Siebenbürgische Rechtsgeschichte, Bd. 3, 1868, S. 176; ECKHART, Magyar alkotmány- és jogtörténet, 2000, S. 340.

[73] FRONIUS, Statuta, 2.2.13.

[74] Ebd., 3.6.5.

Im Bereich des Familienrechts und damit in engem Zusammenhang der erbrechtlichen Normen findet man aus unserer Sicht die vielleicht eigentümlichste Regelgruppe auf dem Gebiet des ehelichen Güterrechts. Nach altem sächsischen Gewohnheitsrecht bestand unter Eheleuten die allgemeine Gütergemeinschaft, sowohl für die in die Ehe eingebrachten wie auch für die während derselben erworbenen Güter. Doch sind die Ehegatten in dieser Gütergemeinschaft nicht gleich beteiligt: dem Mann geziemten zwei Drittel, dem Weib ein Drittel (sogenanntes Drittteilsrecht – Drittteilung).[75] Wie man – aus den unten zitierten Texten – sieht, könnte man nach dem deutschen Text darauf schließen, dass hier nur von der ‚Errungenschaft' die Rede sei, der lateinische Text zeigt jedoch, dass es sich um den Gesamtbesitz überhaupt handelt.

Dies allein wäre noch nichts Besonderes, denn bei Gütergemeinschaften begegnet man ziemlich häufig der Lösung, dass bei der Aufteilung des Gemeinschaftsvermögens zwischen den Erben und dem überlebenden Ehepartner, letzterem – wenn er weiblich war – nicht die Hälfte, sondern nur ein Drittel verblieb.[76] Aber die Drittteilung hat bei den Sachsen auch weitere erbrechtliche Folgen. In einer Reihe von Einzelbestimmungen kann man sehen, dass die Drittelung nach erbrechtlichen Seiten (väterliche und mütterliche Seite) ohne Rücksicht auf die Nähe des Verwandtschaftsgrades umgesetzt wird. Erben zum Beispiel der Vater des Vaters und der Mutter gleichzeitig, so erhält jener zwei, der andere ein Drittteil.[77] Wenn die Erbschaft zwischen Halbgeschwistern des Erblassers geteilt werden soll, erhält das Geschwisterkind väterlicherseits den *Bes*,

---

[75] Ebd., 2.4.1: „*Quandoquidem maritus et uxor matrimonio, in communionem ut corporum ita omnium rerum conveniant, merito quoque optima et aequa consuetudine suis facultatibus mutuo cum liberis eorum ad communem vitæ necessitatem fruuntur; ac usu receptum est, ut ex universis bonis, bes ad maritum, triens ad uxorem pertineat, omni dotis jure cessante.*" – „SIntemal Man vnd Weib sich im Ehestand inn gemeinschafft / beid der leib vnd jrer gu̍tter zusamen begebe⟨n⟩ / drum ist es auch billich vnnd lo̍blich / das sie inn jrer Haushaltung / mit jren Kinderen / inn freundlicher beywonung vnd leben / jrer gu̍tter zu gemeiner notturfft brauchen vnnd geniessen. Bey den Sachsen aber ist es in brauch kommen / das aus allen gu̍tteren / so sie beide haben zusamen gebracht / dem man das zweiteil / vnd der frawen das dritte teil / gebu̍hren sol / vnd werden allerley fu̍rgaben / so zwischen man vnd weib geschehen / abgeschlagen."

[76] BRAUNEDER, Eheliches Güterrecht, in: ²HRG, Bd. 1, 2008, Sp. 1216–1218.

[77] FRONIUS, Statuta, 2.2.7: „*Hat aber der verstorben kein absteigenden erben nicht / sonder nur auffsteigende allein hinder sich gelasse⟨n⟩ / als nemlichen den Gros vatter vom Vatter / vnd auch seiner Mutter vatter / die beyde Gros va̍tter erben von beyder Linien / also das der Va̍tterlicher Gros vatter / inn das Vaters linien / das ist / das zweitheil : der mutterliche Gros vatter inn der Mutter linien / das ist / das drittheil inn den Gu̍ttern des verstorbenen Enckels erbet.*" FRONIUS, Statuta, 2.2.8: „*Stirbet einer ohn Testament / vnnd lesset hinter jm seinen grosvatter vom vatter / darneben auch einen halben Bruder der Mutter halben : Oder den Mutterlichen gros vatter / vnnd einen halben Bruder des Vatters halben / ein jeder erbet inn des verstorben Gu̍ttern noch seiner linien / der Va̍tterliche gros vatter / nemlichen in des Vatters linien das zweytheil / vnd der halbe bruder von der Mutter / in der mutter linie⟨n⟩ das dritte theil : Also im kegentheil / der Mu̍tterliche grosvatter das dritte theil / vnnd der bruder vom Vatter das zwey theil / vnd schleust keiner den andern aus.*"

jenes mütterlicherseits nur den *Triens*. Die Unterscheidung nach Seiten besteht sogar auch dann, wenn Erben verschiedener Klassen zusammen erben. Erbt der Vatervater mit einem gleichmüttrigen Bruder, so erhält voriger den Zweitteil und dieser den Drittteil.[78] Julius Ficker hat diese Eigentümlichkeit des sächsischen Erbrechts zum friesischen (flandrischen) und zum rhätischen Erbrecht in Parallele gesetzt.[79]

3. Das Erbrecht der Sachsen ist überhaupt eine interessante Mischung römischer Prinzipien und konsequent erhaltener Gewohnheiten. Da sich das System des Erbrechts der Digesten mit der Erbfolgeordnung der Novellen nicht deckt, kann man bei der Übernahme gewisse Unsicherheit bemerken, obwohl Fronius sichtlich bemüht war, in der legitimen Erbschaftsfolge ein System auszuarbeiten. Seine Klassen sind: Descendenten,[80] Ascendenten und die mit ihnen in Gütergemeinschaft lebenden Geschwister,[81] Geschwisterkinder und andere Seitenverwandte. Das ähnelt der Novelle 118, ohne aber sich mit dieser vollständig zu decken. Die Abweichungen sind als Konzessionen an die traditionellen Rechtsvorstellungen zu beurteilen.

Bezüglich der letztwilligen Verfügungen können wir auch ein interessantes Zusammenleben von traditionellen und transferierten Normen beobachten. Durch die Beeinflussung des Klerus wurden die kirchenrechtlichen Möglichkeiten zur Vergabe des Vermögens nach einem Todesfall auch bei den Sachsen bekannt. Die dem römischen Recht entlehnten Institute von Testament, Kodizill und Legat fanden eine allgemeine Aufnahme schon während des 14. und 15. Jahrhunderts. Die konsequente Übernahme der römisch-rechtlichen Institute schien für die Vorarbeiter der „Statuta“ eher problemlos zu sein. Wenn wir jedoch die Normen über Testamente (und Legate) etwas näher untersuchen, können wir feststellen, dass das traditionelle Gewohnheitsrecht auch in diesem Bereich noch eine sehr starke Position erhalten konnte. Obwohl fast alle im Kapitel über Testamente sich be-

---

78 Ebd., 2.2.10: „*Gehet einer ohn Testament mit todt ab / so weder inn ab noch auffsteigender linea erben hat / sonder allein halbe brůder vnnd schwesteren : die vom Vatter allein / erben inn des Vatters linien das zweytheil nemlichen / vnnd die von der Mutter in der mutter linien / das dritteil aus des verstorbene⟨n⟩ halben brůders gůttern. Hat aber der verstorben gantz geschwestriget / vnnd daneben auch halbe brůder vnd schwesteren / diese erben mit den gantzen nur an dem teil / darein sie dem verstorben verwandt sein / das ist : Ist er bruder des Vaters halb / er nimpt neben jenen nur am zweyteil : ist er bruder der mutter halb / so nimpt er nur am drittheil ein theil.*“ FRONIUS, Statuta, 2.2.11: „*Sturbe auch einer ohne erbgemăch / vnnd liesse halbe brůder als nemlichen / vom Vatter allein / vnd darneben seiner Mutter rechts geschwestriget / der halbe bruder vom Vatter / erbet von jhm das zweyteil / so vom Vatter : vnd der mutter bruder das dritteil / so von des verstorbenen Mutter auff jn kohmen war : Also erbet widerumb / der Bruder von der Mutter das dritteil / vnd des Vatters bruder (wo kein geschwistert vom Vatter vorhanden ist) das Våtterliche zweyteil / ohne vermengung der gůtter.*“

79 FICKER, Untersuchungen zur Erbenfolge der Ostgermanischen Rechte, Bd. 2, 1895, S. 298–300.

80 FRONIUS, Statuta, 2.2.1–4.

81 Ebd., 2.2.6 f.

findenden Regeln mit einer justinianischen Stelle im Einklang stehen,[82] ist nicht zu leugnen, dass das Fehlen bestimmter Regeln die Vermutung zulässt, dass die Überstellung auf das römische Recht hier nicht ernsthaft gedacht war. Es gibt zum Beispiel keine Vorschrift über die Unerlässlichkeit der *heredis institutio* (Erbeinsetzung) oder über die Unterscheidung zwischen der Berufung zur Erbschaft (*delatio*) und dem Erbschaftserwerb (*acquisitio*).[83]

Der Pflichtteil der Erbschaft ist in den „Statuta“ ziemlich hoch. Er betrifft zwei Drittel des Vermögens. Das ist einer der Momente, welcher trotz aller Fortschrittlichkeit den Traditionalismus der sächsischen Bürgerschicht beweist. Sie haben neben den modernen Regeln des Handels solche traditionellen Faktoren beibehalten, vielleicht im Gefühl der Unsicherheit ihrer separaten und fortschrittlichen Position, in der solche althergebrachten Gewohnheiten eine Kontinuität sicherten.[84]

Die Möglichkeit der Legatsbestellung stimmt wortgemäß mit dem römischen Recht überein,[85] aber durch zwei Ausnahmeregeln sind auch in diesem Bereich deutsche Traditionen erhalten geblieben. Einerseits stand den pflichtteilberechtigten Noterben bezüglich der legierten Liegenschaften ein Einlösungsrecht zu,[86] welches sogar nicht nur den Anverwandten, sondern – Fremden gegenüber – jedem Einheimischen zugebilligt wurde (Näherrecht).[87] Andererseits musste das

---

[82] So betreffs der Testierfreiheit (FRONIUS, Statuta, 2.5.1), der Einschränkungen derselben (FRONIUS, Statuta, 2.5.1 f.). Ähnlich die Regelung des in Wort oder Schrift geäußerten letzten Willens, der Zeugen sowie der Ungültigkeit des Testamentes (FRONIUS, Statuta, 2.5.5–7). *Favor testamenti* wird ganz im römischen Sinn festgesetzt: „*Cum in testamento ambigue aut etiam perperam aliquid scriptum reperietur, benigne est secundam id quod testatorem voluisse credibile est, judex interpretabitur.*“ (FRONIUS, Statuta, 2.5.15). Auch über einem Nachlass mit Bedingung und über die Möglichkeit des Nacherbeneinsetzens finden sich Bestimmungen (FRONIUS, Statuta, 2.5.12).

[83] SCHULER VON LIBLOY, Siebenbürgische Rechtsgeschichte, Bd. 2, 1868, S. 244 f.

[84] FRONIUS, Statuta, 2.5.9: „*Die Elter muͦssen von rechts wegen / jre kinder oder ire Enckel / in iren Testamenten zu erben setzen / oder in irem erbgemaͦch also versehen / damit ihnen ihre gebuͦre vngeschwecht bleibe / das zweiteil nemlich des gantzen Erbfals: vom vbrigen dritteil aber haben sie macht vnd gewalt / irem gefalle⟨n⟩ nach wohin sie wolle⟨n⟩ / zu bescheiden.*“

[85] FRONIUS, Statuta, 2.6.1: „*Legatum est donatio testamento relicta, qua testator ex eo, quod universum haeredis foret, alicui quid collatum velit. Legata non debentur, nisi deducto aere alieno, haereditatis vires ad id sufficiant.*“ – Dig., 31.36, Dig., 35.2.66.1.

[86] FRONIUS, Statuta, 2.6.2: „*So jemand ligende Erbschafft legiert / der in ab oder auffsteigender linien Erben / oder auch Bruͦder vn⟨d⟩ Schwesteren hat / welche das Testament von rechts wegen koͦnnen anfechten / der neheste Erb mag sie vmb jhren weerth / zu sich loͦsen: Farende habe aber / kan ein jeder seinem gefallen nach (so fern doch die recht jm zu greiffen vergoͦnnen) vermachen / wem vnnd wie er wol. Hat der* Testator *auch durch seine redliche dienst / geschickligkeit / oder in der heyrath / liegende Erb bekomen / vnnd hat wider ab nach auffsteigende erben / auch kein Geschwestriget / er hat macht solche erbschaften / seinem gefallen nach / wem vnd wohin er wil / zu vermachen / ohn alle verhinderung vnd einred aller andrer von Blut verwandten freunden.*“

[87] Ebd., 3.6.7: „*Wer ein Erbteil verkauffen wil / sol zuuoran seine Kinder vnd Bruͦder / die nemlichen / welche das Erbgut / so er stuͦrbe / anerben wuͦrde / warnen vnnd jnen zu wissen thuen / das es jme feil ist / wo sie anders im lande sein. Desgleichen sol auch der Vorgenoss gewarnet werden / wenn ein acker sol verkaufft werde⟨n⟩.*“

vermachte Legat (wenn es nicht widerrufen wurde) selbst dann auf die Erben des Legatars übergehen, wenn der Legatar früher als der Erblasser verstarb.[88]

Wir können also im Erbrecht das Aufeinandertreffen von konservativen Gewohnheiten und Regeln des modernen gemeinen Rechts beobachten. Dennoch war dieses Erbrecht durch die Testierfreiheit, durch das Prinzip des *favor testamenti* sowie durch eine verhältnismäßig entwickelte Regelung der Intestaterbfolge dem siebenbürgischen und dem königlich ungarischen Erbrecht überlegen, ja um etliche Jahrhunderte voraus.

4. Die wirtschaftlichen Verhältnisse des 15. und 16. Jahrhunderts haben bei den Sachsen natürlich in erster Linie das Bedürfnis nach einem modernen Schuldrecht erwachen lassen. Der Transfer von *ius commune* Regeln ist auf dem Gebiet der Obligationen durchgreifend.[89] Ohne in die Details zu gehen, können wir sogar in diesem Bereich das Festhalten an Traditionen beobachten. Ein Paradebeispiel ist dafür die – wahrscheinlich durch ungarische Gepflogenheiten und Rechtsvorschriften beeinflusste – sächsische Altertümlichkeit, dass beim Kauf und Verkauf von Liegenschaften der Wisswein (*Almesch*) getrunken werden sollte. Der Verkäufer sollte seine nächsten Verwandten und Nachbarn von dem Verkauf in Kenntnis setzen und durch dreimalige ortsüblich durchgeführte öffentliche Kundmachung auch die ganze Gemeinde benachrichtigen.[90] Wenn kein Betroffener von seinem Näherrecht Gebrauch machte, wurde in Gegenwart von Zeugen und Nachbarn der Wisswein getrunken (Weinkauf), um die Eigentumsübertragung zu symbolisieren. Dadurch wurde das Rechtsgeschäft abgeschlossen und von der Gemeinde genehmigt.[91] Bei den Sachsen ist diese Gepflogenheit schon im 14. Jahrhundert bezeugt,[92] und ist mit dem, auch unter den Ungarn üblichen[93] *Almesch-trinken* gleichzusetzen.

---

88 Ebd., 2.6.5: „*Stůrbt aber der begabte Man / vnd der* Testator *nichts widerruffe / nach wandelte inn gethanen Testament / das legat erbet an des* Legatari *neheste⟨n⟩ erben.*"

89 SZABÓ, Die Rezeption des römischen Rechts bei den Siebenbürger Sachsen, in: Publicationes Universitatis Miskolciensis, Sectio Juridica et Politica 9, Fasc. 1–13 (1994), S. 182–186.

90 FRONIUS, Statuta, 3.6.5.

91 Ebd., 3.6.8: „*Cum itaque emptor et venditor de pretio convenerint venditor honestis viris simul et vicinis convocatis, iis praesentibus omne jus dominii emptori resignabit, ac intercedente consueta solennitate symposii in possessionem fundi immittet.*" – „*Wenn sich der Kauffer vnd verkauffer des kauffs vmb ein Erbgut verstanden haben / so sol der verkauffer erbare Månner vnd Nachbar beruffen / vnd in jhrer kegenwert dem Kauffer alle gerechtigkeit des verkaufften Erbs vbergeben / vnd jn durch Wisswein oder gewőnlich Almesch trincken / inn das erb einsetzen.*"

92 F. TEUTSCH, Siebenbürgisch-deutsche Altertümer, in: Korrespondenzblatt des Vereins für siebenbürgische Landeskunde 6 (1883), S. 73.

93 TIMON, Ungarische Verfassungs- und Rechtsgeschichte, 1909, S. 52 und 405; SCHILLER, Áldomás, in: DEZSŐ (Hrsg.), Magyar Jogi Lexikon, Bd. 1, 1898, S. 390–392. Im „Tripartitum" tritt es nur beim Verkauf von beweglichen Sachen in Erscheinung. Tripartitum, III. 34. Als Parallele dazu siehe FRONIUS, Statuta, 3.6.11: „*Kaufft einer offentlich auff Iarmårcken oder auch Wochenmårcken inn den Stådten / ein gestolen oder geraubtes Pferdt oder Ochsen / wird er von seinem Herrn angefangen / der Kauffer ist nicht schuldig jhme den Gewehrsman zu stellen / sonder zu beweisen / das ers fůr Leuten vnterm almesch gekaufft hab / damit mus sich der Ansprecher gnůgen lassen. Verkaufft*

Wie bereits erwähnt, waren die Sachsen bemüht, durch einige kaufrechtliche Bestimmungen (also mit privatrechtlichen Regeln) das Einsickern fremder Ethnien in ihr Gebiet zu erschweren. Wenn ein Fremder im Sachsengebiet eine Liegenschaft zu erwerben gewillt war, musste die Verkaufsabsicht vor dem Abschluss des Vertrages an drei Sonntagen nacheinander am Marktplatz kundgegeben werden, und falls ein Nachbar oder ein Verwandter sich für denselben Kauf um denselben Preis bereit erklärte, war die Liegenschaft an ihn abzutreten.[94] Aus sozial- und nationalpolitischen Gründen wurde also vom Prinzip der Vertragsfreiheit abgesehen.

5. Zwar kommen im Strafrecht[95] die Regeln der *Constitutio Criminalis Carolina* und die königlich-ungarischen Gesetze auch zur Geltung, verteidigen zum Beispiel die unter dem Begriff des Ehebruches zusammengefassten Regeln die moralischen Werte der Gemeinde. Sie sind aber meist durch das alte sächsische Gewohnheitsrecht bestimmt: *prostitutio*[96] und *lenocinium*[97] sind dem Tatbestand nach römisch, Vergewaltigung und die Fälle des Ehebruchs[98] sächsisches Gewohnheitsrecht. Wir dürfen darüber hinaus behaupten, dass die Statuten wissenschaftlich das Niveau der *Constitutio Criminalis Carolina* erreichten, wenn sie auch in viel engerem Rahmen die Normierung durchführten.

Selbstverständlich konnten wir in dieser Abhandlung nicht für alle Thesen, die im ersten Teil konzipiert wurden, eine Bestätigung finden. Dies ist nicht dem Fehler der Konzeption, sondern vielmehr der Unzulänglichkeit der Beweisführung zu schulden. Immerhin hat es sich herausgestellt, dass im 15. und 16. Jahrhundert durch verschiedene ‚äußere Gründe' die Gesellschaft der Sachsen genötigt wurde, ihr Rechtssystem – mit Hilfe des römischen Rechts – völlig zu erneuern. Diese Erneuerung benötigte nur einige Jahrzehnte und war sicher mit einer bestimmten Irritation für das Rechtssystem der Sachsen verbunden, welches damals schon verschiedene ‚deutsch-rechtliche' Rechtstraditionen in sich vereinigt hatte. Ein Teil dieser traditionellen Normen hat aus verschiedenen Gründen den Erneuerungsversuchen standgehalten und damit das Ergebnis des Transfers be-

---

einer ein Ross / er sol biss auff den dritten tag / fuͤr alle tadel daran / vnd heimliche verborgene kranckheiten versprechen."

94 FRONIUS, Statuta, 3.6.5.

95 Vgl. dazu TONTSCH, Dispoziţiile penale ale statutelor municipale saseşti din anul 1583, in: Studia Universitatis Babeş-Bolyai. Series iurisprudentia. 18 (1972), S. 81–95; SZABÓ, Az erdélyi szászok büntetőjogának kapcsolata a jusztiniánuszi és a birodalmi német büntetőszabályokkal, in: Collectio iuridica Universitatis Debreceniensis 5 (2005), S. 137–177.

96 FRONIUS, Statuta, 4.7.4 – Dig., 48.5.8.

97 FRONIUS, Statuta, 4.7.5 – Cod., 9.9.2 und 9.9.11.

98 FRONIUS, Statuta, 4.7.11 f.; ebd., 4.7.13: „*Wuͤrd ein ehemensch in ehbruch begriffen / oder desselben genugsam vberzeuget / welches zuuoren ein erbarlich leben verfuͤret / vnnd solches handels / nie nicht wer beziegen gewesen / sonder aus menschligem gebrechen gefallen / vnnd weder der ankleger / noch sein ehegenoss / das recht auff jhn nicht foderten / die Oberkeit mag jhme den ersten freuel vnnd fall vbersehen / vnnd die hauptstraff an gelts wegen / herab nehmen.*"

einflusst. Das haben wir durch einige Beispiele versucht zu beweisen. Im Rahmen dieses Aufsatzes haben wir keine Möglichkeit gehabt nachzuprüfen, welche Störungen in der Welt des erneuerten sächsischen Rechtssystems die Ergebnisse des gelungenen Rechtstransfers verursacht haben. Das kann vielleicht das Thema einer späteren Untersuchung werden.

Quellen- und Literaturverzeichnis[1]

Abkürzungen

ADB – Allgemeine deutsche Biographie. Hrsg. durch d. Histor. Comm. bei d. Königl. Akad. d. Wiss, Bd. 1–56. Leipzig [u. a.] 1875–1912. [Auch als Online-Ressource verfügbar: ⟨http://www.deutsche-biographie.de⟩ – Abfragedatum: 16.03.2014].

BverfG – Bundesverfassungsgericht (Entscheidungen). [Auch als Online-Ressource verfügbar: ⟨http://www.bundesverfassungsgericht.de/DE/Entscheidungen/entscheidungen_node.html⟩ – Abfragedatum: 10.06.2015].

Cod. – Codex.

CDH – FEJÉR György, Codex diplomaticus Hungariae ecclesiasticus ac civilis, Bd. I-XI. Buda 1829–1844. [Digitale CD-ROM-Ausg.: SÖLCH Miklós (Hrsg.), Codex diplomaticus Hungariae. Budapest 2004].

Deutschenspiegel – Edition: Karl August ECKHARDT (Hrsg.), Studia iuris Teutonici – Deutschenspiegel. Aalen 1971. (= Bibliotheca rerum historicarum. 3).

D. – distinctio.

Dig. – Digesta.

DVJ – BALOGH István (Hrsg.), Debrecen város magisztrátusának jegyzőkönyvei [Magistratsprotokolle der Stadt Debrecen]. Debrecen 1979–2002. [Die einzelnen Bände finden sich unter den jeweiligen Bearbeitern].

FRONIUS, Statuta – Matthias FRONIUS, Der Sachſſen inn || Siebenbuͤrgen:|| *STATVTA*: Oder eygen || Landtrecht. || Durch Matthiam Fronium || vberſehen/ gemehret || vnd || Mit Koͤn: Maieſt: inn Polen/gnad vnd || Priuilegio in Druck gebracht. || Cronstadt in Sie⸗||benbuergen durch George Greus /in ver[⸗]|| legung herrn Mathiae Fronij Anno M. D. LXXXIII. [Reprogr. in: [Matthias FRONIUS], Das Eigen-Landrecht der Siebenbürger Sachsen. Mit einer Einführung von Adolf LAUFS und Worterläuterungen von Wolfgang BÜHRER. Unveränd. Wiedergabe des Erstdr. von 1583. München 1973. Einheitssacht.: Der Sachsen in Siebenbürgen Statuta oder Eigenlandrecht ⟨dt.⟩].

HENRICUS de Bracton – HENRICUS de Bracton, On the laws and customs of England. Transl., with revisions and notes, by Samuel E. THORNE, ed. by George E. WOODBINE, Publ. in 4 volumes. Cambridge, Mass. 1968–77. [Einheitssachtitel: De legibus et consuetudinibus Angliae. Reprint d. Ausg. Cambridge, Mass. 1968–1977. Buffalo, NY 1997].

---

[1] Mehrere Titel desselben Autors sind chronologisch aufsteigend sortiert.

HRG – Handwörterbuch zur deutschen Rechtsgeschichte. Hrsg. von Adalbert ERLER, Ekkehard KAUFMANN u. Dieter WERKMÜLLER [Bd. 5]. Mitbegründ. von Wolfgang STAMMLER, unter philolog. Mitarb. von Ruth SCHMIDT-WIEGAND, Bd. 1–5. Berlin 1971–1998.

[2]HRG – Handwörterbuch zur deutschen Rechtsgeschichte. Begründet von Wolfgang STAMMLER, Adalbert ERLER u. Ekkehard KAUFMANN. Hrsg. von Albrecht CORDES, Heiner LÜCK, Dieter WERKMÜLLER und Ruth SCHMIDT-WIEGAND [Bd. 1] als philolog. Beraterin und Christa BERTELSMEIER-KIERST als philolog. Beraterin [ab 9. Lfg., Bd. 2], Bd. 1–. 2., völlig überarb. u. erw. Aufl. Berlin 2008–.

Inst. – Institutiones.

Ius Tavernicale – KOVACHICH Márton György (Hrsg.), Codex authenticus iuris tavernicalis statutarii communis, complectens monumenta vetera et recentiora partim antea vulgata partim hactenus inedita. Buda 1803.

Ldr. – Sachsenspiegel Landrecht.

Lehnr. – Sachsenspiegel Lehnrecht.

Lex Alamannorum – Clausdieter SCHOTT (Hrsg.), Lex Alamannorum. Das Gesetz der Alemannen. Text. Übersetzung, Kommentar zum Faksimile aus der Wandalgarius-Handschrift, Codex Sangallensis 731. Augsburg 1993. (= Veröffentlichungen der Schwäbischen Forschungsgemeinschaft Augsburg in Verbindung. mit dem Alemannischen Institut. Reihe 5b: Rechtsquellen. 3).

Lex Baiuvariorum – [Paul] Johannes MERKEL, Lex [Leges] Baiuwariorum, in: Georg Heinrich PERTZ (Hrsg.), Inde ab anno Christi quingentesimo usque ad annum millesimum et quingentesimum. Auspiciis societatis aperiendis fontibus rerum germanicarum medii aevi. Unveränd. Nachdr. [d. Ausg.] Hannover 1863. (= Monumenta Germaniae Historica. Leges. 3). Stuttgart 1993 [1863], S. 183–496.

LexMa – Lexikon des Mittelalters, Bd. 1–9. München 1980–1998.

MBO1805 – MAXIMILIAN II., Neue Berg-Ordnung des Königreichs Ungarn, und solcher Cron einverleibten Gold, Silber, Kupfer, und anderer Metall-Bergwerken. Sammt denen Erläuterungen zweyer Alten Berg-Ordnungen Der sieben königl. Freyen Berg-Städte, 1. Chemnitz u. Königsberg 2. Schemnitz, Neusohl, Bugganz, Dülln und Libeten. Publicirt von Ihro Kayser- und Königl. Majestät Maximiliano dem Anderten. – Nunmehro aber … wiederum aufgeleget, Und mit zweyen vollständigen Registern versehen. Wien 1805.

NDB – Neue deutsche Biographie. Hrsg. von der Historischen Kommission bei der Bayerischen Akademie der Wissenschaften, Bd. 1: Aachen-Behaim [bis Bd. 25: Stadion-Tecklenborg (2013)]. Berlin 1953–. [Auch als Online-Ressource verfügbar: ⟨http://www.deutsche-biographie.de⟩ bzw. ⟨http://www.ndb.badw-muenchen.de⟩ – Abfragedatum: 06.07.2014].

NJW – Neue Juristische Wochenschrift.

RRA – SZENTPÉTERY Imre, BORSA Iván (Hrsg.), Regesta regum stirpis Arpadianae critico-diplomatica. Az Arpád-házi királyok okleveleinek kritikai jegyzéke, Bd. 1–2 (1–4). Budapest 1923–1987.

Sachsenspiegel oder Ssp. – Wenn die Ausgabe nicht näher spezifiziert wird bezieht sich die Angabe allgemein auf den Sachsenspiegel mit kanonisierter Aufteilung in Land- u. Lehnrecht sowie der Zählung der Bücher, Artikel und Paragraphen.

Schwabenspiegel oder Schwsp. – Wenn die Ausgabe nicht näher spezifiziert wird bezieht sich die Angabe allgemein auf den Schwabenspiegel mit kanonisierter Aufteilung in Land- u. Lehnrecht sowie der Artikelzählung.

Schwabenspiegel Z – Edition: Karl August ECKHARDT (Hrsg.), Schwabenspiegel – Langform Z. Fassung Zü. Index, handschriftl. Grundlage, Geleitw., Land- u. Lehnsrecht Zü, Nebentext Zg. Aalen 1974. (= Bibliotheca rerum historicarum. Land- und Lehnrechtsbücher. 8).

Schwsp.Derschka – Harald Rainer DERSCHKA (Übers.), Der Schwabenspiegel. Übertragen in heutiges Deutsch, mit Illustrationen aus alten Handschriften. München 2002.

Schwsp.Laßb. – Friedrich Leonhard Anton von LASSBERG (Hrsg.), Der Schwabenspiegel oder schwäbisches Land- und Lehen-Rechtbuch. Nach einer Handschrift vom Jahr 1287. Tübingen 1840.

Spruch Leitmeritz – Wilhelm WEIZSÄCKER (Bearb.), Magdeburger Schöffensprüche und Rechtsmitteilungen für den Oberhof Leitmeritz. Stuttgart, Berlin 1943. (= Die Magdeburger Schöffensprüche und Rechtsmitteilungen. Reihe 9: Sudetenland. Bd. 1).

Spruch Schweidnitz – Theodor GOERLITZ, Paul GANTZER (Bearb.), Die Magdeburger Schöffensprüche und Rechtsmitteilungen für Schweidnitz. Stuttgart, Berlin 1940. (= Die Magdeburger Schöffensprüche und Rechtsmitteilungen. Reihe 7: Schlesien. Bd. 1).

Spruch Posen – Theodor GOERLITZ, Paul GANTZER (Bearb.), Magdeburger Schöffensprüche für die Hansestadt Posen und andere Städte des Warthelandes. Berlin, Stuttgart 1944. (= Die Magdeburger Schöffensprüche und Rechtsmitteilungen. Reihe 8: Wartheland. Bd. 1).

Spruch Gross-Salze – Victor FRIESE, Erich LIESEGANG (Bearb.), Die Magdeburger Schöffensprüche für Gross-Salze, Zerbst und Anhalt, Naumburg und aus dem Codex Harzgerodanus. Berlin 1901.

Ssp.Schmidt-Wiegand – EIKE von Repgow, Der Sachsenspiegel. Hrsg. von Clausdieter SCHOTT. Übertr. des Landrechts von Ruth SCHMIDT-WIEGAND. Übertr. des Lehenrechts und Nachwort von Clausdieter SCHOTT. 3., rev. Aufl. Zürich 1996. [1. Aufl. 1984, 2. Aufl. 1991].

Ssp. oder Sachsenspiegel – Wenn die Ausgabe nicht näher spezifiziert wird bezieht sich die Angabe allgemein auf den Sachsenspiegel mit kanonisierter Aufteilung in Land- u. Lehnrecht sowie der Zählung der Bücher, Artikel und Paragraphen.

Summa legum Raymundi – Alexander GÁL (Hrsg.), Die Summa legum brevis, levis et utilis des sogenannten Doctor Raymundus von Wiener-Neustadt. Weimar 1926.

Tripartitum – WERBŐCZY István, Tripartitum. A dicsőséges magyar királyság szokásjogának hármaskönyve. Latin-magyar kétnyelvű kiadás [Tripartitum des Gewohnheitsrechts des Königreichs Ungarn]. Nachdr. d. Ausg. Budapest 1894. (= Tudománytár). Budapest 1990.

Verfasserlexikon – Die deutsche Literatur des Mittelalters. Verfasserlexikon. Begr. v. Wolfgang STAMMLER, fortgef. v. Karl LANGOSCH, hrsg. v. Burghart WACHINGER, Gundolf KEIL, Kurt RUH, Werner SCHRÖDER, Franz J. WORSTBROCK, Red. Christine STÖLLINGER-LÖSER, Bd. 1–14. 2. völlig neu bearb. Aufl. Berlin, New York 1978–2008.

ZRG GA – Zeitschrift der Savigny-Stiftung für Rechtsgeschichte. Germanistische Abteilung.

ZRG KA – Zeitschrift der Savigny-Stiftung für Rechtsgeschichte. Kanonistische Abteilung.

II. Quellen und Literatur

Udo W[olfgang] ACKER, 1544–1974 – 430 Jahre 'Compendium jurius civilis' des Johannes Honterus, in: Korrespondenzblatt des Arbeitskreises für siebenbürgische Landeskunde 4 (1974), S. 23–31.

ÁCS Zoltán, A Várday család és Kisvárda mezőváros története a XVI. század végéig [Geschichte der Familie Várday und des Marktfleckens Kisvárda bis Ende des 16. Jahrhunderts], in: FEHÉRVÁRI Béla, Kisvárda '90. Tanulmányok Kisvárdáról. Kisvárda 1992, S. 48.

Willem J[ohan] AERTS (Hrsg.), E[dusé] R[enno] SMITS, J[ohann] B[enedictus] VOORBIJ, Vincent of Beauvais and Alexander the Great. Studies on the Speculum Maius and its translations into medieval vernaculars. Groningen 1986. (= Mediaevalia Groningana. 7).

Giuseppe ALBERIGO, Giuseppe A. DOSSETTI, Perikles-Petros JOANNOU, Claudio LEONARDI, Paolo PRODI, Hubert JEDIN (Hrsg.), Conciliorum oecumenicorum Decreta. 3. Aufl. Bologna 1973.

ALBERTUS MAGNUS, Beati Alberti Magni, Ratisbonensis episcopi, ordinis prædicatorum, Opera, quae hactenus haberi potuerunt, in lucem edita studio et labore Petri Jammy, T. 1–21. Lugduni 1651.

ALBERTUS MAGNUS, B. Alberti Magni Ratisbonensis episcopi, Ordinis Praedicatorum, Opera omnia. Ex editione Lugdunensi religiose castigata, et pro auctoritatibus ad fidem vulgatae versionis accuratiorumque Patrologiae textuum revocata auctaque B. Alberti vita ac bibliographia operum a PP. Quétif et Echard exaratis, etiam revisa et locupletata cura ac labore Augusti Borgnet, Vol. 1–38. Paris 1890–1899.

Wilhelm Eduard ALBRECHT, Die Gewere als Grundlagen des älteren deutschen Sachenrechts. [Neudr. d. Ausg. Königsberg 1828]. Aalen 1967.

Allgemeine deutsche Biographie. Hrsg. durch d. Histor. Comm. bei d. Königl. Akad. d. Wiss, Bd. 1–56. Leipzig [u. a.] 1875–1912. [Auch als Online-Ressource verfügbar: ⟨http://www.deutsche-biographie.de⟩ – Abfragedatum: 16.03. 2014].

Allgemeines Berggesetz für das Kaiserthum Oesterreich. Vom 23. Mai 1854. Wien 1854.

ALMÁSI Tibor (Hrsg.), KRISTÓ Gyula, Documenta res hungaricas tempore regum andegavensium illustrantia/Anjou-kori oklevéltár, Bd. 12: 1328. Budapest [u. a.] 2001.

Stephen ALSFORD, Medieval English Urban History, ⟨http://www.trytel.com/~tristan/towns/ipswich2.html⟩ – Abfragedatum: 30.07.2014.

Karl von AMIRA, Die Handgebärden in den Bilderhandschriften des Sachsenspiegels. München 1905. (= Abhandlungen der Philosophisch-philologischen Klasse der königlichen Bayerischen Akademie der Wissenschaften. 23).

Karl von AMIRA (Hrsg.), Die Dresdener Bilderhandschrift des Sachsenspiegels, Bd. 2,1: Erläuterungen. Neudr. d. Ausg. Leipzig 1925. Osnabrück 1969. (= Aus den Schriften der Sächsischen Kommission für Geschichte. [6], [29,1]).

Karl von AMIRA, Germanisches Recht, Bd. 1: Rechtsdenkmäler. 4. Aufl., bearb. von Karl August ECKHARDT. Berlin 1960.

Christian Daniel ANDERSON (Hrsg.), Hamburgisches Privatrecht, Bd. 3. Hamburg 1787.

John K[inloch] ANDERSON, Xenophon. London 2001.

Robert R. ANDERSON (Begr.), Ulrich GOEBEL (Hrsg.), Oskar REICHMANN, Frühneuhochdeutsches Wörterbuch. Berlin, New York 1989–.

ANTAL Tamás, Város és népképviselet. Az 1848:XXIII. tc. és intézményei Debrecenben (1848–1872) [Stadt und Volkssouveränität. Der Gesetzesartikel 1848:23 und seine Institutionen in Debrecen (1848–1872)]. Szeged 2011. (= A Pólay Elemér Alapítvány könyvtára. 36).

Ludwig ARMBRUSTER, Die Zeideln und die Baiwaren. Imkerei, Bienenrecht und Forstnutzung in Altbayern, in: Archiv für Bienenkunde 19 (1938), S. 256–304.

Ludwig ARMBRUSTER, Über germanische, besonders nordische Imkerei. Berlin 1940. (= Bücher des Archivs für Bienenkunde. 6).

Morris S. ARNOLD, Thomas A. GREEN, Sally A. SCULLY, Stephen D. WHITE (Hrsg.), On the Laws and Customs of England. Essays in Honour of Samuel E. Thorne. Chapel Hill 1981. (= Studies in Legal History).

Reiner ARNTZ, Fachbezogene Mehrsprachigkeit in Recht und Technik. Hildesheim, Zürich, New York 2001. (= Studien zu Sprache und Technik. 8).

Helmut ASMUS, 1200 Jahre Magdeburg. Von der Kaiserpfalz zur Landeshauptstadt, Bd. 1: Die Jahre 805 bis 1631. 2., überarb. Aufl. Magdeburg 2005.

Michael AUNER, Das Wappen von Hermannstadt, in: Korrespondenzblatt des Vereins für Siebenbürgische Landeskunde 36 (1913), S. 69–75.

Roger BACON, Opera hactenus inedita Rogeri Baconi. Hrsg. von Robert STEELE, Fasc. 5. Oxonii [u. a.] 1920.

BADÓ Attila, Esküdtszéki ítéletek. Futni hagyott bűnösök? Hírhedt esetek az Egyesült Államok igazságszolgáltatásának történetéből [Schwurgerichtsurteile. Unbestrafte Schuldige? Berüchtigte Fälle aus der Geschichte der Justiz in den Vereinigten Staaten]. [o. O.] 2004.

János M. BAK, György BÓNIS, James Ross SWEENEY (Hrsg.), The Laws of the Medieval Kingdom of Hungary, Bd. 1: 1000–1301. Bakersfield, Ca. 1989. (= The Laws of Hungary. Series I. 1).

János M. BAK, Ofen, Stadtrecht, in: LexMa, Bd. 6. München [u. a.] 1993, Sp. 1366.

János M. BAK, Tripartitum opus, in: LexMa, Bd. 8. München [u. a.] 1997, Sp. 1015 f.

John Hamilton BAKER, An Introduction to English Legal History. 4. Aufl. London 2007.

BALKAY Béla, SZEŐKE Imre, Magyar bányajog [Ungarisches Bergrecht]. Budapest 1901.

BALOGH István (Bearb.), DVJ 1547. Debrecen 1979. (= A Hajdú-Bihar Megyei Levéltár forráskiadványai. 1).

BALOGH István (Bearb.), DVJ 1548. Debrecen 1981. (= A Hajdú-Bihar Megyei Levéltár forráskiadványai. 2). Enhält: KOMORÓCZY György (Bearb.), DVJ 1549, S. 97–202.

BALOGH István (Bearb.), DVJ 1550/51. Debrecen 1982. (= A Hajdú-Bihar Megyei Levéltár forráskiadványai. 3).

BALOGH István (Bearb.), DVJ 1552/54. Debrecen 1982. (= A Hajdú-Bihar Megyei Levéltár forráskiadványai. 4).

BALOGH István (Bearb.), DVJ 1554/55. Debrecen 1983. (= A Hajdú-Bihar Megyei Levéltár forráskiadványai. 5).

BALOGH István, RÁCZ István (Bearb.), DVJ 1572. Debrecen 1990. (= A Hajdú-Bihar Megyei Levéltár forráskiadványai. 21).

BALOGH István, RÁCZ István (Bearb.), DVJ 1573. Debrecen 1992. (= A Hajdú-Bihar Megyei Levéltár forráskiadványai. 22).

BALOGH István, RÁCZ István (Bearb.), DVJ 1574. Debrecen 1993. (= A Hajdú-Bihar Megyei Levéltár forráskiadványai. 23).

BALOGH István, RÁCZ István (Bearb.), DVJ 1589/90. Debrecen 1997. (= A Hajdú-Bihar Megyei Levéltár forráskiadványai. 27).
BALOGH István, RÁCZ István (Bearb.), DVJ 1593/94. Debrecen 2000. (= A Hajdú-Bihar Megyei Levéltár forráskiadványai. 32).
BALOGH István, RÁCZ István (Bearb.), DVJ 1595/96. Debrecen 2001. (= A Hajdú-Bihar Megyei Levéltár forráskiadványai. 33).
BALOGH István, RÁCZ István (Bearb.), DVJ 1597/98. Debrecen 2002. (= A Hajdú-Bihar Megyei Levéltár forráskiadványai. 34).
Christian von BAR, Schadensberechnung im gewerblichen Rechtsschutz und Urheberrecht und allgemeine Schadenstheorie, in: UFITA 81 (1978), S. 57–73.
BARTA Gábor, Az erdélyi fejedelemség születése [Geburt des Siebenbürger Fürstentums]. Budapest 1979.
Friedrich BATTENBERG, Schöffen, in: HRG, Bd. 4. Berlin 1990, Sp. 1463–1469.
Hans-Jürgen BECKER, Uneheliche, in: HRG, Bd. 5. Berlin 1998, Sp. 452–456.
Alexander BEGERT, Das Kurkolleg als Schiedsgremium, in: Zeitschrift für Bayerische Landesgeschichte 66 (2003), S. 399–434.
BÉLI Gábor, A nemesek négy bírója. A szolgabírók működésének első korszaka 1268–1351 [Die vier Richter der Adeligen. Die erste Epoche der Wirkung der Stuhlrichter 1268–1351]. Budapest, Pécs 2008.
Dieter BELLING, Das Strafrecht des Schwabenspiegels. Ein Beitrag zur Geschichte des deutschen Strafrechts. Tübingen 1949. [Maschinenschr.].
[Gerd BENDER, Jani KIROV], Die Entstehung nationaler Rechtssysteme im postosmanischen Südosteuropa. Dekonstruktion, Formation und Transfer von Normativität,
⟨http://data.rg.mpg.de/Rechtstransfer-Suedosteuropa.pdf⟩ – Abfragedatum: 30.07. 2013, S. 1–20.
BENYIK György, Einflüsse der Bibel auf den Schwabenspiegel, in: Acta juridica et politica 71, Fasc. 17.2 (2008), S. 523–529. [Auch als Online-Ressource verfügbar: ⟨http://www.mgh-bibliothek.de/dokumente/b/b044930.pdf⟩ – Abfragedatum: 21.05.2015].
Adolf BERGER, Encyclopedic Dictionary of Roman Law. Philadelphia 1953. [Neudr. Philadelphia 1968]. (= Transactions of the American Philosophical Society. 43,2).
Christa BERTELSMEIER-KIERST, Zur ältesten Überlieferung des Sachsenspiegels, in: Stephan BUCHHOLZ, Heiner LÜCK, Worte des Rechts – Wörter zur Rechtsgeschichte. Festschrift für Dieter Werkmüller zum 70. Geburtstag. Berlin 2007, S. 56–77.
Christa BERTELSMEIER-KIERST, Kommunikation und Herrschaft. Zum volkssprachlichen Verschriftlichungsprozeß des Rechts im 13. Jahrhundert. Stuttgart 2008. (= Zeitschrift für deutsches Altertum und deutsche Literatur. Beiheft 9).
BERTHOLD von Regensburg, Vollständige Ausgabe seiner Predigten, Bd. 1 [Predigten 1–36] mit Einleitungen u. Anm. von Franz PFEIFFER. Mit einem Vorw.

von Kurt RUH; Bd. 2 [Predigten 37–71] mit Einleitungen u. Anm. von Franz PFEIFFER u. Joseph STROBL. Mit e. Bibliographie u. einem überlieferungsgeschichtlichen Beitr. von Kurt RUH. (Photomechan. Nachdr. d. Ausg. Wien 1862 u. 1880). Berlin 1965. (= Deutsche Neudrucke. Reihe: Texte des Mittelalters).

Georg BESELER, Die Lehre von den Erbverträgen, Theil 1: Die Vergabungen von Todes wegen nach dem älteren deutschen Rechte. Göttingen 1835.

Juliane BESTERS-DILGER, Deutsche lexikalische Entlehnungen im Ukrainischen. Zur Frage der polnischen Vermittlung und heutigen Aktualität, in: Ivo POSPÍŠIL (Hrsg.), Crossroads of Cultures: Central Europe. Kreuzwege der Kulturen: Mitteleuropa/Křižovatky kultury: Střední Evropa/Perekrestki kul'tury: Srednjaja Evropa. (= Litteraria humanitas. 11). Brno 2002, S. 25–51.

Konrad BEYERLE (Hrsg., Bearb.), Lex Baiuvariorum. Lichtdruckwiedergabe der Ingolstädter Handschrift des Bayerischen Volksrechts mit Transkription, Textnoten, Übersetzung, Einführung, Literaturübersicht und Glossar. Zur Jahrhundertfeier der Übersiedlung der Universität von Landshut nach München. München 1926.

Arthur BIERBACH, Urkundenbuch der Stadt Halle, ihrer Stifter und Klöster, Teil 1: 806–1300. Magdeburg 1930. (= Geschichtsquellen der Provinz Sachsen und des Freistaates Anhalt. Neue Reihe. 10).

Inge BILY, Ergebnisse der deutsch-polnischen (frühneuhochdeutsch-altpolnischen) Wortanalyse – Materialauswertung. 1. Übersetzung, in: Inge BILY, Wieland CARLS, Katalin GÖNCZI, Sächsisch-magdeburgisches Recht in Polen. Untersuchungen zur Geschichte des Rechts und seiner Sprache. (= IVS SAXONICO-MAIDEBVRGENSE IN ORIENTE. 2). Berlin 2011, S. 276–286.

Inge BILY, Zu einigen Aspekten der sprachlichen Auswertung von Rechtstermini im Projekt „Das sächsisch-magdeburgische Recht als kulturelles Bindeglied zwischen den Rechtsordnungen Ost- und Mitteleuropas", in: Peter ĎURČO, Ružena KOZMOVÁ, Daniela DRINKOVÁ, Deutsche Sprache in der Slowakei. Festschrift für Ilpo Tapani Piirainen zum 65. Geburtstag. Internationale Fachtagung, Piešťany, den 13.–15. Juni 2007. Bratislava 2009, S. 223–232.

Inge BILY, Wieland CARLS, Katalin GÖNCZI, Sächsisch-magdeburgisches Recht in Polen. Untersuchungen zur Geschichte des Rechts und seiner Sprache. Berlin 2011. (= IVS SAXONICO-MAIDEBVRGENSE IN ORIENTE. 2).

Ferdinand BISCHOFF, Österreichische Stadtrechte und Privilegien. Wien 1857.

BLAZOVICH László, A Körös-Tisza-Maros köz településrendje [Die mittelalterliche Siedlungsstruktur der Region zwischen den Flüssen Körös-Tisza-Maros]. Békéscsaba, Szeged 1985. (= Dél-alföldi évszázadok. 1).

BLAZOVICH László, KRISTÓ Gyula (Hrsg.), Anjou-kori Oklevéltár/Documenta res Hungaricas tempore regum Andegavensium illustrantia, Bd. 7: 1323. Budapest, Szeged 1991.

BLAZOVICH László (Hrsg.), Anjou-kori Oklevéltár/Documenta res Hungaricas tempore regum Andegavensium illustrantia, Bd. 8: 1324. Budapest, Szeged 1993.

BLAZOVICH László, GÉCZI Lajos, A Telegdiek pere. 1568–1572 [Der Telegdi-Prozess]. Szeged 1995. (= Dél-alföldi évszázadok. 6).

BLAZOVICH László, ÉRSZEGI Géza, TURBULY Éva (Hrsg.), Levéltárak – Kincstárak. Források Magyarország levéltáraiból (1000–1686) [Archive – Schatzkammer. Quellen aus den ungarischen Archiven (1000– 1686)]. Budapest, Szeged 1998.

BLAZOVICH László, GÉCZI Lajos (Hrsg.), Anjou-kori Oklevéltár/Documenta res Hungaricas tempore regum Andegavensium illustrantia, Bd. 10: 1326. Budapest [u. a.] 2000.

BLAZOVICH László, SCHMIDT József (Hrsg., Übers.), Buda város jogkönyve [Das Rechtsbuch der Stadt Ofen], Bd. I u. II. Szeged 2001. (= Szegedi Középkortörténeti Könyvtár. 17).

BLAZOVICH László, Városok az Alföldön a 14–16. században [Städte in der Tiefebene vom 14. bis zum 16. Jahrhundert]. Szeged 2002. (= Dél-alföldi évszázadok. 17).

BLAZOVICH László, A Szász tükör és a Szepesség joga [Der Sachsenspiegel und das Recht in der Zips], in: EIKE von Repgow, A Szász tükör [Sachsenspiegel ⟨ungar.⟩]. Közreadja: BLAZOVICH László, SCHMIDT József. (= A Pólay Elemér Alapítvány Könyvtára. 5). Szeged 2005, S. 43–70.

BLAZOVICH László, Das Ofner Stadtrecht und die Rechtsbücher von Ungarn, in: EIKE von Repgow, A Szász tükör [Sachsenspiegel ⟨ungar.⟩]. Közreadja: BLAZOVICH László, SCHMIDT József. (= A Pólay Elemér Alapítvány Könyvtára. 5). Szeged 2005, S. 91–101.

BLAZOVICH László, Szeged rövid története [Kurze Geschichte von Szeged]. Szeged 2005. (= Dél-alföldi évszázadok. 21).

BLAZOVICH László, Die Stadtbücher und das Ödenburger Gerichtsbuch, in: HÁZI Jenő, NÉMETH János (Hrsg.), Gerichtsbuch/Bírósági könyv. 1423–1531. (= Quellen zur Geschichte der Stadt Ödenburg, Reihe A. 2). Sopron 2005, S. 33–46.

BLAZOVICH László, A budai jog és Kolozsvár egy 1488-as oklevél alapján [Das Ofner Recht und Klausenburg anhand einer Urkunde aus dem Jahr 1488], in: Ionuţ COSTEA (Hrsg.), Oraşe şi orăşeni/Városok és városlakók. Cluj-Napoca 2006, S. 342–348.

BLAZOVICH László, Város és uradalom. Tanulmányok és források Gyula XV-XVI. századi történetéből [Stadt und Herrengut. Studien und Quellen zur Geschichte von Gyula vom 15.–16. Jahrhundert]. Társszerzők: GALÁNTAI Erzsébet és SCHMIDT József [Mitverf.: Erzsébet Galántai u. József Schmidt]. Gyula 2007. (= Gyulai Füzetek. 16).

BLAZOVICH László, Die Wirkung des Schwabenspiegels in Ungarn, in: Acta juridica et politica 71, Fasc. 17.3 (2008), S. 531–543. [Auch als Online-Ressource verfügbar: ⟨http://www.mgh-bibliothek.de/dokumente/b/b044931.pdf⟩ – Abfragedatum: 21.05.2015].

BLAZOVICH László, Megjegyzések a középkori Szeged, Gyula és Debrecen lakóinak magánjogi helyzetéhez [Anmerkungen zur privatrechtlichen Situation der Einwohner von Szeged, Gyula und Debrecen im Mittelalter], in: A Hajdú-Bihar Megyei levéltár Évkönyve 31 (2009), S. 15–29.

BLAZOVICH László, Szeged története [Geschichte der Stadt Szeged], Bd. 5: 1945–1990. Szeged 2010.

BLAZOVICH László, Die Bibel und der Schwabenspiegel, in: ZRG KA 97 (2011), S. 384–389.

BLAZOVICH László, SCHMIDT József (Hrsg.), A Sváb tükör [Der Schwabenspiegel]. Szeged 2011. (= A Pólay Elemér Alapítvány könyvtára. 35).

BLAZOVICH László, A világtörténet hat korszaka a Budai jogkönyvben [Die sechs Epochen der Weltgeschichte im Ofner Stadtrechtsbuch], in: NAGY Ferenc, JUHÁSZ Zsuzsanna, FANTOLY Zsanett (Hrsg.), Sapienti sat. Ünnepi kötet Dr. Cséka Ervin professzor 90. születésnapjára. Szeged 2012, S. 61–67. [Das ist: Acta juridica et politica 74 (2012)].

Hugo D. BOEHLAU (Hrsg.), Die Blume von Magdeburg. Weimar 1868.

Jürgen BOHMBACH, Das Stader Stadtrecht von 1279, in: Konrad ELMSHÄUSER, Adolf E. HOFMEISTER (Hrsg.), 700 Jahre Bremer Recht. (= Veröffentlichungen aus dem Stadtarchiv der Freien Hansestadt Bremen. 66). Bremen 2003, S. 174–180.

Thomas BOMELIUS, Statuta jurium municipalium civitatis Cibinieñ [Cibiniensium] reliquarumque civitatum et universorum Saxonum Transsilvanieñ [Transsilvanicorum], collecta per Thomam Bomelium 1563 zugleich Statuta oder Satzung gemeiner stadrechten der Hermenstadt und ander stedte, Und aller Deutscher in Sybenburgen, durch Thomam Bomelium zusamen bracht. Im Jar. 1560 [Manuskript]. [Budapest, Országos Széchényi Könyvtár (Széchényi-Nationalbibliothek), Handschriftensammlung, Fol. Lat. 1789].

Yvonne BONGERT, Recherches sur les cours laïques du Xe au XIIIe siècle. Paris 1949.

BÓNIS György, Szent István törvényeinek önállósága [Eigenständigkeit der Gesetze des Königs Stephan des Heiligen], in: Századok 72 (1938), S. 433–487.

BÓNIS György, Magyar jogi néphagyomány [Ungarische Volksrechtstradition]. Budapest 1939. [Sonderdruck aus Magyar Szemle. Juni 1939].

BÓNIS György, Az angol alkotmánytörténetírás tegnap és ma [Die englische Verfassungsgeschichtsschreibung gestern und heute], in: Századok 74 (1940), S. 181–211.

BÓNIS György, Magyar jog – székely jog [Ungarisches Recht – Szekler Recht]. Kolozsvár 1942. (= Kolozsvári tudományos könyvtar. 1).

BÓNIS György, Hűbériség és rendiség a középkori magyar jogban [Feudalismus und Ständewesen im mittelalterlichen ungarischen Recht]. Kolozsvár [1947].

BÓNIS György, Hajnóczy József. Budapest 1954.

BÓNIS György, Hajnóczy. M. torténelmi Társulat. 1750–1795 [Der ungarische Jakobiner József Hajnóczy]. Budapest 1954.

BÓNIS György, SARLÓS Márton, Egyetemes állam- és jogtörténet [Allgemeine Staats- und Rechtsgeschichte]. 2. Aufl. Budapest 1957.

BÓNIS György, Ferenc Eckhart, in: ZRG GA 75 (1958), S. 596–600.

BÓNIS György, Petrus de Vinea leveleskönyve Magyarországon. Gondolatok a szicíliai államszervezet hazai hatásáról [Die Petrus de Vinea-Briefsammlung in Ungarn. Gedanken über den Einfluss der sizilianischen Verfassung], in: Filológiai Közlöny 4 (1958), S. 1–26, 173–193.

BÓNIS György, Buda és Pest bírósági gyakorlata a török kiűzése után. 1686–1708 [Die Gerichtspraxis von Buda und Pest nach der Verjagung der Türken]. Budapest 1962. (= Budapest várostörténeti monográfiái. 23).

BÓNIS György, Die Entwicklung der geistlichen Gerichtsbarkeit in Ungarn 1526, in: ZRG KA 49 (1963), S. 174–235.

BÓNIS György, Einflüsse des römischen Rechtes in Ungarn. Mediolani 1964. [Auch als: Ius Romanum medii aevi 5,10 (1964)].

BÓNIS György, Der Zusammenhang der Summa Legum mit dem Tripartitum, in: Studia Slavica Academiae Scientiarum Hungaricae 11 (1965), S. 373–409.

BÓNIS György, The Hungarian feudal diet (13th–18th centuries), in: Anciens Pays et Assemblées d'États 36 (1965), S. 287–307. [Auch in: Gouvernés et gouvernant. IV. Bas moyen âge et temps modernes. II. Editions de la Librairie Encyclopédique. Recueils de la societé Jean Bodin 25 (1965), S. 287–307].

BÓNIS György, The Powers of the Deputies in the Hungarian feudal diet (1790–1848), in: Anciens Pays et Assemblées d'États. Standen en Landen 37 (1965), S. 169–190. [Auch in: Liber memorialis Sir Maurice Powicke. [Dublin 1963]. (= Études présentées à la Commission internationale pour l'histoire des Assemblées d'états. 27). Louvain-Paris 1965, S. 169–190].

BÓNIS György, Ständisches Finanzwesen in Ungarn im frühen 16. Jahrhundert, in: Daniel CSATÁRI (Hrsg.), Nouvelles études historiques publiées à l'occasion du XIIe Congrès International des Sciences Historiques. Par la Commission Nationale des Historiens Hongrois, Bd. 1. Budapest 1965, S. 83–103.

BÓNIS György, Magyi János formuláskönyve és a gyakorlati jogtanítás [Das Formularbuch von János Magyi und der praktische Rechtsunterricht], in: CSIZMADIA Andor (Hrsg.), A pécsi egyetem történetéből [Geschichte der Königlichen Akademie zu Pécs]. (= Jubileumi tanulmányok. 1). Pécs 1967, S. 225–260.

BÓNIS György, Die ungarischen Stände in der ersten Hälfte des 18. Jahrhunderts, in: Dietrich GERHARD (Hrsg.), Ständische Vertretungen in Europa im 17. und 18. Jahrhundert. (= Veröffentlichungen des Max-Planck-Instituts für Geschichte. 27). Göttingen 1969, S. 286–309.

BÓNIS György, A jogtudó értelmiség a Mohács előtti Magyarországon [Die rechtskundige Intelligenz in Ungarn vor der Schlacht zu Mohács]. Budapest 1971.

BÓNIS György, Tripartitum opus. Einleitung, in: WERBŐCZI István, Tripartitum opus iuris consuetudinarii inclyti regni Hungarie per Stephanum de Werbewcz editum Wien 1517. (=Mittelalterliche Gesetzbücher europäischer Länder in Faksimiledrucken. 2). Glashütten/Taunus 1971, S. 3–14. [Faksimiledruck].

BÓNIS György, A jogtudó értelmiség a középkori Nyugat- és Közép-Európában [Die rechtskundige Intelligenz in West- und Mitteleuropa des Mittelalters]. Budapest 1972. (=Értekezések a történeti tudományok köréből. Új sorozat. 63).

BÓNIS György, Középkori jogunk elemei. Római jog, kánonjog, szokásjog [Elemente unseres mittelalterlichen Rechts. Römisches Recht, kanonisches Recht, Gewohnheitsrecht]. Budapest 1972.

BÓNIS György, L'État corporatif hongrois au début du XVIe siècle, in: Anciens Pays et Assemblées d'États 70 (1977), S. 313–326.

BÓNIS György, Der Übergang von der ständischen Repräsentation zur Volksvertretung in Ungarn, in: Karl BOSL (Hrsg.), Karl MÖCKL (Mitarb.), Der moderne Parlamentarismus und seine Grundlagen in der ständischen Repräsentation. Beiträge d. Symposiums d. Bayer. Akad. d. Wiss. u. d. Internat. Comm. for Representative and Parliamentary Inst. auf Schloss Reisensburg vom 20.–25. April 1975. Berlin 1977, S. 174–235.

BÓNIS György, [Rezension zu:] Tárkány Szűcs Ernő, Magyar jogi népszokások, Budapest 1981, in: Etnographia 93 (1982), S. 158 f.

BÓNIS György, A Hármaskönyv, in: WERBŐCZY István, Tripartitum. A dicsőséges magyar királyság szokásjogának hármaskönyve. Latin-magyar kétnyelvű kiadás [Tripartitum des Gewohnheitsrechts des Königreichs Ungarn]. Nachdr. d. Ausg. Budapest 1894. (=Tudománytár). Budapest 1990, S. VII-XIII.

BÓNIS György, Szentszéki regeszták. Iratok az egyházi bíráskodás történetéhez a középkori Magyarországon. A szerző hátrahagyott kéziratát gondozta és szerkesztette BALOGH Elemér [Regesten der Konsistorien. Schriften zur Geschichte der geistlichen Gerichtsbarkeit im mittelalterlichen Ungarn. Aus dem Nachlass des Verfassers redigiert von Balogh Elemér]. Budapest 1997. (=Jogtörténeti tár. 1/1). [Auch als: Acta Juridica et Politica 51,1 (1997)].

BÓNIS György, Hűbériség és rendiség a középkori magyar jogban [Feudalismus und Ständewesen im mittelalterlichen ungarischen Recht]. Red. u. Nachwort von BALOGH Elemér. Budapest 2003. (=Millenniumi magyar történelem. Historikusok).

BÓNIS György, Pályám emlékezete, 1983 [Erinnerungen an meine Laufbahn, 1983]. (Közreadja: RUSZOLY József), in: Szegedi Műhely 46,3–4 (2007), S. 101–148. [Auch als: Közlemények a Szegedi Tudományegyetem Állam- és Jogtudományi Kara Bónis György Szemináriumából. 1].

BÓNIS Péter, A Summa legum Raymundi magyarországi jelenléte és jelentősége [Die Summa legum Raymundi Parthenopei in Ungarn und ihre Bedeutung], in: Jogtudományi Közlöny 57 (2002), S. 229–232.

Norberto BOBBIO, La consuetudine come fatto normativo. Padova 1942.

Gedeon BORSA (Hrsg.), Alte siebenbürgische Drucke. 16. Jahrhundert. Köln [u. a.] 1996. (= Schriften zur Landeskunde Siebenbürgens. 21).

Jürgen BRACKER (Hrsg.), Die Hanse. Lebenswirklichkeit und Mythos, Bd. 2. Hamburg 1989.

Albert BRACKMANN, Magdeburg als Hauptstadt des deutschen Ostens im frühen Mittelalter. Leipzig 1937.

Sebastian BRANT, Der Richterlich Clagspiegel. Ein nutzbarlicher begriff, Wie man setzen vnd formiern sol nach ordnung der Rechten eyn yede Clag, Antwurt, unnd außsprechende Vrteylen. Gezogen auß Geystlichen vnd Weltlichen Rechten. Dadurch sich eyn yeder, er sey Clager, Antworter oder Richter, in recht geschickt mache[n], das selb üben, brauchen, vnd dargegen vor vnrechter that, anfechtung, vnnd fürnemen verhüten mag. Straßburg 1536.

Wilhelm BRAUNEDER, Kanonisches und römisch-gemeines Recht am Beginn der modernen Privatrechtswissenschaft, in: Audomar SCHEUERMANN, Rudolf WEILER, Günther WINKLER (Hrsg.), Convivium utriusque iuris. Alexander Dordett zum 60. Geburtstag. Wien 1976, Sp. 107–124.

Wilhelm BRAUNEDER, Mitgift, in: HRG, Bd. 3. Berlin 1984, Sp. 610–612.

Wilhelm BRAUNEDER, Privilegium dotis, in: HRG, Bd. 3. Berlin 1984, Sp. 2012–2014.

Wilhelm BRAUNEDER, Eheliches Güterrecht, in: ²HRG, Bd. 1. Berlin 2008, Sp. 1216–1221.

BRUCKNER Győző, A Szepesség népe. Néprajzi és művelődéstörténelmi tanulmány [Das Volk der Zips. Eine ethnologische und kulturgeschichtliche Studie]. Budapest 1922.

BRUCKNER Győző, A középkori partikuláris jogfejlődés és a selmeci városi és bányajog [Die mittelalterliche partikularische Rechtsentwicklung und das Schemnitzer Stadt- und Bergrecht]. Miskolc 1935. (= Miskolci Jogászélet Könyvtára. N. S. 8).

Emil BRUNNENMEISTER, Die Quellen der Bambergensis. Ein Beitrag zur Geschichte des deutschen Strafrechts. Nachdr. d. Ausg. Leipzig 1879. Goldbach 1997. (= Bibliothek des Deutschen Strafrechts. Meister der Moderne. 42).

Heinrich BRUNNER, Die Entstehung der Schwurgerichte. Berlin 1872.

Heinrich BRUNNER, Deutsche Rechtsgeschichte, Bd. 1. 2. Aufl. Berlin 1906. [Systematisches Handbuch der Deutschen Rechtswissenschaft, Abt. 2, T. 1].

Heinrich BRUNNER, Ernst HEYMANN (Bearb.), Grundzüge der deutschen Rechtsgeschichte. 7. Aufl., nach d. Tode d. Verf. besorgt von Ernst HEYMANN. München 1919.

Gerhard BUCHDA, Dursal (dursal eigen), in: ZRG GA 59 (1939), S. 194–207.

Gerhard BUCHDA, Der Beweis im mittelalterlichen sächsischen Recht, in: La preuve, Bd. 2: Moyen âge et temps modernes. (= Recueils de la Société Jean Bodin pour l'histoire comparative des institutions. 17). Brüssel 1965, S. 519–546.

Gerhard BUCHDA, Leipzig, in: HRG, Bd. 2. Berlin 1978, Sp. 1837–1842.

Gerhard BUCHDA, Magdeburger Recht, in: HRG, Bd. 3. Berlin 1984, Sp. 134–138.

Ingeborg BUCHHOLZ-JOHANEK, Johannes von Buch, in: Verfasserlexikon, Bd. 4. 2., völlig neu bearb. Aufl. Berlin, New York 1983, Sp. 551–559.

Stephan BUCHHOLZ, Ehe, in: ^{2}HRG, Bd. 1. Berlin 2008, S. 1192–1213.

Theodor BÜHLER, Coutumes, in: ^{2}HRG, Bd. 1. Berlin 2008, Sp. 907–912.

Wilfrid BUNGENSTOCK, Gerade, in: HRG, Bd. 1. Berlin 1971, Sp. 1527–1530.

John W. CAIRNS, Grant MCLEOD (Hg.), "The Dearest Birth Right of the People of England". The Jury in the History of the Common Law. Oxford [u. a.] 2002.

Antonio Gordillo CAÑAS, La costumbre: Fuente autónoma del Derecho? Una reflexión desde la experiencia del sistema de fuentes del derecho en el código civil español, in: Quaderni Fiorentini 21 (1992), S. 387–523.

Wieland CARLS, Das sächsisch-magdeburgische Recht – Sprach- und Rechtstransfer in Mittel- und Osteuropa, in: Elemér BALOGH, Andrea HEGEDŰS, Péter MEZEI, Zsolt SZOMORA, Julianna Sára TRASER (Hrsg.), Legal Transitions. Development of Law in Formerly Socialist States and the Challenges of the European Union/Rechtsentwicklung in den ehemaligen sozialistischen Staaten und die Herausforderung der Europäischen Union. (= A Pólay Elemér Alapítvány Könyvtára. 17). Szeged 2007, S. 259–267.

Wieland CARLS, Einleitung, in: Inge BILY, Wieland CARLS, Katalin GÖNCZI, Sächsisch-magdeburgisches Recht in Polen. Untersuchungen zur Geschichte des Rechts und seiner Sprache. (= IVS SAXONICO-MAIDEBVRGENSE IN ORIENTE. 2). Berlin 2011, S. 5–12.

Wieland CARLS, Katalin GÖNCZI, Forschungsüberblick, in: Inge BILY, Wieland CARLS, Katalin GÖNCZI, Sächsisch-magdeburgisches Recht in Polen. Untersuchungen zur Geschichte des Rechts und seiner Sprache. (= IVS SAXONICO-MAIDEBVRGENSE IN ORIENTE. 2). Berlin 2011, S. 39–67.

Wieland CARLS, Rechtsquellen sächsisch-magdeburgischen Rechts, in: Inge BILY, Wieland CARLS, Katalin GÖNCZI, Sächsisch-magdeburgisches Recht in Polen. Untersuchungen zur Geschichte des Rechts und seiner Sprache. (= IVS SAXONICO-MAIDEBVRGENSE IN ORIENTE. 2). Berlin 2011, S. 73–82.

Ivan CHALUPECKÝ, Die Ansiedlung der Sachsen in der Zips auf der Grundlage der Quellenüberlieferung, in: Karpatenjahrbuch 61 (2010), S. 59–66.

Ivan CHALUPECKÝ, Stadtrechte im Gebiet der heutigen Slowakei, in: Karpatenjahrbuch 63 (2012), S. 43–56.

Michael T. CLANCHY, From memory to written record. England 1066–1307. London 1979.
Paul CLAUSWITZ (Hrsg.), Berlinisches Stadtbuch aus dem Ende des XIV. Jahrhunderts. Neue Ausgabe, veranstaltet bei der Feier des fünfundzwanzigjährigen Hochzeitsjubiläums Ihrer Kaiserlichen und Königlichen Hoheiten des Kronprinzen Friedrich Wilhelm und der Kronprinzessin Victoria im Auftrage der Städtischen Behörden Berlins. Berlin 1883.
James S. COCKBURN, Thomas A. GREEN (Hrsg.), Twelve Good Men and True. The Criminal Trial Jury in England, 1200–1800. Princeton, N. J. 1988.
Helmut COING, Europäisches Privatrecht, Bd. 1: Älteres gemeines Recht (1500–1800). München 1985.
Hermann CONRAD, Deutsche Rechtsgeschichte, Bd. 1: Frühzeit und Mittelalter. 2., neubearb. Aufl. Karlsruhe 1962. [1. Aufl. Karlsruhe 1954].
Radu CONSTANTINESCU, Codicile Altenberger. Bukarest 1988.
Albrecht CORDES, Spätmittelalterlicher Gesellschaftshandel im Hanseraum. Köln, Weimar, Wien 1998. (= Quellen und Darstellungen zur hansischen Geschichte. N. F. 45).
Corpus Juris Hungarici / Magyar törvénytár, Bd. 1: 1000–1526, évi törvényezikkek. Hrsg. von CSIKY Kálmán u. MÁRKUS Dezső. Budapest 1899.
Corpus Juris Hungarici / Magyar törvénytár, Bd. 4: 1657–1740, évi törvényezikkek. Hrsg. von CSIKY Kálmán u. MÁRKUS Dezső. Budapest 1900.
CSIZMADIA Andor, A magyar választási rendszer 1848–1849-ben. Az első népképviseleti választások [Das System der Parlamentswahlen in Ungarn in den Jahren 1848/1849. Die ersten Wahlen für die Volksvertretung]. Budapest 1963.
CSIZMADIA Andor, A magyar közigazgatás fejlődése a XVIII. századtól a tanácsrendszer létrejöttéig [Die Entwicklung der ungarischen Verwaltung vom 18. Jahrhundert bis zur Entstehung des Rätesystems]. Budapest 1976.

Mihai DAN, Samuil GOLDENBERG, Der Warenaustausch zwischen Bistritz und den Moldauer Städten und Marktflecken im 16. Jahrhundert, in: Forschungen zur Volks- und Landeskunde 10,1 (1967), S. 5–34.
Alexander von DANIELS, Franz von GRUBEN, Das sächsische Weichbildrecht. Jus municipale saxonicum, Bd. 1: Weltchronik und Weichbildrecht in 136 Artikeln mit der Glosse. Berlin 1858. (= Rechtsdenkmäler des deutschen Mittelalters. 1).
DAVID ⟨de Augusta⟩, Pia et devota opuscula. Augustae Vindelicorum [Augsburg] 1596.
DAVID ⟨de Augusta⟩, De exterioris et interioris hominis compositione secundum triplicem statum incipientium, proficientium et perfectorum libri tres. Unterweisungen für Novizen und Mönche. Dt. von Thomas VILLANOVA. Brixen 1902. (= Wegweiser zur christlichen Vollkommenheit).
Norman DAVIES, Roger MOORHOUSE, Die Blume Europas. Breslau, Wrocław, Vratislavia. Die Geschichte einer mitteleuropäischen Stadt. Aus dem Englischen von Thomas BERTRAM. München 2002.

John Philip DAWSON, The oracles of the law. Repr. Ed. Westport, Conn. 1986.

Geoffrey Ernest Maurice DE STE CROIX, Notes on Jurisdiction in the Athenian Empire. I u. II, in: The Classical Quarterly, N. S. 11,1–2 (1961), S. 94–112, 268–280.

Kristóf [Christoph] Traugott DELIUS, Bevezetés a bányatan elméletébe és gyakorlásába valamint a bányakincstári tudományok alaptételeinek ismertetésébe [Anleitung zu der Bergbaukunst nach ihrer Theorie und Ausübung, nebst einer Abhandlung von den Grundsätzen der Berg-Kammeralwissenschaft ⟨ungar.⟩]. Hrsg. von BÓDAY Gábor, MIHALOVITS János (Übers.). Übersetzung der Ausg. Wien 1773. Budapest 1972.

Christoph Traugott DELIUS, Anleitung zu der Bergbaukunst nach ihrer Theorie und Ausübung. Nebst einer Abhandlung von den Grundsätzen der Bergwerks-Kammeralwissenschaft für die K. K. Schemnitzer Bergwerksakademie, Bd. 2. 2. Aufl. Wien 1806.

DELL'ADAMI Rezső, Az anyagi magánjog codificatiója [Die Kodifikation des materiellen Privatrechts], Bd. 1: A nemzeti eredet problémája [Das Problem des nationalen Ursprungs]. Budapest 1877.

DEMKÓ Kálmán, A felső-magyarországi városok életéről a XV-XVII. században [Aus dem Leben der oberungarischen Städte im XV.-XVII. Jahrhundert]. Budapest 1890.

DEMKÓ Kálmán, A szepesi jog '(Zipser Willkühr)'. Keletkezése viszonya országos jogunkhoz és a németországi anyajogokhoz [Die Zipser Willkür. Ihre Entstehung und ihr Verhältnis zu den deutschen Mutterrechten]. Budapest 1891. (= Értekezések a történeti tudományok köréből. 15,3).

DEMKÓ Kálmán, Lőcse története. Jog-, mű- és művelődéstörténeti rész [Die Geschichte von Leutschau. Rechts-, kunst- und bildungsgeschichtlicher Teil]. Lőcse 1897. (= A „Szepesmegyei Történelmi Társulat" millenniumi kiadványai. 5).

Dietrich DENECKE, Mitteleuropäische Verkehrsachsen. Entstehung, Wandel und Verfall vom Mittelalter bis zum 18. Jahrhundert, in: Thomas SZABÓ (Hrsg.), Die Welt der europäischen Straßen. Von der Antike bis in die Frühe Neuzeit. Köln [u. a.] 2009, S. 279–303.

Harald Rainer DERSCHKA, Der Schwabenspiegel und die kognitive Entwicklung des Menschen – neue Fragen an einen alten Text, in: ZRG GA 118 (2001), S. 100–147.

Harald Rainer DERSCHKA (Übers.), Der Schwabenspiegel. Übertragen in heutiges Deutsch. München 2002.

Andreas DEUTSCH, Der Klagspiegel und sein Autor Conrad Heyden. Ein Rechtsbuch des 15. Jahrhunderts als Wegbereiter der Rezeption. Köln, Weimar, Wien 2004. (= Forschungen zur deutschen Rechtsgeschichte. 23).

Andreas DEUTSCH, Beweis, in: ²HRG, Bd. 1. Berlin 2008, Sp. 559–566.

Ely DEVONS, Serving as a Juryman in Britain, in: Modern Law Review 28,5 (1965), S. 561–570.

DIDOVÁCZ György, A budai jogkönyv hangtana [Die Lautlehre des Ofner Stadtrechtsbuchs]. Budapest 1930. (= Német philologiai dolgozatok. 43).

Bernhard DIESTELKAMP, Das Verhältnis von Gesetz und Gewohnheitsrecht im 16. Jahrhundert – aufgezeigt am Beispiel der oberhessischen Erbgewohnheiten von 1572, in: Rechtshistorische Studien. Hans Thieme zum 70. Geburtstag zugeeignet von seinen Schülern. Köln, Wien 1977, S. 1–33.

Gerhard DILCHER, Stadtrecht, in: HRG, Bd. 4. Berlin 1990, Sp. 1863–1873.

Gerhard DILCHER, Heiner LÜCK, Reiner SCHULZE, Elmar WADLE, Jürgen WEITZEL, Udo WOLTER, Gewohnheitsrecht und Rechtsgewohnheiten im Mittelalter. Berlin 1992. (= Schriften zur europäischen Rechts- und Verfassungsgeschichte. 6).

Gerhard DILCHER, „Hell, verständig, für die Gegenwart sorgend, die Zukunft bedenkend". Zur Stellung und Rolle der mittelalterlichen deutschen Stadtrechte in einer europäischen Rechtsgeschichte (zuerst 1989), in: DERS. (Hrsg.), Bürgerrecht und Stadtverfassung im europäischen Mittelalter. Köln, Weimar, Wien 1996, S. 243–279.

Gerhard DILCHER (Hrsg.), Bürgerrecht und Stadtverfassung im europäischen Mittelalter. Köln, Weimar, Wien 1996.

Gerhard DILCHER, Normen zwischen Oralität und Schriftkultur. Studien zum mittelalterlichen Rechtsbegriff und zum langobardischen Recht. Köln, Weimar, Wien 2008.

Peter DINZELBACHER, Mittelalter, in: DERS. (Hrsg.), Mensch und Tier in der Geschichte Europas. Stuttgart 2000, S. 181–292.

Peter DINZELBACHER, Das fremde Mittelalter. Gottesurteil und Tierprozess. Essen 2006.

DÖRY Ferenc (Hrsg.), BÁCSKAI Vera (Mitarb.), BÓNIS György (Mitarb.), Decreta Regni Hungariae/Gesetze und Verordnungen Ungarns. 1301–1457. Budapest 1976. (= Publicationes Archivi Nationalis Hungarici. II,11).

DÖRY Ferenc (Hrsg.), BÓNIS György (Mitarb.), ÉRSZEGI Geisa (Mitarb.), TEKE Susanna (Mitarb.), Decreta Regni Hungariae/Gesetze und Verordnungen Ungarns. 1458–1490. Budapest 1989. (= Publicationes Archivi Nationalis Hungarici. II,19).

Gerhard DOHRN-VAN ROSSUM, Die Geschichte der Stunde. Uhren und moderne Zeitordnungen. München, Wien 1992. [ND Köln 2007 u. ö.].

Elena M. DOROVSKICH, Pravo i nacional'nyj jazyk. Regulirovanie jazykovych otnošenij v Rossijskoj Federacii. Moskva 1996. (= Otčestvennyj i zarubežnyj federalizm).

DÓSA Elek, Erdélyhoni jogtudomány [Siebenbürgische Rechtswissenschaft], Bd. 1. Kolozsvár 1861.

David Charles DOUGLAS, English Historical Documents, Bd. 1: c. 500–1042. Hrsg. von Dorothy WHITELOCK. 2. Aufl. London, New York 1979.

Gisela DROEGE, Die Honigbiene von A bis Z. Ein lexikalisches Fachbuch. Berlin 1993.

Norbert DUKA ZÓLYOMI, Michnay, Andreas Daniel von, in: Stefan MAIER, August MUSGER (Bearb.), Österreichisches Biographisches Lexikon. 1815–1950, Bd. 6. Wien 1975, S. 265.

Friedrich EBEL (Hrsg.), Magdeburger Recht, Bd. 1: Die Rechtssprüche für Niedersachsen; Bd. 2: Die Rechtsmitteilungen und Rechtssprüche für Breslau, Teil 1: Die Quellen von 1261 bis 1452, Teil 2: Die Quellen von 1453 bis zum Ende des 16. Jahrhunderts. Köln, Wien 1983, 1989, 1995. (= Mitteldeutsche Forschungen. 89/I, 89/II/1+2).

Friedrich EBEL, Sachsenspiegel, in: HRG, Bd. 4. Berlin 1990, Sp. 1228–1237.

Friedrich EBEL, Magdeburger Recht, in: Matthias PUHLE (Hrsg.), Erzbischof Wichmann (1152–1192) und Magdeburg im hohen Mittelalter. Stadt – Erzbistum – Reich. Magdeburg 1992, S. 42–54.

Friedrich EBEL, Bibliographie der Sekundärliteratur zum Magdeburger Recht. [o. O.] (Manuskript im Stadtarchiv Magdeburg) 1998.

Friedrich EBEL (Hrsg.), Wieland CARLS (Mitarb.), Renate SCHELLING (Mitarb.), Der Rechte Weg. Ein Breslauer Rechtsbuch des 15. Jahrhunderts, 2 Bde. Köln, Weimar 2000.

Friedrich EBEL, Georg THIELMANN, Rechtsgeschichte. Von der Römischen Antike bis zur Neuzeit. 3., neubearb. Aufl. Heidelberg 2003.

Friedrich EBEL, Die Bedeutung deutschen Stadtrechts im Norden und Osten des mittelalterlichen Europa. Lübisches und Magdeburger Recht als Gegenstand von Kulturtransfer und Träger der Moderne, in: DERS., Unseren fruntlichen grus zuvor. Deutsches Recht des Mittelalters im mittel- und osteuropäischen Raum. Kleine Schriften. Hrsg. von Andreas FIJAL, Hans-Jörg LEUCHTE, Hans-Jochen SCHIEWER. Köln, Weimar, Wien 2004, S. 389–401.

Friedrich EBEL, *Des spreke wy vor eyn recht* .... Versuch über das Recht der Magdeburger Schöppen, in: DERS., Unseren fruntlichen grus zuvor. Deutsches Recht des Mittelalters im mittel- und osteuropäischen Raum. Kleine Schriften. Hrsg. von Andreas FIJAL, Hans-Jörg LEUCHTE, Hans-Jochen SCHIEWER. Köln, Weimar, Wien 2004, S. 423–511.

Friedrich EBEL, Unseren fruntlichen grus zuvor. Deutsches Recht des Mittelalters im mittel- und osteuropäischen Raum. Kleine Schriften. Hrsg. von Andreas FIJAL, Hans-Jörg LEUCHTE, Hans-Jochen SCHIEWER. Köln, Weimar, Wien 2004.

Friedrich EBEL, Rechtsentstehung und Rechtstransfer im Spiegel der Überlieferung (Magdeburger und Lübecker Recht), in: Heiner LÜCK, Matthias PUHLE, Andreas RANFT (Hrsg.), Grundlagen für ein neues Europa. Das Magdeburger und Lübecker Recht in Spätmittelalter und Früher Neuzeit. (= Quellen und Forschungen zur Geschichte Sachsen-Anhalts. 6). Köln, Weimar [u. a.] 2009, S. 37–47.

Wilhelm EBEL, Geschichte der Gesetzgebung in Deutschland. 2., erw. Aufl. Göttingen 1958. (= Göttinger rechtswissenschaftliche Studien. 34).

Wilhelm EBEL, Über die rechtsschöpferische Leistung des mittelalterlichen deutschen Bürgertums, in: Untersuchungen zur gesellschaftlichen Struktur der mittelalterlichen Städte in Europa. Reichenau-Vorträge 1963–1964. (= Vorträge und Forschungen. Konstanzer Arbeitskreis für Mittelalterliche Geschichte. 11). Stuttgart, Konstanz 1966, S. 241–258.

Wilhelm EBEL, Alte Deutsche Gerichtsformeln. Göttingen 1981.

Wilhelm EBEL, Lübisches Recht, in: HRG, Bd. 3. Berlin 1984, Sp. 77–84.

Immo EBERL, Die Zisterzienser. Geschichte eines europäischen Ordens. Stuttgart 2002.

Jörn ECKERT, Hans HATTENHAUER, Sprache – Recht – Geschichte. Rechtshistorisches Kolloquium, 05.–09. Juni 1990. Heidelberg 1991.

Karl August ECKHARDT, Der Deutschenspiegel, seine Entstehungsgeschichte und sein Verhältnis zum Schwabenspiegel. Weimar 1924.

Karl August ECKHARDT, Rechtsbücherstudien, Heft 1: Vorarbeiten zu einer Parallelausgabe des Deutschenspiegels und Urschwabenspiegels. Berlin 1927. (= Abhandlungen der Gesellschaft der Wissenschaften zu Göttingen. Phil.-Hist. Klasse. N. F. 20,2).

Karl August ECKHARDT, Alfred HÜBNER (Hrsg.), Deutschenspiegel mit Augsburger Sachsenspiegel und ausgewählten Artikeln der Oberdeutschen Sachsenspiegelübersetzung. 2. neubearb. Ausg. Hannover 1930. (= Monumenta Germaniae Historica. Fontes iuris Germanici antiqui. Nova Series. 3).

Karl August ECKHARDT, [Rezension zu:] Klebel, in: ZRG GA 51 (1931), S. 566–568.

Karl August ECKHARDT (Hrsg.), Lex salica. 100-Titel-Text. Weimar 1953. (= Germanenrechte. N. F. Abt.: Westgermanisches Recht. 3).

Karl August ECKHARDT (Hrsg.), Auctor vetus de beneficiis, Bd. 1: Lateinische Texte. Hannover 1964. (= Monumenta Germaniae Historica. Fontes iuris Germanici antiqui. Nova series 2,1).

Karl August ECKHARDT (Hrsg.), Schwabenspiegel Langform M. Tractavit. Aalen 1971. (= Studia Iuris Suevici. 2).

Karl August ECKHARDT (Hrsg.), Studia iuris Teutonici – Deutschenspiegel. Aalen 1971. (= Bibliotheca rerum historicarum. 3).

Karl August ECKHARDT (Hrsg.), Schwabenspiegel – Kurzform III. Fassung Kt. Index, Tambacher Handschrift, handschriftliche Grundlagen, Land- und Lehnrecht, Registra. Aalen 1972. (= Monumenta Germaniae Historica. Fontes iuris germanici antique. N. S. 4,3; Bibliotheca rerum historicarum. Land- und Lehnrechtsbücher. 5).

Karl August ECKHARDT, Irmgard ECKHARDT (Hrsg.), Schwabenspiegel. Normalform. Aalen 1972. (= Studia iuris Suevici. 5; Bibliotheca rerum historicarum. 8).

Karl August ECKHARDT (Hrsg.), Schwabenspiegel Langform Z. Fassung Zü. Index, handschriftl. Grundlage, Geleitw., Land- u. Lehnrecht Zü, Nebentext Zg. Aalen 1974. (= Bibliotheca rerum historicarum. Land- und Lehnrechtsbücher. 8).

Karl August ECKHARDT (Hrsg.), Schwabenspiegel Kurzform. I. Landrecht, II. Lehnrecht. 2. neubearb. Aufl. Hannover 1974. (= Monumenta Germaniae Historica. Fontes iuris Germanici antiqui. N. S. 4,1/2; Bibliotheca rerum historicarum. Land- und Lehnrechtsbücher. 4). [Neudr. 1981].

ECKHART Ferenc, A főbányagrófi hivatal szervezése [Die Organisation des Oberstkammergrafenamts], in: Századok 48,1 (1914), S. 197–213.

ECKHART Ferenc, Magyar alkotmány- és jogtörténet. [Ungarische Verfassungs- und Rechtsgeschichte]. [Neudr. d. Ausg. Budapest 1946]. Szerk. MEZEY Barna. Budapest 2000. (= Millenniumi magyar történelem. Historikusok).

[Joseph Carl] Josephus Carolus EDER, De initiis iuribusque primaevis Saxonum Transsilvanorum commentation. Viennae 1792.

EDMUND von Abingdon [Rich], The Myrrour of the Chyrche [Speculum ecclesiæ ⟨engl.⟩]. London 1521.

EDMUND von Abingdon [Rich], The Myrrour of the Chyrche [Speculum ecclesiæ ⟨engl.⟩]. London 1527.

Harald EHRHARDT, Rechtssprecher, in: HRG, Bd. 4. Berlin 1990, Sp. 360–363.

Frank EICHLER, Das Hamburger Ordeelbook von 1270 samt Schiffrecht. Nach der Handschrift von Fredericus Varendorp von 1493 (Kopenhagener Codex). Hamburg 2005.

Frank EICHLER (Hrsg.), Lex Mercatoria – das englische Marktrecht des Mittelalters. Mit den Quellentexten und ihren Übersetzungen. Hamburg 2008.

Frank EICHLER (Hrsg., Übers.), Die Langenbeck'sche Glosse zum Hamburger Stadtrecht von 1497. Die vollständige Glossenhandschrift von Bartholdus Eggheman von 1532 sowie Lappenbergs Auszüge aus späteren Handschriften. Mit Einf. von Frank EICHLER und Tilman REPGEN. Hamburg 2008.

Frank EICHLER, Recht ohne Schrift. Zur Rechtspflege des Mittelalters in Deutschland. Hamburg 2010.

[EIKE von Repgow], Sachsenspiegel oder Sächsisches Landrecht. Zusammengestellt mit dem Schwäbischen nach dem Cod. Pal. 167, unter Vergleichung des Cod. pict. 164. Mit Übers. und reichhaltigem Repertorium von Carl Robert SACHSSE (Hrsg.). Heidelberg 1848.

EIKE von Repgow, Des Sachsenspiegels erster Theil oder das sächsische Landrecht, nach der Berliner Handschrift v. J. 1369. Hrsg. von Carl Gustav HOMEYER. 3., umgearb. Ausg. Berlin 1861.

EIKE von Repgow, Der Sachsenspiegel [Landrecht]. In unsere heutige Muttersprache übertragen und dem deutschen Volke erklärt von Hans Christoph HIRSCH. Berlin, Leipzig 1936.

EIKE von Repgow, Sachsenspiegel. Quedlinburger Handschrift. Hrsg. von Karl August ECKHARDT. Hannover 1966. (= Monumenta Germaniae Historica. Leges. Fontes iuris Germanici antiqui in usum scholarum separatim editi. 8).

EIKE von Repgow, Sachsenspiegel Landrecht. Hrsg. von Karl August ECKHARDT. 3., durchges. Aufl. Göttingen 1973. (= Monumenta Germaniae Historica. Leges. Fontes iuris Germanici antiqui. Nova series. 1,1). [Neudr. Hannover 1995].

EIKE von Repgow, Der Sachsenspiegel. Hrsg. von Clausdieter SCHOTT. Übertr. des Landrechts von Ruth SCHMIDT-WIEGAND. Übertr. des Lehenrechts und Nachwort von Clausdieter SCHOTT. 3., rev. Aufl. Zürich 1996. [1. Aufl. 1984, 2. Aufl. 1991].

EIKE von Repgow, Sachsenspiegel. Die Wolfenbütteler Bilderhandschrift des Sachsenspiegels Cod. Guelf. 3.1 Aug. 2°, Textband. Hrsg. von Ruth SCHMIDT-WIEGAND. Berlin 1993.

EIKE von Repgow, Sachsenspiegel. Landrecht und Lehnrecht. Hrsg. von Friedrich EBEL. Durchges. u. erg. Aufl. Stuttgart 1993.

EIKE von Repgow, The Saxon mirror [Sachsenspiegel ⟨engl.⟩]. A Sachsenspiegel of the fourteenth century. Transl. by Maria DOBOZY. Philadelphia 1999. (= The Middle Ages series).

EIKE von Repgow, A Szász tükör [Sachsenspiegel ⟨ungar.⟩]. Közreadja: BLAZOVICH László, SCHMIDT József. Szeged 2005. (= A Pólay Elemér Alapítvány Könyvtára. 5).

EIKE von Repgow, Sachsenspiegel. Die Dresdner Bilderhandschrift Mscr. Dresd. M 32, Textband. Hrsg. von Heiner LÜCK unter Mitwirkung von Thomas HAFFNER [u. a.]. Graz 2006.

EIKE von Repgow, Sachsenspiegel. Die Dresdner Bilderhandschrift Mscr. Dresd. M 32, Aufsätze und Untersuchungen. Hrsg. von Heiner LÜCK. Graz 2011. (= Codices selecti. 107).

Edith ENNEN, Frühgeschichte der europäischen Stadt. Nachtrag Bemerkungen zum gegenwärtigen Forschungsstand. 3., um e. Nachtr. erw. Aufl. Bonn 1981.

EÖTVÖS József, Magyarország 1514-ben [Ungarn im Jahre 1514]. Pest 1847. [Auch als Online-Ressource verfügbar: ⟨http://hdl.handle.net/2027/hvd.hwahmp⟩ – Abfragedatum: 29.08.2013].

Franz-Reiner ERKENS, Kurfürsten und Königswahl. Zu neuen Theorien über den Königswahlparagraphen im Sachsenspiegel und die Entstehung des Kurfürstenkollegiums. Hannover 2002. (= Monumenta Germaniae Historica. Studien und Texte. 30).

Adalbert ERLER, Richterstuhl, in: HRG, Bd. 4. Berlin 1990, Sp. 1057 f.

Adalbert ERLER, Reichsrecht, in: HRG, Bd. 4. Berlin 1990, Sp. 729–732.

Adalbert ERLER, Ruth SCHMIDT-WIEGAND, Bienen, in: ²HRG, Bd. 2. Berlin 2008, Sp. 574–576.

ÉRSZEGI Géza, Középkor [Mittelalter], in: Ferenc HORVÁTH (Hrsg.), Sárvár monográfiája. Szombathely 1978, S. 77–240.

ÉRSZEGI Géza, A középkor. Tolna megye a honfoglalástól a mohácsi csatáig [Das Mittelalter. Das Komitat Tolna von der Landnahme bis zur Schlacht bei Mohács], in: Évszázadokon át. Tolna megye történetének olvasókönyve, Bd. I: 896–1849. Hrsg. von BALOG János. Szekszárd 1978, S. 9–97.

ÉRSZEGI Géza, Adatok Szeged középkori történetéhez [Daten zur mittelalterlichen Geschichte Szegeds], in: Tanulmányok Csongrád megye történetéből 4 (1982), S. 13–51.

William M. EWAN, Social Structure and Law. Theoretical and Empirical Perspectives. London, New Delhi 1990.

FARKAS József (Hrsg.), Szeged története [Die Geschichte von Szeged], Bd. 2: 1686–1849. Szeged 1985.

FEDELES Tamás, Egy középkori főúri család vallásossága. Az Újlakiak példája [Die Religiosität einer Aristokratenfamilie im Mittelalter. Das Beispiel der Újlakis], in: Századok 145,2 (2011), S. 377–418.

FEJÉR György, Codex diplomaticus Hungariae ecclesiasticus ac civilis, Bd. I-XI. Buda 1829–1844. [Digitale CD-ROM-Ausg.: SÖLCH Miklós (Hrsg.), Codex diplomaticus Hungariae. Budapest 2004].

Julius von FICKER, Über die Entstehungszeit des Schwabenspiegels. Wien 1874. (= Akademie der Wissenschaften. Philosophisch-Historische Klasse. Sitzungsberichte. 77,13).

Julius von FICKER, Untersuchungen zur Erbenfolge der Ostgermanischen Rechte, Bd. 2. Innsbruck 1895. [Besprechung des Bandes 2.1 von 1893: Z., Über Herkunft der Siebenbürger Sachsen, in: Korrespondenzblatt des Vereins für siebenbürgische Landeskunde 16,9 (1893), S. 113 f.].

Julius von FICKER, Über die Entstehungszeit des Schwabenspiegels, in: DERS., Ausgewählte Abhandlungen zur Geschichte und Rechtsgeschichte des Mittelalters, Bd. 3. Zusammengestellt und eingeleitet von Carlrichard BRÜHL. Aalen 1981, S. 367–434.

Thomas FISCHER, Strafgesetzbuch mit Nebengesetzen. 55. Aufl. München 2008.

Ursula FLOSSMANN, Herbert KALB, „Von recht und landgebrauchs wegen“ im Testamentsrecht der Landtafel ob der Enns, in: Thomas OLECHOWSKI, Christian NESCHWARA, Alina LENGAUER (Hrsg.), Grundlagen der österreichischen Rechtskultur. Festschrift für Werner Ogris zum 75. Geburtstag. Wien [u. a.] 2010, S. 157–178.

Marie Theres FÖGEN, Rechtstransfer: Eine theoretische Einführung. [Forschungsprojekt des Max-Planck-Instituts für europäische Rechtsgeschichte: Rechtskulturen Osteuropas des modernen Osteuropas.Traditionen und Transfers]

⟨http://www.rechtskulturen-osteuropa.net⟩ – Stand 01.9.2007 – aktuell nicht nachweisbar.

Marie Theres FÖGEN, Gunther TEUBNER, Rechtstransfer. Eine Erinnerung an Georg von Belows „Die Ursachen der Rezeption", in: Rechtsgeschichte 7 (2005), S. 38–45. [Auch als Online-Ressource verfügbar: ⟨http://dx.doi.org/10.12946/rg07/038–045⟩ – Abfragedatum: 10.06.2015].

FÖLDI András, HAMZA Gábor, A római jog története és institúciói [Geschichte und Institutionen des römischen Rechts]. 16., verb. u. erw. Aufl. Budapest 2011.

FRAKNÓI Vilmos, Werbőczy István életrajza [Der Lebenslauf István Werbőczys]. Budapest 1899.

FRANK Ignác, A közigazság törvénye Magyarhonban [Das Gesetz über das öffentliche Recht in Ungarn], Bd. 1. Repr. d. Ausg. Buda 1845. Budapest 1987.

Joseph FREISEN, Geschichte des kanonischen Eherechts bis zum Verfall der Glossenliteratur. Neudr. der 2. Ausg. Paderborn 1893. Aalen 1963.

Barbara FRENZ, Frieden, Rechtsbruch und Sanktion in deutschen Städten vor 1300. Mit einer tabellarischen Quellenübersicht nach Delikten und Deliktgruppen. Mit einem Vorw. von Gerhard DILCHER. Köln, Weimar, Wien 2003. (= Konflikt, Verbrechen und Sanktion in der Gesellschaft Alteuropas: Symposien und Synthesen. 8).

Lawrence Meir FRIEDMAN, [Rezension zu:] Alan Watson, Society and legal change, 1977, in: The British Journal of Law and Society 6 (1979), S. 127–129.

Victor FRIESE, Erich LIESEGANG (Bearb.), Die Magdeburger Schöffensprüche für Gross-Salze, Zerbst und Anhalt, Naumburg und aus dem Codex Harzgerodanus. Berlin 1901. (= Magdeburger Schöffensprüche. 1).

Matthias FRONIUS, Der Sachſſen inn ‖ Siebenbůrgen:‖ *STATVTA*: Oder eygen ‖ Landtrecht. ‖ Durch Matthiam Fronium ‖ vberſehen/gemehret ‖ vnd ‖ Mit Kőn: Maieſt: inn Polen/gnad vnd ‖ Priuilegio in Druck gebracht. ‖ Cronstadt in Sie⸗‖benbuergen durch George Greus /in ver[⸗]‖ legung herrn Mathiae Fronij Anno M. D. LXXXIII. [Reprogr. in: [Matthias FRONIUS], Das Eigen-Landrecht der Siebenbürger Sachsen. Mit einer Einführung von Adolf LAUFS und Worterläuterungen von Wolfgang BÜHRER. Unveränd. Wiedergabe des Erstdr. von 1583. München 1973. Einheitssacht.: Der Sachsen in Siebenbürgen Statuta oder Eigenlandrecht ⟨dt.⟩].

Matthias FRONIUS, Statvta ‖ Ivrivm ‖ Mvnicipalivm ‖ Saxonvm In Trans-‖sylvania: ‖ Opera ‖ MATthiæ Fronii reuiſa, ‖ locupletata & edita. ‖ Impressum in Inclyta Transylvaniæ Corona. ‖ Cvm Gratia Regia ‖ & Priuilegio Decennali 1583. [Einheitssacht.: Statuta iurium municipalium Saxonum in Transylvania ⟨ger.⟩; Der Sachsen in Siebenbürgen Statuta oder Eigenlandrecht ⟨dt.⟩].

FUCHS Péter (Übers.), Selmecbánya város középkori jogkönyve [Das mittelalterliche Rechtsbuch von Schemnitz]. Selmecbánya városi és bányajogi kódexe/Codex des Stadt- und Bergrechts von Schemnitz. Budapest 2009.

FÜGEDI Erik, Középkori magyar városprivilégiumok [Mittelalterliche ungarische Stadtprivilegien], in: Tanulmányok Budapest múltjából 14 (1961). (= Budapest Várostörteneti monográfiái. 22), S. 17–107.

Horst FUHRMANN, Überall ist Mittelalter. Von der Gegenwart einer vergangenen Zeit. 3. Aufl. München 1998.

GAÁL Endre (Hrsg.), Szeged története [Die Geschichte von Szeged], Bd. 3,1–2: 1849–1919. Szeged 1991.

Alexander GÁL (Hrsg.), Die Summa legum brevis, levis et utilis des sogenannten Doctor Raymundus von Wiener-Neustadt, (2 T. in 1 Bd.). Weimar 1926.

Neal GARNHAM, Local Elite Creation in Early Hannoverian Ireland. The Case of the County Grand Jury, in: The Historical Journal 42,3 (1999), S. 623–642.

Jean GAUDEMET, Les modalités du droit à la lumière de l'histoire comparative, in: Le nuove frontiere del diritto e il problema dell'unificazione. Atti del congresso internazionale organizzato dalla Facoltà di Giurisprudenza dell'Università di Bari (Bari, 2–6 aprile 1975), Bd. 1. Milano 1979, S. 411–450.

Ernst Theodor GAUPP, Das alte Magdeburgische und Hallische Recht. Neudr. der Ausg. Breslau 1826. Aalen 1966.

Ernst Theodor GAUPP, Über deutsche Städtegründung, Stadtverfassung und Weichbild im Mittelalter, besonders über d. Verfassung von Freiburg im Breisgau, verglichen mit d. Verfassung von Köln. Neudr. d. Ausg. Jena 1824. Aalen 1966.

Tomasz GIARO (Hrsg.), Modernisierung durch Transfer im 19. und frühen 20. Jahrhundert. Frankfurt am Main 2006. (= Rechtskulturen des modernen Osteuropa. 1; Studien zur Europäischen Rechtsgeschichte. 205).

Dieter GIESEN, Rezeption fremder Rechte, in: HRG, Bd. 4. Berlin 1990, Sp. 995–1004.

John GILISSEN, La coutume. Présentation du thème et note introductive, in: La coutume/Custom, Bd. 1: Antiquité, Afrique noire, Amérique, Australie/Antiquity, Black Africa, America, Australia. (= Recueils de la societé Jean Bodin. 51). Bruxelles 1990, S. 15–33.

Ryszard GŁADKIEWICZ, Martin HOMZA (Red.), Terra Scepusiensis. Stav bádania o dejinách Spiša/Stan badań nad dziejami Spiszu [Das Zipser Land. Stand der Forschung über die Geschichte der Zips]. Levoča, Wrocław 2003.

Rudolf GMÜR, Andreas ROTH, Grundriss der deutschen Rechtsgeschichte. 12. Aufl. Köln 2008.

Katalin GÖNCZI, Ungarisches Stadtrecht aus europäischer Sicht. Die Stadtrechtsentwicklung im spätmittelalterlichen Ungarn am Beispiel Ofen. Frankfurt am Main 1997. (= Ius commune. Sonderheft. 92).

Katalin GÖNCZI, Juristischer Wissenstransfer von der Göttinger Universität in das Königreich Ungarn im späten 18. Jahrhundert, in: Márta FATA, Gyula KURUCZ, Anton SCHINDLING (Hrsg.), Peregrinatio Hungarica. Studenten aus Ungarn an deutschen und österreichischen Hochschulen vom 16. bis zum 20. Jahrhundert. Stuttgart 2006, S. 175–196.

Katalin GÖNCZI, Die europäischen Fundamente der ungarischen Rechtskultur. Juristischer Wissenstransfer und nationale Rechtswissenschaft in Ungarn zur Zeit der Aufklärung und im Vormärz. Frankfurt am Main 2008. (= Studien zur europäischen Rechtsgeschichte. 227; Rechtskulturen des modernen Osteuropa. Traditionen und Transfers. 4).

Katalin GÖNCZI, Wieland CARLS, Sächsisch-magdeburgisches Recht in Ungarn und Rumänien. Autonomie und Rechtstransfer im Donau- und Karpatenraum. Berlin 2013. (= IVS SAXONICO-MAIDEBVRGENSE IN ORIENTE. 3). Unter Mitarb. von Inge Bily.

Theodor GOERLITZ, Paul GANTZER (Bearb.), Die Magdeburger Schöffensprüche und Rechtsmitteilungen für Schweidnitz. Stuttgart, Berlin 1940. (= Die Magdeburger Schöffensprüche und Rechtsmitteilungen. Reihe 7: Schlesien. Bd. 1).

Theodor GOERLITZ, Paul GANTZER (Bearb.), Magdeburger Schöffensprüche für die Hansestadt Posen und andere Städte des Warthelandes. Berlin, Stuttgart 1944. (= Die Magdeburger Schöffensprüche und Rechtsmitteilungen. Reihe 8: Wartheland. Bd. 1).

Hans GOETTING, „Brackmann, Albert Johann Karl Theodor“, in: NDB, Bd. 2. Berlin 1955, S. 504 f.

Johann Wolfgang von GOETHE, Aus meinem Leben. Dichtung und Wahrheit, 3. Teil, 12. Buch. Frankfurt am Main 1975.

Gino GORLA, Federico ROSELLI, Per la storia del potere dei giudici in Italia fra il secolo XVI e i secoli XIX-XX fino alla cessazione dello Statuto Albertino. Alcune traccie, in: Il Foro Italiano 109,3 (1986), S. 93–106.

Willi GORZNY (Hrsg.), Deutsches biographisches Generalregister. Fundstellen-Nachweis für mehr als 1000 biographische Nachschlagewerke, die zwischen 1950 und 2000 erschienen sind, Bd. 1–. Pullach i. Isartal 2001–.

Karin GOTTSCHALK, Gerade, in: ^{2}HRG, Bd. 2. Berlin 2012, Sp. 113–117.

Julius GRÉB, Zipser Volkskunde. Kesmark, Reichenberg 1932. (= Quellen und Studien zur Kunde des Grenz- und Auslanddeutschtums. 8).

Thomas Andrew GREEN, Verdict According to Conscience. Perspectives on the English Criminal Trial Jury, 1200–1800. Chicago [u. a.] 1985.

Jacob GRIMM, Wilhelm GRIMM, Deutsches Wörterbuch. Fotomechan. Nachdr. der Erstausg. Leipzig, 1854–1971. München 1984–1991.

Jacob GRIMM, Über die Alterthümer des deutschen Rechts. Antrittsvorlesung, gehalten in Berlin am 30. April 1841, in: DERS., Kleinere Schriften. Vorreden, Zeitgeschichtliches und Persönliches, Bd. 8. Reprogr. Nachdr. d. Ausg. Gütersloh 1890. Berlin 1966 [1890], Sp. 545–551.

Jacob GRIMM, Deutsche Rechtsalterthümer, Bd. 1 u. 2. 4., verm. Ausg. Leipzig 1899.

Gerhard GRIMM, „Kaindl, Raimund Friedrich“, in: NDB, Bd. 11. Berlin 1977, S. 33.

Reinhold GROSCH (Bearb.), Die Schöffenspruchsammlung der Stadt Pößneck, T. 1: Der Text der Sammlung. Weimar 1957. (= Thüringische Archivstudien. 7).

Rudolf GROSSE, Die mitteldeutsch-niederdeutschen Handschriften des Schwabenspiegels in seiner Kurzform. Sprachgeschichtliche Untersuchung. Berlin 1964. (= Abhandlungen der Sächsischen Akademie der Wissenschaften zu Leipzig. Phil.-hist. Kl. Bd. 56. H. 4).

Rudolf GROSSE, Schwabenspiegelhandschriften im Sachsenspiegelland, in: Heiner LÜCK, Bernd SCHILDT (Hrsg.), Recht – Idee – Geschichte. Beiträge zur Rechts- und Ideengeschichte für Rolf Lieberwirth anläßlich seines 80. Geburtstages. Köln, Weimar, Wien 2000, S. 185–199.

Bernhard GROSSFELD, Macht und Ohnmacht der Rechtsvergleichung. Tübingen 1984.

GROSSCHMID Béni, Magánjogi előadások. Jogszabálytan [Privatrechtliche Vorlesungen. Rechtsregellehre]. Budapest 1905.

Konstanty GRZYBOWSKI, La loi et la coutume en Pologne (depuis le Xème siècle jusqu'à 1795), in: Rapports polonais présentés au sixième Congrès international de droit comparé. Varsovie 1962, S. 45–56.

Gunter GUDIAN, Coutumes, in: HRG, Bd. 1. Berlin 1971, Sp. 641–648.

Alejandro GUZMÁN BRITO, La fijación del derecho. Contribución al estudio de su concepto y de sus clases y condiciones. Valparaíso de Chile 1977.

Gustav GÜNDISCH, Herta GÜNDISCH, Konrad G. GÜNDISCH, Gernot NUSSBÄCHER (Hrsg.), Urkundenbuch zur Geschichte der Deutschen in Siebenbürgen, Bd. 5: 1438–1457: Nummer 2300–3098. Bukarest 1975.

Mechthild HABERMANN, Deutsche Fachtexte der frühen Neuzeit. Naturkundlich-medizinische Wissensvermittlung im Spannungsfeld von Latein und Volkssprache. Berlin, New York 2001. (= Studia Linguistica Germanica. 61).

Stephan HAERING, Franziskaner, in: ²HRG, Bd. 1. Berlin 2008, Sp. 1694–1696.

Karl HAFF, Zum Bienenrecht in den schwedischen und dänischen Landschaftsgesetzen, in: ZRG GA 60 (1940), S. 253–257.

Hans-Rudolf HAGEMANN, Eigentum, in: ²HRG, Bd. 1. Berlin 2008, Sp. 1271–1285.

Hans-Rudolf HAGEMANN, Erbrecht, in: ²HRG, Bd. 1. Berlin 2008, Sp. 1370–1384.

HAJNIK Imre, Egyetemes európai jogtörténet [Allgemeine europäische Rechtsgeschichte]. Budapest 1875.

George Derek Gordon HALL, M. T. CLANCHY (Hrsg.), The Treatise on the Laws and Customs of the Realm of England Commonly Called Glanvill. Parallelt.: Tractatus de legibus et consuetudinibus regni Anglie qui Glanvilla vocatur. Repr. d. Ausg. 1965. Oxford 1998. (= Oxford medieval texts).

HAMZA Gábor, Adalék a történeti jogi iskola magyarországi hatásához. Hoffmann Pál életműve, 1830–1907 [Beitrag zum Einfluss der Historischen Rechtsschule in Ungarn. Das Lebenswerk von Pál Hoffmann], in: Jogtudományi Közlöny 35 (1980), S. 539–543.

HAMZA Gábor, Riflessioni sulla teoria ciceroniana dello Stato, in: Il Pensiero Politico 29 (1996), S. 83–89.

HAMZA Gábor, Das „Tripartitum" von István Werbőczy als Rechtsquelle. Ein Beitrag zur Rechtsquellenlehre in der europäischen Rechtsgeschichte, in: Ungarn-Jahrbuch 24 (1998/1999 [2000]), S. 19–29.

HAMZA Gábor, L'*optimus status civitatis* di Cicerone e la sua tradizione nel pensiero politico, in: Luigi LABRUNA (Hrsg.), Tradizione romanistica e Costituzione, Bd. 2. (= Collana Cinquanta anni della Corte Costituzionale della Repubblica Italiana. 1,2). Napoli 2006, S. 1455–1468.

HAMZA Gábor, Reflections on the classification (*divisio*) into ‚branches' of modern legal systems and Roman law traditions, in: Cosimo CASCIONE, Carla MASI DORIA (Hrsg.), Fides Humanitas Ius. Studii in onore di L. Labruna, Bd. 4. Napoli 2007, S. 2449–2476.

HAMZA Gábor, Entstehung und Entwicklung der modernen Privatrechtsordnungen und die römischrechtliche Tradition. Budapest 2009.

HAMZA Gábor, Werbőczy Tripartituma mint sajátos jogforrás [Werbőczys Tripartitum als Rechtsquelle], in: A Magyar Tudomány Napja a Délvidéken – 2011. Újvidék 2012, S. 31–43.

Vladimir HANGA, Günther H. TEUTSCH, Opera juridică a umanistului transilvănean Johannes Honterus (1498–1549), in: Revista română de drept. Asociaţia Juriştilor din Republica Socialista România 30 (1974).

Hansen Carmine HARRELL, Public Arbitration in Athenian Law. Columbia 1936. [Auch als: University of Missouri Studies 11,1 (1936)].

Werner HARTKOPF, Die Berliner Akademie der Wissenschaften. Ihre Mitglieder und Preisträger 1700–1990. Berlin 1992.

Charles Homer HASKINS, Norman Institutions. Reprint [d. Ausg.] Cambridge 1918. Clark, N. J. 2007. [Auch als: Harvard Historical Studies 24 (1918)].

HÁZI Jenő, Sopron szabad királyi város története [Geschichte der Königlichen Freistadt Ödenburg], Bd. II,1: Végrendeletek és egyéb feljegyzések 1390-től 1524-ig [Testamente und sonstige Aufzeichnungen 1390–1524]. Sopron 1930.

HÁZI Jenő, NÉMETH János (Hrsg.), Gerichtsbuch/Bírósági könyv. 1423–1531. Sopron 2005. (= Quellen zur Geschichte der Stadt Ödenburg, Reihe A. 2).

HEGEDÜS Antal, Népélet és jogalkotás a középkori Újlakon [Alltagsleben und Legislation im mittelalterlichen Ilok]. Újvidék 1983.

Guido HEINRICH, Gunter SCHANDERA, Magdeburger biographisches Lexikon. 19. und 20. Jahrhundert. Magdeburg 2002.

Richard Henry HELMHOLZ, Continental law and common law. Historical strangers or companions?, in: Duke Law Journal 6 (1990), S. 1207–1228.

HENRICUS de Bracton, On the laws and customs of England. Transl., with revisions and notes, by Samuel E. THORNE, ed. by George E. WOODBINE. Publ. in 4 volumes. Cambridge, Mass. 1968–77. [Einheitssachtitel: De legibus et consuetudinibus Angliae. Reprint d. Ausg. Cambridge, Mass. 1968–1977. Buffalo, NY 1997].

HERCZEGH Mihály, Magyar családi és öröklési jog [Ungarisches Familien- und Erbrecht]. 2., überarb. Aufl. Budapest 1885.

HERGER Csabáné, A nővételtől az állami anyakönyvvezetőig [Vom Frauenkauf bis zum staatlichen Standesbeamten]. Budapest, Pécs 2006.

Hubert HERKOMMER, ‚Das Buch der Könige alter ê und niuwer ê', in: Verfasserlexikon, Bd. 1. Berlin [u. a.] 1978, Sp. 1089–1092.

Michael Gottlieb von HERMANN, Die Grundverfassungen der Sachsen in Siebenbürgen und ihre Schicksale. Ein Beitrag zur Geschichte der Deutschen außer Deutschland. Offenbach 1972.

Gustav HERTEL, Verzeichnis der Magdeburger Schultheißen, Schöffen und Ratmänner, in: Geschichts-Blätter für Stadt und Land Magdeburg 16 (1881), S. 253–276.

Gustav HERTEL (Bearb.), Die Hallischen Schöffenbücher. Hrsg. von der Hist. Commission d. Prov. Sachsen, Theil 1: 1266–1400, Theil 2: 1401–1460. Halle 1882, 1887. (= Geschichtsquellen der Provinz Sachsen und angrenzender Gebiete. 14).

Gustav HERTEL (Hrsg.), Urkundenbuch der Stadt Magdeburg, Bd. 1: Bis 1403. Halle 1892. [Neudr. Aalen 1975].

Falk HESS, Grundeigentum, in: ²HRG, Bd. 2. Berlin 2012, Sp. 574 f.

Andreas HEUSLER, Institutionen des deutschen Privatrechts, Bd. 2. Leipzig 1886.

Käthe HIENTZ, Bernhard HEIGL, Thomas ŞINDILARIU (Hrsg.), Hermannstadt und Siebenbürgen. Die Protokolle des Hermannstädter Rates und der Sächsischen Nationsuniversität 1391–1705. Hermannstadt 2007. (= Veröffentlichungen von Studium Transylvanicum).

Hans HIRSCH, Die hohe Gerichtsbarkeit im deutschen Mittelalter. 2., unveränd. Aufl., fotomech. Nachdr. d. Ausg. von Reichenberg 1922. Mit e. Nachw. von Theodor MAYER. Darmstadt 1958.

Rudolf HIS, Das Strafrecht des deutschen Mittelalters, Bd. 1: Die Verbrechen und ihre Folgen im allgemeinen. Weimar 1920. [Neudr. Aalen 1964].

Julianus Bonifacius Maria van HOEK, Zwischen Eike von Repgow und Johann von Buch leuchtet das strahlende Bild, in: Ruth SCHMIDT-WIEGAND, Dagmar HÜPPER (Hrsg.), Text-Bild-Interpretation. Untersuchungen zu den Bilderhandschriften des Sachsenspiegels, Bd. 1: Textband. (= Münstersche Mittelalter-Schriften. 55). München 1986, S. 59–76.

Morris B. HOFFMAN, The Case for Jury Sentencing, in: Duke Law Journal 52,5 (2003), S. 951–1010.

HOFFMANN Pál, A jog lénye. Bevezetés a jogtudományba [Das Wesen des Rechts. Einführung in die Rechtswissenschaft]. Pest 1864.

HOFFMANN Pál, A birtoki jogtan kétségei [Zweifelsfragen bei der Rechtslehre des Besitzes]. Budapest 1892.

Herbert HOFMEISTER, Liegenschaftsrecht, in: HRG, Bd. 2. Berlin 1978, Sp. 2008–2022.

Rudolf HOKE, Goldast, in: HRG, Bd. 1. Berlin 1971, Sp. 1735–1737.

Heinz HOLZHAUER, Das neue Bild vom alten Strafrecht, in: Rechtstheorie. Zeitschrift für Logik und juristische Methodenlehre, Rechtsinformatik, Kommunikationsforschung, Normen- und Handlungstheorie, Soziologie und Philosophie des Rechts 32,1 (2001), S. 53–64.

Heinz HOLZHAUER, Ordal, in: Reallexikon der germanischen Altertumskunde, Bd. 22. 2., völlig neu bearb. und stark erw. Aufl. Heinrich BECK, Dieter GEUENICH, Heiko STEUER (Hrsg.), Rosemarie MÜLLER (Red.). Berlin [u. a.] 2003, S. 147–159.

Heinz HOLZHAUER, Familien- und strafrechtliche Beobachtungen am Schwabenspiegel, in: Acta juridica et politica 71, Fasc. 17.4 (2008), S. 545–554. [Auch als Online-Ressource verfügbar: ⟨http://www.mgh-bibliothek.de/dokumente/b/b044932.pdf⟩ – Abfragedatum: 21.05.2015].

Heinz HOLZHAUER, Der Beidler-Prozess des Jahres 1914. Isolde Beidler gegen ihre Mutter Cosima Wagner wegen ihrer Anerkennung als Tochter Richard Wagners, in: Arndt KIEHNLE, Bernd MERTENS, Gottfried SCHIEMANN (Hrsg.), Festschrift für Jan Schröder zum 70. Geburtstag. Am 28. Mai 2013. Tübingen 2013, S. 683–698.

Heinz HOLZHAUER, Die Legitimation nichtehelicher Kinder. Requiem auf ein Rechtsinstitut, in: Ignacio CZEGUHN (Hrsg.), Recht im Wandel – Wandel des Rechts. Festschrift für Jürgen Weitzel zum 70. Geburtstag. Köln [u. a.] 2014, S. 109–134.

HÓMAN Bálint, A XIV. századi aranyválság [Geldkonkurs im XIV. Jahrhundert], in: DERS., A történelem útja. Válogatott tanulmányok. Vál., szerk. és az utószót írta BUZA János. (= Millenniumi magyar történelem. Historikusok). Budapest 2002, S. 269–286, 504–516.

Carl Gustav HOMEYER, Der Richtsteig Landrechts nebst Cautela und Premis. Berlin 1857.

HOMOKI-NAGY Mária, Hitbér [Morgengabe], in: Művelődéstörténeti Lexikon [Lexikon für Kulturgeschichte], Bd. 4: Halételek-Jordán. Budapest 2005, S. 141.

HOMOKI-NAGY Mária, Jegyajándék [Gerade], in: Művelődéstörténeti Lexikon [Lexikon für Kulturgeschichte], Bd. 4: Halételek-Jordán. Budapest 2005, S. 443 f.

HOMOKI-NAGY Mária, Das Allgemeine Bürgerliche Gesetzbuch in der ungarischen Rechtspraxis der Richter, in: BÉLI Gábor (Hrsg.) [u. a.], Institutions of legal history with special regard to the legal culture and history. Bratislava, Pécs 2011, S. 137–151.

Volker HONEMANN, Eisenacher Rechtsbuch, in: ²HRG, Bd. 1. Berlin 2008, Sp. 1310–1313.

Johannes HONTERUS, Sententiae ex libris pandectarvm ivris civilis decreptae. Corona 1539.

Johannes HONTERUS, Compendium iuris civilis in usum civitatum ac sedium saxonicarum in Transylvania collectum. Corona 1544.

John HOSTETTLER, The Criminal Jury Old and New. Jury Power from Early Times to the Present Day. Winchester 2004.

Rudolf HÜBNER, Grundzüge des deutschen Privatrechts. 5., durchges. Aufl. Leipzig 1930. [3., durchges. Aufl. 1919].

Christian HÜNEMÖRDER, Josef ENGEMANN, Pfau, in: LexMa, Bd. 6. München [u. a.] 1993, Sp. 2026 f.

Dagmar HÜPPER, Kleidung, in: EIKE von Repgow, Die Wolfenbütteler Bilderhandschrift des Sachsenspiegels. Aufsätze und Untersuchungen, Kommentarband zur Faksimile-Ausgabe. Hrsg. von Ruth SCHMIDT-WIEGAND. Berlin 1993, S. 163–183.

Dagmar HÜPPER, Das Rechtsbuch der Stadt Bremen, das Hamburger Recht und der Sachsenspiegel, in: Konrad ELMSHÄUSER, Adolf E. HOFMEISTER (Hrsg.), 700 Jahre Bremer Recht. (= Veröffentlichungen aus dem Stadtarchiv der Freien Hansestadt Bremen. 66). Bremen 2003, S. 152–173.

Karl Gottfried HUGELMANN, In den ban mit recht komen (Ssp. Landr. III 54 § 3), in: ZRG KA 38 (1917), S. 33–97.

Naomi Day HURNARD, The Jury of Presentment and the Assize of Clarendon, in: The English Historical Review (No. 223) 56 (1941), S. 374–410.

Alexander IGNOR, Urkundenbeweis, in: HRG, Bd. 5. Berlin 1998, Sp. 577–581.

Alexander IGNOR, Geschichte des Strafprozesses in Deutschland 1532–1846. Von der Carolina Karls V. bis zu den Reformen des Vormärz. Paderborn [u. a.] 2001. (= Rechts- und staatswissenschaftliche Veröffentlichungen der Görres-Gesellschaft. N. F. 97).

ILLÉS József, Hitbér [Morgengabe], in: DEZSŐ Márkus (Hrsg.), Magyar Jogi Lexikon [Ungarisches Juristisches Lexikon], Bd. 4. Budapest 1903, S. 144–147.

ILLÉS József, Jegyajándék [Gerade], in: DEZSŐ Márkus (Hrsg.), Magyar Jogi Lexikon [Ungarisches Juristisches Lexikon], Bd. 4. Budapest 1903, S. 403 f.

Franz IRSIGLER, Stadt und Umland im Spätmittelalter. Zur zentralitätsfördernden Kraft von Fernhandel und Exportgewerbe, in: Emil MEYNEN (Hrsg.), Zentralität als Problem der mittelalterlichen Stadtgeschichtsforschung. (= Städteforschung. Veröffentlichungen des Instituts für vergleichende Städtegeschichte in Münster. 8). Köln, Wien 1979, S. 1–14.

IVÁNYI Béla, Mossóczy Zakariás és a magyar Corpus Juris keletkezése [Zakariás Mossóczy und die Entstehung des ungarischen Corpus Iuris]. Budapest 1926.

IVÁNYI Béla, Debrecen és a budai jog [Debreczin und das Ofner Recht]. Debrecen 1924. (= A debreceni Tisza István Tudományos Társaság 1. osztályának kiadványai. 1,7).

IZSÓ István, A selmeci bányajogról egy jeles évforduló alkalmából [Über das Schemnitzer Bergrecht aus Anlass einer ausgezeichneten Jahresfeier], in: Bányászati és Kohászati Lapok 138,3 (2005), S. 29–34.

IZSÓ István, Szemelvények a középkori montanisztika magyarországi történetének írott forrásaiból (1000–1526) [Auswahlen aus den schriftlichen Quellen der ungarischen Geschichte der mittelalterlichen Montanistik (1000–1526)]. Rudabánya 2006.

JAKAB Éva, MOLNÁR Imre, Római jog [Römisches Recht]. Szeged 2001.

Brigitte JANZ, Rechtssprichwörter im Sachsenspiegel. Eine Untersuchung zur Text-Bild-Relation in den Codices picturati. Frankfurt am Main [u. a.] 1989. (= Germanistische Arbeiten zu Sprache und Kulturgeschichte. 13). [Diss.].

Uffa JENSEN, Blut und Boden, in: Wolfgang BENZ, Herrmann GRAML, Hermann WEISS (Hrsg.), Enzyklopädie des Nationalsozialismus. 2. Aufl. München 1998, S. 399–400.

Günther JEROUSCHEK, Die Herausbildung des peinlichen Inquisitionsprozesses im Spätmittelalter und in der frühen Neuzeit, in: Zeitschrift für die gesamte Strafrechtswissenschaft 104 (1992), S. 328–360.

Paul JÖRS, Wolfgang KUNKEL, Leopold WENGLER (Begr.), Heinrich HONSELL, Theo MAYER-MALY, Walter SELB (Bearb.), Römisches Recht. 4. Aufl. Berlin, Heidelberg 1987.

Peter JOHANEK, Alter Kulm, in: Verfasserlexikon, Bd. 1. Berlin [u. a.] ²1978, Sp. 267–269.

Peter JOHANEK, Augsburger Sachsenspiegel, in: Verfasserlexikon, Bd. 1. Berlin [u. a.] ²1978, Sp. 527 f.

Peter JOHANEK, Löwenberger Rechtsbuch, in: Verfasserlexikon, Bd. 5. Berlin [u. a.] ²1985, Sp. 920–923.

Peter JOHANEK, Schwabenspiegel, in: Verfasserlexikon, Bd. 8. Berlin [u. a.] ²1992, Sp. 896–907.

Fritz JÜLICHER, Die mittelniederdeutsche Schriftsprache im südlichen elbostfälischen Gebiet. Hamburg 1925.

Johann KACHELMANN, Geschichte der ungarischen Bergstädte. Erste Vorlesung (bis zum Jahre 1000) gehalten zur 500jährigen Gründungsfeier von Hodritz auf Kerlingens todten Gebeinen im Sommer 1852. Schemnitz 1853.

Johann KACHELMANN, Geschichten der ungarischen Bergstädte und ihrer Umgebung. Zweite Vorlesung (bis zum Jahre 1301) gehalten den 3. Sept. 1854 am Gerode bei Schemnitz. Schemnitz 1855.

Raimund Friedrich KAINDL, Geschichte der Deutschen in den Karpatenländern, Bd. 2: Geschichte der Deutschen in Ungarn und Siebenbürgen bis 1763, in der Walachei und Moldau bis 1774. Gotha 1907. (= Allgemeine Staatengeschichte. 3. Abt.: Deutsche Landesgeschichten. Werk 8).

István KÁLLAY, Zur Verwaltungsgeschichte der freien königlichen ungarischen Städte im 17. und 18. Jahrhundert, in: Mitteilungen des Österreichischen Staatsarchivs 15 (1962), S. 181–199.

István KÁLLAY, Über die Möglichkeiten des Erforschens der Fortbestehung, mit besonderer Rücksicht auf das Ofner Rechtsbuch, in: ANTALFFY György (Bearb.) [u. a.], Einzelne Probleme der Rechtsgeschichte und des römischen Rechts. Referate der Internationalen Arbeitskonferenz für Rechtsgeschichte und römisches Recht. Szeged 1970, S. 57–65. [Das ist: Acta juridica et politica 17 (1970)].

István KÁLLAY, A városi önkormányzat hatásköre Magyarországon 1686–1848 [Wirkungskreis der städtischen Selbstverwaltung in Ungarn, 1686–1848]. Budapest 1989. (= A Magyar Országos Levéltár kiadványai. 3; Hatóság- és hivataltörténet. 9).

KAMMERER Ernő (Hrsg.), A zichi és vásonkeői gróf Zichy- család idősb ágának okmánytára / Codex diplomaticus domus senioria comitum Zichy de Zich et Vásonke, Bd. 10. Budapest 1907.

Bernd KANNOWSKI, Stephan DUSIL, Der Hallensische Schöffenbrief für Neumarkt von 1235 und der Sachsenspiegel, in: ZRG GA 120 (2003), S. 61–90.

Bernd KANNOWSKI, Der Sachsenspiegel im Kontext europäischer Rechtsgeschichte. „Teutsche“ und überregionale Aspekte anhand von Bilderhandschriften und Glossen, in: Kultur- und rechtshistorische Wurzeln Europas. Arbeitsbuch. Hrsg. von Jörg WOLFF. (= Studien zur Kultur- und Rechtsgeschichte. 1). Mönchengladbach 2005, S. 139–154.

Bernd KANNOWSKI, Der Sachsenspiegel und die Buch'sche Glosse – Begegnung deutschrechtlichen und romanistischen Denkens?, in: Gerhard DILCHER, Eva-Marie DISTLER (Hrsg.), Leges – Gentes – Regno. Zur Rolle von germanischen Rechtsgewohnheiten und lateinischer Schrifttradition bei der Ausbildung der frühmittelalterlichen Rechtskultur. Berlin 2006, S. 503–521.

Bernd KANNOWSKI, Die Umgestaltung des Sachsenspiegelrechts durch die Buch'sche Glosse. Hannover 2007. (= Monumenta Germaniae Historica. Schriften. 56). [Zugl.: Frankfurt am Main, Univ., Habil.-Schr., 2004/05].

Bernd KANNOWSKI, Aufzeichnung des Rechts, in: [2]HRG, Bd. 1. Berlin 2008, Sp. 347–355.

Bernd KANNOWSKI, Zum Beweisrecht des Schwabenspiegels, in: Acta juridica et politica 71, Fasc. 17.5 (2008), S. 555–569. [Auch als Online-Ressource verfügbar: ⟨http://www.mgh-bibliothek.de/dokumente/b/b044933.pdf⟩ – Abfragedatum: 21.05.2015].

Bernd KANNOWSKI, Der Laienspiegel, die Magdeburger Fragen und der Schwabenspiegel, in: Andreas DEUTSCH (Hrsg.), Ulrich Tenglers Laienspiegel. Ein Rechtsbuch zwischen Humanismus und Hexenwahn. (= Akademiekonferenzen. 11). Heidelberg 2011, S. 211–231.

Carl J[ohann] B[ernhard] KARSTEN, Über den Ursprung des Bergregals in Deutschland. Berlin 1844.

Max KASER, Das römische Privatrecht, Abschn. 1: Das altrömische, das vorklassische und klassische Recht. 2., neu bearb. Aufl. München 1971. [Handbuch der Altertumswissenschaften. 10. Abt., 3. Teil, Bd. 3,1].

Max KASER, Rolf KNÜTEL, Römisches Privatrecht. Ein Studienbuch. 19., überarb. und erw. Aufl. München 2008.

Ekkehard KAUFMANN, Rechtssprichwort, in: HRG, Bd. 4. Berlin 1990, Sp. 364–367.

Ekkehard KAUFMANN, Formstrenge, in: HRG, Bd. 1. Berlin 1971, Sp. 1163–1168.

Ekkehard KAUFMANN, Erbfolgeordnung (privatrechtliche), in: HRG, Bd. 1. Berlin 1971, Sp. 959–962.

Ekkehard KAUFMANN, Notwehr, in: HRG, Bd. 3. Berlin 1984, Sp. 1096–1101.

Frank-Michael KAUFMANN, Einige Bemerkungen zur geplanten Edition der Glosse des Johann von Buch zum Sachsenspiegel-Landrecht, in: Heiner LÜCK, Bernd SCHILDT (Hrsg.), Recht, Idee, Geschichte. Beiträge zur Rechts- und Ideengeschichte für Rolf Lieberwirth anläßlich seines 80. Geburtstages. Köln [u. a.] 2000, S. 159–184.

Frank-Michael KAUFMANN (Hrsg.), Glossen zum Sachsenspiegel-Landrecht. Buch'sche Glosse, T. 1–3. Hannover 2002. (= Monumenta Germaniae Historica. Fontes iuris Germanici antiqui. Nova Series. 7).

Frank-Michael KAUFMANN (Hrsg.), Glossen zum Sachsenspiegel-Lehnrecht. Die kürzere Glosse, T. 1–2. Hannover 2006. (= Monumenta Germaniae Historica. Fontes iuris Germanici antiqui. Nova Series. 8).

Frank-Michael KAUFMANN, Rolf LIEBERWIRTH, Einleitung, in: Frank-Michael KAUFMANN (Hrsg.), Glossen zum Sachsenspiegel-Lehnrecht. Die kürzere Glosse, T. 1. (= Monumenta Germaniae Historica. Fontes iuris Germanici antiqui. Nova Series. 8). Hannover 2006, S. XIII-LIV.

KELEMEN Imre, Historia juris Hungarici privati documentis, ac testimoniis illustrata. Budae 1818.

KELEMEN Imre, A magyar törvény históriája [Historia juris Hungarici ⟨ungar.⟩] [Geschichte des ungarischen Rechts]. Übers. v. JESZENSKY DE NAGY-JESZEN Miklós. Pest 1820.

Fritz KERN, Recht und Verfassung im Mittelalter. Tübingen 1952. [Neudr. Darmstadt 1992].

Lotte KÉRY, Aspekte des kirchlichen Strafrechts im Liber Extra (1234), in: Hans SCHLOSSER, Dietmar WILLOWEIT (Hrsg.), Neue Wege strafrechtsgeschichtlicher Forschung. (= Konflikt, Verbrechen und Sanktion in der Gesellschaft Alteuropas. Symposien und Synthesen. 2). Köln, Weimar, Wien 1999, S. 241–297.

Walther KILLY, Dietrich ENGELHARDT, Rudolf VIERHAUS (Hrsg.), Deutsche biographische Enzyklopädie, Bd. 1–13. München [u. a.] 1995–2003.

KIRÁLY János, Pozsony város joga a középkorban [Das Recht der Stadt Pressburg im Mittelalter]. Budapest 1894.

KIRÁLY János, Magyar alkotmány- és jogtörténet. Különös tekintettel a nyugateurópai jogfejlődésre, Teil 1: Bevezető rész: A nyugati alkotmány- és jogfejlődés a kezdő középkorban. Magyar alkotmánytörténet a középkorban [Ungarische Verfassungs- und Rechtsgeschichte. Unter besonderer Berücksichtigung der westeuropäischen Rechtsentwicklung. Teil 1: Die westliche Verfassungs- u. Rechtsentwicklung im beginnenden Mittelalter. Ungarische Verfassungsgeschichte im Mittelalter]. Budapest 1908.

Guido KISCH (Hrsg.), Leipziger Schöffenspruchsammlung. Leipzig 1919.

Guido KISCH, Sachsenspiegel and Bible. Researches in the source history of the Sachsenspiegel and the influence of the Bible on medieval German law. Notre Dame, Indiana 1941.

Philipp KLAUSBERGER, Vom Tierdelikt zur Gefährdungshaftung. Überlegungen zur Haftungsstruktur bei der actio de pauperie und dem edictum de feris, in: Teoria e storia del diritto privato 4 (2011), S. 1–17. [Auch als Online-Ressource verfügbar: ⟨http://www.teoriaestoriadeldirittoprivato.com/media/rivista/2011/contributi/2011_Contributi_Klausberger_Tierdelikt.pdf⟩ – Abfragedatum: 10.06.2014].

Ernst KLEBEL, Studien zu den Fassungen und Handschriften des Schwabenspiegels, in: Mitteilungen des Instituts für Österreichische Geschichtsforschung 44 (1930), S. 129–264.

Ernst KLEBEL, Zu den Quellen des Schwabenspiegels, in: Wilhelm WEGENER (Hrsg.), Festschrift für Karl Gottfried Hugelmann zum 80. Geburtstag, Bd. 1. Aalen 1959, S. 273–293.

Karl Kurt KLEIN, Wer hat uns Siebenbürger Sachsen den „Goldenen Freibrief" erwirkt?, in: DERS., Saxonica Septemcastrensia. Forschungen, Reden und Aufsätze aus vier Jahrzehnten zur Geschichte der Deutschen in Siebenbürgen. Marburg 1971, S. 205–211.

Diethelm KLIPPEL, Familie versus Eigentum. Die naturrechtlich-rechtsphilosophischen Begründungen von Testierfreiheit und Familienerbrecht im 18. und 19. Jahrhundert, in: ZRG GA 101 (1984), S. 117–168.

Carl Christian Wilhelm KLÖTZER, Versuch eines Beytrags zur Revision der Theorie vom Gewohnheitsrecht. Jena 1813.

Gernot KOCHER, Richter, in: HRG, Bd. 4. Berlin 1990, Sp. 1033–1040.

Gernot KOCHER, Das Bild vom Recht im Schwabenspiegel, in: Beiträge zur Rechtsikonographie, Rechtsarchäologie und Rechtlichen Volkskunde. Gernot KOCHER, Heiner LÜCK, Clausdieter SCHOTT (Hrsg.), Bd. 4. (= SIGNA IVRIS. 6). Berlin 1990, Sp. 75–105.

Gerhard KÖBLER, Deutsche Sprachgeschichte und Rechtsgeschichte, in: Werner BESCH, Oskar REICHMANN, Stefan SONDEREGGER (Hrsg.), Sprachgeschichte. Ein Handbuch zur Geschichte der deutschen Sprache und ihrer Erforschung, 1. Halbbd.. (= Handbücher zur Sprach- und Kommunikationswissenschaft 2.1). Berlin, New York 1984, S. 56–70.

Gerhard KÖBLER, Deutsche Rechtsgeschichte. Ein systematischer Grundriss der geschichtlichen Grundlagen des deutschen Rechts von den Indogermanen bis zur Gegenwart. 5., durchges. Aufl. München 1996.

Gerhard KÖBLER, Zielwörterbuch europäischer Rechtsgeschichte. 4. Aufl. Gießen 2007. (= Arbeiten zur Rechts- und Sprachwissenschaft. 66).

Gerhard KÖBLER, Historisches Lexikon der deutschen Länder. Die deutschen Territorien vom Mittelalter bis zur Gegenwart. 7., vollst. überarb. Aufl. München 2007.

KÖPECZI Béla (Hrsg.), Erdély rövid története [Kurze Geschichte Siebenbürgens]. Budapest 1989.

Reinhard KOERNER, Klaus HALLOF (Hrsg.), Inschriftliche Gesetzestexte der frühen griechischen Polis. Aus dem Nachlass von Reinhard Koerner. Köln, Weimar, Wien 1993. (= Akten der Gesellschaft für Griechische und Hellenistische Rechtsgeschichte. 9).

KÖVY Alexander [Sándor], Elementa jurisprudentiae Hungaricae. Sárospatak 1835.

Herbert KOLB, Über den Ursprung der Unfreiheit. Eine Quaestio im Sachsenspiegel, in: Zeitschrift für deutsches Altertum und deutsche Literatur 103 (1974), S. 289–311.

KOLOSVÁRY Bálint, Közszerzemény (coacquisitio conjugalis, Errungenschaft), in: DEZSŐ Márkus (Hrsg.), Magyar Jogi Lexikon [Ungarisches Juristisches Lexikon], Bd. 5: Kiutalványozás-Perfüggőség. Budapest 1904, S. 186–191.

KOMORÓCZY György (Bearb.), DVJ 1549. Debrecen 1981. Enthalten in: BALOGH István (Bearb.), DVJ 1548. (= A Hajdú-Bihar Megyei Levéltár forráskiadványai. 2). Debrecen 1981, S. 97–202.

Karl KOPPMANN, Das Seebuch. Mit einer nautischen Einl. von Arthur BREUSING. Mit einem Glossar von Christoph WALTHER. Bremen 1876. (= Niederdeutsche Denkmäler. 1).

Udo KORNBLUM, Beweis, in: HRG, Bd. 1. Berlin 1971, Sp. 401–408.

Raymund KOTTJE, Die Lex Baiuvariorum – das Recht der Bayern, in: Hubert MORDEK (Hrsg.), Überlieferung und Geltung normativer Texte des frühen und hohen Mittelalters. (= Quellen und Forschungen zum Recht im Mittelalter. 4). Sigmaringen 1986, S. 9–23.

KOVACHICH Márton György (Hrsg.), Codex authenticus iuris tavernicalis statutarii communis, complectens monumenta vetera et recentiora partim antea vulgata, partim hactenus inedita. Buda 1803.

Wilfried KRALLERT (Bearb.), Atlas zur Geschichte der deutschen Ostsiedlung. Bielefeld, Berlin, Hannover 1958.

Hermann KRAUSE, Kaiserrecht und Rezeption. Heidelberg 1952. (= Abhandlungen der Heidelberger Akademie der Wissenschaften. Philosophisch-historische Klasse. Jahrgang 1952, Abhandlung 1).

Petr KREUZ, Ivan MARTINOVSKÝ (Hrsg.), Jana VOJTÍŠKOVÁ (Bearb.), Vladislavské zřízení zemské a navazující prameny. Svatováclavská smlouva a Zřízení o ručnicích. Dolní Brežany 2007.

KRISTÓ Gyula (Hrsg.), Szeged története [Die Geschichte von Szeged], Bd. 1: A kezdetektől 1686-ig [Von den Anfängen bis 1686]. Szeged 1983.

KRISTÓ Gyula, Korai magyar történeti lexikon (9–14. század) [Lexikon zur ungarischen Frühgeschichte (9.–14. Jahrhundert)]. Budapest 1994.

Karl KROESCHELL, Deutsche Rechtsgeschichte, Bd. 2: 1250–1650. 8. Aufl. Opladen 1992.

Karl KROESCHELL, Stadtrecht und Landrecht im mittelalterlichen Sachsen, in: Egbert KOOLMAN, Ewald GÄSSLER, Friedrich SCHEELE (Hrsg.), der sassen speyghel. Sachsenspiegel – Recht – Alltag, Bd. 1: Beiträge und Katalog zu den Ausstellungen Bilderhandschriften des Sachsenspiegels – Niederdeutsche Sachsenspiegel und Nun vernehmet in Land und Stadt, Oldenburg, Sachsenspiegel, Stadtrecht. (= Veröffentlichungen des Stadtmuseums Oldenburg. 21; Schriften der Landesbibliothek Oldenburg. 29). Oldenburg 1995, S. 17–32.

Karl KROESCHELL, Deutsche Rechtsgeschichte, Bd. 1: Bis 1250. 13., überarb. Aufl. Köln, Weimar, Wien 2008. (= UTB. 2734).

KUBINYI András, A budai német patríciátus társadalmi helyzete családi összeköttetéseinek tükrében a XIII. századtól a XV. század második feléig [Der Sozialstatus des deutschen Patriziats in Ofen im Spiegel der Familienverbindungen vom 13. Jahrhundert bis zur zweiten Hälfte des 15. Jahrhunderts], in: Levéltári Közlemények 42 (1971), S. 203–269.

KUBINYI András, Budapest története a későbbi középkorban Buda elestéig (1541-ig) [Die Geschichte von Budapest im Spätmittelalter bis zum Fall von Buda im Jahre 1541], in: GEREVICH László (Hrsg.), Budapest története [Die Geschichte von Budapest], Bd. 2: Budapest története a későbbi középkorban és a török hódoltság idején [Die Geschichte von Budapest im Mittelalters und während der Türkenherrschaft]. Budapest 1973, S. 7–334.

KUBINYI András, Városfejlődés és városhálózat a középkori Alföldön és Alföld szélén [Städteentwicklung und Städtenetz in der ungarischen Tiefebene]. Szerk. BLAZOVICH László. Szeged 2000. (= Dél-alföldi évszázadok. 14).

KUBINYI András, „Szabad királyi város" – „királyi szabad város"? [„Freie königliche Stadt" – „Königliche Freistadt"?], in: Urbs. Magyar várostörténeti évkönyv 1 (2006), S. 51–61.

Julius Friedrich KÜHNS, Geschichte der Gerichtsverfassung und des Prozesses in der Mark Brandenburg vom 10. bis zum Ablauf des 15. Jahrhunderts, Bd. 1. Berlin 1865.

Eberhard Freiherr v. KÜNSSBERG, Rechtssprachgeographie. Heidelberg 1926. (= Sitzungsberichte der Heidelberger Akademie der Wissenschaften, Philosophisch-Historische Klasse. 1926/27,1).

Herbert KÜPPER, Einführung in die Rechtsgeschichte Osteuropas. Frankfurt am Main 2005. (= Studien des Instituts für Ostrecht München. 54).

Kürschners deutscher Gelehrten-Kalender, 19. Ausgabe, Bd. 1 u. 2. München 2003.

Jens Peter KUTZ, Das Dorf und die bäuerliche Lebenswelt im Schwabenspiegel. Ein Rechtsbuch als soziohistorische Quelle, in: Zeitschrift für die Geschichte des Oberrheins 156 (2008), S. 85–107.

Paul LABAND, Das Magdeburg-Breslauer systematische Schöffenrecht aus der Mitte des 14. Jahrhunderts. Neudr. d. Ausg. Berlin 1863. Aalen 1967.

Peter LANDAU, Die Testierfreiheit in der Geschichte des Deutschen Rechts im späten Mittelalter und in der frühen Neuzeit, in: ZRG GA 114 (1997), S. 56–72.

Peter LANDAU, Die Lex Baiuvariorum. Entstehungszeit, Entstehungsort und Charakter von Bayerns ältester Rechts- und Geschichtsquelle. München 2004. (= Bayerische Akademie der Wissenschaften, Philosophisch-Historische Klasse, Sitzungsberichte. 2004,3).

Peter LANDAU, Der Entstehungsort des Sachsenspiegels. Eike von Repgow, Altzelle und die anglo-normannische Kanonistik, in: Deutsches Archiv für Erforschung des Mittelalters 61 (2005), S. 73–101.

Peter LANDAU, Eike von Repgow und die Königswahl im Sachsenspiegel, in: ZRG GA 125 (2008), S. 18–49.

Peter LANDAU, Die Königswahl vom Sachsenspiegel zum Schwabenspiegel, in: Acta juridica et politica 71, Fasc. 17.6 (2008), S. 571–577. [Auch als Online-Ressource verfügbar: ⟨http://www.mgh-bibliothek.de/dokumente/b/b044934.pdf⟩ – Abfragedatum: 21.05.2015].

Götz LANDWEHR, „Urteilfragen" und „Urteilfinden" nach spätmittelalterlichen, insbesondere sächsischen Rechtsquellen, in: ZRG GA 96 (1979), S. 1–37.

Johann Martin LAPPENBERG (Hrsg.), Hamburgisches Urkundenbuch, Bd. 1. Hamburg 1842.

Johann Martin LAPPENBERG (Hrsg.), Die ältesten Stadt-, Schiff- und Landrechte Hamburgs. Hamburg 1845. (= Hamburgische Rechtsalterthümer. 1).

Jan ŁASKI, [Commune incliti Poloniae regni privilegium] Cōmune incliti Polonie Re-‖gni priuilegium cōſtitutionū ‖ & indultuū publicitus decre-‖torum approbatorūqȝ. cum ‖ nōnullis iuribus tā diuinis q̄ȝ humanis p̱ Sere‖niſſimum Principē et dn̄m dominū Allexādorum ‖ deigratia Regem p̄olonie magnumducē Lith-‖wanie Ruſſie Pruſſieqȝ dn̄m et heredē rc̄. Non ‖ tamen in illudipſum priuilegiū sed motu p̱prio ‖ regio serenitatis sue p̱ adhortationē p īstructiōe ‖ Regnicolarū proqȝ reḡni ejuſdē. ac iuſtitie ſtatu ‖ f̄eliciter dirigēdis eidē priuilegio ãnexis & aſcri-‖ptis. Mandãteqȝ ſacra eadem Maieſtate accu-‖ratiſſime caſtigatis. Cracoviae 1506.

Friedrich Leonhard Anton von LASSBERG (Hrsg.), Der Schwabenspiegel oder Schwäbisches Land- und Lehen-Rechtbuch. Nach einer Handschrift vom Jahr 1287. Tübingen 1840. [Neudr. Aalen 1961].

Adolf LAUFS, Einführung, in: [Matthias FRONIUS], Das Eigen-Landrecht der Siebenbürger Sachsen. Mit einer Einführung von Adolf LAUFS und Worterläuterungen von Wolfgang BÜHRER. Unveränd. Wiedergabe des Erstdr. von 1583. München 1973, S. V-XX.

Adolf LAUFS, „Eberhard Freiherr von Künßberg", in: NDB, Bd. 13. Berlin 1982, S. 226 f.

Adolf LAUFS, Klaus-Peter SCHROEDER, Landrecht, in: [2]HRG, Lfg. 19. Berlin 2014, Sp. 552–559.

Pierre LEGRAND, The Impossibility of „Legal Transplants", in: Maastricht Journal of European and Comparative Law 4 (1997), S. 111–124.

Pierre LEGRAND, The same at the different, in: DERS., Roderick MUNDAY (Hrsg.), Comparative Legal Studies. Traditions and Transitions. Cambridge 2003, S. 240–311.

Pierre LEGRAND, Le droit comparé. 3. Aufl. Paris 2009.

Reginald LENNARD, Early Manorial Juries, in: The English Historical Review (304) 77 (1962), S. 511–518.

Matthias von LEXER, Mittelhochdeutsches Taschenwörterbuch. Mit den Nachtr. von Ulrich PRETZEL. 38., unveränd. Aufl. Stuttgart 1992.

Peter LIEBER, Wortschatzprobleme in Zusammenhang mit dem Ofner Stadtrecht, in: MÁDL Antal (Hrsg.), Festschrift Karl Mollay zum 65. Geburtstag. (= Budapester Beiträge zur Germanistik. 4). Budapest 1978, S. 171–182.

Rolf LIEBERWIRTH, Eike von Repchow und der Sachsenspiegel. [vorgetragen in d. öffentl. Sitzung vom 18. April 1980]. Berlin 1982. (= Sitzungsberichte der Sächsischen Akademie der Wissenschaften zu Leipzig. Philologisch-Historische Klasse. 122,4).

Rolf LIEBERWIRTH, Das sächsisch-magdeburgische Recht als Quelle osteuropäischer Rechtsordnungen. Berlin 1986. (= Sitzungsberichte der Sächsischen Akademie der Wissenschaften zu Leipzig, Philol.-hist. Klasse. 127/1).

Rolf LIEBERWIRTH, Eike von Repchow und die Stadt Halle, in: Gerhard KÖBLER (Hrsg.), Wege europäischer Rechtsgeschichte. Karl Kroeschell zum 60. Geburtstag dargelegt von Freunden, Schülern und Kollegen. (= Rechtshistorische Reihe. 60). Frankfurt am Main [u. a.] 1987, S. 272–280.

Rolf LIEBERWIRTH, Das Privileg des Erzbischofs Wichmann und das Magdeburger Recht. Berlin 1990. (= Sitzungsberichte der Sächsischen Akademie der Wissenschaften zu Leipzig, Philol.-hist. Klasse. 130/3).

Rolf LIEBERWIRTH, Die Sachsenspiegelvorrede von der herren geburt, in: Ruth SCHMIDT-WIEGAND, Dagmar HÜPPER (Hrsg.), Der Sachsenspiegel als Buch.

(= Germanistische Arbeiten zu Sprache und Kulturgeschichte. 1). Frankfurt am Main 1991, S. 1–18.

Rolf LIEBERWIRTH, Über die Glosse zum Sachsenspiegel. Berlin 1993. (= Sitzungsberichte der Sächsischen Akademie der Wissenschaften zu Leipzig, Philol.-hist. Klasse. 132/6).

Rolf LIEBERWIRTH, Die geplanten Editionen von Sachsenspiegel-Glossen, in: Heiner LÜCK, Werner FREITAG (Hrsg.), Historische Forschung in Sachsen-Anhalt. Ein Kolloquium anläßlich des 65. Geburtstages von Walter Zöllner. (= Abhandlungen der Sächsischen Akademie der Wissenschaften zu Leipzig, Philol.-hist. Klasse 76/3). Stuttgart, Leipzig 1999, S. 105–124.

Rolf LIEBERWIRTH, Die Monumenta Germaniae Historica und die Glossen zum Sachsenspiegel, in: ZRG GA 119 (2002), S. 316–325.

Rolf LIEBERWIRTH, Frank-Michael KAUFMANN, Einleitung, in: Glossen zum Sachsenspiegel-Landrecht. Buch'sche Glosse, T. 1. Hrsg. von Frank-Michael KAUFMANN. (= Monumenta Germaniae Historica. Fontes iuris Germanici antiqui. Nova Series. 7). Hannover 2002, S. XVII-LXXII.

Rolf LIEBERWIRTH, Eike von Repgow (um 1180-nach 1233), in: [2]HRG, Bd. 1. Berlin 2008, Sp. 1288–1292.

Hans LIERMANN, „Amira, Karl Konrad Ferdinand von", in: NDB, Bd. 1. Berlin 1953, S. 249.

LINDNER Gustav, A Svábtükör az erdélyi szászoknál [Der Schwabenspiegel bei den Siebenbürger Sachsen], in: Az Erdélyi Múzeum-Egylet Bölcselet-, Nyelv- és Történettudományi Szakosztályának Kiadványai 1,3 (1884), S. 161–204.

Gustav LINDNER, Der Schwabenspiegel bei den Siebenbürger Sachsen, in: ZRG GA 6 (1885), S. 86–141. [Wiederabdr. in: DERS. (Hrsg.), Der Schwabenspiegel bei den Siebenbürger Sachsen. Ed. altera cur. Karl August ECKHARDT. Neudr. d. Ausg. Klausenburg 1885. Aalen 1973, S. 7–64].

Gusztáv/Gustav LINDNER (Hrsg.), Az Altenberger-féle Codex/Der Codex Altenberger. Nagy-szebeni kéziratának szövegkinyomatása/Textabdruck der Hermannstädter Handschrift. Kolozsvár/Klausenburg 1885. [Nachdr. in DERS. (Hrsg.), Der Schwabenspiegel bei den Siebenbürger Sachsen. Ed. altera cur. Karl August ECKHARDT. Neudr. d. Ausg. Klausenburg 1885. Aalen 1973, S. 67–384].

Martin LIPP, Eigen, in: [2]HRG, Bd. 1. Berlin 2008, Sp. 1265–1267.

Otto LOENING, Das Testament im Gebiet des Magdeburger Stadtrechtes. Breslau 1906. (= Untersuchungen zur deutschen Staats- und Rechtsgeschichte. 82).

Luigi LOMBARDI VALLAURI, Saggio sul diritto giurisprudenziale. Milano 1967.

Sebastian LOY, Stoffe und Kleidung im Mittelalter. Dargestellt an Hand der mittelhochdeutschen Dichtungen unter besonderer Berücksichtigung der Dichtungen von 1180 bis 1220. Freiburg i.Br. 1923. [Diss., Freiburg i.Br.].

LUDOLF von Sachsen, Vita Jesu Christi e quatuor Evangeliis et scriptoribus orthodoxis concinnata. Augsburg 1470.

Karl Heinz LUDWIG, Kerbholz, in: LexMa, Bd. 5. München [u. a.] 1991, Sp. 1115.

August LÜBBEN, Christoph WALTHER, Mittelniederdeutsches Handwörterbuch. Norden, Leipzig 1888.

Heiner LÜCK, Verkündplätze, in: HRG, Bd. 5. Berlin 1998, Sp. 748–750.

Heiner LÜCK, Verlesen von Rechtssatzungen, in: HRG, Bd. 5. Berlin 1998, Sp. 760–761.

Heiner LÜCK, Sachsenspiegel und Magdeburger Recht. Europäische Dimensionen zweier mitteldeutscher Rechtsquellen. Mit einer Einf. von Gerhard COMMICHAU. Hamburg 1998. (= ADIUVAT in itinere. 5).

Heiner LÜCK, Zur Rezeption des sächsisch-magdeburgischen Rechts in Osteuropa. Das Beispiel Ungarn, in: Thomas BREMER (Hrsg.), Grenzen überschreiten. Beiträge zur deutsch-ungarischen Kulturwissenschaft. (= Colloquium Halense. 2). Halle/Saale 2001, S. 9–28.

Heiner LÜCK, Eike von Repgow und Gott, in: Mitteilungen des Vereins für Anhaltische Landeskunde 12 (2003), S. 13–24.

Heiner LÜCK, Über den Sachsenspiegel. Entstehung, Inhalt und Wirkung des Rechtsbuches. Mit einem Beitrag zu den Grafen von Falkenstein im Mittelalter von Joachim Schymalla. 2., überarb., erw. Aufl. Dößel (Saalkreis) 2005.

Heiner LÜCK, Magdeburg, Eike von Repgow und der Sachsenspiegel, in: Magdeburg. Die Geschichte der Stadt 805–2005. Hrsg. von Matthias PUHLE, Peter PETSCH. Redaktion Maik HATTENHORST. Dößel (Saalkreis) 2005, S. 155–172.

Heiner LÜCK, Berg und Tal. Gericht und Recht in Halle während des Mittelalters und der Frühen Neuzeit, in: Werner FREITAG, Andreas RANFT (Hrsg.), Geschichte der Stadt Halle, Bd. 1: Halle im Mittelalter und in der Frühen Neuzeit. Halle 2006, S. 239–257.

Heiner LÜCK, Der Sachsenspiegel als Kaiserrecht. Vom universalen Geltungsanspruch eines partikularen Rechtsbuches, in: Matthias PUHLE, Claus-Peter HASSE (Hrsg.), Heiliges Römisches Reich Deutscher Nation 962 bis 1806. Von Otto dem Grossen bis zum Ausgang des Mittelalters, Bd. 2: Essays. (= Ausstellung des Europarates. 29). Dresden 2006, S. 263–273.

Heiner LÜCK, Wirkungen des Sachsenspiegels und des Magdeburger Rechts in Ostmitteleuropa, in: BALOGH Elemér, HEGEDŰS Andrea, MEZEI Péter, SZOMORA Zsolt, TRASER Julianna Sára (Hrsg.), Legal Transitions. Development of Law in Formerly Socialist States and the Challenges of the European Union/Rechtsentwicklung in den ehemaligen sozialistischen Staaten und die Herausforderung der Europäischen Union. (= A Pólay Elemér Alapítvány Könyvtára. 17). Szeged 2007, S. 269–279.

Heiner LÜCK, Römisches und kanonisches Recht in der Dresdner Bilderhandschrift des Sachsenspiegels. Ausgewählte Beispiele, in: Markus STEPPAN, Helmut GEBHARDT (Hrsg.), Zur Geschichte des Rechts. Festschrift für Gernot Kocher zum 65. Geburtstag. (= Grazer Rechtswissenschaftliche Studien. 61). Graz 2007, S. 235–249.

Heiner LÜCK, Johann von Buch (ca. 1290–ca. 1356). Stationen einer juristisch-politischen Karriere, in: ZRG GA 124 (2007), S. 120–143.

Heiner LÜCK, Natur als Erklärungshilfe in den Bilderhandschriften des Sachsenspiegels. Zwölf Beispiele, in: Wieland BERG [u. a.] (Hrsg.), Vorträge und Abhandlungen zur Wissenschaftsgeschichte 2002/2003 und 2003/2004. (= Acta Historica Leopoldina. 48). Halle, Stuttgart 2007, S. 241–263.

Heiner LÜCK, Elbinger Rechtsbuch, in: ^{2}HRG, Bd. 1. Berlin 2008, Sp. 1317–1319.

Heiner LÜCK, Kohärenzen, Parallelen, Divergenzen. Sachsenspiegel und Schwabenspiegel im Vergleich, in: Acta juridica et politica 71, Fasc. 17.7 (2008), S. 579–596. [Auch als Online-Ressource verfügbar: ⟨http://www.mgh-bibliothek.de/dokumente/b/b044935.pdf⟩ – Abfragedatum: 21.05.2015].

Heiner LÜCK, Einführung: Das sächsisch-magdeburgische Recht als kulturelles Bindeglied zwischen den Rechtsordnungen Ost- und Mitteleuropas, in: Ernst EICHLER, Heiner LÜCK (Hrsg.), Rechts- und Sprachtransfer in Mittel- und Osteuropa. Sachsenspiegel und Magdeburger Recht. Internationale und interdisziplinäre Konferenz in Leipzig vom 31. Oktober bis 2. November 2003. (= IVS SAXONICO-MAIDEBVRGENSE IN ORIENTE. 1). Berlin 2008, S. 1–28.

Heiner LÜCK, „Deutsches Recht im Osten“. Strukturen, Kontexte und Wirkungen eines sensiblen Forschungsthemas (19. Jh. bis 1990), in: ZRG GA 26 (2009), S. 175–206.

Heiner LÜCK, Zur Gerichtsverfassung in den Mutterstädten des Magdeburger und Lübecker Rechts, in: DERS., Matthias PUHLE, Andreas RANFT (Hrsg.), Grundlagen für ein neues Europa. Das Magdeburger und Lübecker Recht in Spätmittelalter und Früher Neuzeit. Köln, Weimar, Wien 2009. (= Quellen und Forschungen zur Geschichte Sachsen-Anhalts. 6), S. 163–181.

Heiner LÜCK, Matthias PUHLE, Andreas RANFT (Hrsg.), Grundlagen für ein neues Europa. Das Magdeburger und Lübecker Recht in Spätmittelalter und Früher Neuzeit. Köln, Weimar, Wien 2009. (= Quellen und Forschungen zur Geschichte Sachsen-Anhalts. 6).

Heiner LÜCK, Halle an der Saale, in: ^{2}HRG, Bd. 2. Berlin 2012, Sp. 668–671.

Heiner LÜCK, Halle-Neumarkter Recht, in: ^{2}HRG, Bd. 2. Berlin 2012, Sp. 671–673.

Heiner LÜCK, Sächsisches Recht contra Römisch-kanonisches Recht. Ein Sonderweg der „Rezeption der fremden Rechte“?, in: Wolfgang HUSCHNER, Enno BÜNZ, Christian LÜBKE (Hrsg.), Italien – Mitteldeutschland – Polen. Geschichte und Kultur im europäischen Kontext vom 10. bis zum 18. Jahrhundert. (= Schriften zur sächsischen Geschichte und Volkskunde. 42). Leipzig 2013, S. 211–229.

Heiner LÜCK, Rechtstransfer und Rechtsverwandtschaft. Zum Einfluss des Magdeburger Stadtrechts im Königreich Böhmen, in: Karel MALÝ, Jiří SOUŠA (Hrsg.), Práva městská Královstvi českého [Stadtrechte im Königreich Böhmen]. Sbornik příspěvků z mezinárodni právnické konference. Praha 2013, S. 298–317.

Heiner LÜCK, Rechtsbücher als ‚private' Rechtsaufzeichnungen?, in: ZRG GA 131 (2014), S. 418–433.

Heiner LÜCK, Magdeburger Recht, in: ²HRG, Lfg. 21. Berlin 2015, Sp. 1127–1136.

Ludwik ŁYSIAK, Karin NEHLSEN-VON STRYK (Hrsg.), Decreta iuris supremi Magdeburgensis castri Cracoviensis / Die Rechtssprüche des Oberhofs des Deutschen Rechts auf der Burg zu Krakau, Bd. 1: 1456–1481. Frankfurt am Main 1995. (= Studien zur europäischen Rechtsgeschichte. 68).

George C. MACAULAY, John Gower, in: Adolphus William WARD, Alfred Rayney WALLER (Hrsg.), The Cambridge History of English Literature, Bd. 2: The End of the Middle Ages. Cambridge 1908, S. 133–155.

Magyar Életrajzi Lexikon (1000–1990) [Ungarisches biographisches Lexikon]. Hrsg. von KENYERES Ágnes. Verb., überarb. Aufl. Budapest 2001. [Auch als Online-Ressource verfügbar: ⟨http://mek.niif.hu/00300/00355/html⟩ – Abfragedatum: 25.06.2012].

Frederic William MAITLAND, The Constitutional History of England. A Course of Lectures. [Nachdr. d. Ausg. Cambridge 1908]. Union, N. J. 2001 [1908].

MAJOROSSY Judit, SZENDE Katalin (Hrsg.), Das Preßburger Protocollum Testamentorum 1410 (1427)–1529. Teil 1: 1410–1487. Wien, Köln, Weimar 2010. (= Fontes Rerum Austriacarum. Österreichische Geschichtsquellen. 3. Abteilung: Fontes Iuris. 21/1).

Irena MALINOWSKA, Il concetto di ‚ius commune' nella giurisprudenza della vecchia Polonia, in: Studi di onore di Edoardo Volterra, Bd. 3. (= Pubblicazioni della Facoltà di Giurisprudenza dell'Università di Roma / Università degli Studi Rom Facoltà di Giurisprudenza. 42). Milano 1971, S. 417–442.

Fritz MARKMANN, Vom deutschen Stadtrecht. Leipzig 1937.

Fritz MARKMANN, Zur Geschichte des Magdeburger Rechts. Stuttgart, Berlin 1938.

Richard MARSINA (Hrsg.), Národnostný vyvoj miest na Slovensku do roku 1918. K 600. výročiu vydania výsad pre žilinských Slovákov [Nationalitätenentwicklung der Städte in der Slowakei bis zum Jahre 1918]. Martin 1984.

Michael MARTIN, Hafenbuch Hamburg. Hamburg 2008.

James MASSCHAELE, Jury, State, and Society in Medieval England. New York [u. a.] 2008.

George Auguste MATILE (Bearb.), Le miroir de Souabe. Ed. altera curavit Karl August Eckhardt. Neudr. [d. Ausg.] Neuchâtel 1843. Aalen 1973. (= Bibliotheca rerum historicarum. Neudrucke. 8).

Erzsébet MÁTTYASOVSKY, Spišské právo [Das Zipser Recht], in: Právny Obzor 18,12 (1935), S. 245–254.

Jacek S. MATUSZEWSKI, Słownictwo łacińskie i polskie w prawie ziemskim do końca XV stulecia. Terminologia zastawu nieruchomoći, in: Studia Źródłoznawcze 25 (1980), S. 133–143.

Józef MATUSZEWSKI, Geneza współczesnej terminologii prawnej/La genèse de la terminologie juridique contemporaine, in: Sprawozdania Poznańskiego Towarzystwa Przyjaciół Nauk 2,64 (1961), S. 288–290.

Józef MATUSZEWSKI, Filologia w służbie historii, in: Acta Universitatis Łodziensis. Zeszyty Naukowe Uniwersytetu Łódzkiego. Seria 1: Nauki Humanistyczno-Społeczne. Folia Iuridica 32 (1978), S. 3–34.

Józef MATUSZEWSKI, Inkrustacje polskie w wyrokach łancińskich najwyższego sądu magdeburskiego grodu krakowskiego, in: Czasopismo prawno-historyczne 47,1–2 (1995), S. 187–199.

Theodor MAYER-MALY, Morgengabe, in: HRG, Bd. 3. Berlin 1984, Sp. 678–683.

MAXIMILIAN II., Neue Berg-Ordnung des Königreichs Ungarn, und solcher Cron einverleibten Gold, Silber, Kupfer, und anderer Metall-Bergwerken. Sammt denen Erläuterungen zweyer Alten Berg-Ordnungen Der sieben königl. Freyen Berg-Städte, 1. Chemnitz u. Königsberg 2. Schemnitz, Neusohl, Bugganz, Dülln und Libeten. Publicirt von Ihro Kayser- und Königl. Majestät Maximiliano dem Anderten. – Nunmehro aber ... wiederum aufgeleget, Und mit zweyen vollständigen Registern versehen. Wien 1805.

Hieronymus Christoph MECKBACH, Commentar über den Sachsen-Spiegel. Nachdr. der 2. Aufl. Weimar 1789. Goldbach 1998 [1789]. (= 100 Jahre Bürgerliches Gesetzbuch. Deutsches Recht. 6).

Frank MEIER, Mensch und Tier im Mittelalter. Ostfildern 2008.

Jörg MEIER, Ilpo Tapani PIIRAINEN, Das Stadtbuch von Schwedler/Švedlár. Texte und Untersuchungen zum entstehenden Neuhochdeutschen in der Slowakei. Leutschau/Levoča 1993.

Jörg MEIER, Ilpo Tapani PIIRAINEN, Der Schwabenspiegel aus Kaschau. Berlin 2000. (= Beiträge zur Editionsphilologie. Editionen und Materialien. 1).

Jörg MEIER, Städtische Kommunikation in der Frühen Neuzeit. Historische Soziopragmatik und historische Textlinguistik. Frankfurt am Main 2004. (= Deutsche Sprachgeschichte. 2). [Zugl.: Bochum, Univ., Habil.-Schr., 2002].

Jörg MEIER, Ilpo Tapani PIIRAINEN, Klaus-Peter WEGERA (Hrsg.), Deutschsprachige Handschriften in slowakischen Archiven. Vom Mittelalter bis zur Frühen Neuzeit, 3 Bde. Berlin, New York 2009.

MELTZL Oszkár, Az erdélyi szászok ipara és kereskedelme a XIV. és XV. században [Gewerbe und Handel der Siebenbürger Sachsen im 14.–15. Jahrhundert], in: Századok 26 (1892), S. 633–657 (H. 8), 720–739 (H. 9).

Gert MELVILLE, Peter von MOOS (Hrsg.), Das Öffentliche und Private in der Vormoderne. Köln, Weimar, Wien 1998. (= Norm und Struktur. Studien zum sozialen Wandel in Mittelalter und Früher Neuzeit. 10).

[Paul] Johannes MERKEL, Lex [Leges] Baiuwariorum, in: Georg Heinrich PERTZ (Hrsg.), Inde ab anno Christi quingentesimo usque ad annum millesimum et quingentesimum. Auspiciis societatis aperiendis fontibus rerum germanicarum medii aevi. Unveränd. Nachdr. [d. Ausg.] Hannover 1863. (= Monumenta Germaniae Historica. Leges. 3). Stuttgart 1993 [1863], S. 183–496.

Štefánia MERTANOVÁ, Vznik a vývoj spišského práva [Die Entstehung und Entwicklung des Zipser Rechts], in: Spišské mesta v stredoveku [Zipser Städte im Mittelalter]. Hrsg. von Richard MARSINA, Ludovít HOLOTÍK (Red.). Košice 1974, S. 91–99.

Štefánia MERTANOVÁ, Ius tavernicale. Študie o procese formovania práva taverníckych miest v etapách vývoja taverníckeho súdu v Uhorsku (15.–17. stor.) [Ius tavernicale. Studien über den Entstehungsprozess des Rechts der Tavernikalstädte in den Etappen der Entwicklung des Tavernikalgerichts in Ungarn (15.–17. Jh.)]. Bratislava 1985.

Volker MERTENS, Berthold von Regensburg, in: LexMa, Bd. 1. München [u. a.] 1980, Sp. 2035 f.

Volker MERTENS, David von Augsburg, in: LexMa, Bd. 3. München [u. a.] 1986, Sp. 604.

Friedrich MERZBACHER, Gesetzessprecher, in: HRG, Bd. 2. Berlin 1978, Sp. 1604–1606.

Friedrich MERZBACHER, Hochgerichtsbarkeit, in: HRG, Bd. 2. Berlin 1978, Sp. 172–175.

MESZLÉNYI Artúr, Hozomány [Mitgift, Heiratsgut], in: DEZSŐ Márkus, Magyar Jogi Lexikon [Ungarisches Juristisches Lexikon], Bd. 4. Budapest 1903, S. 248–251.

Ludger MEUTEN, Die Erbfolgeordnung des Sachsenspiegels und des Magdeburger Rechts. Ein Beitrag zur Geschichte des sächsisch-magdeburgischen Rechts. Frankfurt am Main [u. a.] 2000. (= Rechtshistorische Reihe. 218).

Heinz MEYER, Ordo rerum und Registerhilfen in mittelalterlichen Enzyklopädiehandschriften, in: Frühmittelalterliche Studien 25 (1991), S. 315–339.

Tim MEYER, Gefahr vor Gericht. Die Formstrenge im sächsisch-magdeburgischen Recht. Köln [u. a.] 2009. (= Forschungen zur deutschen Rechtsgeschichte. 26).

MEZEY Barna, A magyar állam- és jogtörténet forrásai. Szöveggyűjtemény [Die Quellen der ungarischen Verfassungs- und Rechtsgeschichte. Textbuch]. Budapest 1998.

Andreas/Endre MICHNAY, Paul/Pál LICHNER (Hrsg.), Ofner Stadtrecht von MCCXLIV-MCCCCXXI/Buda városának törvénykönyve MCCXLIV-MCCCCXXI-ből. Pressburg/Pozsony 1845.

Andreas/Endre MICHNAY, Paul/Pál LICHNER, Előszó [Vorwort], in: DIES., (Hrsg.), Ofner Stadtrecht von MCCXLIV-MCCCCXXI/Buda városának törvénykönyve MCCXLIV-MCCCCXXI-ből. Pressburg/Pozsony 1845, S. VII f.

Jacques Paul MIGNE (Hrsg.), Patrologia Latina, Bd. 172, 198. Paris 1854, 1855.

Arend MIHM, Vom Dingprotokoll zum Zwölftafelgesetz. Verschriftlichungsstufen städtischer Rechtstraditionen, in: Hagen KELLER, Christel MEIER, Thomas SCHARFF (Hrsg.), Schriftlichkeit und Lebenspraxis im Mittelalter. Erfassen, Bewahren, Verändern. (Akten des internationalen Kolloquiums 8.–10. Juni 1995). München 1999, S. 43–67.

Paul MIKAT, Dotierte Ehe – rechte Ehe. Zur Entwicklung des Eheschließungsrechts in fränkischer Zeit. Opladen 1978. (= Vorträge/Rhein.-Westfal. Akad. d. Wiss.: G. 227).

Paul MIKAT, Zweischwerterlehre, in: HRG, Bd. 5. Berlin 1998, Sp. 1848–1859.

Stroud F. C. MILSOM, Historical Foundations of the Common Law. 2. ed. London 1981.

Heinrich MITTEIS, Heinz LIEBERICH, Deutsches Privatrecht. Ein Studienbuch. 9., durchges. u. erg. Aufl. München 1981.

Heinrich MITTEIS, Heinz LIEBERICH, Deutsche Rechtsgeschichte. Ein Studienbuch. 19., erg. Aufl. München 1992.

Carl Joseph Anton MITTERMAIER, Erfahrungen über Wirksamkeit der Schwurgerichte in Europa und Amerika, über ihre Vorzüge, Mängel und Abhülfe. Erlangen 1865.

MÓDY György, Földtulajdon Debrecenben a XVI-XIX. században [Grundbesitz in Debrecen im 16.–19. Jahrhundert], in: A debreceni Déri Múzeum kiadványai (A debreceni Déri Múzeum Évkönyve) 45 (1958/59), S. 32–43.

Dirk MOLDT, Unus sit populus et sub uno judice. Bemerkungen zum „Goldenen Freibrief" der Siebenbürger Sachsen, in: Zeitschrift für Siebenbürgische Landeskunde 22,2 (1999), S. 197–216.

Dirk MOLDT, Läßt sich das Rechtsgebiet der Siebenbürger Sachsen einer Stadtrechtsfamilie zuordnen? Überlegungen zur mittelalterlichen und frühneuzeitlichen Rechtsgeschichte, in: Zeitschrift für Siebenbürgische Landeskunde 26,1 (2003), S. 60–65.

Dirk MOLDT, Deutsche Stadtrechte im mittelalterlichen Siebenbürgen. Korporationsrechte, Sachsenspiegelrecht, Bergrecht. Köln [u. a.] 2009.

Karl MOLLAY (Hrsg.), Das Ofner Stadtrecht. Eine deutschsprachige Rechtssammlung des 15. Jahrhunderts aus Ungarn. Budapest 1959. (= Monumenta Historica Budapestinensia. 1).

Theodor MOMMSEN, Römisches Strafrecht. Leipzig 1899. (= Systematisches Handbuch der Deutschen Rechtswissenschaft. Abteilung 1, Teil 4).

Friedrich MÜLLER (Hrsg.), Zur Rechts- und Siedlungsgeschichte der Siebenbürger Sachsen. Köln, Wien 1971. (= Siebenbürgisches Archiv. 3,8).

Georg Eduard MÜLLER, Die sächsische Nationsuniversität in Siebenbürgen. Ihre verfassungs- und verwaltungsrechtliche Entwicklung 1224–1876, in: Archiv des Vereins für Siebenbürgische Landeskunde 44,2/3 (1928), S. 227–424.

Georg Eduard MÜLLER, Stühle und Distrikte als Unterteilungen der Siebenbürgisch-Deutschen Nationsuniversität 1141–1876. Unveränd. Nachdr. d. Ausg. Hermannstadt 1941. Mit e. Einf. u. e. Ortsnamenreg. von Konrad G. GÜNDISCH. Köln [u. a.] 1985. (= Schriften zur Landeskunde Siebenbürgens. 10).

Ulrich MÜLLER, Mündliche Literaturtradition I. Deutsche Literatur, in: LexMa, Bd. 6. München [u. a.] 2003, Sp. 899–900.

Friedrich MÜLLER-LAGENTHAL, Die geschichtlichen Rechtsgrundlagen der „Sächsischen Nationsuniversität“ in Siebenbürgen und ihres Vermögens. Ein Beispiel volksrechtlicher Entfaltung mit Geschichtsmächtigkeit, in: Südost-Forschungen 3 (1938), S. 44–68.

Ulrike SEIF [MÜSSIG], Die Gesamthand als Konstruktion der Germanistik, in: ZRG GA 118 (2001), S. 302–320.

Ulrike SEIF [MÜSSIG], Römisch-kanonisches Erbrecht in mittelalterlichen deutschen Rechtsaufzeichnungen, in: ZRG GA 122 (2005), S. 87–112.

Georg Adalbert von MÜLVERSTEDT, Die älteste Stadtverfassung in Magdeburg, in: Geschichts-Blätter für Stadt und Land Magdeburg 5 (1870), S. 459–462.

Dietlinde MUNZEL, Kaiserrecht, in: HRG, Bd. 2. Berlin 1978, Sp. 563–565.

Dietlinde MUNZEL, Ofener Stadtrechtsbuch, in: HRG, Bd. 3. Berlin 1984, Sp. 1184–1186.

Dietlinde MUNZEL, Rechtsbücher, in: HRG, Bd. 4. Berlin 1990, Sp. 277–282.

Dietlinde MUNZEL-EVERLING, Rolande. Die europäischen Rolanddarstellungen und Rolandfiguren. Dößel (Saalkreis) 2005.

Dietlinde MUNZEL-EVERLING, Deutschenspiegel, in: ^{2}HRG, Bd. 1. Berlin 2008, Sp. 971 f.

NAGY DE BRANYITSKA Leopold (Ed.), Jus Transsilvanico-Saxonum. (Accedit ejusdam Syntagma cartarum contrarietatum at dibietatum, e statutis jurium municipalium Saxoniam Transsilvaniam). Claudiopoli 1845.

Friedhelm NEEF, Niedergericht, Niedergerichtsbarkeit, in: HRG, Bd. 3. Berlin 1984, Sp. 983–987.

Karin NEHLSEN-VON STRYK, Die Krise des „irrationalen“ Beweises im Hoch- und Spätmittelalter und ihre gesellschaftlichen Implikationen, in: ZRG GA 117 (2000), S. 1–38.

Karin NEHLSEN-VON STRYK, Schwabenspiegel, in: LexMa, Bd. 7. München [u. a.] 2003, Sp. 1603–1605.

Eberhard NELLMANN, Kaiserchronik, in: LexMa, Bd. 5. München [u. a.] 1991, Sp. 856 f.

NÉMETH János, Die Abweichungen der drei Handschriften des Ofner Stadtrechts/ A budai jogkönyv három kéziratának eltérései. Szeged [Manuskript] 2000.

Ernst NEUBAUER, Das älteste Schöffenbuch der Stadt Zerbst, in: Mitteilungen des Vereins für Anhaltische Geschichte und Altertumskunde 7 (1898), S. 376–422.

Neue deutsche Biographie. Hrsg. von der Historischen Kommission bei der Bayerischen Akademie der Wissenschaften, Bd. 1: Aachen-Behaim [bis Bd. 25: Stadion-Tecklenborg (2013)]. Berlin 1953–.
[Auch als Online-Ressource verfügbar: ⟨http://www.deutsche-biographie.de⟩ bzw. ⟨http://www.ndb.badw-muenchen.de⟩ – Abfragedatum: 06.07.2014].

Stefan Michael NEWERKLA, Die Vermittlung deutscher Lehnwörter durch das Tschechische in das Polnische und Slovakische, in: Wiener Slavistisches Jahrbuch 48 (2002), S. 117–131.

NIKOLAUS von Kues, De concordantia catholica (libri tres). Ed. atque emendavit Gerhardus KALLEN. Hamburg 1963. [Gesamttitel: Nicolai de Cusa opera omnia/iussu et auctoritate Academiae Litterarum Heidelbergensis ad codicum fidem edita. Vol. 14].

Werner NILLES, Zur Rechtslage der *„hospites Theuthonici"* in Siebenbürgen, in: Korrespondenzblatt des Arbeitskreises für Siebenbürgische Landeskunde 1 (1971), S. 83–89.

Gernot NUSSBÄCHER, Matthias Fronius 1522–1588, in: Taten und Gestalten. Bilder aus der Vergangenheit der Rumäniendeustschen. Besorgt u. eingel. von Dieter DROTLEFF, Bd. 1. Cluj-Napoca 1983, S. 109–113.

Gernot NUSSBÄCHER, Die Honterus-Schule in Kronstadt, ein bedeutendes Zentrum humanistischer Kultur im Siebenbürgen des 16. Jahrhunderts, in: DERS., Aus Urkunden und Chroniken. Beiträge zur siebenbürgischen Heimatkunde, Bd. 2. Kronstadt 1985, S. 129–135, 195–199.

Gernot NUSSBÄCHER, Die Schulreform des Honterus und die Ausstrahlung der Honterus-Schule im 16. Jahrhundert, in: Walter KÖNIG (Hrsg.), Beiträge zur Siebenbürgischen Schulgeschichte. (= Siebenbürgisches Archiv. 3/32). Köln [u. a.] 1996, S. 141–169.

Gernot NUSSBÄCHER, Zur Biographie von Thomas Bomelius, in: Zeitschrift für Siebenbürgische Landeskunde 29,2 (2006), S. 137–141.

Sabine OBERMAIER (Hrsg.), Tiere und Fabelwesen im Mittelalter. Berlin [u. a.] 2009.

ÖDÖNFI Miksa, Sajtóeljárásunk és annak fejlődése [Unser Presseprozess und seine Entwicklung]. Budapest 1903.

Christa OECHSLIN WEIBEL, „Ein übergülde aller der saelikeit ...". Der Himmel und die anderen Eschata in den deutschen Predigten Bertholds von Regensburg. Wien 2005.

Hermann OESTERLEY, Historisch-geographisches Wörterbuch des deutschen Mittelalters. Neudr. d. Ausg. 1883. Aalen 1962.

Peter OESTMANN, Ein Zivilprozess am Reichskammergericht. Edition einer Gerichtsakte aus dem 18. Jahrhundert. Köln [u. a.] 2009. (= Quellen und Forschungen zur höchsten Gerichtsbarkeit im Alten Reich. 55).

Werner OGRIS, Errungenschaftsgemeinschaft, in: HRG, Bd. 1. Berlin 1971, Sp. 1004–1006.

Werner OGRIS, Dos, in: HRG, Bd. 1. Berlin 1971, Sp. 775–778.

Werner OGRIS, Raymund von Wiener Neustadt, in: HRG, Bd. 4. Berlin 1990, Sp. 200–203.

Werner OGRIS, Publizität, in: HRG, Bd. 4. Berlin 1990, Sp. 92–95.

Werner OGRIS, Testament, in: HRG, Bd. 5. Berlin 1998, Sp. 152–165.

Werner OGRIS, Dominium, privatrechtlich, in: ²HRG, Bd. 1. Berlin 2008, Sp. 1108 f.

Werner OGRIS, Fahrnis, Fahrnhabe, in: ²HRG, Bd. 1. Berlin 2008, Sp. 1474–1477.

Thomas OLECHOWSKI, Aussteuer, in: ²HRG, Bd. 1. Berlin 2008, Sp. 384–386.

OLTVAI Ferenc, Szeged múltja írott emlékekben 1222–1945 [Die Vergangenheit von Szeged im Spiegel von Schriftdenkmälern]. Szeged 1968.

Charles T. ONIONS [u. a.] (Hrsg.), The Oxford dictionary of English etymology. Oxford [u. a.] 1966.

Ulrich-Dieter OPPITZ, Deutsche Rechtsbücher des Mittelalters, Bd. 1: Beschreibung der Rechtsbücher, Bd. 2: Beschreibung der Handschriften. Köln, Wien 1990.

Ulrich-Dieter OPPITZ, Auctor vetus de beneficiis, in: ²HRG, Bd. 1. Berlin 2008, Sp. 326 f.

Stefan PÄTZOLD, Von der Domschule zu den Studia der Bettelorden. Bildung und Wissenschaft im mittelalterlichen Magdeburg, in: Mitteldeutsches Jahrbuch für Kultur und Geschichte 9 (2002), S. 49–64.

Mária PAPSONOVÁ, Ilpo Tapani PIIRAINEN, Das Recht der Spiš/Zips. Texte und Untersuchungen zum Frühneuhochdeutschen in der Slowakei, 2 Bde. Oulu 1992. (= Universität Oulu. Veröffentlichungen des Germanistischen Instituts. 8).

Mária PAPSONOVÁ, Das Magdeburger Recht und das Silleiner Rechtsbuch. Wörterbuch zur deutschsprachigen Vorlage des Landrechts (1378) und zu ihrer Übersetzung (1473). Frankfurt am Main 2003. (= Regensburger Beiträge zur deutschen Sprach- und Literaturwissenschaft. Reihe B. Untersuchungen. 84).

PATAKI FŰSÜS János, Kiralyoknak tüköre, melyben abrazattyok szépen ragyog és tündöklik, az fejedelmeknek és egyéb uralkodóknak kedvekért példájúl irattot és formáltatot Pataki Füsüs Janos ungvári praedikátor által az könyvszerzöknek és némely emlekezetes dolgoknak és mondásoknak mutató táblájával egyetemben [Spiegel der Könige ...]. Bartfan 1626.

Carl Wilhelm PAULI, Abhandlungen aus dem Lübischen Rechte, T. 3: Das Erbrecht der Blutsfreunde und die Testamente nach Lübischem Rechte. Lübeck 1841.

PAULINYI Oszkár, A bányajoghatóság centralizációjának első kísérlete Magyarországon [Der erste Versuch der Zentralisation der Bergverwaltung in Ungarn], in: Századok 114,1 (1980), S. 3–21.

PÉCH Antal, Alsó-Magyarország bányamívelésének története [Die Geschichte des Bergbaus von Niederungarn], Bd. I u. II/1. Budapest 1884, 1887.

PÉTER László, A Szegedi Tudományegyetem az 1956-i forradalomban [Die Universität Szeged in der Revolution von 1956], in: Szegedi műhely 40,3–4 (2001), S. 149–176. [Auch erschienen als Kapitel in: PÉTER László, 1956 előtt, alatt, után. Szeged 2006, S. 35–72].

PÉTER László, 1956 előtt, alatt, után [Vor, während und nach 1956]. Szeged 2006.

Andreas PETTER, Chronik, in: ²HRG, Bd. 1. Berlin 2008, Sp. 843–849.
Paul PHILIPPI, Das sächsische Schulwesen Siebenbürgens bis zum 17. Jahrhundert, in: Walter KÖNIG (Hrsg.), Beiträge zur Siebenbürgischen Schulgeschichte. (= Siebenbürgisches Archiv. 3/32). Köln [u. a.] 1996, S. 127–139.
Ilpo Tapani PIIRAINEN, Das Stadtrechtsbuch von Sillein. Einleitung, Edition und Glossar. Berlin, New York 1972. (= Quellen und Forschungen zur Sprach- und Kulturgeschichte der germanischen Völker. N. F. 46/170).
Ilpo Tapani PIIRAINEN, Das Iglauer Bergrecht nach einer Handschrift aus Schemnitz. Untersuchungen zum Frühneuhochdeutschen in der Slowakei. Heidelberg 1980. (= Studien zum Frühneuhochdeutschen. 4).
Ilpo Tapani PIIRAINEN, Das Stadt- und Bergrecht von Kremnica/Kremnitz. Heidelberg 1983. (= Studien zum Frühneuhochdeutschen. 7).
Ilpo Tapani PIIRAINEN, Das Stadt- und Bergrecht von Banská Štiavnica/Schemnitz. Untersuchungen zum Frühneuhochdeutschen in der Slowakei. Oulu 1986. (= Universität Oulu. Veröffentlichungen des Germanistischen Instituts. 6).
Ilpo Tapani PIIRAINEN, Das Schlüsselrechtsbuch der Stadt Leutschau/Levoča. Ein Beitrag zum Frühneuhochdeutschen in der Slowakei, in: Der Ginko Baum. Germanistisches Jahrbuch für Nordeuropa 13 (1995), S. 290–297.
Ilpo Tapani PIIRAINEN, Arne ZIEGLER, Collectanea Allerley Nutzlicher vnnd Nothwendiger Regeln des Rechtens. Ein deutsches Rechtsbuch aus dem Jahre 1628 aus der Slowakei. Leutschau/Levoča 1995.
Ilpo Tapani PIIRAINEN, Das Wissbuch der Stadt Leutschau/Levoča. Ein Beitrag zum Frühneuhochdeutschen in der Slowakei, in: Südostdeutsches Archiv 38/39 (1995/1996), S. 32–40.
Ilpo Tapani PIIRAINEN, Das Malefitz-Buch der Stadt Leutschau/Levoča aus den Jahren 1550–1643. Der Übergang zu einem vereinheitlichten Neuhochdeutsch in Sprachinseln der Slowakei, in: Südostdeutsches Archiv 38/39 (1997/1998), S. 133–146.
Ilpo Tapani PIIRAINEN, Arne ZIEGLER, Das älteste Gerichtsbuch der Stadt Käsmark/Kežmarok aus den Jahren 1533–1553. Leutschau/Levoča 1998.
Ilpo Tapani PIIRAINEN, Liber causarum der Stadt Leutschau/Levoča 1585–1599. Übergang zu einem vereinheitlichten Neuhochdeutsch in einer Sprachinsel der Slowakei, in: Neuphilologische Mitteilungen 100 (1999), S. 301–308.
Ilpo Tapani PIIRAINEN, Nachträge zum Zipser Recht. Die Handschrift 14 und 15 der Zipser Willkür. Leutschau/Levoča 2001.
Ilpo Tapani PIIRAINEN, Das Rechtsbuch der XI Zipser Städte. Rechtliches, Medizinisches und Sprachliches aus einer frühneuhochdeutschen Handschrift aus der Slowakei. Leutschau/Levoča 2003.
Ilpo Tapani PIIRAINEN, Auswirkungen des Magdeburger Rechts auf die Gesetzgebung des Spätmittelalters und der Frühen Neuzeit in der Slowakei, in: Ernst EICHLER, Heiner LÜCK (Hrsg.), Rechts- und Sprachtransfer in Mittel- und Osteuropa. Sachsenspiegel und Magdeburger Recht. Internationale und interdis-

ziplinäre Konferenz in Leipzig vom 31. Oktober bis 2. November 2003. (= IVS SAXONICO-MAIDEBVRGENSE IN ORIENTE. 1). Berlin 2008, S. 182–205.

Ilpo Tapani PIIRAINEN, „Ohne Sprache gibt es kein Recht". Überlegungen zu Geschichte, Kultur und Recht anhand einer Handschrift des Kaiserrechts aus dem Jahre 1449 in der Universitätsbibliothek Wrocław/Breslau, in: Stanisław PRĘDOTA, Andrea RUDOLPH (Hrsg.), Der Worte Echo im Spiegel der Sprache. Festschrift für Maria Katarzyna Lasatowicz. Berlin 2011, S. 43–57.

Heikki PIHLAMAJAMÄKI, Europäische Rechtskultur? Rechtskommunikation und grenzüberschreitende Einflüsse in der Frühen Neuzeit, in: ClioThemis. Revue électronique d'histoire du droit 2 (2009). ⟨http://www.cliothemis.com/Europaische-Rechtskultur⟩ (Abfragedatum: 15.05.2014).

Johann Julius Wilhelm PLANCK, Das Deutsche Gerichtsverfahren im Mittelalter. Nach dem Sachsenspiegel und den verwandten Rechtsquellen, Bd. 1 u. 2. Braunschweig 1879.

Hans PLANITZ, Grundzüge des deutschen Privatrechts. 3., umgearb. Aufl. Berlin [u. a.] 1949. (= Enzyklopädie der Rechts- und Staatswissenschaft. Abteilung Rechtswissenschaft. 5).

Hans PLANITZ, Die deutsche Stadt im Mittelalter. Von der Römerzeit bis zu den Zunftkämpfen. Graz 1954.

Hans PLANITZ, Karl August ECKHARDT, Deutsche Rechtsgeschichte. Von der 2. Aufl. an bearb. von Karl August ECKHARDT. 3., erg. Aufl. Graz, Köln 1971.

Willibald M[aria] PLÖCHL, Kirchenrecht, katholisches, in: HRG, Bd. 2. Berlin 1978, Sp. 771–775.

Theodore Frank Thomas PLUCKNETT, A concise history of the common law. 5. Aufl. London 1956. [4., überarb. u. erw. Aufl. London 1948].

Dieter PÖTSCHKE (Hrsg.), Rolande, Kaiser und Recht. Zur Rechtsgeschichte des Harzraums und seiner Umgebung. Berlin 1999. (= Harz-Forschungen. 11).

Dieter PÖTSCHKE (Hrsg.), Stadtrecht, Roland und Pranger. Zur Rechtsgeschichte von Halberstadt, Goslar, Bremen und Städten der Mark Brandenburg. Berlin 2002. (= Harz-Forschungen. 14).

Dieter PÖTSCHKE (Hrsg.), vryheit do ik ju openbar …. Rolande und Stadtgeschichte. Berlin, Wernigerode 2007. (= Harz-Forschungen. 23).

POKOL Béla, Középkori és újkori jogtudomány. Az európai jogi gondolkodás fejlődése [Mittelalterliche und neuzeitliche Rechtswissenschaft. Die Entwicklung des juristischen Denkens in Europa]. Budapest, Pécs 2008.

PÓLAY Elemér, A pandektisztika és hatása a magyar magánjog tudományára [Der Einfluss der Pandektistik auf die Wissenschaft des ungarischen Privatrechts]. Szeged 1976. [Das ist: Acta Juridica et Politica 23,6 (1976)].

PRÁGAY András, Fejedelmeknek serkentő órája, azaz Marcus Aurelius császárnak életéről Guevarai Antaltól irattatot három könyvek, mellyeket deák nyelvre forditot Wanckelius János, most penig első és harmadik könyveit magyar nyelven tolmacslotta [Angeregte Stunde der Könige …]. Bártfa 1628.

RADICS Kálmán, RÁCZ István (Bearb.), DVJ 1591/92. Debrecen 1998. (= A Hajdú-Bihar Megyei Levéltár forráskiadványai. 30).

Martyn C. RADY, Medieval Buda. A Study of Municipal Government and Jurisdiction in the Kingdom of Hungary. New York 1985. (= East European Monographs. 182).

Julia RADZISZEWSKA, Studia z dziejów ustroju Spišza [Studien zur Geschichte der Struktur der Zips]. Katowice 1969.

Józef RECZEK, Wacław TWARDZIK, Najstarsze staropolskie tłumaczenie Ortyli magdeburskich. Według rękopisu Nr 50 Biblioteki Zakładu Narodowego im. Ossolińskich [Die älteste altpolnische Übersetzung des Magdeburger Rechts, nach der Handschrift Nr. 50 der Ossolineum-Nationalbibliothek], Bd. 2: Transliteracja i transkrypcja tekstu [Transliteration und Transkription des Textes], Bd. 3: Indeks frekwencyjny i wyrazów [Wortindex mit Angabe der Frequenz]. Wrocław [u. a.] 1972. (= Komitet Jezykoznawstwa Polskiej Akademii Nauk. Wydawnictwa źródłowe).

Oswald REDLICH, Rudolf von Habsburg. Das Deutsche Reich nach dem Untergange des alten Kaisertums. Neudr. d. Ausg. Innsbruck 1903. Aalen 1965.

Henri REGNAULT, Manuel d'histoire du droit français. Paris 1947.

Georgius REISZNER, Commentatio succincta ad jus statutarium Saxonum in Transylvania. Opus posthumum. Una cum textu originali latino locis debitis inserto, ut et versione eiusdem Germanica in fine commentationis annexa; [...] cura filii sui Joannis Georgii Reiszner de Reiszenfels, Lipsiae, 1744.

REIZNER János, Szeged története [Geschichte der Stadt Szeged], Bd. 4. Szeged 1900.

RELKOVIĆ Néda Davori, Buda város jogkönyve [Das Rechtsbuch der Stadt Ofen]. Budapest 1905.

RELKOVIĆ Néda Davori, A budai jogkönyv (Ofner Stadtrecht) harmadik kézirata a Fővárosi Könyvtárban [Die dritte Handschrift des Ofner Stadtrechts in der Budapester Stadtbibliothek], in: Fővárosi Könyvtár Évkönyve 11 (1941), S. 121–141.

RÉSÖ ENSEL Sándor, Az esküdtszék Magyarországon [Die Jury in Ungarn]. Pest 1867.

Henry Gerald RICHARDSON, George Osborne SAYLES, Law and Legislation from Aethelberht to Magna Carta. Edinburgh 1966. (= Edinburgh University publications: History, philosophy and economics. 20).

Emil Ludwig RICHTER, Emil FRIEDBERG (Hrsg.), Corpus iuris canonici. Editio Lipsiensis secunda, Bd. 1: Decretum Magistri Gratiani. Reprint d. Ausg. Leipzig 1922. Frankfurt am Main 2007.

Adolph Friedrich RIEDEL (Hrsg.), Codex diplomaticus Brandenburgensis. Sammlung der Urkunden, Chroniken und sonstigen Quellenschriften für die Geschichte der Mark Brandenburg und ihrer Regenten, Bd. 1,9. Berlin 1849.

Werner RÖSENER, Bauern im Mittelalter. Sozialgeschichtliche Untersuchung zum Wandel bäuerlicher Lebensverhältnisse. München 1985.

Werner RÖSENER, Die Geschichte der Jagd. Kultur, Gesellschaft und Jagdwesen im Wandel der Zeit. Düsseldorf, Zürich 2004.

Emil Franz RÖSSLER (Hrsg.), Die Stadtrechte von Brünn aus dem XIII. u. XIV. Jahrhundert, nach bisher ungedruckten Handschriften. Prag 1852. (= Deutsche Rechtsdenkmäler aus Böhmen und Mähren. 2).

Stephen ROBERTS, Jury Vetting in the Seventeenth Century, in: History today 32,2 (1982), S. 25–29.

Hinrich RÜPING, Günther JEROUSCHEK, Grundriss der Strafrechtsgeschichte. 5. Aufl. München 2007. (= Schriftenreihe der Juristischen Schulung. 73). [4., völlig überarb. Aufl. München 2002].

Mariella RUMMEL, Die rechtliche Stellung der Frau im Sachsenspiegel-Landrecht. Frankfurt am Main [u. a.] 1987. (= Germanistische Arbeiten zu Sprache und Kulturgeschichte. 10).

RUSZOLY József, [Rezension] Pozsonyi könyv a tárnoki jogról [Ein Pressburger Buch über das Tavernikalrecht], in: Magyar jog 34,7–8 (1987), S. 696–697.

RUSZOLY József, Európa jogtörténete. Az „újabb magánjogtörténet“ Közép- és Nyugat-Európában [Die Rechtsgeschichte Europas. Die „neuere Privatrechtsgeschichte“ in Mittel- und Westeuropa]. Budapest 1996.

RUSZOLY József, Egy lappangó jegyzőkönyv nyomában [Auf der Spur eines versteckten Protokolls], in: Szegedi Műhely 41,1–2 (2002), S. 60–86.

RUSZOLY József, Újabb magyar alkotmánytörténet 1848–1849. Válogatott tanulmányok [Neuere Verfassungsgeschichte 1848–1849. Ausgewählte Abhandlungen]. Budapest 2002.

RUSZOLY József, A középkortól a jelenkorig. Tudóstársasági számadás a szegedi jogtörténeti tanszékről (1988–2004) [Vom Mittelalter bis zur Gegenwart. Ein Bericht über den Lehrstuhl für Rechtsgeschichte von Szeged für die Ungarische Akademie der Wissenschaften (1988–2004)], in: Szeged. A Város folyóirata 16,12 (2004), S. 6–13.

RUSZOLY József, Európa alkotmánytörténete. Előadások és tanulmányok középkori és újkori intézményekről [Europas Verfassungsgeschichte. Vorträge und Studien über mittelalterliche und neuzeitliche Institutionen]. Budapest 2005. (= A szegedi tudományegyetem jogtörténeti tanszékének tansegédletei. 12).

RUSZOLY József, A magyar Sachsenspiegel-hez [Zum ungarischen Sachsenspiegel], in: Századok 140,2 (2006), S. 483–496.

RUSZOLY József, Ein Leben für die Rechtsgeschichte. Zum Lebenswerk von György Bónis (1914–1985), in: Gábor MÁTHÉ, Barna MEZEY (Hrsg.), Rechtsgeschichtliche Studien. Beiträge zur Institutionsentwicklung in der ungarischen Rechtsgeschichte. Passau, Budapest 2008, S. 62–66.

RUSZOLY József, Ein Leben für die Rechtsgeschichte. Zum Lebenswerk von György Bónis, in: DERS., Beiträge zur neueren Verfassungsgeschichte. (Ungarn und Europa). (= Ungarische Rechtshistoriker). Budapest 2009, S. 604–622.

RUSZOLY József, Egy élet a jogtörténetért. Bónis György pályafutásáról [Ein Leben für die Rechtsgeschichte. Zum Lebenswerk von György Bónis], in: Lajos RÁCZ (Hrsg.), Jurisprudentia splendidissima. Tanulmányok Nagyné Szegvári Katalin tiszteletére. (= Bibliotheca Iuridica. Libri amicorum. 37/Acta Wenzeliana. 8). Budapest 2010, S. 191–203.

RUSZOLY József, Európai jog- és alkotmánytörténelem [Europäische Rechts- und Verfassungsgeschichte]. Szeged 2011. (= Opera Iurisprudentiae. 1).

RUSZOLY József, Laudatio dr. Blazovich László egyetemi tanárról, az Eike-von-Repgow-Preis 2010. évi kitüntetettjéről [Laudatio zur Verleihung des Eike-von-Repgow-Preises an den Hochschullehrer Dr. László Blazovich], in: Jogtörténeti Szemle [13], 2 (2011), S. 68–70.

RUSZOLY József, Egy élet a jogtörténetért. Bónis György pályafutásáról – külföldieknek [Ein Leben für die Rechtsgeschichte. Zum Lebenswerk von György Bónis], in: Szeged. A Város folyóirata 25,11 (2013), S. 82–85.

RUSZOLY József, Laudatio 2010 – *Blazovich Lászlóról Magdeburgban* [Laudatio 2010 – László Blazovich in Magdeburg, in: BALOGH Elemér, HOMOKI-NAGY Mária (Hrsg.), Ünnepi kötet Dr. Blazovich László egyetemi tanár. 70. születésnapjára. Festschrift für Prof. Dr. Blazovich zum 70. Geburtstag. Szeged 2013, S. 11–19. [Das ist: Acta juridica et politica 75 (2013)].

Stefan Christoph SAAR, Witwe, in: HRG, Bd. 5. Berlin 1998, Sp. 1472–1479.

Stefan Christoph SAAR, Ehe – Scheidung – Wiederheirat. Zur Geschichte des Ehe- und des Ehescheidungsrechts im Frühmittelalter (6.–10. Jahrhundert). Münster, Hamburg, London 2002. (= Ius vivens: Abteilung B, Rechtsgeschichtliche Abhandlungen. 6).

Stanisław SALMONOWICZ, Die neuzeitliche europäische Kodifikation (16.–17. Jahrhundert). Die Lehre und ihre Verwirklichung, in: Acta Poloniae historica 37 (1978), S. 29–69.

Frank Ludwig SCHÄFER, Juristische Germanistik. Eine Geschichte der Wissenschaft vom einheimischen Privatrecht. Frankfurt am Main 2008. (= Juristische Abhandlungen. 51).

Ulrich SCHARNOW (Hrsg.), Lexikon der Seefahrt. 4., bearb. Aufl. Berlin 1976.

Johann Georg SCHASER, De jure Flandrensi Saxonum Transsilvanorum. Dissertatio, quam pro loco inter Professores Gymnasii Cibin. Aug. Conf. Hermannstadt 1822.

SCHAUREK Ráfael, A hitbér [Die Morgengabe]. Magán- jogi tanulmány. Pécs 1917.

Eugen SCHIFFER, Der Schöffenstuhl zu Magdeburg. Festschrift zur Einweihung des neuen Justizgebäudes in Magdeburg. Magdeburg 1905.

SCHILLER Bódog, Áldomás [Leikauf], in: DEZSŐ Márkus (Hrsg.), Magyar Jogi Lexikon [Ungarisches Juristisches Lexikon], Bd. 1. Budapest 1898, S. 390–392.

Hans SCHLOSSER, Auctor vetus de beneficiis, in: HRG, Bd. 1. Berlin 1971, Sp. 246 f.

Hans SCHLOSSER, Grundzüge der neueren Privatrechtsgeschichte. Rechtsentwicklungen im europäischen Kontext. 10., völlig neu bearb. u. erw. Aufl. Heidelberg 2005.

Eberhard SCHMIDT, Einführung in die Geschichte der deutschen Strafrechtspflege. 3., völlig durchgearb. u. veränd. Aufl. Göttingen 1965. (= Jurisprudenz in Einzeldarstellungen. 1).

Franz Anton SCHMIDT (Bearb.), Chronologisch-Systematische Sammlung der Berggesetze der Österreichischen Monarchie. Zweite Abtheilung: Chronologisch-Systematische Sammlung der Berggesetze der Königreiche: Ungarn, Dalmatien, Slavonien und des Großfürstenthumes Siebenbürgen, Bd. 1: Vom Jahre 1053 bis 1564, Bd. 2: Vom Jahre 1565 bis 1578, Bd. 3: Vom Jahre 1579 bis 1606, Bd. 7: Vom Jahre 1741 bis 1748, Bd. 19: Vom Jahre 1795 bis 1806. Wien 1834 u. 1837.

SCHMIDT József, Budai Jogkönyv [Ofner Stadtrecht], in: KŐSZEGHY Péter (Hrsg.), Magyar Művelődéstörténeti Lexikon. Középkor és kora újkor [Ungarisches kulturgeschichtliches Lexikon. Mittelalter und Frühe Neuzeit], Bd. 1: Aachen-Bylica. Budapest 2003, S. 465–467.

Rudolf SCHMIDT (Hrsg.), Statutum civitatis Ilok anno MDXXV / Statut grada Iloka iz godine 1525. Zagreb 1938. (= Monumenta historico-juridica Slavorum meridionalium. 12).

Adrian SCHMIDT-RECLA, Kalte oder warme Hand? Verfügungen von Todes wegen in mittelalterlichen Referenzrechtsquellen. Wien [u. a.] 2011. (= Forschungen zur deutschen Rechtsgeschichte. 29). [Zugl. Universität Leipzig, Habil.-Schr., 2006].

Ruth SCHMIDT-WIEGAND, Kerbholz, in: HRG, Bd. 2. Berlin 1978, Sp. 701–703.

Ruth SCHMIDT-WIEGAND, Text und Bild in den Codices picturati des Sachsenspiegels. Überlegungen zur Funktion der Illustrationen, in: DIES. (Hrsg.), Text – Bild – Interpretation. Untersuchungen zu den Bilderhandschriften des Sachsenspiegels, Bd. 1: Textband. (= Münstersche Mittelalter-Schriften. 55 / I). München 1986, S. 11–31.

Ruth SCHMIDT-WIEGAND, Rechts und links (sprachlich), in: HRG, Bd. 4. Berlin 1990, Sp. 264 f.

Ruth SCHMIDT-WIEGAND, Die Bilderhandschriften des Sachsenspiegels als Quelle der Kulturgeschichte, in: DIES., Dagmar HÜPPNER (Hrsg.), Der Sachsenspiegel als Buch. Vorträge und Aufsätze. (= Germanistische Arbeiten zur Sprach- und Kulturgeschichte. 1). Frankfurt am Main [u. a.] 1991, S. 219–260.

Ruth SCHMIDT-WIEGAND, Sprichwörter und Redensarten aus dem Bereich des Rechts, in: Stephan BUCHHOLZ, Paul MIKAT, Dieter WERKMÜLLER (Hrsg.), Überlieferung, Bewahrung und Gestaltung in der rechtsgeschichtlichen Forschung. Ekkehard Kaufmann zum 70. Geburtstag. Paderborn [u. a.] 1993, S. 277–296.

Ruth SCHMIDT-WIEGAND, Deutsche Rechtsregeln und Rechtssprichwörter. Ein Lexikon. München 1996.

Ruth SCHMIDT-WIEGAND, Deutsche Sprachgeschichte und Rechtsgeschichte bis zum Ende des Mittelalters, in: Werner BESCH, Anne BETTEN, Oskar REICHMANN, Stefan SONDEREGGER (Hrsg.), Sprachgeschichte. Ein Handbuch zur Geschichte der deutschen Sprache und ihrer Erforschung, Bd. 1. 2., vollst. neu bearb. und erw. Aufl. (= Handbücher zur Sprach- und Kommunikationswissenschaft 2.1). Berlin, New York 1998, S. 72–87.

Ruth SCHMIDT-WIEGAND, Deutsche Sprachgeschichte und Rechtsgeschichte seit dem Ausgang des Mittelalters, in: Werner BESCH, Anne BETTEN, Oskar REICHMANN, Stefan SONDEREGGER (Hrsg.), Sprachgeschichte. Ein Handbuch zur Geschichte der deutschen Sprache und ihrer Erforschung, Bd. 1. 2., vollst. neu bearb. und erw. Aufl. (= Handbücher zur Sprach- und Kommunikationswissenschaft 2.1). Berlin, New York 1998, S. 87–98.

Ruth SCHMIDT-WIEGAND, Weichbild, in: HRG, Bd. 5. Berlin 1998, Sp. 1209–1212.

Ruth SCHMIDT-WIEGAND, Der Rechtswortschatz im Sachsenspiegel, in: Lothar HOFFMANN, Hartwig KALVERKÄMPER, Herbert Ernst WIEGAND (Hrsg.), Fachsprachen. Ein internationales Handbuch zur Fachsprachenforschung und Terminologiewissenschaft. (= Handbücher zur Sprach- und Kommunikationswissenschaft 14.2). Berlin, New York 1999, S. 2341–2348.

Ruth SCHMIDT-WIEGAND, Sprache zwischen Recht und Gesetz. Mainzer Reichslandfriede und Sachsenspiegel-Prolog im Vergleich, in: Heiner LÜCK, Bernd SCHILDT (Hrsg.), Recht, Idee, Geschichte. Beiträge zur Rechts- und Ideengeschichte für Rolf Lieberwirth anläßlich seines 80. Geburtstages. Köln [u. a.] 2000, S. 135–150.

Ruth SCHMIDT-WIEGAND, Bilderhandschriften, in: ²HRG, Bd. 1. Berlin 2008, Sp. 580–582.

Mathias SCHMOECKEL, „Ein sonderbares Wunderwerck Gottes“. Bemerkungen zum langsamen Rückgang der Ordale nach 1215, in: Ius Commune 26 (1999), S. 123–164.

Mathias SCHMOECKEL, Humanität und Staatsraison. Die Abschaffung der Folter in Europa und die Entwicklung des gemeinen Strafprozeß- und Beweisrechts seit dem hohen Mittelalter. Köln, Weimar, Wien 2000. (= Norm und Struktur. Studien zum sozialen Wandel in Mittelalter und früher Neuzeit. 14).

Mathias SCHMOECKEL, Auf der Suche nach der verlorenen Ordnung. 2000 Jahre Recht in Europa – ein Überblick. Köln 2005.

Uwe SCHNALL, Navigation nach Sicht und Sand, in: Gabriele HOFFMANN, Uwe SCHNALL, Die Kogge. Sternstunden der deutschen Schiffsarchäologie. (= Die Kogge von Bremen. 2/Schriften des Deutschen Schiffahrtsmuseums. 60). Hamburg 2003, S. 34–41.

Franz Xaver SCHNEIDER, Lehrbuch des Bergrechtes. 3., auf Grund des Allgem. Berggesetzes für das Kaiserthum Oesterreich vom 23. Mai 1854 mit Einbeziehung der neuesten österreich. Einzelngesetze und Verordnungen in Bergsachen und mit Rücksicht auf den auch in civilrechtlichen Vorfragen mittlerweile geänderten Standpunkt der Gesetzgebung umgearb. und mit Parallelen aus dem neuesten sächsischen und preußischen Allgemeinen Berggesetze vers. Aufl. Prag 1870.

André SCHNYDER, „Oesterley, Hermann", in: NDB, Bd. 19. Berlin 1999, S. 461.

Clausdieter SCHOTT, Lex Alamannorum, in: HRG, Bd. 2. Berlin 1978, Sp. 1879–1886.

Clausdieter SCHOTT, Lex Alamannorum. Das Gesetz der Alemannen. Text, Übersetzung, Kommentar zum Faksimile aus der Wandalgarius-Handschrift, Codex Sangallensis 731. Augsburg 1993. (= Veröffentlichungen der Schwäbischen Forschungsgemeinschaft Augsburg in Verbindung mit dem Alemannischen Institut. Reihe 5b: Rechtsquellen. 3).

Clausdieter SCHOTT, Deutschenspiegel, in: LexMa, Bd. 3. München [u. a.] 1997, Sp. 767 f.

Rüdiger SCHOTT, Die Funktionen des Rechts in primitiven Gesellschaften, in: Rüdiger LAUTMANN, Werner MAIHOFER, Helmut SCHELSKY (Hrsg.), Die Funktion des Rechts in der modernen Gesellschaft. Bielefeld 1970, Sp. 107–174. [Auch als: Jahrbuch für Rechtssoziologie und Rechtstheorie 1 (1970)].

Jan SCHRÖDER, Zur älteren Genossenschaftstheorie. Die Begründung des modernen Körperschaftsbegriffs durch Georg Beseler, in: Quaderni fiorentini per la storia del pensiero giuridico moderno 11/12 (1982/83), S. 399–459.

Jan SCHRÖDER, Zur Vorgeschichte der Volksgeistlehre. Gesetzgebungs- und Rechtsquellentheorie im 17. und 18. Jahrhundert, in: ZRG GA 109 (1992), S. 1–47.

Richard SCHRÖDER, Lehrbuch der deutschen Rechtsgeschichte. 5., verb. Aufl. Leipzig 1907.

Richard Carl Heinrich SCHRÖDER, Eberhard von KÜNSSBERG, Lehrbuch der deutschen Rechtsgeschichte. 6., verb. Aufl. Berlin [u. a.] 1922.

Gertrud SCHUBART-FIKENTSCHER, Die Verbreitung der deutschen Stadtrechte in Osteuropa. Weimar 1942. (= Forschungen zum deutschen Recht. 4,3).

Friedrich SCHULER VON LIBLOY, Statuta jurium municipalium Saxonum in Transylvania. Das Eigen Landrecht der S. Sachsen, bearbeitet nach seiner legalen Ausbildung als Grundriß für academische Vorlesungen. Hermannstadt 1853.

Friedrich SCHULER VON LIBLOY, Siebenbürgische Rechtsgeschichte, Bd. 1: Äußere Rechtsgeschichte; Bd. 2: Die siebenbürgischen Privatrechte; Bd. 3: Die siebenbürgischen Proceßrechte und das Strafrecht. Hermannstadt 1867–68.

Friedrich SCHULER VON LIBLOY, Bomel, Thomas, in: ADB, Bd. 3. Leipzig 1876, S. 118.

Adolf SCHULLERUS, Zum siebenbürgisch-deutschen Erbrecht, in: Siebenbürgische Vierteljahrsschrift 64 (1941), S. 274 f.

Stefan SCHULZ, Die historische Entwicklung des Rechts an Bienen (§§ 961–964 BGB). Frankfurt am Main [u. a.] 1990. (= Rechtshistorische Reihe. 79).

Reiner SCHULZE, Wittum, in: HRG, Bd. 5. Berlin 1998, Sp. 1469–1472.

Eva SCHUMANN, Zur Rezeption frühmittelalterlichen Rechts im Spätmittelalter, in: Bernd-Rüdiger KERN, Elmar WADLE, Klaus-Peter SCHROEDER, Christian KATZENMEIER (Hrsg.), Humaniora. Medizin – Recht – Geschichte. Festschrift für Adolf Laufs zum 70. Geburtstag. Heidelberg 2006, S. 337–386.

Eva SCHUMANN, „Tiere sind keine Sachen". Zur Personifizierung von Tieren im mittelalterlichen Recht, in: Bernd HERRMANN (Hrsg.), Beiträge zum Göttinger Umwelthistorischen Kolloquium 2008–2009. Göttingen 2009, S. 181–207.

Heinrich Maria SCHUSTER, Das Wiener Stadtrechts- oder Weichbildbuch. Mainz 1873.

Jakob SCHWALM (Hrsg.), Constitutiones et acta publica imperatorum et regum. Inde ab a. MCCLXXIII. usque ad a. MCCXCVIII. Hannover, Leipzig 1904–1906. (= Monumenta Germaniae Historica. Leges 5. Constitutiones et acta publica imperatores et regum 3).

Herbert SCHWARZWÄLDER, Bremen um 1300 und sein Stadtrecht von 1303, in: Konrad ELMSHÄUSER, Adolf E. HOFMEISTER (Hrsg.), 700 Jahre Bremer Recht. 1303–2003. Begleitband zur Ausstellung des Staatsarchivs Bremen 700 Jahre Bremer Recht, 28.11.2003–16.1.2004. (= Veröffentlichungen aus dem Staatsarchiv der Freien Hansestadt Bremen. 66). Bremen 2003, S. 29–45.

Andrea SEIDEL, Ablösung und Verdrängung des Niederdeutschen durch das Hochdeutsche. Eine sprachhistorische Studie am Beispiel der Hallischen Schöffenbücher, in: Werner FREITAG, Andreas RANFT (Hrsg.), Geschichte der Stadt Halle, Bd. 1: Halle im Mittelalter und der Frühen Neuzeit. Halle/Saale 2006, S. 179–192.

Ulrike SEIF *siehe* Ulrike MÜSSIG.

Wolfgang SELLERT, Judicium parium, in: HRG, Bd. 2. Berlin 1978, Sp. 465–467.

Wolfgang SELLERT, Vollbort, in: HRG, Bd. 5. Berlin 1998, Sp. 1023.

Félix SENN, La leçon de la Rome antique sur le fondement de la force obligatoire de la coutume, in: Introduction à l'étude du droit comparé. Recueil d'études en l'honneur d'Edouard Lambert, Bd. 1: Les Aspects, les fonctions et les sources du droit comparé. Paris 1938, S. 218–226.

SERFŐZŐ Lajos (Hrsg.), Szeged története [Die Geschichte von Szeged], Bd. 4: 1919–1944. Szeged 1994.

Wolfram SETZ, Oswald von Anhausen, in: Verfasserlexikon, Bd. 7. Berlin [u. a.] 1989, Sp. 129 f.

Armin SIEBER, Deutsche Fachsprache des Rechts in Mittelalter und Früher Neuzeit, in: Andreas THIER, Guido PFEIFER, Philipp GRZIMEK (Hrsg.), Kontinuitäten und Zäsuren in der Europäischen Rechtsgeschichte. Europäisches Forum

Junger Rechtshistorikerinnen und Rechtshistoriker, München 22.–24. Juli 1998. (= Rechtshistorische Reihe. 196). Frankfurt am Main [u. a.] 1999, S. 149–163.

Heinrich SIEGEL, Das deutsche Erbrecht. Nach den Rechtsquellen des Mittelalters in seinem inneren Zusammenhang dargestellt. Neudr. d. Ausg. Heidelberg 1853. Aalen [1853] 1969.

Heinrich SIEGEL, Die Gefahr vor Gericht und im Rechtsgang. Wien 1866.

Harald SIEMS, Das Lebensbild der Lex Baiuvariorum, in: Hans-Joachim HECKER, Reinhard HEYDENREUTHER, Hans SCHLOSSER (Hrsg.), Rechtssetzung und Rechtswirklichkeit in der bayerischen Geschichte. (= Zeitschrift für bayerische Landesgeschichte. Beiheft, Reihe B. 30). München 2006, S. 29–73.

SÍPOS Árpád, Magyar bányajog, tekintettel a franczia, szász, porosz bányajogokra, a magyar bányatörvényjavaslatra és az újabb igazságügyi reformtervekre [Das ungarische Bergrecht, mit Rücksicht auf die französischen, sächsischen, preußischen Bergrechte, auf den ungarischen Bergrechtsentwurf und die neueren Justizreformpläne]. Nagyvárad 1872.

Katja ŠKRUBEJ, *Ritus gentis* Slovanov v vzhodnih Alpah. Model rekonstrukcije pravnih razmerij na podlagi najstarejšega jezykovnega gradiva [*Ritus gentis* der Slawen in den östlichen Alpen. Modell zur Rekonstruktion der Rechtsverhältnisse auf der Grundlage der ältesten Sprachmaterialien]. Ljubljana 2002.

Słownik staropolski. Pod. red. Stanisława URBAŃCZYKA, T. 1-. Wrocław [u. a.] 1953-.

An SMETS, The Falconry Treatise by Arteloche de Alagona, in: Sabine OBERMAIER (Hrsg.), Tiere und Fabelwesen im Mittelalter. Berlin, New York 2009, S. 55–77.

Jacobus Thomas de SMIDT, Rechtsgewoonten. De gebruiken en plaatselijke gebruiken waarnaar het Burgerlijk Wetboek verwijst. Amsterdam 1954.

SOLYMOSI László, A földesúri járadékok új rendszere a 13. századi Magyarországon [Das neue System der Grundherrenrenten im Ungarn des 13. Jahrhunderts]. Budapest 1998.

Vladimír SPÁČIL, Libuše SPÁČILOVÁ, Míšeňská právní kniha. Historický kontext, jazykový rozbor, edice/Das Meißner Rechtsbuch. Historischer Kontext, linguistische Analyse, Edition. Olomouc 2010.

William Arthur SPECK, Bernard Mandville and the Middlesex Grand Jury, in: Eighteenth-Century Studies 11,3 (1978), S. 362–374.

Goswin SPRECKELMEYER, Zur rechtlichen Funktion frühmittelalterlicher Testamente, in: Peter CLASSEN (Hrsg.), Recht und Schrift im Mittelalter. (= Vorträge und Forschungen. Konstanzer Arbeitskreis für mittelalterliche Geschichte. 23). Sigmaringen 1977, S. 91–113.

Emil STEFFENHAGEN, Die Landrechtsglosse des Sachsenspiegels. Nach der Amsterdamer Handschrift, 1. Teil: Einleitung und Glossenprolog. (= Akademie der Wissenschaften in Wien, phil.-hist. Klasse. Denkschriften. 65,1). Wien 1925.

Doris Mary STENTON, English Justice between the Norman Conquest and the Great Charter. 1066–1215. Philadelphia 1964. (= Memoirs of the American Philosophical Society. 60).

Frank Merry STENTON, Anglo-Saxon England. 2. Aufl. Oxford 1947. (= The Oxford history of England. 2).

Miroslav ŠTEVÍK (Hrsg.), Spiš v 12. a 13. storoci/Spišz w XII i XIII wieku/ Scepus in the 12th and 13th century. Stará Lubovna 2011.

STIPTA István, A középkori német állam- és jogfejlődés [Die mittelalterliche deutsche Staats- und Rechtswirkung], in: Katalin GÖNCZI [u. a.], Egyetemes jogtörténet [Allgemeine Rechtsgeschichte], Bd. 1. 2. Aufl. Budapest 1999, S. 162–176.

István STIPTA, The Main Tendencies of Hungarian Legal Historiography in the 20th Century and its Present Situation, in: Journal on European History of Law 2,1 (2011), S. 72–79.

Otto STOBBE, Geschichte der deutschen Rechtsquellen, Bd. 1. Leipzig 1860. [Neudr. Aalen 1965].

Otto STOBBE, Handbuch des Deutschen Privatrechts, Bd. 2. 2. Aufl. Berlin 1883.

Michael STOLLEIS, Transfer normativer Ordnungen – Baumaterial für junge Nationalstaaten. Forschungsbericht über ein Südosteuropa-Projekt, in: Rechtsgeschichte 20 (2012), S. 72–84.

Jutta STRIPPEL, Zum Verhältnis von Deutscher Rechtsgeschichte und Deutscher Philologie, in: Jörg J. MÜLLER (Hrsg.), unter Mitarb. von Reinhard BEHM, Karl-Heinz GÖTZE, Ulrich SCHULTE-WÜLWER, Jutta STRIPPEL, Germanistik und deutsche Nation 1806–1848. Zur Konstitution bürgerlichen Bewußtseins. Stuttgart, Weimar 1974, S. 113–166.

Stig STRÖMHOLM, Allgemeine Rechtslehre. Eine Einführung. Göttingen 1976.

William STUBBS, The Constitutional History of England. In its Origin and Development, Bd. 1. 5. Aufl. Oxford 1891.

Fritz STURM, Personalitätsprinzip, in: HRG, Bd. 3. Berlin 1984, Sp. 1587–1597.

Donald W. SUTHERLAND, The Assize of Novel Disseisin. Oxford 1973.

Felix SUTSCHEK, Das deutsch-römische Recht der Siebenbürger Sachsen (Eigen-Landrecht). Stuttgart 2000. (= Aus der Rechtsgeschichte Siebenbürgens).

Rudolph von SYDOW, Darstellung des Erbrechts nach den Grundsätzen des Sachsenspiegels, mit Rücksicht auf die verwandten Quellen. Berlin 1828.

SZABÓ Miklós, TONK Sándor, Erdélyiek egyetemjárása a korai újkorban 1521–1700 [Siebenbürger an den Universitäten der Frühen Neuzeit 1521–1700]. Szeged 1992. (= Fontes rerum Scholasticarum. 4).

SZABÓ Béla, Előtanulmány a magyarországi joghallgatók külföldi egyetemeken a XVI-XVIII. században készített disputatióinak (disszertációinak) elemzéséhez [Vorstudie zur Auswertung der Dissertationen der Jurastudenten aus Ungarn zwischen dem 16.–18. Jahrhundert], in: Publicationes Universitatis Miskolciensis. Sectio Jurisdica et Politica 8,5 (1993), S. 79–154.

SZABÓ Béla, Die Rezeption des römischen Rechts bei den Siebenbürger Sachsen, in: Publicationes Universitatis Miskolciensis, Sectio Juridica et Politica 9, Fasc. 1–13 (1994), S. 173–194.

SZABÓ Béla, Johannes Honterus (1498–1549), in: HAMZA Gábor (Hrsg.), Magyar Jogtudósok [Ungarische Rechtsgelehrte], Bd. I. Budapest 1999, S. 13–40.

SZABÓ Béla, Sachsen in Ungarn und ihr Rechtsleben im Mittelalter und der frühen Neuzeit. Forschungsstand und Möglichkeiten in der Erforschung der Rechtsverhältnisse der Zipser und der Siebenbürger Sachsen, in: Adrian SCHMIDT-RECLA, Eva SCHUMANN, Frank THEISEN (Hrsg.), Sachsen im Spiegel des Rechts. Ius commune propriumque. Köln [u. a.] 2001, S. 95–114.

SZABÓ Béla, Az erdélyi szászok büntetőjogának kapcsolata a jusztiniánuszi és a birodalmi német büntetőszabályokkal [Beziehung zwischen dem Strafrecht der Siebenbürger Sachsen und den justinianischen und deutschen Strafbestimmungen], in: Collectio iuridica Universitatis Debreceniensis 5 (2005), S. 137–177.

SZABÓ Béla, Magyarországiak politica-disputatiói nyugat-európai egyetemeken a 17. században [Staatsrechtliche Disputationen an westeuropäischen Universitäten von Studenten aus Ungarn im 17. Jahrhundert], in: PÉNZES Ferenc, RÁCZ Sándor, TÓTH-MATOLCSI László (Hrsg.), A szabadság felelőssége. Írások a 65 éves Dénes Iván Zoltán tiszteletére. Debrecen 2011, S. 276–308.

SZALAY Emőke P. (Bearb.), DVJ 1555/56. Debrecen 1983. (= A Hajdú-Bihar Megyei Levéltár forráskiadványai. 6).

SZALAY Emőke P. (Übers.), KOMORÓCZY György (Bearb.), DVJ 1556/57. Debrecen 1983. (= A Hajdú-Bihar Megyei Levéltár forráskiadványai. 7).

SZALAY Emőke P. (Übers.), KOMORÓCZY György (Bearb.), DVJ 1564/65. Debrecen 1985. (= A Hajdú-Bihar Megyei Levéltár forráskiadványai. 10).

SZALAY Emőke P. (Übers.), KOMORÓCZY György (Bearb.), DVJ 1565/66. Debrecen 1985. (= A Hajdú-Bihar Megyei Levéltár forráskiadványai. 12).

SZALAY Emőke P. (Übers.), KOMORÓCZY György (Bearb.), DVJ 1566/67. Debrecen 1985. (= A Hajdú-Bihar Megyei Levéltár forráskiadványai. 13).

SZALAY Emőke P. (Übers.), KOMORÓCZY György (Bearb.), DVJ 1567/68. Debrecen 1986. (= A Hajdú-Bihar Megyei Levéltár forráskiadványai. 15).

SZALAY Emőke P. (Übers.), KOMORÓCZY György (Bearb.), DVJ 1568/69. Debrecen 1986. (= A Hajdú-Bihar Megyei Levéltár forráskiadványai. 16).

SZALAY Emőke P., RÁCZ István (Bearb.), DVJ 1570. Debrecen 1988. (= A Hajdú-Bihar Megyei Levéltár forráskiadványai. 18).

SZALAY Emőke P., RÁCZ István (Bearb.), DVJ 1571. Debrecen 1989. (= A Hajdú-Bihar Megyei Levéltár forráskiadványai. 19).

SZALAY Emőke P., RÁCZ István (Bearb.), DVJ 1575. Debrecen 1994. (= A Hajdú-Bihar Megyei Levéltár forráskiadványai. 24).

SZALAY Emőke P., RÁCZ István (Bearb.), DVJ 1576/86. Debrecen 1995. (= A Hajdú-Bihar Megyei Levéltár forráskiadványai. 25).

SZALAY Emőke P., RÁCZ István (Bearb.), DVJ 1587/88. Debrecen 1996. (= A Hajdú-Bihar Megyei Levéltár forráskiadványai. 26).

SZÁNTÓ György Tibor, Anglia története [Geschichte Englands]. Budapest 1994.

SZÁSZY-SCHWARZ Gusztáv, Parerga. Vegyes jogi dolgazatok [Parerga. Diverse Rechtsarbeiten]. Budapest 1912.

SZÁSZY István, Werbőczy és a magyar magánjog [Werbőczy und das ungarische Privatrecht], in: BALÁS P. Elemér, CSEKEY István, SZÁSZY István, BÓNIS György, Werbőczy István. Egyetemi tanárok előadásai a Jog- és Államtudományi Kar Werbőczy halálának 400 éves évfordulója alkalmából rendezett ünnepélyén, a Tripartitum bibliográfiájával. (= Acta Juridico-Politica. 2). Kolozsvár 1941, S. 45 S.

SZÉCSÉNYI-NAGY Kristóf, Az athéni demokrácia alkotmányos biztosítékai a Kr. e. V. században. Az ostrakismos (cserépszavazás) és a graphé paranomón (törvényellenességi közvád) [Die Verfassungssicherungen der athenischen Demokratie. Ostrakismos (Scherbengericht) und graphé paranomón (öffentliche Klage im Falle von Gesetzeswidrigkeit)], in: Studia Collegii de Stephano Bibó Nominati 2 (2001), S. 9–23.

SZENDE Katalin, A magyarországi városi végrendeletek helye az európai joggyakorlatban. A középkori Sopron, Pozsony és Eperjes példája [Zur Rolle der städtischen Testamente Ungarns in der Rechtspraxis Europas. Am Beispiel von Ödenburg, Pressburg und Eperies], in: Soproni Szemle 4 (1999), S. 343–356.

SZENDE Katalin, Otthon a városban. Társadalom és anyagi kultúra a középkori Sopronban Pozsonyban és Eperjesen [Zu Hause in der Stadt. Soziale und Sachkultur im mittelalterlichen Ödenburg, Pressburg und Eperies]. Budapest 2004. (= Társadalom- és mővelődéstörténeti tanulmányok. 32).

SZENDINÉ ORVOS Erzsébet, RÁCZ István (Bearb.), DVJ 1606/07. Debrecen 2002. (= A Hajdú-Bihar Megyei Levéltár forráskiadványai. 35).

SZENDINÉ ORVOS Erzsébet, RÁCZ István (Bearb.), DVJ 1608/09. Debrecen 2005. (= A Hajdú-Bihar Megyei Levéltár forráskiadványai. 36).

SZINNYEI József, Magyar írók élete és munkái [Leben und Werk ungarischer Schriftsteller], Bd. 1–14. Budapest 1891–1914. [Auch als Online-Ressource verfügbar: ⟨http://mek.niif.hu/03600/03630/html/index.htm⟩ – Abfragedatum: 15.11.2013].

SZLADITS Károly, A magyar magánjog vázlata [Das Schema vom ungarischen Privatrecht], Bd. 1. Budapest 1933.

SZLEMENICS Pál, Elementa juris civilis Hungarici, Bd. 1. Posonium 1817.

SZŰCS Jenő, Városok és kézművesség a 15. századi Magyarországon [Städte und Handwerk in Ungarn des 15. Jahrhunderts]. Budapest 1955.

Publius Cornelius TACITUS, Germania. Interpretiert, hrsg., übertr., kommentiert u. mit e. Bibliogr. vers. von Allan A. LUND. Heidelberg 1988.

TAMÁSI-TÓTH Zsuzsa, Nők a soproni bírósági könyvben [Frauen im Ödenburger Gerichtsbuch], in: RÉVÉSZ Éva, HALMÁGYI Miklós (Hrsg.), Középkortörténeti tanulmányok. Az V. Medievisztikai PhD-konferencia (Szeged, 2007. június 7–8.) előadásai. Szeged 2007, S. 183–189.

Ditlev TAMM, The Danish code of 1683. An early European code in an international context, in: Scandinavian Studies in Law 28 (1984), S. 163–180.

[TANDI Lajos], A helyi értéktől az egyetemességig. Az idei díszpolgár dr. Blazovich László [Von der Lokalität bis zur Universalität. László Blazovich ist der Ehrenbürger dieses Jahres], in: Szeged. A Város folyóirata 22,5 (2010), S. 15–17.

Giovanni TARELLO, Storia della cultura giuridica moderna, Bd. 1: Assolutismo e codificazione del diritto. Bologna 1976. (= Collezione di testi e di studi. Diritto).

TÁRKÁNY SZŰCS Ernő, Mártély népi jogélete [Das völkische Rechtsleben in Mártély]. Kolozsvár 1944. (= Régi magyar jog. 1).

TÁRKÁNY SZŰCS Ernő, Magyar jogi népszokások [Ungarische Rechtstraditionen]. Budapest 1981.

Gunther TEUBNER, Rechtsirritationen. Der Transfer von Rechtsnormen in rechtssoziologischer Sicht, in: Jürgen BRAND, Dieter STREMPEL (Hrsg.), Soziologie des Rechts. Festschrift Erhard Blankenburg. Baden-Baden 1998, S. 233–244.

Gunther TEUBNER, Rechtsirritationen. Zur Koevolution von Rechtsnormen und Produktionsregimes, in: Günter DUX, Frank WELZ (Hrsg.), Moral und Recht im Diskurs der Moderne. Zur Legitimation gesellschaftlicher Ordnung. Opladen 2001, S. 351–380.

Friedrich TEUTSCH, Siebenbürgisch-deutsche Altertümer, in: Korrespondenzblatt des Vereins für siebenbürgische Landeskunde 6 (1883), S. 17–19, 49 f., 73–75.

Georg Daniel TEUTSCH, Honter: Johannes H. oder Honterus, in: ADB, Bd. 13. Leipzig [u. a.] 1883, S. 78–83. [Auch als Online-Ressource verfügbar: ⟨http://www.deutsche-biographie.de/ppn118553445.html?anchor=adb⟩ – Abfragedatum: 16.03.2014].

Gerhard THEUERKAUF, Lex, Speculum, Compendium Iuris. Rechtsaufzeichnung und Rechtsbewusstsein in Norddeutschland vom 8. bis zum 16. Jahrhundert. Köln, Graz 1968.

Andreas THIER, Corpus Iuris Canonici, in: ²HRG, Bd. 1. Berlin 2008, Sp. 894–901.

TIMON Ákos, Ungarische Verfassungs- und Rechtsgeschichte. Mit Bezug auf die Rechtsentwicklung der westlichen Staaten. Nach der 3., verm. Aufl. übersetzt von Felix Schiller, 2., verm. Aufl. Berlin 1909.

TIMON Ákos, Magyar alkotmány- és jogtörténet [Ungarische Verfassungs- und Rechtsgeschichte]. Budapest 1919.

Stephen Charles TODD, Lady Chatterley's lover and the Attic orators. The social composition of the Athenian jury, in: Journal of Hellenic Studies 110 (1990), S. 146–173.

Ferdinand TÖNNIES, Reichshandbuch der Deutschen Gesellschaft. Das Handbuch der Persönlichkeiten in Wort und Bild, 2 Bde. Berlin 1930–1931.

Történelmi világatlasz [Historischer Weltatlas]. Budapest 2001.

Johann Adolf TOMASCHEK, Der Oberhof Iglau in Mähren und seine Schöffensprüche aus dem XIII. u. XIV. Jahrhundert. Aus mehreren Handschriften herausgegeben und erläutert. Innsbruck 1868.

Johann Adolf TOMASCHEK (Bearb.), Die Rechte und Freiheiten der Stadt Wien, Bd. 1. Hrsg. im Auftr. des Gemeinderates der Kais. Haupt- u. Residenzstadt Wien von Karl WEISS. Wien 1877. [Geschichts-Quellen der Stadt Wien, 1. Abt.].

Johann Adolf TOMASCHEK, Deutsches Recht in Österreich im XIII. Jahrhundert auf Grundlage des Stadtrechts von Iglau. Wien 1859.

TONK Sándor, SZABÓ Miklós, Erdélyiek egyetemjárása a középkor és a koraújkor folyamán [Universitätsbesuch von Siebenbürgern im Mittelalter und in der frühen Neuzeit], in: BÉKÉSI Imre (Hrsg.), Régi és új peregrináció. Magyarok külföldön, külföldiek Magyarországon, Bd. 1. Budapest, Szeged 1993, S. 491–507.

Günther TONTSCH, Dispoziţiile penale ale statutelor municipale saseşti din anul 1583 [Strafverordnungen der sächsischen städtischen Statuten aus dem Jahre 1583], in: Studia Universitatis Babeş-Bolyai. Series iurisprudentia. 18 (1972), S. 81–95.

TÓTH Péter G., Csanád mezőváros polgárainak 1427. évi privilégiuma [Das Privileg der Bürger von Csanád im Jahre 1427], in: ALMÁSI Tibor (Hrsg.), „Fons, skepsis, lex". Ünnepi tanulmányok a 70 esztendős Makk Ferenc tiszteletére. Szeged 2010, S. 128.

THÜR Gerhard, Athén bírósági szervezete a Kr. e. 4. században [Die Gerichtsverfassung von Athen im 4. Jahrhundert v. Chr.], in: JAKAB Éva (Hrsg.), Tanulmányok Dr. Molnár Imre egyetemi tanár 70. születésnapjára. Szeged 2004, S. 369–389. [Das ist: Acta juridica et politica 65,1 (2004)].

Ludwig THÜRING, Für und wider den Sachsenspiegel von seiner Entstehung bis zum 19. Jahrhundert. Erlangen 1941. [Diss. jur. (masch.)].

Joseph TRAUSCH, Schriftsteller-Lexikon oder biographisch-literärische Denk-Blätter der Siebenbürger Deutschen, Bd. 1. Kronstadt, Hermannstadt 1868.

Winfried TRUSEN, Anfänge des gelehrten Rechts in Deutschland. Ein Beitrag zur Geschichte der Frührezeption. Wiesbaden 1962. (= Recht und Geschichte. 1).

Winfried TRUSEN, Strafprozeß und Rezeption. Zu den Entwicklungen im Spätmittelalter und den Grundlagen der Carolina, in: Peter LANDAU, Christian-Friedrich SCHROEDER (Hrsg.), Strafrecht, Strafprozess und Rezeption. Grundlagen, Entwicklung und Wirkung der Constitutio criminalis Carolina. (= Juristische Abhandlungen. 19). Frankfurt am Main 1984, S. 29–118.

Winfried TRUSEN, Die Rechtsspiegel und das Kaiserrecht, in: ZRG GA 102 (1985), S. 12–39.

Winfried TRUSEN, Schwabenspiegel, in: HRG, Bd. 4. Berlin 1990, Sp. 1547–1551.
Ralph V. TURNER, The Origins of the Medieval English Jury: Frankish, English or Scandinavian?, in: Journal of British Studies 7,2 (1968), S. 1–10.
Ralph V. TURNER, Judges, Administrators and the Common Law in Angevin England. London 1994.

Raoul Charles VAN CAENEGEM, Royal Writs in England from the Conquest to Glanvill. Studies in the Early History of the Common Law. London 1959. (= Publications of the Selden Society. 77).
Raoul Charles VAN CAENEGEM, Judges, Legislators and Professors. Chapters in European history. Cambridge 1987.
Govaert C. J. J. VAN DEN BERGH, Wet en gewoonte. Historische grondslagen een dogmatisch Beding. Deventer 1982.
Jacques VANDERLINDEN, Le concept de code en Europe occidentale du XIIIe au XIXe siècle. Essai de définition. Bruxelles 1967.
Sergij VILFAN, Rechtsgeschichte der Slowenen bis zum Jahre 1941. Graz 1968. (= Grazer Rechts- und Staatswissenschaftliche Studien. 21).
André de VINCENZ, Wanderungen von Wörtern. Zu den deutsch-polnischen Sprachkontakten im 19. und 20. Jahrhundert, in: Hans-Werner RAUTENBERG (Hrsg.), Wanderungen und Kulturaustausch im östlichen Mitteleuropa. Forschungen zum ausgehenden Mittelalter und zur jüngeren Neuzeit. (= Völker, Staaten und Kulturen in Ostmitteleuropa. 1). München 2006, S. 321–327.
Paul VINOGRADOFF, English Society in the Eleventh Century. Essays in English Mediaeval History. Oxford 1908.
Paul VINOGRADOFF, Outlines of Historical Jurisprudence, Bd. 2: The Jurisprudence of the Greek City. London 1922.
András VIZKELETY, Príspevký k právnym dejinám spišských miest v stredoveku [Beiträge zur Rechtsgeschichte der Zipser Städte im Mittelalter], in: Spiš. Vlastivedný zborník 3–4 (1973), S. 53–64.
Jozef VLADÁR, Umenie dávnovekého na Spiša [Die Kunst der urzeitlichen Zips]. Bratislava 1978. (= Dávnoveké umenie Slovenska. 1).
Jozef VLADÁR, Dávne kultúry a Slovensko [Alte Kulturen und die Slowakei]. Bratislava 1983. (= Dávnoveké umenie Slovenska. 18).
Peter VODOSEK, [Rezension zu:] Österreichische Historiker 1900 bis 1945. Lebensläufe und Karrieren in Österreich, Deutschland und der Tschechoslowakei in wissenschaftlichen Porträts. Hrsg. von Karel Hruza. Wien, Köln, Weimar: Böhlau Verlag, 2008, […], in: Bibliothek. Forschung und Wissenschaft 33,3 (2009), S. 403–405. [Auch als Online-Ressource: ⟨https://www.b2i.de/fileadmin/dokumente/BFP_Bestand_2009/Jg_33-Nr_3/Jg_33-Nr_3_Rezensionen/Jg_33–2009-Nr_3-S_403–404.pdf⟩ – Abfragedatum: 03.03.2015].

Karl Heinrich Ludwig VOLKMAR, Beyträge zur Theorie des Gewohnheitsrechtes. Nach Anleitung der gemeinen Rechte. Ein Versuch. Braunschweig, Helmstedt 1806.

Elmar WADLE, Über Entstehung, Funktion und Geltungsgrund normativer Rechtsaufzeichnungen im Mittelalter. Notizen zu einem Durchblick, in: Peter CLASSEN (Hrsg.), Recht und Schrift im Mittelalter. (= Vorträge und Forschungen. 23). Sigmaringen 1977, S. 503–518.

Carolus WAGNER, Analecta Scepusii Sacri et Profani. Viennae: Trattner 1774.

Thomas WAGNER (Hrsg.), Corpus Iuris Metallici recentissimi et antiquioris. Sammlung der neuesten und älteren Berggesetze. Leipzig 1791.

Wolfgang WALDSTEIN, Johannes Michael RAINER, Römische Rechtsgeschichte. Ein Studienbuch. 10., neu bearb. Aufl. des von Gerhard Dulckeit und Fritz Schwarz begr. Werkes. München 2005. (= Kurzlehrbücher für das juristische Studium).

Herrmann WASSERSCHLEBEN (Hrsg.), Deutsche Rechtsquellen des Mittelalters, Bd. 1. Gießen 1860.

Alan WATSON, Legal transplants and law reform, in: The Law Quarterly Review 92 (1976), S. 79–84.

Alan WATSON, Comparative law and legal change, in: The Cambridge Law Journal 37,2 (1978), S. 313–336.

Alan WATSON, An approach to customary law, in: University of Illinois Law Review 1984,3 (1984), S. 561–576.

Alan WATSON, Legal transplants. An approach to comparative law. 2. Aufl. Athens [u. a.] 1993.

Alan WATSON, Aspects of reception of law, in: American Journal of Comparative Law 44,2 (1996), S. 335–351.

Herbert WEINELT, Die mittelalterliche deutsche Kanzleisprache in der Slowakei. Brünn, Leipzig 1938.

Herbert WEINELT, Das Stadtbuch von Zipser Neudorf und seine Sprache. Forschungen zum Volkstum einer ostdeutschen Volksinselstadt. München 1940. (= Veröffentlichungen des Südostinstituts München. 20).

Jürgen WEITZEL, Die Bedeutung der Dinggenossenschaft für die Herrschaftsordnung, in: Gerhard DILCHER, Eva-Marie DISTLER (Hrsg.), Leges, Gentes, Regna. Zur Rolle von germanischen Rechtsgewohnheiten und lateinischer Schrifttradition bei der Ausbildung der frühmittelalterlichen Rechtskultur. Berlin 2006, S. 351–366.

Wilhelm WEIZSÄCKER (Bearb.), Magdeburger Schöffensprüche und Rechtsmitteilungen für den Oberhof Leitmeritz. Stuttgart, Berlin 1943. (= Die Magdeburger Schöffensprüche und Rechtsmitteilungen. Reihe 9: Sudetenland. Bd. 1).

Gusztáv WENZEL, Das alte Stadt- und Bergrecht der königlichen Frey- und Bergstadt Schemnitz in Ungarn aus dem dreyzehnten Jahrhunderte, in: Jahrbücher der Literatur. Anzeigeblatt für Wissenschaft und Kunst 104 (1843), S. 1–21.

WENZEL Gusztáv, Árpádkori új okmánytár = Codex diplomaticus Arpadianus, Bd. 3: 1261–1272. Pest 1862. (= Monumenta Hungariae Historica = Magyar történelmi emlékek. Diplomataria. 3). [Nachdr. Budapest 2002].

WENZEL Gusztáv, Magyarország városai és városjogai a múltban és jelenben [Die Städte und Stadtrechte von Ungarn in der Vergangenheit und in der Gegenwart]. Budapest 1877.

WENZEL Gusztáv, A XV. századi tárnoki jog. Tanulmány a hazai jogtörténet köréből [Das Tavernikalrecht des 15. Jahrhunderts]. (= Értekezések a társadalmi tudományok köréből 5,1 (1878)), S. 1–52.

WENZEL Gusztáv, A magyar magánjog rendszere [Das System des ungarischen Privatrechts], Bd. 1: Az 1848 előtti magyar magánjog, tekintettel újabb átalakítására [Das ungarische Privatrecht vor 1848 unter Berücksichtigung seiner neueren Gestaltung]. 3. Aufl. Budapest 1885.

WERBŐCZY István, Tripartitum. A dicsőséges magyar királyság szokásjogának hármaskönyve. Latin-magyar kétnyelvű kiadás [Tripartitum des Gewohnheitsrechts des Königreichs Ungarn. Lateinisch-ungarische zweisprachige Ausgabe]. Nachdr. d. Ausg. Budapest 1894. Budapest 1990. (= Tudománytár).

Stephen [István] WERBŐCZY, The customary law of the Renowned Kingdom of Hungary in three parts (1517). Edited by János M. BAK, Péter BANYÓ and Martyn RADY, with an introductory study by László PÉTER. Bakersfield, Calif. 2005.

Dieter WERKMÜLLER, Handhafte Tat, in: HRG, Bd. 1. Berlin 1971, Sp. 1965–1973.

Gerhard WESENBERG, Gunter WESENER, Neuere deutsche Privatrechtsgeschichte im Rahmen der europäischen Rechtsentwicklung. Von der 2. Aufl. an bearb. von Gunter WESENER. 4., verb. u. erg. Aufl. Wien, Köln, Graz 1985.

Martin WIEHLE, Magdeburger Persönlichkeiten. Magdeburg 1993.

Dietmar WILLOWEIT, Winfried SCHICH (Hrsg.), Studien zur Geschichte des sächsisch-magdeburgischen Rechts in Deutschland und Polen. Frankfurt am Main 1980. (= Rechtshistorische Reihe. 10).

Oskar WITTSTOCK, Johannes Honterus, der Siebenbürger Humanist und Reformator. Der Mann, das Werk, die Zeit. Göttingen 1970. (= Kirche im Osten. Monographienreihe. 10).

Armin WOLF, Ordonnances, in: HRG, Bd. 3. Berlin 1984, Sp. 1296–1301.

Armin WOLF, Die Entstehung des Kurfürstenkollegs 1198–1298. Zur 700jährigen Wiederkehr der ersten Vereinigung der sieben Kurfürsten. 2., bearb. Aufl. Idstein 2000. (= Historisches Seminar. Neue Folge. 11).

Udo WOLTER, Die „consuetudo“ im kanonischen Recht bis zum Ende des 13. Jahrhunderts, in: Gerhard DILCHER, Heiner LÜCK, Reiner SCHULZE, Elmar WADLE, Jürgen WEITZEL, Udo WOLTER, Gewohnheitsrecht und Rechtsgewohnheiten im Mittelalter. (= Schriften zur Europäischen Rechts- und Verfassungsgeschichte. 6). Berlin 1992, S. 87–116.

Thomas WÜNSCH, Deutsche und Slawen im Mittelalter. Beziehungen zu Tschechen, Polen, Südslawen und Russen. München 2008.

Lucas WÜSTHOF, Schwabenspiegel und Augsburger Stadtrecht. Ein Beitrag zur spätmittelalterlichen Rezeptionsgeschichte. [Diss. jur. Univ. Bayreuth 2015 – noch nicht erschienen].

A[ugust] ZACKE, Ueber Sachsenrecht und den Schöffenstuhl zu Magdeburg, in: Geschichts-Blätter für Stadt und Land Magdeburg 16 (1881), S. 34–62.

Aleksander ZAJDA, Studia z historii polskiego słownictwa prawniczego i frazeologii [Beiträge zur Geschichte des polnischen Rechtswortschatzes und der Phraseologie]. Kraków 2001.

Aleksander ZAJDA, Deutsche Einflüsse in der altpolnischen Terminologie als Widerspiegelung der Rezeption des Magdeburger Rechts, in: Ernst EICHLER, Heiner LÜCK (Hrsg.), Rechts- und Sprachtransfer in Mittel- und Osteuropa. Sachsenspiegel und Magdeburger Recht. Internationale und interdisziplinäre Konferenz in Leipzig vom 31. Oktober bis 2. November 2003. (= IVS SAXONICO-MAIDEBVRGENSE IN ORIENTE. 1). Berlin 2008, S. 289–304.

ZAJTAY Imre, Sur le rôle du droit romain dans l'évolution du droit hongrois, in: L'Europa e il diritto romano. Studi in memoria di Paolo Koschaker, Bd. 2. Milano, Giuffrè 1954, S. 181–211.

Karl ZEUMER, Formulae Merowingici et Karolini aevi. Accedunt ordines iudiciorum dei. Nachdr. [d. Ausg.] Hannover 1886. Hannover 2001. (= Monumenta Germaniae Historica. Leges 5. Formulae. 1).

Karl ZEUMER (Hrsg.), Leges Visigothorum. Hannover 1902. (= Monumenta Germaniae Historica. Leges 2. Leges nationum Germanicarum. 1).

Karl ZEUMER, Die böhmische und die bayrische Kur im 13. Jahrhundert, in: Historische Zeitschrift 94 (1905), S. 209–250.

Jan ZIEKOW, Recht und Rechtsgang. Studien zu Problemen mittelalterlichen Rechts anhand von Magdeburger Schöppensprüchen des 15. Jahrhunderts. Pfaffenweiler 1986. (= Reihe Rechtswissenschaft. 39).

František ŽIFČÁK, Kancelária Levoče v druhej polovici 16. storočia [Die Leutschauer Kanzlei in der zweiten Hälfte des 16. Jahrhunderts], in: Slovenská archivistika 11,2 (1976), S. 127–150.

František ŽIFČÁK (Hrsg.), Kronika mesta Spišské Podhradie slovom i obrazom [Chronik der Stadt Kirchdrauf in Wort und Bild]. Spišské Podhradie 1999.

Franz ZIMMERMANN, Carl WERNER (Hrsg.), Urkundenbuch zur Geschichte der Deutschen in Siebenbürgen, Bd. 1: 1191–1342 (Nr. 1–582). Hermannstadt, Bukarest 1892. [Nachdr. d. Ausg. 1892, Hildesheim 2007].

Harald ZIMMERMANN, Die Siebenbürger Sachsen – ein Rechtsproblem, in: Siebenbürgische Zeitung, Folge 1, 15. Januar 2003, S. 7. [Auch als Online-Ressource verfügbar: ⟨http://www.siebenbuerger.de/zeitung/artikel/alteartikel/1684-prof-zimmermann-die.html ⟩ – Abfragedatum: 03.03.2015].

ZLINSZKY János, Die historische Rechtsschule und die Gestaltung des ungarischen Privatrechts im 19. Jahrhundert, in: PÓLAY Elemér (Hrsg.), Studia in honorem Velimirii Pólay septuagenarii. Szeged 1985, S. 433–445. [Das ist: Acta Juridica et Politica 33 (1985)].

ZLINSZKY János, György Bónis (1914–1985), in: ZRG GA 104 (1987), S. 487–494.

ZLINSZKY János, Wissenschaft und Gerichtsbarkeit. Quellen und Literatur der Privatrechtsgeschichte Ungarns im 19. Jahrhundert. Frankfurt am Main 1997. (= Studien zur europäischen Rechtsgeschichte. 91).

ZLINSZKY János, Die historische Rechtsschule und die Gestaltung des ungarischen Privatrechts im 19. Jahrhundert, in: Nadja EL BEHEIRI (Hrsg.), Durch das römische Recht, aber über dasselbe hinaus. Budapest 2008, S. 379–396.

Christoph ZOBEL, Sechsisch Weychbild unndt Lehenrecht. Jtzt auffs new vbersehen, mit Summarijs, schönen newen Additionibus vnd Concordantien, so aus den gemeinen Keyser Rechten … zusammen bracht, vnd nach den warhafften alten Exemplarn … vielfeltig gebessert … ; Sampt einem richtigen vnd vollstendigen Repertorio, auff die zwey Bücher vnd den Sachsenspiegel Magdeburgisch Weichbildt. Leipzig 1589.

ZSÁMBOKI László, A magyar bányászat évezredes története [Die Geschichte des tausendjährigen ungarischen Bergbaus]. Budapest 1997.

Register

Vorbemerkung

In der Abteilung *Orte* werden auch Gewässer-, Gebirgs-, Landes- und Landschaftsnamen sowie andere Lokalitäten verzeichnet. Nichtdeutsche Toponyme werden – so vorhanden – unter dem deutschen Exonym angesetzt. Hierauf folgen in der Regel das jeweilige Endonym (kursiv gesetzt und mit internationalem Sprachkürzel in eckigen Klammern versehen), ggf. weitere Namenformen in anderen Sprachen (ebenfalls mit Sprachkürzel). Gibt es kein deutsches Exonym, steht das Endonym an erster Stelle. Auf den jeweiligen Haupteintrag wird – wenn nötig – verwiesen. Insbesondere die Länder werden unter ihrem aktuellen Namen eingetragen, ohne den historischen Kontext im Einzelfall zu berücksichtigen. Es wird z. B. nicht zwischen den verschiedenen historischen Ausprägungen Polens unterschieden, sondern alle Nennungen dieses Landes werden unter seinem aktuellen Namen versammelt.

Das Register der *Personen* verzeichnet alle Namen von Personen und Geschlechtern, die nicht ausschließlich im Zusammenhang mit bibliographischen Angaben genannt werden. Von Schreibvarianten, die durch einen Schrägstrich von der Ansetzungsform getrennt werden, wird gegebenenfalls auf den Haupteintrag verwiesen. Amtsbezeichnungen und andere Ergänzungen sowie alternative Schreibungen, von denen nicht verwiesen wird, stehen in runden Klammern.

Unter *Sachen* finden sich neben Namen von Bevölkerungsgruppen vor allem Begriffe, die den inhaltlichen Zugriff erleichtern sollen.

Orte

Personen

Sachen

Bei Fragen zur Produktsicherheit wenden Sie sich bitte an:
If you have any questions regarding product safety,
please contact:

Walter de Gruyter GmbH
Genthiner Straße 13
10785 Berlin
productsafety@degruyterbrill.com